suhrkamp taschenbuch 308

Dolf Sternberger, geboren am 28. 7. 1907 in Wiesbaden, ist Professor für Politische Wissenschaft an der Universität Heidelberg. Schriften: *Panorama oder Ansichten vom 19. Jahrhundert* 1938; *Figuren der Fabel* 1950; *Lebende Verfassung* 1956; *Über den Jugendstil und andere Essays* 1956; *Gefühl der Fremde* 1958; *Begriff des Politischen* 1961; *Grund und Abgrund der Macht* 1962; *Kriterien* 1965; Aus dem Wörterbuch des Unmenschen (gemeinsam mit G. Storz und W. E. Süskind) 1957, neue, erweiterte Ausgabe 1968, Taschenbuchausgabe 1970; ›*Ich wünschte ein Bürger zu sein*‹, *Neun Versuche über den Staat* 1967 und 1970; *Nicht alle Staatsgewalt geht vom Volke aus* 1971; *Heinrich Heine und die Abschaffung der Sünde* 1972; *Gerechtigkeit für das neunzehnte Jahrhundert, Zehn historische Studien* 1975.

Dolf Sternberger versucht, die geistige Biographie Heines zu zeichnen, eine Geschichte seiner Gläubigkeit zu schreiben. War Heine ein gläubiger Mensch? Er, der aus allen religiösen Behausungen herausgetreten zu sein scheint in eine Freiheit vollkommener innerer Emanzipation, hat dennoch einer »neuen Religion« nachgestrebt. Heine hat der christlichen Leidensreligion eine diesseitige Freudenreligion entgegenzusetzen versucht. Die Befreiung der Sinne, die erotische Emanzipation hat in Heine einen Propheten. Zweifellos hat Heine auf der Höhe seines Lebens an die Vergöttlichung der Menschheit geglaubt. Als er das Elend der Menschen durch seine Krankheit am eigenen Leibe erfuhr, hat er der Utopie den Abschied gegeben und mit reichlicher Selbstironie sich an den alten Gott der Bibel gewendet.

Heine zwischen Deutschland und Frankreich, zwischen Saint-Simon und Nietzsche, der Erotiker, der Ästhet, der liberale Fechter und der Verächter des doktrinären Demokraten, der Verteidiger der Autonomie der Kunst, der aufrichtige Bekenner seiner eigenen wie der menschlichen Hinfälligkeit: Sternberger entrollt ein figurenreiches geschichtliches Panorama, zeigt die Schriften und die Biographie Heines in vielerlei Hinsicht in einem neuen Lichte. Das Ergebnis langjähriger Forschungen wird hier in durchsichtiger und deutlicher Sprache vorgetragen.

Dolf Sternberger
Heinrich Heine
und die Abschaffung
der Sünde

Mit einem Nachtrag 1975

Suhrkamp

suhrkamp taschenbuch 308
Erste Auflage 1976
Copyright © 1972 by Claassen Verlag GmbH,
Hamburg und Düsseldorf
Lizenzausgabe mit freundlicher Genehmigung des
Claassen Verlags, Hamburg und Düsseldorf
Suhrkamp Taschenbuch Verlag
Alle Rechte vorbehalten, insbesondere das des
öffentlichen Vortrags, der Übertragung
durch Rundfunk und Fernsehen und der Übersetzung,
auch einzelner Teile.
Druck: Nomos Verlagsgesellschaft, Baden-Baden
Printed in Germany
Umschlag nach Entwürfen von
Willy Fleckhaus und Rolf Staudt

Für Ilse

Aber die Sünde, die Tatsache, daß du ein
Sünder bist – auch ich (also der einzelne),
hat man abgeschafft . . .

*Kierkegaard**

Inhalt

Vorwort 9

Erstes Kapitel
Einfälle 17

Zweites Kapitel
Unterschiedliche Prophezeiungen 28

Drittes Kapitel
Heine unter den Priestern 52

Viertes Kapitel
Seraphine 79

Fünftes Kapitel
Sendschreiben vom Nildamm und
Dekret aus Frankfurt 113

Sechstes Kapitel
Die Flucht des Rabbis von Bacherach 150

Siebtes Kapitel
Marmorbilder 181

Achtes Kapitel
Die Venus im Berg und der Apollo im Kahn 206

Neuntes Kapitel
Die Götter der Zukunft 219

Zehntes Kapitel
Venerische Krankheit und venerische Gesundheit 241

Elftes Kapitel
Absage an die Adresse Hegels 259

Zwölftes Kapitel
Abschaffung der Sünde? 284

Anmerkungen 320

Nachtrag 1975 398

Erläuterungen zu den Bildseiten 430

Register 436

Vorwort

Dieses Buch handelt von dem großen Dichter Heinrich Heine unter dem Gesichtspunkt der Geschichte seines Glaubens. Es ist kein Kompendium, stellt weder das ganze Werk noch das ganze Leben Heines dar. Manches berühmte Gedicht ist gar nicht erwähnt, nicht die ›Loreley‹, nicht der ›Belsazar‹, auch nicht das schönste – ›Es fiel ein Reif in der Frühlingsnacht‹ (das freilich nicht oder nicht so recht von ihm selber stammt). Das Buch hat ein besonderes Thema. Die Meinung, Heine habe keinen Glauben, überhaupt keine durchgängige und verläßliche Überzeugung, ist schon zu seinen Lebzeiten heftig vorgebracht worden. Sie ist aber irrig. Es ist wahr, Heine hat eine große Bedeutung in dem historischen Prozeß der religiösen Emanzipation, aber er sprach dies selber in einer religiösen Weise aus. Er war kein Philosoph, sondern ein Poet, und er war kein Politiker, sondern ein Utopiker. In jedem Falle gilt das letztere für die reife Epoche seines Werks, für die zweite, die französische Hälfte seines Lebens, und bis zu dem Augenblick, da die Erfahrung der tödlichen Krankheit ihn zu einer Revision seines Glaubens nötigte.

Diese Entwicklungen versuche ich mit historischer Genauigkeit zu beschreiben. Es treten dabei einige kuriose und faszinierende Figuren, einige flüchtig und einige mächtig wirkende geistige Bewegungen hervor, teils deutsche, teils französische, von denen Heine ergriffen oder doch berührt worden ist, und die er in seiner eigentümlichen Weise verarbeitet hat. Insofern denke ich, einen Beitrag zur Geschichte des neunzehnten Jahrhunderts zu liefern. Heine hatte eine außerordentliche intelligente Witterung und hat vieles vermittelt zwischen Frankreich und Deutschland und umgekehrt, zwischen Saint-Simon und Marx, zwischen Idealismus und Materialismus, zwischen Goethescher Klassik und Baudelairescher Erotik, zwischen Judentum und Freidenkertum, auch zwischen Revolutionsgeist und Ästhetizismus. Manche dieser Gegensätze sind in seinem Werk auch unversöhnt stehengeblieben.

Aber am Ende wollte und will ich diese historischen Untersuchungen, so anziehend, überraschend, unterhaltend und auch so ergiebig sie anmuten, doch nicht als Selbstzweck betrachtet wissen. Die Geschichte von Heines Glaubens ist vielmehr eine exemplarische Geschichte. Sie wirft die Frage auf, ob wir an den Menschen glauben können in der Weise, wie wir an Gott glauben oder geglaubt haben. Das ist die Hauptfrage dieses Buches. Diesen roten Faden wird man beim Lesen im Labyrinth der Historie zuweilen deutlich, zuweilen undeutlicher erkennen, zuweilen verschwunden meinen, doch schließlich, wie ich hoffe, zu greifen vermögen derart, daß man den Ausgang und ins Freie findet.

Wenn gelehrte Leser nach der Methode fragen sollten, die hier angewendet werde, so will ich dies antworten: Die Methode besteht vor allem anderen in der Bestrebung, sorgsam und genau zu lesen. Natürlich liest man, um die Meinung des Schriftstellers zu verstehen. Doch wird das Verständnis hier nicht bis zur unbedingten Billigung getrieben. Man muß gleichsam die Oberfläche der literarischen Gebilde abtasten, bis man die Unebenheit fühlt, die den Zugang ins Innere anzeigt. Man muß sich ins Dunkel hineinwagen, sich forschend weitergraben. Man soll sich nicht scheuen, soweit es uns möglich ist, teilzunehmen an den Erfahrungen und Erleuchtungen, an den Motiven und Zwecken des Autors. Wie könnte man je Fremdes, Vergangenes verstehen ohne Teilnahme! Doch braucht man darum nicht in Identifizierung zu verfallen, wie wir wohl bei Romanhelden tun. Ich bin nicht der Ansicht, daß Heine ununterbrochen recht habe – gegen die Konservativen, gegen die Liberalen, gegen die Republikaner, gegen Preußen und Schwaben, gegen Juden und Christen und ich weiß nicht gegen wen sonst noch. Die Maxime heißt: Teilnahme mit Distanz.
Ferner wollen wir bei literarischen Erzeugnissen, auch bei wohlgelungenen, des Umstands eingedenk bleiben, daß sie von Menschen gemacht sind, daher fehlbar sein können. Manche Enthusiasten der reinen Textinterpretation gehen oder gingen an die Aufgabe heran,

als handle es sich um heilige Schriften und um Verbal-Inspiration. Ich teile auch nicht den Aberglauben der historischen Zwangsläufigkeit, noch weniger die anmaßliche Einbildung, es könnte ein einzelner Autor oder auch eine Gesinnungsgruppe, -partei oder Klasse mit dem Gang der Geschichte selbst sich in Rapport befinden und fortbewegen. Die Methode ist nicht dialektisch, sondern dialogisch. Der Leser führt mit dem Autor, der Forscher mit dem historischen Gegenüber seiner Bemühung ein Gespräch, ein ›Gespräch der Geister‹, wie mein Lehrer Karl Jaspers gerne sagte. Dabei kann es nicht ohne Einwendung, Widerspruch, bisweilen sogar nicht ohne Tadel abgehen. Diejenige Art Selbstverleugnung, die kein Urteil mehr wagt, beruht entweder auf Schwäche oder auf einem moralischen Krampfzustand, der ungesund ist. Wir möchten Heines eigene Wahrheit erkennen, seine Wahrnehmungen, Visionen, Kunst-Stücke nachvollziehen, ohne uns doch selbst aufzugeben.

Noch muß ich bibliographische Rechenschaft geben. Was Heines Werke anlangt, so habe ich nicht, wie zumeist sonst geschieht, die klassische wissenschaftliche Ausgabe von *Elster* zugrunde gelegt, sondern eine neuere, die der Ost-Berliner Germanist Hans *Kaufmann* veranstaltet hat. Der Grund ist einfach: diese Edition umfaßt in zehn Bänden nicht allein die sämtlichen Werke mit Varianten, auch französischen, sondern dazu eine gute Auswahl von Briefen. Zudem enthält der letzte Band ein treffliches Namenregister, das sehr hilfreich ist. Im übrigen fußt die Textgestalt auf den älteren Ausgaben von Elster und Walzel. Seither sind zwei neuere Ausgaben bei uns begonnen worden, die hinsichtlich der Werke auf Vollständigkeit zielen, dazu in ihrem Anmerkungsapparat die Ergebnisse der jüngsten Forschung zu verarbeiten streben, aber sie sind noch nicht abgeschlossen. Einzig die vierbändige Ausgabe des Insel-Verlags ist abgeschlossen, aber sie wiederum ist nicht vollständig. Eine monumentale kritische Edition ist bei den ›Nationalen Gedenkstätten‹ in Weimar in Arbeit, eine andere wird beim Originalverlag Heines, bei Hoffmann und Campe in Hamburg, vorbereitet. Das sind langfristige Projekte, man kann darauf nicht warten.

In bezug auf die Rechtschreibung bin ich im allgemeinen der Kaufmannschen Ausgabe gefolgt, die nämlich alles der modernen Schreibweise angepaßt hat. In einigen Fällen sind aber Briefstellen nach der kompendiösen Sammlung von Heines Briefen angeführt, die Friedrich *Hirth* herausgegeben hat; mit Einschluß der Kommentierung umfaßt sie sechs Bände. Hier ist die ursprüngliche Orthographie beibehalten, und so habe ich es dann übernommen. Für diesen Mangel an Einheitlichkeit muß ich mich entschuldigen. Vielleicht läßt er sich mit dem Reiz rechtfertigen, den die originale Schreibart, zumal im Fall persönlicher Zeugnisse, bietet, wenn sie gelegentlich wie ein seltenes Relikt auftaucht; auf die Dauer müßte der Reiz vergehen, solche Verfremdung langweilen. Auch bei den Zitaten aus Börne und aus Nietzsche ist die authentische Schreibung aus den alten Ausgaben übernommen, die ich benutzt habe.

Die erste Anregung, mich einläßlicher mit Heine zu beschäftigen, hat mein verstorbener Freund Benno *Reifenberg* in Frankfurt gegeben. Er suchte 1955 einen Autor für den einschlägigen Essay, der in die Neuausgabe der ›Großen Deutschen‹ aufgenommen werden sollte. (Er war einer der drei Herausgeber dieses Werkes, die anderen waren Theodor *Heuß* und Hermann *Heimpel*.) Damals hatte ich nur eine fragmentarische Kenntnis und ein unsicheres Urteil und ich sagte zu, um auf diesem Weg meine Kenntnis zu verbessern und mein Urteil zu klären. Dieser Essay war mein erster Beitrag zur Heine-Literatur. Ich trug ihn auch bei der Gedenkfeier der Bayerischen Akademie der Schönen Künste im Heine-Jahr 1956 im Prinz-Carl-Palais zu München vor. Unter den Zuhörern war Rudolf Alexander *Schröder,* der große Sprachmeister, sein Lob hat mich damals ebensosehr beglückt wie von neuem irritiert. In seiner raschen und heiteren Art flocht er die Bemerkung ein: »Heine gibts immer fünfzig Pfennige billiger«. Er hat dabei wohl vorab an die frühe Lyrik gedacht und an den Vergleich mit Dichtern wie Brentano, vielleicht auch Eichendorff. Das Bonmot kann ich nicht vergessen, aber auch nicht billigen. Man wird in diesem Buche da und dort die Gründe finden, die es widerlegen.

Der nächste Anstoß kam von wissenschaftlicher Seite, ungefähr zehn Jahre später. Als der deutsche Germanisten-Tag in Berlin vorbereitet wurde, forderte mich der damalige Präsident dieser Vereinigung, Professor K. H. *Borck* in Hamburg, auf, über Heines politisches Denken vom Standpunkt der Politischen Wissenschaft ein Referat zu halten. Das Referat ist zwar nicht vorgetragen worden – weil die angekündigten studentischen Störungen die Veranstalter außerstand setzten, für die Ausführung des Programms die Gewähr zu übernehmen, und mir daher die Laune nahmen, an dem Kongreß teilzunehmen –, aber es ist gleichwohl hernach in den gedruckten Verhandlungen veröffentlicht worden. Den Titel, der mir vorgeschlagen war, habe ich durch Hinzufügung eines Fragezeichens verändert: »Heine, ein politischer Denker?«. Spuren dieser kleinen Arbeit sind in dieses Buch eingegangen, zumal in sein erstes Kapitel. Von diesem Augenblick an ließ mich die Frage nicht mehr los, was es mit der poetischen Utopik, mit der Emanzipations-Phantasie Heines auf sich habe. Spätere Veröffentlichungen aus dem Zusammenhang dieser Studien will ich nicht aufzählen, sie sind in diesem Buch verarbeitet.

Wohl aber möchte ich hier einigen Freunden danken, die mich in den Jahren der Arbeit an dem Buch durch ihre produktive Neugier, durch ihren Zuspruch und durch herzliche Ermahnungen ermuntert und gefördert haben. Hannah *Arendt* in New York, die selbst vor Jahren in einem wunderbaren Essay über die »jüdische Tradition« einige erleuchtende Bemerkungen über Heine publiziert hat, ist mir in Gesprächen und Korrespondenzen stets erfrischend zur Seite und auf den Fersen geblieben. Sie weiß vieles von Heine auswendig, am liebsten sagt sie ein Gedicht auf, das ich in diesem Buch anzuführen nicht die Gelegenheit fand: es ist ›Doktrin‹ überschrieben und beginnt mit den Versen

»Schlage die Trommel und fürchte dich nicht
Und küsse die Marketenderin!
Das ist die ganze Wissenschaft,
Das ist der Bücher tiefster Sinn.«

Ich setze es hierher – als eine Huldigung für den heroischen Übermut Heines und zugleich für den kühnen, freudigen Geist Hannah Arendts, der sich auch in dieser Vorliebe kundgibt. – Dem nächst muß ich Prinzessin *Margaret von Hessen* nennen. Ihre wache Lust am Fragen und Zuhören hat mich all die Zeit in der angenehmsten Weise angespornt. – Professor Erich *Heller* in Evanston, der sommers oft in Heidelberg einkehrte, ist, wie alle seine Freunde wissen, nicht allein ein bedeutender Literaturkenner und ein hervorragender Essayist, sondern auch der witzigste und wohlwollendste Gesprächsgefährte. Von Heine hält er nicht so sehr viel, aber um so mehr hat er mir zugeredet, ihn von neuem zu ergründen und darzustellen, und er hat mir auch das Zutrauen entgegengebracht, daß ich in diesem

Felde etwas zustande brächte; das war hilfreich. – Dr. Peter *Haungs* in Heidelberg, mein Assistent am Institut für Politische Wissenschaft, hat weit über seine Pflicht hinaus an diesen Liebhabereien seines Lehrers teilgenommen, die doch vom Standpunkt der wissenschaftlichen Disziplin, der wir beide zugehören, eher exzentrisch anmuten. Mit Eifer und Vergnügen hat er sich eingelesen, als ich im Wintersemester 1969 auf 70 eine Vorlesung und ein Seminar zum Thema ›Heinrich Heine, die Politik und die Utopie‹ hielt, und manchen Rat und Hinweis dazu gegeben, obwohl er selbst mit ganz anderen Problemen beschäftigt war und ist. Am Ende fand er, die Politik sei in meinen Darlegungen etwas zu kurz gekommen. Aber ich glaube, das liegt doch mehr an Heine als an mir. – Hermann *Kesten* nicht zu vergessen, der in Rom und in New York domiziliert, der fruchtbare Autor und Herausgeber, ein Kenner und Freund Heines, fröhlich und grimmig im Bekenntnis, mein Kollege in der Akademie und im Präsidium des PEN-Clubs. Auch seine Erkundigungen nach dem Fortgang meiner Arbeit haben mir einen Anspruch gegenwärtig gehalten. »Er war ein irdischer Gott«, schreibt Kesten von Heine in der Einleitung zu einem Auswahlband, den er (München und Zürich 1961) besorgt hat. Er möge es mir nachsehen, wenn ich diesem enthusiastischen Ausdruck der nachfolgenden Bewunderung hier im Buch eine kühlere Schätzung entgegensetze. Heinrich Heine selbst gibt mir dazu die Courage, denn er hat am Ende (in den ›Geständnissen‹) mit so ergreifender wie erheiternder Selbstironie geschildert, wie seine »Göttlichkeit« durch Mangel an Gesundheit und an Geld doch »sehr ins Stocken« geraten sei. – Mein Freund Gerhard *Storz*, mit dem mich seit vier Jahrzehnten viele gemeinsame Bestrebungen verbinden, ist auch seinerseits von dem Bedürfnis ergriffen worden, sich von Heine genaue Rechenschaft zu geben. Seine methodische Prüfung war schon vor einem Jahr abgeschlossen, sein Buch über ›Heinrich Heines lyrische Dichtung‹ unterscheidet sich, ungeachtet mancher Berührungen, durch seine vorwiegend literarkritische Absicht von dem Versuch, der hier vorgelegt wird.

Endlich muß ich meiner langjährigen Sekretärin am Heidelberger Institut, Ellie *Grau*, meinen Dank abstatten – nicht allein dafür, daß sie meine Handschrift immer so aufmerksam und verständnisvoll in die Maschine übertragen hat, zuweilen unter erheblichem Zeitdruck, sondern vor allem dafür, daß sie es so gern getan und daß sie mich auch zuzeiten angetrieben hat.

Von vielen Seiten habe ich im Laufe der Arbeit Belehrungen erbeten und erhalten, wie es bei einem so verzweigten Gegenstand naheliegt. Wenn ich die Liste dieser gelehrten Informanten überblicke, muß ich die Erfahrung solcher geistigen Kommunikation mit Genugtuung und Dankbarkeit verzeichnen. Um dies öffentlich zu bekunden und um die Leser an dieser Erfahrung teilnehmen zu lassen, setze ich die Namen derer hierher, die mir mit Auskünften und Hinweisen und auf andere Art geholfen haben.

Professor Percy E. *Schramm* in Göttingen, inzwischen verstorben, hat mir in Sachen der Hamburger Familien Heine und Hesse Mitteilungen gemacht, Dr. Nikolaus *Sombart* in Straßburg Anregungen hinsichtlich des Saint-Simonismus, Dr. Harald *Vocke* in Frankfurt Kenntnisse über die Saint-Simonisten in Ägypten vermittelt. Professor *Schlechta* in Darmstadt hat meine Fragen bezüglich des Verhältnisses zwischen Heine und Nietzsche beantwortet, Botschafter Baron von *Breycha* in Wien über Probleme des Metternich-Archivs Auskunft gegeben. Dr. Jens V. *Jensen,* früher in Heidelberg, jetzt in Kiel, ließ mich seine Nachforschungen über die nazarenischen Maler kennenlernen, Professor Iring *Fetscher* in Frankfurt gab mir manchen interessanten Hinweis in Sachen der Jung-Hegelianer. Professor *Stöcklein,* ebenfalls in Frankfurt, hat, ebenso wie sein Schüler E. *Nordhofen,* meine Erkundigungen wegen des »Marmorbild«-Motivs bei Eichendorff mit reichen Nachrichten belohnt. Die vorzüglichen Heine-Kenner Dr. Eberhard *Galley* in Düsseldorf und Dr. Fritz *Mende* in Weimar haben meine archivalischen Rückfragen bereitwillig beantwortet. Sehr dankbar bin ich Professor *Schipperges* in Heidelberg für die Aufklärungen, die er mir zur Geschichte der Bezeichnung der »venerischen« Krankheiten zuteil werden ließ. Aus dem Bereich der theologischen Fakultät muß ich meinen Freund Professor Karl Gerhard *Steck* in Münster nennen, der mir immer mit seinem Rat zur Verfügung war, und meinen Heidelberger Kollegen Professor Claus *Westermann,* ihn vor allem wegen der Ausführungen zur Sündenfall-Geschichte in seinem Genesis-Kommentar. Schließlich hat mich Professor Peter *Schneider* in Mainz durch eine Diskussionsbemerkung über Utopie und Sünde unversehens bestätigt und gefördert.

Es versteht sich, daß keiner dieser kompetenten und freundlichen Ratgeber für das verantwortlich ist, was ich mit seinen Ratschlägen angefangen, was ich in der jeweiligen Hinsicht in diesem Buch geschrieben habe.

Die Bibliotheken in Heidelberg, Darmstadt und Frankfurt haben
alles beschafft, was ich brauchte; besonders hilfreich war Professor
Köttelwesch, Direktor der Frankfurter Stadt- und Universitätsbibliothek, mit seiner Geduld und seiner Findigkeit. Fräulein cand.
phil. Dorothee *Schray* in Heidelberg hat mich mit ihrer bibliothe-
karischen Erfahrung zuverlässig unterstützt. Endlich haben Madame
Aulanier vom Louvre und Frau Dr. Sigrid *Metken* in Paris, Professor
Roland *Hampe* und seine Mitarbeiter am Archäologischen Institut
in Heidelberg, die Göttinger Universitätsbibliothek, die Stuck-Villa
in München und das Musée Moreau in Paris bei der Besorgung einiger Illustrationen wertvolle Hilfe geleistet. Frau Dr. Ursula *Schröder*
vom Claassen Verlag war eine sorgliche und stets lebhaft interessierte
Helferin.

Heidelberg, 30. Juni 1972   *Dolf Sternberger*

Erstes Kapitel

Einfälle

Was Heine über das Denken dachte, hat er dem alten Eidechserich (im zweiten Kapitel der ›Stadt Lucca‹[1]) in das Mündchen gelegt: »Kein Mensch denkt, es fällt nur dann und wann den Menschen etwas ein, solche ganz unverschuldete Einfälle nennen sie Gedanken, und das Aneinanderreihen derselben nennen sie Denken.« Die Bemerkung fällt in einem fingierten Gespräch über Hegel und Schelling, sie gilt der systematischen Philosophie und wird »mit einem dedaignanten Pathos« gesprochen. Indem der Eidechs-Heine deren Denkform in solcher Weise kritisch zu zerrupfen, ihren Anspruch zu verspotten unternimmt, verrät er im gleichen Atemzuge seine eigene Denkerfahrung.[2] Mag der philosophische Gedankengang – wenn wir der Eidechsen-These so weit folgen – auch seinerseits vom ›Einfall‹ anfangen, den er in der Folge zu entwickeln, womöglich in Schlußfolgerungen auszubreiten strebt, so geht der Gedanke des Schriftstellers Heine im Gegenteil gerade auf den ›Einfall‹ zu, er bewegt sich in Sprüngen, verschmäht die gelassene Darlegung wie die Konsequenz überhaupt und scheint immer unterwegs, in einer symbolischen Anekdote, einer plötzlich zusammenschießenden Gleichnisfigur oder einer spruchartigen, vielfach aus Zitatelementen montierten Antithese sein eigentliches Ziel oder seinen kurzweiligen Rastpunkt zu erreichen. Nicht auf die Entwicklung, sondern vielmehr auf die Einwicklung der Erkenntnis ist dieser ›Denker‹ bedacht, nicht die Konklusion, sondern die rasche Vision kennzeichnet seinen Denkprozeß. Der Stil ist nicht systematisch, sondern essayistisch – in dem Sinne jener glücklichen Definition des Essays, die ein Literaturkenner unserer Tage gegeben hat: Er sei ein Gedankengang mit Siebenmeilenstiefeln.[3]
Ich will für jede der drei Arten von ›Einfällen‹, die ich soeben ange-

führt habe, ein Beispiel geben, ohne indessen den Anspruch zu erheben, daß Heines Vorrat an Denk-Pointen, nach ihren Arten, damit erschöpft sei. Zugleich kann der Leser die lockere Reihe dieser Exempel auch als ein Präludium auffassen, worin die Motive angeschlagen sind, die im Fortgang genauer geschildert und erörtert werden sollen: die Motive von Politik und Utopik und wiederum von Hoffnung und Enttäuschung.

I.

Die Anekdote von dem Hund Medor, der am Grab seines Herrn, eines gefallenen Kämpfers der Julirevolution, auf dem Hof des Louvre sitzen blieb »wie ein Steinbild der Treue« und nur wenig Nahrung annahm, hat Heine nach seiner Angabe aus den Zeitungen entnommen, die ihn im Sommer 1830 auf Helgoland erreichten. Er hat sie zweimal verwendet, das erste Mal ganz so, wie sie berichtet war, aber mit einer angedeuteten symbolischen Zuspitzung, das zweite Mal in einer sarkastischen Variation. »Oh, könnte ich nur den Hund Medor sehen!« ruft er bei der ersten Erwähnung aus,[4] aber schon hier entlockt er dieser »rührenden Einzelheit« einen scharfen symbolischen Sinn: dieser Hund interessiere ihn »mehr als die anderen, die dem Philipp von Orléans mit schnellen Sprüngen die Krone apportiert« hätten, darum nämlich, daß »er seinem Herrn Flinte und Patrontasche« apportierte. Der Akzent ist von dem rührenden Ausgang auf einen Umstand verschoben, von dem ich nicht weiß, ob er verbürgt oder hinzuerfunden ist, aber sogleich ist alle Lesebuch-Sentimentalität fortgeblasen, und die Genre-Anekdote wird dienlich, zwischen der Revolution selbst und ihrem Ergebnis, der Einsetzung des Bürgerkönigs, eine schneidende Unterscheidung zu treffen. Eine Gleichnisfigur schnellt hervor, bei der die Gebärde des Apportierens das tertium comparationis, der Gleichklang des buchstäblichen und des zur Invektive übertragenen Wortsinns von ›Hund‹ das polemische Vehikel und die Nennung von Flinte und Krone die schroffe Antithese bildet.

Übrigens hat Heine ein paar Monate später, noch in Deutschland, von dieser selben Krone sehr viel freundlicher gesprochen, indem er dem Bürgerkönigtum die Würde einer »Idee« zuerkannte und es geradezu als eine Errungenschaft der französischen Freiheit pries.[5]

Der Hund Medor kehrt wieder in jenem Schlußstück des Zweiten

Buches von ›Ludwig Börne‹, welches den Papieren vom Juli und August 1830 nachfolgt unter der Überschrift ›Neun Jahre später‹ und welches die Desillusionierung des vormaligen Helgoländer Enthusiasten und jetzigen Kenners der Pariser Szene ausdrückt. Ebenhierzu dient ihm die wiederaufgenommene Hunde-Geschichte. Er habe ihn nun wirklich gesehen, wie er dort unter Fahnen und Trophäen auf dem Hofe lag und sich füttern ließ. »Er war gar nicht der rechte Hund, sondern eine ganz gewöhnliche Bestie, die sich fremde Verdienste anmaßte ...«, der echte Medor war »einige Tage nach dem Siege bescheiden davongeschlichen«. Diese Variation oder vielmehr diese erfundene Fortsetzung und Demaskierung des hochstaplerischen Heldentieres läuft in ein ganz anderes, ja dem vorigen entgegengesetztes Gleichnis aus: hier tritt Medor nicht ›verfluchten Hunden‹ gegenüber, hier steht er, nämlich der »echte Medor«, symbolisch für die ›armen Hunde‹, für das Volk, das die Revolution gemacht hat, aber um ihre Früchte betrogen wurde. Er sagt es selbst ganz unverblümt und mit Nachdruck: »Armes Volk! Armer Hund! sic.« Aber die Resignation hat nicht das letzte Wort, sondern die Prophetie: Eine neue Revolution wird kommen, und dann wird das Volk seinen wohlverdienten Lohn verlangen. Und abermals figuriert der Hund Medor, auch in der Zukunftsvision: »Diesmal wird der wahre, echte Medor geehrt und gefüttert werden ...«

Dieser dritte Auftritt des geplagten Tieres – es spielt, wie man sieht, in Heines Gemälde der Julirevolution und ihrer Folgen ungefähr die Rolle jener prächtigen weiblichen Liberté auf dem Barrikadenbild von *Delacroix*! – der dritte Auftritt macht uns stilistisch keine rechte Freude mehr. Nachdem das Sigel schon entschlüsselt, das »arme Volk« schon selber beim Namen genannt ist, fängt das Gleichnis zwar nicht zu hinken, aber zu lahmen an, die Pointe wird matt, da ihr zuviel zugemutet wird – eine Schwäche, der Heine nicht ganz selten unterliegt. Auch der kurz aufblitzende neue metaphorische Funke, der in dem ›Gefüttert-werden‹ beschlossen ist (wie zuvor im ›Apportieren‹), vermag uns nicht mehr so ganz zu entschädigen. Die Metapher liegt hier gerade in der Buchstäblichkeit: das Volk soll einmal doch auch selbst zu futtern kriegen! Es blinzelt ein Element von vergnügtem Materialismus hervor.[6]

II.

Nächst der Anekdote wollte ich die Denk- und Schreibeform des Gleichnisses belegen. Der Hund Medor war freilich schon ein zwei-und dreifacher Gleichnishund, die anekdotische Frische hatte er am Ende allzusehr eingebüßt. Dennoch soll hier noch ein Beispiel reiner Vergleichung nachfolgen; es zeigt den politischen – oder doch: den historischen – Beobachter Heine auf der Höhe seiner Kraft, wiewohl das fragliche Manuskript seiner letzten Lebenszeit zugehört. Ich meine die deutsche Vorrede zur ›Lutetia‹, den ›Zueignungsbrief an Seine Durchlaucht, den Fürsten Pückler-Muskau‹, und ich meine darin die Stelle, wo er den Untergang des sogenannten parlamen-tarischen Systems des Julikönigtums charakterisiert. Die Aufsätze der ›Lutetia‹-Sammlung betreffen die Jahre von 1840 bis 1843, der Zueignungsbrief ist im August 1854 abgefaßt, also gut sechs Jahre nach der Februarrevolution, drei Jahre nach dem Staatsstreich Louis Napoleons, zwei Jahre nach dem Beginn des Zweiten Kaiserreichs. (Mit diesen letzteren Ereignissen hat sich Heine auffällig wenig be-schäftigt.) Nun also, im Jahre 1854, schildert der vormalige Pariser Korrespondent der Cottaschen ›Allgemeinen Zeitung‹ zu Augsburg jene »parlamentarische Periode« der französischen Verfassungsge-schichte im Rückblick als einen beständigen »Zweikampf zwischen dem König und der Kammer«, einen Zweikampf bis zur beiderseiti-gen Erschöpfung. »Am 24. Februar 1848 fielen sie fast gleichzeitig zu Boden.« Die Revolution habe das ermüdete Doppelregiment nicht eigentlich getötet, sie habe »nur seinem Scheinleben ein Ende ge-macht«. An dieser Stelle setzt – angeregt von den Vorstellungen des Zweikampfes und des Scheinlebens – der ›Einfall‹ ein, ein Gleich-nis, das den ganzen wechselvollen historischen Abschnitt aus dem Gesichtspunkt seines Endes in ein einziges, knappes und in der Tat unvergeßliches Bild zusammenfaßt. Heine erinnert sich an ein Schnitz-werk im Gestühl des Rathauses zu Münster, wo man zwei kopflose Ritter im Kampf miteinander sieht: »Es scheint, daß sie sich in der Hitze des Kampfes einander die Köpfe abgeschlagen haben und jetzt, ohne ihre beiderseitige Kopflosigkeit zu bemerken, weiter-fechten.«[7]

Vierzehn Jahre zuvor, in seinem Bericht (vom 9. April 1840) über das Ministerium *Thiers,* hatte Heine mit bemerkenswertem Scharf-sinn den Wandel des Sprachgebrauchs notiert: nicht mehr von einer konstitutionellen, sondern von einer parlamentarischen Regierung war nun die Rede. Der Sprachgebrauch korrespondierte mit den verfassungspolitischen Tatsachen, und Heine rückte auch den faktischen Wandel im entscheidenden Punkt ins helle Licht: die königliche Bestellungsgewalt war nur noch »ein leerer Schein«, »eine ironische Formel«, es war die Kammer, welche die Minister bestellte und stürzte. Das ist es, was in der Tat den Unterschied des konstitutionellen und des parlamentarischen Systems im Kern ausmacht.

So sicher der Beobachter in seiner Wahrnehmung war, so unsicher in seinem Urteil. Er lobte die staatsmännischen Gaben Thiers' über den grünen Klee, aber er definierte den Sieg des Parlaments als eine »Rechtsberaubung der Krone zugunsten der Kammer«, meinte, das führe zuletzt zur Republik.[8] Weder erinnerte er sich an seine englischen Parlamentsstudien noch mochte er seine eigene sonstige Neigung für die Beschränkung monarchischer Befugnis so weit treiben, sie in diesem ›gouvernement parlementaire‹ wiederzuerkennen. Ein politischer Denker wäre ebenhier eingedrungen, von der treffenden Wahrnehmung zur Konstruktion der Verfassung vorangeschritten. Und ein politischer Denker hätte sich vierzehn Jahre später, nach dem Untergang dieses prekären Systems, wenigstens daran gemacht, die Ursachen seines Scheiterns zu ergründen. Das Gleichnis vom Zweikampf der Kopflosen dient vortrefflich, die Vergeblichkeit jener Auseinandersetzungen zu bezeichnen, aber es erklärt nichts. Es macht die Geschichte lächerlich oder, besser, es stellt die Geschichte in ihrer Lächerlichkeit bloß, aber es trägt nichts zur Politik bei. Der ›Einfall‹ ist großartig, er läßt die historische Erfahrung in einem drastischen Bilde stillstehen; dem politischen Gedanken aber ist es wesentlich, daß er in die Geschichte einzugreifen und sie der Vergeblichkeit zu entreißen strebt.

Übrigens findet sich hier, in dem ›Zueignungsbrief‹ von 1854, die bestimmteste Äußerung über die dritte französische Revolution – über jenes Ereignis, das er ehedem so ahnungsvoll beschworen hat: da sollte ja der wahre Medor wiedererscheinen, das arme Volk von neuem auf den Plan treten... Das Volk? Jetzt hat es einen anderen Namen: »das glorreiche Lumpengesindel jener Februartage«![9]

III.

Schließlich ein Beispiel für den dritten Typus von Einfällen: die Prägung von Sprüchen. Ich wähle einen Fall, der einen Keim zeigt und eine Entwicklung, die über Jahre hinwegreicht. Es handelt sich geradezu um ein Leitmotiv, das in allerlei Abwandlungen in Heines Œuvre immer wieder zu vernehmen ist. »Le pain est le droit du peuple.« Das Brot ist das Recht des Volkes. Das ist die Keimform. In dieser Gestalt ist der Satz nicht Heines Erfindung, vielmehr führt er ihn ausdrücklich als ein Zitat an: »›Le pain est le droit du peuple‹, sagte Saint-Just, und das ist das größte Wort, das in der ganzen Revolution gesprochen worden.« Mit so starkem Ton, mit einem so hochgreifenden Superlativ tritt der Satz sogleich auf, noch dazu als Schlußpointe eines Aufsatzes, den Heine freilich nicht selbst publiziert hat; er ist von seinem Biographen, dem getreuen *Strodt-mann*, aus dem Nachlaß ediert und wohl von ihm mit der Über-schrift ›Verschiedenartige Geschichtsauffassung‹ versehen worden.[10] Nicht also das Wort ›Freiheit‹ und nicht das Wort ›Gleichheit‹, nicht der Katalog der ›Rechte des Menschen und des Bürgers‹ galt ihm, Heine, in diesem Augenblick als das größte, sondern dieser Satz vom Recht des Volkes auf Brot, und man muß ihn wohl vor dem Hinter-grund jener erhabeneren und abstrakteren Prinzipien der Revolution sehen, um Heines Pointierung zu verstehen. Ohne es geradezu aus-zusprechen, hat er gewiß im Sinn gehabt, das sinnliche ›Recht auf Brot‹ gegen die geistig-politischen Rechte auszuspielen, die ihrerseits soviel mehr Nachhall gefunden und Wirkung getan haben, gegen Freiheit, Eigentum, Sicherheit. Das simple Recht auf Leben fehlt in der französischen Erklärung von 1789 und ihren späteren Varianten (während es in der amerikanischen Unabhängigkeitserklärung durch-aus enthalten gewesen war): andernfalls hätte Heine vielleicht Saint-Just nicht zu bemühen brauchen, sondern es sich am Lebensrecht genügen lassen können. Denn eben vom unmittelbaren Leben selber spricht er an dieser Stelle, am Schluß seines Aufsatzes, und er preist es, holt es gleichsam heraus aus seiner geschichtsphilosophischen Ver-lorenheit: »Das Leben ist weder Zweck noch Mittel; das Leben ist ein Recht«, sagt er hier selbst mit dem Ton des Trotzes gegen Histo-riker und »Zukunftsbeglücker« gleichermaßen. Und diese These zu illustrieren, zu verschärfen, zu versinnlichen, ist der Satz vom Brot bestimmt. Wobei wir uns die Bauart der beiden Sätze ganz deutlich machen sollten – »das Leben ist ein Recht« und »das Brot ist das Recht des Volkes« –, sie sind ganz parallel konstruiert und sie sprechen nicht (nach der Art der ›Droits de l'homme et du citoyen‹) von einem Recht auf Leben oder auf Brot, sondern setzen das Leben und das Brot vielmehr an die Stelle des Rechts; die Erfüllung tritt für den Anspruch ein, die derbe Sache selbst für das Prinzip.

Und dennoch genügte ihm dieser Spruch bald nicht mehr. Er variierte ihn, setzte der übernommenen Formel eine eigene entgegen, die sie übertreffen sollte. In dem großen Essay ›Zur Geschichte der Religion und Philosophie in Deutschland‹, im Zweiten Buch, kehrt das Zitat wieder, das ist 1834 geschrieben, also vielleicht zwei oder drei Jahre nach jener ersten Erwähnung und Verwendung:

»Das große Wort der Revolution, das Saint-Just ausgesprochen: Le pain est le droit du peuple, lautet bei uns: Le pain est le droit divin de l'homme. Wir kämpfen nicht für die Menschenrechte des Volks, sondern für die Gottesrechte des Menschen.[11]«

Das gibt allerlei Rätsel auf. Wer sind ›wir‹? Und worin liegt hier eigentlich die antithetische Verbesserung? Ist es überhaupt eine Verbesserung? – In wessen Namen er da redet, mit welcher ›Schule‹ er sich da identifiziert, ist ein paar Zeilen vorher ausgesprochen: ›Wir‹, das sind die »Pantheisten« – »Der Pantheismus ist die verborgene Religion Deutschlands«[12] –, aber diese sonderbare geheime Loge oder Kirche war doch zugleich, wie wir wissen, auch die ›Eglise Saint-Simonienne‹, in deren Umkreis sich Heine bis zu ihrer Auflösung in Paris bewegt hatte und deren ›höchstem Vater‹, Prosper *Enfantin*, die französische Version des Werkes (1835) gewidmet ist.

»Als Heine ihre Sache ergriff – oder doch eine Sache, die beinahe die ihrige war –, da machte er sie zu seiner eigenen, er sprach unabhängig und leidenschaftlich nach seiner Natur und sorgte sich wenig, ob er ihre Ansichten ausdrückte oder diejenigen Spinozas, Schellings oder Hegels oder seine eigenen, solange er nur Gehör fand und sich die Botschaft von der Seele lud, von der er besessen war.[13]«

Näher noch steigerte sich diese Idee des deutsch-französischen ›Pantheismus‹ zum erklärten Glauben nicht so sehr an eine All-Göttlichkeit überhaupt als an die spezifische Göttlichkeit des Menschen und noch spezieller zum Bewußtsein der ganz individuellen Göttlichkeit, auch seiner eigenen. Und dies ist Heines eigene und eigentümliche Zutat, seine lang gehütete, in Bildern angedeutete, hier aber laut und rauschend verkündete neue ›Religion‹. Dieses Glaubensbekenntnis ist weder bei Hegel noch bei Saint-Simon und seinen seltsamen späten Jüngern als solches vorgeprägt, wenngleich er sich in Ernst und Scherz bald auf jenen, bald auf diese berufen hat, es ist Heinrich Heines eigenste ›Doktrin‹, und die deificatio hominis war durchaus nicht biblisch-paradiesisch vorgestellt – als bloßer Widerruf von Sündenfall und Austreibung –, sondern heidnisch, zumal hellenisch, als Wiederkehr der exilierten Heidengötter in menschlichen Leibern, und die neuen Wesen dieser seiner ›Doktrin‹ kommen im Kostüm eines merkwürdigen biedermeierlichen Klassizismus einher.[14] Doch wird diese Seite der Sache hier später des näheren untersucht werden.

Um aber auf das Verhältnis jener beiden Sprüche zurückzukommen, so lehrt der Vergleich, daß »das Brot« identisch wiederholt worden ist, daß dem Saint-Justschen ›Volk‹ der Saint-Simonsche »Mensch« entgegengesetzt, und daß das »Recht« mit dem Attribut des Göttlichen ausgestattet worden ist. Die Göttlichkeit wird derart an das »Brot« geknüpft, und in ebendieser Erweiterung des Spannungsbogens, dessen einer Fußpunkt, »le pain«, festgehalten wird, über das gemeine ›Volk‹ Saint-Justs hinweg zum ›Menschen‹ schlechthin, aber damit noch nicht genug, sondern zu dessen Göttlichkeit und ›Gottesrecht‹ – in diesem kühneren Wurf, in dieser luftigeren Konstruktion muß der Autor selber wohl das Salz der Antithese und die Verbesserung der Pointe erblickt haben. Er muß es als Paradoxie gemeint und gewollt haben, daß der Mensch nicht bloß, wie die Tafeln der Menschenrechte seit bald einem halben Jahrhundert erklärten, ein menschliches, sondern daß er ein göttliches Recht mit sich führe, und als eine weitere, noch überraschendere Paradoxie, daß diese Überschwenglichkeit sich gerade in der einfachsten und nötigsten Nahrung realisiere.[15] Ein Gott kann nicht hungern. ›Gott ist Geist‹, sagte die Bibel, aber die neue Lehre sagte, daß Gott auch Leib und darum doch nicht minder herrlich war, im Gegenteil, noch herrlicher.

Uns fällt es nicht ganz leicht, dies alles nachzuvollziehen. Heine mag mit seiner französischen Neufassung hinsichtlich ihrer Treffsicherheit auch selbst nicht so gänzlich zufrieden gewesen sein; jedenfalls mutet die halbverschlungene Antithese der »Menschenrechte des Volks« und der »Gottesrechte des Menschen«, die er sogleich hinterherschickt, rhetorisch geglückter an als jene. Die sinnliche Anschaulichkeit ist ihr freilich ganz entwichen.

Spricht hier ein politischer Denker? Die Variation des Spruches vom Brot läßt die »politische Revolution«, die Saint-Just meinte und deren Trieb- und Tragekraft er mit dem Wort »peuple« kenntlich machte, zu einer halben, ja dürftigen Sache verblassen: Viel wichtiger erscheint dem Schreiber die neue ›Religion‹, auf sie kommt eigentlich alles an. Der eine, einzige Absatz, aus dem hier zitiert wurde – er macht noch nicht eine Druckseite aus –, beginnt mit der diplomatischen Versicherung, die Revolution werde in den Pantheisten nicht Gegner, sondern Gehilfen finden; er endigt mit einer freudig herablassenden Verspottung der tugendhaften, enthaltsamen Republikaner.

Denn inzwischen, während dieser paar Schreibzeilen und -minuten, scheint auch das ›Brot‹ vollends trocken geworden, unzulänglich selbst als Symbolwort, als pars pro toto, unzulänglich nämlich für Götter. Das hellenisch-pantheistische Menü geht höher hinaus als das materialistisch-republikanische: »wir ... verlangen Nektar und Ambrosia, Purpurmäntel, kostbare Wohlgerüche, Wollust und Pracht, lachenden Nymphentanz, Musik und Komödien ...!« Und am Ende häuft er auf diese Freuden des Olymps und des West-östlichen Diwans noch die Genüsse des Junkers Tobias aus Shakespeare: »Meinst du, weil du tugendhaft bist, solle es auf dieser Erde keine angenehmen Torten und keinen süßen Sekt mehr geben?« Vom Brot zur Torte hat ihn der Übermut geführt, der göttliche.

Die Metapher vom Brot kehrt noch manches Mal wieder in Heines Œuvre. Der Begriff der ›Metapher‹ ist freilich nicht ganz zutreffend – deswegen, weil der beste Teil und die originale Kunst dieses Dichters in Vers und Prosa gerade im Wörtlich-Nehmen der Worte, in der Buchstäblichkeit der Gleichnisse, im Aufdecken der unmittelbar sinnlichen Bedeutung der Sprachbilder beruht.[16]

»Es wächst hienieden Brot genug
Für alle Menschenkinder,
Auch Rosen und Myrten, Schönheit und Lust,
Und Zuckererbsen nicht minder.«

Das ist aus ›Deutschland, Ein Wintermärchen‹, Caput I, worin man wohl die vollständigste poetische Version von Heines Schlaraffen-Götter-Doktrin erkennen muß (»Ein neues Lied, ein besseres Lied, O Freunde, will ich Euch dichten, Wir wollen hier auf Erden schon

Das Himmelreich errichten«[17] und so fort). Es ist 1844 geschrieben, zehn Jahre nach dem vorigen. Da ist wieder das Brot Saint-Justs, und es ist für alle Menschenkinder – das ist mehr als ›le peuple‹! Aber Menschenkinder gehen kaum auf die Barrikaden, es bleibt offen, wie sie zu ihrem Brot kommen sollen! Und wiederum erscheint es ungenügend, wiederum häufen sich feinere Zeichen, diesmal lyrische Liebes- und Hochzeitsblumen, danach gar Begriffe, »Schönheit und Lust«, und nachdem er so hochgestiegen oder -geflogen, macht er's wieder gut und findet ein ganz neues eßbares Pendant zum Brot, das zum Unterschied von diesem wie von den Rosen und Myrten wohl nie zuvor in der ganzen Weltliteratur irgend symbolischen Zwecken gedient hat: »Zuckererbsen«, frisch aus des Dichters Hand!

IV.

»Der sinnliche Rattenhaufen,
Er will nur fressen und saufen,
Er denkt nicht, während er säuft und frißt,
Daß unsre Seele unsterblich ist.«

Diese und andere Verse aus den späten ›Wanderratten‹, der grimmigen und in der Tat fürchterlichen Vision vom Triumph des Proletariats (oder des Kommunismus), sind wie ein Epilog und eine Absage zugleich. Nichts mehr vom göttlichen Menschenrecht. Nichts mehr vom armen Hund Medor und seiner vordem sehnlich erhofften Wiederkehr, nichts mehr von diesem symbolisch-anekdotischen Stellvertreter des wahren Volkes. Es zeigt sich jetzt in ganz anderer, nun erst eigentlich tierischer Gestalt. Das hohe Eß-Recht von ehedem hat sich in einen niederen Freß-Willen verkehrt. Das heilige Brot-Symbol kommt freilich hier nicht vor, ist wie ausgespart. Geschweige Torten, Sekt und Zuckererbsen, gar Nektar und Ambrosia. Die jetzige, materialistische Speisekarte ist deftiger, gemahnt weder an den Olymp noch an das Vaterunser, weder an Hellas noch an Paris, dafür aber deutlich genug an die deutsche Heimat, als wären nur dort ausreichend ordinäre Viktualien als Bilder und Zeichen der Zukunft der Revolution zu holen. Insofern findet man hier ein eindeutigeres Gegenstück zu jener zweideutigen Prophetie der kommenden deutschen Revolution, mit der die ›Religion und Philosophie in Deutschland‹ endigt, und die so berühmt geworden wie rätselhaft geblieben ist:

»Im hungrigen Magen Eingang finden
Nur Suppenlogik mit Knödelgründen,
Nur Argumente von Rinderbraten,
Begleitet von Göttinger Wurstzitaten.«

Das gibt kein Rätsel auf. Wo ist nun die ›Rehabilitierung des Fleisches‹ – einschließlich des Rindfleisches – geblieben? Drastisch genug läßt sich die Verwerfung der utopischen Motive an diesen Vokabeln ablesen, es bedarf kaum der umständlichen Untersuchung von Heines ›Bekehrung‹ auf dem Elendslager, kaum der Erörterung, was daran Ernst und was neues, letztes geistiges Spiel gewesen sei.

Zur Göttlichkeit fehlt dem leibhaftigen Menschen ein wesentliches Merkmal: die Unsterblichkeit. So blieb am Ende nichts übrig, als den Leib und die Lust dranzugeben und den alten Glaubensartikel von der »unsterblichen Seele« wieder hervorzuholen, wenigstens diesen. Wovon die Wanderratten nichts wußten, übrigens auch nichts wissen wollten.

Mit Politik hat das nicht viel zu tun, wenig auch mit Konsequenz im Denken. Aber es ist ein großartiges Gedicht. Großartig durch Wahrnehmung, Leidenschaft und bösen Witz. Großartig als Vision.

Zweites Kapitel

Unterschiedliche Prophezeiungen

I.

Auch Weissagungen sind ›Einfälle‹. Die Prophetie muß wohl zu
jenen literarischen Denkfiguren hinzugezählt werden wie Spruch
und Gleichnis, sie ist eine Vision eigener Art. Heines Œuvre wimmelt von Prophezeiungen, diese Rede- und Schreibform ist ihm
ganz natürlich, wie angeboren oder mitgegeben.
Berühmt ist seine Prophezeiung einer kommenden deutschen Revolution. Sie beschließt, wie eine Coda im Fortissimo, seinen großen
Essay ›Zur Geschichte der Religion und Philosophie in Deutschland‹
(von 1835). »Es wird ein Stück aufgeführt werden in Deutschland,
wogegen die französische Revolution nur wie eine harmlose Idylle
erscheinen möchte.«[1] Dieses Orakel ist so fürchterlich zweideutig,
wie nur je ein Orakel der Alten Welt gewesen ist. Ist es eine Heils-
prophetie oder eine des Unheils? Schaudert der Seher und Wahr-
sager vor dem, was er sieht und sagt? Oder frohlockt er darüber?
Einmal haben wir das Unheil herausgelesen und das Schaudern zu
vernehmen gemeint. Vor dreißig Jahren ging dieser Text von Hand
zu Hand wie eine verbotene Schrift, und nicht einmal nur in
Deutschland, sondern zum Beispiel auch in England[2] glaubten viele,
den geweissagten »deutschen Donner« im Nationalsozialismus wiederzuerkennen und in dem Weltkrieg, den er angezettelt hatte. In
der Tat: das Stück ist aufgeführt worden in Deutschland, wogegen
die Französische Revolution wie eine harmlose Idylle erscheinen
mußte. Bis ins Detail fand man bestätigt, was der Dichter mehr als
hundert Jahre zuvor angekündigt hatte: »Bei diesem Geräusch werden die Adler aus der Luft tot niederfallen, und die Löwen in der
fernsten Wüste Afrikas werden die Schwänze einkneifen und sich
in ihren königlichen Höhlen verkriechen.«

Wir hörten damals das Entsetzen heraus, welches wir selber erfuhren. Aber wir bemerkten kaum, daß da doch eine Revolution geweissagt war, wiewohl wir sonst keineswegs bereit waren, den Ereignissen von 1933 und 1939 diesen Namen zuzugestehen. Dieser Punkt wurde übersehen oder als eine Art poetischer Lizenz am Rande liegengelassen. Wie aber der Orakel-Hörer und -Leser je nach eigener Erfahrung, Position und Entscheidung das ihm Gemäße und ihm Bedeutende vernimmt, so ist es höchst erstaunlicherweise auch in unserem modernen Fall gegangen, obwohl diese Pythia nach Nam' und Art historisch genau bekannt ist und die Leser und Hörer ihres Spruches sämtlich nicht der mythologischen, sondern der wissenschaftlichen Welt sich zugehörig fühlen. So hat ein marxistischer Literaturkenner und -deuter, Wolfgang *Harich*, wiederum sich gerade von dem Wort ›Revolution‹ faszinieren lassen; er will daher aus Heine die Vorahnung derjenigen Umwälzung herauslesen, die von Marx eingeleitet ist und jedenfalls in seinem Namen betrieben wurde – »die deutsche Revolution also, die keineswegs gescheitert ist«.[3] (Die deutsche? Die russische? Die Errichtung eines kommunistischen Regimes in Deutschland – als Spätfolge der russischen Revolution? Gleichviel.)

Aber auch jener untergründige Begleitton eines grimmigen nationalen Triumphes, jene zitternde Regung des Stolzes, daß die Franzosen eines Tages von den Deutschen übertrumpft würden, auch dieses Motiv aus Heines Weissagung war einmal als Hauptmotiv hervorgezogen und bei gegebenem Anlaß als historisch treffende Voraussage aufgefaßt worden. »... als die französischen Nachbarskinder 1870 mit dem ›täppischen Rieselein‹ zu hadern begannen, da hat es ihnen, wie Heine dreißig Jahre vorher prophezeite, in der Tat Rücken und Kopf wund geschlagen«, so liest man es – noch 1908 – bei einem gewissen Doktor *Mücke*, einem Germanisten, und er wundert sich, wie »der Dichter, in dessen Adern jüdisches Blut fließt«, doch »für Augenblicke selbst ein germanischer Riese« geworden und den Franzosen »seine vernichtenden Geistesblitze zuzuschleudern« imstande gewesen sei.[4]

Solche Entdeckungen sind geeignet, auch unserem eigenen Auslegungsinteresse Dämpfer aufzusetzen. Wenn dieser wilhelminische Kobold, dem wir uns gewiß überlegen dünken, doch einen Anspruch auf den Propheten Heine anmelden konnte, noch dazu wider seine antisemitische Neigung, so muß auch der marxistischen und jeder anderen parteilichen Deutung gegenüber Vorsicht empfohlen werden. Fügen wir alle drei Rezeptionen zusammen, so müßten wir schließen, Heines Prophezeiung sei schon dreimal eingetroffen, einmal 1870, einmal 1933 und einmal 1945, einmal im günstigen Sinn als deutscher Krieg und Sieg, einmal im unheilvollen als Herrschaft der Berserker und ihrer Wut, und zum dritten wieder als heilsgeschichtliche Wahrheit mit dem Einzug des Kommunismus und der Gründung der ›Deutschen Demokratischen Republik‹. Niemals freilich stimmt das Ereignis ganz mit der Weissagung überein.[5] Der Germanist überhörte das letzte Wort Heines: den Ratschlag an die Franzosen, »immer gerüstet« zu bleiben, »das Gewehr im Arm« zu halten (Heine schlug einen wohlwollenden Ton an, spielte geradezu ein wenig den Landesverräter). Der Marxist scheint den Blitz und Donner beiseite zu lassen – die gewaltigen Drohgeräusche: ». . . wenn ihr es einst krachen hört, wie es noch niemals in der Weltgeschichte gekracht hat« –, denn Harichs deutsche Revolution ist ziemlich geräuschlos vor sich gegangen, es sei denn, man wollte die russischen Panzer hinzurechnen, aber ihnen wäre wieder kein echt »deutscher Donner« zuzuschreiben. Unseren eigenen Fehler, die wir's auf Hitler bezogen, habe ich schon genannt: da war zwar die »brutale germanische Kampflust«, »die unsinnige Berserkerwut«, da war der Donner, und er war weiß Gott auch deutsch, aber da war keine Revolution.

Daß es aber eine Revolution sein würde, was er weissagte, und nicht etwa ein Krieg, eine Okkupation oder eine Parteiherrschaft, darüber hat Heine keinen Zweifel gelassen. »Mich dünkt, ein methodisches Volk wie wir mußte mit der Reformation beginnen, konnte erst hierauf sich mit der Philosophie beschäftigen und durfte nur nach deren Vollendung zur politischen Revolution übergehen. Diese Ordnung finde ich ganz vernünftig.« Drei Schritte, drei Phasen, zwei sind vergangen, daher als historische Erscheinungen etabliert, die dritte steht noch aus, soll aber zwingend folgen: das Schema ist vertraut, seit Daniels Zeiten. (Auch Marx und Engels haben es nicht anders gehalten mit der Trias von Feudalismus, Kapitalismus und Sozialismus, wenn hier auch die historischen Signaturen – im Unterschied zu denjenigen Heines – wesentlich negativer Art sind und die Freiheit ausschließlich in der Zukunft liegt.[6]) Reformation – Philosophie – Revolution: Heines deutsche Religions- und Geistesgeschichte folgt in ihrem Gang einer und derselben Richtung, sie geht in Fortschritten auf die Freiheit zu. Aber das ist noch nicht das ganze prophetische Beweisverfahren. Es gibt noch einen speziellen und spezifischen Grund, die Notwendigkeit der kommenden deutschen Revolution einsichtig zu machen: Die (historisch etablierte) deutsche Philosophie fordere die politische Revolution. »Lächelt nicht über den Phantasten, der im Reiche der Erscheinungen dieselbe Revolution erwartet, die im Gebiete des Geistes stattgefunden« – diese hatte er zuvor einläßlich beschrieben, vorab an Kant und Fichte. Und nun folgt der entscheidende Satz, dasjenige Argument, welches bestimmt ist, die Ungläubigen zu überzeugen, die Prophetie von dem Geruch der bloßen Phantasie zu befreien: »Der Gedanke geht der Tat voraus, wie der Blitz dem Donner.« Das Argument ist ein Gleichnis. Das Gleichnis ist ingeniös gegriffen, es führt unmittelbar die Vorstellung der Naturnotwendigkeit ein, man kann sich seinem Bann nicht leicht entziehen. Die poetische Metapher kommt der Prophetie zu Hilfe, den Verdacht des freien Luftgespinstes zu vertreiben. Sie bildet den Kern des prophetischen Beweises.

Wir Heutigen können kaum noch ermessen, wie originell und wie kühn dieser ›Einfall‹ war. Wir sind auf tausend Weisen von den Marxschen und marxistischen und neo-marxistischen Denkfiguren behext und von langer Hand daran gewöhnt worden zu glauben, daß die Tat aus dem Gedanken, die Revolution aus der Philosophie oder jedenfalls die Praxis aus der Theorie hervorgehe. In Wahrheit ist das alles ganz zweifelhaft. Ich will jetzt nur daran erinnern, daß zum Beispiel der große *Hegel*, wiewohl doch der Stammvater der historischen Dialektik, das Verhältnis von Geschichte und Philosophie ganz umgekehrt bestimmt hat – indem er diese, die Philosophie, in einem berühmten Gleichnis mit der Eule der Minerva zusammenbrachte, »die ihren Flug in der Dämmerung beginnt«, nämlich in der Abenddämmerung, wenn der Tag vorüber und die geschichtliche, die ›praktische‹ Arbeit getan ist. Karl *Marx* hingegen ist in diesem kardinalen Punkte nicht Hegels, sondern eher Heines Spur gefolgt, und das meine ich ganz buchstäblich. Sein Diktum, es sei »jetzt der Philosoph, in dessen Hirne die Revolution beginnt«, ungefähr zehn Jahre jünger als Heines Prophezeiung, kann durchaus von dieser inspiriert sein, zumal es zu einer Zeit formuliert wurde, da beide in Paris Umgang miteinander hatten.[7] Es ist daher nicht unwahrscheinlich, daß man die ganze seither vielfältig ausgesponnene Lehre von der Dialektik zwischen Theorie und Praxis in der letzten Instanz jenem Einfall des poetischen Propheten Heine verdankt.[8]

Jedenfalls gilt Heines Priorität hinsichtlich der prophetischen Herleitung der revolutionären Aktion aus der Philosophie so lange, als man allein die deutsche Ideengeschichte ins Auge faßt. Alle deutschen Revolutions- und Zukunftsdenker der Epoche sind mit ihren einschlägigen, bisweilen verblüffend ähnlichen, wenn auch zumeist methodisch umständlicher formulierten Thesen erst nach Heine hervorgetreten. Das sind zumeist Autoren, die man in der Philosophiegeschichte als Junghegelianer oder Linkshegelianer bezeichnet. Der mächtigste unter ihnen war Marx, von ihm ist schon die Rede gewesen; er hat weithin selber dafür gesorgt, daß seine radikalen Geistesverwandten und Zeitgenossen in Vergessenheit geraten sind. Aber ein paar Namen und Zitate sind hier doch am Platze, damit deutlich werde, auf wie breiter Front die ›Philosophie der Tat‹ – und die Deduktion der Tat aus der Philosophie – alsbald im vormärzlichen Deutschland aufmarschiert ist. Da war vor allem der Privatdozent der Theologie Bruno *Bauer*, dem der junge Marx in Bonn zugehört hat, ehe er ins Exil nach Paris ging und ihm von dort aus polemisch den Garaus machte.[9] Bauer lehrte und schrieb, daß mit der Vollendung der Philosophie (in Hegel) das menschliche Selbstbewußtsein den Weg in die Zukunft und das heißt in die Freiheit eröffne, dies aber nicht schiedlich und friedlich, sondern revolutionär: »Nur eine Vernichtungsschlacht kann die Sache zu Ende führen.« Und man meint, Heines germanische Berserker nachdröhnen zu hören, wenn man liest, jedes neue weltgeschichtliche Prinzip sei »vandalisch« und es müsse vandalisch sein, »weil es bis zu seiner extremen Ausbildung fortgehen« müsse: »Die Zerstörung, die es anhebt, ist schonungslos.«[10]

Da war der junge Dichter Georg *Herwegh*, der, ungefähr gleichaltrig mit Marx, 1841 notierte: »Der absolute Wert der Bücher hat aufgehört, sie gelten nur, insofern sie zum Handeln instigieren ... Alle Theorie schlägt, wie in Frankreich von je, nun auch in Deutschland in Praxis um ...«[11] Da war Alexander *Herzen*, der russische Adept der deutschen Philosophie, der, nun mit ausschließlicher Beziehung auf Hegel, ebenso knapp und entschieden wie geheimnisvoll sagt: »Die Philosophie Hegels ist die Algebra der Revolution.«[12]

Diese radikalen Intellektuellen hingen sämtlich in einer vertrackten Art an Hegel, dessen System sie wie eine verschlüsselte Anweisung für die künftige Geschichte lasen, den sie umstülpten, indem sie ihn fortzuführen oder auszuführen strebten. Und ihre Schlußfolgerung scheint sogar ganz verständlich, wenn man sich Hegels mächtige und ungeheuerliche Prätention vor Augen führt, die Philosophie, ja die Geschichte des Geistes überhaupt im »absoluten Wissen« vollendet zu haben. (Er sagt freilich nicht, daß er das absolute Wissen habe, aber er beschrieb und deutete die »Reihe der Gestaltungen des Geistes« abschließend und gab an, wie die Geschichte zu ihrem Begriff komme, ja gekommen sei.[13]) So hatte Hegel gleichsam zu denken nichts mehr übriggelassen; indem aber die Geschichte gleichwohl nicht zu demjenigen Stillstand gekommen war, welcher eigentlich der vollständigen und endgültigen Offenbarung in ›der‹ Philosophie (nämlich der Hegelschen) entsprochen hätte, so fanden die unruhigen Schüler, da sie dennoch fortfuhren zu philosophieren, keinen anderen Ausweg als den, vom Gedanken zur Tat überzuspringen – wenigstens in Gedanken. Oder eben: »alle Theorie« in Praxis umschlagen zu lassen.

Aber das ist nicht das Motiv Heines. Obwohl er in den zwanziger Jahren in Berlin bei Hegel (und bei dem Hegelianer Eduard *Gans*) studiert hat, war er doch keineswegs in dessen Bann geraten. Die Prophezeiung der künftigen deutschen Revolution, jenes deutschen Donners, welcher dem Blitz des Gedankens folgen würde, nimmt zwar von einer Darstellung der deutschen Philosophie ihren Ausgang, doch gerade nicht von derjenigen Hegels, die merkwürdigerweise in seiner Abhandlung fast ganz ausgespart bleibt. Nicht in Hegel, sondern vorab in Kant und Fichte, auch in Schelling, fand Heine die »Algebra der Revolution«.[14] Auch hat er ja – ich wiederhole es – dieses welterschütternde künftige Ereignis nicht deduziert wie jene, die späteren, die Hegelianer, sondern er hat es prophezeit. In diesem Sinne und mit solcher Hervorhebung der Eigentümlichkeit seines ›Einfalls‹ kann man in der Tat urteilen, er sei der erste gewesen, der den Übergang aus der Reflexion in die Aktion vorgezeichnet habe.[15]

II.

Dennoch hatte er Vorgänger. Es waren die Lehrer der Schule, die Priester der Kirche Saint-Simons in Paris. Der Graf von *Saint-Simon* (der schon sechs Jahre tot war, als Heine nach Paris kam) war ein großer Autodidakt, ein asketischer Enthusiast der positiven Wissenschaften, ein Apostel und ›Planificateur‹ der irdischen Glückseligkeit des industriellen Zeitalters, aber er hatte auch eine Art Geschichtsphilosophie entworfen, welche seine Jünger und Nachfolger vollends auf den missionarischen Zweck zuschnitten. Ich meine nicht Auguste *Comte,* er hat unter ihnen den dauerhaftesten Ruhm erworben, wird zu Recht noch heute als ein Begründer der Soziologie gefeiert, doch hielt er sich abseits von der ›Ecole‹ oder ›Eglise‹. Diese kurzlebige Institution war vielmehr das Werk vor allem zweier Männer, des vormaligen Verschwörers und Carbonari-Führers Saint-Amand *Bazard* und des exzentrischen Projektemachers Barthélemy Prosper *Enfantin.* Bazard war der systematische Kopf, übrigens auch der bedeutendere Schriftsteller, Enfantin der stärkere Wille, der bezaubernde Rattenfänger. Von Bazard stammt die erste und schönste literarische Gesamtdarstellung ihrer Lehren oder Dogmen, die ›Exposition de la Doctrine‹, die im wesentlichen aus seinen eigenen Vorträgen in der Rue Taranne hervorgegangen ist. Dieses Buch, eigentlich als erste Folge eines Jahrbuchs gedacht, machte weiterum starken Eindruck, und zwar nach der Art nicht einer gelehrten Abhandlung, sondern einer modernen Heilsbotschaft. Heine hatte es zu Anfang 1831 in Händen, las noch in Hamburg darin, und diese Lektüre hängt mit seiner Übersiedlung nach Paris aufs engste zusammen.[16] Darin konnte er auch die Spur jener geschichtsphilosophischen Schematik finden, die Saint-Simon seinen Schülern hinterlassen hatte, und ich bin sicher, er hat sie gefunden und aufgefaßt. Ihr Haupt- und Leitgedanke, um es kurz zu sagen, ist die Einsicht oder die Konstruktion, daß Religion und Gesellschaftsordnung miteinander korrespondieren, jedenfalls in denjenigen Epochen, welche sie die ›organischen‹ nannten und für die vorab das christliche Mittelalter als Modellfall diente.

».. . tout état organique des sociétés était toujours la conséquence, la représentation d'une conception religieuse .. .« und wiederum: »Aux époques organiques, une conception religieuse révèle à l'humanité une Destination dont l'accomplissement devient l'objet de ses désirs les plus ardents.«[17]

Man kann schon aus diesen allgemeinen Thesen heraushören, daß es hier wohl um die Aufstellung eines historischen Gesetzes geht, aber dies nicht der bloßen Erkenntnis, sondern vielmehr der Anwendung wegen. Das ›Gesetz‹ dient gleichsam als ein Pfandschein auf die Zukunft. Eine solche ›organische‹ Epoche, so ist die Meinung, gelte es nun von neuem heraufzuführen. Darum wollen diese Männer nicht allein ihre Wissenschaft ausbreiten, nicht allein die Erde industrialisieren und die Industrie organisieren, sondern eine Religion verkündigen. Es ist ein sonderbares Schlußverfahren: Man meint in der ›hierarchischen‹ Gesellschaftsordnung des Mittelalters die Folge oder das Abbild einer religiösen Konzeption, der katholischen, zu erkennen, also kann die erdumfassende friedliche Industriegesellschaft der Zukunft, die man herzustellen strebt, auch ihrerseits nur auf dem Wege einer neuen Universalreligion herbeigeführt werden. Es ist ein Zug von romantischer Nachahmung am Werke – neue Kirche, neuer Papst, neue Priesterschaft, neues Apostolat –, und zugleich damit ein (nur halb bewußtes) Motiv rationaler Zweckmäßigkeit: damit die Gesellschaft geordnet werden kann, muß ein Glaube gestiftet, eine Kirche errichtet werden. Diese ›Religion saint-simonienne‹ kommt einer technischen Veranstaltung zum Zweck der sozialen Organisation sehr nahe.

Aber das ist im gegenwärtigen Zusammenhang nicht die Hauptsache. Wichtiger ist das Ziel solcher neuen Gesellschaftsordnung. Bazard beeilt sich, jenem Verdacht einer Nachahmung zuvorzukommen. In aller Vergangenheit, auch der ›organischen‹ Zeiten, waren die Gesellschaften vom »Antagonismus« erfüllt – diese Kernvokabel des Marxismus stammt von Saint-Simon! –, weil sie auf der »exploitation« beruhten, der »Ausbeutung des Schwachen durch den Starken, des Menschen durch den Menschen«[18] – auch diese marxische und marxistische Grundformel ist im Ursprung saint-simonisch und saint-simonistisch. Die neue Gesellschaft indessen werde eine umfassende »Association« der emanzipierten Menschen, zumal der »zahlreichsten und ärmsten Klasse«, bilden, und sie werde sich insgesamt daran machen, die »äußere Natur« auszubeuten anstatt des Menschen, und dies vermöge der technischen Industrie. Das Ziel ist umwälzend, doch das Mittel ist nicht Revolution, sondern eben – Religion. Das ist offenbar auch der Grund, warum Marx und Engels – zwanzig Jahre später – dergleichen Lehren als »utopistische« gebrandmarkt und verworfen haben: »Die kommende Weltgeschichte löst sich für sie auf in die Propaganda und die praktische Ausführung ihrer Gesellschaftspläne«, heißt es abschätzig im ›Kommunistischen Manifest‹.[19]

Ist es auch keine Revolution, so doch eine gewaltige Veränderung, die da entworfen und betrieben wird. Und sie soll aus der neuen ›Religion‹ hervorgehen, aus der Trinität von Moral, Wissenschaft und Industrie. Jener ingeniöse synthetische Blick und Griff des Meisters Saint-Simon – »que tout régime social est une application d'un système philosophique«[20] (darunter begriff er auch die Religionen) –, ist Heine überliefert worden durch die Vermittlung zuerst jenes Buches, der ›Exposition‹, hernach der Predigten und Belehrungen, die er in Paris mit eigenen Ohren hörte. Und als er sich daranmachte, die deutsche »Religion und Philosophie« darzustellen, für französische Leser darzustellen – und man erinnere sich, daß er das Buch ›De l'Allemagne‹ eben jenem Enfantin gewidmet hat (Bazard war inzwischen unter dramatischen Umständen gestorben) –, da kam es ihm zwar einerseits offenkundig darauf an, gleichlaufende Tendenzen aufzuspüren oder doch zu behaupten, andererseits aber trieb es ihn auch, ein deutsches Gegenstück zu den französischen Systemen vorzuzeigen, ein imponierendes, die Gesamtheit der großen Philosophien des Idealismus nämlich, und auch aus dieser Philosophie mußte, damit sie in keinem Punkt hinter der französischen zurückblieb, am Ende eine soziale Konsequenz erwachsen. »Lächelt nicht über den Phantasten, der im Reiche der Erscheinungen dieselbe Revolution erwartet, die im Gebiete des Geistes stattgefunden. Der Gedanke geht der Tat voraus wie der Blitz dem Donner.«

Über das soziale System, das aus dieser Tat der Deutschen hervorgehen werde – der Kantianer, »die auch in der Erscheinungswelt von keiner Pietät etwas wissen wollen«, der Fichteaner, »die in ihrem Willensfanatismus weder durch Furcht noch durch Eigennutz zu bändigen sind«, und der Naturphilosophen, die »sich mit dem Zerstörungswerk selber identifizieren würden«[21] –, über das Resultat ihrer Revolution erfahren wir freilich von Heine nichts. Hier gar nichts, auch anderwärts nur wenig. (Darum auch wollte Enfantin, der Empfänger des Werkes, von dieser ganzen Revolutionsphantasie nichts wissen – davon später.[22]) Nur daß sie eine Befreiung bringen werde, können wir entnehmen. An die französische Adresse ist die Warnung gerichtet: »Ihr habt von dem befreiten Deutschland mehr zu befürchten als von der ganzen Heiligen Allianz mitsamt allen Kroaten und Kosaken.« So wird also auch kein Friede sein. Man hört mitten im visionären Schrecken den Nationalstolz des Propheten heraus.

Saint-Simon und die Seinigen haben zuerst die gesellschaftliche Veränderung als Folge und Ausdruck der ›Philosophie‹ zu begreifen gesucht, und sie haben eine Philosophie – auch unter dem Namen einer Religion – aufgestellt zu dem ausdrücklichen Zwecke, die Gesellschaft zu verändern, freilich friedlich, nicht revolutionär, und missionarisch, nicht strategisch. Heinrich Heine hat aus den Zeichen der (deutschen) Philosophie die Zukunft der Veränderung gelesen, aus den Gedanken die Tat gewahrsagt – mehr die Tat freilich als das Werk, das sie vollbringen soll. Karl Marx schließlich hat die prophetische Natur dieses Zusammenhangs in eine dialektische Figur zusammengepreßt, von jenen die Zielbestimmung, von diesem das Ereignis der Revolution, und zwar als ein deutsches, aufgenommen und einbezogen, das Moment des Klassenkampfes, des selbsttätigen Proletariats, original eingearbeitet. »Die Emanzipation des Deutschen ist die Emanzipation des Menschen. Der Kopf dieser Emanzipation ist die Philosophie, ihr Herz das Proletariat. Die Philosophie kann sich nicht verwirklichen ohne die Aufhebung des Proletariats, das Proletariat kann sich nicht aufheben ohne die Verwirklichung der Philosophie.«[23]

Es sind drei verschiedene Aggregatzustände eines und desselben Gedankenstoffes, der synthetische, der prophetische und der dialektische. Der Stoff verändert sich freilich vom einen zum anderen Zustand. Die Saint-Simonisten wollten die neue Gesellschaftsordnung mitsamt der korrespondierenden Religion. Der poetische Prophet Heine nimmt die Synthese wieder auseinander, macht die revolutionäre Tat nicht zum Ziel, aber zur Folge des religiös-philosophischen Gedankens. Der Revolutionsdenker Marx knüpft nicht allein die Tat an den Gedanken, sondern auch den Gedanken an die Tat, schlägt einen doppelten Knoten: der bloße Gedanke – nämlich der Gedanke der Freiheit – soll verschwinden, indem er sich verwirklicht, und er verwirklicht sich, indem die gesellschaftliche Unfreiheit revolutionär aufgehoben wird. Die Saint-Simonisten haben den Willen, Marx hat die Erkenntnis überanstrengt. Die prophetische Formel erscheint im Vergleich als die bescheidenste, menschlich maßvolle, sie will es nicht herbeizwingen, weder durch Willen noch durch Erkenntnis.

Übrigens hat Heine noch einmal das Verhältnis von Gedanke und Tat behandelt, und dieses Mal durchaus poetisch, in einem visionären Gleichnis. Es steht in ›Deutschland, Ein Wintermärchen‹, Caput VI und VII:

»Ich selbst, wenn ich am Schreibtisch saß
Des Nachts, hab ich gesehen

Zuweilen einen vermummten Gast
Unheimlich hinter mir stehen.

Unter dem Mantel hielt er etwas
Verborgen, das seltsam blinkte,
Wenn es zum Vorschein kam, und ein Beil,
Ein Richtbeil zu sein mir dünkte.«

Der schattenhafte Dämon gibt auf Befragen seine Identität zu erkennen – mit den unvergeßlichen Worten: ». . . ich bin / Die Tat
von deinem Gedanken.« In dieser Version handelt es sich nicht um
Geschichtsphilosophie, auch nicht um prophetische, sondern vielmehr
um eine Figur des Verhängnisses, daß aus dem Denken Konsequenzen im Handeln erwachsen, die selbst nicht mitbedacht waren, womöglich gar nicht mitbedacht werden können. Es ist ein ethisches
Gleichnis – wenn man den Ausdruck nur recht versteht. Der alp-
traumhafte Ausgang der Erzählung macht deutlich, wie die Tat auf
den Denkenden zurückschlägt –

»Es dröhnte der Hiebe Widerhall
Aus allen Gewölben, entsetzlich! –
Blutströme schossen aus meiner Brust,
Und ich erwachte plötzlich.«[24]

III.

Doch nicht von Gleichnissen, sondern von Prophezeiungen, und
nicht von ethischen, sondern von historischen Visionen wollten wir
jetzt reden. In diese Kategorie gehört die Vision eines deutsch-französischen Krieges, die Heine in einer jener Pariser Korrespondenzen
ausgesprochen hat, welche in dem Buch ›Lutetia‹ zusammengefaßt
sind. »Es wäre . . . der gräßlichste Zerstörungskrieg, der leider die
beiden edelsten Völker der Zivilisation in die Arena riefe zu beider
Verderben.«[25] Das ist im Juli 1842 geschrieben; der Deutsch-Französische Krieg, der dreißig Jahre später wirklich ausbrach, war zwar
auch zu beider Verderben, aber in anderem Sinn. Heine meinte einen
Ausgang, bei welchem es ›weder Sieger noch Besiegte‹ gäbe, er
meinte wechselseitige politische Auslöschung. Erstaunlicher ist der
Fortgang der Prophetie: »Doch das wäre nur der erste Akt des gro-

ßen Spektakelstückes, gleichsam das Vorspiel. Der zweite Akt ist die europäische, die Weltrevolution, der große Zweikampf der Besitzlosen mit der Aristokratie des Besitzes, und da wird weder von Nationalität noch von Religion die Rede sein: nur *ein* Vaterland wird es geben, nämlich die Erde, und nur *einen* Glauben, nämlich das Glück auf Erden.« Soweit klingt es verblüffend marxisch – sechs Jahre *vor* dem Kommunistischen Manifest, notabene –, das ganze Weissagungsschema der Geburt des Klassenkrieges aus dem europäischen Staatenkrieg ist hier vorgeprägt, wie es noch *Lenins* Erwartungen und Handlungen bestimmt hat. Aber der Ausgang mutet ganz und gar nicht heilsgeschichtlich an: »Es wird vielleicht alsdann nur *einen* Hirten und *eine* Herde geben« (man bemerke die biblische, neutestamentliche Parabelwendung!), »ein freier Hirt mit einem eisernen Hirtenstabe und eine gleichgeschorene, gleichblökende Menschenherde! Wilde, düstere Zeiten dröhnen heran ...« und so fort: »Die Zukunft riecht nach Juchten, nach Blut, nach Gottlosigkeit und nach sehr vielen Prügeln. Ich rate unseren Enkeln, mit einer sehr dicken Rückenhaut zur Welt zu kommen.«

Die Verblüffung des heutigen Lesers setzt sich fort, aber aus dem entgegengesetzten Grunde: Zuvor erstaunte uns die Vorstellung vom universalen Klassenkampf, nun aber folgt keineswegs die endzeitliche Harmonie der klassenlosen Gesellschaft (oder, wie *Chruschtschow* so gerne sagte: der Blick zu den »lichten Höhen des Kommunismus«), sondern das Schreckbild der Diktatur – »mit eisernem Hirtenstabe« und »sehr vielen Prügeln« – über eine durchweg egalisierte Gesellschaft, und nicht einmal einer Klassen- und Mehrheitsdiktatur, wie sie Marx entworfen hat, sondern der autokratischen Diktatur eines einzigen »Hirten«. Man kann kaum umhin, an die bolschewistische Sekretärsherrschaft zu denken, an *Stalin*, an *Mao*, und man kann mit einer gewissen Abwandlung auch an die andere totalitäre Ausprägung denken, die wir erfahren haben, an *Hitler*.

Ein Wort fällt hier dem Kenner noch besonders ins Auge: »Weltrevolution«. Ich kann nicht mit Gewißheit behaupten, Heine habe diesen Begriff geprägt, der nachmals in der Geschichte des Sozialismus und zumal in der russischen Revolution von 1917 eine so zentrale Rolle zu spielen bestimmt war – Lenins Entschluß zum Aufstand ist nur aus der Erwartung der ›Kettenreaktion‹ der nationalen Revolutionen, also der ›Weltrevolution‹ zu deuten, und es war in der

Tat, wenn auch nur unter anderem, ein deutsch-französischer Krieg, woraus er dieses Ereignis oder diese Ereignisfolge hervorgehen sah –, aber jedenfalls sucht man das Wort als solches vergebens in den Schriften von Karl Marx und Friedrich Engels.[26] Es ist dies der früheste markante Auftritt dieses wirkungsmächtigen und schicksalsträchtigen Verheißungswortes, den ich kenne, und der Fund gewinnt nur an Bedeutung dadurch, daß die Quelle nicht der anonymen Flugblatt-Publizistik, sondern der hohen Literatur zugehört; als er dies schrieb, kannte Heine Marx noch nicht.[27]

Das ist zwar wiederum eine Revolutionsprophetie wie zuvor am Schluß der ›Religion und Philosophie in Deutschland‹, aber diese Revolution ist keine rein deutsche, hat offenbar auch nichts mehr mit Philosophie zu tun. Vor allem fehlt ihr auch die leiseste Spur von Enthusiasmus. Es ist schieres Unheil, was geweissagt wird.

Nur zwei Jahre später liest man's abermals anders. Im Vorwort zu ›Deutschland, Ein Wintermärchen‹ steht das tolle Wort von der Sendung, ja von der »Universalherrschaft Deutschlands«. Es klingt nach Alldeutschtum, nach Pan-Germanismus, und wirklich zeigt der Zusammenhang, daß es bestimmt war, die heimischen Patrioten und Nationalisten zu übertrumpfen, ihrer »Scheelsucht« prächtig entgegenzutreten: Seht her, wie es der geschmähte Emigrant und Franzosenfreund in Wahrheit meint! »Von dieser Sendung und Universalherrschaft Deutschlands träume ich oft, wenn ich unter Eichen wandle. Das ist *mein* Patriotismus.«[28] Von welcher Sendung aber? Wie zehn Jahre vorher (in der ›Religion und Philosophie in Deutschland‹) wird eine revolutionäre Zukunft der Deutschen beschworen, ohne alle Kriegsgeschichte dieses Mal, wiederum und ausdrücklich auch mit der Aussicht, daß sie die Franzosen »überflügeln« werde, und zwar »in der Tat« wie schon zuvor »im Gedanken«; wiederum schließlich wird den Deutschen die Fähigkeit zugeschrieben, den Gedanken »bis zu den letzten Folgerungen« zu verwirklichen. Aber jetzt ist alles Entsetzenerregende dieser Perspektive, alles Germanisch-Gewalttätige abgetan, und der Tenor ist nichts weniger als besorgt und warnend, vielmehr fröhlich, zuversichtlich, übermütig. Die vormalige proletarische Weltrevolution, Hirt und Herde sind vergessen. Ist da die Lebensstimmung umgeschlagen? Hat die Laune gewechselt? Oder läßt der Kontrast sich erklären, läßt sich am Ende ein Zusammenhang herstellen?

Wir müssen den Inhalt, die Ziele dieser neuen Prophetie näher betrachten. Worin bestehen jene »letzten Folgerungen« des Gedankens, wozu die Deutschen sich »emporschwingen« werden?

»... wenn wir die Dienstbarkeit bis in ihrem letzten Schlupfwinkel, dem Himmel, zerstören, wenn wir den Gott, der auf Erden im Menschen wohnt, aus seiner Erniedrigung retten, wenn wir die Erlöser Gottes werden, wenn wir das arme, glückenterbte Volk und den verhöhnten Genius und die geschändete Schönheit wieder in ihre Würde einsetzen, wie unsere großen Meister gesagt und gesungen, und wie wir es wollen, wir, die Jünger ...«[29]

Das ist ein kompakter Satz, viele und gewaltige Erwartungen sind darin zusammengedrängt. Die beiden Formeln einer theologischen Revolution, die den Anfang machen, sind genial geprägt, bei der Kritik von Herrschaft und »Dienstbarkeit« kann man an Ludwig *Feuerbach*, bei der »Erlösung Gottes« durch den Menschen (den Deutschen) an Friedrich *Nietzsche* denken. Was danach folgt, bildet eine Trinität von Zielen, eine Synthese von Motiven, die von früh an in Heines Œuvre geistern: die soziale Emanzipation einerseits, die Wiedereinsetzung des »Genius« und der »Schönheit« andererseits. Es ist nicht ganz leicht, alle Elemente zu entschlüsseln. »Geschändet« war die Schönheit (und das heißt zugleich: die Liebe, die leibliche Liebe), so müssen wir es verstehen, durch den christlichen »Spiritualismus« (wovon zuvor namentlich in dem Buch über ›Ludwig Börne‹ ausführlich die Rede gewesen war); der Begriff der »Schönheit« ist ihm stets verknüpft gewesen und geblieben mit dem »Hellenischen«, mit den »Marmorbildern« des Altertums, die er eigentümlich sinnlich belebt sich vorstellte, und die er als ein anderes, paganes Paradies aus der Vergangenheit in die Zukunft umzupflanzen träumte – ganz ähnlich, wie die Saint-Simonisten das biblische Paradies aus der Vergangenheit in die Zukunft zu ›transportieren‹ versprachen.[30]

Schwieriger scheint es, die Wendung vom »verhöhnten Genius« zu deuten. Das Wort »Genius« steht wohl für ›Dichter‹ oder ›Künstler‹ – inwiefern aber ist er »verhöhnt« und durch wen? Vielleicht muß man hier nicht nach einer gleichartigen und gleichgewichtigen geschichtsphilosophischen These suchen, wie sie in dem parallelen Wort von der »geschändeten Schönheit« enthalten ist. Vielleicht steckt hier mehr von der eigenen, Heineschen, Lebens- und Berufserfahrung verborgen, vielleicht ist hier die tiefe Wunde zu verspüren, daß man ihm, dem »Genius«, in Deutschland ein Amt verweigert hatte, sein Ungenügen an der Position des freien Schriftstellers, der er doch prototypisch geworden ist, sein geheimer Drang nach einem installierten und autoritativen gesellschaftlichen Rang.

Was endlich das »arme glückenterbte Volk« betrifft, welches in seine Würde wiedereingesetzt werden soll ganz wie der Genius und die Schönheit, so ist hier der philanthropische Klang unüberhörbar. Und die Saint-Simonisten waren erklärte Philanthropen, ihr Meister hatte ihnen dieses Stichwort überliefert. Vor allem ist es das Motiv des Glücks, und zwar in einem durchaus materiellen und »sensuellen« Sinne des Wortes, das Heine bei ihnen mächtig ausgesprochen gefunden hatte. »Le véritable Christianisme doit rendre les hommes heureux, non seulement dans le ciel, mais sur la terre«: das sind die Worte, die Saint-Simon seinem fingierten oder postulierten Luther in den Mund legt, welche dieser nämlich dem Papst hätte sagen müssen, wenn er seine Sache recht aufgefaßt hätte.[31] Die Schrift, worin dies enthalten ist, hat mehr als andere die Jünger inspiriert, ihre neue Religion zu verkünden, und Heine hat sie durch seinen Umgang mit ihnen mindestens mittelbar kennengelernt. Zudem kehren ›bonheur‹ und ›félicité‹ und ›bien-être‹ unaufhörlich wieder, es ist fast überflüssig, einzelne Stellen anzugeben.

Doch nicht auf den Meister der Saint-Simonisten beruft sich Heine in der Prophezeiung, von der wir reden, sondern auf die deutschen Meister, »unsere großen Meister«: sie nämlich seien es, die von ebenjenen Zielen »gesagt und gesungen« hätten. Welche Namen ihm da vorgeschwebt haben mögen, kann ich nicht sagen – vielleicht derjenige *Goethes,* der wenigstens mit dem Genius und der Schönheit in Beziehung gesetzt werden konnte, wenn er auch mit dem armen Volke nichts Sonderliches im Sinn gehabt hat; vielleicht aber ist es auch eine summarische Erinnerung an jene deutsche Freiheitstradition von Luther über Lessing zu Kant und seinen Nachfolgern, wie er sie damals nachkonstruiert hatte.

Ich will aber zu der Vergleichung dieser unterschiedlichen Prophezeiungen zurückkehren: derjenigen von den philosophischen Berserkern (von 1834), der zweiten vom internationalen Klassenkampf und von der Diktatur über die egalitäre Massengesellschaft, und der dritten von der versöhnten Endzeit, da Volk und Genius und Schönheit gleichermaßen rehabilitiert – oder emanzipiert – sein werden. Es ist nicht leicht, diese Propheten-›Einfälle‹ logisch miteinander zu verknüpfen. Diese Visionen unterscheiden sich handgreiflich nach ihrem Gegenstand: die erste zeigt eine Art Freiheits-Explosion, von der wir aber kein Ergebnis kennenlernen; die zweite malt ein Ergebnis, aber ein fürchterliches; die dritte erschwärmt allgemeines Glück in dreifacher Gestalt. Aber sie unterscheiden sich auch der Art nach: die erste hat den Charakter eines Orakels, bei dem man nicht weiß, ob man schaudern oder jubeln soll, die zweite ist eine grimmige Unheilsbotschaft, ein Kassandra-Ruf, die dritte ganz im Gegenteil eine frohe Heilsverheißung, eine Utopie. Alle drei freilich kommen darin überein, daß sie eine Revolution meinen, einmal eine spezifisch deutsche, dann eine Weltrevolution, schließlich wiederum eine deutsche, aber diesmal als exemplarisch und avantgardistisch – »die ganze Welt wird deutsch werden«. Das erste Mal lag der Ton auf der Genese – der Revolution aus der Philosophie –, das zweite Mal auf dem Resultat – der Nivellierung und der Tyrannis –, das dritte Mal auf dem Ziel – der dreifachen Emanzipation. Kann es da einen Zusammenhang geben?

Die Erwartung eines künftigen Klassenkampfs ist in der ›Lutetia‹ des öfteren zu vernehmen, auch unter den Stichworten »Kommunismus« und »Proletarierherrschaft«.[32] In dem Artikel vom 20. Juni 1842, der dem zuvor zitierten unmittelbar vorausgeht, kommen beide Stichworte vor: »Kommunismus ist der geheime Name des furchtbaren Antagonisten, der die Proletarierherrschaft in allen ihren Konsequenzen dem heutigen Bourgeoisieregimente entgegensetzt.« Er sei der »düstre Held« in der modernen Tragödie – immer wieder stellt sich ihm die zukünftige Geschichte theatralisch dar: Es wird ein Stück aufgeführt werden..., ein Spektakelstück..., nun aber ist es eine Tragödie. Und dem Kommunismus werde darin eine große Rolle beschieden sein. Aber das ist nicht der ganze Wortlaut – genauer heißt es: »... eine große, wenn auch nur vorübergehende Rolle«.[33] Die Überzeugung von dem nur zeitweiligen Triumph des Kommunismus ist übrigens nicht nur einmal ausgesprochen.[34] Indessen hat sich der Prophet nicht darüber vernehmen lassen, auf welche Weise diese Zwischenherrschaft an ihr Ende kommen und was für ein Zustand ihr folgen solle. Immerhin meint man herauszuhören, daß die eigentliche, positive Utopie hier unausgesprochen, ausgespart oder auch vertagt erscheint, wenn auch nicht ad calendas graecas, ein Schimmer vom rettenden Licht der Endzeit bleibt noch im Verschweigen merklich.

Es fällt schwer, bei dieser prophetischen Denkfigur der zeitweiligen und vorübergehenden Herrschaft eines unheiligen Prinzips oder einer Kraft aus dem (gesellschaftlichen) Untergrund sich nicht des charakteristischen Topos der Apokalypse des Johannes zu erinnern, welcher besagt, daß dem tausendjährigen Reich Christi die befristete Herrschaft des Drachens und der beiden gehörnten Tiere, und abermals, daß der Aufrichtung des neuen Himmels und der neuen Erde ein letzter wütender, aber eben ›vorübergehender‹ Verführungsfeldzug Satans voraufgehen werde.[35] Ich sage nicht, Heine habe dergleichen Analogien selber im Sinn gehabt. Vielmehr scheint sich in dem Verlaufsschema seiner Weissagung dieses sonderbar urkräftige Motiv der eschatologischen Verzögerung und des ›satanischen‹ oder ›dämonischen‹ Interims wiederherzustellen, wenn auch nur in blasser Andeutung und halb verhüllter Sprache.

Und es ist nicht einmal nur das Schema, es sind auch veritable mythische Bilder der Apokalypse, die in Heines Prophezeiungen wiederkehren. Im Vorwort zur deutschen Ausgabe der ›Lutetia‹ (zur deutschen, nicht zur französischen) rühmt sich Heine dem Adressaten seiner Widmung, nämlich dem Grafen *Pückler-Muskau* gegenüber, die »Dämonen, welche in den untern Schichten der Gesellschaft lauerten«, schon zu einer Zeit wahr- und ernstgenommen zu haben, als man sie sonst nur »durch ein Verkleinerungsglas« beobachtet habe, und er nennt sie »Ungetüme« und »Krokodile«, ja »die furchtbarsten Krokodile, welche jemals aus dem Schlamm gestiegen«[36]. Wer dächte da nicht an den Drachen der Apokalypse und an das Tier aus der Tiefe des Meeres?[37] Das ist freilich später geschrieben, sehr spät sogar, nämlich 1854. Aber dasjenige Zeugnis, das unsere heutigen kommunistischen Zeitgenossen als Heines ›politisches Testament‹ kanonisiert haben, weil er dort dem Kommunismus die endgültige Zukunft weissagt, dieses Zeugnis ist sogar noch später, 1855, datiert und gehört in die französische Vorrede zur selben ›Lutetia‹. Davon sogleich Näheres.

Kurz, es ließe sich sehr wohl denken, daß zwischen der Unheilsbotschaft (aus der ›Lutetia‹) und der Glücksverheißung (aus der Vorrede zum ›Wintermärchen‹) in Heines Sinn doch ein eigentümlicher Zusammenhang bestand: eben der apokalyptische oder eschatologische, wonach das endliche Heil, der neue Himmel und die neue Erde, erst auf eine Interimsherrschaft von Dämonenwesen folgt, oder wonach die Aussicht auf die Erlösung durch grauenvolle Verzögerungen verlegt und verdunkelt erscheint. Natürlich kann man den Widerspruch auch auf triviale Weise beheben, indem man das eine als den Ausdruck seiner Furcht, das andere als den seiner Hoffnung erklärt. Aber es heißt den Propheten-Geist zu gering achten, hielte man bei solcher Spaltung fest. Welche Relation von Furcht und Hoffnung sich herstelle, das ist die eigentliche Probe aufs Exempel. Johannes auf Patmos hat dazu das Muster gegeben. Übrigens liegt auch Marxens Weissagung dasselbe Schema, dieselbe apokalyptische Relation zugrunde – nur daß hier die interimistische ›Herrschaft des Tieres‹ gerade durch die Bourgeoisie und den gesteigerten Kapitalismus mit seiner ›Verelendung‹ dargestellt wird, während der Endsieg der proletarischen Klasse verheißen ist. Bei Heine soll – so müssen wir's uns reimen – auf die proletarische Zwischenherrschaft am Ende jene utopische Ära anbrechen, für die er dort (in der Vorrede zum ›Wintermärchen‹) die starken und geheimnisvollen Löseworte ausgesprochen hat: die Wiedereinsetzung des Volkes, des Genius, der Schönheit – vor allem aber: die Errettung des Gottes, »der auf Erden im Menschen wohnt«. Auch seine Apokalypse zielt in die Utopie.

Freilich läßt sich zwischen dieser utopisch-eschatologischen Idee einer ›deutschen Sendung‹ einerseits und der ersten Prophezeiung von der fürchterlichen Revolution der philosophischen Berserker, welche ebenfalls Deutsche sind, schlechterdings kein einsichtiger Zusammenhang herstellen. Hier ist nur Widerspruch. Ich kann hier nur die schroffen Kontraste zweier Arten von Prophetie erkennen, welche beide zusammen und im Wechsel sich in Heines Geist geltend machten: einer Prophetie des Zorns, auch der Furcht, auch der ingrimmig ergriffenen Notwendigkeit, und einer Prophetie der Hoffnung, auch des träumerischen Wunsches und der irdischen Erlösung. Zuzeiten drängt sich diese, zuzeiten jene hervor, und die Synthese – nach der Art der apokalyptischen Phasenfolge – bleibt ein ephemerer, dazu nicht einmal ausdrücklich ausgeführter Versuch. Man kann auch nicht sagen, welche der beiden Kräfte oder Neigungen die Oberhand behalte, die kassandrische oder die schwärmende. Daß die eine der Visionen früher, die andere später aufgeschrieben wurde, ist letztlich nur ein äußerlicher biographischer Zufall.

IV.

Hier ist eine Abschweifung nötig. Wir haben uns gewöhnt, dergleichen Bilder oder Chiffren endzeitlicher Freiheits-, Glücks- und Erlösungszustände der Utopik zuzurechnen, und ich kann und möchte auch an diesem Wortgebrauch nichts ändern. Man muß sich nur vor Augen halten, daß der klassische Begriff der Utopie weder mit Geschichte noch mit Zukunft, weder mit dem ›Prinzip Hoffnung‹ noch mit prophetischen Verheißungen das geringste zu tun hatte. ›Utopia‹, zu deutsch ›Nirgendwo‹, war der Name, den Thomas *Morus*, Kanzler König Heinrichs VIII. von England, seinem Entwurf einer idealen Gesellschaftsordnung und Staatsverfassung gegeben hat – man kann es in jedem Lexikon nachlesen. Die Utopien der Renaissance und die ›Staatsromane‹ der Aufklärungszeit waren ausgeführte Gegenbilder der Gerechtigkeit, auch der Vernünftigkeit und Zweckmäßigkeit, welche der verderbten Erfahrungswelt als normativ, zuweilen satirisch, vorgehalten wurden. Jonathan *Swifts* Gulliver hat auf seiner vierten phantastischen Reise auch einen solchen vollkommenen Staat entdeckt, hier waren es edle Pferde, welche die Menschen beschämten. Keiner dieser Autoren hat je prophezeit, daß solch ein Zustand sich in menschlicher, geschichtlicher Zukunft entwickeln oder daß solche Vernunft sich eines Tages ereignen werde, gar mit Notwendigkeit. Die geschichtsphilosophische Utopik ist eine Neuerung des neunzehnten Jahrhunderts. Aber sie ist gewiß keine absolute Neuigkeit. In ihr stellt sich unversehens die uralte biblisch-christlich-ketzerische heilsgeschichtliche Denkweise wieder her, freilich rein humanistisch, unter Streichung Gottes und des göttlichen Eingriffs. Diese neuere, gleichsam historisierte Utopik entpuppt sich als Eschatologik, sie wiederholt in allen ihren Spielarten die Erwartung – und Betreibung – jener ›letzten Dinge‹, die die urchristliche Gemeinde mit der Ankunft des Reiches Gottes meinte. Daher rührt ihr prophetischer Stil.

Es gibt noch einen anderen Unterschied. Die klassischen Utopien waren durch und durch politisch, die Staatsverfassung war ihr Inhalt und ihr Ziel. Die neueren, die eschatologischen Utopien hingegen zeigen eine Neigung, Politik, Verfassung und Staat der verderbten Weltzeit zuzuschlagen, sie mit dem Eintritt des endlichen Heilszustandes gleichsam verdampfen zu lassen. Am wenigsten gilt das von *Saint-Simon* und *Fourier,* sie machten sich sogar sehr genaue Gedanken über die Zukunft, wenn nicht über ihre Staatsverfassung, so doch über ihre Gesellschaftsordnung. Insofern knüpften sie in der Tat noch an die klassische Utopik an, und darum eben wurden sie und ihresgleichen von Marx und Engels (im ›Kommunistischen Manifest‹) ganz zu Recht des Utopismus bezichtigt, und in ihrem Munde, in dieser Kontrastierung, hatte das Wort auch den abschätzigen Beiklang, den der heutige durchschnittliche und banale Sprachgebrauch mitführt. Marx und Engels waren demgegenüber die reinen Eschatologen.³⁸ Sie nannten ihre eigene heilsgeschichtliche Konstruktion, ihre eigene Prophetie ›wissenschaftlich‹. Es war – und ist – eine Offenbarungswissenschaft, die sie begründet haben. »Le monde, dans lequel se meut Karl Marx est un monde d'apocalypse«, sagt ein hervorragender französischer Kenner, Georges *Duveau,* und er fügt hinzu, Marx habe allen Geist daran gewendet, die Zukunft des Kapitalismus zu analysieren, »aber er hat niemals die Umrisse der sozialistischen Cité zeichnen wollen«.³⁹

Die ältere Utopik verlegte die gerechte Ordnung auf eine phantastische Insel, die neuere in die Zukunft der Geschichte. Die ältere gab ihr bestimmten politischen Umriß, die neuere, sobald und soweit der apokalyptische Zug vorherrscht, überläßt die Einrichtung den zukünftigen Ereignissen, weigert sich geradezu, dem ›Reich der Freiheit‹ überhaupt Institutionen zuzuschreiben. Sie ist apolitisch. Die ältere Utopik war vernünftig und ironisch, die neuere ist prophetisch. Die ältere setzte Maßstäbe, die neuere hält sich in emphatischer Erwartung, bereitet die große Wendung und Wandlung aber auch aktiv vor. Daher ist diese revolutionär, während die klassische Utopik sich kritisch auf Einsicht verließ.

V.

Heine – um auf ihn zurückzukommen – gehört schon darum in die neuere Utopik, weil er sich rein prophetisch ausgesprochen hat. Halten wir, wie ich es zuvor versucht habe, die Prophezeiung der egalitären oder totalitären Diktatur (aus der ›Lutetia‹) mit derjenigen von der Erlösung Gottes und von der Rehabilitierung des armen Volkes, des Genius und der Schönheit (aus der Vorrede zum ›Wintermärchen‹) wie zwei Bruchstücke einer einzigen Fliese zusammen, so läßt sich in der Tat eine Folge apokalyptischer Ereignisse konstruieren, bei der die Revolution das erste, die Utopie das letzte Wort hat. Zwar geht solch eine eschatologische Rechnung nicht ganz glatt auf – es bleiben sehr störende Unstimmigkeiten: zuerst muß Deutschland im Krieg untergehen, hernach muß die utopische Freudenzeit gerade von Deutschland herbeigeführt werden! –, aber so

48

pedantisch darf man dem Propheten doch nicht kommen und dem
Poeten auch nicht.
Leider aber ist das Kapitel damit nicht zu Ende. Es gibt noch eine
vierte Prophezeiung. Ich habe sie beiläufig schon erwähnt, sie steht in
dem ›Préface‹ zur französischen Ausgabe der ›Lutetia‹ und stammt
von 1855, aus Heines vorletztem Lebensjahr. Hier liest man's abermals anders, etwas anders immerhin. Gegenüber dem Pariser Publikum kehrt Heine nun die Rücksichten hervor, die er auf die Augsburger Zensur habe nehmen müssen, als er diese Artikel schrieb, zugleich auch sein Verdienst, daß er gleichwohl soviel einzuschmuggeln
verstanden habe, zum Beispiel das Geständnis, »daß den Kommunisten die Zukunft gehöre«. Aber im nächsten Augenblick ist die
taktische Erklärungsabsicht wieder vergessen, und es folgt in diesem
französischen Text das neue Geständnis – sehr ähnlich der vorhin
zitierten Passage aus der deutschen Vorrede: »nur mit Grauen und
Schrecken denke ich an die Zeit, wo jene dunklen Bilderstürmer zur
Herrschaft gelangen werden«,[40] wie sie nämlich, so wird dann in
vielen glanzvollen Metaphern ausgeführt, die Marmorbilder der
Schönheit zerschlagen, und die Pointen jagen sich, indem nun jedem
einzelnen symbolischen Motiv der überlieferten klassischen und
orientalischen Verskunst – den Lorbeeren, den Lilien, den Rosen,
den Nachtigallen – durch die bare sozialistische Nützlichkeit der
Garaus gemacht werde, zuletzt auch noch seinen, Heines, eigenen
Gedichten, seinem eigenen ›Buch der Lieder‹, welches nämlich – wie
es wörtlich heißt – »der Krautkrämer zu Tüten verwenden« werde,
»um Kaffee oder Schnupftabak darin zu schütten für die alten Weiber der Zukunft«. Wobei nicht der schlechteste Witz darin erblickt
werden muß, daß auch diese prophetische Zukunft alte Weiber haben
werde, die Kaffee trinken! Das ist ein anti-utopisches Bonmot hohen
Ranges.
Jetzt aber kommt die Hauptsache: »Und dennoch! Ich gestehe es
freimütig, übt eben dieser Kommunismus, so feindlich er allen
meinen Interessen und Neigungen ist, auf mein Gemüt einen Zauber, dessen ich mich nicht erwehren kann.« Und er nennt zwei
Gründe: Erstens »den schrecklichen Syllogismus«, die Folge aus
der »unwiderstehlichen Prämisse, daß alle Menschen das Recht
haben zu essen«, die Folgerung, welcher er sich nolens volens fügen
müsse. Und zweitens, außer diesem Grund der Logik, den Grund
des Hasses, des Hasses nämlich gegen den deutschen Nationalismus.

Und obwohl er in diesem zweiten Punkte weit ausführlicher ist als in dem ersten, so lautet hier die Konsequenz doch weit weniger zwingend, gar nicht streng systematisch oder womöglich historisch-dialektisch, vielmehr spielerisch-emotional, und grammatisch ist sie sogar im Irrealis angegeben, es heißt nämlich: »Aus Haß gegen die Anhänger des Nationalismus könnte ich schier die Kommunisten lieben.«[41]

Wie denn auch die Darlegung, vielmehr der Ausspruch in jenem ersten Punkte, der eher die Bezeichnung eines authentisch sozialistischen Gedankens oder Gefühls verdiente, mit einem Verzweiflungsruf ausgeht. Denn es ist ein Verzweiflungsruf, wenn es heißt: »Fiat justitia, pereat mundus«, ein Ausruf von mächtiger Bitterkeit, eine Gebärde des destruktiven Trotzes, vielleicht nicht ganz unähnlich jenem berühmten ironischen Sarkasmus des frühen *Brecht:* »Erst kommt das Fressen, dann kommt die Moral!« Hier in dem derberen Sinn: Erst kommt das Fressen, nämlich das Brot für alle – inklusive des Kaffees oder Schnupftabaks für das alte Weiblein der schöneren Zukunft –, mag auch die Kunst darüber zugrunde gehen. (In gewisser Weise ist es in der heutigen Wirklichkeit eigentlich noch schlimmer gekommen, die Heineschen Nachtigallen sind nicht nur, wie es dort in seinem französischen Text heißt, ausgerottet, sondern die Nachtigallen sind dressiert worden, dazu nämlich, das Lob der Partei zu singen.) Was aber diese ganze Passage, die das ›politische Testament‹ Heines darstellen soll,[42] anbetrifft, so ist sie durchgängig von dem Ton bestimmt: Ich will nichts damit zu tun haben, ich gehöre noch der alten Schule, der alten romantischen Epoche an – so sagt er es ausdrücklich –, und ich muß ohnehin bald sterben. Ein Jahr darauf ist Heine denn auch tatsächlich gestorben. Hier ist die Utopie gänzlich gestrichen, von der Endzeiterwartung nur der furchterregende Teil übriggeblieben, das ›Prinzip Hoffnung‹ aufgegeben. Zwar wird die Unausweichlichkeit solcher Zukunft bekräftigt, aber ingrimmig. Es ist immer noch Prophezeiung, prophetische Rede und prophetische Vision – mit humoristischem Einschlag –, aber vorgebracht in durchaus resigniertem Tone und fast mit einem Beiklang von ›Après nous le déluge!‹.

Sofern die späten und spätesten, gleichsam die letztwilligen Äußerungen in Frage stehen, gibt es übrigens noch andere Schriften, die in dem fraglichen Punkte zählen. Zum Beispiel die ›Geständnisse‹, die im September 1854 französisch, im Oktober 1854 deutsch und

1855 noch einmal französisch in definitiver Buchfassung (>De l'Allemagne<, zweite Auflage) erschienen sind: diesem Werk kommt ein Vermächtnis-Charakter eher zu als jener Vorrede. Auch in den >Geständnissen< also finden wir die Kommunisten erwähnt, diesmal nicht die französischen, sondern die deutschen; der Passus folgt auf Heines drastischen Bericht von seiner Begegnung mit dem Schneider *Weitling* und lautet zur Hauptsache folgendermaßen:

»Diese Kohorten der Zerstörung, diese Sappeure, deren Axt das ganze gesellschaftliche Gebäude bedroht, sind den Gleichmachern und Umwälzern in andern Ländern unendlich überlegen, wegen der schrecklichen Konsequenz ihrer Doktrin; denn in dem Wahnsinn, der sie antreibt, ist, wie Polonius sagen würde, Methode.«[43]

Das ist deutlich genug. In der französischen Version fehlen diese starken Worte. Dafür ist die »Doktrin« oder sind vielmehr ihre geistigen Urheber etwas näher charakterisiert: »Les chefs plus ou moins occultes des communistes allemands sont de grands logiciens, dont les plus forts sont sortis de l'école de Hegel, et ils sont, sans nul doute, les têtes les plus capables, les caractères les plus énergiques de l'Allemagne. Ces docteurs en révolution et leurs disciples impitoyablement déterminés sont les seuls hommes en Allemagne qui aient vie, et c'est à eux, je le crains, qu'appartient l'avenir.«[44]

Hier handelt es sich nicht mehr um anonyme Krokodile noch auch um Handwerker-Ideologen nach Weitlings Art. Hier handelt es sich um Karl Marx und Friedrich Engels höchstpersönlich. Das Signalement ist nicht zu verkennen, einzig die Namen fehlen. »Ihnen, fürchte ich, gehört die Zukunft.« Leise scheint Saint-Simons große Parole in diesem Satz anzuklingen: L'avenir est à nous! Bloß sind es nicht mehr >wir<, sondern sind es nun jene anderen, die »Doktoren der Revolution und ihre mitleidslos entschlossenen Schüler«, denen die Zukunft gehört, dieselbe Zukunft, die einstmals so göttlich geleuchtet hatte: L'avenir est à eux! »Je le crains«, ich fürchte es. Hans *Kaufmann* hat die drei Fassungen der >Geständnisse< verglichen und dabei auch die Nuance entdeckt, daß in der französischen Buchausgabe (von 1855) ebendiese Einschaltung – »je le crains« – getilgt ist. Ein Element subjektiver Beteiligung, der Ausdruck der Furcht, ist herausgenommen, aber es ist keine andere Empfindung an die Stelle getreten; die Korrektur dient augenscheinlich nur, diese ganze prognostische Information kälter und bestimmter zu machen, nicht etwa sympathischer. Alles übrige ist geblieben, auch der Schluß des Absatzes:

»Je n'exprime pas ici des vœux, ni des regrets; je relate des faits, et je dis la vérité.«

Soviel also auch von unserer Seite über die Tatsachen, nämlich über die unterschiedlichen Prophezeiungen Heines und über diejenigen unter ihnen, die zwischen links und rechts, auch zwischen Ost und West kontrovers geworden sind. Es ist in der Tat, wie Edmond *Vermeil* gesagt hat, »ein ganz fruchtloses Unternehmen, Heines politische Ansichten auf eine endgültige Formel reduzieren zu wollen«.[45] Heine hat den Kommunismus gesehen, aber nicht gewollt, er hat ihn gefürchtet, ja verabscheut, aber er hat ihm eine Notwendigkeit zuerkannt, malgré lui. Er hat diesen Aufstand aus den noch kaum erkennbaren frühen und geheimen Zeichen schon herausgelesen, und er hat die Vision seines Triumphes auch zum Werkzeug seines eigenen, höchst subjektiven, großartig hemmungslosen Widerwillens gegen die deutsche Reaktion gemacht – er drohte ihr mit diesem Ungeheuer, mit dem Gespenst, von dem der erste Satz des Kommunistischen Manifestes spricht. Aber dieses Gespenst war Heines eigener Alptraum. Er hatte keinen ›Standpunkt‹[46] dabei, er wurde hin- und hergerissen, hin- und hergeworfen zwischen Grauen und Schadenfreude, zwischen idealistischem Hochmut und materialistischem Trotz, wechselnd zwischen der Gebärde des Propheten und derjenigen des Ästheten. Er war die Beute seiner eigenen Visionen und vor allen Dingen seiner eigenen Affekte.

Drittes Kapitel

Heine unter den Priestern

I.

Aber einmal hatte Heinrich Heine doch einen Standpunkt gehabt, wenn man es so nennen will, eine ausdrückliche und anhaltende Gesinnung, eine Hoffnung, eine Utopie – beinahe ein Programm. Er selbst nannte es mit geheimnisvollem Tone seine Religion. Diese seine Religion hatte freilich auch etwas mit dem Brot zu tun, damit, daß alle das Recht zu essen hätten, und mit dem »armen glückenterbten Volke« – das sind seine Worte – und gewiß mit der besseren Zukunft. Wie er dort, in seinen späten Tagen, grimmig verkündete, es sei der Kommunismus, dem die Zukunft gehöre, so hatte er in jüngeren, freudigeren, zuversichtlicheren, gesünderen Jahren gerufen oder eigentlich eher geflüstert: »L'avenir est à nous.« Die Zukunft gehört uns. Der Satz kommt öfters vor, zum erstenmal wohl in einem Briefe aus dem Jahre 1832.[1] Und dieser Satz ist ein Zitat: es ist das legendäre letzte Wort des Grafen Henri de *Saint-Simon*. Diesen Namen kennt man sonst meist nur im Zusammenhang der Geschichte der sozialen Utopien als denjenigen eines Vorläufers des Sozialismus. Aber wir begegnen diesem Namen oder wenn nicht Saint-Simon selber, so doch seiner Schule – der école saint-simonienne –, auch mitten in der deutschen Literaturgeschichte und vor allem eben in Heine.

Saint-Simon selbst war 1825 in Armut, fast in Einsamkeit gestorben, aber drei Jahre nach seinem Tode hat sich in Paris jene merkwürdige, für ein paar kurze Jahre sensationell erfolgreiche Schule gebildet, in der zwar auch seine Sozialphilosophie, seine Wissenschaftslehre, vor allem seine Vision eines harmonischen, technischen Industriezeitalters gelehrt und ausgebreitet wurde (und Saint-Simon ist vielleicht der erste, der den Ausdruck von der industriellen Gesellschaft gebraucht hat), derzufolge alle Ausbeutung ein Ende finden und die Produktion nicht von Unternehmern, sondern von Männern der Wissenschaft zum allgemeinen Nutzen organisiert und geleitet werden sollte. Außerdem aber und zugleich damit haben die Nachfolger Saint-Simons den bizarren Plan zu verwirklichen begonnen, diese durchaus rationalen Lehren in eine veritable Religion und diese Schule in eine veritable Kirche zu verwandeln – eine Kirche mit einer Hierarchie, geleitet von einem neuen Papst, den sie den Père Suprême nannten. Diese Rolle hatte zunächst ein Duumvirat, dann (seit November 1831) ein einzelner übernommen, Barthélemy Prosper *Enfantin*, eine der sonderbarsten und faszinierendsten Gestalten des französischen 19. Jahrhunderts, ein abenteuerlicher Geist, ein wohlhabender Bürger und vormaliger Kaufmann, ein rationalistischer Messias, ein Mann von vielen Einfällen und offenbar außerordentlichem Charme und von ebenso außerordentlichem missionarischem, auch diktatorischem Selbstbewußtsein.

Die erste Veröffentlichung dieser Leute, die den Titel trug ›Exposition de la Doctrine Saint-Simonienne‹, um die Jahreswende 1830/31 erschienen und im wesentlichen von *Bazard* verfaßt, war Heine irgendwie – man weiß nicht wie – in Hamburg zugekommen und hat ihm augenscheinlich einen ungeheuren Eindruck gemacht. Es gibt Anzeichen dafür, daß es dieses Buch, daß es die Begierde, hier Zeuge zu werden und mitzutun, gewesen ist, die ihm den letzten Antrieb und Anstoß gegeben haben, nach Frankreich, nach Paris zu gehen.

Darauf deuten zwei Briefe. Der erste – aus Hamburg, vom 10. Februar 1831 – ist an einen gewissen Hartwig *Hesse* gerichtet. Dieser Adressat begegnet in den bisher bekannten Briefen Heines nur dieses eine Mal, und die Forschung hat seine Rolle bisher nicht völlig aufklären können.[2] Er muß reich gewesen sein, denn Heine bittet in diesem Brief »um schleunigste Hülfleistung«, und er unterzeichnet als »Ihr Schutzempfohlener«. Der Inhalt zeigt, daß persönliche Gespräche voraufgegangen sind, ein gewisser mondäner Ton mit französischen und englischen Brocken scheint eine leichte wechselseitige Verständigung und rasche Sympathie zu verraten. Diesem Brief[3] ist ein französisches Zitat beigefügt mit der Bezeichnung »Extrait de la Doctrine de Saint-Simon«, der Schreiber redet von einer »Abschrift der längst besprochenen Stelle meines neuen Evangeliums«, dieses letzte Wort ist unterstrichen. Sie stammt aus der ›Exposition de la Doctrine Saint-Simonienne‹, man kann sie nachlesen in den Œuvres de Saint-Simon et d'Enfantin, im 41. Bande, S. 78.[4] Sie ist höchst anzüglich, denn es ist eine Verteidigung Saint-Simons gegen die Nachrede der Bettelei und Borgerei: Betteln, sagt der Verfasser, sei das Los jener göttlichen Naturen, die völlig von den großen Gedanken in Anspruch genommen sind, es sei eigentlich »le dernier degré de leur sublime dévouement«. Heine macht sich das Argument und die Attitüde zu eigen, er bettelt mit Stolz, ja mit »religiösem Stolz«. Und er deutet auch den Zweck an: mit dem Ausdruck »Evangelium« sei es ihm »tiefster Ernst« – »die Zukunft wird Ihnen zeigen, wie groß die Interessen waren, die mich bewegen, Sie jetzt zur schleunigsten Hülfleistung aufzufordern«. Der Adressat scheint schon zu wissen, worum es geht: Es kann nur die Reise nach Paris gemeint sein, an den Sitz der neuen Kirche.[5] Man kann vermuten, daß Heine nicht umsonst gebeten hat, denn er brauchte zu dieser Unternehmung eine beträchtliche Summe, andere Spenden sind nicht bekannt geworden, und Heine ist kaum ein Vierteljahr danach tatsächlich nach Paris gereist oder vielmehr übergesiedelt.[6] Daß der Hinweis auf sein »neues Evangelium« kein flüchtiger Einfall von der Art war, wie man sie präsumtiven Mäzenen gegenüber mit mehr oder minder tiefer Überzeugung vorbringen mag, beweist der nächste Brief, der vom 1. April 1831 datiert und an den weit vertrauteren *Varnhagen von Ense* gerichtet ist. Der Passus ist oft zitiert worden: »Jetzt glaube ich an neue Rückschritte, bin voller schlechten Prophezeiungen – und träume jede Nacht, ich packe meine Koffer und reise nach Paris,« – aber wozu? »um frische Luft zu schöpfen, ganz den heiligen Gefühlen meiner neuen Religion mich hinzugeben und vielleicht als Priester derselben die letzten Weihen zu empfangen«[7]. Ich sehe keinen Grund, dies nicht wörtlich zu nehmen.[8]

Ich will hier keine umständlichen biographischen Untersuchungen ausbreiten. Es genügt, an die Fehlschläge zu erinnern, die Heine – unfähig zu konsequentem Karrierismus – bei seinem Streben nach einer Amtsstellung erfahren hatte: Zuerst war die lang gehegte Hoffnung auf eine Professur in München gescheitert, dann hatte er es über Varnhagen in Preußen versucht, im November 1830 schreibt er dem Berliner Freunde drängend von seiner »positiven Not«[9], endlich gar interessierte er sich für die Stelle eines Ratssyndicus in Hamburg, fürchtete sich aber zugleich übermäßig vor der Blamage einer Ablehnung und suchte wiederum Varnhagen zu einer publizistischen Nachhilfe zu bewegen. Vom Januar 1831 datiert das Bekenntnis, er wolle »à tout prix eine sichere Stellung zu erwerben« suchen, »ohne solche kann ich ja doch nichts leisten« – diese Worte sind unterstrichen. Und hier folgt der nervöse, bedrängte, fast verzweifelte »äußerste« Plan:

»Gelingt es mir binnen kurzem nicht in Deutschland, so reise ich nach Paris, wo ich leider eine Rolle spielen müßte, wobei all mein künstlerisches poetisches Vermögen zugrunde ginge, und wo der Bruch mit den heimischen Machthabern konsommiert würde.«[10]

Man sieht, hier ist die Pariser Vision noch recht düster, die Perspektive eines solchen Entschlusses bedrückend, von der vormaligen momentanen Begeisterung für die Juli-Revolution ist keine Spur mehr zu finden; die Vorstellung, er müsse dort eine »Rolle«, nämlich eine politische, spielen und sich mit den deutschen Instanzen notwendig vollends überwerfen, mutet ihn höchst lästig an, als ein Ausweg zwar, doch auch als Abweg, Abweg vom eigentlichen Beruf, dem poetischen.

Wie strahlend hebt sich hiervon der neue Traum von Paris ab, den er knapp drei Monate danach zu träumen gesteht: ». . . den heiligen Gefühlen meiner neuen Religion mich hinzugeben und vielleicht als Priester derselben die letzten Weihen zu empfangen«! Jene »Rolle«, die politische, hatte er nur höchst widerwillig spielen wollen, diese aber, die religiöse, priesterliche, ergreift er – in der Vorstellung – mit Entzücken. In diese Frist, genauer in den späteren Januar, fällt die erste Begegnung mit der ›Doctrine saint-simonienne‹, die Lektüre jenes Buches, das ich erwähnt habe. Was als eine Notlösung in seinem Sinn rumort hatte – Paris –, erschien nun mit einem Schlag als Erlösung. Die Flucht aus den Demütigungen der Abhängigkeit und Unsicherheit verkehrt sich jetzt in einen Gang zu seiner eigentlichen höheren Bestimmung. Der Stimmungswandel läßt uns auch erkennen, daß Heines »positive Not« zwar gewiß finanzieller, noch mehr aber seelischer Art war: die Verletzungen seines Selbstbewußtseins schmerzten ihn gewiß mehr als alles andere. Die saint-simonistische Priesterschaft hat ihm in diesen Momenten wohl auch als Laufbahn und Amt vor Augen gestanden, wenngleich in träumerischer Weise; vor allem aber scheint ihm dieser Gedanke Heilung jener psychischen Wunden versprochen zu haben. Denn die ›Doctrine‹ erkannte dem Poeten, dem Künstler überhaupt etwas zu, was Heine bisher tief entbehrt hatte – und man muß sich vergegenwärtigen, daß er schon in seinem vierunddreißigsten Lebensjahre stand: gesellschaftliche Autorität. (Er hat sie freilich auch in der Folge trotz allem literarischen Ruhm niemals erwerben können – so wenig, daß manche Biographen ihn als den historischen Prototyp des ›freien Schriftstellers‹ mit aller prekären Unsicherheit dieses riskanten ›Berufs‹ dargestellt haben.)

». . . en effet, la mission du poète, comme celle du prêtre, a toujours été d'entraîner les masses vers la réalisation de l'avenir qu'il chantait ou qu'il prêchait, dont ils étaient l'un et l'autre les plus puissants interprètes, parce qu'ils en étaient le plus fortement animés: l'avenir confondra ces deux fonctions en une seule; car la plus haute poésie sera en même temps la prédication la plus puissante.«[11] In der Zukunft werde der Dichter zugleich der Priester sein, eine solche Aussicht, eine solche Theorie mußte Heine faszinieren, es war die Antwort auf sein elementares Existenzproblem. Daheim in Deutschland mußte man ein Amt haben, um dann gleichsam nebenbei dichten zu können; hier war die Aussicht eröffnet, daß die Dichtkunst selbst und unmittelbar zum gesellschaftlichen Amte würde.

Man hat die biographische, geistige und literarische Bedeutung, die der Saint-Simonismus von dieser ersten Berührung an für Heine gewann, seit den tiefdringenden Forschungen von Miß E. M. *Butler*[12] allmählich zu würdigen gelernt – oder man hätte sie doch, auch bei uns, würdigen lernen können. Es ist aber wohl noch keinem Interpreten so ganz deutlich aufgegangen, in einem wie krassen Gegensatz diese seine »neue Religion« zu Heines vormaliger Revolutionsbegeisterung stand, die doch lange Zeit als das eigentliche Motiv seiner Auswanderung nach Frankreich gegolten hat.[13]

»Partisans de l'égalité! Saint-Simon vous dit que les hommes sont inégaux . . .« heißt es in jener Darstellung der ›Doctrine‹, die Heine in Händen hatte, mit direkter Adresse an die Bekenner der Revolutions-Ideen, und abermals:

»Défenseurs de la liberté! Saint-Simon vous dit que vous aurez des chefs . . .«, aber freilich, diese neuen ›chefs‹ sollen keine Herren (maîtres) mehr sein, sondern vielmehr Führer, »guides pour l'humanité«. Ihr Verteidiger der Gleichheit und der Freiheit, so fährt der Rhetor mit aller Kunst der Überredung fort, ihr wolltet gewiß nicht die Herzen, die Geister, die Kräfte unter das Joch, unter das widersinnige Niveau der Gleichheit herabdrücken – »sous l'absurde niveau de l'Egalité«![14] Diese neuen Führer sollen nicht auf Thronen sitzen, sie sollen einzig durch die höheren Fähigkeiten der Menschenliebe, der Wissenschaft und der Industrie ausgezeichnet sein gemäß der Parole, welche die Schule täglich verkündigte: »A chacun selon sa capacité, à chaque capacité selon ses œuvres!«

Der erste Teil dieses Merksatzes der saint-simonistischen Propaganda bezieht sich auf das ›classement‹, also die erstrebte Sozialordnung, der zweite auf die ›rétribution‹, also das System der Einkünfte, die Wirtschaftsordnung. Die Väter Bazard und Enfantin haben nicht den geringsten Zweifel daran gelassen, wie das gemeint war: daß nämlich in der erstrebten neuen Gesellschaft den ungleichen Fähigkeiten ungleiche Positionen und den ungleichen Leistungen ungleiche Vergütungen entsprechen würden. Bei der zeremoniösen Aufnahme einiger neuer Mitglieder (wohl Anfang August 1831) erklärte Enfantin, daß alle Anstrengungen auf die Erkenntnis und Entwicklung ihrer jeweiligen Berufungen (vocations) gerichtet seien, »afin de les classer diversement un jour selon leurs œuvres«.[15] Merkwürdigerweise bezeichnete er im selben Atemzug den feierlichen Akt der Einführung der neuen Mitglieder als »die heilige Taufe der Gleichheit«: »Nous les recevons au saint baptême de l'égalité.« Der Widerspruch scheint das Groteske zu streifen, er läßt sich wohl auch nicht vollständig aus dem Bedürfnis erklären, dem Geist der Zeit und den Idealen der Revolution einen Tribut zu entrichten, noch aus der Strategie, die liberalen Gesinnungen eine Strecke weit anzuerkennen, um ihre Bekenner um so leichter bekehren zu können. Vielmehr liegt ihm offenbar der – freilich in sich selbst paradoxe – Gedanke zugrunde, daß unterschiedliche Gaben, Chancen, Stellungen, Ränge und Verdienste dennoch allesamt gleiche Würdigung erfahren sollen. Oder: daß die neue Gesellschaft die Ungleichheiten der Natur in Rechnung stellen solle – und dies sogar im buchstäblichen Sinne des Wortes –, daß sie aber keinerlei historisch gegebene Ungleichheiten der Herrschaft und Untertänigkeit dulden dürfe, vielmehr alle Ungleichen mit der gleichen Liebe umfassen werde. Daher die unendliche Wiederholung des Prinzips der Liebe in dieser Gesellschaftslehre, daher vielleicht auch ihr Pathos der Heiligkeit, ja ihre Verkleidung als Religion!

Die Eglise saint-simonienne machte selber Ernst mit dem ›classement‹; sie schuf ausdrücklich eine ›Hierarchie‹, und ihre Angehörigen gliederten sich in drei oder vier Ränge ein – mit dem Kollegium der ›Väter‹ und dem Père Suprême an der Spitze. Die Imitation teils der römischen Kirche, teils des Systems der Freimaurerloge wurde zudem verziert – und auch verwirrt – mit der Metaphorik der Familie: den ›Vätern‹ entsprachen die ›Kinder‹, es gab Söhne und Töchter, Brüder und Schwestern in diesem Zeremoniell der Reden und Anreden, auch die Formel von der »famille saint-simonienne«. Höhere Autorität sollte sich aus größerer Liebe rechtfertigen, doch wurde jedes classement in den oberen und obersten Rängen beschlossen und verfügt, alles war Führung und Weisung, wenn auch philanthropisch milder Art.

Heine hat der wirtschaftlichen Seite der Sache, soviel ich sehe, kaum ein dauerndes Interesse zugewandt.[16] Doch muß er den Gedanken einer Hierarchie der Fähigkeiten durchaus mit Sympathie ergriffen haben. Dem heutigen, entfernten Betrachter erscheint es höchst befremdlich, daß radikale Feindschaft wider »Aristokraten und Pfaffen« mit der entzückten Aneignung einer solchen gesellschaftlichen Vision zu einer und derselben Zeit in einem und demselben Kopfe sollten nebeneinander haben wohnen können. Denn Heines ›Einleitung zu Kahldorf über den Adel‹[17], wahrscheinlich seine heftigste zusammenhängende Äußerung über die alte Ordnung in Deutschland, wurde zu Anfang März 1831 niedergeschrieben, also wenige Wochen nach der ersten Lektüre der ›Exposition‹, womöglich sogar noch während seiner Beschäftigung mit dem Buche, und wiederum wenige Wochen später, nämlich Ende April, hat er seine vorige Träumerei wahr gemacht, ist nach Paris gereist, nicht allein um frische Luft zu schöpfen, sondern eben auch, um sich den heiligen Gefühlen seiner neuen Religion hinzugeben.

II.

Daß dies keine Seifenblase war, die in der wirklichen Pariser Luft zerplatzt wäre, beweisen seine Schriften aus diesen dreißiger und noch späteren Jahren, beweist aber auch sein eigener späterer Bericht: »Ich war noch keine 24 Stunden in Paris, als ich schon mitten unter den Saint-Simonisten saß.« Der Ausspruch wird von dem Publizisten Karl *Grün* bezeugt, der Heine 1844 besucht hat – in seinem Buch ›Die soziale Bewegung in Frankreich und Belgien‹.[18] Dort zitiert er ihn gleich auf der zweiten Seite desjenigen Teils, der Frankreich gewidmet ist und der mit einer Charakteristik des Saint-Simonismus anhebt. »Heine sagte mir gestern« – die Aufzeichnung ist vom 6. November (1844) datiert –, »als wir von seinem Buche über Börne sprachen: ›Man verlangte von mir politischen Parteigeist – ich war noch keine 24 Stunden in Paris, als ich schon mitten unter den Saint-Simonisten saß.‹« Die Antithese ist bedeutsam: den Saint-Simonismus versteht er als das Höhere gegenüber dem »Parteigeist«, d. h. dem politischen Radikalismus und Republikanismus Ludwig Börnes und seiner Freunde, nämlich als überpolitische, auch übersoziale Gesamtanschauung, eben als Religion. Und Heine frohlockt hier in der Erinnerung, daß er den vermeintlichen Gesinnungsgenossen im Exil ein Schnippchen geschlagen habe, ihren Ansprüchen auf seine Parteigängerschaft entwichen sei. Während man ihn dort noch erwartete – und wir müssen hinzufügen: nicht ohne Grund, zumal nach seiner jüngsten, durchaus »politischen«, das heißt hier revolutionären Auslassung, nach der Schrift ›Kahldorf über den Adel‹ –, befand er sich bereits in einem ganz anderen Lager, in demjenigen, dem »die Zukunft gehörte«[19]. Karl Grün selber, wiewohl politisch tätig, scheint Heine in dieser Einschätzung der neuen Lehre vollkommen recht zu geben, und sein Urteil ist um so bemerkenswerter, als er es zwölf Jahre nach dem Untergang der ›Eglise‹ formuliert hat, da ihr Ruf in Paris in Widerwillen und Spott versunken, zuletzt fast vergessen war: »Der St. Simonismus bildete für das neunzehnte Jahrhundert den Kreuzweg, wo sich die Bahnen theilten, wo es sich entschied: den alten, breiten, abgefahrenen Weg, oder die neue, herausfordernde Bahn der Zukunft. Die feurigen Herzen und die frischen Köpfe zauderten nicht.«[20] Unter diese rechnete er Heine. Grün hat nicht nur jenen Ausspruch anekdotisch überliefert, sondern im weiteren Verlauf seiner Darstellung ein ganzes kleines Kapitel über Heines saint-simonistische Überzeugungen geschrieben, das im Inhaltsverzeichnis mit der Überschrift angekündigt ist: ›Henri Heine, ein St. Simonist‹. »Dieser Henri Heine«, heißt es da,[21] »gehört direkt zu den Ausläufen des Saint-Simonismus«, und für diese These werden nicht allein biographische, sondern auch literarische Beweise geliefert. Er zitiert die Widmung »an Prosper Enfantin in Ägypten«, die Heine der französischen Version seiner Arbeiten über die Romantische Schule und die Geschichte der Religion und Philosophie in Deutschland (zusammengefaßt unter dem Titel ›De l'Allemagne‹) vorgesetzt hat. Und er zitiert – als Heines »soziales Glaubensbekenntniß« – jene emphatische Passage über den Pantheismus, die in der Formel von der »Demokratie gleichherrlicher, gleichheiliger, gleichbeseligter Götter« gipfelt und in deren Zusammenhang Heine die Saint-Simonisten mit Sympathie, wenn auch mit leichter Einschränkung, gleichsam als eine noch unvollkommene Spielart von Pantheisten, selbst charakterisiert hat.[22]

Karl Grün ist wohl der erste deutsche Autor, der Heines enge Berührung mit der ›Eglise‹ mit Entschiedenheit und einiger Ausführlichkeit dargestellt hat als ein teilnehmender Beobachter, der obendrein den Vorteil hatte, seine Studien an Ort und Stelle zu machen und mit dem Gegenstande der Untersuchung, eben Heine, persönlichen Umgang pflegen zu können. Die früheste und bis heute gründlichste Gesamtdarstellung von ›H. Heines Leben und Werken‹, diejenige von Adolf *Strodtmann*, erschienen 1867 und 1869, hat noch eine deutliche Vorstellung nicht allein vom Saint-Simonismus, sondern auch von seiner Wirkung auf Heine, und Strodtmann ist seinen Spuren in Heines Werk so aufmerksam nachgegangen wie niemand nach ihm bis auf Miß Butler, die denn seiner Vorarbeit auch ausdrücklich ihre Reverenz erwiesen hat.[23] Die spätere deutsche Forschung hat dies alles weithin aus den Augen verloren.[24] Um so wichtiger ist es, das zeitgenössische Zeugnis Karl Grüns wieder ins Licht zu rücken.

Höchst verwunderlich aber bleibt es, daß Heine, wie es scheint, blind dagegen war, daß hier, in der »Hierarchie« der ›Eglise saint-simonienne‹, eine neue Aristokratie und ein neues Pfaffentum im Entstehen begriffen war, ja planmäßig konstruiert und organisiert wurde. (Eine Art »Katholizismus minus Christentum«, wie Huxley, oder eine »Traumhochzeit zwischen heiligem Sozialismus und profanem Vatikan«, wie Ernst Bloch gespottet hat![25]) – Wie sollte es ihm nicht aufgegangen sein, da er doch selber davon träumte, ein »Priester« der neuen Kirche zu werden. Oder gehörten die Wörter »Priester«, vielmehr französisch »prêtre« einerseits, »Pfaffe« andererseits zwei dicht voneinander gesonderten Kammern seines Hirnes an?

Gewiß war Heine kein konsequenter Denker. Indessen würde er einen derart schreienden Widerspruch doch bemerkt haben – wenn anders es für ihn ein Widerspruch war. Er hat immer im Zeichen der Revolutionen das alte Herrschaftssystem niederzureißen beigetragen, aber er hat auch immer einen Schrecken empfunden bei der Vorstellung einer verwirklichten Gleichheit. Eine Rangordnung nach ›Fähigkeiten‹, eine Rangordnung, in welcher den ›beaux-arts‹, zumal den Poeten, eine führende, eine priesterliche Stellung zugedacht war, muß ihm in der Tat als die Lösung seiner eigensten Kalamität eingeleuchtet haben. Zum wenigsten im utopischen Schema. In der Praxis hat er sich auch der neuen Hierarchie niemals eingefügt, nicht als Adept im dritten Cercle – das schon gar nicht – und auch nicht als Mitglied des engeren Collège – falls ihm eine solche Offerte je gemacht worden sein sollte. Immerhin aber hat er noch 1834 (in der französischen Vorrede zu den ›Reisebildern‹) ausdrücklich und nachdrücklich die neue Priesterschaft als Ziel, ja als eigenes Ziel verkündet: ». . . bien loin de vouloir anéantir la prêtrise, c'est nous-mêmes qui voulons aujourd'hui nous faire prêtres.« Das sei die bessere Devise, besser als »unser altes Kriegsgeschrei gegen das Priestertum«.[26] Hier scheint sogar einmal der vorige antiklerikale Kampfgeist erschlafft, fast abgetan, so sehr ist der Schreiber von der philanthropischen Positivität der Saint-Simonisten angesteckt.

Ludwig *Börne* hat ganz anders reagiert als Heine. »Was mich bis jetzt von einer näheren Bekanntschaft, nicht mit den Grundsätzen, sondern mit den Lehren der Simonisten, abgehalten, ist die monarchische Verfassung ihrer Kirche. Sie haben einen Papst; vor solchem kreuze ich mich, wie vor dem Satan. Sie haben eine Autorität; die fürchte ich noch mehr, als den Räuber im finstern Walde . . .« und so fort. Noch schroffer tritt seine bärbeißige, freilich auch etwas papierene Unbeugsamkeit in dem folgenden hervor: Er legt sich selber das Argument in den Weg, »daß keine neue Kirche der monarchischen Leitung entbehren kann«, aber nicht, um es zu widerlegen, sondern um es unbesehen wegzufegen: ». . . ob ich auch das begreife, verabscheue ich doch die Monarchie für jedes Verhältnis und für jede Zeit.«[27] Näher an der Sache, auch weit treffender in der Analyse der Konsequenzen, die aus den Maximen des Saint-Simonismus hinsichtlich des gesellschaftlichen Aufbaus erwachsen mußten, erscheint die Charakteristik, die Karl Grün gegeben hat: zu Recht erblickt er das Merkwürdige der ›Eglise‹ darin, daß sie »die vollendete Demokratie, die Herrschaft des Volkes und der vierten Klasse, mit dem Prinzip des Despotismus gattet«. Er hat sich durch die sozialistischen Gesinnungen und Absichten, mit denen er sympathisiert, gleichwohl nicht den Blick für die Strukturen trüben lassen, hat über dem sozialen ›Inhalt‹ die politische Form, über den Zielen die Methode zu beobachten nicht vergessen, und er genierte sich nicht, den gewohnten liberalen Antiklerikalismus und sein polemisches Vokabular auch auf diese ›Kirche‹ anzuwenden.» Jedem nach seiner Fähigkeit: das heißt, die katholische Hierarchie zum Gesetz der gesellschaftlichen Ordnung machen. Jeder Fähigkeit nach ihren Werken: das heißt, auch noch die Werkstatt zur Sakristei, auch noch das ganze bürgerliche Leben in eine Domäne des Pfaffen verwandeln. Ob dieser Pfaffe die Tonsur erhält, die Soutane trägt, oder im Fracke und mit vollem Haupthaar einhergeht, macht nichts aus.«[28]

Übrigens gehörte gar nicht so sehr viel analytische Gabe dazu, diese ›politische‹ Kehrseite der ›sozialen‹ Verwandlung wahrzunehmen, welche die ›Eglise‹ ins Werk zu setzen suchte. Die ›Väter‹ haben selber nicht den geringsten Zweifel daran gelassen, nicht allein, daß es auf Autorität und Hierarchie, sondern auch, daß es auf ein exklusives Monopol der Kredit-Organisation (durch ein System von Zentralbanken), der Verteilung oder Zuteilung von Einkommen, zudem aber auch der Erziehung und der religiösen – in moderner Sprache: der ideologischen – Unterweisung abgesehen war. In aller Naivität haben Bazard und Enfantin zum Beispiel in jenem Artikel des ›Organisateur‹ vom 1. August 1830, den ich schon einmal angeführt habe und der dazu bestimmt war, als eine Art ›Schulungsbrief‹ den Funktionären in der Provinz die nötige Taktik und Strategie der ›Kirche‹ in der revolutionären Situation beizubringen und zu erläutern, öffentlich ausgesprochen, daß man die liberalen Postulate nur zu dem Ende unterstütze, um am Ende den eigenen, buchstäblich ›totalen‹ Anspruch wahrzunehmen oder durchzusetzen: »Nous demandons en ce moment la liberté *des* cultes, c'est pour qu'*un* culte *unique* puisse plus facilement s'élever sur toutes ces ruines du passé religieux de l'humanité« – also: »Wir fordern in diesem Augenblick (nämlich: mit den Liberalen) die Freiheit der Kulte, damit sich ein einziger Kultus um so leichter über all den Ruinen der religiösen Vergangenheit der Menschheit erheben kann.« Die Partikeln, die dort den Plural – und den Pluralismus –, hier den Singular – und die ausschließliche Einzigkeit – bezeichnen, das ›DES‹ und das ›UN‹ sind, gemäß der ausgeprägten Propaganda-

Typographie, die in all diesen Schriften auffällt, zum Überfluß durch große Buchstaben, sogenannte Kapitälchen, noch eigens hervorgehoben. Aber das ist nicht alles. »Wir wollen die Freiheit der Presse«, heißt es weiter, »weil sie die unerläßliche Bedingung ist für die Schaffung einer wahrhaft legitimen Lenkung der Gedanken, derjenigen der Moralität und der Wissenschaft« – wörtlich: »... la création prochaine d'une direction vraiment légitime de la pensée...« – und schließlich: »Wir beanspruchen die Freiheit der Lehre, damit unsere ›Doktrin‹ sich leichter und ohne Hemmnisse ausbreite und damit sie eines Tages die einzige sei, die von allen geliebt, verstanden und praktiziert wird.«[29]
Das läßt nichts zu wünschen übrig – sowohl an Aufrichtigkeit als an Deutlichkeit der Perspektive. Wir Heutigen lesen dergleichen freilich mit anderen Augen als die Zeitgenossen, selbst Karl Grün und seinesgleichen eingeschlossen. Dieser hatte nur die ›Pfaffen‹-Herrschaft vor Augen, also die »Gedankenlenkung« und den Erziehungsanspruch der Kirche, welche indessen im Abendlande niemals und auch nicht in dieser nachrevolutionären Epoche Frankreichs allein regiert, niemals die gesamte staatliche Gesetzgebung oder gar die wirtschaftliche Produktion und Güterverteilung bestimmt hatte. Wir unsererseits haben diejenige Herrschaft über die ›geistlichen‹ wie die ›weltlichen‹ Bedürfnisse, diejenige totale Organisation in der Praxis kennengelernt, die sich hier in der Theorie, in Forderung und Erwartung ankündigt. Natürlich ist hier keinerlei böse Absicht im Spiel, die Alleinherrschaft der ›Doktrin‹ wird in aller Unschuld angestrebt – ja nicht einmal eigentlich angestrebt, vielmehr mit Zuversicht vorausgesehen, und auch jene Strategie der zeitweiligen und begrenzten Solidarisierung mit der liberalen Bewegung, jene Nutzung der Meinungs-, Presse- und Lehrfreiheit zu dem Zweck der schließlichen totalen Ausbreitung der einzigen ›Religion‹, welche dem wissenschaftlich-industriellen Zeitalter entspreche, entsprang nicht sowohl der List als der festen Glaubensüberzeugung. Bazard und Enfantin wären vermutlich niemals darauf verfallen, daß ihrer Mission etwa mit Gewalt nachgeholfen werden könne oder gar müsse, wenn ihre ›Kirche‹ zum Triumph gelangen, und daß Verbote und womöglich physische Unterdrückungsmaßnahmen nötig würden, wenn konkurrierende Gesinnungen und Organisationen aus dem Felde geschlagen werden sollten. Zu ihrem Glück sind sie nicht in die Verlegenheit gebracht worden, die praktische Probe auf dieses

Exempel zu machen. Es ist ihnen die Erfahrung erspart geblieben, daß all die totgesagten Kräfte der Vergangenheit, weit entfernt, vor dem Lichte des Fortschritts zu vergehen, sich vielmehr zur Wehr setzen würden, und daß den Bürgerkrieg, die wirkliche ›Diktatur‹, den reellen ›Despotismus‹ riskieren, wollen und betreiben muß, wer eine solche universale neue ›Religion‹ (oder: ›Ideologie‹ – oder: ›Weltanschauung‹) zur ausschließlichen Herrschaft bringen will. Lenin hat diese Erfahrung gemacht und diesen Willen aufgebracht. Die ›Eglise saint-simonienne‹ hingegen ist bei dem ersten Zugriff der Pariser Polizei auseinandergestoben.

Über dieser beträchtlichen Differenz zwischen dem Saint-Simonismus und dem Bolschewismus sollten wir indessen nicht die erstaunliche Gemeinsamkeit übersehen: daß beide Bewegungen von der gewissen Überzeugung ausgingen, die ›alte‹ Welt – dort war das vor allem das Christentum, hier der Kapitalismus – liege ohnehin im Sterben. »L'avenir est à nous« – das große Hoffnungswort des sterbenden Saint-Simon drückt ganz ebenso die innerste Gewißheit der Marx, Engels und Lenin aus. Saint-Simon und seine Nachfolger glaubten durch Konstruktion und Organisation, durch Predigt und Überredung dieser Zukunft geraden Weges näher zu kommen, Marx und die Marxisten durch Revolution und also nicht geraden, sondern dialektischen Weges, jene im Fort-Schritt, diese im Fort-Sprung. Das ist wiederum eine beträchtliche Differenz, eine fundamentale sogar – und eine empfindlich spürbare obendrein –, aber dennoch bleibt die erstaunliche Gemeinsamkeit des absoluten Historismus, der schrankenlosen, alles umfassenden Historisierung der Menschenwelt. Fast ist man beim Studium der Schriften Saint-Simons und der Saint-Simonisten versucht zu sagen, daß es Hegels kaum bedurft hätte, Karl Marx die Geschichtlichkeit oder, genauer: die Periodizität der menschlichen, der gesellschaftlichen Entwicklung zu lehren: Saint-Simon dachte gleichermaßen in Epochen, die einander ablösen. Es ist aber das Unheil aller ›Geschichtsphilosophie‹, daß sie die wirkliche menschliche Existenz in diese Epochensysteme einsperrt; sie wird zum Tode verurteilt, sofern sie der untergehenden, es wird ihr die irdische Auferstehung verheißen, sofern sie der kommenden Epoche zugehört.[30]

Dem Grafen Saint-Simon aber war es angst bei dem Gedanken des vollständigen Zerfalls der alten Welt. Darum wollte er auch dem neuen, dem wissenschaftlichen Zeitalter die Religion erhalten oder eine Religion erfinden, und darum auch sollten die Gelehrten, die Intellektuellen, die nun das gesellschaftliche Regiment übernehmen würden, eine Kirche bilden. Zeitweilig hatte er die abstruse Vorstellung, der Unterricht in den empirisch-experimentellen Naturwissenschaften lasse sich innerhalb der bestehenden christlichen Institutionen einführen derart, daß die Theologie an den Rand gedrängt werde. Er dachte sich einen großen Neuerer, einen zweiten Luther, der den neuen physikalisch-technologischen Wein in die alten hierarchischen Schläuche gießen und zudem unter der Hand die Konfessionsspaltung beendigen sollte. Aber in jedem Fall sollte oder würde diese zweite Reformation »reconstituer la papauté, les conclaves et les conciles, en leur donnant une organisation proportionnée à l'état actuel des lumières«[31]. Genau dies ist es, was Enfantin – zusammen mit dem glänzenden Lehrer und Systematiker Bazard und mit Olinde *Rodrigues,* dem engsten Vertrauten der letzten Lebensjahre des Meisters – einige Zeit nach dessen Tod ins Werk zu setzen unternommen hat: »das Papsttum, das Konklave und die Konzilien wiederherzustellen und ihnen eine Organisation zu geben, die dem gegenwärtigen Stand der Aufklärung entspräche«. Er tat es freilich außerhalb der römischen und jeglicher Kirche – etwas anders also, als der Stifter es damals wohl gemeint hatte. Der Mühsal, die bestehende christliche Kirche allmählich mit der Naturwissenschaft zu infiltrieren, zog er die einfachere Lösung vor, gleichsam nebenan eine neue Kirche zu errichten. Daher rührt das Element der Imitation, das uns so bizarr und lächerlich erscheint. Es ist seltsam: Während wir solche künstlichimitative, freilich mit neuem Ritual aller Art versetzte Kirchenstiftung zu belächeln geneigt sind, bedenken wir nicht, daß die mächtige Gegenkirche unseres eigenen Jahrhunderts, die bolschewistische, gleichsam unversehens eine ›hierarchische‹ Gestalt angenommen hat, die der gewollten Hierarchie der Saint-Simonisten – richtet man nur erst den Blick auf diese ›Äußerlichkeiten‹ – verblüffend ähnlich sieht. Hat sie nicht gleichfalls ihre ›papauté‹ – unter dem Namen der obersten Parteisekretäre –, ihr ›conclave‹ unter dem des Politbüros, ihr ›concile‹ unter dem des Zentralkomitees und ihre vierten und fünften Grade in den weiteren Rängen der Parteimitgliedschaft? Sogar die eigentümliche Figur des Doppelpapstes, wie sie dort mit den Namen von Bazard und Enfantin auftrat (und schließlich zerbrach), ist hier zuzeiten wiedergekehrt:

in der Epoche des Regiments von Chruschtschow und Bulganin – welches ebensowenig von Dauer war und durch erneuerte Alleinherrschaft abgelöst wurde – und wiederum in der Epoche von Breschnew und Kossygin, welche noch andauert.

Die Analogie insgesamt ist um so verwunderlicher, als die russischen Kommunisten das alles nicht gewollt und nicht geplant hatten, da sie vielmehr im Zeichen einer unbedingten Demokratie und – für den ›Übergang‹ – der Diktatur nicht eines einzelnen und nicht einer ›Priesterschaft‹, sondern einer ganzen Klasse angetreten waren, eben jener »classe la plus pauvre et la plus nombreuse«, welcher der Graf von Saint-Simon und seine Nachfolger zur Befreiung und zur Emanzipation hatten verhelfen wollen. Es war Lenin, der eben noch rechtzeitig wahrnahm, daß diese Klasse als solche keine Organe besaß, die zum Regieren, Organisieren und Verwalten tauglich gewesen wären, der der einen und exklusiven Partei mittels der dogmatisierten Metapher von der »Avantgarde des Proletariats« die »führende Rolle« zusprach und ihr zugleich mittels der Lehre vom »demokratischen Zentralismus« eine verkappt ›hierarchische‹ Verfassung gab, ohne es eigentlich gewollt oder auch nur vorausgesehen zu haben. Was Karl Marx in seiner streng eschatologischen und in diesem Sinn anti-utopischen Denkweise ausdrücklich ausgespart hatte, hat sich bei seinen Nachfolgern, die infolge einer siegreichen Revolution fast unvermutet zu ›Organisateurs‹ der Gesellschaft wurden, wie von selber hergestellt und durchgesetzt: eine neue Religion unter dem Namen des Marxismus-Leninismus und eine neue Kirche unter dem Namen der Partei. Es ist, als wäre hier der Blueprint der Saint-Simonisten hinter dem Rücken der Akteure – und sogar gegen deren ›demokratische‹ Doktrinen – wiedergekehrt, als hätten diese irrenden Geister von Religion, Kirche und Hierarchie sich unversehens mit Fleisch und Blut bekleidet, um alsbald die absolute Herrschaft anzutreten. Was sie nicht wollten, das taten sie – und sie taten es augenscheinlich um so wirksamer und erfolgreicher, je weniger sie es gewollt hatten. Die Saint-Simonisten jedoch, welche Religion, Eglise, Hierarchie und obendrein Rituale, Kostüme und Gesänge planvoll und nicht ohne Phantasie ins Werk oder in Szene gesetzt hatten, scheinen ebendeswegen gescheitert und jedenfalls ebendamit der Lächerlichkeit anheimgefallen zu sein.[32]

Heinrich Heine aber hat weder an der Kirchen-Imitation noch an dem Prinzip der Hierarchie Anstoß genommen. Er hat gewiß die Wunderlichkeiten wahrgenommen, auf die Père Enfantin nach der Polizeiaktion und dem Verbot der Versammlungen verfiel, als er die asketische Apostelgemeinde von Ménilmontant gründete, als man unter Gesängen und in vollem Ornat durch die Straßen zum Assisen-Gericht zog, als der Vater – nach Ablauf der Gefängnisstrafe – mit seinen Gefährten nach Ägypten segelte, nicht allein um den Isthmus von Suez zu durchstechen, sondern um zugleich im Orient die ersehnte ›Mutter‹, den ›weiblichen Messias‹ zu finden.[33] Aber er hat dem allgemeinen Gelächter Trotz geboten und sein Buch ›De l'Allemagne‹ noch 1835, drei Jahre nach dem schmählichen Untergang der Eglise, ebendiesem Enfantin gewidmet. Er hat die Doktrin wie die Personen mit den erstaunlichsten Superlativen bedacht: seinen nächsten Freund unter ihnen, den saint-simonistischen Publizisten und nachmaligen Professor der Volkswirtschaftslehre Michel *Chevalier* nannte er 1833 »den großen Apostel der größten Idee unserer Zeit«[34], und den Vater Enfantin selbst empfahl er noch 1845 brieflich seinem deutschen Freunde Heinrich *Laube* als »den bedeutendsten Geist der Gegenwart«[35]. Die einzige spöttische Äußerung, die ich in den Zeugnissen habe finden können, bezieht sich in der Tat auf jene kuriosen Erfindungen des Kostüms und äußeren Aufzugs und allerdings auch auf die Suche nach der ›Mère‹ oder ›femme libre‹, aber gewiß nicht auf die Verfassung der ›Kirche‹ oder der Gesellschaft, wie sie die Saint-Simonisten entworfen hatten. Diese Äußerung stammt aus dem Jahre 1839, und zwar aus einem Privatgespräch.[36] Öffentlich hat Heine nie über den Saint-Simonismus gelacht, nicht einmal in der späten Vorrede zur zweiten Auflage von ›De l'Allemagne‹, für die er die Widmungsworte tilgte und worin er Enfantin und die Seinigen bitter angriff – aber als Abtrünnige. Noch immer hält er auch hier an dem Ernst des vormaligen Glaubens fest, und auch das Lächerliche ihres Gebarens deutet er nur schonend an: »Je ne craignais pas (damals, bei der ersten Auflage, zwanzig Jahre zuvor) de m'exposer au ridicule, dont leur bonne cause était, il faut l'avouer, un peu entachée.«[37]

III.

Indessen muß man vermuten, daß Heine bei näherer Erfahrung in Paris die Stellung gar nicht mehr so erstrebenswert gefunden hat, welche in der Eglise den Dichtern und Künstlern zugedacht war. Darauf deutet jedenfalls eine Bemerkung, die er nach dem Untergang des organisierten Saint-Simonismus in den Briefen ›Über die französische Bühne‹ (1837) macht, und zwar im Zusammenhang einer Lobrede auf Victor Hugo: »Sogar die unsichtbare Kirche der Saint-Simonisten«, heißt es dort,[38] »die überall und nirgends, wie die christliche Kirche vor Konstantin, auch diese verwirft ihn« (nämlich Victor Hugo); »denn diese betrachtet die Kunst als ein Priestertum und verlangt, daß jedes Werk des Dichters, des Malers, des Bildhauers, des Musikers Zeugnis gebe von seiner höheren Weihe, daß es seine heilige Sendung beurkunde, daß es die Beglückung und Verschönerung des Menschengeschlechts bezwecke. Die Meisterwerke Victor Hugos vertragen keinen solchen moralischen Maßstab, ja sie sündigen gegen alle jene großmütigen, aber irrigen Anforderungen der neuen Kirche. Ich nenne sie irrig, denn, wie Sie wissen, ich bin für die Autonomie der Kunst; weder der Religion noch der Politik soll sie als Magd dienen, sie ist sich selber letzter Zweck, wie die Welt selbst.« Der Passus verdient eine ausführliche Zitierung, er hat Seltenheitswert, denn kaum irgend sonst hat Heine öffentlich einen Lehrsatz der ›Doctrine‹ so ausdrücklich – und so ernst – seiner Kritik unterworfen: hier schien schließlich doch sein eigenstes Existenzbewußtsein als Künstler berührt, und hier distanzierte er sich. Noch um einige Grade schärfer sprach er sich über diesen Punkt in dem Gespräch mit Heinrich Laube (vom Mai oder Juni 1839) aus, das oben schon einmal angeführt worden ist: »Die Hauptsache war . . ., die Leute hatten keinen Geschmack: die Künste standen bei ihnen tief im Hintergrunde, wir Poeten wären in ihrem Staate untergegangen.«[39] Diese Äußerungen gewinnen nur an Gewicht, wenn wir erst wahrnehmen, wie ungebrochen doch zugleich sein Glaube an die Fortdauer der Eglise auch in der Zerstreuung und Unsichtbarkeit geblieben ist.

Bei näherer Betrachtung scheint es nicht allein die genauere Kenntnis und Beobachtung gewesen zu sein, die solch eine Sinnesänderung bei Heine hervorgebracht hat. Nicht allein könnte dieselbe These,

die ihn in der Ferne, in Hamburg, begeisterte, aus der Nähe, in Paris, sich enttäuschender angehört haben. Vielmehr hat sich die saint-simonistische These bezüglich der Stellung der Künstler und Poeten in der hierarchischen Ordnung auch ihrerseits tatsächlich verändert. In der ›Exposition‹, der ja die Vorträge und Erörterungen von 1829 zugrunde liegen[40] – daher die Bezeichnung ›Première Année‹ –, herrscht durchgängig die Tendenz vor, den Geist der positiven Wissenschaft, der ›philosophie critique‹ zugleich anzuerkennen und in seine Schranken zu weisen, und diese Tendenz ist nicht allein – wie zuvor schon bemerkt – gegen den »Positivisten« Auguste *Comte* gerichtet, der ja gleichermaßen aus der Schule Saint-Simons hervorgegangen war, sondern unausgesprochenermaßen auch gegen die eigenen Ursprünge und gegen den Wissenschaftsglauben des Meisters selbst. Die eigentliche Neuerung der Bazard und Enfantin – im Vergleich mit ihrem Lehrer Saint-Simon – liegt in ihrer Lehre vom Menschen, in ihrer Anthropologie, welche sie übrigens historisch begründen und beweisen: der herkömmlichen Bestimmung des animal rationale, des vernünftigen oder Vernunft habenden Lebewesens, haben sie eine Lehre von der menschlichen Doppelnatur entgegengesetzt, nämlich von dem zugleich rationalen und emotionalen Menschenwesen oder – um es in ihrer eigenen Sprache wiederzugeben – von der Gleichrangigkeit von ›raison‹ und ›sentiment‹.
»C'est par le sentiment que l'homme vit, qu'il est sociable; c'est le sentiment qui nous attache au monde, à l'homme, c'est lui qui nous lie à tout ce qui nous entoure« – und wenn dieses Band zerreiße, so höre das Leben für uns auf.[41]
Mag das auch keine absolute Entdeckung sein – die Spur von *Rousseau* ist offenkundig, des Rousseau der ›Nouvelle Héloïse‹, auch des ›Emile‹ –, so ist der Gedanke hier doch mit großer Entschiedenheit zum System erhoben. Von jener Wissenschaft des Herzens, welche die großen französischen Moralisten ausgebreitet haben, ist hier freilich nicht viel übriggeblieben. Das ›Gefühl‹ reduziert sich auf die ›Sympathie‹, die beiden Wörter werden beinahe synonym gebraucht. Sympathie auszubreiten und zu erwecken, so liest man es im ›Ersten Jahr‹ der ›Exposition‹, sei die Sache nicht der Gelehrten (savants) und nicht der Arbeiter (industriels), sondern der Künstler (artistes). In der moralischen Erziehung kommt sogar, genau genommen, ihrer Fähigkeit, »zum Herzen zu spre-

chen«, eine höhere Bedeutung, weil eine stärkere Wirkung zu als
den Lehrern der Wissenschaft. Die allgemeine Erziehung ist – mit
dem berühmten Leitworte Stendhals zu reden – vor allem ›Education
sentimentale‹, dies jedenfalls eher und mehr als Education
scientifique oder rationelle.

Ein Element von rhetorisch-propagandistischer Zweckmäßigkeit,
ein naiver Kalkül der ›Menschenführung‹ ist freilich auch hier schon
zu merken – wenn wir etwa lesen, daß zu allen Zeiten die Leitung
der Gesellschaft bei denen gelegen habe, »qui parlaient au cœur«,
und daß die verschiedenen »formes de l'expression sentimentale«
immer diejenigen Wünsche erzeugten, die dem gesellschaftlichen
Ziel entsprächen, »et de provoquer ainsi les actes nécessaires à son
progrès«, daß sie also Handlungen hervorriefen, die den Fortschritt
beförderten.[42] Da schaut der Pferdefuß schon hervor: unversehens
gleitet der Gedanke vom Gefühlsausdruck zur Gefühlslenkung hin-
über, und die Künste scheinen, denkt man dies zu Ende, zuletzt
doch nur insoweit von Interesse, als sie dem gesellschaftlichen Fortschritt dienen oder wenigstens aufhelfen. Kaum installiert, scheinen
sie auch schon in Dienst genommen. Indessen bleibt dies einstweilen ein Nebengedanke, zumal solange ein begieriger, von mäch-
tigem und so oft gedemütigtem Ehrgeiz erfüllter Leser, wie Heine
es war, die Sache zugleich dahin verstehen konnte, daß ebendiese
Gefühlsexperten, zum Beispiel die Dichter, zumal die Lyriker,
ihren Platz an der Spitze der neuen Gesellschaftsordnung einzu-
nehmen berufen wurden und also eher die Lenker als die Gelenkten
sein würden. Die seltsame Zweideutigkeit, die in der These lag,
daß die schönen Künste in den »kritischen Epochen« – und nur in
diesen – dieselbe Funktion ausübten, die in den »organischen
Epochen« (und hier figurierte, ganz in romantischer Weise, das
katholische Mittelalter als hauptsächliches Lehr- und Vergleichs-
beispiel) dem religiösen Kultus zukomme, mochte so lange hingehen, als der Künstler doch hoffen konnte, mit der neu an-
hebenden organischen Epoche, welche die Saint-Simonisten eben
heraufzuführen strebten, in eigener Person sich in den Priester zu
verwandeln.

Ebendiese Verwandlung oder Entpuppung oder Beförderung schien
die ›Doctrine‹ zunächst in noch dunklen Andeutungen zu versprechen. Das Wort ›Künstler‹, so las man in der ›Elften Sitzung‹, die
der besonderen oder beruflichen Erziehung gewidmet ist, sei wohl

mißverständlich; es sei hier in einem bedeutend erweiterten Sinne aufzufassen, nicht in dem gewöhnlichen: »nous le remplacerons plus tard par un autre que nous n'employons pas dès aujourd'hui, parce qu'il serait certainement plus mal compris encore.« Nur vorläufig bleibe man bei diesem Wort, um diejenigen Menschen zu kennzeichnen, die »la faculté sympathique« im höchsten Maß besäßen – und diese Fähigkeit sei es ja, die in der moralischen Erziehung voranstehen (»présider«) solle.[43] Das andere Wort aber, das eines Tages – nicht heute, denn es würde noch weniger verstanden! – an die Stelle des Wortes ›Künstler‹ treten soll, ist das Wort ›Priester‹. Das Geheimnis wurde nicht allzulange bewahrt, es wurde noch im selben Buch gelüftet, in der fünfzehnten Séance, etwas beiläufig zwar, in einer Fußnote nur, aber doch in energischem Prophetenton, unüberhörbar für den, der die Berufung und Erhöhung erwartet. Ich habe die Stelle schon früher erwähnt,[44] ihre Bedeutung sowohl innerhalb der ›Doctrine‹ als auch für den Leser Heine mag jetzt heller werden als zuvor.

Wenn man die verschiedenen Teile der Doktrin, wie sie bisher in diesem Bande dargetan seien, aufmerksam gelesen habe – so heißt es da[45] –, so werde man begreifen, daß zwei Namen einer und derselben Funktion entsprächen: »ces noms sont ceux de poètes et de prêtres«, der eine gehöre zu den kritischen, der andere zu den organischen Epochen. Beide hätten stets die Mission erfüllt, die Zukunft zu singen oder zu predigen und auf diese Weise die Massen der Verwirklichung dieser Zukunft entgegenzuführen. »L'avenir confondra ces deux fonctions en une seule; car la plus haute poésie sera en même temps la prédication la plus puissante.« Ohne Zweifel war es diese Perspektive des Übergangs von der Dichtung zur Verkündigung, diese Aussicht auf die Verwandlung des Poeten in den Priester und also den Lenker der Gedanken und Empfindungen, welche Heinrich Heine im Sinne lag, als er jene mysteriösen Worte (an Varnhagen) niederschrieb, die ich schon früher angeführt habe: ». . . und träume jede Nacht, ich packe meinen Koffer und reise nach Paris, um frische Luft zu schöpfen, ganz den heiligen Gefühlen meiner neuen Religion mich hinzugeben und vielleicht als Priester derselben die letzten Weihen zu empfangen.[46]« Da sind die Hauptstichworte der ›Doctrine‹ versammelt: Religion, Sentiment, Prêtre. Diese Träumerei entschlüsselt sich gleichsam von selbst, sobald man nur die saint-simonistische Futurologie der

Kunst in ihrem authentischen Wortlaut zugrunde legt, wie sie in der ›Première Année‹ der ›Exposition‹ dargetan war. Hier würde der Sänger nicht bloß »mit dem König gehen«, sondern vielmehr selber zwar nicht König, wohl aber Priester, und das hieß gesellschaftlicher Regent werden. Nichts anderes und nichts Geringeres faßte Heine ins Auge als diese Berufung und diese Laufbahn. Die Priesterschaft war keine spielerische Metapher und keine Allegorie, sondern buchstäbliche, ernste Bestrebung.

Aber in der ›Deuxième Année‹ der ›Exposition‹, dem zweiten und letzten Bande jener synthetischen Darstellung der Lehre, die Bazard »im Namen des Kollegiums« auf Grund der fortdauernden Diskussionen im engeren Kreis formuliert, vorgetragen und niedergeschrieben hat, – im zweiten Jahrgang las man es anders: »Der Priester begreift die Zukunft und bringt die Ordnung (réglement) hervor, welche die vergangenen Geschicke der Menschheit mit ihren künftigen Geschicken verknüpft; en d'autres termes, le Prêtre gouverne. Der Künstler ergreift den Gedanken des Priesters, er übersetzt ihn in seine Sprache und macht ihn allen verständlich, indem er ihn in allen Formen inkarniert, die er nur annehmen kann; er spiegelt darin die Welt wider, die der Priester geschaffen oder entdeckt hat, und er enthüllt ihn allen Augen, indem er ihn in Symbole faßt. Durch den Künstler manifestiert sich der Priester; mit einem Wort, der Künstler ist das Wort des Priesters (l'artiste, en un mot, est le verbe du prêtre).[47]«

Nichts mehr also von der zuvor prophezeiten Verschmelzung des Künstlers mit dem Priester! Vielmehr: der Priester regiert, und nur der Priester; dem Künstler sind nicht einmal mehr eigene Gedanken zuerkannt, geschweige Entdeckungen oder Schöpfungen, er wird zum reinen Werkzeug und Mundstück des Priesters degradiert. Es spricht für die Aufrichtigkeit der Verfasser und Initiatoren, daß sie diese beträchtliche Korrektur der vorigen Ankündigungen nicht heimlich vollzogen, sondern ausdrücklich als solche einbekannt und erklärt haben: Es sei ihnen, schreibt Bazard, im vorigen Jahrgang und in anderen Schriften zugestoßen (»il nous est arrivé«), daß sie die Künstler als die einzigen Vertreter der »faculté sympathique« und daher auch als Lenker der Gesellschaft bezeichnet, ja, daß sie die Namen ›Künstler‹ und ›Priester‹ sogar als vollkommen synonym gebraucht hätten; zwar bleibe es dabei, daß beide in derselben Sphäre lebten, aber gleichwohl bestehe zwischen ihnen ein wichtiger Unterschied, und ihn gelte es nun festzusetzen – »au point où nous sommes maintenant parvenus du développement de nos idées«[48]. Darauf folgen die Bestimmungen, die ich soeben wiedergegeben habe.

Ob Heine diesen zweiten Band der ›Exposition‹ gelesen hat, ist ungewiß, aber auch belanglos. Die Ansichten, die dort dogmatisch festgesetzt waren, muß er auch bei den saint-simonistischen Versammlungen vernommen haben, bei denen er zugehört oder deren Protokolle er gelesen hat.[49] Zudem fand er sie in der saint-simonistischen Tageszeitung, im ›Globe‹, wieder, und dort nicht allein in allgemeinen Ausführungen, sondern in der Anwendung auf die aktuelle Literatur und Theaterkritik.[50] Vor allem aber hatte er die regierenden Priester oder ›Väter‹ in der Salle Taitbout, dem Versammlungslokal der ›Eglise‹, leibhaftig vor Augen, er sah, daß die führenden Plätze besetzt waren und daß sich dort zwar einige bedeutende rhetorische und publizistische Talente, doch keine Künstler und keine Poeten befanden.[51] Jedenfalls war in diesem wunden Punkte die Enttäuschung deutlich, und jedenfalls treffen die beiden Urteile, die er im Rückblick (1837 öffentlich in den Briefen ›über die französische Bühne‹, 1839 privatim im Gespräch mit Laube) über die Rolle der Kunst im Saint-Simonismus gefällt hat, sehr genau die Doktrin von 1830: Die Kunst sollte in der Tat der ›Religion‹ »als Magd dienen«, und die Poeten wären in der Tat »in ihrem Staate untergegangen«.[52] Es bleibt die Frage übrig, welche anderen Motive der ›Doktrin‹ Heine angezogen haben – so sehr, daß er ihr eine so erstaunliche und so erstaunlich ausdauernde Anhänglichkeit bewahrt hat. Diesem Hauptgegenstand will ich mich alsbald zuwenden.

Inzwischen ist noch zu klären, wie es zu jener Wandlung in der Einschätzung der Künste und der Künstler kam, die aus dem Vergleich des ersten und des zweiten Jahres der ›Exposition‹ mit aller Deutlichkeit hervorgeht. Die Gründe werden greifbar, sobald man der Geschichte der Saint-Simoniens in der fraglichen Zeit nachforscht, und zwar nicht allein der Geschichte ihrer Ideen, sondern zugleich der Geschichte ihrer sozialen Beschaffenheit oder ihrer Organisation. Um es mit einem Satz vorwegzunehmen: Das Jahr 1829 bezeichnet den rapiden Übergang der Gruppe aus dem Aggregatzustand eines Diskussionsclubs in denjenigen einer Institution, und zwar eines straff geführten Ämtersystems – einer

›Hierarchie‹, um ihren eigenen, durchaus angemessenen Ausdruck zu gebrauchen. Als Bazard mit den Vorträgen der ›Exposition‹ begann, war man zwar schon überzeugt, eine feste Lehre, eben eine ›Doctrine‹ oder auch eine ›Synthèse‹ zu besitzen, die es missionarisch auszubreiten gelte, aber man lehrte, wie die Zukunft aussehen werde und aussehen solle. Als hingegen das zweite Jahr eröffnet wurde, hatte man begonnen, ein Beispiel zu geben und einen Anfang zu machen, nämlich jene universale ›Kirche‹ selber und sogleich zu errichten, welche zuvor nur als rationelle Vision des kommenden, neuen ›organischen‹ Zeitalters in den Köpfen existiert hatte. Man war von der wie immer begeisterten Erwartung zur unmittelbar gegenwärtigen Vollstreckung übergewechselt. Aus einer missionierenden Gemeinde war eine organisierte Kirche geworden, die inmitten der bestehenden Ordnung der Restaurations-Epoche mit ihrem König, ihrer Aristokratie und ihrer Geistlichkeit den Anspruch erhob, die erste Zelle der werdenden Gesellschaft zu sein, und die in der Zuversicht lebte, sie werde wachsen und wachsen, bis die alten Mächte in Trümmer gesunken oder ihr zugefallen wären. Diese ›Utopisten‹ hatten, kaum daß ihr System in Gedanken vollendet war, sogleich begonnen, es auszuführen, und dieser Umstand ist es, der ihre konventionelle Rubrizierung unter den ›utopischen Sozialismus‹ so unstimmig erscheinen läßt.

»Il ne s'agit pas pour nous de former des foyers de société, mais bien de former le Collège de la doctrine«, schrieb einer der aktivsten Missionare, Eugène *Rodrigues*, im August 1829, es sei schon recht, Gläubige zu gewinnen, aber wichtiger, »Priester und Priesterinnen zu machen«. Aber der eigentliche Antreiber, der Ungeduldige, der Ehrgeizige, der Stifter und Gründer war Enfantin. Er war der vielen Reden und Diskussionen satt: ». . . il faut faire des exemples . . .«[53] Alsbald traf er seine Auswahl, schränkte das ›Collège‹ auf fünf Mitglieder ein und hielt daran fest trotz Klagen und Beschwerden der Ausgeschlossenen. Als auch unter den Fünfen die Kontroversen nicht aufhörten, die absolute Harmonie nicht einkehren wollte – wofür Enfantin ein einziges Mitglied, einen gewissen *Buchez*, verantwortlich machte (Designation des ›Abweichlings‹!), tat er den letzten Schritt, beendigte auch die ›kollektive Führung‹ und ließ sich selbst zusammen mit Bazard in aller Form zu »Chefs de la doctrine« oder zum »Père Suprême« (in zwei Personen) installieren. »Wir können mit dieser Anarchie nicht fortfahren«, sagte er zu den Brüdern Rodrigues, und ob nicht auch sie fänden, »que nous faisions de la République avec ces mensonges«. ›Republik spielen‹ mochte er aber nicht.⁵⁴ Bazard und er seien schon de facto die Regenten, nun sollten sie es auch de jure werden. Und sie wurden es. Die Zeremonie fand am 31. Dezember 1829 statt. In drei weiteren Monaten war die vormals lockere Menge der Anhänger in drei Ränge gegliedert, nämlich das wiederhergestellte Collège (ohne jenen Buchez), den zweiten Grad der Apostel und den dritten Grad der Neophyten (oder ›Kandidaten‹). Später kam ein vierter Rang hinzu, der den ›industriels‹ oder Proletariern vorbehalten war, sämtlich, wie sich versteht, untergeordnet dem ›höchsten Vater‹ als dem neuen Papst.

Mehr und mehr auch hatte sich Enfantin in derselben Frist ein Vokabular angewöhnt, das der katholischen Hierarchie entlehnt war. Nicht allein sprach er von den »Priestern« (und freilich auch von »Priesterinnen«, das war neu und bedeutungsvoll!), sondern er nannte seine Missionsgebiete in der Provinz »Diözesen«, er redete seine Gefährten als »membres du Sacré Collège« und seine gläubigen Zuhörer als »Söhne in Saint-Simon« an, und von den beiden Höchsten Vätern sagte er, der eine solle dem anderen im Wechsel als »Koadjutor« dienen.⁵⁵ Diese Entlehnungen machte er mit dem besten Gewissen, da ja ohnehin das katholische Mittelalter in der Geschichtsphilosophie der Schule als Paradigma einer »organischen Epoche« figurierte (und weit einläßlicher in diesem Sinn behandelt wurde als etwa die hellenische Götterzeit, die gleichfalls für ›organisch‹ galt). Zudem hatte der Meister selbst, Saint-Simon, in seiner letzten Schrift, dem ›Nouveau Christianisme‹, das Stichwort schon geliefert – nicht allein mit diesem Titelwort, sondern zudem ganz praktisch mit dem Hinweis, dieses neue Christentum werde seine Moral, seinen Kultus und sein Dogma haben, es werde aber auch seinen Klerus, und dieser Klerus werde seine Führer haben. »Le Nouveau Christianisme . . . aura son clergé, et son clergé aura ses chefs.⁵⁶«

In einer schweren Krise, einem Schisma, wovon später noch des näheren zu berichten sein wird, zerbrach gegen Ende des Jahres 1831 schließlich auch das Doppelregiment, Bazard schied aus, und Enfantin blieb einziger ›Höchster Vater‹, eine vollkommene Monokratie stellte sich her. In den Zusammenkünften, die unmittelbar folgten (eben jenen ›Enseignements‹, die oben erwähnt wurden), fragte dieser intuitive ›Techniker der Macht‹ den verbliebenen mehr oder minder getreuen Anhängern »Glaubensbekenntnisse« ab, deren Artikel indessen nicht nur Gott und die Menschheit, sondern auch ihn selbst – als das »lebende Gesetz« – betrafen. Auch diese sanften, aber peinlichen Glaubensverhöre sind (durch einen Stenographen) wörtlich verzeichnet und überliefert worden, und der heutige Leser ist verblüfft von der Geschwindigkeit, mit der hier der Hohepriester alsbald zum Propheten, ja beinahe zum Gott oder doch zur göttlichen Inkarnation hinaufstilisiert wurde, verblüfft wiederum auch von den Analogien, die sich hier notwendig einstellen – zum ›Führerglauben‹ des Dritten Reiches wie auch zum ›Personenkult‹ der Stalin-Ära des Sowjet-Bolschewismus. »Père, je sens que Dieu est surtout en vous, c'est en vous qu'il m'apparaît dans sa manifestation la plus haute[57]«, bekennt ein gewisser Henry vor ihm und versammelter Gemeinde, »für mich sind Sie die lebende Definition der Liebe« ein anderer,[58] »Vater, ich glaube an Sie und ich liebe Sie, besonders weil ich weiß, daß Sie unter den Schmerzen anderer leiden[59]« ein dritter. Er selbst verstieg sich womöglich noch höher, indem er geradezu zur Bedingung machte, man müsse glauben, »daß Gott sich nicht getäuscht hat, als er nach Saint-Simon in Meine Hände die Geschicke der Welt legte[60]«. Hier sind wahnhafte Züge offenkundig, und doch scheint dieser Beschleunigung wie dieser Spirale der Selbsterhöhung eine gewisse Notwendigkeit innezuwohnen, die sich ebensowohl taktisch wie psychologisch wie soziologisch begreifen läßt. Übrigens hat derselbe Mann, durchaus frei von pathologischen Zuständen, nicht viel später seine technischen Talente beim versuchten Bau des Nildammes in Ägypten angewendet, und er hat seine Laufbahn als Direktor einer französischen Eisenbahngesellschaft beschlossen.

Die Geschichte der Umbildung der saint-simonistischen Gruppe in eine ›Kirche‹ benannte hierarchische Institution, des Zerfalls der anfänglichen Kollegialverfassung, des gar nicht ›aufhaltsamen‹ Aufstiegs eines einzelnen zur absoluten Führung und Seelenherrschaft, schließlich seiner Erhöhung und Verklärung bei lebendigem Leibe – diese Geschichte bildet einen Musterfall, reif für ein Lehrbuch, nicht im Sinne des Machiavelli, sondern im Sinne der großen politischen Phänomenologen, des Aristoteles oder des Montesquieu. Natürlich spielt da auch der Geniebegriff und der Genieglaube der Epoche hinein, und ebenso gewiß geistert das Nachbild Napoleons[61] in solch einer ›Usurpation‹ – das Wort ›génie‹ und der Name Napoleon lagen, wie mir vorkommt, in den Köpfen sehr nahe beieinander, und zumal dem Saint-Simonisten, der alle Erblichkeit abzutun und eine Rangordnung der Talente zu errichten eingeschworen war, mußte der Bonapartismus als ›Herrschaft des Genies‹[62] im Grunde als legitim, Napoleons Beispiel jedenfalls als legitimierend erscheinen.

Wir haben einen anderen Bewunderer Napoleons, eben Heinrich Heine, nicht aus den Augen verloren. Es ist wichtig, die Szene zu kennen, in die er eintrat, die Vorgänge, deren Zeuge er war: erst dann sind wir imstande, uns genügend darüber zu verwundern, daß er – im Unterschied zu anderen ›Liberalen‹ und ›Demokraten‹, zumal zu Ludwig Börne und Karl Grün – zu alledem geschwiegen hat, trotz der Enttäuschung geschwiegen hat, die hinsichtlich der Priesterschaft des Poeten schon bei seiner Ankunft in Paris für ihn bereitet war.

Eine gewisse, freilich beiläufige und unverbindliche Entschädigung scheint ihm nachträglich zuteil geworden zu sein, wenn wir seinem eigenen Zeugnis glauben dürfen: »Ich weiß, wer ich bin. Jüngsthin hat einer meiner saint-simonistischen Freunde in Ägypten ein Wort gesagt, welches mich lachen machte, aber doch sehr ernsthaften Sinn hatte, er sagte, ich sei der erste Kirchenvater der Deutschen.«[63] Wahrscheinlich hat er eine Bestätigung herausgehört aus Äußerungen, die wohl eher bestimmt waren, ihm eine Aufgabe erst zu stellen, wiewohl zu diesem Zeitpunkt die saint-simonistischen Tempel schon geschlossen waren. Immerhin beweist diese halb kokette, halb überzeugte Bemerkung von neuem, daß eine solche Rolle, eine solche Verwandlung dicht an seinem Wege lag. Dies wird uns dann nicht mehr so sehr erstaunen, wenn wir erst begriffen haben werden, was ihn an der ›Doctrine‹ so stark angezogen hat, und warum es ihn anzog.

Es ist wie ein Nachspiel – nicht so sehr der saint-simonistischen Gesinnung als der verfehlten Priesterschaft –, wenn der späte Heine sich einen tiefsinnigen Spaß daraus macht, sich in die Attitüden eines Abbate, eines Kardinals, gar eines Papstes hineinzuphantasieren. In den ›Geständnissen‹ nämlich sann er der Mitteilung seiner Mutter nach, der Rektor *Schallmeyer* in Düsseldorf habe ihr seinerzeit geraten, ihren Sohn dem Dienst der katholischen Kirche zu weihen. Der alte Herr habe, heißt es da, sein, Heinrich Heines,

»Naturell frühzeitig durchschaut« und »wohl am richtigsten begriffen, welches geistige und physische Klima demselben am angenehmsten und heilsamsten gewesen sein möchte«. Höchst vergnüglich ist die Ausmalung, wie er »die Ernennung zum Papste nicht ausgeschlagen« haben würde und wie sich »Meine Heiligkeit auf dem hohen Balkon dem Volke gezeigt«, wie er »ruhig die Hände ausgestreckt und den Segen erteilt« hätte, »der Stadt und der Welt«. Tiefsinnig nämlich erscheint mir das leichtfertig-kühne Gedankenspiel deswegen, weil der kranke Mann hier auf seine Weise die Meditation Pascals wiederholt: welch winzige Zufälligkeiten über den Gang und das Muster hier nicht der Weltgeschichte, aber einer Lebensgeschichte entscheiden – oder umgekehrt: welche ganz andersartigen Möglichkeiten sozusagen um die Ecke sich eröffneten, wenn sie nur ergriffen würden. Aber nicht darum handelt es sich jetzt. Sondern darum, Einblick in die imaginative Identität dieser Person zu gewinnen. Der Liberale hätte können ein »Pfaffe« werden, er hielt es selbst für denkbar und für bedenkenswert, er bedachte die entwischten Möglichkeiten, freilich bedachte er sie ironisch, aber doch immer noch als seine eigenen Möglichkeiten. Im Falle der saint-simonistischen Priesterschaft war es nicht nur ein Spiel der Vorstellung. Da fehlte nicht so viel, daß aus dem Dichter ein Apostel geworden wäre. Es fehlte gewiß etwas, aber es fehlte nicht sehr viel. Es fehlte nicht sehr viel, aber es fehlte doch noch etwas.

Viertes Kapitel

Seraphine

Nicht allein von Religion und heiligen Gefühlen, nicht allein von neuer Priesterschaft hat Heinrich Heine gesprochen und geschrieben, sondern auch von der neuen Kirche, die erst noch errichtet werde, und er tat es nicht allein in Prosa, sondern auch in Versen. So zum Beispiel:

»Auf diesem Felsen bauen wir
Die Kirche von dem dritten,
Dem dritten neuen Testament,
Das Leid ist ausgelitten.«[1]

So leicht diese Strophen daherhüpfen, soviel Fracht führen sie mit. Da ist die Anspielung auf die chiliastische Überlieferung vom »dritten Testament« – die Wendung vom »dritten *neuen* Testament« enthält, streng genommen, eine kleine Kontamination, denn wenn als das erste Testament das Alte zählt, so wäre das ›dritte‹ unter den neuen Testamenten eigentlich das zweite oder das neueste, aber das ist Pedanterie, die Unstimmigkeit dient nicht nur der metrischen Aushilfe, sie hat als solche ihren poetischen Reiz. Die Idee des dritten, daher letzten, besten und endgültigen Testaments geht auf Joachim von Fiore zurück, jenen kalabrischen Abt des zwölften Jahrhunderts, von dem Ernst *Bloch*, in eschatologischen und utopischen Sachen so kundig und bewandert wie keiner sonst, gesagt hat, er habe »die folgenreichste Sozialutopie des Mittelalters« aufgestellt, und seine Größe sei, die vom Kirchenvater Origines her überlieferte Dreiheit der möglichen Arten der Bibel-

Auslegung »zu einer dreifachen Stufung in der Geschichte selbst verwandelt zu haben«.[2] Es war die heilige Dreifaltigkeit selber, die
sich hier in drei religiöse Zeitalter der Menschheit zerlegte, das
Zeitalter des Gesetzes oder des Alten Bundes, dasjenige der Gnade
oder des Neuen Bundes und ein drittes der Vollendung, quod e
vicino expectamus, welches wir nahe erwarten, das »dritte Reich«,
nach dem Vater und dem Sohn das des Heiligen Geistes, worin
die ganze Menschheit »ohne Herren und Kirche« (wie Bloch sagt)
geeint sein werde. Auch Joachims Zukunft hatte schon begonnen,
wenigstens in Keimen und Anzeichen, und er scheint die Ausbreitung solchen Endzustandes recht genau vorausdatiert zu haben.
Natürlich spielt hier die Apokalypse des Johannes eine bedeutende
Rolle, und auf sie geht offenbar auch die Vorstellung eines »dritten
Testaments« zurück; genau genommen, ist es ein »ewiges Evangelium«, welches der Engel bringt, der »mitten durch den Himmel«
fliegt, und er verkündigt es »denen, die auf Erden wohnen, und
allen Heiden und Geschlechtern und Sprachen und Völkern«, also
in der Tat nicht allein einem auserwähltem Volke, auch nicht
allein einer gläubigen Gemeinde unter den Völkern, sondern der
Menschheit schlechthin.[3] Freilich ist es hier, in der Apokalypse,
nicht oder noch nicht die allgemeine Liebe und Freiheit, was dieser
Engel ankündigt, sondern vielmehr das Gericht Gottes, eine neue
und furchtbare Scheidung und Unterscheidung – aber das ist ein
anderes Thema.
Joachim von Fiore hat mit seinen exegetisch begründeten Voraus-
sagen und mit solchen großen Leitworten mächtig und langhin
nachgewirkt auf Ketzer und Schwärmer bis zu den Wiedertäufern
der Reformationszeit, den Puritanern der großen englischen Revolution und noch weiter. Es gibt kein Zeugnis dafür, daß Heine
eine unmittelbare Kenntnis dieser untergründigen religionsgeschichtlichen Überlieferung gehabt hätte. Sie hätte auch gar nicht recht in
seinen Kram gepaßt – insofern, als Joachims Vollendungszustand
gerade im Zeichen des Heiligen Geistes steht und durch mehr als
körperliche, mehr als seelische, nämlich rein geistige Erkenntnis,
durch den »spiritualis intellectus« ausgezeichnet ist, daher – mit
Heine zu reden – christlichen ›Spiritualismus‹ in höchster Zuspitzung darstellt, noch und erst recht in Hinsicht auf sein äußerstes
Ziel und Wunschbild. Heines Eschatologie ging, wie man sogleich
noch näher sehen wird, in ganz andere, eher entgegengesetzte Rich-

tung. Er hatte es nicht von den alten theologischen Ketzern, sondern von den neuesten industriellen Kirchenstiftern, von den Saint-Simonisten.

»Les temps sont bien changés!«, heißt es im ersten Jahrgang der ›Exposition de la doctrine‹, eben dem Bande, worin Heine noch in Hamburg gelesen, und zwar in jener »Einführung in die religiöse Frage«, welche die dreizehnte ›Séance‹ ausfüllt: »In der Nachfolge Saint-Simons und in seinem Namen verkünden wir, daß die Menschheit eine religiöse Zukunft hat; daß die Religion der Zukunft größer und mächtiger sein wird als alle Religionen der Vergangenheit; daß sie – ebenso wie diejenigen, die ihr vorangegangen sind – eine Synthese aller Anschauungen (conceptions) der Menschheit bildet, ja, mehr noch, eine Synthese aller ihrer Seinsweisen (manières d'être) . . .«[4] Auch dieses neue Evangelium, das jetzt eben anhebt, gilt für ein drittes. Nicht allein deswegen, weil Saint-Simon als der gritte große Prophet und Stifter gefeiert wird, nach Mose und Jesus, und nicht allein darum, weil seine Botschaft – ich möchte sagen: wie es sich für eine ›dritte‹ ziemt – die beiden vorigen übertrifft, indem sie sie vollendet: »Moise a promis aux hommes la fraternité universelle« (was übrigens nur sehr künstlich-allegorisch aus der Bibel zu erweisen wäre); »Jésus-Christ l'a préparée; Saint-Simon la réalise. Enfin l'église vraiment universelle va naître«.[5] Sondern auch der Sache, ihrem Inhalt nach nimmt diese neue Botschaft den dritten, das heißt auch den letzten, wesentlich zukünftigen, den endgültigen Platz in der abermals trinitarisch zerlegten Folge der religiösen Zeitalter ein. Zwar haben die saintsimonistischen Lehrer auch eine feinere, vielfältigere, wissenschaftlichere Religionsgeschichte entworfen, welche nämlich vom primitiven Fetischismus über den antiken Polytheismus zum jüdischen, dann christlichen Monotheismus und schließlich zum modernen Pantheismus führt. Doch setzt sich, zumal in den Momenten hoher rhetorischer Entfaltung, immer wieder das althergebrachte, in der Tat joachitische trinitarische Geschichts-Schema durch. Paris wird dann zur dritten geistlichen Welthauptstadt nach Jerusalem und Rom[6], und die alten Religionen insgesamt, das heißt antikes Heidentum und Judentum gleichermaßen, werden einem einzigen, ersten Typus zugeordnet, das Christentum bildet den zweiten, und so ist – gemäß der fast unwiderstehlichen Anziehungs-, ja Überzeugungskraft der Dreizahl im historisch-prophetischen Zusammenhang – der Raum frei und der Boden bereitet für den dritten, den kommenden Typus und Äon, welcher die Vollendung bringt. Und zwar figurieren dann die antiken Religionen als ›materiell‹ oder, genauer, als Offenbarungen des »stofflichen Aspekts« der ›Existenz‹, das heißt vorab der menschlichen Natur, während durch das Christentum der geistige Aspekt, »l'aspect spirituel« dem Menschen eröffnet und zum Gegenstand »seiner Liebe, seiner Meditationen und seiner Tätigkeit« erhoben wurde.[7] Der Christ »will sich vervollkommnen, aber einzig durch den Geist, denn er erkennt einzig den Geist in ihm als göttlich«.[8] Dies hat die negative Seite der »Verdammung der physischen Existenz des Menschen, die indessen doch niemals vernichtet und abgetan werden konnte«. Daher, sagt Bazard, sagt die ganze Lehre, rühre der »Antagonismus«, der Gegensatz und Kampf zwischen geistlicher und weltlicher Gewalt im politischen, zwischen Geist und Fleisch im persönlichen Bereich.[9] Und hiernach ist in der Tat, wie der Verfasser der ›Exposition‹ selber und mit einiger Naivität es ausspricht, der nächste und notwendige Fortschritt »in der religiösen Konzeption wie in der gesellschaftlichen Institution« klar zu erkennen: »il est évident qu'il s'agit de réunir les deux points de vue à chacun desquels l'homme jusqu'ici a été exclusivement placé . . . ou plutôt, ce qui est plus exact, de comprendre, de saisir dans son ensemble cette *Unité* qu'il n'a aimée, qu'il n'a connue, qu'il n'a pratiquée encore que partiellement, que successivement.« Da haben wir die Aufhebung des Antagonismus, die Synthese, die Vereinigung des Getrennten, die Rechtfertigung der Materie, die Erhebung des Fleisches aus seiner Verdammnis, die neue Religion, das dritte Evangelium, das Dogma – denn sie nennen es ein Dogma[10] – der »Union vivante«, der lebendigen Einheit von Geist und Stoff sowohl im unendlichen Wesen Gottes als im endlichen Wesen des Menschen. Sogar das Wort ›Testament‹ selber fließt den Saint-Simonisten zwar nicht häufig, doch immerhin gelegentlich in die Feder; die achtunddreißig Getreuen, die sich mit dem Vater Enfantin nach der polizeilichen Schließung der Lokale nach dessen Gut Ménilmontant zurückzogen, um ein beispielhaftes Leben der kollektiven Arbeit und des Zölibats zu führen, haben in der Tat, wie aus einem unveröffentlichten Manuskript hervorgeht, von der Niederschrift einer »Neuen Bibel« geträumt: von dem »testament définitif et toujours progressif que Dieu donne aux hommes«.[11]

So finden wir hier zwar die Schematik des Joachim von Fiore wieder, die zerlegte Trinität, die drei Zeitalter oder Reiche oder auch ›Testamente‹, von welchen immer zwei vergangen oder im Vergehen, das dritte im Anbruch begriffen ist, daher also auch die Schematik der Erwartung, welche aus derjenigen der (heils-geschichtlichen) Erkenntnis magisch-bezwingend hervorgeht, indem jene, die Erwartung, zugleich aus dieser Erkenntnis sich ›beweist‹ vermöge eines uralten – und übrigens auch heute noch höchst lebendigen[12] –, fast zwanghaft eingespielten, gewissermaßen kate-gorialen Systems der eschatologischen Vernunft, wenn anders diese kantischen Begriffe auf so ganz widerkantische Gewohnheiten des menschlichen Geistes angewendet werden dürfen. (Ich tue es nur für einen Augenblick, aber doch in allem Ernste.)

Aber das Zielbild selbst, der Gegenstand der Erwartung – und gewiß auch der aktiven Bestrebung –, die Ausfüllung des Schemas sieht ganz anders aus als dort in der mittelalterlichen, ›spiritua-listischen‹ Überlieferung: »il s'agit de réunir les deux points de vue«, es handelt sich gerade darum, den ›Spiritualismus‹ zu über-winden oder ›aufzuheben‹. Das klingt hier in dem abstrakten Duktus der Darlegung einigermaßen dürr, und man fragt sich, was man sich dabei imaginativ wohl vorgestellt habe, was für eine Anschauung allenfalls mit dergleichen Begriffen einhergehe oder was für Farben in diese Zeichnung einzutragen seien.[13]

Heine gibt auf diese Fragen eine deutliche, eine fanfaröse Antwort:

»Vernichtet ist das Zweierlei,
Das uns so lang betöret;
Die dumme Leiberquälerei
Hat endlich aufgehöret.«

Das »Leid« der vorigen Strophe bestand also in der »Leiber-quälerei«, welche Heine hier bänkelsängerisch etwas obenhin und auch ziemlich von oben herab mit dem Attribut »dumm« abtut – so in dem Sinne, wie man wohl von einer »dummen Geschichte« redet, die einem zugestoßen sei. Das »Zweierlei« entschlüsselt sich nun von selber: es ist der ›Antagonismus‹ von Geist und Fleisch, Esprit und Chair, wobei hier nicht auf ihren Kampf und Gegensatz, sondern auf ihre Zweiheit, also ihre Unterscheidung als solche abgehoben wird. Die Fleischesverdammung, die »réprobation de la chair«, wird dann sogleich nachgeliefert, eben mit der originalen Prägung »Leiberquälerei«, einer Wortbildung, die schon durch die vergnügt-vulgäre Form – nach der Analogie von Völlerei und Hurerei, oder auch Schinderei und Schufterei – das Wegwerfende ausspricht und so die ›Qual‹ vergessen macht, von der die ›Quälerei‹ doch hergeleitet ist.[14]

Von der hohen Analogie[15] jener saint-simonistischen Synthese hat Heine, wie ersichtlich, zuerst die menschlich-individuelle Seite ergriffen; das ›politische‹ oder öffentliche ›Zweierlei‹ von Staat und Kirche kümmert ihn weniger. Auch ihre Theologie, das ›Zweierlei‹ von Geist und Stoff in dem einen Wesen Gottes, scheint ihn nicht in erster Linie zu faszinieren. Zudem muß man beachten, daß die Verkündigung dieser Verse keineswegs im prophetischen Futurum, sondern durchweg im Perfekt formuliert ist: Das Leid ist ausgelitten, das Zweierlei ist vernichtet, die Quälerei hat aufgehört. Die ›Union vivante‹ erscheint in solchem Jubeltone als vollzogen, man braucht offenbar nicht mehr auf die schönere Zukunft zu warten, insoweit scheint der neue Äon bereits angebrochen, daher Freude geboten. Als hätte es genügt, das Lösewort, das Erlösungswort nur eben auszusprechen, und schon wäre der Bann gebrochen, die Freiheit hergestellt. Es ist dies aber kein bloß berichtendes, sondern ein triumphierendes Perfekt und hat daher in anderer Weise doch etwas mit dem Klang der Propheten-Rede zu tun: es triumphiert nämlich darüber, daß die Weissagung eingetroffen und ›die Zeit erfüllet‹ ist – in der Art etwa, wie Paulus ein präsentisches Perfekt gebraucht (bei Luther), wenn er ausruft »Der Tod ist verschlungen in den Sieg« (1. Korinther 15, V. 55) und derart die Vollendung dessen ausspricht, was der alte Prophet, Jesaja, nur erst angekündigt hatte mit den Worten »Er wird den Tod verschlingen ewiglich« (Jes. 25, V. 8). Diesem Futurum des Propheten antwortet jenes besondere Perfekt – das Perfekt des Apostels. Und wir erinnern uns, daß Enfantin in seiner Epistel vom Nildamm Herrn Heine gegen den Schluß ein-, zwei- und dreimal als »Prophet« anredet, an ihn als Propheten appelliert – wenn der Brief freilich auch erst gut drei Jahre nach unserem Gedicht geschrieben wurde (1835 – das Gedicht stammt aus 1831 oder 32) –, und daran, daß derselbe Enfantin nicht allein ein Priestertum, sondern in der Tat und mit diesem Worte ein ›Apostolat‹ begründet hat, namentlich nach der inneren Krise und wiederum nach der polizeilichen Schließung des ›Tempels‹, als er die verbliebenen Getreuen sammelte und auch seinerseits den Ton des Propheten anschlug. »Demain nous commencerons une vie nouvelle; les fanfares sonneront, et le deuil finira.«[16] Ich behaupte natürlich nicht, daß Heine etwa dieser Berufung auf die eigne Faust gefolgt oder gar zuvorgekommen wäre, ich will nicht mehr sagen, als daß Heines lyrische Apostel-Attitüde, wie sie sich in jenen grammatischen Eigentümlichkeiten bekundet, ebensosehr mit den biblisierenden Stimmungen, Vokabeln und Strategien der Saint-Simonisten korrespondiert wie seine Verkündigung nach ihrem Inhalt mit den Lehren der ›Väter‹.

II.

Was aber Heines Verkündigung selbst betrifft, so ist sie mit der Botschaft vom Ende des Dualismus nur erst zur Hälfte ausgerichtet. Das Gedicht ist noch nicht zu Ende. Auf die Kirchenstrophe und die Apostelstrophe (vom Ende des alten Äon) folgen noch zwei weitere, und diese handeln geradezu von Gott, geben eine positive Theologie in Reimen:

»Hörst du den Gott im finstern Meer?
Mit tausend Stimmen spricht er.
Und siehst du über unserem Haupt
Die tausend Gotteslichter?

Der heil’ge Gott, der ist im Licht
Wie in den Finsternissen;
Und Gott ist alles, was da ist;
Er ist in unsern Küssen.«

Ein pantheistisches Glaubensbekenntnis, von begeisterter, zugleich lehrender Tonart, aber sehr seltsam und eigenwillig aufgebaut! Ein anderes ›irdisches Vergnügen in Gott‹ (um eine barocke poetisch-theologische Figur in Vergleich zu ziehen), das indessen nicht mehr darauf angelegt ist, aus der Schöpfung auf den Schöpfer zu schließen, sondern vielmehr in der Schöpfung den Schöpfer als ihr einwohnend wahrzunehmen, nämlich zu hören, zu sehen und zu empfinden, ja zu genießen! Nein – nicht ein ›irdisches Vergnügen in Gott‹ wird hier vorgetragen, sondern vielmehr, umgekehrt, ein göttliches Vergnügen auf Erden und am Irdischen! Das hebt an mit den eher konventionell daherbrausenden allegorischen Elementen von Meer und Sternenhimmel (welchem ja selbst Kant seine physiko-theologische Reverenz erwiesen hat: der »gestirnte Himmel über mir«!), fährt weiter mit dem eher noch allgemeineren, letzten Endes aus dem Anfang der biblischen Schöpfungsgeschichte herrührenden Gegensatzpaar von Licht und Finsternis, steigt dann vollends auf in die umfassendste, daher auch abstrakteste Allheit, um schließlich, mit einem Husch und Nu, aus dieser Weite und Höhe in die nächste, unmittelbarste, individuellste sinnliche Gegenwart herab- und hereinzuschießen, in die erotische Erfahrung des Augenblicks. Diese bildet die Pointe. Sie ist dermaßen überraschend, daß sie eben die Grenze zu berühren scheint, wo Pathos in Parodie umschlägt, oder wo doch der apostolische Ton und die pompöse Allgemeinheit sich desavouiert.

Dies wird um so fühlbarer, wenn wir die pantheistische Bekenntnisformel der Saint-Simonisten dagegenhalten, wie sie der Vater Enfantin bei feierlichen Gelegenheiten zu rezitieren pflegte. Heines zweitletzte Verszeile ist wörtlich daraus übersetzt:

»... Gott ist alles, was da ist« –

so beginnt Enfantins Formel, im originalen Französisch lautet sie:

»Dieu est tout ce qui est«,

und sie setzt sich fort

»Tout est en lui, tout est par lui,
Nul de nous n'est hors de lui;
Mais aucun de nous n'est lui.
Chacun de nous vit de sa vie;
Et tous nous communions en lui,
Car il est tout ce qui est.«[17]

Es sieht aus wie ein Gedicht, ist aber keines, sondern eine Folge einfacher affirmativer Sätze, die der Bedeutung und des quasi-liturgischen Zweckes wegen untereinandergeschrieben sind. Aber wie hölzern muten diese Zeilen an in ihrer absoluten Bildlosigkeit und Sinnenferne, in ihrem mühseligen Bestreben nach der Simplizität des Katechismus, wenn wir sie mit Heines Versen vergleichen! Man könnte wahrhaftig beinahe meinen, er habe dergleichen durch seine letzte Zeile – wie durch einen Sprung vom Erhabenen ins Frivole – ad absurdum führen wollen. Aber doch nur beinahe. Erstens läßt sich durch eine Fülle anderer Passagen – zumal aus ›De l'Allemagne‹, hernach auch aus den rückblickenden späten Äußerungen des Renegaten – reichlich belegen, wie ernst es ihm mit der ›pantheistischen Religion‹ war. Zweitens ist die Göttlichkeit des Küssens – und wir dürfen, wie noch deutlich werden wird, den Kuß hier getrost als pars pro toto, als diskretes Zeichen für die ganze Liebesvereinigung nehmen (wie nicht selten in der älteren Dichtung, auch im Volkslied)! – am Ende nur eine drastische Konsequenz aus jenen Sätzen Enfantins von der Teilhabe allen menschlichen Lebens am Leben Gottes. Und drittens schließlich haben die Saint-Simonisten, hat zumal Enfantin auch solche drastische Konsequenz selber zwar nicht wortwörtlich gezogen, aber doch sehr nahegelegt, nämlich mit der Lehre von der ›Réhabilitation de la chair‹, der Rechtfertigung des Fleisches, ja der Heiligung der Sinne, welche – wie man noch sehen wird – zuletzt auf gar nichts anderes hinausläuft als auf erotische Emanzipation.

Übrigens war jenes pantheistische Bekenntnis in der angeführten Formulierung Enfantins das Ergebnis einer längeren Entwicklung, von welcher im zweiten Jahr der ›Exposition‹ (in der siebten ›Séance‹, die vom »Dogme Saint-Simonien« handelt) berichtet ist. Die ältere Version besteht nur aus zwei Sätzchen: »Dieu est Tout ce qui est: tout est en lui«. Der Verfasser, Bazard, merkt in einer Fußnote an, der zweite Teil dieser Formel sei seither vervollkommnet worden gemäß dem Gesetz des Fortschritts, das nicht allein das Leben, nicht allein das Gefühl, sondern auch das Denken regiere. An derselben Stelle wird das ›Dogma‹ von der All-Einheit Gottes näher erläutert, und es empfiehlt sich, die Passage in deutscher Übertragung hier einzufügen:

»Gott, das unendliche und universale Wesen, das sich in seiner lebenden und tätigen Einheit ausdrückt, ist die unendliche und universale Liebe, die sich uns unter zwei Haupt-Aspekten darstellt, nämlich als Geist und als Stoff oder – was nur ein anderer Ausdruck desselben doppelten Aspektes ist – als Intelligenz und als

Kraft (›force‹), als Weisheit und als Schönheit. Der Mensch, der das unendliche Wesen im Endlichen repräsentiert, ist wie jenes in seiner tätigen Einheit: Liebe; und in den Weisen oder Aspekten seiner Manifestation ist er Geist und Stoff, Intelligenz und Kraft, Weisheit und Schönheit.«[18]

Wie man sieht, ist es von diesen abstrakten Sätzen nicht allzu weit bis zu der konkreten ›Manifestation‹ des All-Gottes in den »Küssen«. Die Einheit Gottes wie des Menschen ist als ›Liebe‹ bestimmt, und wenn man die Reihe der begrifflichen Entsprechungen unter dem zweiten, dem ›materiellen‹ Aspekt durchgeht, so hat man mit ›matière‹, ›force‹ und ›beauté‹ ebenso viele Hinweise auf die Göttlichkeit der körperlichen ›Liebe‹, ebenso viele Rechtfertigungsgründe heiliger Wollust in Händen. Der Dichter überrascht diesen Abstraktionen gegenüber einzig dadurch, daß er es genau nimmt.

Immerhin hat auch der Prediger *Barrault* bei seiner Erläuterung der »Religion Saint-Simonienne« (so ist die XVIII. Prédication überschrieben) davon gesprochen, das reine Licht Gottes sei »kein Privileg«, sondern »un fait vulgaire« und es manifestiere sich »à tous les instants, sous toutes les formes«, wenn denn auch in seiner Beispielsammlung an Stelle der »Küsse« freilich andere Ereignisse figurieren, nämlich die »Fortschritte der Künste, der Wissenschaften und« – darauf vor allem zielt wohl die Rede von den ›vulgären‹ Fakten – »der Industrie, gemäß der Hierarchie der Fähigkeiten«, endlich das moderne Wunder, daß die Stimme Gottes die »Association universelle« verkünde und »le classement selon la capacité, et la rétribution selon les œuvres«, also (um es ganz neumodisch auszudrücken) die Ordnung der Leistungsgesellschaft und den Leistungslohn.[19] Diese wirtschafts- und sozialpolitische Seite der ›Religion‹ hat, wie schon bemerkt, Heine kaum interessiert, er hat davon nichts aufgenommen, sie erschien ihm wohl ebenso trivial wie bedenklich.

Um so mehr aber ergriff ihn die Botschaft von der ›Wiedereinsetzung des Fleisches‹, die in seltsamer Verquickung mit der Parole der Frauen-Emanzipation erst in der letzten Phase der organisierten ›Kirche‹ deutliche Gestalt angenommen, sehr rasch aber auch zur Krise und Spaltung des Kollegiums, ja zur Entzweiung der beiden höchsten Väter geführt hat. »Wir sind im Begriff, für die Moral dasselbe zu tun, was wir für die Politik getan haben«, erklärte Enfantin in der denkwürdigen Zusammenkunft vom 27. November

1831, bei der er zum ersten Mal mit der neuen Botschaft aus dem geschlossenen Kreis in die Öffentlichkeit der weiteren Gemeinde hervortrat;[20] die Trennung von Bazard hatte er schon acht Tage zuvor bekannt gemacht. Mit dem Wort ›Moral‹ pflegte er die Ordnung des privaten, mit ›Politik‹ die des öffentlichen Lebens zu bezeichnen. »Die individuellen Bindungen der alten Gesellschaft sind zu lastenden Ketten geworden. Die Bindungen zwischen Vorgesetzten und Untergebenen, die Bindungen der Familie, die Bindungen zwischen Mann und Frau – nous allons successivement tout délier et tout relier.«[21] Alles loszubinden – das war eine unerhörte und ungeheuerliche Ankündigung und es war der deutlichere, gewiß auch der anstößige Teil der ›neuen Moral‹! »Le lien de l'homme avec la femme« – das ist nichts anderes als die Ehe, das Sakrament der Ehe! So weit war noch kein Liberaler und kein Jakobiner gegangen. Die Große Revolution hatte die Bindungen der Herrschaft, in einem gewissen Maße auch diejenigen der Korporation gelöst, indem sie die Rechte des Menschen als der individuellen Person aufgestellt, den Menschen als solchen zum Bürger erklärt hatte. Aber dieser ›Mensch‹ und dieser ›Bürger‹ war der Mann, der Gleichlaut des einen und selben Wortes ›homme‹ für ›Mensch‹ und ›Mann‹ verdeckt uns den Umstand, daß hier ein letztes, intimstes und geheiligtestes Privileg bewahrt geblieben war, dasjenige des Gatten und Hausvaters. Nun richtet sich ein neuer Stoß gegen diese Vorherrschaft. »Die Frau hatte den Mann unter dem antiken Gesetz zum Herren, unter dem christlichen Gesetz zum Beschützer, sie soll ihn zum Genossen (associé) haben, aber noch ist sie unmündig (mineure). Das Moralgesetz der Zukunft – das ist die Gleichheit von Mann und Frau; das Paar wird die intimste und die religiöseste Genossenschaft sein.« (»Le couple sera l'association la plus intime, la plus religieuse.«)[22] Es ist merkwürdig, daß dieser Kritiker der revolutionären Gleichheit, dieser Konstrukteur einer neuen gesellschaftlichen ›Hierarchie‹, hier im ältesten, engsten und festesten sozialen Bezirk, dem der Familie, gerade die Parole der ›Egalité‹ erhebt, um – fürs erste jedenfalls – die Revolution fortzuführen oder nachzuholen.

Aber das ist nicht alles. Zugleich mit der Ehe soll die Prostitution getroffen werden, beide erscheinen als einander korrespondierende soziale Einrichtungen, beide als Joche. An diesem Punkt knüpft Enfantin an das meistzitierte Wort des Meisters Saint-Simon an, das Wort von der »classe la plus pauvre et la plus nombreuse«, und man kann ihm die Konsequenz seiner energischen Erweiterung dieses Lehrsatzes der Emanzipation nicht bestreiten: »Or, quelle est la classe la plus pauvre et la plus nombreuse parmi les femmes? Quelle est la femme, qui souffre la plus du monde chrétien qui pèse encore sur nous, et de la critique du monde chrétien? Welches ist die Frau, die am meisten leidet unter dem Bannfluch wider das Fleisch und unter der Entweihung (profanation) des Fleisches?«[23]

Am Tage nach dieser Verkündung der »neuen Phase« und der »vollkommenen Veränderung« der Doktrin – dies sind Enfantins eigene Worte – machte der Sieger und alleinige Papst in einem ›Enseignement‹, also einer internen Lehr- und ›Schulungs‹-Veranstaltung gleichwohl den Versuch, seine sensationelle ›Offenbarung‹ mit den anerkannten, gleichsam kanonischen Schriften der ›Kirche‹ in Übereinstimmung zu bringen. Zwei Bücher zog er zu diesem Zweck heran, den ›Nouveau Christianisme‹ des Meisters Saint-Simon selbst und den zweiten Jahrgang der ›Exposition‹ von Bazard. In der Hauptsache beschränkte er sich auf die Verlesung umfänglicher Auszüge. Bei sorglicher Lektüre dieser Passagen komme ich zu dem Ergebnis, daß Saint-Simon fast nichts, Bazard nur einiges Wenige hergibt, die Parolen von der Befreiung der Frau und von der Wiedereinsetzung des Fleisches zu rechtfertigen. Was den Meister anlangt, so besteht der wesentlichste, ja der einzig wesentliche Zusammenhang darin, daß er die Beförderung irdischen Glücks – und zwar in einem halb antithetischen, halb additiven, bisweilen auch (nach Luthers Art) instrumentalen Verhältnis zur ewigen, jenseitigen Glückseligkeit – als die Hauptbestimmung des ›Neuen‹ Christentums vorgetragen hat. »Le véritable christianisme doit rendre les hommes heureux, non-seulement dans le ciel, mais sur la terre.«[24]

Aber die Konsequenz ist durchaus und ausschließlich philanthropisch,[25] nämlich auf die »Verbesserung der moralischen und physischen Existenz der zahlreichsten Klasse« gerichtet. Zu diesem Zweck soll ein Arbeitsplan aufgestellt werden, damit die Erde als das Eigentum des Menschengeschlechts »so produktiv als möglich« werde und freilich auch »la plus agréable à habiter sous tous les rapports«. Diese Wendung von der Annehmlichkeit scheint mir noch am ehesten auf eine ›sinnliche‹ Bedeutung hinzuweisen; im ganzen aber ist weit mehr von Arbeit als von Genuß die Rede, von Liebe einzig im kollektiv-philanthropischen Sinn, vom ›Fleisch‹ überhaupt nicht, es sei denn, man wollte das Wort von der »physischen« Existenz besonders groß schreiben (was Enfantin in seinem Exzerpt in der Tat getan hat). Nicht einmal der Gedanke der »Heiligung der Materie« kommt in irgendeiner annähernd so dogmatischen Allgemeinheit vor, wie es hernach die ›Exposition‹ entwickelt hat. So muß man selbst die vorsichtige Wendung von Miß Butler, wonach der Meister das Prinzip der ›Wiedereinsetzung des Fleisches‹ in seinem ›Nouveau Christianisme‹ immerhin schattenhaft angedeutet (»adumbrated«) habe,[26] noch als eine Übertreibung ansehen: Um es mit den Worten des Adepten Heinrich Heine auszudrücken, so leiten sich allenfalls die Hälfte seiner berühmten Verse aus dem ›Wintermärchen‹ –

»Es wächst hienieden Brot genug
Für alle Menschenkinder,« –

aus dem Vermächtnis des Meisters her, aber die andere Hälfte des ›neuen Lieds‹ –

»Auch Rosen und Myrten, Schönheit und Lust,
Und Zuckererbsen nicht minder«[27] –

findet bei dem großen ›planificateur‹ einer weltweiten Industrie keine Stütze, nicht einmal ein Vorspiel. Zu schweigen von den Küssen der Seraphine.
Eher schon ließ sich – um auf Enfantin zurückzukommen – aus der ›Exposition‹ Bazards (dem er auf diese kluge, indirekte Weise nach seiner Lossagung eine Ehre zukommen ließ) ein gewisser Honig saugen. Hier war die Kritik des christlichen ›Spiritualismus‹ schärfer ausgearbeitet, und in diesem Zusammenhang begegnet nicht allein die Verwerfung der »materiellen Bedürfnisse«, sondern auch diejenige des »Fleisches«: »La chair, c'est le péché, das Fleisch ist die Sünde, hat der heilige Augustin gesagt«, heißt es dort,[28] und in diesen wenigen Worten sei eigentlich die ganze Lehre der Kirche vom Bösen und seiner Quelle beschlossen. Beiläufig wird auch die christliche Heiligung der Ehe erwähnt, doch nur zu dem Ende, die höhere Geltung des Zölibats und des Zölibatärs im Christentum hervorzukehren – woraus erhellt, daß in diesem Stadium der ›Dok-

trin‹, welches Bazard resümiert, die Ehe als solche noch unangefochten geblieben war. Es ist übrigens bemerkenswert, daß Bazard die stärksten theologischen Gegengründe, die seiner kritischen These vom universalen christlichen ›Antagonismus‹ zwischen Geist und Leib im Wege stehen, durchaus nicht verschwiegen oder nur umgangen hat: Der johannäische Satz »Das Wort ward Fleisch« und die paulinische Lehre von der Auferstehung des Fleisches – diese beiden bedeutenden Glaubensstücke, die aller ›spiritualistischen‹ oder rein ›geistlichen‹ Auslegung so deutlich widerstreiten, hat er ernstlich wahrgenommen, allerdings dann sogleich in ihrer Bedeutung herabgemindert. Die ›Leiblichkeit‹ Christi sei nur als Symbol der Armut und des Leidens eingeführt und daher gerade als Aufforderung an den Menschen gedacht, seinen Leib zu verachten um der Gnade willen. Auch die Doktrin von den zwei Naturen Christi wird ins Feld geführt als Beleg dafür, daß das ›Fleisch‹ nach christlicher Lehre eben gerade nicht göttlich sei. Man muß es Bazard zugute halten, daß nicht er es war, der die so unterschiedlichen Elemente und so konträren Schichten der christlichen Überlieferung in ein System gebracht hat, um es dann als Ganzes der Geschichte anheimfallen zu lassen; es waren die großen Konzilien und die Kirchenväter und die Theologen und die dogmatischen Entscheidungen des Heiligen Stuhls, welche die historischen Spolien zur systematischen Architektur zusammengefügt hatten. Was die ›Auferstehung des Fleisches‹ betrifft, so macht Bazard, da er diesen Glaubenssatz nicht hinwegzudisputieren, kaum als solchen zu relativieren vermag, hier nur den geistreichen Einwand, die Kirche habe von der lebendigen »Tätigkeit« der Auferstandenen im Paradies keine Anschauung auszubilden vermocht, während sie von der Existenz in der Hölle sehr wohl eine Bestimmung anzugeben wisse, nämlich die des Leidens.[29] Vielleicht ist die Bemerkung nicht ganz fair, aber offenbar mochte der Autor den himmlischen Lobpreisungen nicht den Charakter einer »activité« zuerkennen, und die sublimsten Beschreibungen der jenseitigen Existenz der Auferstandenen, welche die Theologie des Mittelalters geliefert hat, gipfeln ja in der Tat in der Figur der reinen Anschauung Gottes, also in der Kontemplation, und das heißt in der Abwesenheit aller Aktivität. Diese Möglichkeit ist dem Schüler der tätigen Philanthropie freilich ganz fremd geblieben, und auch dem Logiker, der in Korrespondenzen und Antithesen denkt, wollte als Pendant des (höllischen) Leidens nichts anderes in den Kopf als ein (himmlisches) Tun.

Der positive Schluß, die historisch-prophetische Perspektive dieser kritischen Theologie lautet: Die Zeit ist gekommen, »die Materie zu heiligen«, aber für diese neue Aufgabe der Menschheit taugt die christliche Kirche nicht – dies ist, wie schon früher bemerkt, eine deutliche Abweichung von Saint-Simons Empfehlung einer innerkirchlichen Reform! –, vielmehr wird nur eine ganz neue religiöse ›conception‹ (und also, muß man ergänzen, auch nur eine neue Kirche) imstande sein, mit der »Réhabilitation de la Matière« ernst zu machen. Bis zu diesem Punkt und zu dieser Formel ist Bazard gelangt, und man kann hinzufügen, daß noch im Juni 1831 eine der rauschenden ›Predigten‹ des großen Rhetors Barrault die »Consécration de la Matière«, die »Weihe des Stoffs« zum Thema hatte.[30] Die Vokabel »Materie« stammt aus der Philosophie, und die neue Parole läuft einerseits auf die Widerrufung oder ›Überwindung‹ der Metaphysik (mitsamt ihren antiken, nämlich platonischen und plotinischen Wurzeln) hinaus, andererseits und zu gleicher Zeit, wenn auch weniger ausdrücklich, auf einen Versuch, den ›Materialismus‹ der französischen Enzyklopädie zu retten, ohne doch deren atheistische Konsequenzen anzunehmen. Daher diese wiederkehrenden Aufforderungen zur »sanctification« und zur »consécration« der Materie! Daher auch Bazards wunderlicher, aber auch origineller, ja tiefsinniger Einfall, die Materie als einen Aspekt Gottes zu bestimmen. Was indessen mit dieser Theologie der Materie – über das Baukastenspiel der Begriffe hinaus – in praktischer Hinsicht gemeint war, was dieses Rätselwort an politischer und sozialer Aufforderung und Programmatik barg, war noch immer die alte Industrievision Saint-Simons: die Bearbeitung der ganzen Erde, die Abschaffung des erblichen Eigentums, die Beendigung aller Ausbeutung,[31] die Errichtung einer Gesellschaft nach dem Maß der ›capacités‹, die Bemessung der Einkünfte nach den Leistungen, welche – nach Barrault[32] – von selbst zugleich auch mit jedermanns Bedürfnissen »in Harmonie« sein werde, und allgemeine Kooperation zum Zwecke der moralischen, geistigen und physischen Verbesserung der »classe la plus pauvre et la plus nombreuse«. Kein Wort noch von den Frauen! Kein Wort noch von der Emanzipation der Sinne!

Das war einzig Enfantins ›Offenbarung‹ (denn so nannte er seine

Einfälle, soweit sie die ›Doktrin‹ zu bereichern oder auch zu verändern geeignet waren: révélations!).

Alsbald folgten andere Sprecher dem ›Höchsten Vater‹ auf diesem »neu eröffneten Weg des Apostolats«[33], sein Einfall – mit dessen Hilfe er sich gegen erheblichen Widerspruch und mit schweren Verlusten die alleinige ›papauté‹ verschafft hatte – wurde ausgearbeitet, systematisiert, zum neuen Glaubensartikel erhoben. ›Le Prolétaire et la Femme‹ ist eine Predigt vom 25. Dezember 1831 überschrieben, womit sinnfällig die Parallelisierung sowohl der beiden Arten von Unterdrückten als auch der beiden Aufgaben der Befreiung ausgesprochen war. Am deutlichsten ist, wie mir scheint, der Zusammenhang zwischen der Devise der ›Befreiung der Frau‹ und derjenigen von der ›Rechtfertigung des Fleisches‹ in der Predigt vom 1. Januar 1832 dargetan worden. Der Redner heißt (nach der Angabe der Originalpublikation) Abel *Transon*[34]. Er formuliert von neuem und mit scharfer Beredsamkeit die Kritik des Christentums, zumal des Zölibats, die Kritik des restaurierten katholischen Glaubens im Namen des ›armen Volkes‹, welches mit der Hilfe der Kirche in der Resignation festgehalten und um sein diesseitiges Glück betrogen werde – diese Partien deuten sowohl auf Marx als auf Nietzsche voraus, zunächst und vor allem aber auf Heine, der vielleicht beiden die Botschaft weitergereicht hat! Aber dieser Redner fügt zur bitteren Analyse die freudige Vision, und auf sie kommt es hier womöglich noch mehr an: »Ich habe Eile, Euch ein Vorgefühl davon zu geben, wie der Adel, die Treue, die Reinheit, das Glück wiedererscheinen werden in allen Beziehungen der beiden Geschlechter, sobald das Gesetz der Ehe, wie es durch Christus und seine Nachfolger errichtet wurde, abgewandelt (modifiée) sein wird, insofern es der menschlichen Natur entgegen ist, und ersetzt sein wird durch ein neues Gesetz, welches gegründet ist zugleich auf die soziale Gleichheit zwischen Mann und Frau und auf die Wiedereinsetzung der Bedürfnisse und der Freuden des Fleisches« (... la réhabilitation des besoins et des jouissances de la chair).[35]

Hier endlich kommen wir an dem Punkte wieder an, von dem wir ausgingen. Hier haben wir Heines ›Küsse‹. Sie sind die ›jouissances de la chair‹, noch einmal poetisch abgekürzt und witzig zugespitzt, der letzten Reste von Abstraktion entkleidet. Man kann so gut wie sicher annehmen, daß Heine die emphatischen Darlegungen des Predigers Transon kannte, auch wenn er an diesem Neujahrs-

tage nicht unter seinen Hörern in der Salle Taitbout gewesen sein
sollte: wie die übrigen ›Prédications‹, so wurde auch diese sogleich
im Wortlaut im ›Globe‹ publiziert, und Heine las diese Zeitung
fleißig; außerdem erschienen sie gesammelt in zwei Bänden nach-
einander im Laufe des Jahres 1832.[36] Und was die pantheistische Bedeutung dieser Küsse betrifft, ihre neu erkannte Heiligkeit,
so hat auch diese Töne der Apostel der Salle Taitbout vorgesungen
und vorgeflötet: »Wir sind gekommen, den oberen Klassen zu
sagen: Die christliche Religion muß verschwinden, um einer größeren und schöneren Religion Platz zu machen. Das christliche
religiöse Gefühl, das Gefühl der Ergebung in das Übel ist erschöpft.
Es noch verteidigen heißt vor Gott und der Menschheit lügen; denn
die Zeit ist gekommen, da alle Menschen sich vereint zu fühlen
beginnen, verbunden in einer gemeinsamen Bestimmung – der Bestimmung des Fortschritts auf der Erde, der Bestimmung zur
Freude, zum Reichtum und zum Glück.[37]«

III.

Diese Versammlung vom 1. Januar 1832 ist übrigens noch eines
anderen Umstandes wegen bemerkenswert. Am Schluß des Abdrucks findet sich die folgende Anmerkung: »Diese Predigt wird
oft vom Beifall der Zuhörer unterbrochen. Anschließend liest der
Prediger einige Abschnitte einer der Schriften von Herrn Ch. *Fourier*
vor, worin fortgeschrittene Ansichten über die Frauen enthalten
sind.[38]« Hier, dieses eine Mal, ist in einer offiziellen Sitzung und in
einer offiziellen Publikation der Name des Rivalen genannt, der
sonst peinlich vermieden wurde. Charles Fourier, jener andere,
ältere Prophet der künftigen Gesellschaftsordnung – oder besser:
jener konstruktivistische Erfinder ganzer Serien von künftigen
Gesellschaftsordnungen und Entwicklungsphasen – und er hat sich
selbst seiner Erfindungsgabe gerühmt![39] –, ein originaler Utopiker
und phantastischer Spinner, hatte sich der ›Eglise‹, als sie auf die
Höhe des Erfolges kam, mit Kooperationsvorschlägen genähert,
auch seine Werke präsentiert, war aber von Enfantin frostig
abgewiesen worden. Eine anekdotische Überlieferung, die unser
deutscher Sozialhistoriker Lorenz *von Stein* im Druck bekannt gemacht hat, behauptet, daß Enfantin mehrmals bei der heimlichen
Lektüre von Fouriers ›Théorie des quatre mouvements‹ überrascht

worden sei, daß dieses Buch auch später, viel gebraucht, unter Enfantins Bibliothek gefunden worden sei. Die Nachricht geht auf ebendenselben Abel Transon zurück, den ich gerade zitiert habe, sie passierte aber noch einen Mittelsmann, und zwar Fouriers entschiedensten Parteigänger, Victor *Considérant,* ehe sie Lorenz von Stein erreicht hat. Jedenfalls hat dieser zuerst wahrgenommen und mit Nachdruck ausgesprochen, daß Enfantin bei der Entwicklung des »religiösen Teils« seiner Dogmatik – ich möchte lieber etwas enger sagen: bei der Entwicklung seiner ›neuen Moral‹ – »unzweifelhaft aus dieser Quelle (nämlich Fourier) geschöpft« habe.[40] Seither ist über diesen Zusammenhang viel gerätselt worden. Am sorglichsten hat Marguérite *Thibert* ihm nachgeforscht – in dem hier schon erwähnten meisterlichen, aus lebhaft teilnehmender emanzipatorischer Gesinnung erwachsenen Buche über den ›Feminismus im französischen Sozialismus‹.[41] Sie möchte jener Nachricht Steins – oder Considérants – oder Transons (der nach seinem Abfall von Enfantin selbst zu den Fourieristen übergegangen ist) deswegen nicht allzuviel Gewicht beilegen, weil sie von der Gegenseite herrühre. Aber sie hat in den Archiven ein positives Zeugnis entdeckt, dasjenige eines ergebenen Verehrers des ›Père Suprême‹, Gustave *d'Eichthal* mit Namen, der nämlich (in einer Note vom 2. März 1832) die Sache ganz unversehens aufdeckt: »Saint-Simon hat der Welt nur eine politische Lehre gegeben«, schreibt er an Enfantin, »das Prinzip der Gleichheit von Mann und Frau ist bei ihm ein bloß politisches; c'est à une autre source, c'est aux écrits de Ch. Fourier que notre Père a dû puiser l'inspiration première de sa révélation morale . . .« Es ist dies dasselbe Billett, worin der Schreiber sich wie zum Ausgleich solcher Preisgabe der wahren geistigen Priorität zu der überhitzten Lobpreisung Enfantins hinaufsteigert oder versteigt, er sei mehr als ein Apostel, ja mehr als ein Papst – »tu es la Future-Moitié du couple révélateur, et Jésus vit en toi«.[42] Worin aber besteht diese ›Inspiration‹ oder Entlehnung, und was mag Transon wohl am 1. Januar 1832 aus jenem krausen Buche von den ›vier Bewegungen‹ vorgelesen haben?

Vielleicht war es, im zweiten Teil, die Passage über die »Langeweile der Männer in den ménages incohérents, den inkohärenten Eheverhältnissen« und die daran sich schließende Liste von acht Nachteilen der Monogamie? (Es macht den kuriosen Reiz von Fouriers Stil aus, daß er, der ›Columbus‹ der neuen Welt gesellschaftlicher

Gruppierung, mit exzessiver Pedanterie Merkmale aufzählt, wie ein Botaniker die Staubfäden, und Termini prägt, ja erfindet, wie ein Mediziner, der die Krankheiten benennt und systematisiert.) Oder war es die Stelle, wo er die »Unzuträglichkeit der isolierten Dauer-Ehe« ganz allgemein kennzeichnet mit Begriffen, die wir in der Tat in den Belehrungen Enfantins und seiner Emanzipations-Apostel wiederfinden: »Diese Ordnung hat die Eigenschaft, uns in jedem Sinn von dem positiven Glück zu entfernen«, nämlich von den »plaisirs réels, comme la liberté amoureuse, la bonne chère, l'insouciance et autres jouissances, welche die Zivilisierten nicht einmal zu begehren denken, weil die Philosophie sie gewöhnt hat, den Trieb nach wahrhaften Gütern als Laster zu behandeln«?[43] Die Liebesfreiheit, die Tafelfreude, die Sorglosigkeit – es ist ebenso verblüffend wie ergreifend, immer wieder solche Aufzählungen, die mit einer sonderbar selbstverständlichen Leichtigkeit vorgetragen sind, bei einem Autor zu lesen, der selbst eine kümmerliche Hagestolz-Existenz geführt hat! Wie ihn Heine sah und beschrieb – »in seinem grauen abgeschabten Rocke, längs den Pfeilern des Palais Royal hastig dahinschreiten, die beiden Rocktaschen schwer belastet, so daß aus der einen der Hals einer Flasche und aus der andern ein langes Brot hervorguckten«.[44]

Noch wahrscheinlicher kommt mir vor, daß Transon und seine Zuhörer sich auf das Bild der erotischen Verhältnisse konzentriert haben könnten, das Fourier für die ›siebente Periode‹ seiner wohlgestuften Utopien-Folge entworfen hat (es ist nicht die letzte Stufe der Vollkommenheit). »Hier beginnt die liberté amoureuse zu entstehen und verwandelt die Mehrzahl unserer Laster in Tugenden, wie sie die Mehrzahl unserer Nettigkeiten (gentillesses) in Laster verwandelt.« Denn hier kommt das Motiv der moralischen Revolution zum Vorschein, die buchstäbliche ›Umwertung der Werte‹[45], welche – jedenfalls in ihrer ersten, bedeutenderen Hälfte, der Verkehrung der Laster in Tugenden, Enfantins Verkündigung so deutlich bestimmt: In seinem Geist verschwindet die Antithese, der ›Antagonismus‹, überhaupt, das Laster, die Sünde hebt sich auf, alle ›Appetite‹ sind gerechtfertigt, das ›Fleisch‹ geheiligt, das Leben der neuen Moral erstrahlt wie im unvergänglichen goldenen Licht. »Im Namen Saint-Simons erkläre ich, euer Vater«, so erhebt sich Enfantins feierliche Rede, »daß ich keine lasterhafte Natur kenne, für mich ist jedes lebende Wesen aufsteigend (progressif).«[46]

Demgegenüber mutet die Lokalfarbe von Fouriers lebenden Zukunftsbildern nicht so sehr golden als eher rosig an. Besonders gilt das von der Schilderung der höchsten Stufe, des »ordre combiné« oder des Reiches der Harmonie, wo die Gesellschaft in ›Phalangen‹ gruppiert ist, und diese je in sich nach Arten, Altern, Temperamenten und Ämtern derart angeordnet sind, daß alle irgend denkbaren Neigungen – so ist die Meinung dieses wie von einem Botanisierzwang befallenen Sonntagsmalers der Zukunft – zu ihrer Erfüllung kommen sollen. Da gibt es Zeremonien der erotischen Einweihung: »diejenigen jungen Leute, die sich einem einzigen Liebhaber oder einer einzigen Geliebten verbinden wollen, treten in den Rang der ›Damoiseau‹ oder ›Damoiselle‹ ein« (das sind Fouriers unübersetzbare Worterfindungen!) »und in die ›groupes de la constance‹, die Gruppen der Beständigkeit, welche den zweiten unter den neun Charakteren des Liebeslebens darstellen; andere, die den Geschmack der Unbeständigkeit haben – le goût de l'inconstance –, nehmen an den sieben folgenden Gruppen teil« und so fort.[47] Ich will hier nicht das listige Motiv analysieren, welches aus diesem ›Lustprinzip‹ zugleich ein (vermeintlich zwangfreies) Bindemittel der industriellen Arbeitsarmee macht,[48] noch auch die eher komischen, an die Hausordnung eines gleichsam anti-pietistischen Waisenheims gemahnenden Vorschriften wiedergeben, die der Kauz für die Anmeldung vollzogener Liebesvereinigung erdacht hat. Worauf es ankommt, das ist die Typenlehre von den Beständigen und den Unbeständigen, diese kühne, doch mit seltsam federleichter Bequemlichkeit vorgebrachte Legitimierung des Wechsels in der Neigung und in der Partnerschaft – einfach als einer anderen Möglichkeit und Anlage, derjenigen zur Ehe durchaus gleichwertig.[49] Dies nämlich ist es mehr als alles andere, was bei den Saint-Simonisten, bei Enfantin und den Getreuen, eingeschlagen und Schule gemacht hat. Und was ihnen freilich auch zum Verhängnis geworden ist.

»Ich habe von der ›mobilité‹ und der ›immobilité‹ in der moralischen Welt gesprochen«, so begann der Vater Enfantin seine Erörterung des »Dualisme moral« in seiner Belehrung vom 7. Dezember 1831 (es ist die fünfte und sie handelt ausdrücklich von der ›Morale‹, also von der Ordnung des Privatlebens), und er fuhr fort, diese polaren Begriffe und Typen mit anderen Ausdrücken zu erklären oder zu umspielen: »mobilité et constance«, Beweglichkeit und Beständigkeit seien vielleicht bessere Ausdrücke, oder auch – »mobilité et entêtement«, Beweglichkeit und Eigensinn, eine verräterische Variante, da sie merklich der ›constance‹ eine leicht absprechende Note beifügt! Lieber noch, heißt es alsbald weiter, wolle er »diese beiden Gesichter des Lebens« mit billigenden als mit verwerfenden Begriffen bezeichnen, da es sich in beiden Fällen nicht um Laster – nach christlicher Konvention –, sondern um Tugenden – nach der Moral der Zukunft – handeln solle.[50] Aber es will ihm in der Folge nicht so recht gelingen – außer daß er die ›neue Erkenntnis‹ nach seiner gewöhnlichen Methode der Analogisierung auch mit einem Gegensatzpaar in Beziehung setzt, das durch den Stifter (oder Klassiker, wie die Marxisten in ähnlichen Fällen sagen) kanonisiert worden ist, durch Saint-Simon: Novateur und Conservateur, Neuerer und Bewahrer. Das bleibt freilich blaß. Um so farbiger ist die figürliche Illustration ausgefallen, die er diesen ›Charakteren‹ beigesellt: Don Juan und Othello. Das ist ein erstaunlicher Griff, Urphänomene oder Archetypen sichtbar zu machen, und geht an Saft und Kraft über jene etwas schemenhaften Registrierungen in Fouriers ›Sociologie fantastique‹[51] in der Tat hinaus. Gleichwohl ist dessen Anregung ganz unverkennbar.[52] Diesen Gegensatz zu versöhnen, ist die Sache des Priesters, fügt der Oberpriester hinzu: dem einen wie dem andern, dem Othello wie dem Don Juan, habe er die »satisfaction légitime«, die Bestätigung der Rechtmäßigkeit ihrer Liebe zu geben.[53]

Hinsichtlich Othellos war das keine Kunst, sein Recht war nie bezweifelt worden; nur die verhängnisvolle Blindheit seiner Eifersucht machte die Tragödie aus – seine Tragödie, nicht einmal seine Schuld. Aber Don Juans Amouren zu legitimieren, Don Juan zu heiligen, den die Legende wie die Oper als den ›bestraften Wollüstling‹, nachdem man sich an seinen Frivolitäten delektiert hatte, am Ende in die Hölle fahren ließ: das war wahrhaftig ein tollkühner Akt moralischer Umwälzung. Dagegen bleibt das Erbarmen mit den ›öffentlichen Mädchen‹, bleibt selbst die Kritik der Ehe an Wagemut zurück.

Freilich erscheinen beide Figuren als Symbole der verkehrten alten Welt, als radikalisierte Extreme hier der Beständigkeit, die zur Tyrannei, dort der Beweglichkeit, die zur Anarchie entartet ist. Barrault hat in einem bemerkenswerten Essay das Thema, das der Höchste Vater angeschlagen hatte, mit seiner gewohnten Beredsamkeit ausgebreitet und durchgespielt.[54] Die Tendenz geht, wie stets, auf die Versöhnung der zerrissenen Teile, und die Schilderung wird von der Erwartung geleitet, daß in der zukünftigen Menschenwelt unter dem wohlwollenden Regiment der priesterlichen Paare das beständige und das bewegliche Temperament je zu seiner Erfüllung gelangen, und daß jenes die Gewaltsamkeit, dieses die schnöde Fühllosigkeit abstreifen werde. Gleichwohl ist die Verteidigung Don Juans wärmer, auch geistreicher ausgefallen als die seines ›ewigen Rivalen‹ Othello, und das erklärtermaßen, da denn die Gattenherrschaft des monogamen Mohren ohnedies die Billigung oder doch die Entschuldigung der Kirche auf ihrer Seite habe. Aber »die Natur Don Juans für lasterhaft, minderwertig und schändlich zu erklären, heißt das Dogma von den Auserwählten und den Verworfenen fortzuführen . . ., heißt Satan zu restaurieren . . .!«[55] Und so ruft der Redner ihm den Willkommgruß zu bei seinem ersten Auftritt in der Literaturgeschichte (die er in der Folge – über Molière bis zu Byron – auf den Spuren Don Juans durchstreift): »Salut, fils brillant de la molle et bruyante Espagne . . . unermüdlicher Pilger der Freude und des Vergnügens, breite die wollüstigen Traditionen aus, die in deinem Busen leben, und die das Feuer deiner schwarzen glühenden Augen verrät; täusche die Wachsamkeit des Gatten, vereitle die Aufsicht des Vaters, mach dem Liebhaber die Geliebte und noch dem Himmel die geweihte Jungfrau streitig . . .«[56] – das sind *Delacroix*' Farben, ja auch seine Pinselstriche, in literarische Kaskaden übertragen, und wir meinen hier in der Tat den Orientalismus des französischen, nachmals des europäischen neunzehnten Jahrhunderts an der Wurzel zu beobachten![57] Die Revolte gegen den Bannfluch der Kirche mitsamt den Höllenstrafen, die er dem erotischen Abenteurer bereitet hat, reißt den Rhetor derart mit, daß er sich partienweise mit dem Verworfenen ohne Vorbehalt zu solidarisieren scheint.

Offenbar haben freilich weder Enfantin noch Barrault bemerkt, daß diese Namen und Figuren beide männlich sind. Und wie männlich! Othello hat seine eine Frau getötet, Don Juan die seinigen, die ›tausendunddrei‹ und mehr, verführt, besessen und verlassen, und dies kaum mit ihrer Einwilligung. Dieser mag wohl für die ›Réhabilitation de la Chair‹, gewiß nicht für das ›Affranchissement de la Femme‹ als Muster zitiert oder als Zeuge angerufen werden. An dieser Stelle spätestens treten, den Aposteln unbewußt, verborgene Interessen des Mannes und zumal des Hohen Vaters Enfantin, des All-Liebenden, hervor, die zu seiner Parole sich höchst paradox verhalten. Dennoch war es diese Seite der Sache, die Heinrich Heine aufgefaßt, abgesondert und sich ganz zu eigen gemacht hat. Nicht die Frau hat er seinerseits befreit oder zu befreien auch nur versprochen, sondern vielmehr den Mann, sich selbst. Befreit nämlich nicht allein und nicht einmal so sehr vom ›Joch‹ der Ehe – das er vielmehr, was seine Biographie betrifft, freiwillig auf sich genommen und im ganzen geduldig getragen hat –, sondern vor allem von dem des Sündenbewußtseins, welches ihm die ›mobilité‹ und die ›inconstance‹ sonst gründlich würde verleidet haben. Auch dies war allerdings ein Akt der Emanzipation, nur nicht der weiblichen.

IV.

Enfantins fünftes ›Enseignement‹, das unter einem abgewandelten Titel (›Sur les relations de l'homme et de la femme‹) großenteils auch im ›Globe‹ veröffentlicht wurde (zweieinhalb Monate später, am 19. Februar 1832), hat nachmals, im August desselben Jahres bei dem Prozeß vor dem Assisengericht eine Rolle gespielt, vor welchem er und vier seiner Gefährten sich unter anderem gegen die Anklage des »outrage à la morale publique et aux bonnes mœurs«, also der Verletzung der öffentlichen Moral und der guten Sitten zu verteidigen hatten. Im besonderen gründete sich die Anklage in dieser Beziehung auf die zwei Ansprachen Enfantins vom November, in denen er zuerst die ›neue Moral‹ verkündet hatte, und auf ebenjenes fünfte ›Enseignement‹. Michel *Chevalier*, Redakteur des ›Globe‹, stand vor den Richtern, weil er dieses fünfte Enseignement – und zudem den Artikel ›De la femme‹ von *Duveyrier* – in der Zeitung publiziert hatte. Auch dieser Duveyrier war angeklagt. Der Generalstaatsanwalt bestritt seine Anklagerede mit einem knappen, treffenden Referat der inkriminierten Ansichten und beschränkte sich im übrigen auf die Verlesung von Passagen aus jenen Ansprachen und Artikeln; er zitierte natürlich auch Othello und Don Juan und schloß mit der Aufforderung an die Geschworenen, diese besondere Gesellschaft aufzulösen, die inmitten der großen Gesamt-Gesellschaft ihren abseitigen Interessen lebe, »qui ne marche pas avec nous, et qui par conséquent marche contre nous …«[58] Wohl selten ist der Haß gegen eine nonkonforme

Minderheit so dürr und nackt »im Namen des Landes« ausgesprochen worden. Die Angeklagten hatten übrigens jede Gelegenheit zur Verteidigung und nutzten dies reichlich zur missionarischen Ausbreitung ihrer Ansichten. Die Geschworenen erklärten am 28. August die Angeklagten in allen Punkten für schuldig. Enfantin, Duveyrier und Chevalier wurden zu je einem Jahr Haft und hundert Francs Geldstrafe verurteilt, die beiden übrigen, Rodrigues und Barrault, zu 50 Francs. Die beschlagnahmten Schriften wurden einbehalten, die ›société dite Saint-Simonienne‹ wurde für aufgelöst erklärt. Die Verurteilten mußten die Prozeßkosten tragen, und das Urteil wurde in hundert Exemplaren öffentlich angeschlagen.[59]

Eine Einzelheit verdient, im Hinblick auf Heine, noch herausgehoben zu werden. Es handelt sich um eine Stelle in Duveyriers Artikel ›Über die Frau‹, die als besonders anstößig empfunden wurde, die Stelle und die Wendung vom göttlichen Bankett der Liebe. Unter dem stets veredelnden Einfluß des hohen Priesterpaares, welches beständige und bewegliche Verhältnisse gleichermaßen inspiriere, würden, schrieb Duveyrier, Abkühlung wie Eifersucht verschwinden; »des hommes et des femmes qui se donneraient à plusieurs sans jamais cesser d'être l'un à l'autre, et dont l'amour serait, au contraire, comme un divin banquet augmentant de magnificence en raison du nombre et du choix des convives«.[60]

»Un banquet!«, hatte der Generalstaatsanwalt mit Indignation wiederholt, nachdem er diese Passage aus Duveyriers Artikel zum besten gegeben hatte: »Ein Gastmahl! Meine Herren, wo müssen wohl die Apostel erzogen worden sein, daß sie sich an solchen Bildern weiden, daß sie mit Wohlgefallen so schmutzige Gemälde entwerfen!«[61] Der Autor mochte versichern, dieser »unglückliche Ausdruck« sei einzig sein Einfall gewesen, der Höchste Vater habe ihn sogar mißbilligt, er habe sich diesem gegenüber zur Genüge entschuldigt, und es sei sogar drei Tage später eine Berichtigung im ›Globe‹ erschienen[62]: diese erstaunliche Ausgeburt erotischer Utopik war so wenig mehr zu tilgen wie die erschauernde Entrüstung, die sich darüber erhob. Gewiß hat diese Episode zu den Sensationsgerüchten beigetragen, welche über die ›Gastmähler‹ der Wohn- und Tischgenossen in der Rue Monsigny in Umlauf kamen und die ›Kirche‹ in den Ruf einer orgiastisch ausschweifenden Gesellschaft brachten. Vorstellungen breiteten sich aus, die in den

›Kommunen‹ unserer eigenen Epoche und zumal in der Praxis des ›Gruppensex‹ eine gewisse Verwirklichung erfahren haben.[63] Wobei freilich schon von Anfang an, nämlich seit der empörten Wiedergabe des Anklägers, das charakteristische und bedeutungsvolle Beiwort unterdrückt und vergessen wurde: »un *divin* banquet«, hatte es dort geheißen, solle die Liebe werden, ein »göttliches Gastmahl«! Ich glaube nicht, daß dieses Beiwort als bloße rhetorische Metapher aufzufassen sei, es hat eine schwärmerische Buchstäblichkeit. In jedem Falle hat es in diesem unmittelbaren Sinn Eingang in Heinrich Heines Wunschprophetien gefunden – wenn auch nicht in ›Seraphine‹, so doch in andere und spätere Auslassungen verwandter Art, von denen noch zu reden sein wird. Wie auch die Figur des ›Banketts‹ mit ihrer Verquickung der Tafel- und Liebesfreuden in seinem Œuvre nachgeistert, zum Beispiel in jenen Versen aus dem ›Wintermärchen‹ (Caput I), die dem »neuen Lied«, dem »besseren Lied« zugehören:

»Auch Rosen und Myrten, Schönheit und Lust,
Und Zuckererbsen nicht minder.«

Und man kann das ironische Schlaraffen-Jenseits durchaus mit anfügen –

»Und wachsen uns Flügel nach dem Tod,
So wollen wir euch besuchen
Dort oben, und wir, wir essen mit euch
Die seligsten Torten und Kuchen.«[64]

Natürlich macht es den poetischen Witz aus, daß hier die ›Bankett‹-Elemente einzeln hervorspringen, die Zuckererbsen dort und die Torten hier, auch die Rosen und Myrten zur Bekränzung, und nur auf der eigentlich erotischen Seite sind die Begriffe als solche stehen geblieben, die dem saint-simonistischen Vokabular entstammen, die ›beauté‹ und die ›volupté‹. Wie sie jener selbe Duveyrier – um nur ein Beispiel anzuführen – in einer glänzenden Verteidigungsrede vor dem Assisengericht gebrauchte, als er sein ›neues und besseres Lied‹ sang, den Glauben an eine sinnliche Moral (»une morale sensuelle«) bekannte, »qui érige la gloire et la volupté en vertus saintes, quand elles sont charitables, qui sanctifie la richesse et divinise la beauté . . .«[65] Die Lust zur heiligen Tugend erheben! Die Schönheit vergöttlichen! Heine hat, soweit jedenfalls das ›Wintermärchen‹ in Frage steht, nur das Pathos abgesiebt, die Wörter und Motive jedoch in blankem Zustand bewahrt.

Womöglich noch unmittelbarer, auch opulenter kehrt die ›Bankett‹-Figur im Zusammenhange jener beredten Verteidigung des Pantheismus wieder – im Zweiten Buch des Essays ›Zur Geschichte der Religion und Philosophie in Deutschland‹ –, die wohl überhaupt die ausgiebigste und gelehrigste Verdeutschung saint-simonistischer Ideen im ganzen Werk Heines darstellt[66]: »Wir . . . verlangen Nektar und Ambrosia, Purpurmäntel, kostbare Wohlgerüche, Wollust und Pracht, lachenden Nymphentanz, Musik und Komödien«. Wiederum sind inmitten von so viel einzelnen Ingredienzien und Requisiten, deren ›Göttlichkeit‹ bei Heine freilich ein original neuhellenisches Kostüm und Gewürz an sich hat, zwei Begriffe abstrakt stehen geblieben: Wollust und Pracht, la volupté et la gloire oder eher noch la magnificence. Übrigens hatte, was die letzten beiden Elemente der rauschenden Aufzählung betrifft, auch Vater Enfantin einen Platz für ›Musik und Komödien‹ im Katalog seiner Neigungen, der auch der Katalog der Rettungen, Verwandlungen und Heiligungen ist: Er rechtfertigte (im Zug seiner Schilderung der leidenschaftlichen Charaktere) nicht allein »l'amour du luxe, les plaisirs, l'éclat, le brillant, la beauté et toutes les joies, die die christliche Kirche als profan bezeichnete«[67], sondern er wollte auch, daß die Schönen der Bälle und Theater künftig in den Tempeln und an den Altären ihre Heimat fänden, »umgeben von dem Konzert ihrer Schwestern, welche ihr Leben der Liebe und der Hingabe besingen werden«.[68] Diese Phantasien sind mehr im römisch-barocken als im klassizistischen Geschmack entworfen, alles ist immer wie von Weihrauch umwallt, Heine übersetzt die Bilder nicht nur aus dem Französischen ins Deutsche, sondern auch aus dem Katholischen ins Olympisch-Heidnische.

V.

Das Gedicht Nummer Sieben des ›Seraphine‹-Zyklus – um endlich darauf zurückzukommen – hat zwar das gleiche Träller-Metrum wie jene übermütigen Verse des ›Wintermärchens‹, die zwölf Jahre später entstanden sind, scheint aber, wie zuvor schon dargetan, weit mehr vom spezifischen Pathos der ›Eglise‹ mitzuführen. Von dem pantheistischen Glaubensartikel der dritten und vierten Strophe ist die Rede gewesen, auch von der Pointe der »Küsse«, die die ›morale‹ so verteufelt ›sensuelle‹ versteht, daß man ihre ›religiöse‹ Bedeutung fast nicht mehr ernst nehmen mag. Eine Eigenschaft dieser lyrischen Rede aber ist bisher noch unerörtert geblieben: sie hat eine Adresse. »Hörst du den Gott im finstern Meer?« heißt es, und »siehst du über unserm Haupt...?«, und es ist kaum ein abstrakter wohlwollender Leser, der so angeredet wird, sondern eher ein unvernehmbar anwesendes Individuum, ein weibliches, dasselbe, das mit dem Sprecher in der pluralischen Wendung des Schlusses – in »*unsern* Küssen« – vereinigt erscheint. Da spricht einer mit begeisterter Belehrung zu seinem Mädchen wie Faust zum Gretchen – mit dem Unterschiede freilich, daß hier gar keine Gretchen-Frage gestellt wurde noch gestellt zu werden brauchte: der neue Faust (oder Fäustlein) verkündet seine Religion freiwillig, kann wohl auch des Verständnisses sicher sein, da er sie sogleich sinnlich zu verifizieren weiß – eben in den ›Küssen‹.

Die Vermutung liegt nahe, daß auch das »wir« der allerersten Zeile (»Auf diesem Felsen bauen wir...«) nicht irgendeine neue Menschheit oder sonst ein avantgardistisches Kollektiv, also auch nicht die saint-simonistische Apostel- und Adeptenschar bezeichnen will, sondern dieselbe traute Zweiheit des Redners und seiner Zuhörerin. Es scheint sich da – mit Enfantin zu sprechen – um einen ›Appel à la femme‹ höchst privater und intimer Art zu handeln. Und er ergeht in triumphierender Laune. So triumphierend ist die Laune, daß der Verkünder sich das Air eines anderen Heilands gibt, indem er die berühmten Worte Christi an Petrus in den Mund nimmt, abgewandelt allerdings – die Worte, die der Römische Stuhl zum Urgrund seiner Legitimität gemacht hat. »Du bist Petrus, und auf diesem[69] Felsen will ich meine Kirche bauen«, Matthäus 16, Vers 18. Heines Version ist ein Bonmot, schon als solches für lästerlich zu erachten, mindestens vom katholischen Gesichtspunkt, durchaus Heine-artig in der Machart: wie nämlich die überlieferten Wörter rücksichtslos wie mit der Angel herausgefischt und in all ihrer genauen Wörtlichkeit umgewendet sind – Fels, Kirche, bauen –, so daß sie, frisch zitiert, ein überraschend neues Muster miteinander bilden. Insoweit spricht der neue Glaube, der hier und jetzt, in diesem Augenblick und an diesem Ort seine vergnügte Stiftung erfährt, sich als eine Parodie des alten aus.[70]

Nicht ›ich‹, sondern ›wir‹ bauen die Kirche vom dritten Testament, nämlich – so meinen wir zu hören – ›wir beide‹, homme et femme, le couple nach Enfantins Lehre, ein Paar, wenn auch nicht sehr priesterlich oder doch nur einseitig priesterlich, männlicherseits, denn von der Priesterin des »dritten neuen Testaments« ist hier in diesem Falle nichts Eigenes zu hören, die Frau spricht nicht, la femme n'a pas parlé, kann also nicht so sonderlich emanzipiert und ›affranchie‹ sein. Und trotzdem verlegt sich dieser lyrische Apostel keineswegs aufs Suchen und Warten, wie es Enfantin und die Seinen taten, als sie (nach der Haftentlassung) die Parole ausgaben und befolgten, die ›Femme libre‹ werde sich demnächst selbst offenbaren und sie werde die ersehnten feineren Moral-Gesetze geben. Dieser hier greift sogleich zu, sowohl was das Kirchenbauen als auch was das Küssen anbetrifft. Jetzt und hier, sage ich, in diesem Augenblick und an diesem Ort. An welchem Ort aber?

Das erfahren wir aus dem vorhergehenden Gedicht, Seraphine Nummer Sechs:

>»Wo sich zum Meer der Felsen senkt,
> Da hab ich sie erreichet,
> Da hab ich sanft mit sanftem Wort
> Ihr sprödes Herz erweichet.«

Und so fort. Hier wird von einer Liebesjagd berichtet, eine Verfolgungs- und Verführungsszene geschildert, und sie führt zum erwünschten Ergebnis, zur Eroberung eben auf dem letzten Felsen am Meer. Auf diesem Felsen.

Daß derart das Herrenwort gleichsam von rückwärts noch einmal pfiffig entweiht erscheint, ist den Auslegern, so viel ich sehe, bisher entgangen. Seraphine Nummer Sieben ist das einzige Gedicht (neben den zahlreichen Zeugnissen in Prosa), das Miß Butler in ihrer Untersuchung über Heines Saint-Simonismus angeführt hat. Sie zitiert es am Anfang ihres siebten Kapitels (›The Saint-Simonian Period‹) und nimmt es für ein Beweisstück ihrer psychologischen Theorie, wonach Heines Zerrissenheit zwischen Geist und Sinnen hier zur heiteren Lösung gefunden habe. »Sein Konflikt schien gelöst, seine religiöse Sehnsucht für eine Weile besänftigt.«[71] Wiewohl auch hier durchaus empfänglich für den Übermut des Metrums wie des Inhalts, nahm die gelehrte Interpretin das ganze doch für bare Münze eines ›Glaubensbekenntnisses‹. Daran zwar will ich nicht rütteln. Doch macht mich die freche Transferierung des Gleichnis-Felsens aus dem Evangelium in einen materiellen Felsen als (etwas unbequemen) Schauplatz eines Liebesspiels am Ende doch ein wenig zweifeln, wie bar diese Münze oder wie solid die Währung sei. Miß Butler hat augenscheinlich den Zusammenhang zwischen Nummer Sechs und Nummer Sieben – der eben durch das ›Felsen‹-Motiv in versteckter Weise hergestellt ist – auch nicht wahrgenommen, und so mußte ihr der Einsatz »Auf diesem Felsen bauen wir . . .« wie ein Orgel-Fortissimo vorkommen, worin kein Kichern mehr zu vernehmen war.[72] Die Aufklärung über die Buchstäblichkeit des Felsens, und was es mit dieser Lokalität für eine heimliche Bewandtnis hat, scheint zum wenigsten geeignet, das Pathos der Heiligkeit erheblich herabzumindern, wo nicht außer Kraft zu setzen.

Und schließlich könnte ein gründlicherer Zweifler, als ich es bin, wider die ›religiöse‹ Bedeutung von ›Seraphine‹ geltend machen, daß Nummer Sieben nur eines von fünfzehn Gedichten sei, welche übrigens sämtlich mit der Szenerie des Meeres, vermutlich der Nordsee, zu tun haben, von denen allen nur dieses eine, eben Nummer Sieben, den hohen apostolischen Ton prästiere, und vollends, daß die ganze ›Seraphine‹ wiederum nur einen, den ersten, von insgesamt sieben Zyklen darstelle, die unter dem Obertitel ›Verschiedene‹ zusammengeknüpft sind. Der Seraphine folgen ›Angelique‹, ›Diana‹, ›Hortense‹, ›Clarisse‹, ›Yolanthe und Marie‹ und ›Emma‹, lauter erotische Abenteuerberichte – meist von erfolgreichen Bewerbungen, einmal von der Selbstverspottung eines Geprellten, teils leichtsinnig, teils passioniert, zuweilen von der Klage schwindender, schon entschwundener Empfindung eingetrübt.[73] Wo da das dritte Testament und der Pantheismus bleibe, muß man in der Tat fragen. Der hymnische Ton von Seraphine Nummer Sieben ist ganz vereinzelt.

Wiederum aber stellt sich die ganze Gedichtfolge als eine Art von (kleinem) Leporello-Album dar. Das war eine Neuheit – nicht nur in Heine, sondern überhaupt in der Poesie, gerade in der Liebeslyrik. Die Rechtfertigung des Don Juan, welche Enfantin und Barrault geliefert hatten, leuchtet im Hintergrunde des Unternehmens auf – als großes Lösewort, Anregung, Anstiftung, Katalysator, als Erlaubnis. So paradox es dem pietätvolleren Ohr klingen mag: daß solche ›Mobilität‹ (oder sollen wir's nach alter Art ›Libertinage‹ nennen?) überhaupt sich artistisch bekunden konnte, muß jener ›Religion‹ der Freude, jener Theodizee der Sinnlichkeit, jener ›Wiedereinsetzung des Fleisches‹ zugeschrieben werden, welche Heine unter den seltsamen, doch in ihrer Bahn energischen und konsequenten Priestern der ›Eglise saint-simonienne‹ begierig aufgesogen hat.

VI.

Er hat es übrigens selbst gestanden. In den ›Geständnissen‹ gibt es eine Passage, wo er mit großartig unbefangener Selbstverspottung die Lebensperiode seiner eingebildeten Göttlichkeit – so stellt sich dem alten Manne nun die ›religiöse‹ Existenz von ehedem dar! – und so auch die praktisch-erotischen Konsequenzen seines vormaligen »törichten Stolzes« schildert. »War ich doch selber jetzt das lebende Gesetz der Moral und der Quell alles Rechtes und aller Befugnis. Ich war die Ursittlichkeit, ich war unsündbar, ich war die inkarnierte Reinheit; die anrüchigsten Magdalenen wurden purifiziert durch die läuternde und sühnende Macht meiner Liebesflammen, und fleckenlos wie Lilien und errötend wie keusche Rosen, mit einer ganz neuen Jungfräulichkeit, gingen sie hervor aus den Umarmungen des Gottes. Diese Restaurationen beschädigter Magdtümer, ich gestehe es, erschöpften zuweilen meine Kräfte. Aber ich gab, ohne zu feilschen, und unerschöpflich war der Born meiner Barmherzigkeit. Ich war ganz Liebe und war ganz frei von Haß.«[74] Zwar handelt es sich hier nicht um erdichtete, sondern um veritable Lebensabenteuer, doch ist der Unterschied nicht so groß, wie gewisse Literaturästhetiker unserer Tage meinen, wenn sie zwischen Werk und Biographie einen scharfen methodischen Graben ziehen. Gewiß haben wir es in dem gegenwärtigen Falle ebensosehr mit einem gedichteten Lebensbild zu tun, wie dort bei ›Seraphine‹ und den anderen ›Verschiedenen‹ mit einer autobiographisch angeregten Dichtung. Der mokante Rückblick des Autors der ›Geständnisse‹ läßt eine durchaus poetisch-artistische Figur erscheinen, diejenige des übermütigen Liebesheilands, nicht ganz ohne Anklang übrigens an eine gewisse artifizielle Figur aus Goethe: jenen »Götterjüngling«, der eine nicht bloß ›anrüchige‹, sondern sogar ›tief verderbte‹

Jungfrau, »ein verlornes schönes Kind«, im indisch-legendären Happy-End buchstäblich ›purifiziert‹, im Flammentode – wenn es heißt:

»Doch der Götterjüngling hebet
Aus der Flamme sich empor,
Und in seinen Armen schwebet
Die Geliebte mit hervor.«[75]

Diese echten Feuersflammen sind in Heines Prosa in metaphorische ›Liebesflammen‹ transferiert, zudem wird die ganze Figuration des Gottes und der Bajadere oder Magdalene gleichsam in einem verkleinernden Zerrspiegel vorgeführt. Wie das empirische Subjekt zur ironisch-poetischen Figur umgebildet wird, so trägt aber andererseits diese Erscheinung auch wiederum die authentischen Spuren desjenigen Selbstgefühls (und ›ideologischen‹ Selbstbewußtseins) an sich, das den jungen Mann erfüllt hatte: die Erscheinung ist ›zitiert‹ in beiderlei Sinn und also mit aller Zweideutigkeit des Wortes.

Freilich hat der Heine der ›Geständnisse‹ diese seine jugendliche Hochmuts-Göttlichkeit ausdrücklich auf die Lehren seines Berliner Philosophie-Professors, nämlich *Hegels*, zurückgeführt. »Ich nahm die Synthese der Hegelschen Doktrin ungeprüft an, da ihre Folgerungen meiner Eitelkeit schmeichelten«, schreibt er, und von Saint-Simon und Enfantin (dem »bedeutendsten Geist der Gegenwart«, wie es einmal geheißen hatte) ist mit keinem Wort die Rede. Indessen muß es uns schon recht stutzig machen, daß ausgerechnet Hegel zur Rechtfertigung der erotischen Freiheit soll herhalten können, daß die »Unsündbarkeit« des Fleisches für eine Folgerung der Philosophie des Geistes ausgegeben wird. In der Tat zeigt die genaue Lektüre, daß unter dem expliziten Text dieser Hegel-Legende wie bei einem Palimpsest die saint-simonistische Sprache unverkennbar hervortritt. Schon die Bezeichnung der Hegelschen Philosophie (oder Phänomenologie oder Enzyklopädie – was immer wir für originale Namen wählen wollen) als einer ›Doktrin‹ und wiederum dieser Doktrin als einer ›Synthese‹ läßt uns die verborgene – oder absichtlich versteckte – Präokkupation des Schreibenden und die eigene Jugenderscheinung Zitierenden mit einer ganz anderen Belehrung erkennen: ›La doctrine saint-simonienne‹, das war ihr offizieller Name, stand schon auf dem Titel von Bazards ›Exposition‹, und die Eingeweihten redeten untereinander gewöhnlich nur kurz und exklusiv von ›der Doktrin‹ schlechthin – oder auch von der ›Synthèse‹. Und nicht nur die Priester der Salle Taitbout, nicht nur die Mitglieder der ›Kommune‹ der Rue Monsigny, nicht nur die Apostel von Ménilmontant verständigten sich mit diesen hochbeladenen Vokabeln – das würde einem professionell germanistischen ›Heine-Forscher‹ wohl noch nicht sonderlich imponieren…

»Vous avez désiré connaître la marche des idées en Allemagne, dans ces derniers temps, et les rapports qui rattachent le mouvement intellectuel de ce pays à la synthèse de la doctrine.« – »Sie haben den Gang der Ideen in Deutschland, in diesen letzten Zeiten, und die Beziehungen kennen zu lernen gewünscht, welche die geistige Bewegung dieses Landes mit der Synthese der Doktrin verbinden.«

Das ist von Heine selber; es ist der Anfang der Widmung »an Prosper Enfantin in Ägypten«, die er dem Bande ›De l'Allemagne‹ (1835) vorangesetzt hat.[76] Da haben wir »die Synthese der Doktrin« schlechthin, es gab nur diese, sonst keine, und Hegel war tot. »Die Synthese der Hegelschen Doktrin« – das ist, wie wenn man von den Dialogen des Aristoteles oder von den Kritiken Rousseaus reden wollte. Es ist, wie wenn sich der Schreibende im Namen vertan oder wie wenn er den eigentlich hergehörigen Namen verdrängt, verschwiegen, gleichsam überklebt hätte.
Aber das ist nicht alles. Auch mit dem Prinzip ›Liebe‹ hat die Hegelsche Philosophie kaum etwas zu schaffen, um so mehr die Doktrin des all-liebenden Vaters Enfantin. Die Religion, welche alle bisherigen ersetzen werde, sagte zum Beispiel der Prediger Abel Transon, werde allen Krieg, allen Antagonismus, allen Haß aus der Menschheit verschwinden machen und überall den Frieden, die Assoziation, die Liebe an die Stelle setzen.[77] »Ich war ganz Liebe und war ganz frei von Haß«, sagt Heine, und man wird die Prise von Ironie schmecken, die nicht allein der eigenen, rein erotischen Auslegung, sondern indirekt auch diesem Evangelium selber gilt. Die Liebe war nicht nur ihr umfassendstes ›sentiment‹, sie regierte nicht nur ihr philanthropisches Programm – als Liebe zur Industrie, zu den Proletariern, zu den Frauen –, sie wurde auch als Vehikel der Erkenntnis verstanden. So universal, so tagtäglich,

so ubiquitär gebrauchten sie diese Vokabeln ›aimer‹ und ›amour‹, daß eine der ersten saint-simonistischen Damen, Bazards gescheite Frau Claire, in einem Augenblick des Überdrusses hellsichtig ausrief: ». . . à force, d'aimer tout le monde de la même manière, on finirait par ne plus aimer personne«[78]. In diese Gefahr – niemanden mehr zu lieben, weil man alle Welt auf dieselbe Weise lieben soll – ist Heine freilich kaum geraten. Hier in den ›Geständnissen‹ stellt er sich ohnehin mehr als Philogyn denn als Philanthrop dar.

Auch die Vokabel ›purifizieren‹ hängt mit dem saint-simonistischen Jargon zusammen, wenngleich sie dort seltener vorkommt als das ›Rehabilitieren‹ und das ›Sanctifizieren‹. Die ›Heiligung‹ der Materie, die ›Wiedereinsetzung‹ des Fleisches, die ›Rechtfertigung‹ (›justification‹) der Sinne, die ›Legitimation‹ des Genusses, die ›Vergöttlichung‹ der Schönheit, die ›Weihe‹ des Stoffes (›consécration de la matière‹) – in diese Reihe von Tätigkeiten, welche sämtlich nicht in der Vergebung, sondern in der Aufhebung der Sünde, ja des Bösen überhaupt konvergieren, zu diesen permanenten gebetsartigen Segnungs- und Erbauungsgebärden gehört auch diejenige des ›Purifizierens‹.[79]

Die unzweideutigste Spur von Enfantins Doktrin jedoch, welche der fragliche Passus aus den ›Geständnissen‹ aufweist, findet sich in dem ersten Satze, den ich angeführt habe: er sei selber damals »das lebende Gesetz der Moral« gewesen. »La loi vivante«, das lebende Gesetz, zu sein – und das hieß: keiner Tafeln von Sinai, keiner Vorschriften der Bergpredigt, keines Katechismus und keiner kategorischen noch irgend sonstiger Imperative, keiner objektiven transzendenten oder gesellschaftlichen Normen mehr zu bedürfen! –, das war Enfantins Anspruch in der Phase seiner äußersten Überhebung. (Wir können kaum umhin, indem wir dies vernehmen, uns an den ›Willen des Führers‹ zu erinnern, der ganz analog an die Stelle des Gesetzes getreten ist!)[80] Im dritten und vierten ›Enseignement‹ (vom 2. und 5. Dezember 1831) hat er den Begriff der ›Loi vivante‹ entwickelt, auch gegen die Dissidenten gerechtfertigt: Er läuft in der Tat darauf hinaus, die persönliche Autorität des moralischen Gesetzgebers dem geschriebenen, auch von ihm selbst geschriebenen Gesetz überzuordnen, also eigentlich die ganze Errungenschaft der allgemeinen Gesetzlichkeit, des ›Rechtsstaats‹ in der deutschen, des ›rule of law‹ in der englischen Abwandlung, rückgängig zu machen und im Namen und zum Zwecke des Fort-

schritts einen neuen absoluten Willen einzuführen, den des Höchsten
Priesters, der zwar den Gesetzgeber und den Richter nicht überflüssig mache, diesen aber letztlich überlegen sei. »La loi vivante,
l'autorité du chef, est un principe éternel pour l'humanité . . .« und
»La volonté du chef ne peut en effet recevoir son caractère de
légitimité que par notre dogme . . .« Das sind Enfantins Worte,[81]
einige davon. Die ›hohe Frage‹ des ›lebenden Gesetzes‹ war um so
mehr publik geworden, als sie in der schismatischen Krise eine
gewisse Rolle gespielt hatte. Der heftige Protest, den J. *Reynaud*
in jener Zusammenkunft vom 27. November 1831 vorgetragen
hatte, richtete sich vor allem gegen diesen Anspruch und dagegen,
daß »das Gewissen des Menschen durch den Willen des Priesters
ersetzt werden« solle. »Vous apparaîtrez, vous loi vivante, loi
souveraine . . .«, mit so scharfem Hohn adressierte dieser alte
Freund den Höchsten Vater, und er bezog sich im besonderen auf
dessen »Liebesgesetze«.[82] – »War ich doch selber jetzt das lebende
Gesetz der Moral und der Quell alles Rechtes und aller Befugnis«:
das ist authentischer, wörtlicher und buchstäblicher Enfantin – nur
mit der einen Modifikation, daß es der authentische Heine ist, der
seine eigne Jugenderscheinung so fühlen läßt! Das hätte ihm Enfantin gewiß nicht zugestanden, wie der Priester selbst zu reden oder
auch nur zu denken – ihm, der immer außerhalb der ›Hierarchie‹
sich gehalten hatte.

Die fast lächerliche Genauigkeit der Kopie oder der Imitation des
›liebenden Vaters der Menschheit‹, die der Autor der ›Geständnisse‹
sich selbst in seiner vormaligen Erscheinung hier zuschreibt, bleibt
einzig dadurch verdeckt, daß er all diese Selbstverklärung der »Hegelschen Doktrin« verdankt zu haben vorgibt. Vielleicht treibt er
das Vexierspiel gerade zu dem Ende, die wahre Quelle unkenntlich
zu machen und also das Maß seiner eigenen, bis in die Vokabeln
getreulichen Abhängigkeit herabzumindern, auch wenn sie nur im
ironischen Rückblick vorgeführt wird.[83] Eher noch, so scheint es,
wollte er nun von Hegel als von Enfantin abhängig gewesen sein,
der ihm doch die Sprache geliefert und zuzeiten die Zunge gelöst
hat, jedenfalls die seraphinische. Indem er nur Hegel, dem großen
Hegel, abzuschwören schien, vermied er es freilich auch, den Saint-
Simonisten in aller Öffentlichkeit den Abschied zu geben.

Fünftes Kapitel

Sendschreiben vom Nildamm
und Dekret aus Frankfurt

I.

Der einzige Brief, den Prosper Enfantin je an Heine gerichtet hat, trägt das Datum »Barrage du Nil, 11. Octobre 1835«. Im Druck umfaßt er achtundzwanzig Seiten.[1] Er stellt die Antwort auf jene Widmung dar, die ich im vorigen Kapitel erwähnt habe, auch den tief empfundenen Dank dafür, daß jemand – und nicht irgend jemand, sondern ein illustrer Poet von europäischer Reputation – ihm, dem Verurteilten und Verspotteten, mit so hohem und ausdrücklichem, in aller Öffentlichkeit bekundetem Respekt begegnet. Zudem und vor allem aber antwortet Enfantin, der sich in Briefen näher und ausgiebiger expliziert hat als in seinen (wenigen) eigentlichen Schriften, auf das Buch selber, das ihm da aus Paris zugegangen war. ›De l'Allemagne‹ umfaßte den größeren Teil des Essays über ›Die romantische Schule‹ und vor allem die berühmte Abhandlung ›Zur Geschichte der Religion und Philosophie in Deutschland‹. Enfantins Brief bezieht sich zur Hauptsache auf diese. Ganz treffend nannte Heine ihn später, gegenüber seinem saint-simonistischen Freunde Michel Chevalier – vormals Redakteur des ›Globe‹, nachmals hochangesehener Professor der Nationalökonomie – ein ›Sendschreiben‹, mit einem Namen also, wie er den Briefen geistlicher oder auch weltlicher Potentaten an ihre Statthalter oder Lieutenants zukommt: »sa missive datée des bords du Nil«[2]. Es ist nicht nur ein höchst interessanter, es ist in seiner Art ein bedeutender Brief, und er hat bisher nicht von ferne diejenige Aufmerksamkeit gefunden, die er als das einzige Dokument unmittelbarer geistiger Berührung und lebhafter Auseinandersetzung des ›Chef de l'église‹ mit dem deutschen Literaten selbst dann verdiente, wenn er weniger interessant und weniger bedeutend wäre.

Der Brief hat überdies seither auf beiden Seiten des Rheines, ja in England, bei den Erforschern Heines – soweit sie sich überhaupt mit den Saint-Simonisten befaßt haben – und bei den Erforschern des Saint-Simonismus – soweit sie auch einen Blick auf Heine warfen – einen schlechten Leumund. Adolf *Strodtmann*, Heines erster und gründlichster Biograph, hat zwar das Verdienst, das Sendschreiben im vollen Wortlaut ins Deutsche übersetzt und so als einziger dem deutschen Publikum mitgeteilt zu haben, aber sein Urteil ist wegwerfend: »ein kurioses Aktenstück«[3]. Henri *Lichtenberger* spricht von einem »langen wirren Brief«, einer »sonderbaren Epistel« und »wunderlichen Ansichten«.[4] *Charléty*, der sorglichste Kenner der Saint-Simonisten, gibt ihm seinen Platz innerhalb der Entwicklung der ›Doktrin‹, scheint sich aber bei dem Gedanken an den Empfänger für den Absender zu genieren, denn er meint – gewiß irrigerweise –, Heine habe ihn wegen seiner »tournure ampoulée«, seiner hochtrabenden Haltung, nur mit Ironie aufgenommen (und darum bei der zweiten Auflage die Widmung weggelassen).[5] Nicht einmal Miß Butler, die von ihrem britischen Beobachtungsposten, wiewohl Germanistin, vergleichsweise doch am ehesten der französischen wie der deutschen Seite Aufmerksamkeit angedeihen und Gerechtigkeit widerfahren läßt, nicht einmal sie kann sich einiger herablassender Bemerkungen über die »feierliche Epistel« und ihre »grandiloquent instructions« enthalten, die ihr zudem noch »unzusammenhängend« vorkommen.[6] In Wahrheit ist das Sendschreiben vom Nildamm nicht sonderbarer als der ganze Enfantin und seine ›Kirche‹, entschieden vernünftiger als seine vorigen Verkündigungen und, was den Zusammenhang der Argumente angeht, durchaus eindrucksvoll und weit weniger phantastisch als so manche briefliche Auslassung – etwa der romantischen Epoche –, die sich in der Literaturgeschichtsschreibung hohen Ansehens erfreut.

Zu einem erheblichen Teil scheint diese beharrlich wiederholte Bekrittelung und Bespöttelung ihre Wurzel in gewissen Wendungen zu haben, die der Schreiber, Enfantin, selber gebraucht, um sich – aus Höflichkeit und nicht ohne Anmut – bei dem Adressaten wegen seiner Ausführlichkeit und wegen einiger Abschweifungen zu entschuldigen. »Der Gegenstand ist so weitläufig, ich fürchte, unklar gewesen zu sein, wie man mir gesagt hat, daß es mir schon manch andres Mal geschehen sei«, flicht er einmal ein, und wiederum später, gegen Schluß: »ma lettre souvent confuse et désordonnée« werde »den bizarren Präludien eines Komponisten ähneln, ehe er sich an die Niederschrift macht, und in denen einzig der Künstler die Eingebung zu erkennen vermag, die den Musiker bewegt«.[7] Das ist nicht allein ein reizendes Gleichnis, es enthält auch ein schönes, gleichsam kollegiales Kompliment an den Leser Heine, wie denn überhaupt diese nur halb ernsten Selbstbezichtigungen gewiß auch der Achtung vor dem Verstand und der Stilkunst Heines entspringen, wovon der Briefschreiber ja gerade eben eine hervorragende Probe kennengelernt hatte. Zumal in jener eher liebenswürdigen, beinahe rührenden Kennzeichnung, sein Brief sei »oft verworren und ungeordnet«, finden wir in der Tat, teilweise wörtlich, einige Urteile vorweggenommen, die ihm die Historiker nachgeredet haben. So geht es dem, der genug Courtoisie hat, einem respektierten Briefpartner gegenüber sich auch selbstkritisch zu zeigen: die Wissenschaft gerät darüber und nimmt fühllos für die buchstäbliche Wahrheit, die Wahrheit für jedermann, was eine façon de parler war, und reicht es hundert und mehr Jahre lang immer weiter.

Gewiß war Enfantin ein ›Despot‹, in diesem Augenblick übrigens nur ein gewesener, ein gescheiterter Despot. Aber keiner seiner Jünger – soweit ich weiß: auch die Abtrünnigen einbegriffen – hat je seinen Charme bezweifelt oder gar abgestritten. Sein ›Charisma‹ – um hier für einen Augenblick das viel mißbrauchte Wort in Max *Webers* Sinne anzuwenden – bezeugte sich in einem selbstbewußten Wohlwollen und ging, wie von Männern und Frauen gleichermaßen bestätigt wird, mit einem ungewöhnlich anziehenden persönlichen Zauber einher. Alle höflichen, liebenswürdigen, rührenden, gefühlvollen Züge beiseitegewischt, erweist sich jedoch das Sendschreiben vom Nildamm als eine sehr entschiedene und in sich konsequente Entgegnung auf Heines radikal-liberale Gesinnungen und auf seine Prophetie oder Phantasie von der künftigen Revolution. Mit einem Schlage treten die Positionen, die so eng verschwistert schienen, weit auseinander. Freilich handelt es sich hier um Politik, nicht um private Moral. Es ist kaum zu begreifen, daß Heine so begierig war, Enfantins Brief in Deutschland öffentlich bekannt zu machen. Vielleicht war er zu empfänglich für die Schmeichelei, eine solche Botschaft von dem ›Vater der Menschheit‹ erhalten zu haben, als daß er den harten Kern und die bitteren Wahrheiten recht wahrgenommen hätte, die sie enthielt. Vielleicht aber hatte er trotz solcher Wahrnehmung seine Gründe, die Publikation in Deutschland zu betreiben, selbst zu riskieren, daß sie Wasser auf die Mühlen seiner Feinde brächte, daß ›Junker und Pfaffen‹ sich gestärkt, Metternich und der Frankfurter Bundestag sich bestätigt fühlen würden. Ich werde dieser Frage noch nachforschen. Allerdings sprach Enfantin keineswegs als Gegner, vielmehr als Ratgeber, Warner, als besorgter Freund, als ›Priester‹ in dem Sinn, den er selbst mit diesem Wort verband, auch als Menschenführer und Stratege, der von neuem große Dinge vorhatte, auch mit Heine. Hält man das ›Sendschreiben‹ mit der Abhandlung ›Zur Geschichte der Religion und Philosophie in Deutschland‹ zusammen, so stellt sich dieses Ganze, unerachtet des unterschiedlichen Stilniveaus – nein: selbst diese Differenz eingerechnet! –, wohl als die ernsteste Konfrontation dar, die in Heines geistiger Biographie vorgefallen ist: eine Konfrontation freilich, die nicht zur Kontroverse geworden ist. All die Streitigkeiten, Streitereien, Polemiken, Stechereien und Schießereien, von denen diese Biographie sonst erfüllt ist, erscheinen im Vergleich wie ein bloßer Lärm.

II.

Vielleicht sollte ich aber, bevor ich in diesen Gegenstand näher eindringe, der Pflicht des historischen Erzählers genügen und in gebotener Knappheit erklären, wie Enfantin nach Ägypten und warum er zum Nildamm kam.

»Autre temps, autre œuvre«, schrieb er einmal nach seiner Rückkehr in einem Brief, in dem Sinn: er werde sich nicht wiederholen.[8] Als er das Gefängnis von Sainte-Pélagie nach acht Monaten der Haft verließ – der Rest der Strafe war ihm erlassen worden –, hatte er, unermüdlicher Projektemacher, der er auch war, ein neues großes ›Werk‹ ausgebrütet: den Isthmus von Suez zu durchstechen, den Kanal zu bauen, der den Orient mit dem Okzident näher verbinden, die Kommunikation beider Welten erneuern, den Frieden und die Harmonie der Menschheit näherbringen sollte.[9] Das war phantastisch, aber nicht ganz so phantastisch, wie es uns anmuten mag – abgesehen davon, daß in der Geschichte des technischen Fortschritts und der Eroberung der Erde, von Columbus angefangen, die Sprünge der Phantasie gewiß ebensoviel bedeutet und bewirkt haben wie die Arbeiten der Erkenntnis. Tatsächlich war Enfantin auf zweierlei Art zu einer solchen Unternehmung prädisponiert. Einmal dadurch, daß er an der berühmten École Polytechnique studiert und dort, wenn er diese erste Technische Hochschule der Geschichte, ein Erzeugnis der großen Revolution, auch nicht als fertiger Ingenieur verließ, doch den Geist der konstruktiven Tätigkeit, den zuversichtlichen Sinn für die Verbesserung der Lebens-, Verkehrs- und Produktionsverhältnisse eingesogen hatte. Es kommt hinzu, daß die Brücken- und Straßenbauer, Bergwerksingenieure und Artillerieoffiziere, welche dieselbe Bildung erhalten hatten, in erheblicher Zahl zu den Lesern des ›Globe‹ und zu dem Publikum der Salle Taitbout gehört hatten. Enfantin hat selbst eine Liste ehemaliger Polytechniker (›ancien élève de l'École Polytechnique‹ war eine klangvolle Titulatur) aufgestellt, die mit dem ›Globe‹ oder mit einzelnen führenden Mitgliedern der Eglise korrespondiert hatten; sie umfaßt nicht weniger als 92 Namen.[10] Ihr Interesse galt freilich im allgemeinen weniger der Religion und Moral als dem, was die Prediger die ›Politik‹ nannten, also der industriellen, ökonomischen und sozialen Programmatik, wie sie vom Grafen Saint-Simon selber zuerst in großem Stil entworfen worden war. Wir vermögen heute nur noch schwer nachzuvollziehen, was das Zauberwort ›Industrie‹ für alle diese Leute bedeutete, zumal mit den Motiven und Konnotationen, welche die Schüler Saint-Simons ihm eingeblasen hatten: es bezeichnete nicht allein und nicht einmal so sehr die Methoden technischer Arbeit mit Hilfe der Kraftmaschinen als eine Vision erdumfassender ›Assoziation‹, die mit der Gewinnung und Nutzung aller nur erdenklichen Quellen des Reichtums und mit der universalen Organisation der Arbeit nach rationell-wissenschaftlichen Prinzipien zugleich den allgemeinen Frieden und die Versöhnung der Menschheit mit dem Erdball als dem unerschöpflichen Substrat ihrer Existenz herbeiführen würde.[11] (Der Name der Zeitung ›Globe‹ war zwar nicht von den Saint-Simonisten erfunden, nahm aber unter ihrer Regie in diesem Sinn eine symbolische Bedeutung an.) Dies eben war die zweite und wichtigere Zurüstung Enfantins, die ihn zu der Suez-Expedition inspiriert hat, zumal schon Saint-Simon von den großen Durchstichen und Kanalbauten, auch von Panama, geträumt und geschrieben hatte.

»Union de l'Orient et de l'Occident« war im Lichte dieser Ur-

Offenbarung Saint-Simons, auf die er nun zurückgriff oder in die er zurückfiel, das neue Werk, das er auf die eigene Faust, als ›volontaire‹, wie er schrieb, als Freiwilliger und also nicht als Eroberer, auch – ausdrücklich – nicht als Kolonisator[12] zu unternehmen gedachte. Doch floß auch in diesen Plan ein starkes Element der ›Religion und Moral‹ mit ein, wie sie zuvor in der Salle Taitbout verkündet und im ›Globe‹ publiziert worden war. Diese ›Union‹ galt ihm auch für eine Art mystischer Hochzeit, und das endlose Spiel der ›synthetischen‹ Analogien setzte sich fort, indem der europäische Geist – via Suez – mit der orientalischen Sinnlichkeit sich vermählen, schließlich auch wiederum der Okzident das männliche, der Orient das weibliche Prinzip darstellen sollte.

Dies sogar ganz buchstäblich. Denn mit der ›politischen‹ Expedition lief eine ›moralische‹, mit der technischen eine erotische parallel. Die Skurrilität solcher Verknüpfung darf uns nicht hindern, die Konsequenz und auch die Umsicht wahrzunehmen, die auch dieses eminent praktische Vorhaben zu einer symbolischen Probe auf die Gesamt-Erneuerung stempelt. Der ›Appel à la femme‹ wurde in den Orient verlegt. Diese Parole, mit deren Hilfe sich der ›Vater‹ in der Krise der Eglise aus der Affäre gezogen hatte – man erinnert sich: die Verkündung der neuen Moral der Geschlechter, mit der er fast gescheitert war, mit der er einhielt, als der Widerstand offenkundig und gefährlich wurde, sie sollte nun der anderen Hälfte des ›individu social‹, einer noch unbekannten ›Mère Suprême‹ oder ›Femme libre‹ anheimgegeben werden, die erst zu suchen war! –, diese Parole also war von einer gar nicht unbedeutenden Gruppe seiner Getreuen, mit Barrault an der Spitze, enthusiastisch aufgenommen worden, und diese rüsteten sich gleichzeitig für die große Brautsuche. Die ›Compagnons de la femme‹ – der Name läßt an eine Art von Troubadour-Orden denken – schifften sich ebenfalls nach Osten ein, Barrault hat in Konstantinopel, in Smyrna und sogar in Odessa auf die Erscheinung gewartet; der Père hatte schon vom Gefängnis aus mit ihm und anderen ernsthaft über die Frage korrespondiert, ob er ›die Mutter‹ ganz allein oder an der Spitze eines Volkes oder mit einem Gefolge von Frauen empfangen solle, während jene, im letzteren Fall, gleichsam der zeremoniösen Symmetrie wegen ihrerseits einen ausschließlich männlichen Hofstaat mit sich führen würde.[13] Das waren vielleicht Haftphantasien, Bilder nach Art von Historiengemälden (etwa: Begegnung Salomos und der Königin von Saba), aber das Erstaunliche ist, daß die höchsten Würdenträger der zerschlagenen ›Kirche‹ bereitwillig, ja mit eignen Beiträgen auf all das eingegangen sind. Man wird dies jedoch nicht allein auf die Suggestivkraft des Vaters Enfantin, auch nicht bloß auf das Bedürfnis der ›Propheten‹ zurückführen, ihre Energien einem neuen Ziel zu widmen, nachdem ihnen die Chance der Wirksamkeit in der Heimat plötzlich entzogen worden war. Der Orient, zum wenigsten der afrikanische, war eben in diesen Jahren unmittelbar in das französische Gesichtsfeld gerückt – seit 1830 war Algier französische Kolonie, und mit der kolonialen Besitzergreifung ging nicht allein die geographisch-ethnologische, sondern auch die künstlerische Entdeckung, der orientalische Exotismus der Malerei einher. *Delacroix*' berühmte ›Algerische Frauen im Gemach‹ entstanden 1834, als der Maler mit einer Gesandtschaft, die *Louis Philippe* an den Sultan von Marokko schickte, das osmanisch-islamische Afrika kennengelernt hatte. Auch hier leuchtete der Orient als eine Heimat der Farbe wie zugleich des ›Fleisches‹ vor den Augen derer auf, die im Begriffe standen, ihn in seiner Eigentümlichkeit zu vernichten. »L'Orient est le point brillant du globe pour tout ce siècle«[14]: Mit diesem Satz fand Enfantin sich durchaus in Übereinstimmung mit dem Zeitgeist wie mit der Zeitbegierde, auch der sinnlichen.

Die ›Mutter‹ hat sich nicht gezeigt. Der Kanal ist nicht in Angriff genommen worden. Nicht einmal der Nildamm ist gebaut worden, für den *Mehmet Ali*, der kluge Vizekönig von Ägypten, sich anstatt des Suez-Unternehmens entschieden hatte. Enfantin und einige seiner Begleiter hatten schließlich faute de mieux mit dieser kleineren industriellen Aufgabe vorlieb genommen – es sei auch dies, schrieb er, »eine religiöse Pflicht für uns Apostel der Wissenschaft und der Industrie«[15] –, sie hatten sich am bestimmten Ort in Zelten eingerichtet, die Bedingungen studiert, Arbeitspläne skizziert, auch Soireen veranstaltet und Feste gefeiert und sich noch mit herabgestimmten Erwartungen aufrechterhalten, bis der ganze Plan von Kairo abgeblasen und vertagt wurde. Alles scheiterte, eine Pestepidemie dezimierte die Schar der Gefährten, und nach gut drei Jahren kehrte Enfantin nach Frankreich zurück, nach dem Lande, das er verlassen hatte, um ihm aus der Ferne ein grandioses Beispiel, eine sublime Lektion zu geben. Er fand Unterschlupf im Hause seiner Cousine Thérèse *Nugues*, blieb wiederum drei Jahre, neue

Missionen erhoffend, bis ihn die Regierung in ein Komitee zum Studium Algeriens berief. Den Suezplan freilich ließ er nicht fallen, er hat einen bedeutenden Anteil an seiner Verwirklichung, wenngleich der ehrgeizige *Lesseps* den Ruhm zu seiner Zeit allein an sich gezogen hat.[16]

III.

Der Brief, das ›Sendschreiben‹ Enfantins an ›Henri Heine‹ – um auf die Hauptsache zurückzukommen –, beginnt mit dem gewiß tiefgefühlten Dank für die Wohltat jener Widmung als eines öffentlichen Zeugnisses der Sympathie; aber schon im zweiten Absatz gesteht der Schreiber freimütig, Heines Buch lasse »trotz dem Vergnügen, das es ihm bereitet habe, eine Leere (un vide) in ihm zurück«, die nur er, der Autor selber füllen könne. Seine Kritik spricht sich in der Aufforderung aus, eine Fortsetzung zu schreiben. Er will nicht so viel von Geschichte – ›Zur Geschichte der Religion und Philosophie in Deutschland‹ war der deutsche Titel des Hauptstückes von Heines Buch, der französische Gesamttitel ›De l'Allemagne‹ erhob allerdings einen größeren Anspruch, erweckte wohl in dem französischen Leser Erwartungen, die der Text unerfüllt ließ –, er will mehr von der Gegenwart und der Zukunft hören. Er will auch nicht so viel von den Philosophen (Kant, Fichte, Schelling), er will mehr von den lebendigen Bestrebungen, weniger von großen einzelnen, mehr von den Völkern erfahren. Und was den ›Pantheismus‹ betrifft (den in der deutschen geistigen Überlieferung nachzuweisen Heine vor allem sich bemüht hatte), so zeigt Enfantin sich nicht so sehr an seiner Geistesgeschichte als an der Frage interessiert, ob ihm in Deutschland eine »politische und industrielle Wirklichkeit« zukomme: mit anderen, weniger saint-simonistischen, terminologischen Worten, er drängt auf gesellschaftliche Organisation. Spinoza, so können wir entnehmen, erscheint ihm herzlich gleichgültig, viel wichtiger ist ihm Napoleon, das soll heißen die praktische Umwälzung Europas, das Handeln überhaupt. Es ist höchst merkwürdig, hier zu sehen, wie der phantasievolle Doktrinär und ›Ideologe‹, der Enfantin bei sich zu Hause war, von der Lektüre Heines gleichsam zurückverwandelt wird in einen durchaus französischen, nachrevolutionären Typus, und wie umgekehrt vor diesen Augen selbst der Kritiker der deutschen Theoreme und Bewunderer der französischen Taten, Heine, sich als eminent deutscher Schrift-steller darstellt, als ›Intellektueller‹, wie wir heute sagen, ja als ein ›Spiritualist‹, der er doch so gar nicht hatte sein wollen. Spinoza, schreibt Enfantin, und das ist eine ungemein bezeichnende Be-merkung, sei »für die Praxis« ganz ungeeignet, weil er nicht so viel von der Ordnung als von der Freiheit philosophiere und weil er daher Gleichheit bewirke, »les différences devenant des infiniment petits négligeables«, die – menschlichen – Unterschiede also in die Dimension des unendlich Kleinen verweise. Napoleon wurde übri-gens vielfach schon in den Reden und Schriften der ›Eglise‹ ge-rühmt, und zwar als Genie. Ihre Deutung und Schätzung ist von Saint-Simon selbst begründet worden. Er hat das merkwürdige Standbild oder Denkbild des Kaisers entworfen, der zugleich der wissenschaftliche und der politische Führer der Menschheit sei: »D'une main il tient l'infaillible compas, de l'autre l'épée extermi-natrice des opposants du progrès des lumières« (Œuvres Choisies, II, 61).

Das Wort wie der Name hatte für die Saint-Simonisten eine ›so-ziale‹ Bedeutung: das Genie war ihnen gleichsam die höchste Stufe der ›capacité‹, des persönlichen Naturtalents, der Usurpator (wie die Legitimisten ihn nannten) also gerade das Symbol derjenigen Gesellschaftsordnung, die sie erstrebten: »A chacun selon sa capa-cité . . .«, wie es das Motto des ›Globe‹ verkündete. (Die spätere Parole des deutschen Liberalismus, »Freie Bahn dem Tüchtigen!«, scheint davon hergeleitet, kehrt aber die Blickrichtung um, indem sie dem freien Markt überantworten will, was die Saint-Simonisten der Lenkung durch die Hierarchen vorbehielten.) Heine selbst hat diese Art von Napoleon-Kult widergespiegelt und ausgearbeitet in dem Tagesbericht vom 20. August 1832 (in den ›Französischen Zu-ständen‹), wo es heißt: »In gewisser Hinsicht war Napoleon ein saint-simonistischer Kaiser; wie er selbst vermöge seiner geistigen Superiorität zur Obergewalt befugt war, so beförderte er nur die Herrschaft der Kapazitäten und erzielte die physische und mora-lische Wohlfahrt der zahlreichern und ärmern Klassen.« Da ist das ganze originale Vokabular der ›Doktrin‹: die ›capacité‹ und das ›bien-être physique et moral de la classe la plus nombreuse et la plus pauvre‹ – man braucht es nur zurückzuübersetzen. Auch die ›Hierar-chie‹ fehlt nicht: ». . . und gar seine Armee war eine Hierarchie, deren Ehrenstufen nur durch Eigenwert und Fähigkeit erstiegen wurden«. Man brauchte nur die Marschälle und Kapitäne in Gedanken durch Ingenieure, die Grenadiere durch Arbeiter – und freilich auch den Krieg durch Frieden – zu ersetzen, so hatte man fast die ganze saint-simonistische Zukunftsordnung vor Augen. (Daß Napoleon nebenbei auch seine ganze Sippe mit Thronen versorgt hat, und dies, ohne groß auf die Kapazität Bedacht zu nehmen, blieb allerdings unberücksichtigt.) Saint-Simon seinerseits hatte weniger die militärische ›Personalpolitik‹ Napoleons als gewisse zivile Maßnahmen gerühmt, die gleichfalls seinen Sinn für Rangstufung zu demonstrieren geeignet waren, so die Einteilung des ›Corps scientifique‹ in die zwei Gruppen der Forschenden und der Lehrenden, so vor allem die Begründung der Ehrenlegion, welche Männer umfaßte, »die sich in allen Klassen von staatsnützlichen Arbeiten ausgezeichnet haben« und welche – das vermerkt er ausdrücklich und offenbar mit Billigung – den »militärischen Geist« in sich bewahre (Œuvres Choisies, I, 235). Fast noch deutlicher geht die soziale Absicht des Betrachters aus dem Tadel hervor, den er anfügt: Napoleon hätte nicht eine solche neue Noblesse schaffen sollen, wie sie gewiß schon der nächsten Generation unerträglich werden müsse. Hier wird vollends klar, worum es sich für Saint-Simon und seine Nachfolger handelt: Mit einem modernen Ausdruck zu reden, ist das Ziel eine Leistungs-Elite, die stetig kontrolliert und erneuert werden soll. »Die Hierarchie soll sich auf die Kompetenz gründen«, sagt zusammenfassend der französische Soziologe Georges *Duveau* in seinem glänzenden Essay ›L'Europe et le Socialisme‹, dem ich auch die vorigen Zitate verdanke.[17] Diesen Modellcharakter der napoleonischen Gesellschaft – einer Gesellschaft von Parvenüs vom Gesichtspunkt des ancien régime wie wiederum der Restauration, die indessen nach Saint-Simons Lehre gerade darum legitim war, eine ›hierarchische‹ Leistungsgesellschaft ohne alle ererbten Rechte und Besitztümer – hat gewiß auch Enfantin im Sinn, wenn er hier die napoleonische Ordnung als die eigentliche »französische Revolution« preist. Heines eigene und so getreulich saint-simonistische Deutung kannte er wohl nicht.

Unterschied, Hierarchie, Ordnung, Autorität, Pflicht, Frieden: das sind die wiederkehrenden Stich- und Leitworte des ›pantheistischen‹ Strategen der neuen Welt. Kein Zweifel, es sind Worte aus dem Vokabular der ›Reaktion‹. Ein Sprecher des Frankfurter Bundestages, der ebenso beredt gewesen wäre wie Enfantin, hätte sich nicht viel anders vernehmen lassen können. Des Bundestages oder – der Wiener Staatskanzlei. Tatsächlich versteigt sich Enfantin, indem er nun seinerseits ein Tableau der deutschen Staaten und Gesellschaften entwirft, zu einem Lobpreis Österreichs, der jedem Liberalen ein Ärgernis sein mußte. Denn es ist das Österreich *Metternichs*, das der Schreiber wie der Adressat vor Augen hatte, das Zentrum der Restauration, der Heiligen Allianz, der Monarchie, der katholischen Kirche, der Bürokraten und der Polizeiagenten, der Zensur und der Demagogenverfolgung (und Heine ist noch in diesem selben Jahre 1835, kaum zwei Monate, nachdem dieser Brief geschrieben wurde, selber ihr Opfer geworden). Ich muß ein Stück dieser erstaunlichen Passage wörtlich wiedergeben: »Wenn wir anerkennen, daß das Dogma der Freiheit und der Gleichheit unvollständig ist, unvollkommen, die Völker zu lenken, bénissons donc l'Autriche, preisen wir Österreich, daß es dem Einbruch dieser rein revolutionären Ideen widerstanden, daß es sie sogar noch in der Gestalt Josephs II. zurückgewiesen hat; preisen wir die erhabene Geduld dieses Volkes, das sich unaufhörlich von der Revolution, inkarniert in Napoleon, hat niedersäbeln lassen müssen und sich doch seiner Demütigung und seinen Niederlagen nicht hingegeben hat; preisen wir Österreich dafür, daß es den letzten Vertretern des Feudalrechtes, unseren alten Bourbonen, ein edles Asyl gewährt, denn Gott hat noch nicht sein letztes Wort gesprochen über die Form der Verwandlung, unter der die Menschheit ein altes Recht annulliert und ein neues an seine Stelle setzt; preisen wir es schließlich dafür, daß es eine schwere Hand über die Alpen hinüberstreckt, die die Völker Italiens zusammenpreßt und sie hindert, sich zu erdolchen. Umgeben von Nationen, wo die Freiheit gärt, wiederholt seine ruhevolle und ernste Stimme unablässig: Enfants, vous n'aimez pas l'ordre, vous n'êtes pas mûrs pour la liberté. Kinder, ihr liebt nicht die Ordnung, ihr seid nicht reif für die Freiheit.«[18]

Das sind starke, ganz unerhörte Worte, dergleichen der Empfänger des Briefes, Heine, wohl nie vernommen, und falls er sie je vernommen, gewiß nie sonst hingenommen hat. Wenn ich die Schriften über die ›Romantische Schule‹ und über ›Religion und Philosophie in Deutschland‹ recht und gründlich genug gelesen habe, so kommt über die österreichische Geisteswelt darin nicht eine Silbe vor, alle Namen, alle Bewegungen, welche dort behandelt sind, gehören vorwiegend in die protestantischen, sächsisch-preußischen, allenfalls

die rheinischen und schwäbischen Bezirke. Enfantin aber, um gar keinen Zweifel übrigzulassen, geht noch einen Schritt weiter, wird vollends deutlich aktuell und nennt am Ende sogar noch den Mann, der, allen Liberalen ein Greuel, zum Symbol des wiederhergestellten ancien régime in Europa geworden war: Österreich, schreibt er, habe noch nicht glauben können, »daß die jungen Leute von den Schulen, die Advokaten und die Ärzte und die Schönredner der Salons die Bedürfnisse des Volkes besser kennten und die europäische, universelle Politik besser verstünden als Herr von *Metternich* und all seine alten Diplomaten und Beamten, die in den Staatsangelegenheiten geboren, großgeworden und ergraut sind.«
Schrieb er nicht eben einem solchen ›jeune homme de l'école‹, zumindest einem ehemaligen? Aber er traf ihn nicht nur mit verdeckter Waffe, er rückte ihm noch näher auf den Leib, blickte ihm geradewegs ins Auge. Nicht nur mit dem ausdrücklichen Tadel, daß er eine deutsch-französische Verwandtschaft und Vereinigung auf »die Doktrin des deutschen Nordens« gründen wolle, wodurch er die weit wichtigere Verbindung, diejenige mit Österreich, versäume, ja geradezu störe.[19] Sondern noch direkter, empfindlicher mit der knappen abschätzigen Bemerkung, »der Krieg gegen die Heilige Allianz, gegen den Frankfurter Bundestag, gegen den Obskurantismus der Kabinette« erscheine ihm als »chose usée«, als abgedroschene Sache, »du moins pour les hommes de forte trempe«, jedenfalls für Männer von kräftiger Statur; Tagesjournalisten mögen in diesem Ton schreien, aber es bleibe »ein kleiner Krieg und ein trübsinniges Lied«, und Gott habe die Macht nicht blind in der Welt verteilt.[20] Der »religiöse Mensch« befasse sich lieber damit, dem Ziel solcher Machtverteilung nachzuforschen, ihr Werkzeug zu handhaben und zu vervollkommnen, als es zu zerbrechen. Hier tritt denn die geheime Absicht etwas klarer hervor, die schon zuvor an jener dunklen Stelle fühlbar wurde, wo von der »forme de transaction« die Rede war, altes Recht durch neues zu ersetzen: In all seiner enttäuschten Absonderung setzt nun der Stratege am Nil ganz offenbar seine phantastischen Hoffnungen gerade auf dasjenige System, welches ›Hierarchie‹ und ›Ordnung‹ wider die napoleonische Umwälzung bewahrt hat, ganz offenbar hegt er die Erwartung, daß gerade diese alten und trockenen Adern am ehesten mit dem neuen Blut der Industrie-Religion sich füllen ließen, da dieses Ziel in der Region der Freiheit und der Gleichheit einstweilen nicht zu

erreichen war. Der Hierarch, in Frankreich gescheitert, schaut nach den alten Mächten, nach Kaiser, Kanzler und ständischer Gesellschaft aus, träumt wohl insgeheim davon, diese intakt erhaltenen ›Werkzeuge‹ in seinem, im saint-simonistischen Sinn zu handhaben und zu vervollkommnen, nämlich die feudal-bürokratischen Strukturen – so, wie sie da bewahrt waren – mit industriellem Geist zu beleben, die Regenten selber für die ›Philanthropie‹ zu gewinnen.

Wie auch immer – jedenfalls war das ein Votum gegen alle Revolution, nicht nur gegen die soziale, sondern auch und sogar gegen die politische. Und dies war an einen Autor gerichtet, der nicht nur vor Jahren (zum Beispiel in ›Kahldorf über den Adel‹ und anderwärts) und nicht nur gelegentlich (wie in manchen Artikeln der ›Französischen Zustände‹), sondern eben noch und durchaus zusammenhängend, nämlich gerade in dem Buche ›De l'Allemagne‹, das diesem Enfantin gewidmet war, die »politische Revolution« überhaupt als eine selbstverständliche Bedingung der Lebenserneuerung dargestellt und – auf den berühmten letzten Seiten – eine deutsche Revolution als unausbleibliche Konsequenz der deutschen Philosophie in einem Gefühl von stolzem Schauder an die Wand gemalt hatte!

Es wird gut sein, einen Blick in jene etwas älteren Schriften zu werfen und genauer zuzusehen, welche Bedeutung den ›revolutionären‹ Ausfällen oder Anwandlungen Heines dort zukommt und wie fest oder wie locker dieses Motiv in seinen politischen Gesinnungen sitzt. Die Einleitung zu der (von einem gewissen *Wesselhöft* verfaßten) Schrift ›Kahldorf über den Adel‹ war die letzte Arbeit Heines vor seiner Ausreise nach Paris. Nach *Mendes* Rekonstruktion[21] hat er das Manuskript am 8. März 1831 abgeschlossen und erschien das Buch Ende April bei Hoffmann und Campe im Druck, also sozusagen den Tag, bevor Heine Hamburg verließ. Von den Helgoländer Briefen abgesehen, die uns indessen nur in der stark überarbeiteten Fassung von 1840 bekannt sind und deren Datierungen beinahe als fiktiv erscheinen, ist es dasjenige Werk Heines, das am deutlichsten den unmittelbaren Eindruck und Einfluß der französischen Juli-Revolution bezeugt. Es macht auch am prägnantesten die hauptsächliche Stoßrichtung seiner ›revolutionären‹ Gesinnung kenntlich: sie geht eben gegen den Adel und immer wieder gegen den Adel. Dieses Motiv hat er, was Deutschland betrifft, auch in der Folge durchgehalten. Hier ist auch ausgesprochen, worin für ihn das eigentliche Ärgernis bestand: in der »Übereinkunft, sich aller leitenden Macht des Staates zu bemächtigen«, also im Monopol der Ämter, zumal der diplomatischen und militärischen.[22] Wenn hier auch mehr von Österreich – und beiläufig von England – die Rede ist, so scheint mir doch, er habe vorab das preußische Gesellschafts- und Verwaltungssystem vor Augen. Die Schrift ist auch dadurch bemerkenswert, daß sie zum ersten Mal eine bestimmtere, freilich fragend vorgebrachte Vision von der möglichen deutschen Revolution enthält, eine Art Präludium zu der berühmten Prophezeiung aus ›De l'Allemagne‹: ». . . wer etwas Liebes zu verlieren hat, und sei es auch nur den eigenen Kopf, flüstert bedenklich: Wird die deutsche Revolution eine trockne sein oder eine naßrote – –?«[23] Doch erscheint die hier entwickelte Analogisierung der französischen politischen mit der deutschen philosophischen Revolution noch nicht – wie später in ›De l'Allemagne‹ – mit dem anderen Gedanken der ›dialektisch‹ notwendigen Folge der Praxis aus der Theorie verknüpft; im Gegenteil läuft die Argumentation eher darauf hinaus, die Möglichkeit zu erweisen und zu betreiben, daß die revolutionäre Katastrophe durch »Preßfreiheit« und andere konstitutionelle Maßregeln noch verhütet werden könne. Schließlich ist eindeutig ausgesprochen, daß die Monarchie als solche zwar verwandelt, doch erhalten werden solle, und zwar ganz nach dem Muster des Julikönigtums: ». . . die Idee eines Bürgerkönigs ohne Hofetikette, ohne Edelknechte, ohne Kurtisanen, ohne Kuppler, ohne diamantne Trinkgelder und sonstige Herrlichkeit«.[24] Im ganzen bleibt der Revolutionsgedanke also ein wenig spielerisch, ein wenig schreckhaft, und das Verfassungsbild des bürgerlich-liberalen Konstitutionalismus behält das letzte Wort.

Im Grunde sind in der ›Vorrede‹ zu den ›Französischen Zuständen‹, die aus Paris und vom 18. Oktober 1832 datiert ist, die von der Zensur nur mit erheblicher Verstümmelung durchgelassen wurde und wohl die Hauptursache für das Verbot des ganzen Buches in Preußen (ausgesprochen am 1. Februar 1833) bildete, – im Grunde sind in dieser Schrift die politischen Essenzen nicht wesentlich anders gemischt als dort im ›Kahldorf‹ von 1831 und von Hamburg. Auch hier das – ironische – Spiel mit dem Schreckbild einer Revolution: ». . . habt ihr gar keine Furcht, daß dem Narren« (nämlich dem Volk) »mal all die Lasten zu schwer werden und daß er eure Soldaten von sich abschüttelt und euch selber aus Überspaß mit dem kleinen Finger den Kopf eindrückt, so daß euer Hirn bis an die Sterne spritzt?«[25] Die Sprache ist freilich, wie man sieht, um einige Grade blutrünstiger, das Lächeln für Momente ausgelöscht, ein scharf zischender Ernst der Drohung wird vernehmlich, und vor allem ist die Disposition der Motive verändert, der böse Ton, eben diese revolutionäre Gewalt-Phantasie, an den Schluß gerückt, wo er mehr Nachhall erzeugt. Andererseits aber geht das Eingeständnis voraus, daß die Kundigen »zagen Herzens« seien: »Wir wissen nicht, wie man die begeisterten Besenstiele wieder in ihre hölzerne Ruhe zurückbannt, wenn sie mit allzuviel rotem Wasser das Haus überschwemmen«.[26] Darin haben wir ein Selbstbekenntnis, womit er, Heine, sich eigentlich aus der Tambour-Rolle zurückzieht, die er sonst so gern in Anspruch nahm, oder, besser, womit er einräumt, daß der Tambour nicht zum Truppenführer tauge; es ist aber auch mit einer gehörigen Dosis Verachtung der gesinnungstüchtigen Mannschaft der Revolution verknüpft, denn ebendarin liegt der spitze Nebensinn der »begeisterten Besenstiele«, und nur dadurch gewinnt das Gleichnis aus dem ›Zauberlehrling‹ unversehens eine überraschend neue Bedeutung. Ganz im Sinne jener hochnäsig und kokett resignierenden Bemerkung (aus einer unveröffentlichten ›Reisebilder‹-Vorrede vom Sommer 1833): »Wenn man die Menschen betrachtet, mit denen eine Revolution gemacht werden soll, so schmilzt einem der Mut.«[27] Da prägt sich die Figur des Ästheten der Tat heraus, der weder zu führen wagt noch zu gehorchen imstande ist und doch die Losungsworte nicht verschweigen kann, die auszusprechen seine Kunst und also auch seinen Beruf ausmacht. In jenem Manuskript von 1833 flüchtet er sich am Ende, alle Bedenken – und alle Gedanken – beiseitewischend, in eine Art von ästhetischen Dezisionismus: ». . . wir werden kommen und kämpfen – auch siegen? Gleichviel, das Geschwätz wird aufhören, und schönes Blut wird fließen.«[28] Wir können kaum umhin, bei solchen Worten an gewisse vorfaschistische Ideologen zu denken, die, mit demselben Abscheu gegen das »Geschwätz« der Parlamente und der öffentlichen Meinung, sich kopfüber in die ›Entscheidung‹ stürzten.[29] Bei Heine steht an der Stelle des Begriffs, wie es ihm eigentümlich ist, die poetische Metapher, hier die des fließenden Blutes, die wir jetzt eben zum dritten Mal antrafen. Wollüstig springt das Wort hervor: »schönes Blut«. – Aber diese Niederschrift blieb in der Schublade.

Ludwig Börne, den Heine vermutlich unter die ›begeisterten Besenstiele‹ rechnete, hat doch auf seine Manier den Kern berührt, indem er schrieb, daß Heine »an der Wahrheit nur das Schöne liebt«[30]. Doch nahm er wiederum nicht wahr, daß sich in Heine nur auf extreme Weise zeigte, was die fundamentale Zweideutigkeit der Literatur ausmacht: daß sie auch das in ein Spiel der Formen zurücknimmt, was eingreifen und wirken sollte, oder, mit einem Wort, daß sie nie ganz ernst sein kann. Heine bewegte sich immer an dieser Grenze, seine Überlegenheit und seine Modernität liegen darin, daß er dieses Verhängnis des Ästhetischen durchschaute, kalkulierte und kultivierte.

Um aber auf die Vorrede zu den ›Französischen Zuständen‹ zurückzukommen, so sind darin, wie bemerkt, zwar die Gewichte etwas verschoben, die Argumente ein wenig anders angeordnet als im ›Kahldorf‹, aber es sind zuletzt doch eben dieselben Argumente: Gleich zu Beginn ist der Glaube an die segensreichen Wirkungen der »Preßfreiheit« von neuem ausgesprochen, den Hauptinhalt bildet die freilich äußerst scharfe Polemik gegen Friedrich Wilhelm III. von Preußen wegen des nicht eingelösten Verfassungs-Versprechens und gegen die Beschlüsse des Frankfurter Bundestages vom Juni 1832, insofern sie teils erlangte, teils erhoffte verfassungsmäßige Rechte von neuem einschränkten oder austilgten. Vermutlich war es vor allem der Angriff auf Preußen und seinen Monarchen, der zum Verbot des Buches in diesem Staate geführt hat. Das Oberzensurkollegium in Berlin hatte die Vorrede sogleich als eines der »frechsten Machwerke« bezeichnet, da sie den König »verunglimpfe«.[31] Politisch handelt es sich also in der ›Vorrede‹ nach wie vor um die Konstitutionsfrage. Die ›Vorrede zur Vorrede‹, die Heine schrieb, um die Entstellungen der Zensur zurechtzurükken, und die dann allerdings unveröffentlicht geblieben ist, macht von neuem deutlich, daß es ihm um die Abschaffung der »Geburtsprivilegien« und die volle Verwirklichung der »unveräußerlichen Menschenrechte« geht.[32]

Doch hatte derselbe Autor in demselben Buch, in einem Stück, das vom 1. Oktober 1832 datiert ist und also, traut man diesen Datumszeilen, gut zwei Wochen älter ist als die Vorrede, den legalen Standpunkt nicht nur deutlich verlassen, sondern satirisch verhöhnt: »Keine Konstitution sichert die Rechte des Volks, solange die Fürsten gefangenliegen in den Etiketten des Adels . . .«, und:

diese »ungeschriebenen Gewohnheitsrechte« seien »tiefer begründet ... als die gedrucktesten Löschpapierverfassungen«. Und abermals: »Alle Konstitutionen, selbst die beste, können uns nichts helfen, solange nicht das ganze Adeltum bis zur letzten Wurzel zerstört ist«. Und wie das zu bewerkstelligen sei, verrät der letzte Satz dieser ›Zwischennote zu Artikel IX‹: »Ihr flattert jetzt wieder an einem langen Faden; aber wer weiß, eines frühen Morgens hängt ihr an einem kurzen Strick.«[33] Das Ziel indessen ist auch hier nicht irgendeine Art von Republik, sondern eine demokratische Monarchie, ein Volkskönigtum ohne intermediäre gesellschaftliche Instanz, eben ohne Adel.

Dies alles wird Enfantin kaum gekannt haben, nicht die Juli-Begeisterung von 1830/31, nicht die freilich recht schwankenden Urteile über ihr Ergebnis, das Julikönigtum, nicht das vergleichsweise stetige, wiederkehrende Ideal der ›Monarchie populaire‹, nicht den durchgängigen, strikt auf Deutschland bezüglichen Adelshaß, nicht den (konventionell liberalen) Konstitutionalismus und auch nicht die Phantasie vom fließenden roten Blute, die bald fernere, bald näherrückende Idee der bald erwünschten, bald gefürchteten Revolution. Sie war nicht immer eine politische, zuweilen auch eine fixe Idee. Aber er kannte ›De l'Allemagne‹ und zumal die Abhandlung ›Zur Geschichte der Religion und Philosophie in Deutschland‹. Sie zeigt unvergleichlich viel mehr Spuren der saint-simonistischen Doktrin als die ›Französischen Zustände‹,[34] und insoweit bildete sie für Enfantin gewiß eine anheimelnde Lektüre. Gleich setzte Heine darin mit vollem ›pantheistischen‹ Ton ein, und das ›zweite Buch‹ enthält das getreulichste saint-simonistische Glaubensbekenntnis, das er in Prosa je geliefert hat – mit den Parolen der Rehabilitierung der Materie, des Glücks der Völker, sogar der Befreiung der Industrie.[35] Aber doch war dies immer durchflochten, amalgamiert mit seinen älteren liberal-revolutionären Motiven, gewiß störend für den Leser am Nil. Ein Beispiel seiner Bemühung, die beiden kaum verträglichen Elemente einander anzupassen und unmittelbar zu verkitten, streift das Komische: »Dem Fürstendienst wird die privilegierte Ehre entrissen, und die Industrie wird der alten Schmach entlastet.«[36] Die erste Hälfte stammt aus der alten Rüstkammer der Adels-, Höflings- und Privilegienkritik, die zweite aus den Predigten der Salle Taitbout. Doch versucht Heine auch, eine Taktik der Koalition zu entwerfen: »Die politische Revolution, die sich auf die Prinzipien des französischen Materialismus stützt, wird in den Pantheisten keine Gegner finden, sondern Gehülfen.«[37] Eine andere Bündnis-Vorstellung betrifft mehr seine eigene problematische Position, zeigt aber nicht minder das Beharren auf der Revolution: »In dem heutigen Deutschland haben sich die Umstände geändert, und die Partei der Blumen und der Nachtigallen ist eng verbunden mit der Revolution.«[38] Vollends aber, je mehr er sich der neuesten deutschen Philosophie, zumal Kants, näherte, desto mehr scheint das ›pantheistisch‹-harmonische Zukunftslicht zu verblassen, das revolutionäre Rot hervorzuleuchten: *Kant* ist ihm »der große Zerstörer im Reiche der Gedanken«, der »an Terrorismus den Maximilien Robespierre weit übertraf«[39], weil er nämlich den ›Deismus‹ getötet habe – »der Oberherr der Welt schwimmt unbewiesen in seinem Blute«. Bei der Darstellung *Fichtes* zuckt er freilich wieder zurück, der transzendentale Idealismus sei eine kolossale Irrlehre, er sei ihm, Heine, zuwider, und für einen Moment umhüllt er sich noch einmal mit dem pantheistischen Glaubens-Mantel – »Wir, die wir an einen wirklichen Gott glauben . . ., wir, die wir einen sichtbaren Gott verehren in der Natur und seine unsichtbare Stimme in unserer eigenen Seele vernehmen«[40] (in der ›Seele‹ dieses Mal, nicht in den Küssen wie bei Seraphine! – es klingt seriöser, vielleicht etwas scheinheilig, auch etwas eingelernt!). Aber am Ende bleibt das letzte Wort doch der Revolution: »Lächelt nicht über den Phantasten, der im Reiche der Erscheinungen dieselbe Revolution erwartet, die im Gebiete des Geistes stattgefunden. Der Gedanke geht der Tat voraus, wie der Blitz dem Donner.«[41] Der schöne Pantheismus ist vergessen, selbst dieses Stichwort tritt hier in den ganz anderen Zusammenhang der »dämonischen Kräfte«, der Germanen und der Berserker ein; der Prophet – oder sollen wir lieber sagen: der Meister des prophetischen Stils? – läßt sich, halb lächelnd, halb erschaudernd, halb auftrumpfend, halb warnend, fortreißen von den gleichwohl ausgefeilten Metaphern seiner Vision, er will seine Leser, die Franzosen, erschrecken, schlägt sich aber auch wieder in gespielter Gutmütigkeit auf ihre Seite – jedenfalls ist es dieses Furioso des Revolutionsgemäldes, dieser große hallende Tusch mit Pauken und Trompeten, was zuletzt haften bleibt.

Der Leser Enfantin hat das alles sehr wohl bemerkt. Die Ratschläge an die französische Adresse nehme er nicht buchstäblich.

Es sei sehr schwierig, ein Volk »comme inspirateur« zu erkennen, das sehe er an dieser Prophezeiung einer deutschen Revolution. Vor allem gelte es, für die Association der Völker zu wirken, der die Menschheit entgegengehe.[42] Das steht ziemlich am Anfang seines Schreibens, ist vergleichsweise noch mild ausgedrückt. Später wird er entschiedener, wir haben es schon gesehen. Man soll die Anhänger der alten Ordnung lieber bekehren als ausrotten – »chercher à les convertir plutôt qu'à les écraser«[43]. Man soll die guten Materialien der Vergangenheit beim Neubau weise benutzen. Man soll überhaupt – und hier wird der ›Vater‹ sehr pädagogisch, er glaubt, den nicht zu kränken, der seine Zuneigung so offen bezeugt habe – man soll überhaupt nicht so viel bittere Kritik an Männern üben, die bei allen ihren Fehlern der Menschheit große Dienste erwiesen haben. »Il est souvent bon, sans doute, d'unir la sévérité à la justice, mais rien ne légitime l'ingratitude. Glauben Sie mir, nichts heiliger für den Menschen als der Mensch selbst.«[44] Und schließlich sehr ernst und streng: »Der Mann, der seinesgleichen an den voltairianischen Pranger stellt, übt das Amt eines Henkers aus, nicht das eines Lehrers, Priesters, Vaters der Menschheit.«[45] (Diese Lektion erteilt er dem Spötter anläßlich Schellings und seiner Konversion, von dem Heine geschrieben hatte, er »winde sich wurmhaft in den Vorzimmern eines sowohl praktischen wie theoretischen Absolutismus« etcetera.)

Das war nun mehr als eine abweichende Ansicht. Es betraf die Moral des Schriftstellers. Es mußte Heine an die Nieren gehen. Aber wir haben kein Zeichen davon. Wenn es ihn betroffen hat, so hat er die Empfindung wie die mögliche Einsicht bei sich behalten, gleichsam verschluckt.[46] Öffentlich betrieb er im Gegenteil, wie schon bemerkt, die Publikation von Enfantins Brief in Deutschland. War er so eitel, den bitteren Inhalt über der schmeichelhaften Tatsache des Briefes zu vernachlässigen? War er so freimütig, sich mit Wissen und Willen dem Widerspruch und dem Tadel auszusetzen? Oder so kaltschnäuzig, für Werbewirkung zu sorgen, mochte die ›Rezension‹ auch – bei genauerem Zusehen – ungünstig sein?

IV.

Der einzige Autor, der diese Frage bisher gestellt und erörtert hat, ist Miß Butler. Aber als ein positives Motiv macht auch sie nur geltend, daß er geschmeichelt war und daß er sich öffentlich sonnte im Ruhm der Mission, die Enfantin ihm anvertraut hatte.[47] Im übrigen vermerkt sie mit viel Respekt den »kühnen Schritt, diesen Brief veröffentlichen zu lassen in einem Augenblick, da die Unterdrückung der Werke des Jungen Deutschland durch die Regierung weitbekannt war; denn die Unterdrückungsmaßnahme zielte genau auf diejenigen Tendenzen in ihren Schriften, die mit den saintsimonistischen Idealen übereinstimmten.«[48] Wollte Heine also die Publikation von Enfantins Brief, um der preußischen Regierung und dem ganzen Frankfurter Bundestag Trotz zu bieten? Das wäre eine ehrenvolle Annahme, doch paßt sie schlecht zu seinen sonstigen Äußerungen über die Zensurmaßnahmen, die drohten oder schon ergangen waren. »Je ne me suis compromis dans ma patrie par aucun acte politique«[49] – »ich bin von allen Umtrieben des Jakobinismus entfernt geblieben«[50] – und vor allem: »Auf jeden Fall werde ich in meinem nächsten Buche gar nichts geben, was politisch oder religiös mißfällig sein könnte«[51]: das alles klingt durchaus nicht kämpferisch. Es ist daher ganz unwahrscheinlich, daß er selbst einen »kühnen Schritt« hätte tun wollen, als er den Verleger *Campe* (am 30. Januar 1836) bat, den Brief Enfantins in Deutschland öffentlich bekannt zu machen: »Ich schicke Ihnen diese Tage auch Exemplare des Briefes von Enfantin und wünsche, daß Sie dieselben so verbreiten, daß sie im Publikum etwas Aufsehen erregen.«[52]

Trotzdem liegt, wie mir scheint, in der Bemerkung von Miß Butler ein Hinweis. Mindestens kann man vermuten, daß diese so entschiedene publizistische Maßnahme des Autors – der seine eigenen ›public relations‹ immer sorgfältig erwogen und betrieben hat – in irgendeiner Weise mit der gleichzeitigen Verbotskampagne der deutschen Regierungen zusammenhänge. Wir müssen uns zuerst der Chronologie vergewissern.

8. Dezember 1835: Aglaë *Saint-Hilaire*, nahe Vertraute Enfantins, übermittelt Heine dessen Brief vom Nil.

10. Dezember 1835: Bundestagsbeschluß gegen das Junge Deutschland, nämlich gegen Heinrich *Heine*, Carl *Gutzkow*, Heinrich *Laube*, Ludolph *Wienbarg* und Theodor *Mundt*.

11. Dezember 1835: Verbot sämtlicher Schriften Heines in Preußen.

11. Januar 1836: Verbot von Heines Werken in Bayern.

12. Januar 1836: Campe berichtet Heine von einer polizeilichen Vorladung und von den Verboten.

18. Januar 1836: Campe teilt Heine den Inhalt des Bundestags-
beschlusses mit.

28. Januar 1836: Heine schreibt ›An die Hohe Bundesversammlung‹, gibt eine Abschrift zur Veröffentlichung an Campe, eine
französische Version an das Pariser ›Journal des débats‹.

30. Januar 1836: Er kündigt Campe die Übersendung einiger Ab-
schriften des Briefs von Enfantin an.

Am gleichen Tag schickt er die Eingabe ›An die Hohe Bundesversammlung‹ an die Allgemeine Zeitung in Augsburg.

Dieses Schreiben erscheint dann am 6. Februar im ›Hamburgischen
Correspondenten‹, am 10. Februar in der ›Allgemeinen Zeitung‹,
am 15. Februar in der ›Bremer Zeitung‹. In ebendenselben Tagen
werden auch Auszüge aus Enfantins Brief publiziert – vom 12. 2.
an in der Frankfurter Literatur-Zeitschrift ›Phoenix‹, am 18. 2. im
›Hamburgischen Correspondenten‹ und in den ›Blättern für literarische Unterhaltung‹ in Leipzig.[53]

Die fraglichen Ereignisse wie vor allem Heines eigene publizistische
Maßnahmen liegen, wie aus dieser Zeittafel zu ersehen, so dicht
beieinander und ineinander, daß man – mit solcher Kenntnis aus-
gerüstet – kaum noch umhin kann, auf eine zusammenhängende
Strategie von seiten Heines zu schließen. Wenn er buchstäblich an
einem und demselben Tag das Schreiben ›An die Hohe Bundesversammlung‹ zur Veröffentlichung nach Deutschland schickt und
den »Wunsch« nach Hamburg gehen läßt, man möge für die Verbreitung von Enfantins Brief sorgen, so muß man – angesichts der
Lage, in der er sich befand – vermuten, daß die Motive und die
Zwecke der beiden Handlungen in seinem Kopf miteinander verknüpft waren. Welche Absichten kann er da verfolgt haben?

Der Bundesbeschluß vom 10. Dezember 1835 erlegte sämtlichen
föderierten Regierungen die »Verpflichtung« auf, gegen die Verleger, Drucker und Verbreiter der Schriften des ›Jungen Deutschland‹ (auch ›junge Literatur‹ genannt) die Straf-, Polizei- und
Pressegesetze ihrer Länder »nach ihrer vollen Strenge zur Anwendung zu bringen«. Die Begründung steht sogleich in den ersten
Zeilen: die Bemühungen jener neuen literarischen Schule seien »unverhohlen« darauf gerichtet, »die christliche Religion auf die frechste
Weise anzugreifen, die bestehenden socialen Verhältnisse herabzuwürdigen und alle Zucht und Sittlichkeit zu zerstören«.[54]

Wiewohl gewisse andere Erzeugnisse dieser Autorengruppe – wie vor allem Gutzkows Roman ›Wally, die Zweiflerin‹ offenbar ein derberes Aufsehen gemacht und mehr Entrüstung hervorgerufen hatten, so muß man doch zugeben, daß auch Heine ohne Frage wider diese Trinität von Religion, Gesellschaftsordnung und Sittlichkeit deutlich genug verstoßen hatte. »Ich spreche von jener Religion« – heißt es in der ›Romantischen Schule‹ (von 1833), und das ist ein ganz zufällig gegriffenes Beispiel –, »die ... durch die Lehre von der Verwerflichkeit aller irdischen Güter, von der auferlegten Hundedemut und Engelsgeduld die erprobteste Stütze des Despotismus geworden«[55], und wenn diese Weise noch nicht »frech« genug klingt, so mag man zwei, drei Seiten weiterblättern, wo die Christianisierung Roms wie eine physiologische Mutation beschrieben wird – »daß Helm und Harnisch seinen welkenden Gliedern entsanken und seine imperatorische Schlachtstimme herabsiechte zu betendem Pfaffengewimmer und Kastratengetriller«.[56] »Junker und Pfaffen« hatte er stets in einem Atem angefaucht, derart in der Tat Kirche und Staat zugleich »herabgewürdigt«, und was die Sittlichkeit im Sinne der Behörden betrifft, so brauche ich hier nur an ›Seraphine‹ und die anderen ›Verschiedenen‹ zu erinnern, von welchen eine ausreichende Menge Verse in den ersten Monaten des Jahres 1833 gerade in Berlin und in einer Zeitschrift erschienen waren, die den sinnreichen Namen ›Der Freimüthige‹ führte.[57]

Und doch hat Heine in seinem Schreiben ›An die Hohe Bundesversammlung‹ auf das entschiedenste versichert, seine Schriften seien »nicht aus irreligiöser und immoralischer Laune, sondern aus einer wahrhaft religiösen und moralischen Synthese hervorgegangen«, und sich darauf berufen, dieser »Synthese« huldigten nicht nur die Autoren des ›Jungen Deutschland‹, ». . . sondern unsere gefeiertsten Schriftsteller, sowohl Dichter als Philosophen«, und das obendrein »seit langer Zeit«.[58]

Das Kennwort ›Synthese‹, das uns im Gange dieser Darstellung schon mehrmals beschäftigt hat, bezeichnet sogleich die Spur, auf der wir zu dem Sinn dieser Verteidigung gelangen: es ist abermals die saint-simonistische. Mit dem besten Gewissen konnte Heine sich auf seine »religiösen und moralischen« Bestrebungen berufen, nur verschwieg er, daß es nicht die christliche Religion und nicht die geltende Moral war, womit er sich beschäftigte. Es war eben die ›neue‹ Religion und die ›neue‹ Moral, wie er sie in der ›Exposition de la doctrine‹ zuerst kennengelernt, in der Salle Taitbout aufgesogen und bis in die allerjüngste Zeit wahrhaftig auch in seinen Schriften teils anzudeuten, teils ausdrücklich zu verkünden unternommen hatte. Daß er sich in dieser Hinsicht nicht allein mit den Autoren des ›Jungen Deutschland‹ solidarisierte, die wirklich allesamt von der saint-simonistischen Lehre infiziert, ja in Bewegung gesetzt waren,[59] daß er vielmehr auch »unsere gefeiertsten Schriftsteller, sowohl Dichter als Philosophen« zu Zeugen der selben, hier nicht näher beschriebenen Geistesrichtung aufrief, hieß freilich den Mund etwas voll nehmen, soweit die Frage der Moral in Betracht kommt, war indessen vollkommen ehrlich, insofern die ›Religion‹ gemeint war: denn gerade soeben hatte er ja in ›De l'Allemagne‹ die These aufgestellt, daß »der Pantheismus . . . die verborgene Religion Deutschlands« sei.[60] Zwar hatte er in der Folge bei Erörterung der einzelnen Autoren, etwa Lessings und Kants, zeitweilig das Ziel aus den Augen verloren und vergessen, was er eigentlich hatte beweisen wollen, aber im Dritten Buch tauchte die These doch wieder auf – anläßlich Goethes: »Um mich kurz auszudrücken: Goethe war der Spinoza der Poesie.«[61] Und auch von den älteren Romantikern sagt er ein paar Zeilen danach, sie »handelten aus einem pantheistischen Instinkt, den sie selbst nicht begriffen«. Endlich, was die Philosophen angeht, so waren zwar Kant und Fichte zu dem erwähnten Hauptzweck nicht recht zu gebrauchen, um so mehr jedoch Schelling, und mit Hinblick auf den frühen Schelling heißt es denn auch, die »Naturphilosophie« sei »im Grunde nichts anderes als die Idee des Spinoza, der Pantheismus«.[62] Zwar wird in demselben Werk auf weite Strecken »die christliche Religion angegriffen« (um es in der Sprache des Bundestags-Edikts auszudrücken), vielmehr die biblische Religion insgesamt, die persönliche Gottheit schlechthin, der ›Deismus‹ in jeglicher Gestalt abgetan oder für abgetan erklärt, der »alte Jehova« buchstäblichmetaphorisch zu Grabe getragen – mit jenen tief sich einprägenden Worten: »Hört ihr das Glöckchen klingeln? Kniet nieder – Man bringt die Sakramente einem sterbenden Gotte«, einem eigentümlich ergreifenden, im gleichen Atemzug auch erheiternden Paradox, indem hier aller Zauber des Kultes samt Gerät und Gebärde dienen muß, den hohen Gegenstand, Kern und Wesen ebendieses Kultes abzuschaffen.[63] Man mag sich, mindestens als heutiger Leser, auch eingestehen, daß dergleichen Höhepunkte der Prosa, dergleichen unversehens aufschießende Geistbilder in diesem ganzen Buch weit eher im Zusammenhang der untergehenden als der (vorgeblich) aufsteigenden Religion sich einstellen, daher der ›Anti-Christ‹ wohl auch nachhaltiger im Gedächtnis haftet als der ›Pantheist‹. Dennoch konnte der Autor – und auf sein Bewußtsein kommt es ja hier an, nicht auf dasjenige des Lesers – nach alledem mit gutem Grund und ohne alle Verstellung gegenüber dem Bundestag sowohl die gefeierten deutschen Dichter und Denker als auch seine eigene religiöse und moralische Richtung geltend machen, wenn er auch pfiffig genug zu Werke ging, die Natur dieser Religion und die Gebote – oder besser: die Gefühle und Bedürfnisse – dieser Moral auszusparen.

Der Brief blieb ohne Antwort. Der Bundestag legte, wie *Treitschke* in Anlehnung an den Bericht des preußischen Bundestagsgesandten von *Schöler* sagt, »die Eingabe als ungeeignet zu den Akten«.[64] Derselbe Treitschke hat, in seiner abstoßenden antisemitischen Beschränktheit, die ganze Demarche als einen heuchlerischen Unterwerfungsakt gekennzeichnet, wobei ihm eine briefliche Bemerkung Heines zu Hilfe kam – »mein kindlich syruplich submisser Brief«, schrieb er (eine Woche später) an Campe, »wird wohl eine gute Wirkung hervorgebracht haben« und »Der Bundestag wird gerührt sein«.[65] Aber es ist ganz offenkundig, daß diese mit naivem Stolz auf sein taktisches Raffinement vorgebrachte Kennzeichnung sich auf die reichlichen Floskeln, auf die wiederholten höflichen Anreden, auf die Versicherung seiner Ehrfurcht und Untertänigkeit bezieht, doch keineswegs auf die Substanz seiner Verteidigung, wie ich sie soeben analysiert habe. Demselben Adressaten, seinem Verleger Campe, der ihn augenscheinlich auch schon einer »allzu demütigen Nachgiebigkeit bezichtigte« (so gibt Heine selber dessen Tenor wieder), erwidert er wenig später in sehr festem Tone: »Ich habe getan, was ein Mann tun durfte, wenn er ein reines Gewissen hat.«[66]

Der Vater Enfantin – und es ist an der Zeit, ihn in unsere Erörterung wieder einzuführen – hat seine eigene Mission als eine zweifache bezeichnet: délier et relier, aufzulösen und neu zu binden. Heine seinerseits kehrt in seiner Eingabe ›An die Hohe Bundesversammlung‹ einzig die Bindung, die Synthese hervor, unterdrückt die vorgängige Tätigkeit des kritischen Auflösens. Er stellt, mit einem Wort, seine Wirksamkeit ganz so dar, wie Enfantin in seinem Briefe vom Nildamm gewünscht und geraten hatte, daß sie sich entwickeln möge. War das Sendschreiben nicht geeignet, seine Verteidigung gegenüber den deutschen Regierungen zu stützen, die Triftigkeit seiner Selbstdarstellung zu beweisen? Wieviel der gewesene Oberpriester der neuen Kirche, der Verkünder der neuen Religion und das ›lebende Gesetz‹ der neuen Moral auch im einzelnen an seinen, Heines, Untersuchungen ›Zur Geschichte der Religion und Philosophie in Deutschland‹ auszusetzen hatte – hatte er ihn nicht dennoch für würdig erachtet, die große Aufgabe der Missionierung Deutschlands in Angriff zu nehmen? Hatte er nicht Österreich, das Österreich Metternichs – und Metternich war der mächtigste Mann im Deutschen Bund, der eigentliche Herr des Bundestages! – als »die Seele des deutschen Lebens« bezeichnet, hatte er es nicht dafür gepriesen, daß es der Revolution widerstanden, seinen alten Glauben und seine alte Gesellschaftsordnung bewahrt hatte, und das alles in einem Brief, der immerhin an ihn, Heine, gerichtet war, ihn, den man des Umsturzes von Religion, Gesellschaft, Sittlichkeit anklagte, immerhin als einen verwandten Geist ansprach, der solcher Einsicht und solcher Gesinnung also doch für fähig gehalten wurde?

Aber es war nicht einmal nötig, so umständlich aus Enfantins Vertrauen auf Heines tiefere Intentionen zu schließen. Es gab auch einen unmittelbaren und ausdrücklichen Beweis von Übereinstimmung zwischen Heine und Enfantin, wenigstens von einer beginnenden. Ich habe noch nicht erwähnt, daß das ›Sendschreiben‹ eine Nachschrift hat. Sie lautet folgendermaßen:

»P.-S. – Je viens de lire, dans la Revue des Deux-Mondes, votre préface du *Reisebilder,* elle me fait presque considérer ma longue lettre comme inutile, car cette préface me montre que tout ce que je vous écris était déjà en vous, et que la route que je vous indique, est tout simplement *votre* route; seulement vous attendez le temps opportun pour marcher, et vous faites bien.«[67]

Nach so viel höflich tadelnder Belehrung am letzten Ende also ein Wort vollkommener Zustimmung, eine Art von autoritativem Segen: Ich sehe, mein langer Brief war fast unnütz, alles, was ich Ihnen schreibe, war schon in Ihnen, und der Weg, den ich Ihnen weise, ist ganz einfach Ihr Weg; Sie warten nur den geschickten Augenblick ab, ihn zu beschreiten, und Sie tun gut daran. Hier war das Zeugnis, daß Heine, jedenfalls der neueste, der jetzige Heine, all jene Güter und Ziele, die in der Epistel beschrieben waren, Ruhe und Frieden, Glaube, Familie, Autorität und Hierarchie, nicht bloß zu verstehen imstande war, sondern selber erstrebte, ja sogar bereits literarisch vertreten hatte! Hier wurde ihm von kompetenter Seite bestätigt, daß er durchaus nicht oder doch nicht mehr zu denen gehörte, welche »die christliche Religion auf die frechste Weise anzugreifen, die bestehenden socialen Verhältnisse herabzuwürdigen und alle Zucht und Sittlichkeit zu zerstören« trachteten, wie das Edikt aus Frankfurt ihm und anderen vorwarf. Darum kam dieses Attest in der Tat sehr gelegen, darum könnte ihm seine Publikation zu seiner Rechtfertigung helfen, darum war es weniger ein kühner als ein kluger Schritt, das Sendschreiben in Deutschland bekanntzumachen in demselben Augenblick, da es nachzuweisen galt, daß seine Schriften »nicht aus irreligiöser und immoralischer Laune, sondern aus einer wahrhaft religiösen und moralischen Synthese hervorgegangen« seien.

Was aber hatte den Vater Enfantin in Ägypten so sehr entzückt, was stand in jenem »préface du *Reisebilder*«, das seine tiefe Genugtuung erregte? Ohne Zweifel handelt es sich um die Vorrede zur französischen Ausgabe dieses Werkes, die den deutsch-französischen Doppeltitel: ›Reisebilder, Tableaux de Voyage‹ führt – die Vorrede ist vom 20. Mai 1834 datiert. (Daß Enfantin sie in der ›Revue des Deux-Mondes‹ gelesen zu haben meint, muß wohl auf einer Gedächtnistäuschung, einer Verwechslung beruhen, sie ist dort nicht abgedruckt worden, weder vor noch nach dem Erscheinen des Buches.)[68]

Es war wohl weniger der kokette Witz der Introduktion seiner selbst als eines »sauvage allemand« noch die genaue Erklärung der Streichungen und Kürzungen, die er am Originaltext vorgenommen, und des Charakters der Übersetzung, was den Leser am Nil interessierte. Es war vielmehr das Bekenntnis, wie sehr er sich von den revolutionären Gesinnungen und dem polemischen Vokabular seither entfernt habe, welche in der ursprünglichen deutschen Fassung vorherrschten. »Dieses Buch ist . . . vor der Juli-Revolution geschrieben.« Wer damals in Deutschland überhaupt zu reden wagte, habe sich um so leidenschaftlicher ausdrücken müssen, je mehr er am Sieg der Freiheit verzweifelte. Damals »lebte ich noch von der Terminologie von 1789 und trieb großen Luxus mit Tiraden wider Klerus und Adel oder, wie ich sie nannte, contre la prêtrise et l'aristocratie, gegen Pfaffentum und Aristokratie.« »Mais j'ai marché depuis plus loin dans la voie du progrès«, und hier folgt ein kleiner Seitenhieb auf die deutschen Revolutionäre oder Republikaner, die Börne und Genossen, die nämlich noch immer die Sprache von 1789 – »oder sogar von 1793« – sprächen und ihn, den Autor, bei seinem Fortschreiten aus den Augen verloren hätten, ihn für zurückgeblieben hielten. Die Veränderung seines Standpunktes exemplifiziert er eben an jenen beiden Ausdrücken, ›prêtrise‹ und ›aristocratie‹. Heute verstehe er unter diesem letzteren Wort nicht bloß den Geburts-Adel, sondern alle, die – nach der glücklichen Formel der Saint-Simonisten – die »exploitation de l'homme par l'homme« betrieben, und das führe weit hinaus über »all die Deklamationen gegen die Privilegien der Geburt«. Ebenso sei der alte Schlachtruf gegen die Priesterschaft durch eine bessere Devise ersetzt worden. »Il ne s'agit plus de détruire violemment la vieille Eglise, mais bien d'en édifier une nouvelle, et bien loin de vouloir anéantir la prêtrise, c'est nous-mêmes qui voulons aujourd'hui nous faire prêtres.«

Da haben wir – und da hatte Enfantin – einen zusammenhängenden Rechenschaftsbericht über die Entwicklung oder Bekehrung vom liberal-revolutionären zum saint-simonistischen Standpunkt. Nirgend sonst hat Heine ein so deutliches Bekenntnis abgelegt, nie sonst hat er auch sich selbst denjenigen Wandel so klar gemacht, den ich in den vorigen Kapiteln dieses Buches beschrieben habe. Wir finden auch hier jenen gewissen lässig-hochfahrenden Ton gegen die unentwegten Doktrinäre, die »begeisterten Besenstiele«, wieder, jenes Bewußtsein der Überlegenheit – in der Gestalt der Fortgeschrittenheit, der höheren Modernität und geistig-historischen Avantgarde –, das uns schon früher aufgefallen ist: darin lag gewiß von Anfang an ein Motiv – oder wenn nicht ein Motiv, so jedenfalls ein angenehmer Vorzug der Zugehörigkeit zur ›neuen Religion‹. Enfantin mag für diesmal darüber hinweggesehen haben; er war für diese moralische Schwäche reich entschädigt durch Heines Berufung auf Saint-Simon und dessen Ausbeutungs-Satz, noch mehr durch seine Revision des Priesterbegriffs, durch seine hingeworfene Erklärung, selber ein Priester werden zu wollen: das bezog sich ja auf Enfantins eigensten Beitrag zur ›Doktrin‹. Übrigens hat die Stelle – wie schon oben im dritten Kapitel bemerkt – einen einzig-

artigen Wert in Heines Œuvre, weil sie die seitherige Schizophrenie
des Kampfes gegen die ›Pfaffen‹ und der Neigung zu den ›Priestern‹
deutlich aufhebt.

Nicht weniger muß Enfantin erbaut gewesen sein von den nachfolgenden Sätzen über die Negationen – deren Zeit für Frankreich
an ihr Ende gelange – und die »positiven Tendenzen«, denen man
sich nun widmen solle. Vollends die Parole, »wiederaufzubauen
alles, was die Vergangenheit uns an Gutem und Schönem hinterlassen hat«, mußte ihm vertraut und lieb klingen. (Auch uns klingt
sie vertraut, nämlich aus Enfantins Werken – gewiß mehr als aus
denjenigen Heines!) Allerdings hatte Heine sich selbst ein Schlupf-
loch eingebaut, durch welches er sich aus allzuviel Positivität allenfalls wieder hinausflüchten konnte: »Für Deutschland ist die Periode
der Negationen noch nicht beendigt; sie fängt eben erst an.«[69]
Schließlich war er ein deutscher Schriftsteller, wenn auch in Frankreich. Und er hat es, wie wir wissen, denn auch später, zumal in den
anfänglichen vierziger Jahren, zumal im ›Wintermärchen‹, an Negationen durchaus nicht fehlen lassen. Die historische, autobiographische Anordnung der Gesinnungen, die er hier, im »Préface du
Reisebilder«, getroffen hat, hat etwas von einem Euphemismus;
in Wahrheit lief die »Terminologie von 1789« auch weiterhin, bald
stiller, bald vernehmlicher, neben der Sprache der neuen Religion
einher.

Für den Augenblick indessen bestätigte Enfantins Sendschreiben
und zumal sein Postscriptum seine »positiven Tendenzen« und
seine Arbeit an der »religiösen und moralischen Synthese«. Die
Veröffentlichung des ägyptischen Briefes fügte sich gut zu derjenigen seiner Eingabe ›An die Hohe Bundesversammlung‹. Und
wenn selbst die kritischen Auslassungen Enfantins hellhörigen Lesern auch noch Zweifel an Heines religiös-moralischer Integrität
nahelegen mochten, so konnte noch immer der eine Nutzen erwartet
werden, daß der vormalige Papst der viel verlästerten Saint-
Simonisten hier authentisch dem deutschen Publikum vorgestellt
wurde nicht als ein Lästerer und sittenloser Libertin, sondern vielmehr als ein Freund der Ordnung und der Autorität, ja sogar als
Lobredner Metternichs.

V.

Dies war nun freilich auch in Enfantins eigener Laufbahn und in der Geschichte des Saint-Simonismus eine Novität. Enfantins Brief an Heine, schreibt *Charléty*, sei »un instant célèbre, qui marque dans la vie du Père le point de départ d'une phase nouvelle«[70]. Diese neue Phase, diesen neuen Einfall des unermüdlichen Mannes, den keine Niederlage, keine Enttäuschung in seinem missionarischen Selbstgefühl treffen konnte, bezeichnet das Stichwort des »apostolat royal«. Nachdem der Versuch, die Massen zu gewinnen, das »apostolat populaire«[71] gescheitert, die Organisation der Eglise in Paris, in Frankreich und im Ausland infolge des Gerichtsurteils zusammengebrochen, die Zeitung eingestellt, das gemeinsame Kapital völlig aufgebracht war – nachdem die ägyptischen Unternehmungen in Pest und Trauer und Vergeblichkeit versackt waren, faßte Enfantin den Plan des ›Appells an die Könige‹. Die Staatslenker unmittelbar für die Errichtung der ›Neuen Welt‹, für die Eröffnung des glücklichen Zeitalters der Industrie zu gewinnen, womöglich als Berater Louis Philippes eine neue Politik einzuleiten, an den letzten und höchsten Hebel zu gelangen, der das ganze Getriebe der Gesellschaft in eine andere Bewegung zu setzen versprach – das war der Traum, der am Nildamm Umriß angenommen hatte.

Die Idee hatte eine Stütze in Saint-Simon selbst. Im zweiten Band des ›Système Industriel‹ (von 1821) findet sich schon der Ratschlag, »den Königen zu predigen, daß ihre Pflicht als Christen und ihr Interesse für die Bewahrung ihrer erblichen Gewalt gleichermaßen verlangt, den ›savants positifs‹ (also den Gelehrten der empirischen Wissenschaften) die Leitung des öffentlichen Unterrichts und die Arbeit an der Vervollkommnung der Theorien, den ›Industriellen‹, die sich am besten auf die Verwaltung verstehen, die Sorge für die Leitung der weltlichen Angelegenheiten anzuvertrauen«[72]. Der Passus hat den Stil eines Katechismus, und dies ist ein Teil der Antwort auf die Frage, welche Mittel die ›Philanthropen‹ gebrauchen sollen, um die Gesellschaft zu reorganisieren. Sie beginnt und endigt mit dem entschiedenen Hinweis auf das Mittel der ›Predigt‹ als das einzig legitime. Wird aber derart alle gewaltsame Aktion ausgeschlossen, so ergibt sich in der Tat mit einer gewissen pragmatischen Logik, daß der ›Appel aux Rois‹ den kürzesten und friedlichsten Weg darstellt. »Das einzige Ziel«, hatte Saint-Simon geschrieben, »das sie (die Philanthropen) in ihren Predigten sich vorsetzen sollen, soll darin bestehen, die Könige zu bestimmen, daß sie ihre von den Völkern anvertrauten Vollmachten gebrauchen, pour opérer les changements politiques devenus nécessaires«.

Enfantin erinnerte sich an diese Empfehlungen seines Meisters, als er in dem ägyptischen Desaster über seine Zukunft und die der ›Doktrin‹ meditierte. Vierzehn Tage nach dem Brief an Herrn Heine schrieb er einen anderen langen Brief, diesen an seinen Freund *Arlès*; er handelt von dem politischen, gesellschaftlichen und literarischen Zustand Frankreichs wie jener von dem Charakter Deutschlands. Hier heften sich seine Hoffnung und sein Ehrgeiz an Louis-Philippe – wie dort, wenn auch etwas vorsichtiger und weniger deutlich, an den Fürsten Metternich: »... qu'il règne enfin roi industriel sur le peuple qui bénit toujours Henri IV pour lui avoir promis, seulement promis, la poule au pot: qu'il la lui donne!«[73] Man sieht an dieser schönen und drastischen Formel: der ›roi industriel‹ soll der Begründer eines sozialen Königtums werden, und die ›Priester‹ von der École Polytechnique sollen ihm dabei dienen, das lang versprochne ›Huhn im Topf‹ erscheint als das Symbol eines universalen Wohlfahrtsstaates. Tatsächlich hat Enfantin, kaum daß er aus dem orientalischen Zusammenbruch in die Heimat zurückgekehrt war, unmittelbar an den König geschrieben und ihm seine Perspektiven auseinandergesetzt. Er blieb ohne Antwort.

Aber diese Demarche und ihre Keime in dem Brief an Arlès erhellen per analogiam auch, was er letzten Endes mit Herrn Heine im Sinn hatte. »Ich glaube, Sie werden jetzt meinen Gedanken verstanden haben«, schrieb er an diesen,[74] und das scheint doch in verdeckter Weise auf die Person zu zielen, wenngleich er zuvor sich allgemeiner an die »Propheten« (im Plural) gewandt hatte – »Propheten, eure Stimme muß an das Ohr der Könige dringen, wenn ihr die Völker befreien wollt!« und »Seht, wie wenig die Christen in Europa ausrichteten, hätten sie nicht einen Konstantin gefunden!«[75] Verbindet sich dieser Aufruf und dieser Wink nicht sinnreich mit jener großzügig entworfenen Landkarte Deutschlands, von der ich oben eine Probe gegeben habe, vor allem mit jener Hymne auf die Tugenden und Möglichkeiten Österreichs – »... c'est en elle que gît la moralité allemande, la vie du Saint-Empire. Erst wenn Österreich einen

Glauben, eine Willen haben wird, kann das ganze Deutschland mit Einigkeit voranschreiten«[76].

Heine hat den Gedanken, den Wink, den Appell verstanden. Wir haben nicht allein das Zeugnis seines – auch anderwärts nicht selten zitierten – Briefes an Laube: »Wer das Losungswort der Zukunft kennt, gegen den vermögen die Schächer der Gegenwart sehr wenig. Ich weiß, wer ich bin. Jüngsthin hat einer meiner saint-simonistischen Freunde in Ägypten ein Wort gesagt, welches mich lachen machte, aber doch sehr ernsthaften Sinn hatte, er sagte, ich sei der erste Kirchenvater der Deutschen.«[77] Es gibt vielmehr ein weit deutlicheres Beweisstück dafür, daß Heine die Mission, die ihm da angetragen war, ernstlich, wenn auch im Stillen bedachte, daß er das ›Sendschreiben vom Nildamm‹ nicht bloß taktisch nutzte, sondern auch geistig annahm, daß er sich mit dem Gedanken des ›apostolat royal‹ beschäftigt, ja sich ihn zeitweilig zu eigen gemacht hat. Ich meine eine Stelle in dem Brief, mit dem Heine die Sendung der Vorrede zum dritten Teil des ›Salon‹ begleitete – sie ist ›Über den Denunzianten‹ überschrieben und gegen Wolfgang *Menzel* in Stuttgart, den heftigsten und bösartigsten Kritiker des ›Jungen Deutschland‹, gerichtet –, den Brief vom 23. Januar 1837 an Julius Campe. Der Brief ist längst bekannt, bei Hirth und bei Kaufmann abgedruckt, von jenem auch kommentiert; doch ist die Stelle, auf die es hier ankommt, bisher ganz unbemerkt geblieben. »Ohne daß ich servil werde, gewinne ich das Zutrauen der Staatsmänner, die wohl einsehen, daß mein Revoluzionsgeist sich nicht an die Thätigkeit der rohen Menge wendet, sondern an die Bekehrung der Höchstgestellten.«[78] Er schreibt das, wohlgemerkt, nicht für das Publikum, es handelt sich um einen reinen Privatbrief, und er ist an jemanden gerichtet, der ihn sehr genau kennt. Man kann also hier keine Verstellung vermuten – wohl einige Selbsttäuschung hinsichtlich seines Rufes bei den ›Staatsmännern‹, aber keine Verstellung hinsichtlich seiner politischen Absichten. ». . . Bekehrung der Höchstgestellten« – wozu denn wollte oder sollte er sie bekehren? Doch gewiß nicht zur Revolution, zur Abschaffung des Adels und sonstiger Privilegien, zur Freiheit und Gleichheit – zumal Revolutionen mit den »Höchstgestellten« anderes im Sinn haben als Bekehrung. Bekehrung ist das Amt der Apostel oder der Propheten. Kurz, hier haben wir unzweifelhaft die Spur und Nachwirkung von Enfantins Sendschreiben angetroffen, und wenn es auch nicht leichtfallen dürfte, in Heines Schriften dieser Zeit – er hatte den Essay über ›Elementargeister‹ abgeschlossen, das Tannhäuser-Gedicht geschrieben, arbeitete an der Einleitung zu einer Ausgabe des ›Don Quixote‹ – Zeichen solchen apostolischen Bemühens zu entdecken, so müssen wir ihm doch glauben, daß er die eigene Wirksamkeit – zeitweilig wenigstens – in diesem Sinn verstand.[79]

Wer aber mögen diese ›Höchstgestellten‹ sein, die er da vor Augen hatte? Der Superlativ ist auffällig – mit bloß ›Hoch‹-Gestellten gab er sich offenbar nicht zufrieden. Der Zusammenhang gibt einen Hinweis oder läßt uns doch vermuten, in welcher Richtung der Bekehrer blickte. Es heißt da zuvor: »Die wichtigsten Männer in Preußen interessiren sich in diesem Augenblick für meine Rückkehr ins Vaterland, woran ich freylich nicht denke, welche Verwendung aber jedenfalls mich vor literarischer Schererey künftig schützt. In Oestreich ist mir der Fürst Metternich geneigt und mißbilligt die Unbill, die mir widerfahren. Ohne daß ich servil werde . . .« und so fort. Ein einziger Name taucht auf, und es ist wahrhaftig der Name eines ›Höchstgestellten‹: Metternich. Es tut hier nichts, daß Heine sich in einer Illusion wiegte, wenn er an Metternichs Zuneigung glaubte – oder wenn er annahm, daß Metternichs Schätzung seiner Gedichte und seines Stils ihm auch politischen Schutz einbringe[80]; der Staatskanzler wußte da scharf zu unterscheiden. Worauf es ankommt, ist die geheime Gedankenverbindung, die sich in der Folge dieser Sätze verrät. Und es war ja eben Österreich, Metternichs Österreich, worauf der Vater Enfantin den berühmten deutschen Adepten mit soviel Beredsamkeit und mit aller seiner Autorität hingewiesen, ja hingedrängt hatte.

Heine und Metternich – eine wunderliche Komposition von Namen! Es gibt eine Reihe von Äußerungen Heines über Metternich. Sie sind fast alle auf einen kokett-wohlwollenden Ton gestimmt, zudem gewiß und eingestandenermaßen von der schmeichelhaften Nachricht eingefärbt, daß der mächtige Kanzler seine Gedichte liebe. Aber es liegt doch noch mehr und anderes in dieser merkwürdigen, ironisch respektvollen Vorliebe des Revolutions-Enthusiasten für den Erbauer und Bewahrer des restaurativen europäischen Staatensystems. »Ich lasse mich nicht täuschen durch seine politischen Bestrebungen«, heißt es schon in einem Manuskript zu den ›Bädern von Lucca‹ (von 1829), »und ich bin überzeugt, der

Mann, der den Berg besitzt, wo der flammende, liberale Johannisberger wächst, kann im Herzen den Servilismus und den Obskurantismus nimmermehr lieben.« Das ist freilich ein Spaß, aber doch auch ein Exempel jener in obrigkeitlichen Systemen wiederkehrenden zutraulichen Hoffnung auf den ›Höchstgestellten‹, daß dieser nämlich über alle Beengungen und Bedrückungen der unteren Sphären und der niederen Chargen erhaben sei – wie der Offizier über die Korporale, der Zar über die Beamten, Gott über die Könige. Dieses uralte und ewig neue sozialpsychologische Motiv tritt noch deutlicher hervor in den nachfolgenden Sätzen: »Es ist vielleicht eine Weinlaune von ihm, daß er der einzige freie und gescheite Mann in Österreich sein will. Nun, jeder hat seine Launen, und ich will auch Metternich die seinige hingehen lassen.«[81]

Der einzige freie und gescheite Mann in Österreich, der »gescheuteste Vogel der Welt«[82], der Mann, der »großartig im Geiste eines Systems handelte, welchem Östreich seit drei Jahrhunderten treu geblieben«[83] –, diese Art Kennzeichnungen gehen durch veröffentlichte und unveröffentlichte Schriften über fünfundzwanzig Jahre, und selbst jenes einzige Mal, da Österreich als solches hart angefaßt wird – in ›Kahldorf über den Adel‹ –, kommt Metternich auch noch glimpflich davon: »Ganz Europa wurde ein Sankt Helena, und Metternich war dessen Hudson Lowe.«[84] Zudem wollte Heine immer »die Politik von dem Manne selbst« unterscheiden und unterschieden wissen.[85] Kurz, man kann gewiß die Behauptung wagen, daß in Heines Œuvre kein lebender deutscher Staatsmann, die Könige eingeschlossen, derart in persona aus allen deutschen Verhältnissen herausgehoben und gleichsam angestrahlt erscheint wie gerade Metternich. Und was jene Attribute betrifft, die er ihm zuerkennt – »frei und gescheit« (oder »gescheut«) –, könnten sie nicht gerade so gut in einem idealen Selbstporträt Heines vorkommen? Den »freiesten Deutschen nach Goethe«, sagte er einmal, habe ihn *Ruge* in seinen gesunden Tagen genannt,[86] und an seiner eigenen Gescheitheit hat er gewiß niemals gezweifelt, übrigens zu zweifeln auch keinen Anlaß. Ja, es ist in diesen gutgelaunten Bonmots über Metternich auch etwas wie eine hypothetische Kollegialität, gleichsam ein Blinzeln, daß zwei freie und gescheite Männer, daß der Dekan der deutschen Poeten (nach Goethes Tod) und der »Dekan der Diplomaten«[87], beide erhaben über alle Mißlichkeiten und Mißhelligkeiten der politischen Systeme, über allen Gegensatz von

Revolution und Restauration, einander, wenn es möglich wäre und wenn es dahin käme, nach ihrem wahren Range zu würdigen und sich miteinander zu verständigen wüßten. Man muß vermuten, daß derartige stillgehegte Träumereien auch den Nährboden bildeten für jene erstaunlichen Behauptungen, die er ein Jahr nach dem ›Interdikt‹ des Bundestages in Briefen aussprach: daß ihm Metternich hold sei, und daß er die Unbill mißbillige, die ihm, Heine, widerfahren sei.[88] Wir können uns keine reellen Informationen denken, die eine solche Erwartung rechtfertigten, da im Gegenteil gerade Metternich (oder jedenfalls Österreich) darauf hingewirkt zu haben scheint, daß den vier Namen des ›Jungen Deutschland‹, die in Preußen schon zuvor auf die Verbotsliste gekommen waren, derjenige Heines hinzugesetzt wurde.[89] Dessen gläubige Zuversicht enthält auch ein Element von Utopie – ein wenig nach der Art des Auftritts des Ministers im ›Fidelio‹, wenngleich Heine nicht wie dort Florestan vergessen im Kerker lag, sondern durchaus vernehmlich im vergleichsweise freien Paris residierte. Eher noch scheint mir das utopische Motiv der Solidarität der Genies im Spiele zu sein, wie es in der berühmten Szene der Erfurter Begegnung Napoleons und Goethes zum deutschen Andachtsbild geronnen ist.

Aber Heine hat nicht nur über Metternich geschrieben, er hat auch an Metternich geschrieben. Es steht fest, daß er es ein einziges Mal getan hat, wenngleich der Brief nicht im Wortlaut bekannt ist, sich bisher in den Archiven nicht hat finden lassen. Die Überlieferung ist mittelbar. Schon Treitschke hatte den Bericht des preußischen Gesandten in Wien, Graf *Maltzan*, vom 1. Juli 1836 gelesen und in seiner Weise verwertet, worin es heißt: »Monsieur le prince de Metternich… a reçu une lettre du fameux Heine renfermant la soumission la plus complète de ce détestable écrivain.« Der Gesandte hatte es aus Metternichs eigenem Munde, daß »dieser abscheuliche Schriftsteller« sich in einem persönlichen Brief »vollständig unterworfen« habe, und Seine Hoheit, schreibt er nach Berlin, habe ihn gebeten, die Sache vertraulich zu behandeln. Glücklicherweise gibt er aber in der Folge doch noch etwas genauer an, was in dem Brief enthalten sei – man muß annehmen, daß Metternich das sensationelle Dokument gerade erst erhalten, vielleicht vor sich liegen hatte. Es heißt bei Maltzan:

»Il (Heine) supplie le Prince de Metternich d'être généreux tel que cela convient au vainqueur, car le système politique que défend l'Autriche triomphe; il le supplie de le recevoir et de le tirer ainsi de la misère . . .«[90]

Das ist gewiß nicht viel, aber doch genug, meine ich, Heines Stimme von fern hörbar, seine Geste wie durch einen Schleier sichtbar werden zu lassen.

Dieser Schritt hat bei den Geschichtsschreibern keine Gnade gefunden. Schadenfroh bemerkt Treitschke: »Die Mehrzahl der Verfolgten . . . zeigte den Regierungen gegenüber wenig Heldenmuth. Soeben hatten sie sich noch prahlerisch vermessen, die bürgerliche Gesellschaft aus ihren Angeln zu heben; jetzt betheuerten sie demüthig, wie harmlos ihre Gesinnung, wie gering ihr Wirkungskreis gewesen sei« – und zum Beweis führt er Heines Eingabe ›An die Hohe Bundesversammlung‹ und sein Schreiben an Metternich an, welche beide ohne Antwort geblieben seien.[91] Der Biograph Metternichs, Ritter von *Srbik*, referiert ähnlich, daß Heine an Metternich »einen Brief demütiger Unterwerfung mit der Bitte um Großmut des Siegers« gerichtet habe,[92] und heißt ihn, mit einem Anflug von distanziertem Verständnis, einen »frivolen Skeptiker«. Und selbst der getreue Hirth, der eine Lebensarbeit an die Sammlung und Erläuterung von Heines Briefwechsel gewendet hat, kann am Ende seines Kommentars zu dem Brief an Metternich das moralische Urteil nicht unterdrücken: »Seine Unterwerfung, die Heine Metternich anbot, macht unstreitig peinlichen Eindruck.«[93]

Das wiederkehrende Wort »Unterwerfung«, auch »demütige Unterwerfung« gehört nicht in die Inhaltsangabe, sondern in das Fazit, das der preußische Gesandte oder der Staatskanzler selbst aus der Tatsache und dem Inhalt des Briefs gezogen hat: ». . . une lettre . . . renfermant la soumission la plus complète . . .« Die Historiker haben sich also dem Urteil des Empfängers und des Berichterstatters angeschlossen, sie haben aber nicht geprüft, ob dieses Urteil der ›Sieger‹ sich aus dem – fragmentarischen – Text rechtfertigt. Wenn es auch nur ein Fetzchen ist, das wir in Händen haben, es läßt immerhin die Attitüde erkennen, die der Schreiber einnimmt, oder die Szene, in die er sich hineindenkt, hineindichtet. Es ist die Attitüde des stolzen Fechters, der unterlegen ist und an die Großmut des Siegers appelliert. Es ist eine antikisierende oder eine ritterliche Szene. Von irgendeiner Art Widerruf oder Eingeständnis der Verwerflichkeit seines Wirkens ist zum wenigsten nichts berichtet, vermutlich auch nichts enthalten gewesen. Nach seinen Gesinnungen bleibt jeder an seinem Platz, der Unterlegene wie der Sieger.

Vor allem aber ist ein Punkt des Brief-Fragments bisher völlig unbeachtet geblieben. »Il supplie de le recevoir« – er bittet den Kanzler, ihn, Heine, zu empfangen.[94] Der Brief ist kein Selbstzweck, er ist als Ouvertüre angelegt, einen Besuch zu erwirken, die persönliche Begegnung herbeizuführen, den Dialog zweier ›freier und gescheiter‹ Männer, des ersten deutschen Poeten und des ersten deutschen Staatsmanns.

Diese Begegnung hat nicht stattgefunden. Wir können sie auch nicht erfinden. Wir schreiben hier weder ein Schauspiel noch einen historischen Roman, worin die Verfasser die Lücken der Dokumente mit ihren eigenen Phantasien zu füllen pflegen. Aber eine Hypothese muß erlaubt sein. Wäre es nicht möglich, daß der Dichter sich der Mission erinnerte, die sein ›saint-simonistischer Freund in Ägypten‹ ihm – ein halbes Jahr zuvor – mit starker und sanfter Überredung angetragen hatte? Wäre es nicht denkbar, sehr denkbar, daß er hier den Versuch hat wagen wollen, einen »Höchstgestellten«, den Höchstgestellten, zu »bekehren«? Daß er, wiederum ein halbes Jahr danach, freilich ohne Antwort, doch womöglich insgeheim noch auf Antwort hoffend (so schnell schreiben die Österreicher nicht!), ebendiese angefangene Demarche im Sinn hatte, als er an Campe schrieb, er gewinne das Zutrauen der Staatsmänner, und das, ohne servil zu werden, und diese sähen wohl ein, daß sein »Revoluzionsgeist sich nicht an die Thätigkeit der rohen Menge wendet, sondern an die Bekehrung der Höchstgestellten«?[95] Ist diese Wendung übrigens nicht wie eine deutsch-literarische Übersetzung von Enfantins Antithese des ›Apostolat populaire‹ und des ›Apostolat royal‹?

Jedenfalls hat diese Hypothese mehr authentische Wahrscheinlichkeit und mehr biographisch-poetisch-utopischen Zusammenhang als die derbe Behauptung des Gesandten Maltzan, des Bramarbas Treitschke, des vornehmen Ritters von Srbik und des entgeisterten Friedrich Hirth, es handle sich um eine demütige Unterwerfung. Beinahe wäre Heine ein saint-simonistischer Apostel geworden, als ein anderer Posa vor den anderen Philipp getreten. Wer weiß, am Ende hätte auch Metternich (wie König Philipp) gesprochen: »Doch hätt' ich Euch nicht gern zum letztenmal gesehn. Wie fang' ich Es an, Euch zu verbinden?«[96] Wenn das seine Idee war, so mag man sie kindlich nennen oder eitel oder allzu ehrgeizig oder unpolitisch – kaum freilich charakterlos –, aber das alles sind Merkmale, die entweder der Literatur oder der Utopik überhaupt zugeschrieben werden können, oder beiden zusammen.

Sechstes Kapitel

Die Flucht
des Rabbis von Bacherach

I.

Es war indessen doch nicht allein oder nicht für die Dauer der
›Pantheismus‹ – mochte er ihn saint-simonistisch oder deutsch-
idealistisch begründen –, der das Kennwort seiner neuen Religion
abgab, der Pantheismus, der ja den persönlichen Gott und die
persönlichen Götter allesamt auflöste. Es finden sich in Heines
Œuvre dieser Jahre noch ganz andere, eigentlich dem pantheistischen gerade entgegengesetzte religiöse Motive:
»Ich trug an Bord meines Schiffes die Götter der Zukunft.«[1] Mit
diesem geheimnisvollen Satze schließt das erste Buch oder Kapitel
eines Werkes, das Heine auf der Höhe seines Lebens, im Jahre
1840, bei Hoffmann und Campe in Hamburg erscheinen ließ und
das er in Paris geschrieben hatte.
›Ludwig Börne, eine Denkschrift‹ handelt in der Tat zum guten
Teil von diesem politischen Schriftsteller, dessen Wesen, Leben
und Gesinnung die Mitwelt und wohl auch noch die Nachwelt
gern mit Heine selber in Parallele oder in Verwandtschaft gesetzt
hat; es handelt aber ebensosehr auch von ihm, Heinrich Heine,
selber, der seinerseits ganz und gar nicht mit diesem Ludwig Börne
in Parallele oder in Verwandtschaft gesetzt sein wollte. Eben dieses
Bestreben, sich selber von dem erzwungenen Doppelgänger deutlich und kräftig zu unterscheiden, diese fatale Kombination und
Assoziation der Namen und Gestalten gründlich abzuschütteln,
mag nicht das geringste Motiv gewesen sein, daß Heine diese
›Denkschrift‹ verfaßte. Sie wurde in manchen Zügen mehr als eine
Denkschrift, nämlich ein Denkzettel für den vermeintlichen Geistesverwandten, eine postume Schmähschrift – Börne war schon zwei

Jahre tot, als Heine die Feder ansetzte – in der Einkleidung eines wohlgelaunten, aber im Grunde verachtungsvollen erzählenden Porträts.

Daß man damals wie heute die beiden Namen in einem Atem zu nennen versucht war und ist, ist nur zu begreiflich. Beide waren deutsche Juden, beide waren nach Frankreich emigriert und lebten in Paris, beide standen mit dem Regime des Deutschen Bundes auf dem Kriegsfuß (wenngleich Börne nicht unter den Autoren figuriert, die das Frankfurter Interdikt von 1835 aufführte), beide hegten, wie es der weiteren Öffentlichkeit erschien, liberale, auch demokratische politische Gesinnungen. Gleichwohl hat es Heine in seinem Buche darauf angelegt, sich selbst zu Börne in den schärfsten Gegensatz zu bringen, ja Börne und sich selbst als Inkarnationen urgegensätzlicher Lebensmächte und Geistesprinzipien darzustellen: jenen als den ›Nazarener‹, sich selbst als den ›Hellenen‹.[2] Diese große Unterscheidung durchzieht die ganze Schrift, sie hat ihn, Heine, von da an lebenslänglich beschäftigt. Noch sein allerletztes Gedicht lebt von diesem Motiv einer elementaren Antithese der Kulturen, der Religionen, der Lebenshaltungen –

»Die Gegensätze sind hier grell gepaart,
Des Griechen Lustsinn und der Gottgedanke
Judäas! und in Arabeskenart
Um beide schlingt der Efeu seine Ranke.«[3]

Insofern es auch eine Antithese von Göttern ist – und das Sarkophag-Gedicht läßt sie reichlich auftreten, die »lüderlichen Heidengötter« wie die biblischen Gestalten vom Sinai und sogar den »Herrn als Kind im Tempel« –, sind es auf beiden Seiten eher Götter der Vergangenheit: Wer die mysteriösen Götter der Zukunft sind, wollen wir später untersuchen.

Warum ihn der Teufel ritt, das lustfeindliche und geistsüchtige Prinzip, das er mit dem immerhin respektablen Namen des ›Nazarenischen‹ bezeichnete, gerade an Börne zu exemplifizieren und diesem wackeren Publizisten auch sonst einige spitzige postume Medisancen zu widmen, soll hier nicht bis ins letzte untersucht werden. Gewiß hat ihn die Besprechung lange gewurmt, die Börne in seinen Pariser Briefen den ›Französischen Zuständen‹ gewidmet hatte, denn es stand einiges darin, was an die Nieren ging. Zum

Beispiel dies: »Ich kann Nachsicht haben mit Kinderspielen, Nachsicht mit den Leidenschaften eines Jünglings. Wenn aber an einem Tage des blutigsten Kampfes ein Knabe, der auf dem Schlachtfelde nach Schmetterlingen jagt, mir zwischen die Beine kömmt; wenn an einem Tage der höchsten Noth, wo wir heiß zu Gott beten, ein junger Geck uns zur Seite, in der Kirche nichts sieht als die schönen Mädchen, und mit ihnen liebäugelt und flüstert – so darf uns das, unbeschadet unserer Philosophie und Menschlichkeit, wohl ärgerlich machen.«[4] Diese Gleichnisse treffen den Ästheten gar nicht übel, wenn mir auch die positiven Metaphern von Schlachtfeld und Kirche, Kampf und Gebet etwas bramarbasierend vorkommen. Noch schärfer stieß die bitterböse Frage zu: »Wie kann man je dem glauben, der selbst nichts glaubt?«[5], wobei es sich für Börne hier nicht um einen religiösen, sondern um einen politischen Glauben handelte, genaugenommen: um Parteitreue. Er hat das ganz unumwunden und naiv ausgesprochen: »Was sind wir denn, wenn wir viel sind? Nichts als die Herolde des Volks. Wenn wir verkündigen und mit lauter vernehmlicher Stimme, was uns, jedem von seiner Parthei aufgetragen, werden wir gelobt und belohnt; wenn wir unvernehmlich sprechen, oder gar verrätherisch eine falsche Botschaft bringen, werden wir getadelt und gezüchtigt.«[6] An diesem Maßstab gemessen, konnte Heine freilich nicht bestehen. Wir haben da einen Gegensatz vor uns, der uns auch aus unseren neueren Erfahrungen vertraut ist, den zwischen dem quasi organisierten und dem ›freischwebenden‹ Intellektuellen. Natürlich ist auch auf Börnes Seite – unvermeidlicherweise – eine Selbststilisierung im Spiel, er gibt und sieht sich als Volksmann, als Mundstück der Kollektivität, fühlt sich wohl in Reih und Glied, als treuer Diener einer großen Sache, auch als gesinnungstüchtiger Kämpfer. Aber man kann nicht leugnen, daß in der Perspektive solchen Selbstbewußtseins das Flatterhafte an Heines Künstlertum, das Schillernde seiner politischen Position, das vorwiegend Ästhetische, daher auch Launenhafte seiner Äußerungsweise empfindlich beleuchtet wird.

Das war veröffentlicht. Es ist gut verständlich, daß Heine die Nötigung empfand, nicht so sehr, sich zu rechtfertigen, als vielmehr diesen aggressiven Charakterisierungen auf den Grund zu gehen, die wechselseitige Antipathie in ihrer Wurzel zu untersuchen, die Affekte auf Begriffe zu bringen, sich selber besser zu begreifen und gewiß auch an seiner öffentlichen Statur zu arbeiten. Übrigens hat er Börnes Besprechung der ›Französischen Zustände‹ im vollen Wortlaut seinem Börne-Buch einverleibt[7]: das war eine moral-strategische Geste, bestimmt, jedem hämischen Argwohn zuvorzu-kommen und die eigene Überlegenheit über kleinliche Rachsucht ins helle Licht zu rücken. Er hat dann in dem Buche allerdings noch anderes getan, er hat sich doch gerächt, hat den eher prüden, für sittenstreng geltenden Junggesellen auch hinsichtlich seines Privat-lebens in eine zweideutige Beleuchtung zu ziehen versucht und mit dessen Seelenfreundin, der Adressatin der Pariser Briefe, Madame Wohl, seinen Spott getrieben, wie es ihn gerade juckte.

So hat er Vater Enfantins Ermahnung, der Mensch solle seines-gleichen nicht an den »voltairianischen Pranger« stellen, vergessen oder in den Wind geschlagen. Oder hat er dessen Maxime, es sei unmoralisch, die Fehler und Schwächen eines bedeutenden Menschen aufzudecken, »besonders während seiner Lebenszeit«[8], so eulen-spiegelhaft buchstäblich genommen, daß er die Erlaubnis daraus herleitete, sich nach dessen Tode schadlos zu halten? Jedenfalls ist dies alles seiner öffentlichen Reputation sehr schlecht bekommen. In der deutschen literarischen Presse breitete sich Entrüstung aus. Am peinlichsten war wohl, daß Karl Gutzkow, der vormalige politische Leidensgefährte vom inkriminierten ›Jungen Deutsch-land‹ und Mitbekenner saint-simonistischer Emanzipationsideen, im biographischen Supplementband zu Börnes ›Sämmtlichen Schriften‹ mit Macht die Partei des Toten ergriff und weder an moralischen Brusttönen sparte, Börne zu rühmen, noch an Invek-tiven, Heine herabzusetzen. Börne galt ihm durch »sittliche und politische Bedeutung, publizistische Tiefe und römische Charakter-festigkeit«, durch Adel des Gemüts, Redlichkeit, sittlichen Ernst, ja Größe ausgezeichnet, »gegen Herrn Heine ein Riese«, dieser aber als Börnes »Judas«. In dem Eifer solcher Hammer- oder Paukenschläge des echt altbürgerlichen Ehrbewußtseins ging Gutzkow aber nicht allein dem Charakter, sondern auch dem Talent Heines zu Leibe. Dieser ästhetische Teil der Polemik ist der interes-santere: »Weniger Poet als poetischer Dilettant aus der romanti-schen Zeit, weiß er den Gegenständen seiner Beobachtung«, so heißt es da, »eine phantastische Appretur zu geben, die von einem angeborenen Sinn für das Naive, das Detail, das Unwesentliche, Specielle unterstützt wird.«[9] Das Urteil enthält eine treffende

Wahrnehmung, aber auch einen sonderbar verblasenen Begriff von Poesie, vermutlich von spätklassischen Theoremen hergeleitet, durch moralisch-politische Gesinnung ausgestopft: als käme es in der Dichtung grundsätzlich auf das Allgemeine an statt des ›Speciellen‹. (Das »Naive« meint hier wohl nicht die ästhetische Kategorie, vielmehr die Unwillkürlichkeit beiläufiger Lebens-äußerungen, wie sie Heine bei der Charakterisierung großer und kleiner Leute in der Tat mit humoristischem Scharfblick festzu-halten liebt.) Auch hier also erscheint Heine im Negativ nicht allein als blasiert, verderbt und unzuverlässig, ja verräterisch, sondern zugleich als ein irgendwie illegitimer Dichter. Dem mora-lischen Verdikt korrespondiert das ästhetische. Daher denn auch Heine seinerseits, wie sogleich näher darzulegen ist, mit der Auf-richtung seines ›hellenischen‹ Prinzips eine zugleich ästhetische und moralische Bestimmung seines eigenen Standorts, eine ästhetische Moral in nuce zu entwerfen unternommen hat.

Endlich lassen die Passagen aus Börnes Briefen, die, vordem unterdrückt, aus den Papieren der Madame Wohl nach Heines Börne-Buch als Gegenschlag gedruckt erschienen sind, mit aller Deutlichkeit erkennen, daß hier auch von Börnes Seite eine primäre und elementare Antipathie vorliegt: »Gestern Vormittag kam ein junger Mann zu mir, stürzt freudig herein, lacht, reicht mir beide Hände – ich kenne ihn nicht. Es war Heine . . .« und dann: »Heine gefällt mir *nicht*. Sollten Sie wohl glauben, daß, als ich eine Viertelstunde mit ihm gesprochen, eine Stimme in meinem Herzen mir zuflüsterte: ›Er ist wie Robert[10], er hat keine Seele‹?« In der Folge verschärft und vergröbert sich das affektgeladene Urteil zusehends. Heine ist ihm ein Spieler, ein lüderlicher Mensch, eitel, ausschweifend, zerrüttet, morsch, korrupt, am Ende einfach ein Schuft.

Zwei Einzelheiten aus diesen Aufzeichnungen, die nur knapp zwanzig Druckseiten umfassen, verdienen in dem gegenwärtigen Zusammenhang ein besonderes Interesse. Einmal die charakteristi-sche Witterung des (getauften) Juden Börne für das spezifisch jüdische Geistes- und Traditionselement in Heine: »Ich werde Ihnen etwas von ihm sagen, was Sie wundern wird. Heine ist ein vollkommener *Bacher!* wie er das geworden, oder vielmehr als geborner Jude *geblieben*, ist mir ganz unerklärlich. Er hat die regelmäßigste Erziehung und einen viel geordnetern Schulunterricht genossen, als ich selbst. Er hat ganz die jüdische Art zu witzeln, und opfert einem Witz nicht blos das Recht und die Wahrheit, sondern auch seine eigne Ueberzeugung auf.« Ein ›Bächer‹ (häufiger ›Böcher‹) hieß ursprünglich der Talmudschüler, aber das Wort begann sich offenbar schon damals von dieser unmittelbar reellen Bedeutung abzulösen und bezeichnet nun einen geistigen Typus, den des lerneifrigen, aber auch spitzfindigen, an den Wörtern in ihrer Buchstäblichkeit wie ihrer (theologischen) Ausdeutbarkeit hängenden, daher auch zum Wortwitz begabten, mit Wörtern und Bedeutungen spielenden Intellekts.[11] Daß diese Bemerkung trifft, leidet keinen Zweifel: Heine ist geradezu ein Genie der Wörtlichkeit. Das Interessante ist Börnes Verwunderung und seine Abneigung gegen diese Eigenschaft. Sein Glaube, daß Erziehung und Schulunterricht in der christlichen und humanistischen Bildungswelt dergleichen langher geprägte Wesenszüge auswischen müßten, entspringt der aufklärerischen Emanzipations- und Assimilationsgesinnung, seine Abneigung aber dem instinktiven Widerstand gegen deren Gefährdung. Die Entdeckung, daß ein so eigentümliches Erbteil in einem so gebildeten Weltmann wie Heine zutage komme, scheint auf ihn wie ein Spuk auch der eigenen ›ersten Natur‹ zu wirken, eine ärgerliche Wiederkehr des Geistes, der doch besiegt und abgetan war oder sein sollte.

Die zweite bedeutsame Bemerkung lautet: »Christenthum, Religion überhaupt, ist ihm nicht blos ein Gräuel, es ist ihm ein Ekel.« Nun mag es sein, daß Heine es manchmal darauf anlegte, den würdigen Mann in seinen ernsten Gesinnungen zu schockieren, und man muß in Hinsicht auf moralischen Leichtsinn und Zynismus von Börnes Berichten vielleicht einiges abziehen. Doch in dem Punkte des Christentums wird er recht vernommen haben, da Heine zu dieser Zeit – die Bemerkung stammt vom 27. Oktober 1831 –, im Vollgefühl seiner neuen, saint-simonistischen Überzeugungen, wohl auch der erotischen Erfahrungen, sich der Sündenlehre und dem Kreuzes-Symbol entwachsen glaubte und die übermütige Gewißheit hatte, dies alles nun von außen oder gar von oben herab ansehen zu können. »Der Erzbischof von Paris erwartet alles Heil von der Cholera, von dem Tode; ich erwarte es von der Freiheit, von dem Leben«, schrieb er im letzten Stück der ›Gemäldeausstellung‹[12], seiner ersten Pariser Arbeit, mit der er in eben diesen Wochen beschäftigt war. Das ist von derselben Art, drückt jedenfalls das

»Gräuel«-Bewußtsein aus und legt den »Ekel« immerhin nahe. (Daß die polemischen Affekte Heines mit der allumfassenden, auch dem Gegenglauben sein relatives Recht gewährenden Liebes-Attitüde der ›Eglise‹ nicht übereinkamen, ist eine andere Frage.) Ohnehin war die christliche Religion und protestantische Konfession, wie noch zu erörtern sein wird, in Heine gar nicht festgewachsen, wohingegen Börne seine Taufe durchaus ernstgenommen und sich der christlichen bürgerlichen Welt problemlos zugehörig gefühlt zu haben scheint. Um so mehr mußte ihn die betonte Religionskritik oder Religionsverachtung Heines reizen, da hier abermals sein eignes, schwer errungenes soziales Selbstbewußtsein betroffen war, verletzt und erschüttert werden konnte.[13]

Es handelt sich hier nicht darum, noch einmal Partei zu ergreifen, weder in Börnes moralisch-ästhetisches Verdikt einzustimmen noch auch Heine herauszupauken.[14] Ich möchte mich vielmehr darauf konzentrieren, die Positionsbestimmung deutlich – und auch besser verständlich – werden zu lassen, die Heine in dieser Konstellation für sich getroffen und zugleich ins Typische vergrößert hat. Es geht dabei nicht ohne einige Psychologie ab, doch reicht ihr erklärender Nutzen keineswegs so weit, etwa die Bilder und Begriffe aufzulösen, worin sich seine Erkenntnis ausgesprochen hat. Er hat auch seinerseits ein psychologisches Motiv angeführt, um Börnes Affekt zu erklären: den Neid. »... alle seine Anfeindungen waren am Ende nichts anders als der kleine Neid, den der kleine Tambourmaitre gegen den großen Tambourmajor empfindet ...«, und er malt sich in diesem Kostüm mit einiger vergnügter Selbstgefälligkeit aus – den kecken Federbusch, die reiche Uniform, die »Geschicklichkeit, womit ich den großen Stock balanciere« und die Liebesblicke der Mädchen.[15] Auch darin kann man ein Präludium zu *Nietzsche* hören, nämlich zu dessen Psychologie des Ressentiments. Hier wie dort wird solche Wahrnehmung nur dadurch möglich, daß ein gleichsam makel- und skrupelloses Lebensgefühl als reiner Wert gesetzt, daß vitale Pracht, Fähigkeit und unbefangener Stolz aus allen Fesseln und Fäden der ethischen Reflexion herausgerissen und hypostasiert ist. Heine tut ein übriges und macht sich selbst zum Hauptexempel. Wir unsererseits können an dieser seiner Reaktion die psychologische Bedingung wahrnehmen, daß er zu solcher Selbstbejahung, zu so übermäßiger Selbsterhebung um so mehr den Drang empfinden mag, als er ja aus beinahe aller sozialen Deckung sich losgemacht und fortbegeben hat – aus der Gemeinschaft des Judentums wie aus derjenigen des Christentums, aus der sprachlichen und der staatlichen Heimat –, und als er es endlich auch verschmäht oder jedenfalls vermieden hat, sich mit einer der literarischen und politischen Gruppierungen, mit dem, was Börne die ›Partei‹ nennt, wirklich zu identifizieren. Er steht als moralische wie als literarische Existenz, als Individuum wie als Schriftsteller, dermaßen im Freien, daß ihm, diese Stellung auszuhalten und zu befestigen, fast nichts übrigbleibt als die Ostentation seiner selbst.

Die zinnsoldatenhafte Figur des ›Tambourmajors‹ ist noch die harmloseste und vergleichsweise liebenswürdigste. Er hat – in demselben Börnebuch – weit gewagtere Bilder der Ego-Behauptung aufgestellt. Zum Beispiel gibt es (im Fünften Buch) eine kleine Abhandlung über den Begriff des ›Charakters‹ und seine Anwendung, die darauf hinausläuft, daß er sich selbst als gänzlich inkommensurable Größe aus all dergleichen moralischen Urteilen der Gesellschaft herausschwingt: »Charakter hat derjenige, der in den bestimmten Kreisen einer bestimmten Lebensanschauung lebt und waltet, sich gleichsam mit derselben identifiziert und nie in Widerspruch gerät mit seinem Denken und Fühlen.« Soweit ist es eine quasi soziologische Einsicht, übrigens mit klassischer Einfachheit formuliert. Aber er hat hier nur das Gegenbild seiner eigenen Existenz entworfen, und die Erkenntnis bleibt nicht Selbstzweck, wird ihm vielmehr sogleich dienlich, sich davon abzustoßen: »Bei ganz ausgezeichneten, über ihr Zeitalter hinausragenden Geistern kann daher die Menge nie wissen, ob sie Charakter haben oder nicht, denn die große Menge hat nicht Weitblick genug, um die Kreise zu überschauen, innerhalb derselben sich jene hohen Geister bewegen.« Der Plural und die Allgemeinheit der These läßt uns den Durchblick auf den Singular und die Besonderheit, den Schluß auf den Autor als solchen »hohen Geist«. Wie auch umgekehrt Börne wiederum leicht zu erkennen ist in der folgenden, recht böse zuschlagenden Sentenz: »Es ist immer ein Zeichen von Borniertheit, wenn man von der bornierten Menge leicht begriffen und ausdrücklich als Charakter gefeiert wird.«[16]

Aber auch diese Kontrastierung der ›Menge‹ und der ›hohen Geister‹, die gewiß an den romantischen – und saint-simonistischen – Genie-Kult gemahnt, die mich aber auch an *Carlyles*

›Heldenverehrung‹ denken läßt[17] (und abermals an Nietzsche, an seine ›Ausnahmemenschen‹), bildet noch nicht den Gipfelpunkt der Selbsterhebung.[18] Vielmehr muß noch die Obeliskengeschichte hinzugefügt werden, die uns erschrecken läßt, weil sie einen fast pathologischen Grad von Hybris anzeigt. Zuerst ist von den Zwergen die Rede, die nicht bis zur Spitze hinaufsehen können – »sie stoßen sich nur die Nasen an dem Piedestal jener Monumente, die ich in der Literatur Europas aufgepflanzt habe, zum ewigen Ruhme des deutschen Geistes.« Das ist schon stark, aber noch nicht alles. Die Metapher des ›Monuments‹ spinnt sich weiter zu der Gleichnis-Anekdote von der Aufstellung des ägyptischen Obelisken auf der Place de la Concorde (1836), bei welcher einige kleine eingeschleppte Skorpione zutage gekommen seien. »Auch bei der Aufstellung großer Geistesobelisken können allerlei Skorpionen zum Vorschein kommen, kleinliche Gifttierchen, die vielleicht ebenfalls aus Ägypten stammen und bald sterben und vergessen werden, während das große Monument erhaben und unzerstörbar stehen bleibt, bewundert von den spätesten Enkeln.«[19] Der Zwerg und das Monument waren schon inkommensurabel, die neue Vergleichung vergrößert den Abstand noch beträchtlich, fügt zudem die Motive der Giftigkeit und der Kurzlebigkeit hinzu. Das ist nicht mehr zu übertreffen.

Man braucht nicht lang zu raten: es ist wiederum der unglückliche Börne, der nun als Skorpion erscheint. Er stamme »vielleicht ebenfalls aus Ägypten«, das ist natürlich eine Anspielung auf die jüdische – oder eben ›nazarenische‹ – Herkunft. (Heine hat immer die ägyptische Wurzel des Judentums im religionsgeschichtlichen Sinne hervorgekehrt, wie es denn von der alttestamentlichen Moses-Erzählung auch nahegelegt wird.) Es ist wohl nicht allein der Spaß an der durchgängigen Stimmigkeit seines Gleichnisses und also an der Treffsicherheit seines Witzes, der ihn zu diesem Stich ins gemeinsame Fleisch getrieben hat, sondern es bekundet sich darin auch das Hochgefühl, selber der ganzen ›ägyptisch‹-›nazarenischen‹ Prägung entwachsen zu sein, also ein Bewußtsein vollkommenerer, radikaler Emanzipiertheit. Um so mehr muß es auffallen, daß er diesen wohl gründlichsten unter all seinen polemischen Angriffen gerade gegen einen Mann gerichtet hat, der als Jude geboren war wie er und protestantisch getauft war wie er, gegen den Mann und Schriftsteller und politischen Journalisten, der – wie eingangs schon dargetan – am allerehesten mit ihm selber verglichen und zusammengenannt wurde und werden konnte, beinahe könnte man sagen: gegen einen geistig-biographischen Doppelgänger. Der Eifer seiner Verachtung verrät, wie nahe und vertraut ihm der Feind doch geblieben ist, von dem er sich so weit und hoch entfernt zu haben meint.

In der Tat wird man weder den polemischen Stil Heines, seine fröhliche Bosheit, noch vor allem das zuvor geschilderte Phänomen der – bis ins Phantastische reichenden – Selbsterhebung zulänglich begreifen, wenn man die Sache mit herkömmlich gültigen morali-schen Maßen mißt – auch wenn man diesem Herkommen selber anhängt und diese Gültigkeit selber verteidigt. Es handelt sich nicht um eine Verletzung der Gebote – des Gebots der Demut und des Nicht-Richtens vor allem: Was siehest du den Splitter in deines Bruders Auge und wirst nicht gewahr des Balkens in deinem Auge!, wie es die Bergpredigt sagt[20] –, es handelt sich um einen Ausbruch oder Auszug aus dem gesamten System der Gebote und Verbote, der Tugenden und Laster, welches die biblische Überlieferung und die kirchlichen Autoritäten ausgebildet haben. Es ist dies nicht ein beliebiger Fall von persönlicher Hoffart – um es in der Sprache der Moraltheologie auszudrücken –, sondern ein Versuch, den Kategorien der Moral schlechthin zu entspringen. Diese maßlose Selbsterhebung ist wahrhaftig schon das perfekte Ergebnis einer Position »jenseits von Gut und Böse« – nicht nur von Gut, sondern von Gut *und* Böse –, wie sie Nietzsche nachmals unübertrefflich präzise ausgesprochen hat. »Der Philosoph«, sagt Nietzsche in eben dieser Schrift – »hat nachgerade ein Recht auf ›schlechten Charakter‹.«[21] Dieses Recht hat Heine im Börne-Buch praktiziert, nur nicht in der gewaltsamen und verkrampften Stimmung, die die Umwertungsphilosophie seines Nachfahren, Nietzsches, charak-terisiert, sondern in einer eigentümlich freien Laune, in einem Übermut, der alle Bedenken hinter sich ließ. Kurz, die Fähigkeit zu solcher Selbsterhebung erwächst aus der moralischen Emanzi-pation, und die moralische Emanzipation ist selber eine geschicht-liche Erscheinung, sie gehört dem 19. Jahrhundert an, hat freilich gewaltig fortgewirkt bis in unsere Tage – zum Guten und zum Bösen.

Was das ›Monument‹ und die ›Zwerge‹ betrifft, so ist diese eine Prophezeiung Heines seltsamerweise tatsächlich wahr geworden: sein Werk und Ansehen hat Dauer bewiesen, dasjenige Börnes ist vergangen. Aber das ist nur eine Nebenbemerkung, trägt nichts zur Erkenntnis seines Standorts bei.

II.

Jedoch hat Heine, wie bereits oben dargetan, diesen Standort ›jenseits von Gut und Böse‹ oder, um auf seine eingeschränktere Formel zurückzukommen, jenseits des ›Nazarenischen‹, nicht ohne Namen gelassen. Er hat seine Moral-Freiheit nicht bloß praktiziert, er hat sie auch – mit seinen essayistischen Stilmitteln – systematisiert. Kommen wir zurück auf seinen Begriff des ›Hellenischen‹ und auf die Antithese des ›Nazarenischen‹! ›Nazarenisch‹, schreibt er, wolle er sagen, um die Ausdrücke ›jüdisch‹ oder ›christlich‹ zu vermeiden, sie seien ihm gleichbedeutend. Das Nazarenische solle daher auch beides umfassen, das Jüdische wie das Christliche, und es solle zudem »nicht einen Glauben, sondern ein Naturell bezeichnen«[22]. Es war ein kühner Schritt, den Unterschied zwischen Juden und Christen derart zu vernachlässigen, diejenige Differenz und Distanz aufzuheben, die doch zugleich die ganze gesellschaftliche Differenz und Distanz zwischen der herrschenden Mehrheit und der jahrhundertelang unterdrückten, ein- und abgesperrten Minderheit bezeichnet, daher auch den Prozeß der Emanzipation durch Assimilation in die Breite bestimmte, hemmte, vergiftete. Er hatte das ja selbst erfahren.

Zu keiner Zeit seines Lebens, in keiner Phase seiner religiösen Biographie hat Heinrich Heine die Wohltat jener schlichten Glaubensüberlieferung genossen, die so bezaubernd realistisch und romantisch zugleich in dem Religionsgespräch der ›Stadt Lucca‹ geschildert wird: Einst, einst – und auch dies ist schon ein Lobpreis des ›Hellenischen‹, aber nicht unter dem Aspekt der Sinnlichkeit, sondern eher unter dem der Gemütlichkeit – war die Religion »eine liebe Tradition, heilige Geschichten, Erinnerungsfeier und Mysterien, überliefert von den Vorfahren, gleichsam Familiensakra des Volks«, und ein Grieche, meint er mit nicht bloß historischem Seitenblick, »würde es für eine Unmenschlichkeit gehalten haben, irgend jemand, durch Zwang oder List, dahin zu bringen, seine angeborene Religion aufzugeben und eine fremde dafür anzunehmen«.[23]

Seine, Heines, eigne angeborene Religion war ihm, wie es scheint, schon von Kinderzeiten her gar nicht selbstverständlich, da ihn wohl die Mutter gelehrt hatte, mit ›aufgeklärtem‹ Auge die Wunderlichkeit des Kultus anzusehen, und da er nicht in einer jüdischen, sondern einer nach französischer Vorschrift errichteten öffentlichen Schule, einem Lyceum zudem, von gebildeten katholischen Geistlichen seinen ersten Unterricht erhalten hatte. An derselben Stelle in der ›Stadt Lucca‹ beschreibt er das Judentum als eine »Volksmumie, die über die Erde wandelt, eingewickelt in ihren uralten Buchstabenwindeln, ein verhärtet Stück Weltgeschichte, ein Gespenst, das zu seinem Unterhalte mit Wechseln und alten Hosen handelt ...« Er war schon seit vier, fünf Jahren protestantischer Christ, als er dies schrieb, doch meint man noch etwas von der Stimmung jener Berliner Reformatoren darin zu verspüren, denen er sich zuvor (1822-23) eine Weile lang und nicht ohne Eifer angeschlossen hatte.

Diese Episode ist gerade darum von Bedeutung, weil sie den letzten Versuch darstellt, sich in der »angeborenen Religion« heimisch zu machen. Ihre literarische Entsprechung hat sie in dem Fragment des ›Rabbi von Bacherach‹[24], der als eine Art von historischem Genre-Stück angelegt war – Heine selbst nannte ihn später, als er ihn aus aktuellem Anlaß zum Druck gab, ein »mittelalterliches Sittengemälde« –, als ein Versuch in der Art Walter *Scotts*, aber eben mit entschieden jüdischem Stoff. »Heilige Geschichten«, »Familiensakra des Volks«, nämlich des jüdischen, findet man hier in der Tat, zumal im ersten Kapitel, in der Schilderung der »Abendfeier des Paschafestes«.[25] Wo es – um eine Probe zu geben – zum Beispiel von dem Rabbi Abraham heißt: »... die Lippen lächelten hervor aus dem braunen Barte, als wenn sie viel Holdes erzählen wollten, und in seinen Augen schwamm es wie selige Erinnerung und Ahnung.« Aber die Handlung, die Fabel fährt in die religiöse Idylle hinein mit Grauen, indem nun von zwei fremden Gästen heimlich jene Kinderleiche eingeschmuggelt wird, die Ritualmord-Denunziation und Pogrom ankündigt. Es ist nun sehr sonderbar, wie rasch im Fortgang der Erzählung die Spur der Untat wiederum vergeht – sie taucht nur augenblicksweise in den ohnmacht-träumerischen Gedanken der »schönen Sara« auf, wird gleichsam zur Sage, kaum daß sie geschehen oder eigentlich nur angefangen war: man weiß nicht, ist es ein Kunstgriff oder ist es Schwäche, das Böse auszuhalten?

Die Flucht des Rabbi und seiner schönen Frau – mit dem zweiten Kapitel findet man die beiden schon in Frankfurt, und es setzt ein zweites Historienbild ein, worin mannigfache Studien und kulturgeschichtliche Lesefrüchte in fast hybrider Häufung verarbeitet sind[26] –, diese Flucht hat, sehr begreiflicherweise, in unseren Tagen ethischen Tadel hervorgerufen. Erich *Loewenthal* hat 1937 für eine Ausgabe des Schocken-Verlages in Berlin ein Nachwort zum ›Rabbi‹ verfaßt,[27] worin er die »befremdende Verantwortungslosigkeit« moniert, »mit der der Rabbi in der Stunde der Gefahr die ihm anvertraute Gemeinde heimlich verläßt, um das eigene Leben und das der Gefährtin zu retten«. Das wurde während der kurzen Frist geschrieben, in der den abgesonderten, zusammengedrängten, des Bürgerrechts beraubten, mit dem gelben Stern gebrandmarkten deutschen Juden unter nationalsozialistischer Terror-Protektion ein ›autonomes‹ Kulturleben gestattet und verordnet war – wobei übrigens dem Verlag von Salman *Schocken* eine wichtige Rolle zukam. Der Literaturforscher Loewenthal hat offenbar seinerseits – im Unterschied zum Rabbi Abraham – die Gemeinde nicht verlassen. Er ist dafür (1944) in Auschwitz getötet worden.[28] Nachdem wir dieses Ende kennen, möchten wir auch die Flucht des Rabbi von Bacherach vor dem Pogrom nicht mehr so scharf verurteilen. Aber natürlich war das Pogrom für den Erzähler Heine am Ende nur eine historische Lokalfarbe, der Schock der blutigen Entdeckung und der blutigeren Vorahnung sänftigte sich dem Autor wie den Lesern zu einer bloß imaginativen Teilnahme an den Gefühlen der schönen Sara: »... ihre Seele ward zerrissen von der Gewißheit, daß ihre Lieben und Verwandte wirklich ermordet worden, daß ihre kleine Nichte tot sei, daß auch ihre Bäschen Blümchen und Vögelchen tot seien, auch der kleine Gottschalk tot sei, alle ermordet und tot! Von dem Schmerze dieses Bewußtseins wäre sie schier selber gestorben, hätte sich nicht eine wohltätige Ohnmacht über ihre Sinne ergossen.«[29] Diese Sätze sind freilich meisterlich mit ihrer Wiederholung des naiven »tot, tot, ermordet und tot«, in einem herzzerreißenden Kinderton, der an die Verstörung des Geistes grenzt, aber doch literarisch vermittelt, von fern noch hausmärchenhaft oder, in Heine selbst, nur um ein weniges schneidender als jenes »Sie sind gewandert hin und her, Sie haben gehabt weder Glück noch Stern, Sie sind verdorben, gestorben«[30].

Vielleicht darf man den paradoxen Satz wagen, daß in einem gewissen Sinn selbst dieser Eingriff des Bösen und Saras Klage noch zu den »Familiensakra des Volks« gehört, zwar gewiß nicht zur religiösen Idylle, wohl aber zur überlieferten heiligen Volksgeschichte. Die Störung oder der Abbruch aber wird erst durch die Flucht des Rabbis signalisiert. Wiewohl sie, soweit die Handlung reicht, nur in das Getto von Frankfurt, zu einem andern jüdischen Schauplatz führt, ist die Flucht aus Bacherach doch wie ein verdecktes Zeichen für die Flucht aus dem Judentum – freilich mitsamt seinen Verfolgungen, Bedrückungen, Diskriminierungen. Noch unter der Arbeit am ›Rabbi‹ hat sein Verfasser sich taufen lassen.[31]

Ich habe zuvor den Kreis der Berliner ›Reformatoren‹ erwähnt. Genauer handelt es sich um den ›Verein für Kultur und Wissenschaft der Juden‹, zu dessen führenden Geistern der Jurist und Hegelschüler Eduard *Gans*, Heines Freund Moses *Moser* und vor allem der gelehrte Leopold *Zunz* gehörte, ein bedeutender philologischer und geistesgeschichtlicher Erforscher der rabbinischen Überlieferung, zumal der mittelalterlichen. Dr. Zunz war auch der Anreger und Redakteur der ›Zeitschrift für die Wissenschaft des Judenthums‹, die freilich nur einen einzigen Jahrgang erlebt hat, den des Jahres 1823. Er hat selbst eine umfängliche Monographie dazu beigetragen, die den altfranzösischen Rabbi Raschi aus dem 11. Jahrhundert betrifft. Am Ende der Lebensbeschreibung dieses Mannes heißt es: »Eine traurige Begebenheit hat er noch erlebt, nämlich die Judenverfolgungen am Rheine (1096 Mai). Manche Klage- und Rachelieder sind uns von Zeitgenossen noch übrig ...«, und möglicherweise habe auch Raschi ein solches verfaßt.[32] Dies ist indessen nur eine gleichsam anekdotische Beziehung auf Heines literarische Unternehmung. Bedeutsamer erscheint die eigentümliche Tendenz der Erneuerung der Religion durch Wissenschaft, die sich in diesen Schriften kundgibt, und die Rolle, die dabei der Geschichte zukam.

Der erste Beitrag – ›Über den Begriff einer Wissenschaft des Judenthums‹, von einem gewissen Immanuel *Wolf* – hat programmatischen Charakter. In einer hegelisch angehauchten Diktion wird dort proklamiert, daß der ›Geist‹ des Judentums aus der hergebrachten »scholastischen Befangenheit« befreit und »zu einer dem Zeitgeiste gemäßen Gestaltung« fortentwickelt werden solle. Zeitgemäß heiße aber: wissenschaftlich. »Denn der Standpunkt der Wissenschaftlichkeit ist der eigenthümliche unserer Zeit.« Auf diesem Wege, also durch eine autonome ›Judaistik‹ (wie der heutige Name der Disziplin lautet, die hier begründet wurde), hoffte man, die geistige Absonderung zu überwinden und in das »Europäische Leben« einzutreten.[33] Sehr ähnlich spricht sich auch Zunz[34] – er zeichnet wunderlicherweise immer »Zunz, Dr.« – am Schluß der erwähnten Abhandlung aus: die Absonderung habe seit der Reformation derart zugenommen, daß das polnische, weithin auch das deutsche Judentum »fast heut noch zu Asien mehr als zu Europa« gehöre, im selben Zuge sei »die scholastisch-talmudische Klopffechterei immer höher in Ansehn« gestiegen, und so seien auch jene großen rabbinischen Überlieferungen zum Buchstaben herabgesunken, »der keinen Geist mehr erweckt«. Nun aber schicke das Zeitalter sich an, »solch veraltetes und morsches, samt seinen Anhängseln, von dem fortschreitenden Menschengeiste hinwegzurollen«, und so werde man lernen, die Geschichte frei und gerecht zu betrachten »und alsdann zu ergänzen«.[35] Die Gesinnung geht also eigentlich dahin, die geschichtliche Last gerade durch geschichtliche Forschung abzuwerfen, im Hegelischen Sinne aus der ›Schädelstätte des Weltgeistes‹ den ›Begriff‹, das ›Prinzip‹, die ›Idee‹ zu retten, hier die Idee des Judentums.[36] Es sind diese betrübten kritischen Kennzeichnungen des jüdischen ›Scholasticismus‹, die Heine nachmals in jenes großartige Bild von der »Volksmumie« gebracht hat, »die über die Erde wandelt, eingewickelt in ihren uralten Buchstabenwindeln«[37]. Er war im August 1822 in den Verein aufgenommen worden und hat bis zum Mai des folgenden Jahres, bis zu seiner Abreise von Berlin, vielfach und aktiv an seinen Zusammenkünften teilgenommen.

Hinsichtlich der Erneuerungshoffnungen erscheint seine Haltung indessen schwankend und zwiespältig. »Wir haben nicht mehr die Kraft, einen Bart zu tragen, zu fasten, zu hassen und aus Haß zu dulden; das ist das Motiv unserer Reformazion.«[38] Über die Reform des Gottesdienstes, die gleichfalls in Berlin ihren Ausgang nahm, dann nach Hamburg übergriff, und von der sich die noch heute bestehenden sogenannten liberalen Synagogen oder vielmehr ›Tempel‹ herschreiben, hat er nur gespottet.[39] Zuzeiten behauptet er sogar, eher dem orthodoxen Judentum zuzuneigen: »Meine Vorliebe für das konsequente und rigoröse Rabinenthum lag schon vor vielen Jahren in mir als ein Resultat historischer Untersuchungen, nicht als a priorische Annahme...«[40] Es ist offenbar, daß er nicht – wie Zunz und jener Immanuel Wolf – an die Belebung durch Wissenschaft, an die Vergeistigung und Erneuerung glauben mochte und von den neuen ›Tempeln‹ nur Verwässerung und fade Assimilation an christlich-protestantische Kultgebräuche erwartete. »... Ist der alte Freiherr von Sinai und Alleinherrscher Judäas ebenfalls aufgeklärt worden und hat seine Nazionalität abgelegt und giebt seine Ansprüche und Anhänger auf, zum Besten einiger vagen, kosmopolitischen Ideen?«[41] Das scheint genau auf jenen Ehrgeiz zu gehen, das Judentum ins ›europäische Leben‹, in die ›Kultur der Zeit‹ zu erheben – oder eben: aufzulösen –, der den Reformkreisen eigentümlich war. Die instinktive Stimmung ist gleichsam: Wenn schon jüdisch, dann auch richtig, nämlich orthodox, nach der Väterart! Es ist das ein romantisch-ästhetischer Zug – immer nach dem Motto der ›Religion als Familiensakra‹ oder der religiösen Idylle –, der indessen keine eigene Entschließung und Teilnahme zur Folge hat: »... auch ich habe nicht die Kraft einen Bart zu tragen, und mir Judenmauschel nachrufen zu lassen, und zu fasten etc. Ich hab nicht mahl die Kraft, ordentlich Mazzes zu essen.«[42] Doch hat dieses gleichsam interesselose Wohlgefallen an dem verlorenen Religionsparadies ein unvergeßlich reines literarisches Zeugnis hervorgebracht – eines, das von dem Wust und der Politur der Historienmalerei des ›Rabbi‹ ganz frei ist: die Geschichte vom Moses Lump aus den ›Bädern von Lucca‹. (Ich spreche hier nur von der frühen Periode, nicht von der Wiederkehr der jüdischen Motive in den späten ›Hebräischen Melodien‹.)

»... wenn der nun Freitags abends nach Hause kömmt, findet er die Lampe mit sieben Lichtern angezündet, den Tisch weiß gedeckt, und er legt seinen Packen und seine Sorgen von sich und setzt sich zu Tisch mit seiner schiefen Frau und noch schieferen Tochter, ißt mit ihnen Fische, die gekocht sind in angenehm weißer Knoblauchsauce, singt dabei die prächtigsten Lieder vom König David, freut sich von ganzem Herzen über den Auszug der Kinder Israel aus Ägypten, freut sich auch, daß alle Bösewichter, die ihnen Böses getan, am Ende gestorben sind, daß König Pharao, Nebukadnezar, Haman, Antiochus, Titus und all solche Leute tot sind, daß Lümpchen aber noch lebt und mit Frau und Kind Fisch ißt – Und ich sage Ihnen, Herr Doktor, die Fische sind delikat, und der Mann ist glücklich, er braucht sich mit keiner Bildung abzuquälen, er sitzt vergnügt in seiner Religion und seinem grünen Schlafrock, wie Diogenes in der Tonne, er betrachtet vergnügt seine Lichter, die er nicht einmal selber putzt ...« – es ist wahrhaftig eine herrliche Szene, die religiöse Idylle schlechthin, vollkommener als der ganze ›Rabbi von Bacherach‹, und dann erst der Ausgang: wenn »Rothschild der Große« nun hereinkäme, und Moses Lump dürfte sich eine Gnade von ihm ausbitten – »Herr Doktor, ich bin überzeugt, Moses Lump würde antworten: ›Putz mir die Lichter!‹, und Rothschild der Große würde mit Verwunderung sagen: ›Wär ich nicht Rothschild, so möchte ich so ein Lümpchen sein!‹«[43]

Es ist eine doppelte Distanz eingelegt – der Moses Lump tritt nicht selbst auf, und der Erzähler erzählt auch nicht selbst, sondern es wird ihm erzählt von dem Lotterie-Einnehmer Hirsch Hyazinth aus Hamburg, einer komischen Figur, Bedienten des Marchese Gumpelino, in welchem wiederum die ganze lächerliche Überfrömmigkeit des Konvertiten, nämlich des katholisch getauften Juden, satirisch und doch nicht ohne Gutmütigkeit dargestellt ist. Und Hirsch kommt auf diese Figur des Moses Lump zu sprechen im Zusammenhang des ›Religionsgesprächs‹, eben in dem Augenblick, da es sich um den neuen Hamburger Tempel dreht und um den Gottesdienst »mit orthographischen deutschen Gesängen und gerührten Predigten«. Diesem wird der ›unorthographische‹ Hausierer entgegengehalten, welcher »in seiner Religion sitzt«, als Exempel der jüdischen »Familiensakra« (um noch einmal das Kernwort seines romantischen Begriffs von antiker Religiosität zu zitieren), dem Herrn Doktor mit seiner Bildung und Wissenschaft zur Belehrung – freilich ein unerreichbares, unnachahmliches, unwiederbringliches Exempel. (»Auch ich habe nicht die Kraft, einen Bart zu tragen ...« und so fort!) Auch dies ist ein Genrestück, aus der Entfernung durch ein doppeltes Periskop betrachtet, zudem wehmütig-heiter eingefaßt in den Rankenrahmen des pfiffig-sinnierenden Konversationsstils von Hirsch Hyazinth, der selber den Typus eines religiös wie sozial auf halbem Wege befindlichen, auf praktisch-geschäftliche Art emanzipierten, in seiner Dienstfertigkeit doch durchaus eigenwüchsigen ›kleinen Mannes‹ darstellt. »Herr Doktor, bleiben Sie mir weg mit der altjüdischen Religion, die wünsche ich nicht meinem ärgsten Feind. .... Ich sage Ihnen, es ist gar keine Religion, sondern ein Unglück.«[44] Das kommt aus demselben Munde. Selten sind Jammer und Witz so dicht ineinander-geschmolzen.

Noch müssen wir anmerken, daß die beiden Genrestücke, das des Moses Lump und seiner Schabbesmahlzeit wie das prunkvollere des Rabbi von Bacherach und seines Sederabends gleichermaßen reflektierte Andachtsbilder darstellen, also nicht Bilder zur Andacht, sondern Bilder der Andacht, Bilder von Andächtigen in ihren Andachts-Szenarien. In dieser Eigenschaft ähneln sie, wenn der Vergleich erlaubt ist, jenen deutsch-christlichen Gemälden aus der nazarenischen Schule, worauf man Betende vor der Madonna oder dem Kruzifix oder am Heiligenstock sieht. Einer Restauration des Glaubens scheint der Weg schon verlegt, wenn sie mehr durch die Darstellung der Gläubigen als durch die Anschauung Gottes einge-leitet wird.

III.

Heine selber hat denn auch niemals gehofft, den Stand der Naivität wiederzugewinnen, da man in seiner Religion sitzt wie Moses Lump, übrigens auch nicht zu der späten Zeit seiner Rückkehr zu Jehovah, die er vielmehr mit vollkommener Aufrichtigkeit als eine Sache des rein subjektiven Trostbedürfnisses aufgefaßt und mit-geteilt hat. Ebensowenig vermochte er, wie schon bemerkt, dem Reformjudentum zu folgen. Er war wohl auch zu stolz, gerade die eigentümliche, jüdisch-›nationale‹ Überlieferung preiszugeben, um nur eine verdünnte Religionsphilosophie und einen protestantisch-nachgemachten Kultus übrigzubehalten, mochte dies auch den Anschluß an ein allgemeines Kulturbewußtsein gewähren. Er ließ sich taufen. Nicht um ein gläubiger Christ zu werden (wie Gum-pelino) statt eines ungläubigen Juden, sondern – weil das Juden-tum, mit Hirsch zu reden, noch immer »ein Unglück« war, auch das reformierte. Der Schritt geschah heimlich, wenngleich im Einver-ständnis mit der Familie, und aus schierer Zweckmäßigkeit, er dachte zynisch darüber, aber doch auch mit tiefer Scham. Ich möchte diese Krise – denn das war es – nur so weit aus den Zeugnissen fühlbar machen, als es zum Verständnis seiner nachmaligen Kate-gorien des Nazarenischen und Hellenischen nötig ist.

Die Taufe fand am 28. Juni 1825 statt durch Pfarrer *Grimm* in Heiligenstadt bei Göttingen. Drei Wochen später folgte die Promotion. Im folgenden Herbst dachte er in Hamburg als Advokat angenommen zu werden, aber der Plan scheiterte, wobei, wie es scheint, gewisse schlechte Nachreden aus seiner unmittelbaren Umgebung das ihrige beigetragen haben; selbst seine geliebte Schwester Charlotte hielt nicht zu ihm. Die nächste berufliche Absicht richtete sich auf eine Dozentur in Berlin[45]; sie scheint im Sande verlaufen zu sein. Solche Wege waren tatsächlich nur mit dem »Entreebillett« der Taufe zu eröffnen, seitdem – was Preußen angeht – das Hardenbergsche Juden-Edikt (von 1812) durch neuere Verordnungen wieder eingeschränkt war; zumal die akademischen Lehrämter waren Juden – und das hieß immer: Glaubensjuden, einen ›Rasse‹-Begriff gab es nicht! – seit 1822 von neuem verschlossen.[46] Bezeichnend ist hier die Laufbahn des Juristen Eduard Gans: er hatte sich unter der unverminderten Geltung des Emanzipations-Ediktes im Jahre 1820 in Berlin habilitieren können, gelangte aber zu einer Professur erst, nachdem er sich hatte taufen lassen – dies geschah im Winter 1825, die Ernennung war schon im folgenden März in seinen Händen. Heines Übertritt hingegen hat ihm nichts eingebracht. Daher die Zeilen an Moses Moser: »Ich bereue sehr, daß ich mich getauft hab; ich seh noch gar nicht ein, daß es mir seitdem besser gegangen sey, im Gegenteil, ich habe seitdem nichts als Unglück.«[47] Darin sind die gescheiterten Pläne, aber auch die schmerzlichen Hamburger Zerwürfnisse mitgemeint.

Diese Bemerkung drückt eine – immerhin einschneidende – Enttäuschung aus. Doch ging, wenn ich die Briefzeugnisse recht deute, zugleich eine tiefere Krise vor sich, die von der äußeren Enttäuschung nur akzentuiert wird. Vor allem Moser, dem entschieden jüdischen Berliner Freund gegenüber, spricht sich die Scham aus, die den Übertritt, die Flucht aus dem Judentum als religiöser »Nation«, begleitet. Zuerst gab er ihm nur in verdeckter Weise Nachricht von dem Schritt: »Ein junger Spanischer Jude, von Herzen ein Jude, der sich aber aus Luxusübermuth taufen läßt, schickt (einem Freund) jenes Gedicht ... Vielleicht scheut er es doch, eine nicht sehr noble Handlung dem Freunde unumwunden zu schreiben ... Denk nicht darüber nach.«[48] Er benutzt eine Episode, die im ›Rabbi‹ eingefügt werden sollte, aber die Episode ist selber die literarische Abbildung seines eignen Verhaltens – bis auf das veränderte Motiv, den »Luxusübermuth« –, ein Versuch der poetischen Objektivierung, also auch der Selbstrehabilitierung. Wenige Wochen danach, Mitte Dezember, heißt es, er wolle dem »theuren Moser«, dem »lieben, gebenedeiten Menschen«, etwas ganz Apartes zu Weihnachten schenken, »nemlich das Versprechen: daß ich mich vor der Hand noch nicht todtschießen will«.[49] Im selben Brief berichtet er von einer Predigt, die im ›Tempel‹ gehalten worden: »... und habe die Freude gehabt eigenohrig anzuhören, wie Dr. *Salomon* gegen die getaufte Juden loszog, und besonders stichelte, ›wie sie von der bloßen Hoffnung eine *Stelle* (ipsissima verba) zu bekommen, sich verlocken lassen dem Glauben ihrer Väter untreu zu werden‹. Ich versichere dir, die Predigt war gut, und ich beabsichtige den Mann dieser Tage zu besuchen.«[50] Der leise Sarkasmus enthüllt mehr seine Betroffenheit, als daß er sie verbärge. Und kurz zuvor findet sich der Ausdruck einer Selbstdemütigung, wie er nur höchst selten in Heine begegnet: »Es wär mir sehr leid wenn mein eignes Getauftseyn dir in einem günstigen Lichte erscheinen könnte. Ich versichere dich, wenn die Gesetze das Stehlen silberner Löffel erlaubt hätten, so würde ich mich nicht getauft haben.«[51] Die Wendung will zugleich kraß deutlich machen, daß es sich um nichts als nackte Zweckmäßigkeit handle, daß keine Spur von christlicher Neigung im Spiel sei. Er hebt sich selbst auf diese Weise von der Konversion des sonst hochgeschätzten Gans ab, von welchem das Gerücht ging, er »predige das Christenthum, und suche die Kinder Israel zu bekehren. Thut er dieses aus Überzeugung so ist er ein Narr; thut er es aus Gleisnerey so ist er ein Lump«. Taufe und Taufe soll also zweierlei, Heine selbst will weder ein Narr noch ein Lump sein. Das Beharren auf der absoluten Schnödigkeit gibt, eben indem sie ihn erniedrigt, doch die einzig erträgliche Rechtfertigung ab. Jedenfalls hat Heine nie ›das Judentum aus sich ausrotten‹ wollen, wie Rahel *Varnhagen* es in ihrer ungelösten, quälerischen, durchdringend analysierten Angleichungsbegierde erstrebt hat.[52]

Nur aus diesem Bewußtsein, auch getauft ein Jude geblieben zu sein, verstehen sich die Invektiven, die Heine noch spät gegen jenen Gans gerichtet hat, so in dem schönen Gedenkaufsatz für Ludwig Markus[53]. Auf Gans oder seinesgleichen, seinen Typus, bezieht sich aber vor allem das vernichtende Verdikt des Gedichts ›Einem Abtrünnigen‹ von 1825, das ich im Wortlaut wiedergeben will:

»O des heil'gen Jugendmutes!
Oh wie schnell bist du gebändigt!
Und du hast dich, kühleren Blutes,
Mit den lieben Herrn verständigt.

Und du bist zu Kreuz gekrochen,
Zu dem Kreuz, das du verachtest,
Das du noch vor wenig Wochen
In den Staub zu treten dachtest!

Oh, das tut das viele Lesen
Jener Schlegel, Haller, Burke –
Gestern noch ein Held gewesen,
Ist man heute schon ein Schurke.«

Die Angaben über die Lektüre deuten in der Tat auf einen Kenner
der Staatswissenschaft, das Terzett der Autorennamen wäre freilich
in diesem Punkt noch harmonischer, wenn statt Schlegel *Hegel* den
Anfang machte – Hegel, in dessen Geschichtsphilosophie die ›germanische Welt‹ die dritte und letzte Epoche bildet und der zudem
wirklich Gansens Lehrer gewesen ist. Doch gibt auch »Schlegel«
einen Sinnzusammenhang, wenn man an Friedrich *Schlegels* (und
seiner Frau, der geborenen Jüdin Dorothea *Mendelssohn*) Konversion zum Katholizismus denkt; dann fügt sich der Name zu demjenigen Karl Ludwig von *Hallers*, des Verfassers der ›Restauration
der Staatswissenschaft‹, der gleichfalls (1821) zur katholischen
Kirche übergetreten ist. Edmund *Burke* freilich gehörte zeitlebens
der englischen Staatskirche an, doch mag hier die Erinnerung an
seine Verteidigung der ›established church‹ als eines Fundaments
der englischen Verfassung und an seine heftige Verurteilung der
revolutionären Konfiskation der französischen Kirchengüter[54] im
Spiel sein. Zudem gab der Name ›Burke‹, wenn man ihn deutsch
aussprach, eine prächtige Reim-Pointe ab. Wie dem aber auch sei – ist
es nicht merkwürdig, wie in der allerletzten Zeile mit einem Mal
die grammatische Anredeform sich ändert? Bis dahin redet der
Autor den ›Abtrünnigen‹ als einen anderen, nämlich mit ›du‹ an:
Du hast dich verständigt, du bist zu Kreuze gekrochen, du dachtest
dieses Kreuz noch kürzlich in den Staub zu treten! Nun, beim Fazit,
wechselt es vom ›du‹ zum ›man‹ über:

»Gestern noch ein Held gewesen,
Ist man heute schon ein Schurke.«

Es hätte ganz ebenso fortgehen können: ›Bist du heute schon ein
Schurke‹. Gewiß kann auch das ›man‹ als Anrede verstanden werden, eine besonders wegwerfende sogar, und zudem mag die
Variation nach den vorigen Wiederholungen einen poetischen Wert
und Reiz darstellen, wodurch der Hieb noch fühlbarer wird. Dennoch – man könnte auch heraushören, daß die unbestimmte Allgemeinheit dieses ›man‹ noch andere Personen, andere ›Abtrünnige‹
einbezieht außer dem einen, der da zuvor mit dem persönlichen
Fürwort angesprochen war. Womöglich gar den lyrischen Sprecher
selbst? Auch könnten alle diese drei Auslegungen zugleich zutreffen,
das grammatisch-poetische Kunstmittel könnte gleichwohl ein
verborgenes Bekenntnis mitführen. Vielleicht. »Wer mich am
meisten quält, das bin ich noch immer selbst«, schrieb der Verfasser
dieses Gedichts an den Beichtfreund dieser Lebensphase.[55]
Den empfindlichsten Einblick indessen gewährte er dem Freund in
dem Brief vom 23. April 1826: »Du hattest ... einige sehr gute
Gedanken über Judenthum, christliche Niederträchtigkeit der Pro-
silitenmacherey, Niederträchtigkeit der Juden, die durch die Taufe
nicht nur Absicht haben, Schwierigkeiten fortzuräumen« (das will
offenbar seinen eigenen Fall bezeichnen), »sondern durch die Taufe
etwas erlangen, etwas erschachern wollen und dergl. gute Gedanken
mehr, die Du gelegentlich einmal aufschreiben solltest. Du bist ja
selbständig genug, als daß Du es wegen Gans nicht wagen dürftest;
und was mich betrifft, so brauchst Du Dich wegen Meiner gar nicht
zu genieren. Wie Solon sagte, daß man Niemanden vor seinem
Tode glücklich nennen könne; so kann man auch sagen, daß niemand vor seinem Tode ein braver Mann genannt werden sollte. ...
Verzeih mir den Unmuth, er ist zumeist gegen mich selbst gerichtet.
Ich steh oft des Nachts auf und stelle mich vor den Spiegel und
schimpfe mich aus. Vielleicht seh ich des Freundes Seele jetzt für
einen solchen Spiegel an; aber es kommt mir vor, als sey er nicht
mehr so klar wie sonst. ... Nenne mich ungerecht und ich will Dir
Recht geben. Ja, was noch schlimmer ist als ungerecht, ich bin sogar
subjektiv. In solcher ungerechten Subjektivität schmähe ich auf das
schöne Wetter, auf Gans.« Und doch läßt er Gans grüßen, ihn sogar
seiner Liebe versichern. Hier ist der unmißverständliche Grund

dieser Beschäftigung mit Gans, die einer Obsession gleicht: »Ich denke oft an ihn, weil ich an mich selbst nicht denken will.«[56] Die Datumszeile wendet die Sache ins Komische: »Hamburg den 23ten des Monath Gans 1826« – das ist der wetterwendische Monat, April. – Man könnte wohl vermuten, die ›Einem Abtrünnigen‹ gewidmeten Verse seien in dieser Verfassung und in diesen Tagen entstanden.[57] Sehr wohl also kann auch von diesem Gedicht gelten, daß er an Gans denkt, weil er an sich selbst nicht denken will, und daß er in der letzten Zeile unversehens dann doch auch an sich selbst gedacht hat.

Vollends deutlich aber spricht der Umstand, daß Heine während dieser ganzen Zeit an seinem ›Rabbi‹ festhält – man ist versucht zu sagen: *sich* an seinem ›Rabbi‹ festhält. Namentlich Moser gegenüber gibt er von dieser Arbeit ständig Bericht, von den Studien, von den Hemmnissen, von der gleichwohl beharrlich, ja gewaltsam verfolgten Absicht der Vollendung. »An die Fortsetzung meines armen Rabbi darf ich in diesem Augenblick nicht gehen« – 11. Januar 1825.[58] »... nach der Promozion viel schreiben ..., unter anderm die Vollendung des Rabbi, der mir centnerschwer auf der Seele liegt. Dieses uneigennützigste Werk wird auch das gediegenste werden« – 1. April 1825.[59] »Ende dieses Jahres denke ich, den Rabbi fertig zu haben. Es wird ein Buch seyn, das von den Zunzen aller Jahrhunderte als Quelle genannt werden wird« – 1. Juli 1825,[60] das ist drei Tage nach vollzogener Taufe (wovon in diesem Brief noch keine Silbe vorkommt). »In Granada haben 1492 wirklich Juden gewohnt, denn sie werden in der Capitulazion dieser Stadt ausdrücklich erwähnt ...« – 22. Juli 1825,[61] zwei Tage nach der Promotion (noch kein Wort von der Taufe). »Vielleicht schicke ich Dir noch heute ein Gedicht aus dem Rabbi, woran ich leider wieder unterbrochen worden. Ich bitte Dich sehr, das Gedicht, so wie auch, was ich Dir von meinen Privatverhältnissen sage, niemanden mitzutheilen« – Anfang Oktober 1825[62] (hier folgt das kryptisch eingehüllte erste Geständnis, die Sache mit dem jungen Spanischen Juden, der sich »aus Luxusübermuth« taufen ließ; ich habe sie oben schon berührt). »Wenn ich nur Ruhe gewinne, den Rabbi ausschreiben zu können« – 9. Januar 1826.[63] »Ich muß manches ausarbeiten. Auch den Rabbi will ich – gegen Deine engherzige Mahnung – hier (sc. in Hamburg) fertig machen, und er soll schon im 2ten Theil meiner Reise Schriften erscheinen, deren erster Theil ... diese Ostern herauskommt« – 14. Februar 1826.[64] Dieselbe Ankündigung macht er Dr. Zunz im Mai und Joseph *Lehmann*, einem anderen Mitglied des Berliner jüdischen Kreises, am 26. Mai, hier mit der Beifügung, er sei darauf gefaßt, »alsdann in der christlichen Welt ganz verhaßt« zu werden, aber er hoffe, es werde ihm »alsdann nicht viel mehr daran gelegen seyn«.[65] Dieser Unterton von Furcht vor Rückwirkungen oder aber von Selbstermutigung, auch Selbst-Heroisierung, die Furcht zu übertönen, läuft neben den Versicherungen seiner Entschlossenheit her. (»Dieses uneigennützigste Werk« – wie oben zitiert!) Wahrscheinlich ging auch jene »engherzige Mahnung« des Freundes Moser in dieselbe Richtung, Vorsicht zu üben, und ebendeswegen antwortete Heine mit dem auftrumpfenden Entschluß, den ›Rabbi‹ schon im nächsten Band ›Reisebilder‹ zu publizieren. Eben aus diesen widerstreitenden Gedanken und Empfindungen, also eigentlich aus der nur halb eingestandenen eigenen Unsicherheit, wie er verfahren solle, scheint die erste Verstimmung zwischen ihm und Moser erwachsen zu sein (»Mit Moser lebe ich seit einiger Zeit in beständigen Mißverständnissen ...«, schreibt er in dem schon erwähnten Brief an Lehmann).

Nach dem Mai 1826 ist, soviel ich sehe, vom ›Rabbi‹ keine Rede mehr. Der zweite Band ›Reisebilder‹ erschien ohne den ›Rabbi‹ im April 1827. Er schickte ihn auch an Moser, korrespondierte mit ihm darüber, ohne die verjährte, damals doch so trotzig-entschieden geäußerte Absicht noch im geringsten zu erwähnen. Der ›Rabbi‹ blieb liegen, ward vergessen; Gras wuchs darüber, das Gras anderer Produktionen, anderer Interessen, auch einer ›neuen Religion‹ und nicht der christlichen. Heine hat das Judentum, das ›Unglück‹, die ›verlorene Sache‹, aufgegeben, ohne das Christentum auch nur für einen Augenblick innerlich anzunehmen. Er hat es sich gar nicht erlaubt, ein gläubiger Christ zu werden, und er hat es wohl keinem getauften Juden abgenommen, daß er ein gläubiger Christ sei. Obgleich er selbst eine gute Zeit lang meinte, aus dem Judentum herausgelangt zu sein, hat er doch als Beobachter an anderen immer wahrgenommen, daß ›man aus dem Judentum nicht herauskommt‹.[66] Wie an Gumpelino (in den ›Bädern von Lucca‹) satirisch demonstriert, dem »Deserteur«, der doch »noch immer seine Uniform« trägt,[67] sie ist ihm nämlich angewachsen.

IV.

Einmal indessen hat er einen solchen ›Deserteur‹ doch mit Sympathie oder hat er vielmehr – um es gleich herauszusagen – sich selbst in seiner Eigenschaft als getauften Juden mit Ironie geschildert, hat er sich zum modischen Fant, zum genußsüchtigen Dandy und flirtenden Süßholzraspler, zum koketten Heiden und Sensualisten stilisiert – und das gerade ausgerechnet im ›Rabbi von Bacherach‹, nämlich in jenem dritten Kapitel des Fragments, das wie die Farce der Tragödie folgt. Der Rabbi selber und seine schöne Sara treten hier in den Hintergrund, eine neue Figur nimmt die Mitte ein: es ist die Ausführung jenes ›jungen Spanischen Juden‹, der in dem zuvor angeführten Brief an Moser vorkam und dort die Aufgabe hatte, das verschlüsselte Bekenntnis der ›Abtrünnigkeit‹ seines Erfinders zu überbringen: ». . . vom Herzen ein Jude, der sich aber aus Luxusübermuth taufen läßt«.[68] Es ist Heine, er kommt uns hier einmal spanisch, im Kostüm eines Ritters mit goldenen Sporen, weißem Mantel, kostbarem Wehrgehänge und Federbarett, und heißt Don Isaak. Doch ist diese neue Probe der historischen Kostümschilderung im Stil von Walter Scott mit einigen distanzierenden Urteils-Zutaten versetzt, die bei jedem anderen Autor die Identifikation als Selbstporträt erschwerten, bei Heine machen sie das Echtheitssiegel aus. Sein Gang »hatte eine etwas gesuchte Zierlichkeit«, den Frauen nähert er sich »teils mit Neugier, teils mit Kennermienen«, blickt ihnen »seelenruhig ins Antlitz«, die Attribute »nachlässig«, »sorglos«, »keck«, die sein Gehaben bezeichnen, und auch die »stutzerhafte Sicherheit« stimmen zu dem Bilde des Flaneurs vom Palais Royal, wenn er sich hier auch in die Frankfurter Judengasse verirrt hat.

Die leise Selbstverspottung hat freilich auch ihre erzählerische Funktion: sie bereitet die Enthüllung der eigentlichen Identität des ›Ritters‹ vor. Als er nämlich der schönen Sara seine Komplimente macht und seine Minnedienste anträgt, fährt die Antwort wie ein Blitz des Ernstes in das leere Stroh seiner Reden: »Edler Herr! Wenn Ihr mein Ritter sein wollt, so müßt Ihr gegen ganze Völker kämpfen, und in diesem Kampfe gibt es wenig Dank und noch weniger Ehre zu gewinnen! Und wenn Ihr gar meine Farben tragen wollt, so müßt Ihr gelbe Ringe auf Euren Mantel nähen oder eine blaugestreifte Schärpe umbinden: denn dieses sind meine

Farben, die Farben meines Hauses, welches Israel heißt und sehr elend ist und auf den Gassen verspottet wird von den Söhnen des Glücks.« Die stolze Paria-Sprache macht die Maskerade zunichte. Der Erzähler verschweigt und beschönigt hier nichts: Don Isaak gerät tatsächlich in die tiefste Verlegenheit, wird rot vor Scham und – bekennt, selber aus dem Hause Israel zu stammen. (Heine macht ihn zum Neffen des berühmten sephardischen Rabbi Abarbanel, in dessen Geschichte und Verhältnisse er sich bei seinen Studien in Göttingen und Hamburg vertieft hatte.) Die Künstlichkeit der Fabel soll uns jetzt nicht stören, wir nehmen hin, daß Rabbi Abraham den Spanier aus gemeinsamen Studienzeiten kennt, er nennt ihn bei seinem großen jüdischen Namen und erregt dadurch den Zorn dessen, der sich noch eben schämte, wiewohl er noch gar nicht angegriffen ist:

»Wie will der Fuchs den Löwen richten? Nur wer wie der Löwe fühlt, kann seine Schwächen begreifen.«[69]

Hier haben wir die Verteidigung des Taufaktes, denn darin eben besteht die ›Schwäche‹ des Löwen vom Stamme Davids. Genauer besehen, ist es freilich keine Verteidigung, nur die Stimme des beleidigten, die Beleidigung vorausahnenden Ehrgefühls. Rabbi Abraham liefert den Tadel alsbald nach: »Was sollen erst die geringeren Tiere beginnen, wenn sich der Löwe verleugnet?« Das ist ungefähr der Vorwurf, den Heine damals gegen Eduard Gans erhob. Oder ist es der Vorwurf, den er damals selber von Moses Moser erwartete, fürchtete? (Etwas von Moser scheint in den Rabbi Abraham des dritten Kapitels eingegangen.) Es ist abermals beides.

Die ›Schwäche‹ wird nicht gerechtfertigt, die Wunde bleibt. Die Auseinandersetzung bricht ab, geht in die freudige wechselseitige Wiederkennungsszene der beiden Studiengefährten über, und ich möchte die textkritische Diagnose wagen, daß etwa an dieser Stelle[70] das authentische Fragment aus der Zeit des Übertritts zum Christentum zu Ende war. Was folgt, bezeugt weder mehr Scham noch Trotz des ›Abtrünnigen‹ (oder des ›Deserteurs‹), vielmehr eine neue Position jenseits von Judentum und Christentum. Mit betontem Leichtsinn verkündet Isaak, der eben noch so löwenmäßig auf seine Herkunft wie auf seine ›Schwäche‹ pochte, den Grund

seiner Anwesenheit, seiner Visite beim Volk Israel: »Der Verkehr
mit dem Volke Gottes ist sonst nicht meine Liebhaberei, und wahr-
lich nicht, um hier zu beten, sondern um zu essen, besuche ich die
Judengasse.« Da finden wir ein Exempel von ›Rehabilitation der
Materie‹, mag diese Materie hier auch aus Karpfen mit Rosinen-
sauce oder Hammelfleisch mit Knoblauch bestehen. Aber es bleibt
nicht bei solchen Lust-Katalogen, sondern mittendrin steht ein
förmliches Glaubensbekenntnis:

»Ja, ich bin ein Heide, und ebenso zuwider wie die dürren, freudlosen Hebräer sind mir die trüben, qualsüchtigen Nazarener. Unsre
Liebe Frau von Sidon, die heilige Astarte, mag es mir verzeihen,
daß ich vor der schmerzenreichen Mutter des Gekreuzigten nieder-
knie und bete ... Nur mein Knie und meine Zunge huldigt dem
Tode, mein Herz blieb treu dem Leben ...!«

Da sind wir beinahe bei dem Gegensatz des Nazarenischen und
des Hellenischen angelangt, von dem die Nachforschungen dieses
Kapitels ausgingen – beinahe, denn das Hellenen-Vokabular hätte
sich im Munde des ›jungen Spanischen Juden‹ aus dem 15. Jahrhundert allzu wunderlich ausgenommen, es ist ins Biblisch-Babylonische
oder Phönikische übersetzt, aber die Zeugungs- und Geschlechts-
göttin führt im Munde des frischgebackenen Neuheiden ganz denselben lästerlichen Titel, den der Verfasser bei anderer Gelegenheit
der antiken Venus zuteilt: »Unsere liebe Frau« – von Sidon oder
Milo.[71] Judentum und Christentum, Hebräer und Nazarener, sind
in eins zusammengeworfen, wenn auch hier nicht in einen einzigen
Begriff gebracht wie in dem Börne-Buch. Dürr, freudlos, trübe,
qualsüchtig, schmerzensreich, gekreuzigt – die verlassene Sphäre
ist mit einer ganzen Fülle von teils authentischen, teils aufgeklebten
Attributen bedacht, gipfelnd in dem Kennwort ›Tod‹. Auf der
anderen Seite steht nur das ›Leben‹. Es ist mehr sprachlicher Auf-
wand der Verwerfung als der Preisung.
Der Rabbi von Bacherach war vor dem Pogrom geflüchtet – und
zwar ein Rabbi geblieben, aber im Fortgang der Erzählung an
den Rand gerückt, verblaßt –, er gab die Hauptrolle an den ›jungen
Spanischen Juden‹ ab, der die ›Schwäche‹ hatte, sich taufen zu
lassen – aus »Luxusübermuth«? der eleganten Anpassung wegen?
um ›Schwierigkeiten fortzuräumen‹? –, und am Ende zeigt es sich,

daß dieser doch nicht mehr ›im Herzen Jude‹ ist, Christ freilich nur mit Knie und Zunge, im Herzen etwas Drittes: ›Heide‹, Lebensverehrer, ›Hellene‹. Die Rekapitulation der religiösen Biographie, der persönlichen Ideengeschichte Heines scheint hier vollständig enthalten, nur der saint-simonistische ›Pantheismus‹ ist gleichsam übersprungen, ein paar isolierte Restbestände von der ›Rechtfertigung des Fleisches‹ abgerechnet. Die Solidarität mit der Gemeinde der Verfolgten beschränkt sich in dieser letzten Phase auf den Geschmack an der jüdischen Küche oder, wenn wir dies als poetisches pars pro toto nehmen, an den Freuden, die auch die ›freudlosen Hebräer‹, gleichsam ohne es zu wollen noch eigentlich zu dürfen, doch hervorgebracht und kultiviert haben.

Wie Don Isaak, so ist auch Heine – wenngleich mit einiger Verzögerung – nicht zum Christentum, sondern zum Heidentum übergetreten. Dies war nun freilich keine organisierte Gemeinde, sondern vorab eine persönliche Gesinnung, doch hat er in der saint-simonistischen ›Kirche‹, auch in den Zirkeln der Goethe-Verehrer, schließlich im verbreiteten literarischen Klassizismus und Neu-Hellenismus mehr oder minder deutlich abgegrenzte Bekenntnisgruppen gefunden, welchen er Teilnahme entgegenbrachte, ohne sich freilich je vollkommen zu identifizieren. Vom Saint-Simonismus war schon ausführlich die Rede, die anderen ›heidnischen‹ Motive und Ideen werden uns noch näher beschäftigen. Einstweilen kommt es nur auf die Wahrnehmung an, wie die Ausbildung und Befestigung dieses ›dritten‹ Standorts und Glaubens mit seinen historischen und seinen utopischen Ingredienzien ihn in den Stand gesetzt hat, Judentum und Christentum, diese große und beherrschende schmerzliche Alternative, ihres Gegensatzes und Alternativ-Charakters zu entkleiden, beide Lehren, Dogmensysteme und Kulte in eins zu werfen, zu einem einzigen Typus zu amalgamieren, dem ›nazarenischen‹, wie er ihn dann an dem individuellen Exempel des getauften, aber ernstlich getauften Juden (und Republikaners) Ludwig Börne polemisch vorgestellt hat. ›Nazarenisch‹, heißt es im Börne-Buch, wolle er sagen, um die Ausdrücke ›jüdisch‹ und ›christlich‹ zu vermeiden, beides solle in den einen Namen gefaßt werden, er solle aber »nicht einen Glauben, sondern ein Naturell bezeichnen«. Er versteigt sich so weit, ›jüdisch‹ und ›christlich‹ für »synonyme« Wörter zu erklären. Nazarener seien »Menschen mit asketischen, bildfeindlichen, vergeistigungssüchtigen Trieben«[72] –

darin kehrt natürlich der saint-simonistische Begriff des ›Spiritualismus‹ wieder; die theologisch-physiologische Bestimmung kann sich aber gewiß auch auf solche biblischen Zeugnisse wie das Bildnisverbot des Dekalogs und das »Gott ist Geist« des Neuen Testaments stützen. Die Sinnenfeindschaft scheint das Kernmotiv zu sein, das hier getroffen werden soll. Einen gewissen Aufschluß gibt eine Briefstelle, die bereits aus dem Jahr 1823 stammt – wiederum an Moser gerichtet, wiederum im Zusammenhang mit Gans und mit den jüdischen Reformbestrebungen: »Ich habe ihnen doch schon den Wahn benommen, daß ich ein Enthusiast für die jüdische Religion sey ...«, »... der geborene Feind aller positiven Religionen wird nie für diejenige Religion sich zum Champion aufwerfen, die zuerst jene Menschenmäkeley aufgebracht, die uns jetzt so viel Schmerzen verursacht ...«[73] ›Menschenmäkeley‹ – was mag das heißen? Ich kann nichts anderes darin vermuten als Abwehr gegen die Sünden-Festsetzungen der Zehn Gebote, besonders derjenigen von ihnen, die etwas mit Enthaltsamkeit zu tun haben, und gegen die ausgearbeitete Gesetzlichkeit überhaupt, wie sie im Zweiten und vor allem im Fünften Buch Mose zuerst niedergelegt war, gegen all das ›Du sollst‹ und ›Du sollst nicht‹ oder – wie man nach Freuds Vorgang heute zu sagen sich gewöhnt hat, gegen die Tabus, welche dort aufgerichtet und auferlegt worden sind.[74] Es ist im Grunde der Begriff der Sünde schlechthin, zumal in seiner Einengung auf die ›Fleischessünde‹ – selbst ein religionshistorischer Prozeß von ungeheurer, zuletzt noch immer rätselhafter Bedeutung –, worin er den jüdisch-christlichen Zusammenhang zu fassen sich zutraut, und es ist seine moralische Zwangsgewalt, die er abzuschütteln sich unterfängt. So bringt er es zustande, von seinem neu entdeckten archimedischen Punkt aus, nämlich aus der Perspektive des ›Heiden‹ (wie Don Isaak sagt), den Typus des Nazareners auch als »Juden«[75] und den Juden (Börne) auch als »geborenen Christen«[76] anzuzeigen und festzunageln.

Was die biographische Seite anlangt, so hat man bisweilen den Eindruck, Heine habe es das Judentum entgelten lassen, daß er ›desertiert‹ war und sich hatte zum Christen taufen lassen. Zwei Jahre vor dem Tauf-Entschluß hatte er, schon mit dem Gedanken spielend, sich doch noch moralisch stark gemacht: er halte es »unter seiner Würde« und seine »Ehre befleckend«, um einer Karriere in Preußen willen – »im lieben Preußen!« – einen solchen

Schritt zu tun. Er hat ihn gleichwohl getan, und es ist kein Zweifel, er fühlte seine Ehre befleckt. Schon darum, aus Stolz, mochte er sich im christlichen Glaubensmilieu nicht ansiedeln, er wanderte noch einmal und weiter aus, schlug sich zu den ›Heiden‹ und emanzipierte sich nicht nur von der peinlich erzwungenen, sondern gleich auch von der angestammten Religion und Gemeinschaft. Das Werkzeug hat er sich selbst hergestellt – eben den Begriff des ›Nazarenischen‹ –, und es ist noch wie eine Leistung der Großmut, daß er der ganzen jüdisch-christlichen Sphäre den Charakter eines eigentümlichen ›Naturells‹, also eines besonderen Konstitutionstypus zusprach. Das Vorbild der typologischen Phantasie des Vaters Enfantin und des Predigers Barrault scheint hier eine späte Frucht zu tragen, die polaren Gegensätze von Othello und Don Juan, des Standhaften und des Beweglichen, geistern nach in demjenigen des Nazareners und des Hellenen, und nicht allein der logischen Beschaffenheit nach. Den Typus des Nazarenischen stellte Heine auf, um sich von ihm abzustoßen (und abgestoßen, ja angewidert[77] zu fühlen): das ist – über die ›Querelles juives‹ und das Literatengezänk hinaus – der Hauptgehalt des Buches ›Ludwig Börne, Eine Denkschrift‹.

Sehr viel später hat der Dichter die ›nazarenische‹ Legierung wieder auseinandergenommen, hat er Jud und Christ, Rabbi und Mönch, wider einander zum Turnier, zur ›Disputation‹ antreten lassen. Das Gedicht dieses Titels steht im ›Romanzero‹, und es scheint beziehungsvoll, daß dort auch die spanische Lokalfarbe wiederverwendet ist wie damals im dritten Kapitel des ›Rabbi von Bacherach‹. Mit Raffinement ist das Stück angelegt, über hundert vierzeilige Strophen sind dem Dogmenstreit und der wechselseitigen Bekehrungswut des Rabbi Juda von Navarra und des Frater José vom Franziskaner-Orden gewidmet – das geht durch fünfzehn Druckseiten und dauert laut Auskunft des Berichterstatters zwölf Stunden, der Schauplatz ist die »Aula von Toledo« –, bis zur knappen und frechen Pointe: jenem Diktum der zierlichen Königin, Blanche de Bourbon, aus Paris notabene:

»Welcher recht hat, weiß ich nicht –
Doch es will mich schier bedünken,
Daß der Rabbi und der Mönch,
Daß sie alle beide stinken.«[78]

Auch hier spricht sich ein dritter, archimedischer Standpunkt aus, jenseits der beiden Glaubenspositionen, die auf diese Weise abermals zu einem einzigen ›Naturell‹ verschmelzen oder verduften: Es ist freilich nicht der Standpunkt der marmornen Klassizität, sondern derjenige der kosmetischen Mondänität, ganz ohne religiöse Weihe und saint-simonistische Heiligkeit.

Siebtes Kapitel

Marmorbilder

I.

Den Gegensatz des Nazareners und des Hellenen hat Heine in seinem Börne-Buch so weit getrieben und so tief nicht bloß in die Kultur, sondern in die Natur versenkt, daß er ihn schließlich gar als Verschiedenheit der physischen Anlage, des Körperbaus darstellte. Jetzt war es ganz einfach der Gegensatz der mageren und der fetten Menschen oder vielmehr – wie er im Interesse eines feineren Selbstporträts hinzusetzt – der Gegensatz zwischen denen, die immer dünner werden (das sind die Börnes), und denen, die »aus schmächtigen Anfängen allmählich zur ründlichsten Korpulenz übergehen«.[1] Hier denkt er kaum noch an authentische Griechen, gar griechische Göttergestalten, auch nicht an den ›Griechen‹ Goethe, den neuen ›Heiden‹ und menschlichen ›Jupiter‹, wie wohl sonst nicht selten, sondern fast nur noch an sich selbst. Gerne hat er in diesen seinen vierziger Lebensjahren mit seinem Embonpoint kokettiert – was sich schrecklich gerächt hat, indem er ja späterhin auf dem jahrelangen Krankenlager dermaßen vom Fleisch gefallen ist, daß man ihn wie ein kleines Kind auf dem Arm davontragen konnte. Vollends wird an dieser Stelle deutlich, daß es ihm nicht um eine wissenschaftlich neutrale Typenlehre ging; vielmehr wird der magere Nazarener verworfen, wenn auch mit herablassender Großmut, während der Autor mit dem Gegenbilde des lebensfreudigen und etwas wohlbeleibten Hellenen eindeutig sich selber identifiziert. Er hat das zehn Jahre danach, in der Rückerinnerung, mit leiser Selbstironie enthüllt: »Ich bin kein lebensfreudiger, etwas wohlbeleibter Hellene mehr, der auf trübsinnige Nazarener heiter herablächelte – ich bin jetzt nur ein armer todkranker Jude...«[2]

Das war abermals ein Selbstporträt, diesmal ganz unverhohlen, eine neue autobiographische Lebensformel, der Hellene war abgelegt, der Jude mit fast schroffer Aufrichtigkeit hervorgekehrt, es kam einer Abschwörung gleich.

Aber so weit sind wir nicht. Einstweilen wollen wir diesem ›hellenischen‹ Ideal nachforschen, wie es gemeint war, als es noch in Blüte stand. Zuerst, ein paar Jahre vor dem Börne-Buch, hat er es in Prosa und im Zusammenhang ausgesprochen in jener Passage der ›Elementargeister‹, wo er die Geschichte seines »armen Freundes« Heinrich Kitzler erzählt, Magister artium zu Göttingen, der an einem großen Werk über die ›Vortrefflichkeit des Christentums‹ schrieb und es ins Kaminfeuer warf, als er es eben vollendet hatte. Denn ihn, der den Sieg der ›Nazarener‹ über das antike Heidentum hatte verherrlichen wollen, wandelte im selben Zuge, wie es heißt, »ein schauerliches Mitleid« für »jene schönen Tempel und Statuen« an, die da untergingen, für »jene teuren Meisterwerke ..., womit der bildende Geist der Hellenen die Welt verziert hatte«.

» ›Nein‹, fuhr der Magister fort in seiner Rede, ›ich will nicht nachträglich, durch Herausgabe dieses Buches, teilnehmen an solchem Frevel, nein, das will ich nimmermehr ... Und euch, ihr zerschlagenen Statuen der Schönheit, euch, ihr Manen der toten Götter, euch, die ihr nur noch liebliche Traumbilder seid im Schattenreiche der Poesie, euch opfere ich dieses Buch!‹«[3]

So sprach und handelte Kitzler – die Geschichte ist in das Jahr 1820 verlegt –, obwohl er in einem und demselben Atemzug die lasterhafte, ja verbrecherische Natur des Heidentums mitsamt seinen Göttern und die sittliche Überlegenheit der Christen ins Licht rückte. Und während der Erzähler seinem Magister diese vertrackte Dialektik von Laster und Schönheit einerseits, Moral und Kunstfeindschaft andererseits in den Mund legte, ging er selber in seiner Auslegung des Religionskampfes noch einen beträchtlichen Schritt weiter, indem er nämlich die antike Kunstschönheit zur sündlosen ›Lebenslust‹, die christliche Sittlichkeit zur sinnenfeindlichen Askese, beide also zu »Gefühls- und Denkweisen« steigerte und radikalisierte, die einander ausschließen und zwischen welchen es nur Krieg bis zur Vernichtung geben konnte – einen Krieg freilich, der längst zugunsten des Geistes und wider die Lust entschieden war. Leicht erkennen wir hier die saint-simonistische Antithese des Sensualismus und Spiritualismus wieder, nur ins Unversöhnte und

Unversöhnliche gewendet. Die ›Rehabilitation des Fleisches‹ allerdings deutet sich hier nur leise an, die Resignation überwiegt, und dies nicht allein in der leicht komischen Trauer jenes deutschen Bücherwurms und Stubenhockers namens Kitzler, sondern auch in den Meditationen des Erzählers, Heines, der hier in allem Plauderton doch einen weit ernsteren Begriff von den geschichtlichen Mächten und Entscheidungen bekundet als Vater Enfantin und die Seinen mit ihren Parolen, die sozusagen gar nicht wußten, was für eine ungeheure historische Revision oder ›Kulturrevolution‹ sie in Gang zu setzen unternommen hatten.

»Die Frage war, ob der trübsinnige, magere, sinnenfeindliche übergeistige Judäismus der Nazarener oder ob hellenische Heiterkeit, Schönheitsliebe und blühende Lebenslust in der Welt herrschen solle«[4] – so exponiert oder rekonstruiert Heine gleichsam die Lage vor der Schlacht. Aber wiewohl diese Schlacht als längst geschlagen erscheint, hören wir doch etwas mehr heraus als ohnmächtige Klage um die Besiegten, nämlich eine halb verschwiegene, raunende Erwartung, der Prozeß könnte, sollte noch einmal von neuem aufgerollt, das geschichtliche Unglück wiedergutgemacht werden. Schon hier vernimmt man diese hermetisch geflüsterten Andeutungen einer Erlösungsbotschaft, die um so verheißungsvoller anklingt, als sie noch zurückgehalten wird, und die als um so strahlender geahnt werden soll, als ihr Glanz von Verbotsschatten verdeckt bleibt.

». . . es ist mir nicht erlaubt, mit bestimmten Worten hier von allen den Dingen zu reden, worüber ich nachgedacht, und noch weniger ist es mir erlaubt, die Resultate meines Nachdenkens mitzuteilen.«[5] (Das ist derselbe geheimnisvolle Ton wie – drei Jahre danach – im Börne-Buch bei der Rede von den »Göttern der Zukunft«![6]) Was soll das heißen? Wer hat's denn verboten?

Man hat die Stelle recht buchstäblich auf das Interdikt des Frankfurter Bundestags bezogen.[7] Der Gedanke mag in der Tat hineinspielen – jedenfalls insoweit, als es eine gründlichere Kritik des Christentums ist, die Heine hier unterdrückte. Doch hat, auch wenn das zutrifft, der Schriftsteller zum wenigsten die Gelegenheit genutzt, gerade durch die Ausdrücklichkeit der Verschweigung den Zensoren einen souveränen Streich zu spielen. »Werde ich mit verschlossenen Lippen ins Grab steigen müssen, wie so manche andere?« Vielleicht aber verrät sich noch mehr und anderes in solcher kunstvollen Stilfigur. Vielleicht hat ebendiese ›Verschließung der Lippen‹

auch wirklich die stille Meditation gefördert zu dem Grade, daß die Freudenbotschaft erst zum gefährlich-unerhörten Geheimnis sich erhitzt, die vordem angekündigte ›religiöse Synthese‹ erst zur kühner ausgreifenden Utopie sich ausgebrütet hat? Ich zweifle nicht, daß die »bestimmten Worte«, die hier nicht ausgesprochen sind, auf ebendieselben »Götter der Zukunft« deuten, welche nachher im Börne-Buch beschworen werden, wenngleich noch immer dunkel – was diese utopische Chiffre auch bedeuten mag.[8]

So mag das Staatschristentum der deutschen Restaurationsepoche, wie es sich in dem Frankfurter Bundestagsbeschluß gegen das ›Junge Deutschland‹ aussprach, in Heines Fall dazu beigetragen haben, die vordem eher vergnügte und zuversichtliche Glücksbotschaft, wie er sie im freieren Frankreich des Bürgerkönigtums von den Saint-Simonisten aufgefaßt hatte, eben durch erzwungene Verschweigung zugleich in ihrer Bedeutung zu steigern und durch die geheime Steigerung auch zu verwandeln. Einstweilen freilich und für geraume Zeit erfahren wir von Heine noch nicht, was es mit den Göttern der Zukunft für eine Bewandtnis habe. Einstweilen schwärmt er nur von den Göttern der Vergangenheit, den ›hellenischen‹ nämlich oder, besser, den heidnischen, denn er nennt sie – gemäß der lateinischen Bildung, die er selbst genossen und die die Bildung der Epoche war – durchweg bei ihren römischen Namen: Jupiter, Apollo, Venus und Diana, wie sich denn überhaupt in dem ganzen Œuvre des selbsternannten ›Hellenen‹ nur wenige authentisch griechische Wörter finden.

Denn die ganze Kitzler-Anekdote mitsamt den Erwägungen über den Triumph des ›Judäismus‹ und den Untergang des ›Hellenismus‹ und über die vergangene Vortrefflichkeit des Heidentums, das alles bildet ja gleichsam die religionshistorische Einleitung zu jener Serie von nacherzählten Sagen, die er später (auf französisch) unter dem brillant treffenden Titel ›Die Götter im Exil‹ aus dem breiteren Zusammenhang des Essays über die ›Elementargeister‹ herausgelöst, zudem wesentlich vermehrt hat: es sind die Sagen von verschollenen antiken Bildsäulen, die des Nachts lebendig werden, vom Venusberg und dem Tannhäuser und von anderen Heidengöttern, die an heimlichen Orten fortleben und zuweilen von verliebten oder erschreckten Menschen entdeckt werden.[9] Und nachdem wir die ›Götter im Exil‹ kennen, ihre indirekt utopische – und nicht bloß ihre romantische – Bedeutung wenigstens ahnen, muß uns alles, was zuvor in den ›Elementargeistern‹ von Elfen, Nixen und Wichteln berichtet wird, muß das Gewimmel der Kobolde wie ein bloßes Vorspiel des eigentlichen und hauptsächlichen Themas erscheinen: Es handelt eben von den vertriebenen, verbannten, ja verteufelten Gottheiten – und Schönheiten – des Altertums: »Diese sind keine Gespenster, denn ... sie sind nicht tot; sie sind unerschaffene, unsterbliche Wesen, die nach dem Siege Christi sich zurückziehen mußten in die unterirdische Verborgenheit, wo sie, mit den übrigen Elementargeistern zusammenhausend, ihre dämonische Wirtschaft treiben.«[10] Derselbe Heine, der zuerst den Tod Gottes verkündete,[11] nämlich des christlichen, biblischen, judäisch-nazarenischen Gottes, des »alten Jehova«, er hat auch, wie im Gegenzuge, das Fortleben der alten Götter behauptet. »Sie sind nicht tot«, sondern nur im Exil – wie er selbst, der Autor, im Exil lebte, im französischen –, und die geistreiche politische Metapher legt insgeheim schon die Erwartung nahe, daß sie wiederkehren können, einst wiederkehren werden.

II.

In gewisser Weise sprengen die exilierten Heidengötter das Generalthema der ›Elementargeister‹. Die Natur, ob unter- oder oberirdisch, ist diesen Heimat, jenen Fremde. Nur zusammengesperrt sind die Götter mit den Geistern. Venus im Berg und Jupiter im Eis sind nichts weniger als Naturwesen, sie gehören, wie der Magister Kitzler ausführte, sogar der Kunst an. Heines Umwertung der Werte – und wir haben hier in der Tat einen kräftigen Vorklang, vielleicht ein Vorbild für Nietzsches antichristliche Lebenspreisung vor uns! – zielt nicht etwa auf eine Restauration antiker Kulte, sondern auf eine Rechtfertigung der Schönheit, und die alten Götter figurieren keineswegs als übermächtige Wesen, denen man opfert, sondern als Kunstgebilde, die man liebend bewundert. Nicht als führende oder drohende Mächte, überhaupt nicht eigentlich als höhere Lebewesen sind sie ihm unsterblich, sondern als Marmorbilder. Aus dem »Teufeltum« freilich sollen sie herausgeholt werden, doch nicht auf die alten Thronsessel, nicht auf ihren Olymp sollen sie zurückkehren, sondern mitten unter die Menschen als Muster der Schönheit. Nicht in eine numinose, sondern in eine ästhetische Existenz sollen sie eintreten oder sind sie schon eingetreten, und wenn hier noch von Religion die Rede sein kann, so allenfalls von einer ›Kunstreligion‹.

Diese Kennzeichnung scheint allem zu widersprechen, was Heinrich Heine früher bekannt hat und wodurch er unseren heutigen ›engagierten‹ Schriftstellern und politisierten Literaten teuer ist. Wahrhaftig wirken diese Passagen der ›Elementargeister‹ auf den ersten Blick wie eine Rückkehr zu jener deutsch-klassizistischen »Kunstperiode«, deren Ende er in der ›Romantischen Schule‹ (kaum fünf Jahre zuvor) noch recht lautstark proklamiert hatte. Sonderbarerweise dienen ebendieselben »Statuen« dort als Zeichen der Erstarrung, jetzt aber als Chiffren des Lebens. Es gab da die Stelle über die alten Götterbilder im Louvre: »Da standen sie, mit den stummen weißen Augen, in dem marmornen Lächeln eine geheime Melancholie, eine trübe Erinnerung vielleicht an Ägypten, das Totenland, dem sie entsprossen, oder leidende Sehnsucht nach dem Leben, woraus sie jetzt durch andere Gottheiten fortgedrängt sind, oder auch Schmerz über ihre tote Unsterblichkeit ...« und so fort, und sie eben, heißt es, gemahnten ihn »an die Goetheschen Dichtungen, die ebenso vollendet, ebenso herrlich, ebenso ruhig sind und ebenfalls mit Wehmut zu fühlen scheinen, daß ihre Starrheit und Kälte sie von unserem jetzigen bewegt warmen Leben abscheidet, daß sie nicht mit uns leiden und jauchzen können, daß sie keine Menschen sind, sondern unglückliche Mischlinge aus Gottheit und Stein.«[12] Heine sprach dort ausdrücklich – aus der Erinnerung – als einer der »Männner der Bewegung«, und das Wort, das uns Heutigen so fatale Assoziationen weckt, meinte dazumal die Fortschrittsgesinnung in Literatur und Publizistik, den Angriff gegen ›Junker und Pfaffen‹, welchem eben das apolitische »Kunstwesen« der Goethe-Epoche entgegenstand, und der Autor bekennt, »selber damals ein Gegner Goethes« gewesen zu sein, wenn auch ein respektvoller. Dem allen scheint er nun wirklich abzuschwören, zum wenigsten, wenn wir die Stimme des Magisters Kitzler hören und in Vergleich setzen – »Jene Denkmäler einer Frühlingsperiode der Menschheit, die nie wiederkehren wird und die nur einmal hervorblühen konnte ...«[13] – und seine klagende Anrufung der »zerschlagenen Statuen der Schönheit«, wie ich sie oben schon angeführt habe. Es leidet wohl keinen Zweifel, daß hier der Klassizismus, das Winckelmannsche Erbe, diese zweite, ästhetische und spezifisch deutsche Renaissance, die Griechensucht (die ›Tyranny of Greece

over Germany‹, wie Miß Butler[14] formuliert hat), in Heine wieder
auftaucht. Es sind dieselben Marmorbilder, es ist dasselbe ›Kunstwesen‹, wogegen er zuvor angerannt war um der politischen Emanzipation willen und welches er jetzt in Anspruch nimmt wider das
bildfeindliche Christentum um einer anderen, nämlich einer moralischen Emanzipation willen. Oder sollen wir sagen – um einer
Emanzipation von der Moral willen?
Und doch ist dieser Widerspruch nicht ausschließend. Schon die
Statuen des Louvre dienten ihm nicht nur als Metaphern klassi-
zistischer Erstarrung. Ich habe oben in dem Zitat aus der ›Romantischen Schule‹ einen Satz ausgespart, der etwas ganz anderes ausdrückt oder ankündigt. Er folgt unmittelbar auf jene Beschreibung
der »geheimen Melancholie«, die dem »marmornen Lächeln« inne-
wohne, und auf die Bemerkung vom »Schmerz über ihre tote
Unsterblichkeit« und lautet so: »... sie schienen des Wortes zu
harren, das sie wieder dem Leben zurückgäbe, das sie aus ihrer
kalten, starren Regungslosigkeit erlöse.«[15] Was hier wie eine
flüchtige Imagination erscheint, wird hernach zum geheimen Thema
der ›Götter im Exil‹: die Erlösung der Marmorbilder zum Leben.
Und das Lösewort, das hier unausgesprochen bleibt, ist gewiß
dasselbe »bestimmte Wort«, das er hernach durch Verschweigung
verkündet. Der Marmor soll Fleisch werden. Die Belebung der
Bilder ist selber die chiffrierte Utopie, eigentlich nur eine andere
Gestalt der ›Rehabilitierung des Fleisches‹, wie er sie in der Salle
Taitbout hatte predigen hören. Die Parole der Saint-Simonisten
erscheint wie in Figuren übersetzt.
Doch hat dieses Raunen von der möglichen, von der ersehnten
Wiederkehr der alten Götter und Göttinnen aus ihrem christlichen
Exil in der Tat kaum noch religiösen Charakter. In den ›Elementar-
geistern‹, und zwar gerade im Anschluß an die Anekdote vom
Magister Kitzler, spricht sich Heine darüber ziemlich deutlich aus,
indem er den spätgriechischen Philosophen, den Verteidigern des
alten polytheistischen Glaubens wider die Christen, ihre religiösen
Argumente verweist und ihnen eine freilich recht verspätete Lektion
erteilt, was sie eigentlich hätten vorbringen müssen, wenn sie die
Kirchenväter aus dem Felde schlagen wollten. Nicht »die alte
erstorbene Glaubenslehre«, vielmehr »weit lebendigere Dinge«,
belehrt er sie, hätten sie verteidigen sollen. »Die Frage war« – ich
zitiere dies noch einmal –, »ob der trübsinnige, magere, sinnen-

feindliche, übergeistige Judäismus der Nazarener oder ob hellenische Heiterkeit, Schönheitsliebe und blühende Lebenslust in der Welt herrschen solle.« Das nimmt sich noch abstrakt aus, der Religionskampf scheint in einen Gegensatz von ›Weltanschauungen‹ oder philosophischen Gesinnungen umgesetzt. Aber der nächste Satz verrät die Absicht deutlicher: Nicht um gleichsam geistesgeschichtliche Erkenntnisse geht es hier, sondern um die Emanzipation der Sinnlichkeit. »Jene schönen Götter waren nicht die Hauptsache; niemand glaubte mehr an die ambrosiaduftenden Bewohner des Olymps, aber man amüsierte sich göttlich in ihren Tempeln, bei ihren Festspielen, Mysterien; da schmückte man das Haupt mit Blumen, da gab es feierlich holde Tänze, da lagerte man sich zu freudigen Mahlen . . . wo nicht gar zu noch süßeren Genüssen.«[16]

Das ist eine andere Sprache, nicht diejenige eines Historikers der Religion und Philosophie in Griechenland, auch nicht so recht diejenige eines Apostels der heiligen Materie, wie Vater Enfantin ihn sich gewünscht hatte: Solch eine mondäne Vokabel wie »man amüsierte sich« stimmt weder zur deutschen Archäologie noch zum saint-simonistischen Priesterton, eher zum süßen Leben von Paris. Die Andeutung am Schluß scheint zwar eine Erinnerung an jene begeisterte Definition der Liebe als eines ›göttlichen Banketts‹ variierend zu bewahren, die seinerzeit das Gericht den angeklagten Vätern der Eglise saint-simonienne so besonders dick angekreidet hatte,[17] aber deren feierliche Schwärmerei ist hier nicht nur ins Deutsche, sondern zugleich ins Schalkhaft-Lüsterne übersetzt.

Übrigens haben wir da ein Tableau vivant in Prosa vor uns – ungefähr von der Art, wie die spätere Historienmalerei sie ins Bild gebracht hat. Man kann durchaus an Anselm Feuerbachs ›Gastmahl des Platon‹ denken, ein wenig sogar an Hans Makart, wenn dieser sich auch mehr an Szenerien der Renaissance gehalten hat als an solche der Antike. Jedoch hat solche Kunst des späteren neunzehnten Jahrhunderts die Lust-Bilder vollends ins historische Kostüm verkapselt und nur zur Betrachtung ausgestellt, die Spur von Verheißung war daraus vertilgt, der Appell zur Emanzipation verklungen, die Kunst war mehr zu einem Versteck geworden, worin die »Schönheitsliebe« ein kostbar drapiertes und gerahmtes, immerhin ästhetisch legitimes Dasein fristete, als daß sie, wie in Heines Beschwörung der alten Marmorbilder, auf das Lösewort harrte, ins Leben einzukehren.

Was die geschichtliche Authentizität von Heines Charakterisierung der ausgehenden und untergehenden antiken Welt anbetrifft, so hat er sich ganz offenbar auf die große Autorität des Historiographen Edward *Gibbon* gestützt, der – im Zusammenhang der traurigen Erwägungen des Magisters Kitzler – auch ausdrücklich genannt ist.[18] Wesentliche Züge seines Bildes finden sich im Fünfzehnten Kapitel von dessen ›History of the decline and fall of the Roman Empire‹ vorgezeichnet, welches eben von dem ›Fortgang der christlichen Religion‹ und den ›Gesinnungen der ersten Christen‹ handelt. Es gibt da einen Abschnitt über die öffentlichen Spiele, die Gebräuche bei Gastmählern und Festen und über die moralischen Gründe, die zumal der Kirchenvater Tertullian (in ›De spectaculis‹, auch ›De idolatria‹) wider all dergleichen vorbringt. Tatsächlich neigen sich auch schon Gibbons Sympathien fühlbar nach der heidnischen Seite, wenn er von den Schauspielen als wesentlichem Bestandteil »der fröhlichen Andacht der Heiden« spricht oder von der althergebrachten Sitte, wonach sie am Ende eines Gastmahles »mit Anrufung ihrer Hausgötter etwas von dem geheiligten Wein zu ihrem allerseitigen Glück ausgossen« oder von dem »artigen und unschuldigen Gebrauch«, an Festtagen die Haustüren mit Lampen und Lorbeerzweigen zu schmücken und »die Häupter mit Blumen zu bekränzen«.[19] Auch deutet er an, daß der kultische Ursprung solcher überlieferter Sitten vergessen oder doch verblaßt war, indem er nämlich die Skrupel der Christen, welche sie mit »Abgötterei« und Dämonendienst in Zusammenhang brachten, mit einiger Ironie behandelt. Bisweilen zeigt sich Gibbons Darstellung geradezu als Vorlage von Heines Text (in den ›Elementargeistern‹), sowohl hinsichtlich der Beschreibung als auch der Parteinahme. Am deutlichsten springt dies wohl bei einer Passage in die Augen, die von den Götterbildern, den »zierlichen Formen und angenehmen Erdichtungen der Griechen« handelt und von ihrer Verurteilung durch die christlichen Väter: »Apollo und die Musen waren, nach der Sprache der Väter, Werkzeuge des höllischen Geistes, Homer und Virgil seine vornehmsten Diener; und die schöne Mythologie, welche die Werke und Erfindungen ihres Genies durchaus beseelet, war dazu bestimmt, die Ehre der Dämonen zu verherrlichen.«[20] Vor allem findet sich, wie man sieht, hier in Gibbons Auffassung durchgängig die helle und leichte Grundstimmung vorgeprägt, die dann Heines ›Hellenismus‹ durchwaltet;

das Element der Tragödie fehlt, alles Finstere ist der christlichen Gesinnung oder dem christlichen Fehlurteil zugewiesen, ›Schönheit‹, ›Heiterkeit‹ und ›Unschuld‹ sind die bezeichnendsten Vokabeln, die vorwiegendsten Merkmale.

Nur die erotischen Elemente habe ich bei Gibbon nicht gefunden, sein Schönheitsbegriff bleibt rein ästhetisch, wie es dem Klassizismus seiner Epoche entspricht. Das Motiv der »blühenden Lebenslust« hat erst Heine in dieses Bild eingetragen, die Rechtfertigung der Sinne stammte aus anderer Quelle, aus den Predigten der Salle Taitbout und von den Liebesmählern der Rue Monsigny.

Hingegen hat Gibbon, wie schon aus den bisherigen Anführungen ersichtlich, den Prozeß der Verteufelung der heidnischen Götter aufgrund der frühchristlichen Literatur mit einiger Ausführlichkeit dargestellt, wobei deren Existenz ja nicht vernichtet oder auch nur bestritten, sondern ins Böse umgedeutet worden war. Ein Dämon, heißt es bei Gibbon,[21] hatte den Namen und die Attribute des Jupiter, ein anderer die des Äskulap, ein dritter die der Venus, ein vierter etwa die des Apollo angenommen, und in diesem Sinne seien die Christen »geneigt, ja begierig« gewesen, »die ausschweifendsten Erdichtungen der heidnischen Mythologie zuzulassen«. Handgreiflich ist es die Frucht dieser Lektüre, wenn Heine (immer in den ›Elementargeistern‹) bemerkt, daß der Christ die alten Tempel »für die Burgen wirklicher Dämonen« gehalten »und den Göttern, die diese Statuen darstellten«, »eine unbestrittene Existenz« verliehen habe: »sie waren nämlich lauter Teufel«.[22] Wie er denn auch in seiner Version des Tannhäuserliedes den Papst Urban jammernd ausrufen läßt:

»Der Teufel, den man Venus nennt,
Er ist der schlimmste von allen,
Erretten kann ich dich nimmermehr
Aus seinen schönen Krallen.«[23]

(Daß Venus eine »Teufelinne« sei, hatte im originalen Tannhäuserlied – wie es in ›Des Knaben Wunderhorn‹ stand – nicht der Papst, sondern der Ritter selber ausgesprochen, als eine äußerste Kränkung im Liebesstreit; daß dieser Teufel der schlimmste von allen sei, stand wiederum nicht bei Gibbon.[24])

In diesen seltsamen Auseinandersetzungen der späten Antike und des frühen Christentums jedenfalls hat Heine diejenige Verwandlung der »Gefühls- und Denkweise« bei der Wurzel zu greifen gemeint, die er auf alle Arten wieder umzukehren, ›umzuwerten‹ bestrebt war.[25] Die Doppeldeutigkeit der symbolischen Marmorbilder, die in ihrer melancholischen Erstarrung doch auf das Lösewort warten, zielt also keineswegs bloß auf die Rettung der Kunstwerke – sie war zudem längst besorgt, zumal durch *Winckelmann* –, sondern auf die Wiederbelebung der ›hellenischen Heiterkeit‹ selber, auf die Entteufelung der Götter, auf die Rehabilitierung der Sinne, und das hieß: auf die Abschaffung der Sünde. Daß der Stein zu Fleisch werde, die ›Schönheit‹ ins reelle Leben eintrete. ›Schönheitsliebe‹ lautet ein Schlüsselwort,[26] in ihm ist eine ästhetische und eine erotische Komponente wortwörtlich auszumachen. Wenn wir früher – nach Kitzlers Vortrag – von der Transformation des Religiösen ins Ästhetische gesprochen haben, so müssen wir nun hinzusetzen, daß eine zweite Transformation oder Transformationshoffnung sich als die eigentliche – und Heine eigentümliche – Triebkraft erweist: die Transformation des Ästhetischen ins Lebendig-Existentielle. Daß jene Bilder von dem christlichen Fluch erlöst werden und ins warme Leben einkehren sollen, das ist nun seine Utopie. Heines Neu-Hellenismus ist saint-simonistisch imprägniert, sein Klassizismus versinnlicht, ja erotisiert. Der Begriff der Schönheit hat, auch schon für sich allein, einen doppelten Klang, nämlich den ästhetischen und den erotischen, aber dieser Doppelklang ist utopisch als Einklang und Wohlklang zu vernehmen. Nicht die Kunst soll die Natur nachahmen, wie die Klassiker lehrten, sondern die Natur soll die Kunst nachahmen, nämlich sich zur Schönheit erheben und verwandeln, welche sonst nur »im Schattenreiche der Poesie« zu Hause ist.[27]

III.

Diese »zerschlagenen Statuen der Schönheit«, wie Kitzler sie anredete, und diese »Marmorbilder der Schönheit«, wie sie schließlich zur Formel, fast zum Element eines Glaubensartikels in Heines Werk geworden sind,[28] fordern übrigens zu einer grammatischen Betrachtung heraus. In der Prosa eines Autors, der sonst so sehr auf die Sinnlichkeit des Ausdrucks bedacht ist, sticht diese Wendung mit dem hohen Abstraktum ›Schönheit‹ merkwürdig hervor: man meint, einen Hauch von Platonismus zu verspüren – als wolle die Formel sagen, diese Statuen, wiewohl greifbar gegenwärtig, seien doch nur Bilder, nämlich Abbilder einer Idee, der Schönheit selbst und als solcher. Es muß einen Grund haben, daß der Stilist nicht einfach von den ›schönen Marmorbildern‹, sondern wieder und wieder von den ›Marmorbildern der Schönheit‹ spricht. In der Tat reicht ›die Schönheit‹, als eine Art von Idee, über die hellenische Bilderwelt hinaus, obgleich sie wiederum an dieser haftet, kaum je anderwärts und andersartig angeschaut werden kann: selbst die Schönheit der ›schönen Frauen‹, die einigermaßen lebendig da und dort in Erscheinung treten, ja umarmt und geküßt werden, zeigt oft genug ein ›griechisches‹ Gesicht, Abgüsse oder Bruchstücke des weißen Marmors und der ›edlen‹ Züge lassen sich in der lebendigen Wirklichkeit – in der erotischen Wirklichkeit – wiedererkennen, fast jede Liebe in Heine hat etwas von derjenigen Statuenliebe, welche das vornehmliche Thema der Sagen in den ›Elementargeistern‹ bildet – fast jede Liebe oder doch fast jede Liebesbeschreibung, auch die leichtfertigste. Es sind gleichsam Reste jener »zerschlagenen Statuen«, die durch die Welt der Lebenden irren, hier an einer italienischen Franscheska[29], dort an einer französischen Laurence[30] unversehens hervorscheinen.

Um aber die Reichweite des Schönheitsbegriffs in seiner Begrifflichkeit recht zu ermessen, müssen wir uns jener Dreiheit der utopischen Ziele erinnern, wie sie im Vorwort zu ›Deutschland, Ein Wintermärchen‹ großartig formuliert sind: »Wenn wir das arme, glückenterbte Volk und den verhöhnten Genius und die geschändete Schönheit wieder in ihre Würde einsetzen ...«[31] Da ist sie, die Schönheit, und hier ist es gewiß nicht die der Statuen, sondern die der Menschen, vielmehr der Frauen; geschändet war sie durch Prostitution und Ehebruch, wie Enfantin es oft und noch vor Gericht gepredigt hatte – »ma mission est de faire cesser ce honteux et dernier esclavage«[32] –, und er war es auch, der die Wiederherstellung, die Heiligung, die Vergöttlichung der Schönheit, der also – um auf die grammatische Frage zurückzukommen – die Begrifflichkeit dieses Begriffs in seinen Postulaten vorgeprägt hatte: »diviniser la beauté«, »sanctification de la beauté«.[33]

Zweifellos rief der Begriff der Schönheit – in Heines Sinn – auch die Erinnerung dieser Bestrebungen und Erwartungen einer ›Emanzipation der Frau‹ herauf, wie sie Enfantin und die Seinen verstanden hatten. Die Abstraktheit oder Idealität des Ausdrucks, die uns gelegentlich beinahe verblasen anmutet, zumal gerade das ›Fleisch‹ oder die sinnliche Leibhaftigkeit intendiert ist, mag sehr wohl auch eine kaschierende Funktion haben. In jedem Fall zeigt dieses Schlüsselwort von Heines ›Ästhetik‹, näher analysiert, abermals, daß die Kunst ihm nicht das Letzte ist. Diese Marmorbilder enthüllen sich am Ende als bloße Vorboten, Verheißungen, auch Aufforderungen: diejenige Schönheit, deren imagines sie sind, werde und solle sich einmal ganz und gar lebendig zeigen. Wie es denn auch unüberhörbar in jener auffälligen Wendung Kitzlers vom »Schattenreiche der Poesie« ausgesprochen ist, worin allein noch die alten Götter als »liebliche Traumbilder« fortlebten.[34] Ein erstaunliches Wort! Die Poesie als Hades, Aufenthalt der Abgeschiedenen! Aber der geheime Sinn kann doch mitgehört werden, daß diese Schatten einst von neuem Fleisch und Blut annehmen könnten und sollten, daß die abgeschiedenen Götter, die »Traumbilder«, von dort wieder herausgeführt werden möchten zu einem neuen Leben – wie Eurydike –, und dann allerdings zu einem schönen Leben oder einem Leben in Schönheit.[35] Wenn man von einer ›Ästhetik‹ des Ästheten Heine sprechen will, so müßte sie daher nicht als eine bloße Lehre oder Ansicht vom Kunst-Schönen verstanden werden, sondern vielmehr als eine Erwartung und Imagination des durchaus schönen Lebens, wovon die Kunst sowohl die Erinnerung als auch die Versprechung verwahrt.

IV.

Einstweilen, in den ›Elementargeistern‹ und den ›Dieux en exil‹, handelt es sich indessen nicht, noch nicht, um das große Lösewort, auf das die Marmorbilder warten oder doch zu warten scheinen. Es handelt sich um Zauberwerk, welches diese jungen Rittersmänner in Bann schlägt und ihnen ein trügerisch-phantastisches Glück mit spukhaft sich belebenden Marmorgöttinnen verschafft. So jedenfalls geht es in der ersten dieser Sagen zu, die von allen, wie mir scheint, am kräftigsten erzählt ist.[36] Das Modrige, auch Zweideutige aller Umstände und Einzelheiten, die dort von der mitternächtlichen Villa berichtet werden – das »gespenstisch fahle Licht« der Armleuchter, die »beängstigend üppigen« Blumen mit ihrem »leichenhaften« und »betäubenden« Duft,[37] auch die recht unverblümten

Avancen der Dame, nämlich der belebten Venus-Statue, vollends
die Traumverwandlung der Bedienten in Fledermäuse, der schönen
Wirtin in ein häßliches Ungetüm, dem der Ritter, immer im Zauber-
bann, das Haupt vom Rumpfe abschlägt –, das alles schmeckt und
riecht nicht eben sehr ›hellenisch‹, auch nicht bloß deutsch-märchen-
haft, sondern zugleich ein wenig nach fatalem Etablissement, nach
verderbten Genüssen, verschrecktem Gewissen und wüstem Lust-
Rachemord. Als der Ritter erwachte, »befand er sich inmitten der
wohlbekannten Ruinen, und mit Entsetzen sah er, daß die schöne
Bildsäule, die er so sehr liebte, von ihrem Postamente herunter-
gefallen war und ihr abgebrochenes Haupt zu seinen Füßen lag«.
Die exilierte Göttin geht hier geradezu in die »geschändete Schönheit« über, und anstatt daß diese »in ihre Würde wiedereingesetzt«
wäre, wird an ihr vielmehr zu allem Unglück, wenn auch alp-
traumweise, das ritterlich-bürgerliche Todesurteil vollzogen. In
dem Ungetüm wird freilich auch das Marmorbild selber getroffen,
die ›Statue der Schönheit‹ von neuem zerschlagen. Ich scheue mich
vor zu viel Deutung, aber es kann nicht zweifelhaft sein, daß Heine
hier den heimlichen, sozusagen unterirdischen, von flackernder
Angst begleiteten Zwischenzustand des Sinnenlebens, der unterdrückten Erotik unter dem Regiment der Kirche in durchaus poetische, treffende und vielsagende Chiffren gefaßt hat.[38]
Das Motiv des Mordes an der Schönheit kehrt übrigens in einem
späten Gedicht wieder, das wegen seiner Dunkelheit ein gewisses
scheues Renommee gewonnen hat: in der ›Nächtlichen Fahrt‹ (von
1851, im ›Romanzero‹ enthalten).[39] Die Szene ist dort nicht der
Wald, sondern das Meer, ein Kahn mit drei Insassen, einem stummen Ruderer, dem Ich des Erzählenden und einer weiblichen
Gestalt –

»Sie stand im Kahn so blaß, so schlank,
Und unbeweglich dabei,
Als wär sie ein welsches Marmorbild,
Dianens Konterfei.«

Abermals das Schlüsselwort ›Marmorbild‹. Man bleibt im Unge-
wissen, ob ›Sie‹ von Stein oder von Fleisch und Blut ist, ob die
›hellenische‹ Figur nur zum Vergleich beschworen wird oder ob sie
in der dunklen Nacht wirklich gegenwärtig ist, ihre Gegenwart

geahnt wird. (Das ›welsch‹ weist wieder auf das geheimnisvolle Italien des Mons Veneris.) Ebenso undeutlich bleibt es, ob die Tat begangen oder nur geträumt wird – ganz ebenso wie zuvor in der Sage und in der Prosa:

»Bin ich im Fieber? Ist das ein Spuk
Der nächtlichen Phantasei?
Äfft mich ein Traum? Es träumet mir
Grausame Narretei.«

Nur hat dieser grausam-närrische, dieser geträumte Mord im Unterschied zu dem vorigen ein Motiv, und zwar ein gewissermaßen ideologisches:

»Die arme Schönheit ist schwer bedrängt,
Ich aber mache sie frei
Von Schmach und Sünde, von Qual und Not,
Von der Welt Unfläterei.«

Zum Überfluß träumt sich der Erzählende in die Rolle eines »Heilands«, der sogar »das große Kreuz« trägt. Die ›nazarenische‹ oder ›judäische‹ Gesinnung oder Verblendung kommt auch in den jüdischen Gottesanrufungen der vorletzten Strophe zum Ausdruck

»Da schollert's hinab ins Meer – O Weh –
Schadday! Schadday! Adonay! –«

(Daß es »schollert«, scheint wieder mehr auf Marmor als auf Fleisch zu deuten.) Die alte Antithese des Christlichen und Heidnischen wird trotz der Verhüllung in Nacht, Traum und Wahn so überdeutlich vorgetragen, daß die poetische Faktur erheblich davon beeinträchtigt erscheint, jedenfalls im Vergleich mit jener Sagenerzählung aus den ›Elementargeistern‹. Doch wird auch dieser Eiferer, dieser ›Gesinnungstäter‹ zugleich als ein Liebender vorgestellt –

»Ich selber kredenze dir den Tod,
Bricht auch mein Herz entzwei.«

Die Befreiung der Schönheit wird in dieser Fabel nur paradox verwirklicht – als Vernichtung der ›geschändeten‹. Die Wendungen von »Schmach und Sünde« und zumal von »der Welt Unfläterei« sind ganz augenfällig als Übersetzungen jener sozialen Übel des ›adultère‹ und der ›prostitution‹ in eine abstraktere Sprache zu verstehen, die dem Gedicht übrigens auch nicht eben zum Vorteil gereicht.

»Daß ein Mord begangen worden«, erklärt Heine selbst in dem Kommentar, den er dem ersten Verleger, Michael *Schloß* in Köln, brieflich geliefert hat,[40] aber hier wird das Opfer nicht begrifflich – als »die Schönheit« – bezeichnet wie im Gedicht; sondern der Mord, heißt es, werde begangen »an der Schönen, die schweigend geblieben und höchstens das ›Wehe‹ ausgerufen hat, welches in der vorletzten Strophe vorkommt«. So bleibt die Gestalt auch sprachlich im Dämmer zwischen Allegorie und Personalität – man spricht ja auch von ›einer‹ Schönheit (›une‹ beauté) als von einer exemplarischen Ausprägung ›der‹ Schönheit. Daß die Schönheit eine Schöne ist oder sein kann, muß man jedenfalls bei Heines ›Platonismus‹ im Sinn behalten. Der Täter, sagt er ferner in diesem Brief, sei »ein Liebender oder ein Moralrigorist oder sonst ein Heiland au petit pied«. Als Moralrigorist vollstreckt er nur das Urteil der Gesellschaft, als Liebender ertränkt er mit der Zeugin auch das eigene Gefühl. Die erotische Emanzipation verkehrt sich in Vernichtung des Eros wie seines Gegenstandes, und wenn überhaupt eine Lektion aus dieser düsteren Phantasie herausgelesen werden soll, so müßte sie besagen, daß die ›Sünde‹ zuletzt nur durch die Liquidation der Sünder – oder vielmehr: der Sünderin – abgeschafft werde oder daß sie unaufhebbar sei. In dem Wahn dieses erdachten Mörders – der indessen, als ›Ich‹-Erzähler und poetisches Subjekt, seine Identität verrät – wird mit dem Marmorbild die Utopie selber ins Meer versenkt.

Gewiß sind dergleichen theoretisch fundierte Perversionen jener Sphäre des »düstren Alpdrucks«, der »schnöden Krankheit« und des »tristen Wahnsinns« zuzurechnen, von welcher der Doktor Faust in Heines so benanntem ›Tanzpoem‹ sich abwendet, als er den Hexensabbath, das wüste Pendant der kirchlichen Asketik, mit Ekel hinter sich läßt, um seine »unendliche Sehnsucht nach dem Reinschönen« – anstatt des oder der Unrein-Schönen! – zu befriedigen.[41] Es ist durchaus zutreffend, was in einer vor wenigen

Jahren erschienenen Oxforder These bemerkt wurde: daß Heine seine abstrakten Aussagen über die griechische Heiterkeit kaum je »illustriert«, also eigentlich anschaulich gemacht habe.[42] Dieser gründliche Leser und systematische Interpret, *Sandor* mit Namen, fand nur zwei solcher Ausmalungen, nämlich das Bacchanal, das der Fischer (in den ›Göttern im Exil‹) heimlich beobachtet – das aber wiederum zu den Geschichten gehört, die der Dichter ins Mittelalter versteckt hat –, und zweitens und vor allem die Helena-Szene im Faust-Ballett.

»Vierter Akt. Eine Insel im Archipel.« »Alles atmet hier griechische Heiterkeit, ambrosischen Götterfrieden, klassische Ruhe.« »Hier ist alles reale plastische Seligkeit ohne retrospektive Wehmut, ohne ahnende leere Sehnsucht.«[43] Soweit mutet die Szene – eine »heroische Pastorale« nennt sie Heine selbst – fast wie eine klassizistische an, die philosophischen Epitheta scheinen geradewegs von Goethe entlehnt, der Lobpreis der vollen Gegenwarts-Realität gemahnt geradezu an die Verse des Reimspiels zwischen Faust und Helena (im Dritten Akt des Zweiten Faust) –

»*Faust:* Nun schaut der Geist nicht vorwärts, nicht zurück,
     Die Gegenwart allein –
Helena: ist unser Glück.«[44]

Wie denn auch Heine in den ›Erläuterungen‹ zu seinem Ballett sich nicht genug tun kann in begeisterten Wendungen über Goethes Helena: »... wo jedoch plötzlich, auf erhabenem Postamente, ein wunderbar vollendetes griechisches Marmorbild« – da ist es wieder! – » sich erhebt und uns mit den weißen Augen so heidengöttlich liebreizend anblickt, daß uns fast wehmütig zu Sinne wird.«[45] Es ist ein abgeleiteter, noch einmal von außen angeschauter, doppelt reflektierter Klassizismus, worin die Statuen und die vorgestellten lebenden (und tanzenden) Figuren sich sonderbar verwirren: wie er hier, in der Charakterisierung Goethes, die heraufgezauberte scheinhaft lebendige Helena metaphorisch in ein artistisches ›Marmorbild‹ zurückverwandelt, so flicht er dort, in seinem eigenen Szenario, die »weißen Bildwerke« mitsamt der Venus Aphrodite, die »aus den Säulengängen hervorschimmert«, und die »blühenden Menschen, die Jünglinge in weißen Festgewanden, die Jungfrauen in leichtgeschürzter Nymphentracht«, mitsamt der Königin Helena, mit den Mägden vor dem Venustempel tanzend, freilich »gemessen, keusch und feierlich«, so verwirrend ineinander, daß Fleisch und Marmor kaum zu unterscheiden sind.

Zumal überall die weiße Farbe – oder Farblosigkeit – vorherrscht. Immer wieder verblüfft uns diese Faszination des Weißen, auch das Spiel mit den sphärischen Wanderungen und Verwandlungen des Weißen, wie es schon zuvor (in der ersten Statuensage der ›Elementargeister‹) den Zaubereffekt begründete, wenn die Venus-Figur als blasse Schöne im weißen Musselinkleid wiederkehrt. Selbst die »weißen Augen«, wiewohl eigentlich gerade blicklos, blicken doch »heidengöttlich liebreizend« drein – in jener Bemerkung zu Goethes Helena-Figur.[46] Doktor Faust und seine Mephistophela – der dienstbare Teufel hat bei Heine weibliche Gestalt, vielleicht der Choreographie zuliebe, vielleicht nur unter choreographischem Vorwand – vertauschen in dieser Szene die mittelalterlichen gegen »einfache herrliche griechische Gewänder«, die man sich gewiß ebenfalls weiß denken muß, und sie gehen auf diese Art, sehr im Unterschied zur goetheschen Kontrastierung des Gotischen und Antiken, ganz ins ›hellenische‹ Milieu ein. Übrigens »erquicken sich beide«, nicht nur der Doktor, auch die höllische Helferin, »an diesem Anblick des Urschönen und des wahrhaft Edlen«: worin man einen kaum spaßhaften, vielmehr ernstlich utopischen Hinweis darauf erkennen mag, wie weit die Hellenisierung und also die Entteufelung reichen soll, daß sie sogar diesen kleinen Mysterien-Dämon mitergreift und gleichsam weiß einkleidet. (Allerdings ist er es, der den »feierlichen« in einen »bacchantischen« Tanz überführt – so daß der antikische Taumel ein Haut-goût von sündhafter Verführung anzunehmen scheint.) Schließlich verkehrt sich die Symbolik des Weißen von der Reinheit in das Entsetzen des Todes, als die hexenhafte »Herzogin« auftritt und mit ihrem Zauberstab »die schauderhafteste Umwandlung« bewirkt: »die Bäume stehen laublos und verdorrt; der Tempel ist zu einer Ruine zusammengesunken; die Bildsäulen liegen gebrochen am Boden; die Königin Helena sitzt als eine fast zum Gerippe entfleischte Leiche in einem weißen Laken zur Seite des Faust; die tanzenden Frauenzimmer sind ebenfalls nur noch knöcherne Gespenster, gehüllt in weiße Tücher . . .«[47] Nun ist es einzig Faust, der plastisch und lebendig bleibt, wenn auch nicht ›hellenisch‹; im Fünften Akt holt ihn der Teufel, der buchstäblich Leibhaftige, und hier triumphieren die starken bengalischen Farben, die »schwarze Hand«, die nach ihm greift, das Blut des Kontrakts, das Rot der Flammen, worin alles versinkt, sie sind den Glocken- und Orgelklängen zugeordnet, die – mit fürchterlicher

Ironie – »zu frommen, christlichen Gebeten auffordern«: das sind die letzten Worte des Tanzpoems.

Heine wußte noch nichts von der Farbigkeit der antiken Götterbilder, so wenig wie Goethe und wie Winckelmann. Diese Entdeckung war zwar zu seiner Zeit gemacht, jedoch nicht in eine breitere Öffentlichkeit gedrungen, teils weil sie in wenigen fachlichen Schriften verborgen war, teils und vor allem, weil sie eine fest eingewurzelte Anschauungsgewohnheit, einen Glaubenssatz der Gelehrten wie der Kunstfreunde umzustürzen drohte, daher sich auch verborgen halten mußte.[48] Die Farblosigkeit oder Weiße des Marmors, die in den verbreiteten Gipsabgüssen noch greller wiederkehrte, war so lange – nämlich seit der Bildhauerei der Renaissance, einschließlich der kirchlichen – mit der Idealität der Kunst und der musterhaften Absolutheit der Antike verknüpft gewesen, ja so streng mit der normativen Schönheit der göttlich-menschlichen Kunstgestalt in eins gedacht und gefühlt, daß die archäologische Behauptung der Polychromie von den meisten wie ein Sakrileg, als Rückfall oder Abfall ins ›Panopticum‹, empfunden wurde. Auch Heine würde wohl so empfunden, sich zum wenigsten höchlich erstaunt haben, wäre die Neuigkeit zu ihm gedrungen. Wo er sich im klassizistischen Geschmack versucht – wie in jenem Tableau des Faust-Balletts –, kann auch er das »Rein-Schöne« oder das »Urschöne« nur weiß denken und darstellen. Für solche Augenblicke ist auch ihm das Weiße gewiß das Reine, zugleich aber auch – jedenfalls an der Statue – das Nackte. Das schreckhafte Entzücken, das jene romantischen Ritter und andere Betrachter der weiblichen ›Marmorbilder‹ befällt, wird von der Nacktheit des Schönen (und der Schönen) hervorgerufen, und auch die Nacktheit ist monochrom, weiß.

Es ist eine Paradoxie, und sie muß uns verblüffen, daß derart das Weiße sich mit der Idee der heiteren, befreiten Sinnlichkeit verbündet, während die Sinnlichkeit der starken Farben gerade mit dem christlichen Spiritualismus einhergeht. Man kennt die vielzitierte Stelle aus der ›Romantischen Schule‹, wo Heine, bei der Erläuterung der Poesie des Mittelalters, die Symbolik des gotischen Domes beschreibt: »Das Innere ... ist ein hohles Kreuz, und wir wandeln da im Werkzeuge des Martyrtums selbst; die bunten Fenster werfen auf uns ihre roten und grünen Lichter, wie Blutstropfen und Eiter ...« und so fort[49]. Demnach wäre es gerade die

»Zertretung des Fleisches«, welche starke Farben hervorbringt, wäre es der Geist, der dem leidenden Leibe die farbigen Säfte auspreßt. Noch deutlicher kontrastiert eine farbige Sphäre von Angst und Schmerz mit der hellen Reinheit des ›Marmorbildes‹ in einem kurzen Prosastück (von 1837), das auch dadurch merkwürdig ist, daß es unter den zahlreichen mehr oder minder artifiziellen Traumerzählungen Heines als Wiedergabe eines echten Traumes hervorsticht; jedenfalls scheint es mir die Merkmale eines solchen an sich zu tragen. Auch hier wird ein Dom beschrieben, worin sich der Träumende, »das unglückselige Weib am Arm«, befindet. Prozessionslichter, rotröckige Chorknaben, Fahnen, buntfarbige Meßgewänder, braune Mönche werden wahrgenommen, »wir flohen mit herzpochender Angst«. Das ist die erste Traumszene. Warum das Weib »unglückselig« heißt, ist nicht erläutert, doch könnte man, Heines einschlägige Imaginationen und Obsessionen erinnernd, durchaus an jene Prägung von der »geschändeten Schönheit« zurückdenken, die es gelte – und die er selber also auch bestrebt sein muß –, in ihre Würde wieder einzusetzen. Diesen Erfolg hat der Beschützer freilich im Traum nicht erreicht. Vielmehr endigt die Erzählung – in der dritten Szene oder Phase – folgendermaßen: »Und endlich befand ich mich ganz allein auf einer weiten wüsten Ebene, unter meinen Füßen nichts als gelber Sand, über mir nichts als trostlos fahler Himmel. Ich war allein. Die Gefährtin war von meiner Seite verschwunden, und indem ich sie angstvoll suchte, fand ich im Sande eine weibliche Bildsäule, wunderschön, aber die Arme abgebrochen, wie bei der Venus von Milo, und der Marmor an manchen Stellen kummervoll verwittert.«[50] Es ist, als hätte die »geschändete Schönheit« sich geradeswegs in eine der »zerschlagenen Statuen« zurückverwandelt, alle Farbe ist – mit der Angst – gewichen, das weiße Marmorbild bleibt, »wunderschön«, aber auch tot. Wäre nichts anderes hier herauszulesen, so hätten wir in dieser Erzählung zum wenigsten ein starkes Zeugnis dafür, wie sehr Heines Sinn von den kontrastierenden Symbolen, Figuren und auch Begriffen erfüllt war, daß sie noch in seinen Träumen wiederkehrten.

Wahrscheinlich läßt sich das alles nicht völlig entschlüsseln, die Paradoxie der ›spiritualistischen‹ Buntheit und der ›sensualistischen‹ Weiße nicht ganz und gar auflösen. Immerhin scheint, mindestens streckenweise, das nahezu Farblose mit dem Sündlosen eine Art

Gleichung zu bilden, wie andererseits die farbige Sphäre nicht nur mit dem Leiden, sondern auch mit der Sünde, dem Sündenbewußtsein und der Angst einhergeht. So wäre begreiflich, daß die Befreiung von der Sünde – die erotische Emanzipation, die ›Rehabilitierung des Fleisches‹ – in solcher poetischen und träumerischen Figuration als Befreiung von den starken und dunklen Farben sich darstellte. Ohne Sünde ist aber auch das Tote. In der Versteinerung der toten Marmorbilder scheint ein Versprechen eingeschlossen.

Wiederum aber ist das Marmorbild doch auch begehrenswert, und nicht nur in der mittelalterlichen Verhexung. Wenigstens einmal hat der Dichter ohne historische Umschweife die hochintime Erfahrung der ›Statuenliebe‹[51] unmittelbar kenntlich gemacht: ich meine jene erste und früheste Liebesgeschichte aus den ›Florentinischen Nächten‹, die von der geheimen, zugleich scheuen und lüsternen Vertraulichkeit des Knaben mit einer gestürzten Marmorgöttin berichtet. Im wüsten Garten, heißt es, lag sie »unverstümmelt ... mit den rein-schönen Gesichtszügen und mit dem straff-geteilten, edlen Busen, der, wie eine griechische Offenbarung, aus dem hohen Grase hervorglänzte«. Kaum sonst hat Heine eine so dichte und genaue Kunst der Erzählung bewiesen wie in den ›Florentinischen Nächten‹ und zumal in dieser ersten Episode, die durchaus die Zeichen eigener tiefer Erinnerung trägt. »Endlich küßte ich die schöne Göttin mit einer Inbrunst, mit einer Zärtlichkeit, mit einer Verzweiflung, wie ich nie mehr geküßt habe in diesem Leben.« Sehr merkwürdig ist die Wahrnehmung der »beseligenden Kälte jener Marmorlippen«, wie dem Erzähler überhaupt die psychologische Seite, auch das Abwegige, an die Grenze des Perversen Streifende des Vorgangs durchaus bewußt ist, aber nicht als kurios und interessant, sondern als ernst und bedeutungsvoll. »Eine wunderbare Leidenschaft für marmorne Statuen«, bekennt er am Ende, »hat sich seitdem in meiner Seele entwickelt.«[52] Der deutsche Klassizismus hatte wohl nirgends eine derart buchstäbliche Götter- und Statuen-Liebe, kaum je zuvor eine erotische Konsequenz von irgend vergleichbarer Offenheit hervorgebracht. Jene »Marmorbilder« aus Goethes Mignon-Lied signalisierten eher die Fremde, die erhabene Unzugänglichkeit des Landes und Wesens, dahin das »arme Kind« sich gleichwohl sehnt, und dieses, das Kind, ist das einzig wahrhaft Lebensvolle in solchem Sehnsuchts-Garten. Goethes und Mignons Marmorbilder »stehn und sehn mich an«, jenes aber, dasjenige

Heines, liegt und wird angesehen, ja begehrt, berührt, geküßt. Als wäre es lebendig. Fast, als wäre es lebendig.

V.

Fast, aber nur fast als wäre sie lebendig, erscheint endlich auch »die hochgebenedeite Göttin der Schönheit Unsere liebe Frau von Milo« in der berühmten Geschichte von seinem letzten Spaziergang, wie sie Heine im Nachwort zum ›Romanzero‹ selbst erzählt hat. Sie bildet eine Art von spätem ironischem Gegenstück zu der vorigen von der jugendlichen Statuenliebe. Dieses Mal ist die Statue echt griechisch, während man sich jene wohl eher als barocke Garten-figur vorzustellen hat. Dieses Mal liegt sie nicht im Grase, sondern steht sie »auf ihrem Postamente« in dem Saal des Louvre, wohin das Götterbild nach seiner Auffindung (in den zwanziger Jahren) verbracht worden war. Dieses Mal schaut die Göttin auf den Menschenmann herab, sogar »mitleidig«, wie es heißt, ganz ähnlich wie jene Marmorbilder der Goetheschen Mignon. Aber auch jetzt noch regiert ein eigentümlich vertrauliches Verhältnis zwischen der Angebeteten – einem der »holden Idole, die ich angebetet in den Zeiten meines Glücks« – und dem Abschied nehmenden, nun so gebrechlichen Verehrer. »Zu ihren Füßen lag ich lange, und ich weinte so heftig, daß sich dessen ein Stein erbarmen mußte.« Der sprichwörtliche und buchstäbliche »Stein« – in solcher auftreffenden Wörtlichkeit der Gleichnisrede bewährt sich abermals Heines blitzender Sprachgeist! – scheint denn auch wirklich nahe daran, sich zu erweichen: »Auch schaute die Göttin mitleidig auf mich herab, doch zugleich so trostlos, als wollte sie sagen: Siehst du denn nicht, daß ich keine Arme habe und also nicht helfen kann?«[53] Denn dieses Mal ist das Marmorbild keineswegs »unverstümmelt« wie jenes, das im Mondscheingarten lag, und der nun deutlich auto-biographische Erzähler schlägt eben aus diesem Umstand und Zu-stand der Göttin den Funken seiner Pointe. Ihr komischer Effekt ist deutlich genug, die sentimentale Stimmung anzuhalten und auf-zuwiegen, die eben aufzukommen schien. Es hätte der nachfolgen-den Warnung an die eigene Adresse beinahe nicht bedurft: »Ich breche hier ab, denn ich gerate in einen larmoyanten Ton . . .«
Freilich haben weder die grammatischen noch die stilistischen, weder die ausdrücklichen noch die geheimeren Vorkehrungen des Schrift-

stellers die Leser und Überlieferer davon abgehalten, diese Szene wieder und wieder ebenso larmoyant aufzufassen und auszupressen, wie sie originaliter gerade nicht vorgeführt worden war. Die sentimental-anekdotische Verkürzung und Zubereitung setzt gleich mit dem ersten Nacherzähler ein, einem vertrauten Freunde obendrein, dem Literaten Alfred *Meißner,* der seine Erinnerungen an Heine sogleich nach dessen Tode, noch im Jahre 1856, hat drucken lassen: »Die schönen Lippen der Göttin, die zu athmen schienen, lächelten wie immer und unten stand ihr unseliges Opfer. Dieser einzige Moment enthält eine ganze Welt von Jammer ...« (es fehlen hier auch nicht die fünf oder sechs Punkte der gefühlvollen Sprachlosigkeit, und dies zudem am Schluß eines Kapitels).[54] Selten kann man den raschen Verderb von Literatur zur Kolportage so genau beobachten.

Auch möchte ich der autobiographischen Authentizität von Heines Bericht nicht einmal so ganz unbesehen trauen. Es fällt mir auf, wie viele Elemente schon fünfundzwanzig Jahre zuvor in der ›Harzreise‹, und zwar in der humoristischen Traumerzählung enthalten sind, die gewisse Erinnerungen der Göttinger Studienzeit verarbeitet: »... und fort aus diesem drängenden Tollhauslärm rettete ich mich in den historischen Saal, nach jener Gnadenstelle, wo die heiligen Bilder des Belvederischen Apolls und der mediceischen Venus nebeneinander stehen, und ich stürzte zu den Füßen der Schönheitsgöttin, ... meine Augen tranken entzückt das Ebenmaß und die ewige Lieblichkeit ihres hochgebenedeiten Leibes, griechische Ruhe zog durch meine Seele« und so fort.[55] Die Differenz ist nicht so sehr die zwischen (gewiß erfundenem) Traum und (behauptetem) Erfahrungsbericht, auch nicht die zwischen Göttingen und Paris, sondern vorab die zwischen den beiden Standbildern, zwischen Medici und Milo: das Motiv der fehlenden Arme – und was sich daran knüpft – gibt dem Stück von 1851 den spezifischen literarischen Charakter. Ich will den Gang zum Louvre nicht etwa leugnen, doch alles einzelne der Andacht vor dem Gnadenbilde – die lästerlich-zärtliche Übertragung von Wendungen des Marienkultes auf denjenigen der ›hellenischen‹ Leibesherrlichkeit mit einbegriffen[56] – mutet wie ein fester, wiederholbarer Topos an, freilich einer, der einzig Heine allein eigentümlich ist, und den er selbst geprägt hat. Es ist ja nicht die Aufgabe des Dichters, etwas zu erleben, sondern vielmehr, etwas auszusprechen.[57]

Die fehlenden Arme der Venus von Milo haben Generationen von Archäologen und Anatomen beschäftigt; es sind eine ganze Reihe von Versuchen unternommen worden, die Gestalt zu ergänzen, und es gab in der Folge auch lebhafte Kontroversen deswegen. Diese Ergänzungen variieren je nach der Vorstellung von der Szene oder Situation, worin die Göttin sich befinde: ob sie sich in dem Schilde des Ares spiegele, ob sie den Apfel des Paris in die Höhe halte, ob sie im Begriffe sei, ins Bad zu steigen, oder im Gegenteil, gerade das Bad zu verlassen, ob sie einen Angriff auf ihre Keuschheit abwehre – und also die Figur einer sonst verlorenen Gruppe zugehöre –, ob ihr Gewand befestigt oder aber im Fallen sei. Das alles ist behauptet, bestritten, verteidigt und verworfen worden.[58] Der Drang zur Ergänzung war stets geleitet von einer Szenenvorstellung, einer Genre-Idee, welche ihrer Natur nach die Statue gerade dessen beraubt, was sie zur Statue macht: des Statuarischen. Die Ergänzungsbegierde zieht sie gleichsam herab und herein in ein ephemeres, bewegtes, mehr oder minder alltägliches, jedenfalls menschliches, ja allzumenschliches Milieu oder in eine Begebenheit, die jedermann angenehm vertraut ist. Das ›Standbild‹ wird in Bewegung gesetzt und in dieser Bewegung wiederum angehalten, ganz als ob der Bildhauer ›Momentbilder‹ nach der Art der Photographen herstellte.

Auch Heine hat – in jenem Bericht – die fehlenden Arme der Venus von Milo für einen Augenblick gleichsam in Gedanken ergänzt, freilich ohne alle archäologische, vielmehr in rein erotisch-caritativer Absicht; doch hat er ihr Fehlen auf diese Weise erst recht fühlbar gemacht. Er mag chronologisch unter den ersten sein, die mit diesem Motiv umgegangen sind, aber er tat es wie spielend; Scharen von Deutern sind nachgefolgt, die es völlig ernst meinten, und die Venus von Milo ist nachmals, in ihrem verstümmelten wie in ergänztem Zustand, zu einer millionenfach reproduzierten Heim- und Zimmergottheit des neunzehnten Jahrhunderts geworden. Heine hat das vielerörterte, doch im Grunde ganz gleichgültige ›Rätsel der Venus von Milo‹ auf seine eigene Weise gelöst: die ironische Buchstäblichkeit der Wahrnehmung – »Siehst du denn nicht, daß ich keine Arme habe und nicht helfen kann?« – läßt alle Mühsal des Ergänzens weit hinter sich, straft sie Lügen.

Und doch liegt auch hier unstreitig ein Akt der Vermenschlichung zugrunde. Heine, der Genius, als der er sich fühlte, pflegt mit seinen

Göttern und zumal mit seinen Göttinnen Umgang wie auf gleichem gesellschaftlichen – oder genauer: auf gleichem ästhetischen Niveau. Ein ›Hellene‹ verehrt und begehrt Helleninnen, küßt sie und läßt sich in seinem Unglück von ihnen trösten. Die Louvre-Szene von 1848 figuriert in ihrem Zusammenhang freilich gerade als eine Abschiedsszene: »Ich habe nichts abgeschworen, nicht einmal meine alten Heidengötter, von denen ich mich zwar abgewendet, aber scheidend in Liebe und Freundschaft.« Mit diesem Satze beginnt der Bericht. Und daß die Venus, »trostlos« dreinblickend, in all ihrem Mitleid doch nicht helfen kann (eben mangels der Arme), hat noch einen zweiten, nämlich theologischen Sinn: die Rückkehr zu dem alten Juden- und Christen-Gott auf schmerzlich-spaßhafte Weise zu begründen als zu dem Gott, der helfen kann, wenn Hilfe gebraucht wird. »Ja, ich bin zurückgekehrt zu Gott, wie der verlorene Sohn, nachdem ich lange Zeit bei den Hegelianern die Schweine gehütet.«[59] Die Rückkehr vom Hellenischen zum Nazarenischen oder vielmehr zu Jehova, dem persönlichen Gott, durch die eigene Passion motiviert und bis zum Ende auch aus ihr erklärt als ein durchaus subjektives Ereignis und Bedürfnis, ist hier im Augenblick nur insoweit von Interesse, als sie jenen liebevollen Abschied von der Heidengöttin hervorgebracht hat: Es zeigt sich, da sie nicht helfen kann, ist sie auch keine eigentliche Göttin.

Achtes Kapitel

Die Venus im Berg
und der Apollo im Kahn

I.

Vollends belebt und gar nicht marmorn tritt die höchste der klassischen Schönheiten in der Heineschen Version der Tannhäuser-Legende[1] auf – ganz ähnlich wie später Helena und Diana in den beiden Ballett-Szenarien der fünfziger Jahre. Die Beschreibung, die der Ritter dem Papste von ihr gibt, ist kaum hellenisch zu nennen –

»Ihr edles Gesicht umringeln wild
Die blühend schwarzen Locken;
Schaun dich die großen Augen an,
Wird dir der Atem stocken.«[2]

Allenfalls erinnert das Beiwort »edel« noch von fern und in abstracto an Winckelmann und das klassizistische Ideal, aber die vordem zugehörige ›Einfalt‹ scheint kassiert, zu schweigen von der ›stillen Größe‹, die auch einmal mitgemeint war. Zudem wird hier das ›edle‹ Element vom ›wilden‹ aufgewogen, so daß dem Erscheinungsbilde dieser Venus, wenn man sich unbedingt philologisch ausdrücken will, ein beträchtlicher dionysischer Zug beigemischt ist. Es ist ja nun freilich auch nicht die originale Göttin in ihrer eigenen Welt, in ihrer Freiheit und Souveränität, sondern vielmehr in der Verbannung, eine Göttin »im Exil«, fortlebend als ›Teufelin‹ in hoch-christlicher Sphäre, im heimlichen, versteckten Lustreich des Venusberges. In solcher Verwandlung – nicht nur der Epoche, sondern auch der Figur, nicht nur der Szenerie, sondern auch der Gefühle – vergeht dem Tannhäuser als dem Inbild des gefallenen christlichen ›Spiritualismus‹, nämlich dem Fleischessünder par excellence, nicht allein die Gesundheit (»Wer ist der Pilger bleich und wüst?«), sondern auch die Lust an der Freude und, so können wir hinzusetzen, an der saint-simonistischen Freudenreligion. Was in dem überlieferten Tannhäuser-Liede und in seinem Abschieds-Dialog[3] wie ausgespart geblieben war, kommt in Heines Version mit großartiger, derber und gequälter Deutlichkeit heraus: das Motiv des Überdrusses, des erotischen Katzenjammers –

»Frau Venus, meine schöne Frau,
Von süßem Wein und Küssen
Ist meine Seele geworden krank;
Ich schmachte nach Bitternissen.

Wir haben zuviel gescherzt und gelacht,
Ich sehne mich nach Tränen,
Und statt mit Rosen möcht ich mein Haupt
Mit spitzigen Dornen krönen.«

Wenn in diesen Versen der Kontrast des Hellenischen und des Nazarenischen, der sinnlichen und der geistlichen Religion wiederkehrt (oder vorweggenommen erscheint), so muß man nicht nur auf der Seite der heidnischen Göttin die Einschränkung machen, daß ihrer ›Schönheit‹ alles Statuarische durch erotische Aktivität ausgetrieben ist, man muß auch bemerken, daß der christliche Ritter keinen ›spiritualistischen‹, sondern einen durchaus ›sensualistischen‹ Drang nach Leiden bekundet. Er »schmachtet« nach Bitternissen und »sehnt sich« nach Tränen. Dieses psychologische, ja psychopathologische Element kommt auch sonst gelegentlich in Heines Kritik des Christentums unversehens hervor, zum Beispiel im Ersten Buch der ›Romantischen Schule‹: »Wollte das alternde Rom sich mönchisch geißeln lassen, um raffinierte Genüsse in der Qual selbst und Wollust im Schmerze zu finden?«[4] Und, weniger historisch distanziert, mehr aus eigener Erfahrung, übrigens diesmal ohne Bezug auf das Christentum, vielmehr im Zusammenhang einer Absage an Demokratie und Kommunismus, in den ›Geständnissen‹: »Wir wollen gern für das Volk uns opfern, denn Selbstaufopferung gehört zu unsern raffiniertesten Genüssen ...«[5] Diese Wahrnehmung paradoxer und perverser Lustmotive gehört zu denjenigen Zügen in Heine, die auf Nietzsches Psychologie vorausdeuten –

oder die von Nietzsche geradezu aufgenommen und fortgeführt worden sind.

Aber das Tannhäuser-Lied handelt natürlich nicht von Begriffen, und auch die Seelen-Erkenntnisse sind in eine Erzählung verwoben. Im ganzen besehen, bilden seine drei Teile – mit den Schauplätzen: Venusberg, Rom, Venusberg – eigentlich eine Art von Strindberg-Drama. Jenem Bekenntnis des Überdrusses folgt, da es nicht zur gutwilligen Entlassung aus der Liebeshaft führt, eine massive Kränkung – »wie viele einst für dich geglüht, so werden noch viele glühen« –, die Göttin als fille publique![6] Das bewirkt den erwünschten ›Urlaub‹, den Hinauswurf des Beleidigers. Aber der Versuch der Selbstbefreiung scheitert, das Geständnis vor dem Papst Urban wächst sich unversehens zu einem enthusiastischen Lobpreis nicht allein der Geliebten, sondern der Liebe, des Rausches aus, der in Wasser- und Feuer-Gleichnissen als Naturgewalt, dann, mit plötzlicher Rückkehr aus der Selbstvergessenheit in die Beichtsituation, als »Höllenqual« beschrieben wird, bis der Heilige Vater am Ende förmlich attestiert, was der Liebeshymnus längst klar gemacht hat: daß es da keine Rettung, keine Erlösung gibt. Im dritten Teil kommt der Flüchtige wieder ›heim‹, die Szene wird häuslich, eine ironische Rührung breitet sich aus, alles wird wieder gut, und die Versöhnung findet auf einem trivialen Niveau statt, ganz wie es sich halt so zuträgt und wie es sich sozusagen auch gehört. Der Reisebericht ist angeklebt, fällt erheblich ab, hat auch keine Notwendigkeit. (Er ist wie eine kleine Vorstudie zum ›Wintermärchen‹.)

Was Heine dem originalen Volksgedicht nachsagt, das er mit solchem Entzücken gewürdigt hat, gilt recht eigentlich erst von seiner Umdichtung: »Dieses Lied ist wie eine Schlacht der Liebe, und es fließt darin das roteste Herzblut.«[7]

Es ist oft gesagt worden und auch gewiß richtig, daß hier Heines eigenste Erfahrung, seine ›Liebesschlacht‹ mit Mathilde, biographisch zugrunde liegt. Er hatte selbst einen solchen Versuch gemacht, aus der Erniedrigung der Leidenschaft, aus seinen »tourments insipides«[8], seinen abgeschmackten Qualen zu flüchten, freilich nicht zu einem geistlichen Beichtiger, sondern zu einer weltlichen Beichtigerin (der schönen, mitfühlenden Prinzessin *Belgiojoso*), und war zurückgekehrt, wie Tannhäuser, in dauernde häusliche Gemeinschaft, die schließlich zur förmlichen Ehe geworden ist. Aber das Gedicht ist kein Schlüsselroman. Die biographische Nachspürung gilt als solche gar nichts, wie freilich auch umgekehrt die reine ›Werk-Interpretation‹ einer Dichtweise unangemessen bleibt, die überall ›subjektiv‹, ja egotistisch motiviert und durchtränkt ist. Die eigene lebendige Erfahrung kann als Substrat nicht vernachlässigt werden, aber sie findet sich im Gedicht nur in literarischer Transfiguration wieder, sie ist gleichsam ›ins Bild gesetzt‹. Nicht aber, als wäre dort die schiere Existenz und hier die abgehobene Poesie, die das Vergängliche aufhöbe. Vielmehr wird das Leben selber ›literarisch‹ nicht weniger als die Literatur lebensvoll. Heine schreibt nicht nur seinen ›Tannhäuser‹, er wird auch selber Tannhäuser in demselben Maße, als Tannhäuser Heine wird. Er geht in diese Figur und Figuration ein, rettet sich in die Rolle, bildet sich ihr auch selber ein – vermöge literarischer Einbildungskraft –, und es bleibt, für einen Augenblick, keine ›Existenz‹ hinter dem Gedicht zurück.

Nachdem dies gesagt, die Fabel der Liebesschlacht mitsamt ihren Essenzen von Sucht und Hörigkeit, Entzückung und Erniedrigung, Lust, Überdruß, Resignation und banaler Tröstung nachgezeichnet und aufgefaßt ist, können und müssen wir aber schließlich auf das Zwiegespräch des heidnischen und des christlichen Wesens, auf den Kontrast der Prinzipien zurückkommen: er steckt im Kern des Gebildes. Denn wir haben in der Tat beides, nicht nur die ›nazarenische‹ Begierde nach der Dornenkrone, sondern, überraschend deutlich und frisch, auch das Bild und Vokabular der ›hellenischen‹ Naivität:

»Sie lacht so gesund, so glücklich, so toll,
Und mit so weißen Zähnen!
Wenn ich an dieses Lachen denk,
So weine ich plötzliche Tränen.«

Auch dies ist freilich fern von der marmornen Idealität der Götter, wie sie die ›Kunstperiode‹, unser klassischer Klassizismus sah, aber ganz nah bei der saint-simonistischen ›réhabilitation de la chair‹ und ein Vorblick vielleicht auf die ›Götter der Zukunft‹ in der Einkleidung der exilierten Göttin der Vergangenheit. Zudem könnten diese erstaunlichen, auch erstaunlich einfachen Verse ein ganz treffendes Motto abgeben für eine historische Phänomenologie der erotischen Emanzipation, nein der literarischen und philo-

sophischen Motive und Figuren der Lebensunschuld überhaupt –
bis zu Nietzsches ›blonder Bestie‹ (wenn auch die Bestie hier
schwarzlockig ist), zum Kult des ›Weibes‹ in der Jugendstil-Epoche
und zu jenem Porträt des moralisch radikal emanzipierten – oder
moralisch radikal ahnungslosen – Geschlechtstierchens, das *Wedekind* mit der ›Lulu‹ geliefert hat. Aus den Mensch-Göttern Heines
sind in der Folge freilich Mensch-Tiere geworden, aber die Attribute
blieben dieselben, sie waren alle »so gesund, so glücklich, so toll«.
Zudem hat gerade diese Venus im Berg eine gute Portion Vampir
in ihrer Göttlichkeit, und auch das Verdikt des Papstes Urban zeugt
fühlbar nicht bloß von spiritualistischer Verblendung, sondern auch
von einiger realistischer Erkenntnis:

»Der Teufel, den man Venus nennt,
Er ist der schlimmste von allen;
Erretten kann ich dich nimmermehr
Aus seinen schönen Krallen.«

Aus der Verteufelung der heidnischen Göttin erwuchs – auf der
Schwelle der religiösen Emanzipation, der Entchristlichung – die
Wunschfigur des ›Weibsteufels‹, aufgefaßt, ausphantasiert und
begehrt mit einer Art freudigen Gruselns. Schon Heines Tannhäuser
will gar nicht ernstlich und endgültig aus diesen Krallen errettet
werden.

II.

Von den drei Attributen der lachenden Heidin ist dasjenige der
Gesundheit das interessanteste. Es kehrt in Heine mehrfach wieder,
immer wenn er die ›Rechtfertigung des Fleisches‹ oder die Vergot-
tung des Leibes[9] in seiner eigenen kühnen Weise feiert oder prophezeit. »Die nächste Aufgabe ist, gesund zu werden«, hieß es schon
im Zweiten Buch ›Zur Geschichte der Religion und Philosophie in
Deutschland‹ an jener Stelle, wo er das ausführlichste saint-simonistische Bekenntnis formuliert hat,[10] »die nächste Aufgabe ist, gesund
zu werden; denn wir fühlen uns noch sehr schwach in den Gliedern«.
Gewiß ist das figürlich zu verstehen – für Krankheit gilt das
Christentum, die Sündenlehre, die Fleischesverachtung, die Askese.
»Die heiligen Vampire des Mittelalters haben uns soviel Lebensblut

ausgesaugt.« Mit der Tannhäuser-Passion ist diese These freilich kaum zu vereinbaren, denn es waren gerade nicht die heiligen, son- dern ein unheiliger, unschuldiger und gesunder Vampir, der an seinem Lebensblut saugte. Oder war der Tannhäuser noch zu christlich-krank von Natur und Wesen? Gilt von ihm, was Heine, als ein literarisches Ich, von sich selber sagt: »Denn ach! ich gehöre ja selber zu dieser kranken alten Welt«, und: »Ich bin der Krankste von euch allen und um so bedauernswürdiger, da ich weiß, was Gesundheit ist!«[11] Weiß er es? War er sich dessen so sicher?

Zumeist verlegt er die rechte und allgemeine Gesundung in die Zukunft: »Einst, wenn die Menschheit ihre völlige Gesundheit wiedererlangt« – das Wörtchen ›wieder‹ ist verräterisch: es knüpft jene mysteriösen ›Götter der Zukunft‹ an die vertrauten Götter der Vergangenheit, die Utopik an die antike Klassik, und so gewinnt die Vision auch nach ihrem Begriff ein neu-hellenisches Ansehen! und weiter: ». . . wenn der Friede zwischen Leib und Seele wieder- hergestellt und sie wieder« (noch einmal: ›wieder‹!) »in ursprüng- licher Harmonie sich durchdringen, dann wird man den künstlichen Hader, den das Christentum zwischen beiden gestiftet, kaum begrei- fen können. Die glücklicheren und schöneren Generationen, die, gezeugt durch freie Wahlumarmung, in einer Religion der Freude emporblühen, werden wehmütig lächeln über ihre armen Vorfah- ren, die sich aller Genüsse dieser schönen Erde trübsinnig enthielten und, durch Abtötung der warmen farbigen Sinnlichkeit, fast zu kalten Gespenstern verblichen sind! Ja, ich sage es bestimmt, unsere Nachkommen werden schöner und glücklicher sein als wir. Denn ich glaube an den Fortschritt . . .«[12] So scheint die Versöhnung von Geist und Fleisch – denn das ist es, was die ›Gesundheit‹ ausmacht – um einiges vertagt und nicht mehr so gegenwärtig, wie es ehedem klang im Jubel des ›Seraphine‹-Gedichts – »Vernichtet *ist* das Zweierlei, Das uns so lang betört, Die dumme Leiberquälerei *Hat* endlich aufgehöret« –, noch nicht, noch nicht völlig, heißt es nun, hat sie aufgehöret, aber sie wird aufhören, »ja, ich sage es bestimmt«.

Und doch sagte er es, indem er einen Zweifel unterdrückte. Auch bei dieser eschatologischen Version, auch bei dieser Prophezeiung der schöneren Zukunft, dieser Seligkeit auf Erden (und nicht erst im Himmel, nach dem Jüngsten Tage), dieser Wiederkehr griechi- scher Herrlichkeit, beschleicht den utopischen Propheten mitten in der sehnsuchtsvollen Beschwörung und auftrumpfenden Behauptung solchen ›Fortschritts‹[13] der Zweifel: »Jenes ist vielleicht ebenso wie dieses« (nämlich das Jenseits) »eine törichte Hoffnung, und es gibt keine Auferstehung der Menschheit, weder im politisch-moralischen noch im apostolisch-katholischen Sinne.« Die Wendung ist ganz überraschend, gewiß nicht rhetorisch, sondern im wörtlichen Ernste zu verstehen, bleibt aber ein ›Einfall‹ und ohne andere Folge als die einer gewissen bedingten Rehabilitierung des Christentums und der Gotik.

Der gotische Tannhäuser also, um auf ihn zurückzukommen, war auch krank und wußte, was Gesundheit war, er sah und liebte diese Gesundheit, flüchtete vor ihr und kehrte am Ende zu ihr zurück. Ob er aber danach auch endlich selber gesundet sei, wird nicht berichtet, ist auch unwahrscheinlich. Der Ritter und die Göttin, der Christ und die Heidin, der Kranke und die Gesunde, der Mann und die Frau bleiben wohl im Widerspruch, als Existenzen wie als Prinzipien. »Die Gegensätze sind hier grell gepaart« – der Vers aus Heines letztem Gedicht[14] gewinnt hier eine ganz buchstäbliche Wahrheit: sie sind gepaart und kommen voneinander nicht los. Ihre Verkettung hat – als Thema – auch Heine nicht losgelassen, sie kehrt wieder, und diesmal mit deutlicherer Beziehung auf Goethes Helena-Akt, den er so hoch gerühmt hat,[15] im Tanzpoem vom ›Doktor Faust‹ und in dem anderen Ballett-Entwurf von der ›Göttin Diana‹, »wo griechisch-heidnische Götterlust mit der germanisch spiritualistischen Haustugend einen Zweikampf tanzt«[16] und wo der abermals ›gotische‹ Ritter am Ende im Venusberg zu Füßen der Frau Venus und des Tannhäuser das Glück der Vereinigung und die »Glorie der Verklärung« erreicht.

Übrigens mutet dieser Venusberg-Palast nach seinen szenischen Angaben makarthaft üppig an, man ist dort gar nicht griechisch, sondern »im Geschmack der Renaissance«, aber zugleich arabisch-feenhaft und exotisch eingerichtet, es scheint ein Etablissement aus der zweiten Hälfte des 19. Jahrhunderts (die Arbeit stammt auch von 1854) und von etwas zweifelhaftem Charakter, wie denn auch Frau Venus »mit dem Tannhäuser, ihrem Cavaliere servente«, »sehr entblößt« ein Pas de deux tanzt, »welches schier an die verbotensten Tänze der Neuzeit erinnert«.[17] Eine Venus, die Cancan tanzt, hat denn endgültig ihr Postament verlassen, wohl gar ihre hellenische Herkunft vergessen und scheint in ihrem Exil auf das Niveau der

Demimonde heruntergekommen zu sein. Von den drei Attributen, die ihr dort im Tannhäuser-Gedicht zuerteilt waren, scheint nun einzig das »Tolle« des Lachens und der Lust noch zu gelten. Glücklich und gesund nimmt sie sich nicht mehr aus – wenn wir nämlich bei näherer Beschreibung jenes anstößigen Tanzes mit Betroffenheit erfahren, nicht nur, daß die beiden einander zanken, necken, verhöhnen, sondern daß sie sich immer wieder vereinigen »durch eine unverwüstliche Liebe, die aber keineswegs auf wechselseitiger Achtung beruht«. Das ist eine erstaunliche Formel und eine tiefe, auch tieftraurige Einsicht; der eigentliche Mangel des Phänomens, das in moderner Ausdrucksweise vielleicht als wechselseitige sexuelle Abhängigkeit zu bezeichnen wäre, ist hier treffend kenntlich gemacht. Tannhäusers ›Krankheit‹ hat hier auch die heidenliebliche Göttin ergriffen, statt daß, umgekehrt, ihre Gesundheit den Ritter heilte. Die Freudenreligion hat hier eine schwüle Temperatur angenommen, und die hohen Namen, die der Autor bemüht, um die respektable Anhängerschaft des hellenischen Prinzips – als Hofstaat der Venus – vorzuführen: von Alexander von Mazedonien bis auf Wolfgang Goethe, machen jetzt fast den Eindruck der Kundenliste eines mythologischen Lusthauses. Das ›Exil‹ hat nicht allein die Götter, sondern auch das Glück und die Liebe selbst verwandelt, ja verdorben.

Wie weit dies unversehens, wie weit aus künstlerischer Absicht sich ergeben hat, ist schwer auszumachen. Immerhin gibt es auch in der zweiten französischen Ausgabe der ›Elementargeister‹ eine Erläuterung zum originalen alten Tannhäuser-Lied, wo sogar diese noch vergleichsweise frische Venus geistreich-mondän als »une courtisane céleste« und »une divinité aux camélias«, also eine Kameliengottheit oder göttliche Kameliendame, »et pour ainsi dire une déesse entretenue«, eine ausgehaltene Göttin, beschrieben wird.[18] Das ist allerdings erst 1855 geschrieben, noch später als die ›Göttin Diana‹, beide Arbeiten gehören einer Epoche der Desillusionierung an. Der »moderne Skeptizismus«, den Heine an derselben Stelle und im selben Zusammenhang als die Gesinnung des neuen Tannhäuser-Dichters, also seiner selbst, in Anspruch nimmt, um zu erklären, daß er die mittelalterliche Lektion über Sündenvergebung fortgelassen hat, muß nach seiner Absicht gewiß auf die christlichen, kann aber am Ende durchaus auch auf die ›hellenischen‹ Glaubensartikel bezogen werden.[19]

III.

Dies alles indessen sind doch nur Andeutungen, die wir unsererseits vollends ausdeuten. Wir haben aber ein authentisches Zeugnis der perfekten Desavouierung des neu-hellenischen Sinnen-, Freuden- und Kunstglaubens, ja der schrillsten Selbstentlarvung: abermals ein Gedicht, es steht im ›Romanzero‹ unter den ›Historien‹ und heißt ›Der Apollogott‹[20].

›Der Apollogott‹ erscheint in vielen Hinsichten wie ein Pendant zu ›Der Tannhäuser‹ – der Typ des Titels ist der gleiche (mit dem charakteristischen bestimmten Artikel), so auch die Einteilung in drei Kapitel. Die Strophe ist nach Maß und Reim in den beiden ersten Teilen ähnlich, der dritte und längste wechselt ins Reimlose. Aber die Figuration ist spiegelverkehrt. Die christliche Figur ist die weibliche, eine »junge Nonne« ohne Namen, die heidnische ein Mann, eben der Apollogott, der im geschmückten Schiffchen den Rhein hinunterfährt:

> »Ein schöner blondgelockter Fant
> Steht in des Schiffes Mitte;
> Sein goldgesticktes Purpurgewand
> Ist von antikem Schnitte.«

Es fehlen freilich auch im Schiff nicht die Frauen, gleich neun an der Zahl, also ganz offensichtlich die Musen, und es fehlt auch nicht das – wenngleich halbversteckte und beiläufige – Siegel der hellenischen ›beauté‹, die Statuen-Erinnerung, der Marmor:

> »Zu seinen Füßen liegen da
> Neun marmorschöne Weiber;
> Die hochgeschürzte Tunika
> Umschließt die schlanken Leiber.«

Dieses stattliche Gefolge – das Wort »Weiber« klingt ein bißchen schnöde und macht ebenso mißtrauisch wie zuvor schon das Wort »Fant« – hält indessen die Nonne in ihrer Zelle nicht ab, sich aus der Ferne zu verlieben, hernach sogar das Kloster zu verlassen und dem Kahn am Ufer nachzulaufen. Im zweiten Teil jedoch vernehmen wir zunächst den vollständigen Text des Liedes, welches »der

Goldgelockte lieblich singt«, und zwar zur Leier. Es ist – wiederum – das Lied und Selbstbekenntnis eines ›Dieu en exil‹:

»Wohl tausend Jahr' aus Gräcia
Bin ich verbannt, vertrieben –
Doch ist mein Herz in Gräcia,
In Gräcia geblieben.«

So heißt die letzte Liedstrophe. Es ist aber auch das Selbstporträt eines Sängers, nicht eigentlich zwar eines göttlichen, gar ›des Gottes vollen‹, vielmehr eines poetischen Naturtalents –

»Ich weiß es nicht, wie mir geschah:
Ich brauchte nur zu nippen
Vom Wasser der Kastalia,
Da tönten meine Lippen.«

Ohne Zweifel, es ist ein Selbstporträt des Verfassers, Heinrich Heine, in trällerndem Tone, überfüllt mit süßen Reimen, leise sich ein wenig mokierend über die eigene Begabtheit, das Leichte, Allzuleichte seiner lyrischen Produktion.[21] Die Charakterisierung gemahnt an jenes andere, freilich tiefsinnigere oder wehmütigere Gleichnis, womit er einst die Mühelosigkeit seiner Verse beschrieben hatte:

»Gesanglos war ich und beklommen
So lange Zeit – nun dicht' ich wieder!
Wie Tränen, die uns plötzlich kommen,
So kommen plötzlich auch die Lieder.«[22]

Ein Porträt also des Künstlers als Poet und Gott, Griechengott im Exil, auf Wanderschaft in romantischer Landschaft, in marmorschöner Begleitung: da fehlt nichts, die Requisiten sind versammelt, es ist Heine, der Hellene. Diesmal also keine christliche Sehnsuchtsfigur wie dort im Tannhäuser-Stadium, sondern selbst vergöttlicht und vergriecht.

Die verliebte Nonne bleibt übrigens etwas blaß, eine Art Aushilfsgestalt, das christlich-gotische Prinzip en miniature, von Beginn an etwas von oben herab mit zärtlichem Mitleid behandelt, eine kleine Tannhäuserin, »in dem Mantel mit der Kappe« vermummt, der

Sinnenbefreiung nachstrebend. Um so deutlicher tritt eine dritte Person auf, »ein schlottrig alter Mensch, Fingert in der Luft wie rechnend, Näselnd singt er vor sich hin«. Er ist es, der dem Nönnchen die Auskunft gibt, was es mit dem Apollogott für eine Bewandtnis hat. Schon die physiognomischen Merkmale wie die Kleidung und das sonstige Zubehör weisen ihn für den kundigen Leser als einen alten Juden aus. Erst recht die Rede – sie beginnt, wie es sich gehört, mit der Gegenfrage – »Habt Ihr nicht gesehen Apollo?«, darauf er: »Ob ich ihn gesehen habe?« und weiter, ohne Zaudern und Zurückhaltung:

> »Ja, ich habe ihn gesehen
> Oft genug in Amsterdam,
> In der deutschen Synagoge.
> Denn er war Vorsänger dorten,
> Und da hieß er Rabbi Feibisch,
> Was auf Hochdeutsch heißt Apollo –
> Doch mein Abgott ist er nicht.«[23]

Die Demaskierung ist radikal; radikal auch der Kontrast dieser trockenen, reimlosen Strophe gegen den vorigen Singsang. Der Alte schwatzt weiter, deckt die Herkunft und Verwandtschaft, auch den Ursprung des roten Mantels auf (»Und ist noch nicht ganz bezahlt«), schließlich den Lotterlebenslauf des Kantors, daß er nämlich ein »Freigeist« sei, Schweinefleisch esse, darum sein Amt verloren habe, seitdem umherziehe und König Davids Lieder in der »Muttersprache« sehr gut zu singen wisse. Endlich wird auch das Geheimnis der neun Musen aufgeklärt – es sind Dirnen »aus dem Amsterdamer Spielhuis«. Der Schluß ist so grell, daß einem auch noch das Vergnügen vergeht, welches das ausgemalte holländisch-jüdische Genrestück und die Lausbubenlaufbahn immerhin bereiten konnte:

> »Eine dicke ist darunter,
> Die vorzüglich quiekt und grünzelt;
> Ob dem großen Lorbeerkopfputz
> Nennt man sie die grüne Sau.«

Ein scharfer Mißton wie ein Peitschenknall oder ein plötzlicher

Schuß – und Schweigen. Keine Antwort mehr, das Gedicht ist aus.

Fant, Spieler, Freigeist, Komödiant, Weiberheld und freilich auch begabter Sänger und Leierkünstler – so bietet sich die Existenz des Dichters, des freien Schriftstellers aus dem Gesichtswinkel der Heimatgemeinde dar, von der er ausgestoßen wurde oder der er entlaufen ist. Und der Autor scheint auch diese Perspektive anzunehmen, mit Lachen und mit einem Gran Bitternis. Es ist wie die poetische Ausführung und Objektivierung jenes Satzes aus den ›Geständnissen‹: »Ich habe es, wie die Leute sagen, auf dieser schönen Erde zu nichts gebracht. Es ist nichts aus mir geworden, nichts als ein Dichter.«[24] Die Rettung aus dem bürgerlichen Nichts ist hier zwar ein wenig deutlicher und stolzer, das Dichtertum (und auch der Dichterruhm) stellt und stemmt sich der gesellschaftlichen Nichtigkeit entgegen, aber der Unterschied ist unbeträchtlich, denn auch der alte Spitzbart im Apollo-Gedicht, Sprecher der etablierten Traditions-Welt, hat doch anerkannt, daß Feibisch Apollo »sehr gut die Leier« und den König David »mit dem besten Beifall« spiele. Es bleibt auch in dieser Phase und im dritten Teil des Gedichts ein Selbstporträt des Verfassers, wenn auch ein satirisch gespiegeltes.

Ein Selbstbildnis, eine Selbstdemaskierung, ein Gericht über sich selbst, mit Laune vorgetragen. Vor allem wird hier der ganze hellenische Glaube als Komödie, die apollinische Anverwandlung als Kostüm desavouiert. Jene ästhetisch-erotische Religion, eigentümlich amalgamiert aus den saint-simonistischen Emanzipationslehren, dem Goethe- und Genie-Kult und dem Genre-Klassizismus später Griechenverehrung, die er sich in vielen Jahren aufgerichtet und ausgedichtet hatte, hier wird sie mit einem Griff zerrissen. Im Phoebus Apollo steckt der Rabbi Feibisch. Das heißt: die hellenische Religion und Existenz war eine Attitüde, eine Fiktion, ein Spiel, eine Selbststilisierung, ein Mummenschanz, ein Aufputz. Und weiter: Du kannst dir nicht entfliehn. Aber es heißt wohl auch, daß es keinen Rückweg gibt in die heimische Lebens- und Glaubensweise, in die Synagoge. Insofern scheint die Lektion des ›Apollogotts‹ noch ein Stück weiter ins Unwegsame zu führen als selbst die berühmte und bewundernswerte ›Berichtigung‹, die er (1849) an die ›Allgemeine Zeitung‹ in Augsburg sandte, und worin es hieß: »Ich bin kein lebensfreudiger, etwas wohlbeleibter Hellene mehr, der auf trübsinnige Nazarener heiter herablächelte – ich bin jetzt nur ein armer todkranker Jude, ein abgezehrtes Bild des Jammers, ein unglücklicher Mensch!«[25] In gewissem Maße erscheint ›Der Apollogott‹ wie eine poetische Fassung dieser Information in Prosa: »Ich bin kein ... Hellene mehr ..., nur ein armer ... Jude«, wenn freilich dort die Reduktion nicht aus der eigenen Leidenserfahrung erwächst, sondern sozusagen bei lebendigem Griechen-Leibe im Wege der Entlarvung vor sich geht. Vor allem aber scheint, wie schon bemerkt, die existentielle ›Berichtigung‹ in dem verdeckten Bekenntnis des ›Apollogotts‹ noch unbarmherziger auszugehen: es fehlt das Motiv der Krankheit, daher auch der Appell an das Mitleid oder die Verführung zum Mitleid, und – was noch schwerer wiegt – es kommt nicht mehr zu derjenigen Heimkehr, die dort in dem Wort vom »armen Juden« doch beschlossen lag. Die Fabel erlaubt es nicht, sie ist anders angelegt, und der abrupte, schroffe Ausklang läßt den Verlorenen Sohn verloren sein und bleiben. Wenn irgendwo, so hat Heine in diesem Gedicht die subjektive Lebens-Dichtung mit großartig kühner Aufrichtigkeit bis auf den nackten Grund vorgetrieben. Da ist alles Kostüm zerrissen, alle Hoffnung vergangen, die Utopie der Vergöttlichung gestrichen. Im grellen Licht des Spottes erscheint der Mensch, demaskiert, mit nichts ausgestattet als etwas Talent, gerade genug, die Vergeblichkeit seiner Ansprüche auszudrücken.

Neuntes Kapitel

Die Götter der Zukunft

I.

Bei aller Erörterung des Heineschen Umgangs mit Marmorbildern, der weißen Göttinnen, der verbannten und womöglich wiederkehrenden, des hellenischen Spuks, der Zauberworte und der Löseworte, der göttlichen Verhüllung und menschlichen Enthüllung seiner selbst – bei alledem ist doch noch immer nicht recht hell geworden, worauf er mit jenen geheimnisvollen Ankündigungen und halben Verschweigungen zuletzt hinaus wollte: »Werde ich mit verschlossenen Lippen ins Grab hinabsteigen müssen...?«[1] und vor allem: »Ich durfte die kostbare Ladung, die heiligen Schätze, die mir vertraut, nicht dem sicheren Verderben preisgeben ... Ich trug an Bord meines Schiffes die Götter der Zukunft.«[2] Dieses mysteriöse Apostolat schrieb er, autobiographisch zurückblickend, sich zu, um zu rechtfertigen, daß er sich mit Börne in Paris nicht eingelassen, daß er seiner politischen Tätigkeit und republikanischen Agitation fern geblieben war, dafür die zornige Bosheit des Freiheitsstreiters und vermeintlichen Geistesverwandten auf sich gezogen hatte. Er berief sich auf eine höhere Mission, eine mehr als politische, aber offenbar auch mehr als ästhetische. Mit der utopischen Vision einer Rückkehr der alten Götter und Göttinnen, ihrer Einkehr ins Leben selbst, ihrer Vermenschlichung, scheint diese seine behauptete Sendung wohl zusammenzuhängen, doch kann auch dies nicht das letzte Wort sein, nicht jenes »bestimmte Wort«, das noch unausgesprochen blieb.

Noch im ›Wintermärchen‹ vernimmt man diesen Ton der Vorläufigkeit, sieht man diese Gebärde des Propheten, der das Letzte und Eigentliche aufzusparen scheint:

»Es wächst heran ein neues Geschlecht,
Ganz ohne Schminke und Sünden,
Mit freien Gedanken, mit freier Lust –
Dem werde ich alles verkünden.«[3]

Freilich wird da im selben Atemzug doch auch schon eine Menge
verraten: man fragt sich, was denen noch Großes verkündigt werden soll, die alle Freiheit des Geistes wie der Sinne schon erworben,
die Heuchelei (der »Schminke«) abgetan haben und sogar der
Sünde entwachsen sind. Was mag es sein, das einer derart emanzipierten Menschheit noch fehlt? – wenn wir nämlich von denjenigen
Fähigkeiten absehen, die sie eben abgestreift und aufgegeben hat,
und die Heine wohl sämtlich unter die judäische »Menschenmäkeley« oder den asketischen »Spiritualismus«, unter die christliche
»Hundedemut und Engelsgeduld«[4] subsumieren wollte.
Was da noch fehlt und zu verkünden blieb, war die Religion, waren
ebenjene neuen ›Götter‹. Die »Götter der Zukunft« sind nicht die
Götter der Vergangenheit, gewiß nicht die biblischen, aber auch
nicht oder doch nicht ganz die ›hellenischen‹. Genau besehen, war
aber auch diese äußerste und vermessenste Botschaft Heines schon
längst ergangen. Sie geistert in mehr oder minder abstrakten Wendungen, bald in witziger, bald in enthusiastischer Sprache, durch
beinahe alle Schriften seines ersten Pariser Jahrzehnts. »Die Steine
werden Pflanzen, die Pflanzen werden Tiere, die Tiere werden
Menschen und die Menschen werden Götter.« Das war die Philosophie des »alten Eidechs« aus dem zweiten Kapitel der ›Stadt
Lucca‹, desselben, der den Autor über die Natur des Denkens be-
lehrte, daß es nämlich nur aus »unverschuldeten Einfällen« bestehe,
die aneinandergereiht würden.[5] Der alte Eidechs glaubte an den
Fortschritt – »Nichts in der Welt will rückwärts gehen, alles strebt
vorwärts, und am Ende wird ein großes Naturavancement stattfinden«, so fing er seine Rede an, und das war denn freilich ein
›Einfall‹, aber nur halb original und buchstäblich, zur anderen
Hälfte eine Parodie auf die Naturphilosophie, wie denn auch sogleich danach auf *Schelling* (und Hegel) die Rede kommt, und der
Eidechs selbst als »hieroglyphenhäutiger Naturphilosoph« eingeführt wird. Vielleicht gewinnt seine Lehre, daß die Menschen Götter
werden – und dieses letzte Stück der Metamorphosenreihe ist natürlich die Hauptsache –, erst im Lichte späterer gleichsinniger

Verkündung eine so glitzernde Bedeutung. Andererseits bleibt es doch auffällig, daß mit dieser ersten Formulierung der Utopie von der Vergöttlichung des Menschen sogleich auch die komplementäre These vom Untergang der alten Götter einhergeht:

»›Aber‹, rief ich, ›was soll denn aus diesen guten Leuten, aus den armen alten Göttern werden?‹

›Das wird sich finden, lieber Freund‹, antwortete jener; ›wahrscheinlich danken sie ab oder werden auf irgendeine ehrende Art in den Ruhestand versetzt‹.«

Welche »guten Leute« da gemeint sind, bleibt allerdings undeutlich, es scheint kein Unterschied gemacht zwischen ›nazarenischen‹ und ›hellenischen‹. Dennoch ist dies wie ein – etwas nachlässiger – Vorklang zu jener Prophetie (aus dem Vorwort zum ›Wintermärchen‹), die ich nun schon des öfteren angeführt habe, und worin Götter und Menschen in ein engeres und strengeres, in ein dialektisches und revolutionäres Verhältnis zueinander gesetzt sind: »... wenn wir die Dienstbarkeit bis in ihrem letzten Schlupfwinkel, dem Himmel, zerstören, wenn wir den Gott, der auf Erden im Menschen wohnt, aus seiner Erniedrigung retten, wenn wir die Erlöser Gottes werden...«[6] Da ist denn an die Stelle des Fortschritts der Aufstand getreten, und die Herren des Himmels sollen nicht bloß in Pension gehen, sondern ganz und gar abgelöst werden durch die Menschen. Genauer noch: der Gott soll aus dem Himmel vertrieben werden, indem er auf Erden entdeckt, erlöst und in seine Würde eingesetzt wird: denn er ist im Menschen selber zuhause. Die Formel ist nun kühner und aggressiver geworden, aller Eidechsenspaß ist daraus verflogen, wenngleich die Herleitung aus der deutschen Philosophie hier wie dort vorkommt. »Ich weiß jetzt mehr als Schelling und Hegel«, munkelte dort der Eidechsenschüler.[7] Und hier heißt der Prophet die Deutschen, die Franzosen zu »überflügeln in der Tat, wie wir es schon getan in Gedanken«, sie sollen sich nämlich »bis zu den letzten Folgerungen desselben emporschwingen«,[8] und diese letzte Folgerung wird eben bestimmt als Erlösung des Gottes im Menschen.

II.

Die neue Formel, Heines Postulat einer deutschen Revolution, welche am Ende die ganze Menschheit mitreißen werde – und es ist vor allem anderen eine religiöse Revolution! –, gemahnt recht deutlich an Ludwig *Feuerbachs* Kritik des Christentums, an dessen These (oder ›Einfall‹) von der Erschaffung Gottes durch den Menschen[9] oder, mit einem modernen Ausdruck zu reden, von der Erklärung Gottes als einer ›Projektion‹ des Menschenwesens. »Folglich ist der Glaube an Gott«, schrieb Feuerbach, »nichts als der Glaube an die menschliche Würde.«[10] Nun hat Heine diesen jung- oder links-hegelianischen philosophischen Schriftsteller freilich nicht gekannt, und es gibt auch keine Anzeichen davon, daß er etwas von seinen Schriften gelesen hätte. Dennoch handelt es sich hier nicht bloß um eine Konvergenz von Absichten und Ansichten, die rein aus dem ›Zeitgeist‹ oder aus dem, was in der Luft liegt, erklärt werden müßte. Vielmehr gab es einen Vermittler:

»Der Mensch, der in der phantastischen Wirklichkeit des Himmels, wo er einen Übermenschen[11] suchte, nur den Wiederschein seiner selbst gefunden hat, wird nicht mehr geneigt sein, nur den Schein seiner selbst, nur den Unmenschen zu finden, wo er seine wahre Wirklichkeit sucht und suchen muß.« Das ist Karl *Marx.* Und es steht in der Einleitung ›Zur Kritik der Hegel'schen Rechts-Philosophie‹, gleich zu Beginn, kurz hinter jenem hastig dekretierenden Anfangssatz – »Für Deutschland ist die Kritik der Religion im wesentlichen beendigt und die Kritik der Religion ist die Voraussetzung aller Kritik«,[12] den man in erster Linie eben auf Ludwig Feuerbach und sein ›Wesen des Christenthums‹ beziehen muß. Und diese Abhandlung war der erste Beitrag Marxens zu den ›Deutsch-Französischen Jahrbüchern‹, deren einziger Band eben in demselben Jahre 1844 zu Paris erschienen ist, in dem Heine das ›Wintermärchen‹ abschloß und sein Vorwort niederschrieb.[13] Zudem hat Heine selber zu der ersten Lieferung der ›Jahrbücher‹ seine Spottgedichte auf den König von Bayern – ›Lobgesänge auf König Ludwig‹ – beigesteuert. Marx und Heine hatten einander wohl Ende 1843 kennengelernt – im November war Marx in Paris eingetroffen – und pflegten während des Jahres 1844 gesellige, freundschaftliche und publizistische Beziehungen. Im Januar 1845 wurde Marx mit anderen aus Frankreich ausgewiesen. Ich will mit dem Hinweis auf den Anklang und partiellen Gleichklang der angeführten Stellen aus der ›Kritik der Hegel'schen Rechts-Philosophie‹ und dem Vorwort zum ›Wintermärchen‹ durchaus nicht etwa neue Beweise für die Behauptung beibringen, Marx habe Heine »stark beeinflußt«[14]. Marx war fünfundzwanzig, Heine sechsundvierzig Jahre alt, als sie einander begegneten, der eine im Beginn seiner Autorenlaufbahn, der andere längst ein berühmter Schriftsteller. Zudem scheint ihre Korrespondenz, soweit erhalten, recht dürftig: von Heine an Marx gibt es nur einen einzigen Brief, und dieser handelt vornehmlich von der Frage eines Abdrucks aus dem ›Wintermärchen‹ im ›Vorwärts‹.[15]

Ich will nichts weiter sagen, als daß erstens vermutet werden kann, Heine habe durch Marx von Feuerbachs Reduktion Gottes auf den Menschen erfahren, und daß zweitens aus ihrem Gedankenaustausch, wie natürlich, gewisse Konvergenzen ihrer Formulierungen hervorgegangen sind. Dies gilt nicht einmal so sehr von den Sätzen, die ich zuvor angeführt habe, denn Marx hat dort nichts vom ›Gott im Menschen‹ gesagt – so viel mystisches Pathos hätte er wohl niemals aufgebracht! –, sondern sich mit der bescheideneren und abstrakteren Wendung von der »wahren Wirklichkeit« des Menschen begnügt; und andererseits scheint der Gedanke, daß der Himmel ein ›Schlupfwinkel der Dienstbarkeit‹ sei, daß es also gelte, Herrschaft abzutragen, überraschenderweise gerade Heine eigentümlich zu sein, während Marx in dieser Hinsicht, mit dem Wort vom »Wiederschein«, nur die Projektionstheorie Feuerbachs rekapituliert. Endlich differieren beide auch in bezug auf die Bedeutung der Religionskritik selber: Marx nennt sie »die Voraussetzung aller Kritik«, setzt sie also an den Anfang, Heine hingegen betrachtet sie als ›letzte Folgerung‹ des philosophischen Denkprozesses. Doch stößt man im weiteren Gang von Marxens Schrift auf eine andere Passage, die womöglich einen auslösenden Effekt bei Heine geübt hat: »Die Aufhebung der Religion als des *illusorischen* Glücks des Volkes ist die Forderung seines *wirklichen* Glücks.«[16] Daran klingt vernehmlich Heines Formel vom »armen, glückenterbten Volke« an, welches – mit dem »verhöhnten Genius« und der »geschändeten Schönheit« – in seine Würde eingesetzt werden solle. Der Leser wird sich dieser Trias der utopischen Ziele gewiß aus früheren Zusammenhängen erinnern. Sie folgt ganz unmittelbar, innerhalb einer und derselben Satzperiode, auf die Erlösung des Gottes, »der auf Erden im Menschen wohnt«,[17] die Religionskritik und die dreifaltige Utopie-Formel bilden einen einzigen Komplex. Wiederum bedurfte es der Dazwischenkunft Marxens kaum, diesen Gedanken als solchen in Heine hervorzubringen; wir haben früher[18] gesehen, wie nahe diese utopische Dreifaltigkeit mit der Doctrine saint-simonienne zusammenhängt, und die Formel vom »armen glückenterbten Volke« gemahnt deutlich genug an diejenige vom ›bien-être‹ der ›classe la plus nombreuse et la plus pauvre‹, wie sie der philanthropische Graf geprägt und weitergegeben hatte. Immerhin war seit den saint-simonistischen Zeiten Heines mehr als ein Jahrzehnt vergangen, als er das ›Wintermärchen‹ und das Vorwort dazu schrieb, die Berührung mit dem jungen Marx mag die schlummernden Gedanken und Begeisterungen wiedererweckt, so auch der ›materialistischen‹ Idee des wirklichen Glücks des Volkes in Heine zur prägnanten Formulierung verholfen haben. Indessen muß schließlich auch vermerkt werden, daß Marx sich zwar für das Volk, doch kaum für den Genius und gewiß nicht für die Schönheit interessiert hat.

III.

Aber ich bin abgeschweift. Weder Feuerbach noch Marx haben ernstlich aus der Religionskritik die Konsequenz gezogen, den Menschen oder die Menschen zu Göttern avancieren zu lassen.[19] Sie trugen keine Götter der Zukunft an Bord. Einzig Heine führte solch ein Geheimnis mit sich. Ich habe eine frühe Bemerkung (von 1829) angeführt – daß die Menschen zu Göttern würden – und eine späte (von 1844) – daß der Gott im Menschen erlöst werden wolle. Sie sind nicht die einzigen. Dazwischen liegen vor allem die hoch-emphatischen Formulierungen aus dem zweiten Buch der Abhandlung ›Zur Geschichte der Religion und Philosophie in Deutschland‹, dort, wo der Pantheismus erläutert und zu dem »französischen Materialismus« in eine teils gegensätzliche, teils komplementäre Beziehung gesetzt wird. Diese Passage (von 1834) bildet geradezu den Mittel- und Höhepunkt des Zukunftsgötterglaubens, und das Bekenntnis ist so rückhaltlos, daß man sich darüber verwundern möchte, wie derselbe Autor späterhin – in der Kitzler-Geschichte (der ›Elementargeister‹) und im ›Ludwig Börne‹ ein solches Geheimnis um eine Sache machen konnte, die er doch längst ausgesprochen hatte. Es scheint, der Frankfurter Bundestag hat ihm nicht allein beigebracht, Vorsicht zu üben, sondern auch erst eigentlich klar gemacht, wie hoch hinaus und hinauf er da gegriffen hatte.

Heine 1842, Porträt von Diez

Heine 1851, Porträt von Gleyre

I

Dichterlesung in einem Hamburger Privathaus,
Karikatur von Dr. Eduard Schramm, 1845

II

*Bild unten: Barthélemy Prosper Enfantin als »Höchster Vater« der
Saint-Simonistischen Kirche
Bild oben: Karikatur Enfantins, nach seiner Verurteilung*

III

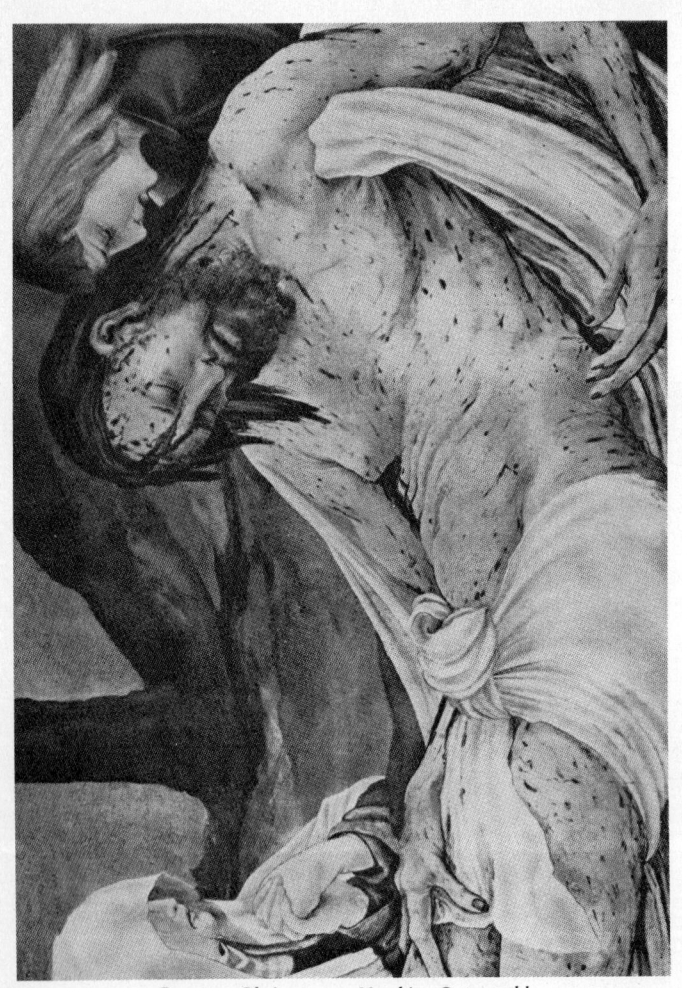

Der tote Christus von Matthias Grünewald

IV

›Christus im Olymp‹, Gemälde von Max Klinger

V

Der Hund Médor, anonymer Bilderbogen, etwa 1831

VI

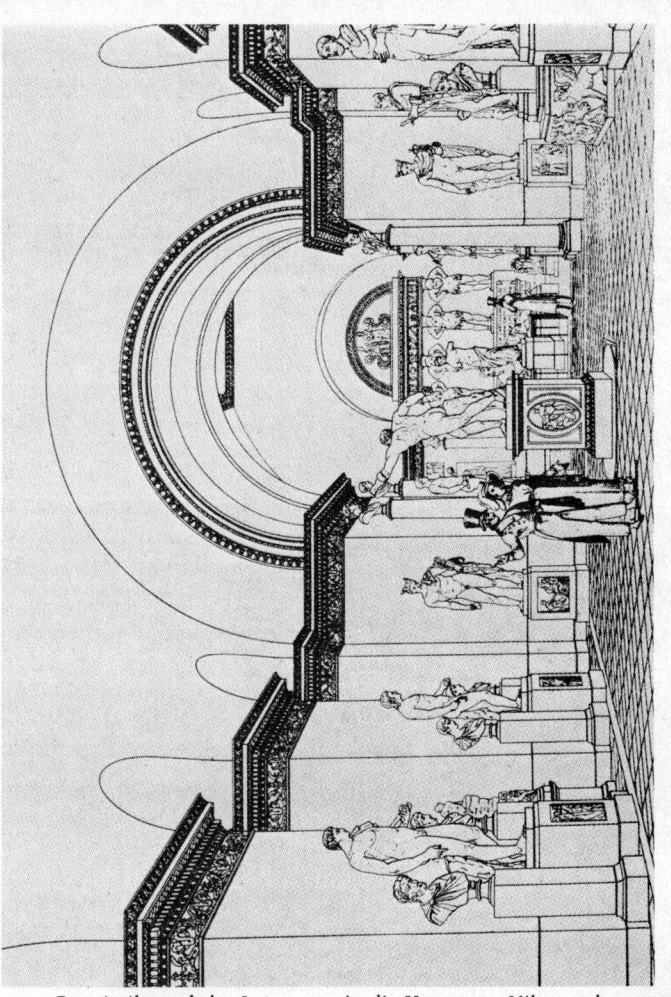

Der Antikensaal des Louvre, worin die Venus von Milo stand

VII

Zeitgenössische Abbildung der Venus von Milo

VIII

*Sechs Versuche des 19. Jahrhunderts zur Rekonstruktion
der Venus von Milo*

›Die Schnitter‹, Gemälde von Léopold Robert, im Salon von 1831

X

Goethe als Jupiter, Denkmal von H. Hahn (1919)
vor dem Museum in Wiesbaden

XI

Anonyme Zeichnung
einer hübschen Dienstmagd

Gips-Abguß der
(ergänzten) Venus von Medici
aus der Göttinger Bibliothek

Die Göttinger Universitätsbibliothek, Zeitgenössischer Stich

XII

*Die Tänzerin Isadora Duncan mit zwei Schülerinnen vor dem
Erechtheion auf der Akropolis (1920), Photographie von
Edward Steichen*

XIII

›Der Kuß der Sphinx‹, Kopie des Gemäldes von Franz von Stuck

Salome mit dem Haupt des Johannes, Aquarell von Gustave Moreau

XV

Heine und seine Frau Mathilde, Gemälde von Kietz, 1851

XVI

»... wir wissen, daß die Göttlichkeit des Menschen sich auch in
seiner leiblichen Erscheinung kundgibt ...«. Und: »Das große Wort
der Revolution, das Saint-Just ausgesprochen: Le pain est le droit
du peuple, lautet bei uns: Le pain est le droit divin de l'homme.
Wir kämpfen nicht für die Menschenrechte des Volks, sondern für
die Gottesrechte des Menschen.« Und schließlich, mit allen Registern
und vollem Orgelton: »Wir stiften eine Demokratie gleichherrlicher, gleichheiliger, gleichbeseligter Götter.«[20]
Nun müssen diese Sätze freilich etwas genauer untersucht werden,
sie sprechen nicht durchweg dasselbe aus. Die beiden ersten, ausdrücklich kritisch gegen den ›Materialismus‹ als eine einseitige und
daher unzulängliche Lehre, sind insoweit ganz auf der saint-simonistischen Linie: die ›Materie‹ soll zwar rehabilitiert, darum aber
doch nicht in die Alleinherrschaft eingesetzt werden. Das Brot ist
gewiß nötig, nötiger sogar als abstrakte Rechte und Verfassungs-
grundsätze – darum lobt Heine den Ausspruch Saint-Justs, nennt
ihn ein großes, anderwärts das größte Wort der Revolution –, aber
es ist ihm nicht genug, daß es dem ›Volke‹ ausgeteilt werde, er will
ihm vielmehr einen höheren Rang zumessen, denjenigen eines
»göttlichen Rechts des Menschen«. Die Antithese ist in der französischen Fassung nicht so gut pointiert wie in der nachfolgenden
deutschen. Hier nämlich sind ihre beiden Hälften enger und deutlicher verknüpft, das Ganze ringförmig geschlossen: »Wir kämpfen
nicht für die Menschenrechte des Volkes, sondern für die Gottesrechte des Menschen.« Jene, heißt das, die ›materialistischen‹ Revolutionäre, wollten ›nur‹ das geringe Volk in den Stand der Men-
schengleichheit, er aber will die Menschen in den der Gott- oder
Göttergleichheit erheben.
Am Ende genügt dazu auch nicht das bloße Brot, mit ihm werden
sich Götter nicht zufrieden geben. »Ihr verlangt einfache Trachten,
enthaltsame Sitten und ungewürzte Genüsse« – das ist an die
tugendhaften Republikaner und »frugalen« Luxusgegner gerichtet –, »wir hingegen verlangen Nektar und Ambrosia, Purpurmäntel, kostbare Wohlgerüche, Wollust und Pracht, lachenden
Nymphentanz, Musik und Komödien ...« Da sind die olympischen, hellenistischen und auch ein wenig orientalischen Ingredienzien versammelt, man fühlt sich an das Lebende Bild der spät-
antiken Tempelfreuden erinnert, wie es in den ›Elementargeistern‹
hingeworfen war, und natürlich auch an die berühmten Verse aus

dem ›Wintermärchen‹ – »Es wächst hienieden Brot genug / Für alle
Menschenkinder / Und Rosen und Myrten, Schönheit und Lust /
Und Zuckererbsen nicht minder«. (Übrigens findet sich beide Male
dieselbe – etwas enttäuschende – Addition von Dingen und Begriffen, dort fallen »Wollust und Pracht«, hier »Schönheit und Lust«
aus der Reihe der greif-, eß- und riechbaren Realien heraus.) Alle
diese wiederkehrenden poetischen Genuß-Kataloge sind – zunächst –
ebenso viele Verwahrungen gegen einen Demokratismus oder Sozialismus der bloßen Bedürfnisbefriedigung oder, wenn der leichte
Anachronismus erlaubt ist, gegen einen bloß ökonomischen Materialismus: Das ökonomisch Überflüssige, eigentlich Unökonomische
soll einbegriffen sein, und zwar nicht als bloße Zutat und cura
posterior, sondern von Anfang an und in einem Zuge mit dem
›Brot‹. Alle fünf Sinne und noch einige mehr sollen zu ihrem Recht
kommen, zu ihrem ›göttlichen Recht‹. Mit dem Nötigen soll auch
das Unnötige herbeigeschafft werden.

Soweit sieht das Zukunftsbild mehr nach einem allgemeinen Her-
ren- als gerade nach einem Götterleben aus. Oder: soweit scheint
die Göttlichkeit wesentlich durch die »Majestät der Genußseligkeit«
definiert (wie es an anderer Stelle in anderem Zusammenhang
heißt[21]). Es sind dies doch nur Umschreibungen und Ausmalungen
jener ›Rechtfertigung des Fleisches‹, wie sie Enfantin gepredigt
hatte, und so könnte auch die kühne Bemerkung, »daß die Göttlichkeit des Menschen sich auch in seiner leiblichen Erscheinung kundgibt« – nämlich nicht allein in seiner unsichtbaren, wenn auch
unsterblichen Seele! –, am Ende als bloße Metapher oder Hyperbel,
als schöne Übertreibung ausgelegt werden. So wie man bei großen
Eindrücken wohl auch ›Göttlich!‹ ausruft anstatt bloß ›Herrlich!‹
(Und beides ist ja wirklich beinahe vertauschbar: die Götter, sagt
man, lebten herrlich und in Freuden, und die Herren der Welt
leben wie die Götter, Göttlichkeit und Herrlichkeit, Gottheit und
Herrschaft liegen nahe beieinander, ja ineinander.) Ist also, daß den
Menschen Göttlichkeit zugeschrieben und in Aussicht gestellt wird,
nur eine rhetorische Formel, und ist die Formel nur bestimmt,
seinen Rechts- und Glücksanspruch höher hinaufzutreiben, die
Offerte der Revolutionäre, der Materialisten, der Republikaner,
der Sozialisten zu überbieten?

Ja, das liegt darin, ist ein Teil der Deutung, aber doch nicht die
ganze. Denn da ist immer noch und wieder jene andere Seite zu

bedenken, die Kritik des Christentums und was damit einhergeht. Denn hier haben wir es nicht bloß mit der puren Entgegensetzung des ›hellenischen‹ und des ›nazarenischen‹ Prinzips zu tun als dem der Weltfreude und dem der Weltflucht oder dem des Genießens und dem des Leidens, sondern mit der Erhöhung des Menschen auf Kosten Gottes, mit der Destruktion der christlichen und der Konstruktion einer neuen Religion, die hier – in ›De L'Allemagne‹ – noch ›Pantheismus‹ genannt wird. »Denn das Christentum, unfähig, die Materie zu vernichten, hat sie überall fletriert« – das ist einer seiner Gallizismen: ›fletriert‹ für ›gegeißelt‹ –, »es hat die edelsten Genüsse herabgewürdigt, und die Sinne mußten heucheln, und es entstand Lüge und Sünde.«[22] Es ist die alte Dialektik von Gesetz und Sünde, wie sie zuerst der Apostel Paulus aufgestellt hat: »Die Kraft aber der Sünde ist das Gesetz.«[23] Nämlich: das Gesetz schaffe die Sünde, die zu tilgen es ergangen ist. Bleibt die Gnade aus dem Spiel, auf die Paulus setzt, welche die Sünde mitsamt dem Gesetz aufhebt, so wäre eine schlichte und auch schnöde Konsequenz davon: kassiere das Gesetz, so verschwindet die Sünde, oder so hört die fragliche Handlung auf, eine Sünde zu sein! Und das ist in der Tat die Konsequenz Heines, der Kern und die Haupttendenz seiner Religionskritik.

Es kann nach allen Zeugnissen, die ich zuvor und in früheren Zusammenhängen aus Heine angeführt habe, auch kein Zweifel mehr sein, welches Gesetz und welche Sünde hier im Mittelpunkt des Interesses steht. »Wir müssen unseren Weibern neue Hemden und neue Gedanken anziehen, und alle unsere Gefühle müssen wir durchräuchern, wie nach einer überstandenen Pest.«[24] »Unseren Weibern«, sagt er mit einer verräterischen Einseitigkeit der Blick- und Zielrichtung. Aber doch wohl auch den Männern, doch wohl auch sich selbst muß und will er ein neues Hemd anziehen. Es handelt sich um die erotische Emanzipation, um die Aufhebung des Verbots der ›Fleischessünde‹ – worauf sich in einer merkwürdigen, noch immer schwer erklärlichen Verengung in der Nachfolge jenes selben Apostels Paulus die kirchliche Sündenlehre durch Jahrhunderte in der Tat vor allem anderen kapriziert hatte.[25] Und also um die Abschaffung der Sünde selbst. Da aber die Sündhaftigkeit – vermöge der Geschichte und der Lehre von der Erbsünde – in der christlichen Welt und nach der christlichen Anthropologie ein Merkmal der Abhängigkeit des Menschen von der gnädigen Herrschaft der einzigen Instanz ist, die Sünde vergeben kann, so muß die Abschaffung der Sünde aus dem Menschen ein anderes Wesen machen: einen Gott. Nur Götter kennen keine Verbote, nur Götter sind wahrhaft emanzipiert. Die Entsündlichung des Menschen muß seine Vergöttlichung bedeuten.

IV.

Darum ist es doch keine Metapher und keine Hyperbel, wenn Heine den »Fortschritt« und das »Avancement« der Menschen zur Göttlichkeit beschwört, voraussagt, behauptet und betreibt. Darum auch nennt er diese seine zugespitzte Utopie eine ›Religion‹. Und darum können wir unsererseits seinen Glauben, ob er geheimnisvoll davon wispert oder ihn herausposaunt, nicht eigentlich unter den Begriff des ›Humanisme athée‹[26] subsumieren; eher müßte man ihn einen Déisme humaniste nennen, einen Menschengötterglauben.

Von Hegel kann er dergleichen – in der Berliner Studienzeit – nicht gehört haben, wenngleich er diesem späterhin die Verantwortung in die Schuhe geschoben hat. Es hegelt zwar ein bißchen in der Erläuterung der ›pantheistischen‹ Religion, die mit den Menschgötter-Visionen in ›De l'Allemagne‹ eng verknüpft ist – »Im Menschen kommt die Gottheit zum Selbstbewußtsein, und solches Selbstbewußtsein offenbart sie wieder durch den Menschen«[27] und ähnliches mehr. Aber auch das reicht nicht, den Auftritt individueller Mensch-Götter philosophisch zu stützen. Das genaue Denken war Heines Sache nicht – ich habe das schon früher auseinandergesetzt[28] –, er kombiniert ›Einfälle‹ und Reminiszenzen, und er mag sich freilich, schon als Hegels Hörer und hernach in plastischer Erinnerung, sein eigenes Teil dazu gedacht oder ausphantasiert haben.

Eher könnten auch hier wieder saint-simonistische Lese- und Hörfrüchte, auch Gerüchte im Spiele sein. Alles, was Heine von der ›Heiligung der Materie‹ und der Rechtfertigung der Sinne verkündigt, alles, was er zur Legitimierung der Genüsse vorbringt, hat seine Entsprechungen, nein: seine originalen Vorlagen in den Parolen der Saint-Simonisten; das ist hier früher[29] dargelegt worden. Man erinnere sich nur der glänzenden Verteidigungsrede jenes Duveyrier vor dem Assisengericht: »Wessen klagt man uns wirklich an? De vouloir réhabiliter la chair et ses plaisirs! de vouloir étendre à tous les joies du sens! Großer Gott, hat denn die Prüderie des

Jahrhunderts einen solchen Schrecken vor den Freuden des Fleisches, daß sie diejenigen, die es zu rehabilitieren behaupten, eines Verbrechens beschuldigt?«[30] Und seiner Schlußformel: »... afin que pour tous la terre enfin soit un lieu de délices!«[31] Da haben wir sogar beinahe die »Demokratie gleichherrlicher, gleichheiliger, gleichbeseligter« (dies vor allem!) »Wesen«, nur daß sie nicht Götter heißen noch auch werden sollen.

Nicht einmal Enfantin hat sich zum Gott erhoben oder erheben lassen, wiewohl nicht viel daran fehlte, namentlich in der Krise der Spaltung und nach der polizeilichen Schließung, als er und die Getreuen sich in auftrumpfend überheblichen Titulaturen nicht genug tun konnten: »Je ne suis pas même un prêtre, je suis le Père de l'Humanité!«[32], sagte er selbst; er ließ sich proklamieren zum »homme le plus moral de son temps, le vrai successeur de Saint-Simon, le Chef Suprême de la Religion Saint-Simonienne«[33], und er nahm sogar in Anspruch, das ›lebende Gesetz‹ seiner Kirche zu sein. Aber zur veritablen Vergöttlichung brachte er es nicht, er widerstand der Versuchung. Er hat zwar selber aufgezeichnet, was der hoch-exaltierte Gustave *d'Eichthal* ihm bei einem Besuch morgens um halb sieben Uhr (am 2. 3. 1832) von seinen nächtlichen Erleuchtungen berichtete: »Ich sage dir also«, habe jener ausgerufen, »du bist etwas andres als der Stellvertreter des Heiligen Paulus, mehr als ein Apostel, mehr als ein Papst. Tu es la future moitié du Couple Révélateur, et Jésus vit en Toi« – und er habe vorausgesagt, die Menschheit werde das ›Messias-Paar‹ lieben, anbeten und vergöttlichen (diviniser), mehr noch als sie Jesus selbst vergöttlicht habe.[34] Aber Enfantin hat auch die Randnotiz hinzugefügt, er habe den Schwärmer unterbrochen: »Eh bien, laisse-moi dormir encore une heure« – und Eichthal selbst hat den Bericht ergänzt durch eine weitere Randnotiz, die seine dokumentarische Ehrlichkeit bezeugt: nachdem Enfantin wieder aufgewacht war, und er selber ausgeredet hatte, habe der ›Vater‹ sich erhoben und, während er seine Strümpfe anzog, zu ihm die Worte gesprochen: »Homo sum.«[35] Die Antwort ist gut und einfach, noch wirksamer die Beschreibung der banalen Situation, welche das klassisch-lateinische Dictum komisch illustriert.

Auch *Barrault*, der große Redner, hat zur selben Zeit der tiefen Erniedrigung den ›Höchsten Vater‹ noch höher erhoben, indem er ihm einen Triumphzug im Orient vorgaukelte: »Jerusalem wird

Sie wiedersehen, oh mein Vater, Sie werden von neuem den Kalvarienberg besteigen, und wir werden zu Ihren Knien niederfallen, Sie werden von den Magiern des Orients angebetet werden« und so fort,[36] aber der offizielle Chronist erinnert mit Nachdruck an die so häufig und so andächtig wiederholten Zeilen aus Enfantins pantheistischem Glaubensbekenntnis –

»Nul de nous n'est hors de lui;
Mais aucun de nous n'est lui.« –

Keiner von uns ist Gott: Niemand habe dies mit tieferer Überzeugung gesprochen als ›der Chef Suprême‹, eben Enfantin selber.[37]
Kurz, die Idee der Vergöttlichung, die Vision und Intention der Götter-Demokratie bleibt offenbar Heines eigene und eigentümliche utopische Zuspitzung. In diesem Punkt weiß er mehr nicht nur als Schelling und Hegel (wie es in dem Eidechsen-Dialog der ›Stadt Lucca‹ hieß), sondern auch mehr als Enfantin und Bazard und mehr als Marx und Engels. Er imaginiert und prophezeit einen Stand der Vollkommenheit, der diese alle überbietet. Seine »Götter der Zukunft« leben ein überschwengliches Schlaraffenleben, allen vertrauten menschlichen Plagen enthoben, nicht allein der Lüge und der Sünde, sondern auch und sogar der Arbeit, der Krankheit, ja womöglich dem Tod. Jedenfalls sind diese drei Merkmale des gegenwärtigen Menschendaseins augenscheinlich in Vergessenheit geraten. Ungewiß bleibt, ob die Zukunftsgötter sie vergessen haben werden, oder ob nur der Autor sie vergessen hat, indem er sich die Götter und die Zukunft ausdachte.
Was die Arbeit betrifft, die zu organisieren und zu emanzipieren einmal das oberste Interesse des Grafen Saint-Simon und seines planenden Intellekts gewesen, und deren Ordnung immerhin auch seine Nachfolger, selbst Enfantin, noch ebenso stark beschäftigt hat wie die der Liebe und Familie,[38] so finden sich hiervon in Heines Werk, soweit es der Verkündung des neuen Evangeliums gewidmet ist, nur wenige flüchtige und beiläufige Spuren, die deutlichste, vielleicht die einzige deutliche, in den bekannten Versen aus dem ›Wintermärchen‹:

»Wir wollen auf Erden glücklich sein,
Und wollen nicht mehr darben;

Verschlemmen soll nicht der faule Bauch,
Was fleißige Hände erwarben.«[39]

Da kommen wenigstens einmal »fleißige Hände« vor, mit etwas
obligater Respektsbezeugung vor den ›Producteurs‹ und ebenso
obligater Entrüstungsgebärde gegen das arbeitslose Einkommen
des ›Bourgeois oisif‹.[40] Liest man aber weiter – es folgen die Verse
vom Brot für alle, von den Rosen und Myrten, der Schönheit und
Lust und von den Zuckererbsen – und setzt man vollends die
Götter-Prophetien hinzu, die ich zuvor erörtert habe, so scheinen
die »fleißigen Hände« weit im wesenlosen Scheine zurückzubleiben
und die Herrlichen und Heiligen, die Genießer edelster Genüsse,
im ganzen eher den »faulen Bäuchen« und Schlemmern von ehedem zu gleichen. Die Götter-Demokratie kommt, wenn der dumme
Ausdruck erlaubt ist, auf eine Art höherer Konsumgesellschaft
hinaus, und von der Produktion all ihrer Genüsse ist schlechterdings nicht die Rede.
Ebensowenig von Krankheit und Tod. Es ist nicht ausgeschlossen,
daß der Schriftsteller in einem gewissen Maße das Opfer seiner
eigenen Metapher von der ›Gesundheit‹ geworden ist. »Einst, wenn
die Menschheit ihre völlige Gesundheit wiedererlangt, wenn der
Friede zwischen Leib und Seele wiederhergestellt und sie wieder
in ursprünglicher Harmonie sich durchdringen ...« – wir erinnern
uns. Was dort ein Gleichnis-Wort war, mag ihn am Ende bis zur
Buchstäblichkeit seiner Bedeutung fortgerissen haben.
Ein einziges Wort gibt es in jenen Beschwörungen (aus ›Religion
und Philosophie in Deutschland‹), welches eine Art Erdenrest zu
bezeichnen, eine Ordnungsaufgabe anzudeuten scheint: das Wort
›Demokratie‹. »Wir stiften eine Demokratie ...« und so fort, wenn
auch eine von Göttern. Indessen wirkt es doch wie angeklebt, wie
ein Versuch, etwas von seinen vorigen politischen Überzeugungen
doch mit einzufügen, oder wie mit polemischem Seitenblick nach
den Börnes und sonstigen Ideologen hin geschrieben – in dem Sinne:
ja, auch ich will Demokratie wie ihr tugendhaften Republikaner,
aber eine weit bessere, feinere und höhere als ihr! Schließlich hatten
selbst die Saint-Simonisten, wiewohl entschiedene Gleichheitsgeg-
ner, Anhänger und Konstrukteure einer ›Hierarchie‹ der Talente,
dennoch die Erde »für alle« zum Ort der Freude und des Ent-
zückens machen wollen.[41] Mehr meint auch Heine nicht. Seine

Utopik ist tief apolitisch, darum eben nannte er sie eine ›Religion‹. Sein Werk gibt nicht den allergeringsten Anhaltspunkt für die Vermutung, er habe je über eine zukünftige, eine ideale oder letztlich wünschbare Verfassung nachgedacht. Ebendies ist freilich das Hauptgeschäft der klassischen Utopisten gewesen, des Thomas *Morus* und des *Campanella* und, wenn man ihn dahinrechnen will, schon *Platons*, des Verfassers der ›Politeia‹. Der Vergleich macht uns von neuem zweifeln, ob wir es bei Heine überhaupt mit einer Utopie zu tun haben, oder ob wir seiner Vision diesen Namen in einem anderen als paradoxen Sinne geben dürfen. Der recht eigentlich anarchische Grundzug seines innersten Traumbildes, die Unbestimmtheit seiner Umrisse nähert es weit mehr jenen apokalyptischen Erlösungszuständen an – ich sagte es schon[42] –, die uns aus der urchristlichen (und millenarischen) Überlieferung heraufschimmern, dem ›neuen Himmel und der neuen Erde‹, dem ›Neuen Jerusalem‹, dem ›ewigen Reich der Freude‹. Nur daß er, Heine, diese letzte Zukunft in neu-hellenischen Farben angelegt hat statt in biblisch-orientalischen. Und nur, daß er gerade diejenigen Triebe dort, in jenem Nirgendwo und Irgendwann,[43] erfüllt sehen will, welche die Zeitgenossen des Paulus und des Johannes für abgetan erklärt hatten, die sinnlichen. Anstatt dessen hätte er dort eine noch kühnere Hoffnung mit bestimmten Worten ausgesprochen finden können, diejenige des Ewigen Lebens. Er seinerseits hat den Todesstachel nicht gezogen, er hat ihn nur übersehen oder überspielt.

Die These von dem tief apolitischen Charakter von Heines ›Utopik‹ kann überraschen, da dieser Schriftsteller vielen Deutern, zumal unter den jüngsten, gerade als der in Deutschland so seltene Typus des revolutionären Dichters gilt. Doch liegt darin kein Widerspruch. Der Gestaltlosigkeit seiner göttlichen Zukunft korrespondiert die Sprengkraft solcher Erwartungen in bezug auf die gegebenen Verhältnisse. Auch Marx hat nicht sagen können und nicht sagen wollen, wie die einstige ›klassenlose Gesellschaft‹ zu organisieren sei; er bekämpfte geradezu die planenden Utopiker, weil sie von der totalen Umwälzung ablenkten und weil sie mit ihren Bauentwürfen gleichsam den Raum blockierten, der für das apokalyptische Ereignis frei gehalten werden sollte.[44]

Eher könnte der Hinweis auf Heines ausgedehnte Tätigkeit als politischer Sonderkorrespondent der Augsburger ›Allgemeinen Zeitung‹, auf die gesammelten Berichte der ›Französischen Zustände‹ und der ›Lutetia‹ meine Deutung irritieren. Doch war Heine hier wesentlich Beobachter, er befand sich im Ausland, wenn auch im gepriesenen Lande der Revolutionen, es war nicht unmittelbar seine Sache, die auf dem Spiele stand. Seine Schilderungen sind erzählend, auch unterhaltend, vielfach zeitgeschichtlich treffend, aber im Grunde – darin hat Börne ganz recht – ohne eigentliche Anteilnahme abgefaßt. Seine Sympathien wechselten, nicht nur was die Staatsmänner, sondern auch was die Verfassungen betrifft. Zeitweilig pries er sogar die Monarchie, nannte sich selbst einen Royalisten, was für die Liberalen, gar für Republikaner wie Börne, ein Greuel war. Zu keiner Zeit war er ein Citoyen noch wollte er es sein. Die Rechte des Menschen interessierten ihn, allein diese, nicht aber die Rechte des Bürgers, der an seinem Gemeinwesen teilnimmt. Darum rühmte er sich, ein »Soldat im Befreiungskampfe der Menschheit« zu sein, aber er hat sich keine Sorgen darüber gemacht, welche Lebensformen und Ordnungen, Gesetze und Einrichtungen sich die befreite Menschheit geben solle.

V.

Immerhin habe ich zwei Passagen – nicht mehr als zwei – in seinem Œuvre gefunden, wo die Vision der Zukunfts-Götter oder des ›Neuen Geschlechts‹ ein wenig breiter ausgemalt erscheint, beide verhältnismäßig versteckt. Die eine steht in jenen Berichten über die ›Gemäldeausstellung in Paris 1831‹, welche seine allererste journalistische Arbeit nach der Übersiedlung bildeten. (Sie sind unter dem Titel ›Französische Maler‹ in den meisten Ausgaben enthalten und haben übrigens den von ihm selbst komponierten Sammelbänden bei Campe den wiederkehrenden Namen gegeben: ›Salon‹.) Das Gemälde, das er am höchsten rühmt und mit dem enthusiastischsten Gefühl beschreibt, stammte von einem gewissen Léopold *Robert* und hieß ›Die Schnitter‹, genauer ›L'arrivée des moissonneurs dans les marais Pontins‹. (Es erhielt den Preis, König Louis Philippe kaufte es für seine Sammlung, heute befindet es sich im Louvre.) Es handelt sich um eine jener italienischen Volksszenen, welche in diesen Jahren Mode zu werden begannen. Geräte und Trachten sind mit folkloristischer Akribie angebracht, die Figuren selbst, teils in tanzender Bewegung, teils in Ruhe stehend oder sitzend oder liegend, wiederum in Vorder- oder Seitenansicht angeordnet, insgesamt zur Szene arrangiert (daher der Gattungsname ›Genre‹), scheinen nach imponierend hochgewachsenen Modellen gearbeitet, wie sie auch ein Klassizist kaum anders ausgewählt hätte. Dem heutigen historisch-kritisch gestimmten Betrachter muß es vorkommen, als seien hier die Lektionen der Akademie auf ein romantisches Sujet angewandt, oder als steckten in den italienischen Kostümen noch die idealischen Akte, die man in Paris und zumal im Atelier Jacques Louis *Davids* so lange studiert hatte.[45] Heine glaubte eine Verwandtschaft mit Raffael wahrzunehmen, sowohl hinsichtlich der Farben als auch des Ausdrucks einiger Figuren. Und eben, indem er diesem Vergleich nachsinnt, ihn korrigiert und spezifiziert, heftet sich sein Gedanke an die Frage der Religion: Raffael ist ihm »der größte Maler der katholischen Weltzeit«, Leopold Robert aber gehöre »einem Volke an, worin der Katholizismus erloschen ist«. Er macht ihn, ohne die »noch verhüllte Doktrin«[46] bei ihrem Namen zu nennen, zu einem unbewußten Saint-Simonisten, zitiert auch – abermals ohne die Herkunft anzugeben – Enfantins Spruch »denn Gott ist alles, was da ist«, übrigens in der Fassung seines eigenen Gedichts, von Seraphine Nr. 7.[47]

Alsbald sieht er, fortgerissen von seinen neuen Glaubenssätzen, alles in das Bild der ›Schnitter‹ hinein, was Bazard und Enfantin lehren: die Rechtfertigung der Materie, die Verlegung der Seligkeit in diese irdische Welt. »Roberts Schnitter sind daher nicht nur sündenlos, sondern sie kennen keine Sünde . . ., sie sind selig ohne Himmel, versöhnt ohne Opfer, rein ohne beständiges Abwaschen, ganz heilig.«[48] Derart vom hohen Tone der Verkündigung erfüllt, vergißt er ganz die reellen Verhältnisse der Szene, welche der Maler zum Anlaß seiner Komposition genommen und allerdings seinerseits bereits zum Tableau einer schönen Zuständlichkeit verklärt hat: daß man hier Herren und Knechte, arbeitende »Landleute« von beiderlei Art vor Augen hat, war in Heines eigener, einläßlicher Beschreibung des Sujets durchaus kenntlich gemacht, wenn auch nur beiläufig; von einem Musterbilde der Götter-»Demokratie« konnte hier, nach dem Gegenstande, gewiß keine Rede sein. Es war »armes Volk« zu sehen, wenn auch kein »glückenterbtes«.

Jedoch hat nicht erst der begeisterte Betrachter, sondern hatte schon der Maler die sozialen Umstände vernachlässigt, ja getilgt; es war ihm vom Anfang seiner italienischen Arbeiten an einzig daran gelegen, inmitten der exotischen Szenerie, der »malerischen und

wilden Costüme« (wie Robert es in einem Brief von 1822 anläßlich seiner ersten Räuber-Bilder selber ausdrückt), die Gestalten
wiederzugeben »mit der Einfachheit und dem edeln Anstande, den
man noch bei diesem Volke findet, und der sich von den Alten her bei
ihnen erhalten hat«.[49] Die Formel gemahnt deutlich an die berühmte Wendung Winckelmanns von der »edlen Einfalt und stillen Größe« der griechischen Statuen, und Roberts Biograph, *Feuillet
de Conches*, der ihn unter die »größten Maler unserer (nämlich der
französischen) Schule« zählte, hat gleichsam die klassizistische
Katze vollends aus dem Sack der ›Genre‹-Malerei gelassen mit
der Bemerkung, er habe »jene um ihre Schönheit unbekümmerte
und doch zugleich majestätische Grazie der griechischen Race des
mittäglichen Italiens« hervorkehren und alles entfernen wollen,
»was den anmutigen und grandiosen Charakter schwächen
konnte«.[50] So hat Heine durchaus mit Recht, wenn auch mit anderen Gründen, die Rubrizierung Leopold Roberts unter die Gattung
der Genremalerei abgewiesen.[51] Es liegt hier das gerade Gegenteil
dessen vor, was wir von den Holländern des 17. Jahrhunderts, etwa
von Teniers und den beiden Ostade, mit ihren krummen und dicken,
saufenden und raufenden Bäuerchen unter diesem Titel kennen:
Was hier Genre heißt, ist in Wahrheit klassizistische Idylle in
romantischem Kostüm.

Und so begreift man, wie es kommt, daß der ›Hellene‹ Heinrich
Heine von den ›Schnittern‹ so entzückt war. Das Arrangement
ausgesuchter menschlicher Modelle quasi-›griechischer‹ Rasse, vorgestellt als zeitgenössische Volksszene, war zudem durch ein ver-
klärendes Kolorit mit südlich leuchtendem Abendhimmel schon
von Haus aus angetan, seine saint-simonistisch vorgeprägte Erwartung irdischer Seligkeit zu erfüllen. » ›Die Erde ist der Himmel,
und die Menschen sind heilig durchgöttert‹, das ist die große Offenbarung, die mit seligen Farben aus diesem Bilde leuchtet«[52] – mit
solcher Fanfare begrüßt er das »gemalte Evangelium«. Im selben
Salon von 1831 hing ein Bild mit entschieden politischem Gegenstand, *Delacroix'* Revolutionsgemälde mit der Freiheitsgöttin,
dessen Verve und malerische Originalität bis heute nicht verblaßt
sind. Heine hat dem Bild, auch der »Gassenvenus« und dem
»Schornsteinkupido« seine mit Spott versetzte Ovation darge-
bracht,[53] weil es die »heiligen Julitage von Paris« ins Gedächtnis
rief; aber diese realistische Allegorie der Revolution hat ihn bei

weitem nicht in dem Maße ergriffen und begeistert wie die »Apotheose des Lebens«, die er in den – heute vergessenen – ›Schnittern‹ von Robert entdeckte.[54] Hier trat ihm sein utopisches Programm anschaulich entgegen, es war, als blicke er – wie Faust in der Hexenküche – in den Zauberspiegel seiner eigenen Menschheitswünsche.

VI.

Nicht aus solchem Spiegel, sondern aus eigener Vision stammt hingegen die zweite, nun recht ausdrücklich utopische oder doch futuristische Ausmalung vergöttlichten Menschendaseins, die ich im Auge habe. Sie findet sich an seltsam entlegener Stelle, hängt auch kaum zusammen mit dem Anlaß, dem die fragliche kleine Schrift verdankt wird: Das ›Vorwort zu Weills Novellen‹, das der berühmte Poet zu den ›Sittengemälden aus dem elsässischen Volksleben‹ seines Freundes Alexander *Weill* im Jahre 1847 empfehlend beigesteuert hat, umfaßt nur drei Seiten. Mit den Dorfidyllen, welche den Inhalt des Buches bilden, und von denen der literarische Gönner Heine nur mit einiger Herablassung redet, hat unser Passus nichts zu tun. Vielmehr ist es die Charakterisierung ihres Autors und seiner politischen Gesinnungen, die Heine ganz unvermutet und offenbar erst im Schreiben zu seinem eigensten, zu seinem einzigen ganz eigentümlichen Zukunftsbilde fortgerissen hat. Er beschreibt Weill als den »zerrissenen, europamüden Sohn der Bewegung« (das Wort meint hier wohl die liberale Bewegung), »der die Unbehagnisse und Ekeltümer unserer heutigen Weltordnung nicht mehr zu ertragen weiß und hinausgaloppiert in die Zukunft, auf dem Rücken einer Idee . . .«[55] Und diese kühne und großartige Metapher ist es, die den Schreiber selbst bezwingt und verführt, einen Blick in das Land zu tun, wo solch ein »Reiter ohne Sattel und Zügel« womöglich anlangen werde – »oder an dem Goldgitter der glückseligen Gärten, wo da wandeln jene Götter . . .«.

Hier kehrt unser Stich- und Leitwort wieder! Und es ist wie ein Echo jener dunklen Stelle aus dem ›Ludwig Börne‹, die dem gegenwärtigen Kapitel die Überschrift gibt, ein Echo und eine Fortsetzung, ja eine Auflösung des Rätselspruches.

»Wer sind jene Götter?« Er stellt die Frage selbst, die uns beschäftigt hat, und seine Antwort lautet folgendermaßen: »Ich weiß nicht, wie sie heißen, jedoch die großen Dichter und Weisen aller Jahrhunderte haben sie längst verkündigt. Sie sind jetzt noch geheimnisvoll verhüllt; aber in ahnenden Träumen wage ich es zuweilen, ihren Schleier zu lüften, und alsdann erblicke ich ... Ich kann es nicht aussprechen, denn bei diesem Anblick durchzuckt mich immer ein stolzer Schreck, und er lähmt meine Zunge. Ach! ich bin ja noch ein Kind der Vergangenheit, ich bin noch nicht geheilt von jener knechtischen Demut, jener knirschenden Selbstverachtung, woran das Menschengeschlecht seit anderthalb Jahrtausenden siechte und die wir mit der abergläubischen Muttermilch eingesogen ... Ich darf nicht aussagen, was ich geschaut ... Aber unsere gesünderen Nachkommen werden in freudigster Ruhe ihre Göttlichkeit betrachten, bekennen und behaupten. Sie werden die Krankheit ihrer Väter kaum begreifen können. Es wird ihnen wie ein Märchen klingen, wenn sie hören, daß weiland die Menschen sich alle Genüsse dieser Erde versagten, ihren Leib kasteiten und ihren Geist verdumpften, Mädchenblüten und Jünglingsstolz abschlachteten, beständig logen und greinten, das abgeschmackteste Elend duldeten ... ich brauche wohl nicht zu sagen, wem zu Gefallen!

In der Tat, unsere Enkel werden ein Ammenmärchen zu vernehmen meinen, wenn man ihnen erzählt, was wir geglaubt und gelitten! Und sie werden uns sehr bemitleiden! Wenn sie einst, eine freudige Götterversammlung, in ihren Tempelpalästen sitzen, um den Altar, den sie sich selber geweiht haben, und sich von alten Menschheitsgeschichten unterhalten, die schönen Enkel, dann erzählt vielleicht einer der Greise, daß es ein Zeitalter gab, in welchem ein Toter als Gott angebetet und durch ein schauerliches Leichenmahl gefeiert ward, wo man sich einbildete, das Brot, welches man esse, sei sein Fleisch, und der Wein, den man trinke, sei sein Blut. Bei dieser Erzählung werden die Wangen der Frauen erbleichen und die Blumenkränze sichtbar erbeben auf ihren schön-lockichten Häuptern. Die Männer aber werden neuen Weihrauch auf den Herdaltar streuen, um durch Wohlduft die düsteren, unheimlichen Erinnerungen zu verscheuchen.«[56]

Die Datumszeile, die, wie bei einem Vorwort gehörig, daruntergesetzt ist, gehört in diesem Falle zum Text, indem sie diesen satirisch noch einmal zu pointieren scheint und zugleich den Leser aus dem Traum von den glückseligen Gärten der schönen Enkel wie mit einem Schlag oder Schuß erwachen und herabstürzen läßt in die Zeitrechnung der Gegenwart, die christliche: »Geschrieben zu Paris, am Karfreitage 1847.« Am Karfreitage! Das Verdikt über das ›nazarenische‹ Prinzip nimmt, ohne daß dieser Terminus wiederkehrte, doch den Faden der Religionskritik aus ›De l'Allemagne‹ und aus dem ›Ludwig Börne‹ folgerichtig wieder auf, aber entschiedener als dort erscheint es hier als Signum einer Epoche in die Geschichte und also in die Vergänglichkeit versenkt, der imaginierte Rückblick der befreiten und erlösten Enkel auf diese »alten Menschheitsgeschichten« dient als starkes Kunstmittel, den Karfreitagszwang (wenn man so sagen darf) vollends abzuschütteln, das Christentum mitsamt der Religionskritik selber in stürmisch vorauseilender Prophetie vollends als antiquarische Kuriosität abzutun.

Im gleichen Atemzug jedoch werden wir – trotz all jenen Vorbehalten, die zur Gebärde des scheuen Sehers gehören, wenn sie auch für gewöhnlich nicht das erfreuliche, sondern gerade das gräßliche Gesicht einleiten – doch eingeladen, mit ihm gleichsam einen Blick durch das utopische Zielfernrohr zu wagen. Denn er spricht schließlich einigermaßen deutlich aus, was er »in ahnenden Träumen« erblickt. ›Gesund‹ heißen ihm die Nachkommen (da ist wieder der Nietzsche-Ton, und ich zweifle nicht daran: auch die verborgene Quelle von Nietzsches gewaltsameren Idealen!), ›freudig‹ (das Wort kommt sogar zweimal vor) und ›schön‹ sind die Enkel (wie es ja auch die Griechen waren, wo die Künstler nur um sich zu blicken brauchten, um die Modelle zu ihren Götterbildern zu finden).[57] Aber nicht genug mit dergleichen Merkmalen und Attributen – die Vision wird zur vollständigen Szene: glückselige Gärten, Altäre, Wohlgerüche, Weihrauch, bekränzte Lockenhäupter, Götterversammlung! Da ist es heraus und noch einmal deutlich ausgesprochen, wer ›jene Götter‹ sind: die Menschen, wir Menschen selber, unseresgleichen! Der vormaligen Vermenschlichung der (alten) Götter korrespondiert am Ende die buchstäbliche Vergöttlichung der (künftigen) Menschen, und jene wird von dieser abgelöst, aufgehoben, überboten. Die realisierte Utopie zeigt blasse, doch unverkennbare hellenische Züge, hellenisierende Traumfragmente. Eine Erinnerung an den Garten der Hesperiden scheint anzuklingen, wenn auch die goldene Farbe hier an den Gittern statt an den Äpfeln haftet; der antike Brauch der festlichen Bekränzung scheint als dauernde Einrichtung wiederzukehren; die Vorstellung der ›Götterversammlung‹ gemahnt an die olympische – eine andere als diese, die erhabene, übermenschliche Polis, ist in der europäischen Überlieferung schlechterdings nicht aufzufinden. Und Altäre gibt es da, auf welchen Feuer brennen.

Altäre? Zu wessen Verehrung? Wem wird hier geopfert? In diesem Sinnbild wird die letzte Konsequenz solcher religionsförmigen Utopie sichtbar: die Menschen, da nun selber Götter, werden mit sich allein sein, keine anderen Wesen mehr kennen, die sie fürchten und verehren, die sie anbeten und denen sie opfern könnten. Der Dichter hat die Konsequenz gezogen, hat nicht Halt, sondern durchaus Ernst gemacht. Die menschlichen Nachfahren und neu erstandenen Götter bekennen sich zu dieser ihrer Verwandlung, Erlösung und Erhebung, sie verehren niemand anderen als sich selbst. Nicht allein der ›tote‹ Gott, nämlich der gekreuzigte, gilt hier noch einmal für tot, vergessen und versunken, sondern alle göttliche Andersheit schlechthin. Die Vergöttlichung des Menschen führt unausweichlich auch zur Selbstanbetung des Menschen – so lange jedenfalls, als solche Zukunftsahnung und Traumverwirklichung den Namen, die Gesinnung und Gemütsverfassung einer ›Religion‹ in Anspruch nimmt. Und für Heine, den ›Hellenen‹, den Antichristen, den Saint-Simonisten und radikalen Pantheisten, war dies ›Religion‹. Es war ihm nicht Politik, nicht Poesie, nicht Kunst und nicht Philosophie, sondern Religion.

So lange, als die Vergöttlichung des Menschen noch utopische Erwartung, Zielbild, geheime Weissagung, Glaubensinhalt blieb, so lange konnte sie freilich auch für Religion passieren, konnte er sie für Religion halten. Indem er aber die erfüllte Erwartung, das erreichte Ziel, die lebendig gewordene Offenbarung ins Auge faßt, wie eben hier in der Vision der menschlichen Götterversammlung, der sündelosen, vielleicht todlosen, gerät die Religion in eine Sackgasse, aus der es keinen Ausweg gibt. Diese Altäre sind entweder eine Paradoxie oder ein Theaterrequisit; Selbstanbetung ist nur möglich als Selbstbetrug. Vielleicht liegt in solcher freilich verschwiegenen Einsicht der Grund dafür verborgen, daß Heine nur dieses einzige Mal seine Ahnung bildhaft ausgemalt, den ersehnten Endzustand unmittelbar vor Augen geführt hat. Und das war sozusagen im allerletzten Augenblick vor dem Zusammenbruch seiner eigenen, physischen Gesundheit wie auch seines utopischen Glaubens.

Vielleicht aber war es auch eine geheime Vorsicht des guten

Geschmacks, daß er sich und uns die Resultate der Emanzipation oder des ›Befreiungskampfes der Menschheit‹, den göttlichen Endzustand, nicht öfter und nicht genauer vor Augen geführt hat. Seine (und Nietzsches) Nachfolger, Autoren und Künstler des Jugendstils, des ›Ver sacrum‹, der Epoche der Lebensreform (die wiederum und noch immer neuhellenische Züge trug), haben nicht ebensoviel Zurückhaltung geübt. Ohnehin muß es aufs höchste verwundern, daß Heine, dieses Genie des Witzes und Spottes, in dieser einen Sache so lange Zeit so gläubig geblieben ist, bald zwei Jahrzehnte lang. In den Anfängen vernahm man wohl vergnügten Übermut, doch nie die geringste Spur von Ironie. Ob er insgeheim nicht bisweilen die Fadheit dieses seines Freudenreiches verspürt hat?

»Eine Weile lang geht's gut. Aber der Mensch ist nicht immer aufgelegt zum Lachen, er wird manchmal still und ernst und denkt zurück in die Vergangenheit; denn die Vergangenheit ist die eigentliche Heimat seiner Seele, und es erfaßt ihn ein Heimweh nach den Gefühlen, die er einst empfunden hat, und seien es auch Gefühle des Schmerzes.«[58]

Das war bei Gelegenheit des Tannhäusers geschrieben, doch mag es auch von den Zukunftsgöttern gelten.

Zehntes Kapitel

Venerische Krankheit und
venerische Gesundheit

I.

Gesundheit war ihm, Heine, vor allem ein Merkmal, ja ein Inbegriff künftigen Menschendaseins. Das Wort ›Gesundheit‹ ist ein utopisches Stichwort von hohem Rang und Klang. Bis zur kühnsten aller Utopien, derjenigen vom ewigen Leben, also von der Todlosigkeit oder doch von der Überwindung des Todes, hat er sich nicht vorgewagt, sie war christlich-geistlich – und also »spiritualistisch« – besetzt und in Anspruch genommen, daher einer entschieden diesseitig, irdisch, sinnlich, leiblich bestimmten Freuden-Religion entrückt und logisch verschlossen. Aber Gesundheit, gleichsam die eben noch irdisch vollziehbare Vorstufe des ewigen Lebens, die Überwindung der Krankheit, vielleicht die Krankheitslosigkeit, sie schien erreichbar. Seine »Götter der Zukunft«, seine vergöttlichten Menschen, waren zwar nicht unsterblich, doch immerhin gesund. Daß diese schöneren Enkel sterbliche Wesen bleiben würden, hat er weder geleugnet noch freilich jemals ausgesprochen, vielmehr hat er diesen Umstand eigentlich verschwiegen, vielleicht gar nicht bedacht. Der Glanz der Vision scheint diese Trivialität überstrahlt zu haben. Mochten also die künftigen Menschen-Götter sterblich bleiben oder unsterblich werden (wie es Göttern von Rechts wegen zukäme), jedenfalls würden sie gesund sein.

Es ist aber nicht bloß eine Vision, es ist auch ein Postulat: »Die nächste Aufgabe ist, gesund zu werden; denn wir fühlen uns noch sehr schwach in den Gliedern.«[1] An solch einem Satz ist zu merken, daß es mit der Gesundheit doch nicht so derb buchstäblich gemeint ist, viel eher gleichnishaft. »Einst, wenn die Menschheit ihre völlige Gesundheit wiedererlangt, wenn der Friede zwischen Leib und

Seele wiederhergestellt und sie wieder in ursprünglicher Harmonie sich durchdringen ...« Dreimal vernimmt man hier das Wörtchen ›wieder‹, es ist das vertraute Signum derjenigen Restauration, welche die Utopik so oft zu besorgen verspricht und zu besorgen meint, der Restauration eines Goldenen Zeitalters, wo immer es lokalisiert sein mag, hier ohne Zweifel im ›Hellenischen‹; davon ist zur Genüge die Rede gewesen. Wir wissen es längst, wie es gemeint ist: Das Zeitalter der Krankheit ist das christliche. ». . . dann wird man den künstlichen Hader, den das Christentum zwischen beiden« (nämlich zwischen Leib und Seele) »gestiftet, kaum begreifen können.«[2] Wäre ›Krankheit‹ also nur eine Metapher, ein anderer Name für die christliche Leibespeinigung und Sinnenverdammung? So scheint es in der Tat, wenn wir – im gleichen Zusammenhang – lesen, diese Religion habe sich »wie eine ansteckende Krankheit« über das römische Reich verbreitet, und wenn wir wahrnehmen, wie der Schreibende, nach seiner gewöhnlichen Art von dem ›Einfall‹ fortgerissen, alsbald ausspinnt und ausmalt, was eben noch ein Vergleich war, bis die Krankheitsbilder in alle Winkel des Gedankens dringen, nein, die Führung übernehmen und den Gedanken erzeugen, indem sie ihn verdrängen: ». . . das ganze Mittelalter hindurch dauerten die Leiden, manchmal Fieberwut, manchmal Abspannung, und wir Modernen fühlen noch immer Krämpfe und Schwäche in den Gliedern« – und so eilt die Sprache fort zur »Lazarettluft«, der man nicht entrinnen könne, zu den »Siechen«, von welchen man umgeben sei, und springt schließlich ins zugehörige Gegenbild, die Gesundheit, die »völlige Gesundheit«.

Und doch ist das Gleichnis mehr als eine gelegentliche Vergleichung, mehr als eine Denkhilfe. Die Metapher ist der Gedanke selbst oder tritt an seine Stelle. Abermals finden wir uns in der Sphäre zwischen Denken und Schreiben, von der hier schon die Rede gewesen ist.[3] ›Gesundheit‹ entwächst der poetischen Metaphorik und wird – in der Vision der schöneren Zukunft – zur existentiellen Realität. Sie geht in die Buchstäblichkeit über. In jenen »glückseligen Gärten« kennt man die Krankheit nicht. Dieses endlich wiederhergestellte irdische Paradies, worin er die Menschgötter wandeln sieht, wäre seiner ganzen Geltungskraft beraubt, wenn wir nicht allein die Sterblichkeit, sondern obendrein die Krankheit dort wiederfinden müßten – Schnupfen und Husten, Übelkeit, Kolik, Migräne, Muskelschwund, Gliederlähmung, Syphilis und Paralyse. Die Sterblichkeit hat der Glücks-Prophet nur ausgespart, vergessen und vergessen machen, aber die Krankheit hat er für überstanden erachtet, gleichnisweise wie buchstäblich.

Für einen Augenblick zählte, der dies schrieb, sich selbst unter die ›Gesunden‹: »Ist auch mancher von uns schon genesen, so kann er doch der allgemeinen Lazarettluft nicht entrinnen, und er fühlt sich unglücklich als der einzig Gesunde unter lauter Siechen.«[4] Aber noch in ebenderselben Schrift – es ist abermals der große Essay ›Zur Geschichte der Religion und Philosophie in Deutschland‹ –, zwischen den Lobpreisungen Lessings und Kants, dort, wo der Tod Gottes, die Hinrichtung des ›Deismus‹ verkündigt wird, und wo die Lazarett-Metapher noch einmal wiederkehrt (». . .mögen sie immerhin in unsere Hospitäler hereinbrechen und die kranke alte Welt aus ihren Betten jagen«[5]) da verkehrt sich ihm plötzlich die Figur seiner selbst ins Gegenteil: »Denn ach! ich gehöre ja selber zu dieser kranken alten Welt, und mit Recht sagt der Dichter: Wenn man auch seiner Krücken spottet, so kann man darum doch nicht besser gehen.« Ja noch krasser: »Ich bin der Krankste von euch allen und um so bedauernswürdiger, da ich weiß, was Gesundheit ist.« Eben noch der einzig Gesunde unter lauter Siechen, nun der krankste von allen! Freilich hält sich ein Merkmal in diesen widersprüchlichen Beschreibungen der eigenen Rolle: die Ausnahme bleibt er in einer fremden Welt, denn er allein »weiß, was Gesundheit ist«. »Ihr aber, ihr wißt es nicht, ihr Beneidenswerten!« Wenn auch nicht mehr der einzig Gesunde, so doch der einzig Wissende, gerade darum auch der Bedauernswürdigste.

Was soll dieses Raunen und Lamentieren? Natürlich läßt sich das alles bequem in die analytische Sprache zurückübersetzen: Ich weiß, was Gesundheit ist, das heißt: ich sehe das neue Zeitalter der entsündigten Menschheit, man kann auch sagen: der vollendeten Emanzipation und der freien Glückseligkeit. Und ich gehöre zugleich der kranken alten Welt an, das heißt: ich lebe selber im Streit zwischen Leib und Seele, nämlich halb verhohlen, halb schnöde spottend, genießend mit schlechtem Gewissen, in niederen Bereichen der Liebe wie der Gesellschaft, mit der Attitüde des Lebemannes und gerade darum unversöhnt, durchaus nicht ›heilig‹, mehr ein Tannhäuser als ein Apollogott. Diese Töne sind ganz fern vom Seraphinen-Übermut. Es spricht sich ein tiefes Ungenügen darin aus: zur ›Libertinage‹ verdammt zu sein, in der bloßen Libertinage stecken zu bleiben, da es doch auf reine Seligkeit abgesehen war. Aber das ist mißverständlich. Heine macht hier nicht bloß ein verstecktes Bekenntnis der persönlichen Zerrissenheit – daß nämlich seine höchsteigene ›Rehabilitierung des Fleisches‹ nicht glücken will –, er spricht von sich vielmehr im Zusammenhang mit der ganzen »kranken alten Welt«, und das ist die moralische Gesellschaftsordnung mit ihren Geboten und Verboten, zumal dem Gebot der Ehe und dem Verbot der »freien Wahlumarmung« – und mit dem Zwischenreich der geduldeten erotischen Belustigungen.[6] Daß er ihr nicht zu entkommen, Amüsement nicht auf die eigene Faust in Freude, die Halbwelt nicht zur Götterwelt zu verwandeln imstande ist, das ist seine Krankheit.

Wenn hier ›Gesellschaftskritik‹ enthalten ist, so mit Einschluß der eigenen Person und mit deutlicher Eintragung der Figur, die er selber macht. In diesem Punkt unterscheidet er sich sehr merklich von seinen saint-simonistischen Freunden; sie hatten alle Übel der moralischen Gesellschaftsordnung kenntlich gemacht und dieser ›alten Welt‹ gründlich vorgerieben, aber die eigene Gemeinschaft (die ›Kirche‹) insgesamt ausgenommen, ja die neue Moral, Heiligung der Materie, Reinigung der Sinne, Rechtfertigung des Fleisches, also Sündlosigkeit als hergestellt und vollendet zu behaupten unternommen. Daher das durchgängige Weihe-Pathos, das unserem Geschmack – und im Grunde wohl auch demjenigen Heines – immer peinlich bleibt. Sie hatten, unter Enfantins Vorgang und Anleitung, mit der Utopie, auch der moralischen, sogleich angefangen. Vielleicht bezieht sich ebenhierauf eine seltsam versprengte, tiefsinnige Bemerkung Heines – bei Gelegenheit des ›Don Quixote‹: »Ach, ich habe ... erfahren, daß es eine ebenso undankbare Tollheit ist, wenn man die Zukunft allzu frühzeitig in die Gegenwart einführen will und bei solchem Ankampf gegen die schweren Interessen des Tages nur einen sehr mageren Klepper, eine sehr morsche Rüstung und einen ebenso gebrechlichen Körper besitzt!«[7] (»Ebenso undankbar« nämlich wie die Tollheit des Ritters von La Mancha, die Vergangenheit ins Leben zurückrufen zu wollen.) Die Stelle ist aber nicht allein auf die eigentümliche Vermessenheit der saint-simonistischen Kirche gemünzt. Sie enthält auch einen leisen Widerruf eigener Hoffnung und Einbildung. Eben darum ist sie sehr dazu angetan, die vorige Selbstcharakterisierung – als des ›Kranksten von allen, der doch weiß, was Gesundheit ist‹ – genauer zu erläutern. Die utopische Zukunft hat nicht begonnen. Es ist Tollheit, sie beginnen zu heißen oder ihren Beginn zu behaupten und zu feiern. Und was die persönlichen Gründe solcher Unzeitigkeit angeht, so sind sie dieses Mal durchaus buchstäblich und ganz nüchtern beim Namen genannt: der »magere Klepper« und die »morsche Rüstung« sind noch fortgesponnene Gleichnisse aus der Sphäre des *Cervantes*, aber der »gebrechliche Körper« tritt mit trockener Deutlichkeit aus der Metaphorik heraus. Das ist eine autobiographische Angabe, ins Exemplarische erhoben.

II.

Heine war nicht nur bildlich, er war wirklich krank. Jedermann weiß es, sein Wort von der ›Matratzengruft‹ ist beinahe so volkstümlich geworden wie die Loreley. Ich will hier die Pathographie kurz rekapitulieren, wie sie sich vorab aus der Lektüre seiner Briefe ergibt, und wie sie mehrfach von medizinischen Autoren aufgestellt worden ist.[8] Von früh an litt er an Kopfschmerzen, »Migräne«, namentlich die Briefe der Studentenzeit sind voll von solchen Klagen, darum auch suchte er Norderney und Helgoland auf, die Seeluft war ihm heilsam. Das eigentliche organische Nervenleiden jedoch trat erst in der Pariser Zeit in Erscheinung. Von 1832 an berichtet er über Lähmungen an der linken Hand, dann über deren Abmagerung, also Atrophie. Zuerst 1835 folgen Beschwerden an den Augen, eine Pupillenstörung, dann eine solche der äußeren Augenmuskeln, die nach vorübergehender Besserung etwa 1845 in eine dauernde Lähmung des oberen Augenlides, zuerst links, zuletzt auch rechts, überging. Daher rührte die Gewohnheit, mit der Hand das Lid emporzuheben, welche die Besucher des Kranken immer wieder beschrieben haben. Um dieselbe Zeit fühlte er die Lähmung auch über die Brust hinziehen, schließlich Beine und Füße ergreifen. »Meine Beine wie Baumwolle«, schreibt er 1848, »und werde wie ein Kind getragen.«[9] Von da an hat er Haus und Bett nicht mehr verlassen. Schon zuvor waren Lippen, Kaumuskeln, Gaumen und Lunge affiziert, die linke Gesichtshälfte überhaupt betroffen, zugleich aber äußerlich so empfindlich, daß er den Bart stehen ließ. Gegen die Schmerzen nahm er Opium, zumeist als Pulver, das in offene Wunden eingestreut wurde. Vom andauernden Liegen war sein Rücken immer wund. Auch magerte er vollends ab, die Füße verdrehten sich, Blasenbeschwerden, Darmkoliken traten hinzu. Am 17. Februar 1856, morgens 5 Uhr, starb Heine »infolge von Schwäche, durch heftiges Erbrechen hervorgerufen«, wie der Arzt, Dr. *Gruby,* berichtet.

Die Frage der Diagnose hat seither zahlreiche medizinische, zumal neurologische Autoren beschäftigt. Heine selbst nannte sein Leiden »ein französisches ramollissement de la moëlle épinière oder eine deutsche Rückgratschwindsucht«, deutete aber zugleich – und das in einer öffentlichen Erklärung! – gewissermaßen mit einem traurigen Augenzwinkern die Ursache an: es könne »eine jener Privatkrankheiten« sein, »woran der Deutsche, der im Auslande privatisiert, zu leiden pflegt«.[10] Viele Bearbeiter haben sich gescheut, eine luetische Entstehungsursache zuzugestehen, und sind bei der Feststellung von Muskelatrophie und progressiver Rückenmarkslähmung (Bulbärparalyse) stehengeblieben. Noch neuerdings hat Professor Kurt *Kolle* in München in diesem Sinn votiert, und zwar mit dem Argument, »daß Heine als Persönlichkeit fast bis zum letzten Atemzuge unbeschädigt blieb«, darum sei »eine Paralyse auszuschließen«. Seine Abhandlung fügt indessen zu diesem Argument auch das Gesinnungsmotiv, das ihn überhaupt zu erneuter Erörterung des Falles bewegt hat. Er wollte den vulgären antisemitischen Bezichtigungen entgegentreten, der Schmähung »dieser Jude ist zudem noch Syphilitiker, Paralytiker«. Solchen Werturteilen will er erklärtermaßen »den Garaus machen«, er ficht in der Defensive, Heine, »der stille Dulder«, soll künftig gegen diesen Verdacht gefeit sein.[11] So ehrenwert die Gründe – und zumal die Aufrichtigkeit ihrer Darlegung – anmuten, so sehr scheinen sie mir doch die Wahrheitsfindung zu versperren. »Daß ein durch 24 Jahre wütender syphilitischer Prozeß, der bereits ziemlich früh die Hirnnervenkerne ergriffen hat, ohne psychische Symptome verläuft, wäre ein Unicum«, sagt Professor Kolle. Ebendieses Unicum scheint gleichwohl hier vorzuliegen.[12]

Jedenfalls kommen drei unverdächtige neuere Gutachter, ein Psychiater und zwei Neurologen, zu dem Schluß, der am einfachsten von Professor *Hirschel* (Wien) ausgedrückt worden ist: »Heine Syphilitiker, dessen Paralyse keinen mentalen Charakter hatte, sondern sich auf das Rückenmark, die Augen und einen Teil der Kopfnerven bezog.«[13] Genauer wurde die Krankheit 1930 von

Michael *Cohn* und 1964 von Arthur *Stern* diagnostiziert, und zwar von beiden übereinstimmend als ›Lues cerebri et medullae spinalis‹ oder (so Stern) als ›Lues cerebrospinalis‹. Der letztere Autor erläutert sie als »eine syphilitische Erkrankung, die wahllos das Zentralnervensystem, die Gehirnnerven und speziell die Hirnrückenmarkshäute befällt und alle Krankheitssymptome in ihrer ganzen Vielfältigkeit, aber auch in ihrem Wechsel und ihrer Unbeständigkeit erklärt.«[14] Derartige Krankheitsbilder waren, wie Stern weiter mitteilt, zu Heines Lebzeiten noch nicht erkannt, sie sind erst in den sechziger Jahren des 19. Jahrhunderts von französischen Forschern beschrieben worden. Heute wiederum, schreibt Stern, seien sie kaum noch zu beobachten, da die Erkennung und Heilung der Syphilis solche Prozesse, wie sie der Leidensgeschichte Heines offenbar zugrunde liegen, nahezu sicher verhüten könne. Auch Dr. Stern betont die »medizinische Rarität«, die darin liege, daß Heines Geist bis zu seinem Ende völlig ungetrübt geblieben ist.[15]

Es bleibt auch hiernach, was die nachträgliche ärztliche Erkenntnis anlangt, bei einer Vermutung, wenn auch bei einer Vermutung von hoher Wahrscheinlichkeit. Vor allem fehlt es – sehr begreiflicherweise – an einer verläßlichen Nachricht über die eventuelle syphilitische Ansteckung. Eine Nichte Heines hat gemeint, das Ereignis in die Zeit der italienischen Reise von 1828 verlegen zu sollen[16] – übrigens ohne besondere Gründe –, und Heines eigene Andeutung von der »Privatkrankheit«, die ich schon zitiert habe, scheint – wenn ich sie überhaupt richtig deute – ins »Ausland« zu weisen, muß freilich nicht notwendig so privat-historisch verstanden werden. Die deutlichste Spur führt indessen gerade in die Heimat, nach Deutschland, nach Göttingen.

Bei seinem zweiten Göttinger Studienaufenthalt, während er ernstlich für die juristische Promotion arbeitete, schrieb Heine – am 25. Februar 1824 – an seinen Berliner Freund Moses Moser einen Brief, worin die folgenden Zeilen stehen:

»Ich lebe sehr still. Das Corpus Juris ist mein Kopfkissen. Dennoch treibe ich noch manches andre, z. B. Chronikenlesen und Biertrinken. Die Bibliothek und der Rathskeller ruiniren mich. Auch die Liebe quält mich. Es ist nicht mehr die frühere, die einseitige Liebe zu einer Einzigen. Ich bin nicht mehr Monotheist in der Liebe, sondern wie ich mich zum Doppelbier hinneige, so neige ich mich auch zu einer Doppelliebe. Ich liebe die Medizäische Venus, die hier auf der Bibliothek steht, und die schöne Köchinn des Hofraths Bauer. Ach! und bey beyden liebe ich unglücklich! Die eine ist von Gyps und die andre ist venerisch. Oder ist letzteres etwa Verläumdung? Je le trouverai. Ich habe mir gestern Abend bei der neuen Putzhändlerinn 1/2 Dutzend Gondons anmessen lassen, und zwar von veilchenblauer Seide, –

Zu allem Glück werde ich in diesem Augenblicke gestört. Nicht wahr, ich lege es darauf an, Dich zu empören, und das letzte Fünkchen Freundschaft, das noch für mich in Deiner Seele glimmen möchte, mit einem nassen Aufguß von Galle und Unflätigkeit zu verlöschen. Aber wahrhaftig je suis très enrhumé, oder, um deutsch zu sprechen, ich habe sehr den Katharr. Und überdies bin ich noch verdrießlich, und mehr noch als ich verdrießlich bin, bin ich

Dein Freund

H. Heine.«[17]

Der Ton ist, wie man sieht, recht ›burschikos‹ – wenn der Ausdruck erlaubt ist: tatsächlich führt er ein wenig in die Irre, denn gerade bei der Burschenschaft galt damals das Prinzip der Keuschheit, und es gibt Zeugnisse, die es wahrscheinlich machen, daß Heine bei seinem ersten Göttinger Studienaufenthalt (1820) aus der Burschenschaft ausgeschlossen worden ist, eben wegen Verletzung dieses Grundsatzes. Andererseits und zu gleicher Zeit wird von mehreren Zeitgenossen berichtet, daß »die Sünden contra sexum ... leider nur zu oft den Gegenstand des Gesprächs« unter den Studenten gebildet hätten, ja daß man nirgends »ein solches Renommieren, ein solches offenes Zurschautragen geheimer Krankheiten angetroffen« habe als gerade in Göttingen.[18] Heines Sprache gegen Moser ist zwar nicht renommistisch, doch recht frech, und man wundert sich, am Ende des Briefes zu erfahren, daß seine Laune »verdrießlich« sei, also gar nicht frisch-fröhlich. Die Beschreibung seiner unglücklichen Doppelliebe hat zwar viel Witz, aber dennoch möchte ich das Bekenntnis selbst für ernsthaft halten, zumal es zehn Tage später in einem Brief an den Studienfreund *Christiani* noch einmal wiederkehrt.[19] Das ›Marmorbild‹ der unerreichbaren Göttin oder seine gipserne Nachbildung und die sinnliche Gegenwart der erreichbaren Köchin oder Magd mögen sehr wohl in wechselseitiger Steigerung die Begierde des jungen Mannes – er war jetzt 26 Jahre alt –

beschäftigt haben. Was dem Anbetenden von der ›hellenischen‹ Göttin notwendig versagt blieb, mag die einheimische Köchin dem bequemen Eroberer gewährt haben. Wenn man noch ein Stück weitergeht, kann man in dieser Konstellation sogar schon den Widerspruch der »geschändeten Schönheit«[20] und des erhabenen Urbildes entdecken – ihren Widerspruch und auch ihre Konvergenz, nämlich in der Seele des Liebenden oder Begehrenden.

III.

Es ist auch der Widerspruch der (freilich versteinerten) Gesundheit und der Krankheit. Ob dem Briefschreiber der böse Humor bewußt geworden ist, der in der Zusammenfügung der hohen Frau Venus und des venerischen Übels beschlossen ist, kann man aus der Formulierung nicht entnehmen. Die Krankheitsbezeichnung ›morbus venereus‹, später ›lues venerea‹, stammt übrigens schon aus dem 16. Jahrhundert. »Meiner Ansicht nach muß eine Krankheit nach ihrer Ursache benannt werden«, schrieb der französische Arzt Jacques de *Béthencourt* in einem Buche, das 1527 erschienen ist, und schlug den Namen ›morbus venereus‹ vor[21]: Hat man je bemerkt, wie wenig logisch dieser Schluß doch war? Venus, die Schönheit oder die Liebe als die Ursache der Geschlechtskrankheit an- oder auszugeben? Nicht von der Liebe wird man in dieser Weise krank, sondern allenfalls bei Gelegenheit ihrer Ausübung! In dieser fatalen Namengebung steckt schon ein Keim der Vorstellung, welche die Lust mit der Seuche verknüpft, diese aus jener hervorgehen sieht, ja es ist darin das moralische Syndrom bereits ausgeprägt, das Heine im Grunde meinte, wenn er die verfaulte Religion und die stinkische Moral anklagt und eine »gesunde Religion« fordert.[22] Das ›Venerische‹ war gleichsam die Parodie, der Verderb, ja in der Tat die Schändung der intendierten Göttlichkeit, eben indem das Wort von dem hohen Namen hergenommen war. Vom Jupiter hat man das joviale Betragen, von der Juno die junonische Gestalt, vom Apollo das apollinische und vom Dionysos das dionysische Prinzip abgeleitet, von der Venus einzig die venerische Krankheit, das mal vénérien, das venereal disease. Wenn anders er die leichtsinnige Ankündigung seines Briefes wahrgemacht hat, so hat sich Heine, von der Mediceischen Venus entzückt, doch der venerischen Köchin zugewandt, der niederen Klasse und der »kranken alten Welt«. War dies ein Trauma, so folgte daraus nicht allein sein eigenes entsetzliches Leiden – »ich bin der Krankste von euch allen!« –, sondern zugleich ein gutes Teil seiner Kritik der alten und seiner Idee der neuen Moral.

Jenes moralische Syndrom, worin die Seuche mit der Lust verknüpft erscheint wie die Strafe mit der Sünde, ist oft genug auf Heine selber angewandt worden, auch zu seinen Lebzeiten schon, am frühesten und vielleicht am deutlichsten von demselben Ludwig *Börne*, den er in seinem Schmäh- und Denkzettel vielleicht gerade darum als den ›Nazarener‹ festgenagelt hat. In einer der Aufzeichnungen, die Börnes Freundin, Madame Wohl, danach preisgegeben hat, um wiederum Heine öffentlich bloßzustellen, erfährt man von einer recht vertraulichen Unterredung, welche die beiden miteinander geführt haben. Unter dem 22. Oktober 1831 schreibt Börne: »Höchst bedauernswürdig ist der Heine, aber nicht bloß zu beklagen, sondern auch anzuklagen, wegen seiner Gesundheit, die er durch Ausschweifungen zerrüttet und täglich mehr verdirbt. Er hat sich durch sein lüderliches Leben solche Uebel zugezogen, welche die Nerven und den Kopf endlich ganz zerstören, so daß dieser so geistreiche Mensch, noch einmal dumm, ja wahnsinnig werden kann, wenn er nicht so glücklich ist, früher das Leben zu verlieren. Er ist so erschöpft, und das ist der Ausdruck, womit er gewöhnlich selbst klagt, daß er Abends 9 Uhr, zu nichts mehr, nicht zur leichtesten Unterhaltung mehr zu brauchen ist, und sich zu Bette legen muß. Er leidet beständig am Kopfe. Als er mir heute seine Uebel klagte, mochte ich ihm freilich die gefährlichen Folgen derselben, die er nicht kennt, nicht aufdecken, aber ich gab ihm mit dem wärmsten Eifer die besten Verhaltensregeln, wie er seine Lebensart einzurichten und sich zu heilen habe. Es ist aber nicht daran zu denken, daß er sie befolgt; denn sein Charakter ist zu morsch, er hat nicht die geringste Willenskraft mehr.«[23]

Ausschweifung, Zerrüttung, Erschöpfung, morscher Charakter, Willensschwäche, endlich Verdummung und Wahnsinn: Die vollständige Reihe der Assoziationen, als unausweichliche Kausalkette vorgestellt, legt nur breit auseinander, was der unselige Terminus ›Venus-Seuche‹ kurz zusammenfaßt.[24] Man kann sich die hygienischen Ratschläge ausdenken, die der anmaßlich-biedere Börne ausgeteilt hat, die Reaktion Heines ist bekannt, er hat sie fast ein Jahrzehnt danach in gründlicher Ausarbeitung, ein wenig sublimiert und gleichsam zur Hälfte objektiviert, dem literarischen Publikum vorgesetzt. Er sprach von dem »Zweikampfe, welchen der judäische Spiritualismus gegen hellenische Lebensherrlichkeit führte«[25]. Davon ist hier früher schon ausführlich die Rede gewesen. Aber die ganz persönliche, ganz subjektive Antwort, die er dem Prediger der Askese ins Grab nachgerufen hat, die emphatische – auch ein wenig zu volltönende, wohl an den saint-simonistischen Liebes-Weihe-Reden geschulte – Verteidigung seiner erotischen Erfahrungen, ebendessen, was Börne die »Ausschweifungen« genannt hat, ist bisher noch nicht erörtert und gehört in den jetzigen Zusammenhang:

»Nach tiefster Selbstprüfung kann ich mir das Zeugnis geben, daß niemals meine Gedanken und Handlungen in Widerspruch geraten mit der Moral, mit jener Moral, die meiner Seele eingeboren, die vielleicht meine Seele selbst ist, die beseelende Seele meines Lebens.« Und ein wenig später, mit Beziehung auf die Nachrede, keine ›Phryne‹ auf den Pariser Boulevards sei ihm unbekannt geblieben: »Ich kann ... die Versicherung geben, daß ich, selbst in meiner tollsten Jugendzeit, nie ein Weib erkannt habe, wenn ich nicht dazu begeistert ward durch ihre Schönheit, die körperliche Offenbarung Gottes, oder durch die große Passion, die ebenfalls göttlicher Art, weil sie uns von allen selbstsüchtigen Kleingefühlen befreit und die eiteln Güter des Lebens, ja das Leben selbst, hinopfern läßt!«[26] Man sieht, hier feiert er Schönheit und Leidenschaft als solche, beide in pantheistischer Draperie, und dazu sich selbst, als ein lebendiges Muster der neuen Moral, vielleicht aufrichtig, doch nicht durchaus glaubwürdig: es ist derselbe Autor und Erotiker, der noch ein paar Jahre zuvor solchem Ernst der Entzückung, in anderer Laune, den Abschied gegeben hatte:

»Küsse nahm ich, und ich küßte
So mit Ernst in jener Zeit,
Als ob ich erfüllen müßte
Taten der Notwendigkeit.

Jetzo weiß ich, überflüssig
Wie so manches, ist der Kuß,
Und mit leichtern Sinnen küß' ich,
Glaubenlos im Überfluß.«[27]

Aber wir wollen nicht mit ihm rechten. Nehmen wir an, der erotische Glaubensernst sei ihm zurückgekehrt und das Gefühl der Notwendigkeit habe sich wiederhergestellt – tatsächlich gebraucht er sogar dieselbe Vokabel in dem zuvor angeführten Zusammenhang: »Ich gehorche fast passiv einer sittlichen Notwendigkeit ...«![128] Wichtiger erscheint die Schlußwendung jener hochgemuten Verteidigungsrede, die Wendung von der Hinopferung des Lebens für die Leidenschaft. Von Krankheit und Gebrechlichkeit zwar vernehmen wir hier nichts oder nichts Deutliches. Aber wir können diese Worte vom Opfer des Lebens auch nicht als eine idealistische Redensart abtun, zumal nicht in einem so eindeutig autobiographischen Zusammenhang. Was für eine Art von Opferung des Lebens mag er da im Sinn gehabt haben, was für ein Opfer ließe sich überhaupt denken? Es ist ja, wohlgemerkt, nicht etwa vom Opfer für eine Geliebte die Rede – wobei man sich romantische Duell-Affären vorstellen könnte –, sondern vom Opfer für die Passion als solche, unerachtet ihres Gegenstandes oder ihrer Gegenstände. Könnte, sollte hier der Gedanke an die Venus-Krankheit zugrunde liegen, eine Krankheit mit tödlichem Ausgang?

Es gibt eine Antwort, Heine hat sie selbst gegeben, mit sehr ähnlichen Worten, in unzweifelhafter autobiographischer Formulierung:

»Für eine Grille – keckes Wagen! –
Hab ich das Leben eingesetzt;
Und nun das Spiel verloren jetzt,
Mein Herz, du darfst dich nicht beklagen.

Die Sachsen sagen: ›Minschenwille
Ist Minschen-Himmelryk‹ – Ich gab
Das Leben hin, jedoch ich hab
Verwirklicht meines Herzens Grille!

Die Seligkeit, die ich empfunden
Darob, war nur von kurzer Frist;
Doch wer von Wonne trunken ist,
Der rechnet nicht nach eitel Stunden.

Wo Seligkeit, ist Ewigkeit;
Hier lodern alle Liebesflammen
In eine einz'ge Glut zusammen,
Hier gibt es weder Raum noch Zeit.«[29]

Das Gedicht stammt gewiß aus der Zeit der ›Matratzengruft‹, Heine
hat es nicht publiziert, es ist erst im Nachlaß gefunden worden.
»Ich gab das Leben hin«, heißt es hier ganz eindeutig.[30] Daß ein
Liebes- oder doch ein Lusterlebnis die Ursache – und auch der
Lohn – war, macht die dritte Strophe vollkommen deutlich. Nur
ist an die Stelle, wo dort in pathetischer Prosa die »große Passion«
stand, hier die »Grille« getreten. Eine Grille ist eine Laune, eine
Laune mit Vorsatz. Noch dazu wird sie als »keckes Wagen« erläutert, also als bewußtes Risiko. Das Beiwort ›keck‹ weist auf
Jugend, eine jugendliche Unternehmung. Man muß an jene Nachricht von Hofrat Bauers schöner Köchin zurückdenken, von der
übrigens nicht einmal ein Name mitgeteilt ist, und an jenes in der
Tat kecke – und waghalsige – »je trouverai« in dem Brief aus
Göttingen vom 25. Februar 1824. »Ich werde es herausfinden«,
nämlich ob sie venerisch sei. Dies könnte wahrhaftig die »Grille«
gewesen sein, von der die späten Verse sprechen. Und auch das
kecke Wagnis, nämlich das Wagnis der syphilitischen Ansteckung,
der Einsatz des Lebens in einem Spiel, welches der Kranke jetzt,
nach fünfundzwanzig oder dreißig Jahren, definitiv verloren geben
muß. Ich kann nicht behaupten, daß dies eine zweifelsfreie Ent-
schlüsselung sei. Wiewohl alle Umstände und Nuancen des frühen
Briefes und des späten Gedichts auffällig miteinander korrespondieren – es muß nicht Hofrat Bauers schöne Köchin, es muß nicht
gerade diese niedere Doppelgängerin der Göttin sein, die ihm mit
der kurzen Seligkeit die lange Krankheit vermittelt hat. Keinen
Zweifel aber lassen diese Verse daran, daß ihr Dichter mindestens
in diesem Zeitpunkt und in diesem Stadium seines Leidens dessen
Natur und Genese klar erkannt hat. Er hat sich da nichts oder
nichts mehr vorgemacht. Es sei denn, man wollte so hart sein, ihm
die Tröstung zu mißgönnen, die er sich in der letzten Strophe selber
spendet. »Wo Seligkeit, ist Ewigkeit« – das ist wie eine letzte
Variante des erotisch-pantheistischen Glaubensartikels aus der
›Seraphine‹: »Und Gott ist alles, was da ist; / Er ist in unsern
Küssen.« Dieu est Tout ce qui est. Je le trouverai. Der Sprung ist
weit. Aber nein, wir wollen das auf sich beruhen lassen.

IV.

Seltsamerweise scheint der Sinn und Bezug dieser Verse den bisherigen gelehrten Lesern und Deutern verborgen geblieben zu sein. Jedenfalls habe ich keinen solchen Hinweis gefunden, weder bei Literarhistorikern noch bei Medizinern. Und doch bildet, wie mir scheint, diese poetische Selbstdiagnose ein stärkeres Zeugnis als alle bisher bekannten Schilderungen und Bemerkungen aus Heines Umgebung. Was seine Ärzte dachten, wissen wir nicht recht. Zumeist werden sie wohl ›Rückenmarkserweichung‹ (›ramollissement de la moëlle épinière‹) festgestellt haben, wie denn auch der Kranke selbst dergleichen Ausdrücke gebraucht hat, zum Beispiel in jener ›Berichtigung‹ von 1849, die ich schon zitiert habe. Die Heilmittel, die verordnet wurden, sind zumeist unspezifisch – Wasserkuren, Aderlässe, Blutegel, Sturzbäder, Abführung; einzig die Verabreichung von Jodkali scheint auf eine genauere Erkenntnis zu deuten, da dieses Mittel, wie Dr. *Stern* angibt, seit 1836 bei syphilitischen Erkrankungen angewandt worden sei.[31] Heines Freund *Meißner* berichtet, der Dichter habe selbst die einschlägige medizinische Literatur gründlich gelesen: »die Schriften von Hesse, Albers, Andral und vornehmlich von Romberg waren ihm ganz geläufig geworden.«[32] *Andral* ist der Verfasser eines umfassenden ›Cours de Pathologie Interne‹, worin Heine einerseits die Beschreibung der Myelitis (›Rückenmarks-Entzündung‹) mit ihren Lähmungs- und Krampferscheinungen, andererseits diejenige der Syphilis, zumal ihrer Spätfolgen, interessiert haben könnte; doch konnte er unter dem letzteren Stichwort nicht die Phänomene wiederfinden, die ihm selbst peinvoll vertraut waren, denn paralytische Folgen hat Andral nicht aufgeführt, wohl noch nicht gekannt.[33]

Von Moritz Heinrich *Romberg*, dem bedeutenden Berliner Polikliniker, kommt das ›Lehrbuch der Nervenkrankheiten‹ in Frage, worin unter dem Titel der ›Motilität-Neurosen‹ eine große Zahl von Lähmungen höchst anschaulich und mit klinischen Beispielen beschrieben sind, darunter übrigens auch diejenigen der Augenmuskeln einschließlich der Augenlider: hier konnte Heine seine eigenen Erfahrungen wiederfinden, doch gibt es hinsichtlich der Entstehungsursachen nur beiläufige Hinweise ohne systematischen Charakter.[34] Bei den übrigen Autoren, die Meißner genannt hat, ist es schwer, eine genauere Beziehung herzustellen, da keine Titel angegeben sind.

Um so auffälliger ist es, daß Alfred Meißner selbst, der übrigens in Prag Medizin studiert hatte, bevor er sich zum Schriftsteller entwickelte,[35] von dem ›venerischen‹ Ursprung von Heines Krankheit völlig überzeugt war. Heine, schreibt er, habe »die Mission empfangen, die Liebe zu besingen«, und es sei »kein Zweifel, daß ihm diese Leidenschaft verderblich geworden«.[36] Diese Diagnose ist freilich mehr pathetisch als exakt, und Meißners Nacherzählung von Heines letztem Besuch bei der Venus von Milo im Louvre[37] fügt nur noch eine starke Dosis Sentimentalität hinzu: »Die schönen Lippen der Göttin, die zu athmen schienen, lächelten wie immer und unten stand ihr unseliges Opfer.«[38] Man muß schließen, daß dieser Zeuge nicht das ›Virus‹ und die Infektion, sondern wahrhaftig die Liebe selbst oder ihre reichliche Ausübung für die Erkrankung verantwortlich gemacht hat – im Verein mit der Disposition eines »Wesens von so erregbarer und heißer Phantasie wie das eines Dichters«. So belegt dieser wohlwollende Beobachter am Ende nur dasselbe ›moralische Syndrom‹ in günstigerer Wendung: das Verdikt, das sich sonst in der Kausalreihe von ›Ausschweifung‹ und ›Zerrüttung‹ aussprach, wird hier zu einem gefühlvollen Hymnus auf den Künstler, der von »lodernder« Leidenschaft verzehrt wird. Sehr ähnlich hat ein anderer Freund, François *Wille* aus Hamburg, den Zusammenhang ausgedrückt: »Aphroditens zu glühender Mund versengt leicht die schon vom Kusse der Muse entzündeten Lippen.«[39] Man kann hier zusehen, wie die ›hellenische‹ Bildersprache dienlich wird, die Krankheit zugleich zu umschreiben und zu verklären. So hatte es Heine gewiß nicht gemeint: sein ›Hellenismus‹ zielte gerade auf Gesundheit, auf venerische Gesundheit, wenn der Ausdruck erlaubt ist.

Auch diesen gutwilligen Kolporteuren noch zeigt sich Heine selbst an deutlicher Erkenntnis und Bezeichnung seines Übels überlegen:

»Für eine Grille – keckes Wagen! –
Hab ich das Leben eingesetzt;
Und nun das Spiel verloren jetzt,
Mein Herz, du darfst dich nicht beklagen.«

Ich zitiere diese erste Strophe noch einmal: sie ist die beste von den vieren und sie sticht durch Nüchternheit von der dickflüssigen Metaphorik der vorigen Zeugnisse merklich ab, wiewohl diese in

Prosa abgefaßt sind. Hier, im Gedicht, hingegen wird weder die
Liebe noch die Schönheit noch die Leidenschaft berufen, wird weder
Venus noch Aphrodite bemüht. Nichts als »eine Grille« ist der
Ursprung des Lebensopfers, und nichts als der eigene, eigensinnige
Wille ist für die Folgen verantwortlich. Diese Zeilen bleiben denk-
würdig durch die Präzision der diagnostischen Erkenntnis, noch
mehr durch ethischen Heroismus, einen Heroismus ohne Pose. Heine
wußte, woher sein Leiden rührte, und gab sich klare Rechenschaft
davon, wenigstens dieses eine Mal. Er hat sein Geschick auf die
eigene Kappe genommen und sich nicht einmal verhehlt, wie läp-
pisch der Anlaß und Ursprung war.

V.

Von daher fällt aber endlich auch ein anderes und schärferes Licht
zurück auf jene früheren Bekenntnisse: »Denn ach! ich gehöre ja
selber zu dieser kranken alten Welt...« und »Ich bin der Krankste
von euch allen und um so bedauernswürdiger, da ich weiß, was
Gesundheit ist«. Solche Ausrufe, möchte ich vermuten, hatten auch
damals[40] nicht bloß eine gleichnishafte Bedeutung, sondern zugleich
eine schmerzliche Buchstäblichkeit. Ja, sie gewinnen ihre symbolische Tragweite gerade erst durch ihre geheime Buchstäblichkeit.
Denn die »alte Welt«, das hatten die saint-simonistischen Prediger
unablässig und unerbittlich kenntlich zu machen gestrebt, war die
Welt der Knechtung des Fleisches wie der ›Materie‹ überhaupt, und
das hieß auch die Welt des Ehe-Schachers, des gewissermaßen insti-
tutionellen Ehebruchs, der Prostitution und – es ist tatsächlich ausgesprochen worden: – der Geschlechtskrankheiten. In dem Prozeß,
der gegen Enfantin und andere wegen Immoralität geführt wurde,
hat der Angeklagte Charles *Duveyrier* mit imponierender Beredsamkeit, indem er den Spieß umkehrte, die bestehende Gesellschaft
(eben die »alte Welt«) der Immoralität bezichtigt:
»Et qu'entendez-vous quand vous dites de vos jeunes gens de
famille qu'il faut qu'ils jettent la gourme du coeur? Vous entendez
qu'ils iront prendre quelque fille fraîche et riante du peuple et qu'ils
la presseront comme une orange dont ils jetteront l'écorce au coin
de la borne, quand viendra le temps d'un mariage de raison et
d'argent. Auf 29 000 Kinder, die in unserer Stadt geboren werden,
kommt ein Drittel, die in illegitimen Umarmungen gezeugt sind,

ungerechnet die aus Ehebrüchen hervorgehen. Eure höheren Schulen
sind von Lastern infiziert, welche die Kinder verkümmern lassen
wie Blumen und sie zu Greisen machen noch vor der Reife. Eure
Haushaltungen, die doch, wie jeder weiß, Nester von Turteltauben
sind, verbergen die Lüge, den Ekel, die Lüsternheit. Vos amours
sont gâtés d'un vénin infâme qui empoisonne les chairs de la moitié
de vos hommes et de vos femmes et jusqu'aux mamelles des nourrices. Sie werden fortgehen, meine Herren, aber welche Straße Sie
auch nehmen, Sie werden sich unter den Stößen der Ellbogen und
unter den Rufen der Ausschweifung durch den Strom jener fünfunddreißigtausend Unglücklichen hindurchwinden müssen, deren
Gewerbe Sie patentieren, und vielleicht trennt nur eine Bretterwand das Zimmer Ihrer Gattinnen von dem Salon dieser Damen.
Es ist nicht lange her, daß die Königin und ihre junge Familie
unter demselben Dache schlief, wo die Betten der öffentlichen
Mädchen stehen.«[41]
Dies also sind die Merkmale der ›alten Welt‹ und die Symptome
ihrer ›Krankheit‹, die übrigens auch schon Duveyrier mit dem
kirchlichen Ehegebot, wenn auch nicht mit dem Christentum als
solchem, erklärt hat.[42] Die neue, die saint-simonistische Moral aber
verspricht nichts weniger, als alle Übel zu heilen: »Wenn es nur
gelänge, die Laster Eurer Schulen zu vernichten, Eure Ehebrüche
um ein Viertel zu vermindern, zu bewirken, daß es keine illegitimen
Kinder, keine Waisenkinder lebender Väter mehr gäbe, die Last
der Ausschweifung und der Krankheit von den öffentlichen
Mädchen zu nehmen, ihr so kurzes Leben um einige Jahre zu verlängern, je vous déclare que je croirais, pour ma part, avoir remporté une victoire plus glorieuse que toutes celles de l'Empire.«[43]
Heine hat freilich den Kontrast des Bestehenden und des Zukünftigen bedeutend verschärft, das Christentum, ja schon das Judentum insgesamt für den Verderb verantwortlich gemacht, andererseits
die ›Gesundung‹ in eine Höhe getrieben, die kaum durch Reformen
mehr zu erreichen war. Er hat aber auch – ich sagte es schon – die
Anmaßung jener Neuerer vermieden, welche inmitten der ›alten
Welt‹ die Reinheit selber schon zu begründen und darzustellen
behaupteten. Er hat sich selbst nicht ausgenommen, auch nicht in
der Blütezeit seines utopischen Glaubens. Er hat die Erfahrung
seiner eigenen Krankheit ebenso buchstäblich wie symbolisch in das
Bild eingetragen, das er von der verdorbenen Gesellschaft und

ihrer »stinkischen« Moral entwarf. Oder, umgekehrt, er hat die Erkenntnis seiner Krankheit und die Vision von Gesundheit – »ich weiß, was Gesundheit ist« – in die enormen Maße einer Heilsgeschichte übertragen, die geradeswegs in die irdische Vergöttlichung des Menschen hineinführen sollte.

Und er hat am Ende den Freimut gehabt, diese Hoffnung zu kassieren. »Das Elend der Menschen ist zu groß. Man muß glauben.«[44]

Elftes Kapitel

Absage an die Adresse Hegels

I.

Der Satz vom Elend des Menschen und von der Notwendigkeit des Glaubens, nämlich des Glaubens an den persönlichen Gott, fiel im Januar 1850 einem Besucher gegenüber, der ihn geradezu gefragt hatte, was es mit seiner »Rückkehr zu Jehova Zebaoth« auf sich habe.[1] Er ist nur eines von vielen Bekenntnissen dieser Art, eine von vielen Versionen der Abschwörung. Forscht man, was für Gesinnungen es eigentlich seien, denen er abschwört, so trifft man mit verblüffender Regelmäßigkeit in diesen Äußerungen auf den Namen Hegels.

»Mit meinem Atheismus ist es mir niemals ernst gewesen. Meine früheren Freunde, die Hegelianer, haben sich als Lumpen erwiesen. Das Elend des Menschen ist zu groß. Man *muß* glauben.«

Hier sind es bloß die Hegelianer, anderwärts aber muß ihr Meister und Schulgründer selbst die Verantwortung übernehmen: »In manchen Momenten, besonders wenn die Krämpfe in der Wirbelsäule allzu qualvoll rumoren, durchzuckt mich der Zweifel, ob der Mensch wirklich ein zweibeinichter Gott ist, wie mir der selige Professor Hegel vor 25 Jahren in Berlin versichert hatte.«[2] Das war coram publico verkündet.

»Hegel ist bei mir sehr heruntergekommen, und der alte Moses steht in floribus«, heißt es mit prägnanter Antithese in einem Brief an Heinrich Laube, wieder von 1850.[3]

Oder auf französisch: »Mes ancêtres ont appartenu à la religion juive; je ne me suis jamais enorgueilli de cette origine, moi qui me sentais déjà assez humilié quand on me prenait pour une créature simplement humaine, pendant que Hegel m'avait fait croire que j'étais un dieu!«[4]

Endlich will ich hier die großartige Passage aus den ›Geständnissen‹ in Erinnerung rufen, die ich früher unter einem anderen Gesichtspunkt schon einmal analysiert habe: »Ich war jung und stolz, und es tat meinem Hochmut wohl, als ich von Hegel erfuhr, daß nicht, wie meine Großmutter meinte, der liebe Gott, der im Himmel residiert, sondern ich selbst hier auf Erden der liebe Gott sei.«[5]

An all solchen Erklärungen ist zweierlei merkwürdig: die ›Selbstkritik‹, sich für einen Gott gehalten zu haben, und die entschiedene und ausschließliche Zuschreibung der Vergottungs-Idee an Hegel. Von beidem hat man, recht besehen, in den jugendlichen oder jugendlicheren Zeiten Heines so gut wie nichts vernommen. Die Vergöttlichung war damals zumeist utopisch aufgefaßt, eine Erwartung, eine Vision, ein Gemälde, ein geheimes Programm, kaum jedoch subjektives Bewußtsein, erreichter persönlicher Stand und Zustand. Allenfalls ›Seraphine Nr. 7‹ ließ sich so verstehen, dieser leicht ironisch imprägnierte Jubelruf eines erfolgreichen Liebesjägers. Aber darin war nun wieder gar nichts von Hegelscher Philosophie unterlegt, vielmehr war das Vokabular ganz saint-simonistisch.

Überhaupt spielt Hegel in Heines Werken bis zu den ›Geständnissen‹ eine vergleichsweise unbedeutende Rolle. Er behauptet zwar, ein Buch über Hegel, vielmehr sogar »eine allgemeinverständliche Darstellung der ganzen Hegelschen Philosophie« geplant, ja niedergeschrieben zu haben, aber er habe es ins Kaminfeuer geworfen, und zwar aus »Widerwillen gegen den Atheismus«.[6] Dort aber, wo wir am ehesten ein gründlicheres, mehr als beiläufiges, mehr als modisches oder anekdotisches Wort zu Hegel erwartet hätten, nämlich in der Abhandlung ›Zur Geschichte der Religion und Philosophie in Deutschland‹, dort finden wir nach dem Umfang wie nach dem Ernst der Beteiligung weit stärkere Partien über Kant, Fichte und Schelling als gerade über Hegel.[7] (Manche heutigen Leser haben den eigenen Kopf so voll mit Hegel – als dem Gottvater des Gottsohnes Marx –, daß sie ihn auch auf Seiten zu entdecken meinen, wo er schlechterdings nicht vorkommt; davon später Näheres.) Im ganzen Œuvre Heines, soweit ich es studiert habe, die Briefe eingeschlossen, tritt die Philosophie Hegels nirgends so deutlich hervor wie gerade in den ›Geständnissen‹, und dort verwirft er sie. Wie ein großer Inbegriff nicht der Glaubenslosigkeit, aber des falschen Glaubens erscheint dieser Geist in dem Augenblick, da der Dichter in seinem äußersten Elend nach dem Gott der Bibel und seiner angestammten

Religion zurückverlangt. Einer war, der ihn in die Irre geführt und verführt hatte, einer war oder galt ihm nun als der universale philosophische Sündenbock, und das war Hegel. »Diese spinnwebige Berliner Dialektik kann keinen Hund aus dem Ofenloch locken, sie kann keine Katze töten, wieviel weniger einen Gott.«[8]

Da liegt ein Rätsel, und ich will es zu lösen versuchen, soweit es zu lösen ist. Zunächst muß man wissen, daß Heine, dreiundzwanzigjährig, nach Berlin gekommen war, um sein juristisches Studium fortzuführen, und daß er dort Hegels Vorlesungen – oder einige davon – gehört hat. Im Sommersemester 1821 las Hegel zum ersten Mal über ›Religionsphilosophie‹, und während der ganzen vier Semester von Heines Studienaufenthalt, also bis zum Wintersemester 1822/23, dieses eingeschlossen, las er außerdem über verschiedene Teile der ›Encyclopädie der philosophischen Wissenschaften‹, nämlich (vermutlich) Logik und Metaphysik, Naturphilosophie, Anthropologie und Psychologie, Naturrecht und Staatswissenschaft und schließlich auch Philosophie der Weltgeschichte, diese gleichfalls zum ersten Mal.[9] Natürlich wissen wir nicht, was und wieviel davon Heine gehört hat – Hegel trug immer nachmittags vor und gab die (für heutige Verhältnisse) erstaunliche Anzahl von neun Wochenstunden: das war anstrengend, zudem betraf es nicht unmittelbar Heines ›Fach‹; immerhin hat Hegel ihm ein Testat ausgestellt, wovon er mit Stolz in einem Brief berichtet.[10] Es wird indessen, soviel ich weiß, nirgends in Heines Schriften eine dieser einzelnen Disziplinen erwähnt, nicht einmal die Religionsphilosophie, obgleich man hier am ehesten ein spezifisches Interesse vermuten, allenfalls auch eine Quelle seines Begriffs vom hegelischen Menschgott entdecken könnte.

In denjenigen Partien der Religionsphilosophie nämlich, die der biblischen und christlichen Überlieferung gewidmet sind, hat Hegel, nach seiner Art immer das Erzählte in Begriffe umschmelzend, mindestens an zwei Stellen in der Tat die These von der Göttlichkeit des Menschen entwickelt, nämlich zuerst an Hand der Schöpfungsgeschichte und dann wieder, in sublimerer Gestalt, bei der Erscheinung Christi. »Es ist ein hoher, in seinem Grunde wahrhafter Glaube, daß der Mensch nach Gottes Bild erschaffen ist, dies seine ursprüngliche Bestimmung, sein wahrhaftes An-Sich-Sein ist, und daß der Zustand, der dieser seiner Idee nicht entspricht, das Ungöttliche, Nichtseinsollende ist, und ferner . . ., daß es seine Schuld ist, der Idee entfremdet zu sein.«[11] Dies mutet uns freilich noch durchaus traditionell an, von irgendeiner Tendenz der Entthronung des Schöpfergottes, gar seiner Ersetzung durch den Menschen, gibt es keine Ahnung noch Andeutung. Das radikal Neue, die originale Umwälzung kommt erst mit der Deutung des Sündenfalles, der denn nicht mehr bloß als Schuld, sondern zugleich als »Eintreten des Bewußtseins« begriffen wird, nämlich in der Erkenntnis des Guten und Bösen, und aus diesem Grunde, in Umkehrung des biblischen Berichts, als Bestätigung der göttlichen Natur des Menschen: göttlich ist er eben durch Bewußtsein. Hier findet sich der eigentlich mystische, ebenso tiefsinnige wie hochfahrende Satz: »Erkennen heilt die Wunde, die es selber ist.«[12] Ein Schlüsselwort zu Hegel überhaupt, doch – mit Heines späterem Vokabular zu reden – durchaus ›spiritualistisch‹, und das in ungeheuerlichen Maßen!

Wiederum wird die Erscheinung Christi in Hegels Deutung zu einer Art Beweis für die »Einheit der göttlichen und menschlichen Natur«. Nach einer der Vorlesungsnachschriften hat Hegel gesagt: »Gott erscheint in der sinnlichen Gegenwart; er hat keine andere Gestalt als die der sinnlichen Weise des Geistes, das ist die des einzelnen Menschen ... Das ist nun das Ungeheure, dessen Notwendigkeit wir gesehen haben. Es ist damit gesetzt, daß die göttliche und die menschliche Natur nicht an sich verschieden ist: Gott erscheint in menschlicher Gestalt.« Ja, er hat sich, abermals einer Nachschrift zufolge, sogar zu der Versicherung verstiegen, daß dieser Einheit des Göttlichen und Menschlichen »die Endlichkeit, Schwäche, Gebrechlichkeit der menschlichen Natur keinen Eintrag tue«, ganz ebenso, »wie in der ewigen Idee das Anders-Sein keinen Eintrag tut der Einheit, die Gott ist«.[13] Man kann diese Bemerkungen natürlich einfach auf die Christologie beziehen, dann sind sie eher harmlos. Man kann sie aber auch auf die Anthropologie, auf den Menschen schlechthin beziehen, dann enthalten sie eine Kühnheit, die gleichsam an den Rand des Absturzes reicht, dort, wo uns schwindelt. »Das Elend des Menschen ist zu groß«, die Äußerung des kranken Heine ist dann wie eine Antwort: zu groß, als daß es derart dialektisch ausgewischt werden könnte, dürfte. Es tut, als Erfahrung, der gott-menschlichen Einheit doch einen Eintrag, es straft die Philosophie Lügen.

Aber wir wollen das Probieren, in Hegels Vorlesungen von 1821 einen Anhaltspunkt für Heines späte Beschuldigungen zu finden, lieber abbrechen. Es kann hier nicht mehr als Vermutungen geben. Vor allem widerstreitet die Annahme, daß hier der Keim der Selbstvergottung gelegt worden sei, allzu kraß den poetischen Gestaltungen, welche die Göttlichkeit in Heines reifem Œuvre tatsächlich angenommen hat: Hegel spricht ja gerade von den ›nazarenischen‹ Zeugnissen, Heine aber von ›hellenischen‹ Bildern. Das sind gründlich verschiedene Sphären; eine Umsetzung biblischer Vorstellungen, wie immer sie philosophisch ausgelegt und zugespitzt sein mochten, in antikische Figuren, marmorne oder utopisch belebte, ließe sich kaum nachvollziehen, also auch nicht konstruieren. Wenn Heine sich wirklich – aber was heißt: wirklich? – je als Gott gefühlt hat, so als ›Apollogott‹ und gewiß nicht als Christus. Jesus ist ihm vielmehr für die meiste Zeit »ein bleicher, bluttriefender Jude, mit einer Dornenkrone auf dem Haupte und mit einem großen Holzkreuz auf der Schulter«, er malt ihn also nach dem Muster eines Passionsbildes, wie man sie an Stationswegen bei Wallfahrtskirchen sieht, wenn er ihn auch zugleich mit der Macht ausgestattet hat, die Heidengötter allesamt durch seinen bloßen Auftritt zu vertreiben.[14] Hier schon taucht übrigens die ›Lazarett‹-Metapher auf – »der Olymp wurde ein Lazarett« –, und hier auch setzt die heftige Kritik des Christentums als einer freudlosen und glücksfeindlichen Religion ein: »es war eine trübselige, blutrünstige Delinquentenreligion«. Es war also gerade das Leiden, gerade die hegelische »Endlichkeit, Schwäche, Gebrechlichkeit«, die Heine an diesem Gotte wahrnahm – und die er ihm übelnahm.

Erst der leidende Heine hat sich dem leidenden Christus angenähert, ja sich in ihm und ihn in sich selber wiedererkannt. Als der Maler *Kietz* ihn »in schwarzer Kreide« porträtiert hatte (am 27. Juli 1851), so berichtet Meißner, habe Heine das Bild eine Weile betrachtet und geseufzt: »Ja, ja, das ist das wahre Bild unseres Herrn – er war ja auch ein Jude.«[15] Man könnte schließen, es trete hier die Göttlichkeit Christi gerade und vornehmlich in der Passion hervor, also in seiner menschlichsten Menschlichkeit, und auch insofern weiche Heines Auffassung sehr entschieden von derjenigen der Hegelschen Religionsphilosophie ab.

Wenigstens einmal freilich hat der Poet einen Christus gleichsam im sensualistischen Geschmack vorgestellt: in dem Traum-Tableau aus dem Zyklus ›Katharina‹, der den ›Neuen Gedichten‹ zugehört. Es ist eine in den Himmel versetzte Flanier-Szene –

»Jüngstens träumte mir: spazieren
In dem Himmelreiche ging ich,
Ich mit dir – denn ohne dich
Wär der Himmel eine Hölle.«

Keiner von den Heiligen, denen man dort begegnet, nimmt Notiz
von dem »schönen Liebchen«, sie alle gehören zu den ›Spiritualisten‹,
»die auf Erden ihren Leib / Für der Seele Heil gepeinigt«.

»Nur ein einz'ger sah dich an,
Und es war der einz'ge schöne,
Schöne Mann in dieser Schar;
Wunderherrlich war sein Antlitz.

Menschengüte um die Lippen,
Götterruhe in den Augen,
Wie auf Magdalenen einst
Schaute jener auf dich nieder.«

Und so fort bis zu der wahrhaft charmanten Pointe, daß ihn, den
lyrischen Erzähler, eine eifersüchtig-verlegene Regung ergreift wie
bei der Begegnung mit einem triumphalen Nebenbuhler auf dem
Boulevard.[16] Dieser hellenisierte Christus ähnelt jenem ›Marmorbild‹, das der Bildhauer *Thorvaldsen* mit so großem populärem Erfolg modelliert hat; sonst hingegen wird man bei Heines einschlägigen Charakterisierungen eher an den Gekreuzigten des Matthias
Grünewald erinnert. Der Traumchristus der ›Katharina‹ wird als
eine Art von höherem, höchstem Bundesgenossen beschworen, gleichsam dem Christentum und allen seinen frommen und gerechten Asketen zum Trotz: ihm allein wird wenn nicht ein Wohlgefallen, so
doch ein Wohlwollen für die Liebste und für die Liebe zugeschrieben. (Die Konstellation ist nicht ganz unähnlich jener imaginären
Solidarisierung des Dichters mit dem gleichfalls hoch-entrückten
Kanzler Metternich, der den Genius wird zu würdigen wissen, wenn
auch alle seine Kreaturen ihn verfolgen![17]) Am Ende hat dieses Gedicht doch mehr den Charakter einer Eskapade, und in keinem Fall
kann es als ein Zeugnis dafür angesehen werden, daß Heine die
Idee der Vergöttlichung des Menschen an die Erscheinung Christi
und das Evangelium geknüpft hätte, so wie Hegel in seiner religions-
philosophischen Vorlesung getan.

Wenngleich also in der letzten Bilanz keine deutliche und gewiß keine spezifische Nachwirkung von Hegels einzelnen Themen und Thesen in Heine zu finden ist, so hat er doch das System als ein Ganzes irgendwie immer vor Augen gehabt, noch mehr die Figur Hegels als ganze. Er hat Hegels Erscheinung und sein Gebaren im Gespräch so lebhaft und genau beschrieben, daß man an ihrer persönlichen Bekanntschaft nicht zweifeln kann. Freilich mag der Lehrer den Schüler nicht ebenso deutlich wahrgenommen haben wie dieser jenen. Heines Erinnerung zeigt recht unterschiedliche Stimmungen und Einschätzungen an. Einmal zitiert er einen Ausspruch, den er – wie öfters – von ihm selbst im persönlichen Gespräch gehört haben will, und führt den Sprecher mit der Wendung ein: »Mein großer Lehrer, der selige Hegel«.[18] Sonst schaut er ihm eher ironisch aus einiger innerer Entferung zu, vor allem natürlich in den ›Geständnissen‹ selbst – »Hegel mit seinem fast komisch ernsthaften Gesichte« und »das Gespräch von Hegel immer eine Art von Monolog, stoßweise hervorgeseufzt mit klangloser Stimme«.[19] Dasselbe gilt indessen auch von seiner Reaktion auf das philosophische System, und in dieser Hinsicht kann man zwischen der frühesten, der mittleren und der spätesten Formulierung nur Unterschiede der Metapher, nicht der Stimmung finden.

In der Unterhaltung des Reisenden mit dem alten Eidecks in der ›Stadt Lucca‹ – das ist 1829/30, sieben Jahre nach der Berliner Studienzeit – vergleicht er Schelling und Hegel hinsichtlich ihres Stils: Schellings »Darstellungsart ist viel anmutiger, heiterer, pulsierend wärmer, alles darin lebt, statt daß die abstrakt Hegelschen Chiffren uns so grau, so kalt und tot anstarren.«[20]

Im ›Schwabenspiegel‹ von 1838 fingiert er eine Unterhaltung mit »reisenden Schwaben«, die er nach der Bedeutung der ›schwäbischen Schule‹ ausfragt: »Gehört Hegel dazu, der Geistesweltumsegler, der unerschrocken vorgedrungen bis zum Nordpol des Gedankens, wo einem das Gehirn einfriert im abstrakten Eis?«[21]

In den ›Geständnissen‹ schließlich fand er das ebenso großartig wie bösartig treffende Gleichnisbild: »Ich sah ein, daß die magersten Spittelsuppen der christlichen Barmherzigkeit für die verschmachtende Menschheit noch immer erquicklicher sein dürften als das gekochte graue Spinnweb der Hegelschen Dialektik.«[22]

Die toten Chiffren, das abstrakte Eis, das gekochte graue Spinnweb – das sind Ausprägungen nicht einer logischen, sondern einer wesentlich ästhetischen Auffassungsweise, eines sinnlichen Vermögens, das ein Gedankensystem nicht viel anders wahrnimmt als ein Gesicht, eine Blume oder eine Speise. Aber darüber darf man sich nicht wundern, gar entrüsten; ich habe es gleich zu Anfang dieses Buches gesagt, daß Heine kein Denker war, er wollte es auch gar nicht sein. Seine außerordentliche Intelligenz ist selber – ich wiederhole es – keine logische, sondern eine wesentlich ästhetische Intelligenz, und ich möchte hinzusetzen: das ist nichts Geringeres. Was Hegels System betrifft, so gibt Heine in ebenjenen Gleichnissen nicht irgendwelche beiläufigen Eindrücke, sondern sein eigentliches Urteil. Unvermeidlicherweise ist es ein ›Geschmacksurteil‹ im wörtlichen Sinne des Wortes. Demgegenüber mutet die Versicherung, Hegel sei »der größte Philosoph, den Deutschland seit Leibniz erzeugt hat« und »daß er Kant und Fichte weit überragt«[23], wie eine konventionelle, etwas großsprecherische Experten-Auskunft (an die französische Adresse) an, die um so leerer bleibt, als der Leser auf Beweisgründe vergeblich wartet.

II.

Unter den einzelnen Aussprüchen Hegels, die Heine zitiert, gibt es allerdings einen höchst erstaunlichen, der, soviel ich weiß, sonst nirgendwo bezeugt ist. Er berichtet – in den fragmentarischen ›Briefen über Deutschland‹, die erst postum veröffentlicht worden sind –, er habe sich einst »unmutig« gegen Hegel gezeigt über dessen berühmtes Wort »Alles, was ist, ist vernünftig«. (Das Zitat ist freilich ungenau und unvollständig: »Was vernünftig ist, das ist wirklich, und was wirklich ist, das ist vernünftig« – so lautet der vollständige Satz aus der ›Philosophie des Rechts‹.) Da habe der Philosoph sonderbar gelächelt und bemerkt: »Es könnte auch heißen: ›Alles, was vernünftig ist, muß sein‹.«[24] Diese Variation verkehrt den ursprünglichen Sinn ins gerade Gegenteil. »Was vernünftig ist, muß sein« – man kann auch heraushören: ›. . . muß wirklich werden‹ oder gar ›. . . muß verwirklicht werden.‹ Anstatt jener grandiosen und gewiß auch schockierenden[25] Affirmation der Wirklichkeit haben wir nun nichts Geringeres vor uns als die Maxime eines revolutionären Programms. »Es könnte auch heißen . . .« sagt Heines Hegel und er scheint damit eine geheime Lesart anzudeuten, die unter der Decke der offiziellen und öffentlich verkündeten ›Philosophie der Identität‹ verborgen liege.

Kann diese explosive Anekdote authentisch sein? Heine hat sie im Jahre 1844 aufgeschrieben, gut zwanzig Jahre nach seiner Berliner Studienzeit. Er hat den Ausspruch zu einer Miniatur-Szene dramatisch, ein wenig komödienhaft, ausgestaltet: Hegel habe sich hastig umgesehen, »beruhigte sich aber bald, denn nur Heinrich Beer hatte das Wort gehört«. Aber gerade diese Umstände, die die Echtheit des Selbsterlebten zu bekräftigen scheinen, können Argwohn wecken. Denn Heine hat sich mehrfach über diesen Heinrich *Beer* mokiert (der übrigens ein Bruder von Giacomo *Meyerbeer* gewesen ist) und behauptet, Hegel habe dessen Gesellschaft bevorzugt, weil er habe gewiß sein können, daß er nichts verstehe, daher auch nichts Geheimes preisgeben könne. In den ›Geständnissen‹[26] kommt derselbe ängstliche Blick vor, dieselbe rasche Beruhigung, daß »nur« Heinrich Beer anwesend war, aber bei einer ganz anderen Konversation, nämlich über die Sterne am Himmel und das ewige Leben. Die Figur Beers dient als Staffage und als lebendiges Beweisstück, daß Hegel gar nicht habe verstanden sein wollen. Jedenfalls wird Hegel in dieser Geschichte wie auch bei anderer Gelegenheit als ein Mann geschildert, der seine gefährlichen Gedanken in seiner dunklen Sprache verborgen habe, besorgt um seine Reputation und Sicherheit am Sitz der politischen Macht. Ich kann mich keiner Stelle in Hegels Schriften entsinnen, die irgend jener revolutionären Variante des berühmten und ›verrufenen‹ Identitäts-Satzes ähnelte. Hegel hat ihn später selbst zu verteidigen für nötig befunden. Aber auch diese Erläuterung deutet eher in die entgegengesetzte Richtung: Die philosophische Wissenschaft, heißt es da (in der ›Encyclopädie‹, von 1830) »hat es nur mit der Idee zu tun, welche nicht so ohnmächtig ist, um nur zu sollen und nicht wirklich zu sein«.[27] Das ist offenbar wider Kant und kantianisches moralisches Fordern gerichtet, kaum schon gegen die revolutionäre Behauptung einer Notwendigkeit, die erst noch wirklich werden müsse. Hegels ›Wirklichkeit‹ ist die vollendete Geschichte, nicht die offene Zukunft. Oder anders ausgedrückt: Seine ›Idee‹ hat keine Zukunft, nur eine Gegenwart. Gleichwohl hat Hegels Philosophie paradoxerweise, wie jedermann weiß, eminente revolutionäre Folgen gezeitigt. Und ebenhiermit hat Heines Anekdote etwas zu tun.

Wenn sie nicht überhaupt erfunden ist, so muß man annehmen, daß seine Erinnerung umgeprägt und umgedeutet hat, was ihm damals zu Ohren gekommen war. Bis zu dieser Niederschrift im Jahre 1844, von der wir reden, hatte Hegels Philosophie in Heines Augen durchaus keine revolutionäre Bedeutung gehabt. Auch und gerade jenen selben Satz von der Vernünftigkeit des Wirklichen hatte er ehedem – und nicht ohne Ironie – als Rechtfertigung des Bestehenden und Geltenden, des »Absolutismus«, ja des »Despotismus« aufgefaßt und in diesem Sinne mitverwoben in die imaginierte Rede der opportunistischen »älteren Leute«, die sich gern erinnern, daß sie in ihrer Jugend auch »mit dem Kopf gegen die Wand gerennt seien, daß sie sich aber nachher mit der Wand wieder versöhnt hätten, denn die Wand sei das Absolute, das Gesetzte, das an und für sich Seiende, das, weil es ist, auch vernünftig ist, weshalb auch derjenige unvernünftig ist, welcher einen allerhöchst vernünftigen, unwidersprechbar seienden, festgesetzten Absolutismus nicht ertragen will«[28]. Hier, meine ich, vernehmen wir echte Hegel-Reminiszenzen, vom Hören oder vom Lesen, eine ganze Serie davon – das Absolute, das Gesetzte, das an und für sich Seiende und dazu eben auch das vernünftige Wirkliche –, sämtlich addiert und angehäuft zu dem Zwecke, die Versöhnung mit der Wand und also auch den (ungenannten) Philosophen der Identität zu verspotten als einen Verteidiger des »Despotismus«, ja der »Sklaverei«, zumal der preußischen. Und noch 1832 heißt es ganz unverblümt: »Hegel mußte die Knechtschaft, das Bestehende, als vernünftig rechtfertigen« – in dem Sinne: so wisse dieses Preußen »seine Leute zu gebrauchen!«[29]

Eine etwas ehrenvollere Figur macht Hegel in einer anderen Erörterung Heines aus derselben Epoche, diesmal einer ausdrücklich historischen, daher er auch mit Namen genannt wird. Ich meine jenen Gedanken – oder ›Einfall‹ – der Analogisierung zwischen den Phasen der französischen politischen und der deutschen philosophischen Geschichte.[30] Da wird (in ›Kahldorf über den Adel‹, von 1831) Kant mit Robespierre, Fichte mit Napoleon, Schelling mit der Restauration verglichen, und für Hegel bleibt nur der bescheidene Platz übrig, »der Orleans der Philosophie« zu sein. (Orleans, das ist Louis Philippe, der konstitutionelle Bürgerkönig von 1830, den Heine freilich im Anfang – noch von Hamburg aus – mit einer gewissen Begeisterung begrüßt hat.) Die Begründung ist sinnreich: Hegel habe »ein eklektisches Regiment« errichtet, an dessen Spitze er selber stehe, »und worin er den alten Kantischen Jakobinern, den Fichtischen Bonapartisten, den Schellingschen Pairs und seinen eigenen Kreaturen eine feste, verfassungmäßige Stellung anweist«.[31]

Das Bürgerkönigtum war das jüngste Stadium der politischen Entwicklung Frankreichs, das System Hegels das jüngste Stadium der Entwicklung der deutschen Philosophie, beide konnten durchaus als Abschlüsse und als Dauer-Einrichtungen angesehen werden. Jedenfalls ist auf der deutschen Seite Kant als die revolutionäre Figur gezeichnet, vielleicht noch Fichte, gewiß nicht Hegel. Hegel galt Heine vielmehr als die ordnende und bewahrende Macht.

In dem großen Essay ›Zur Geschichte der Religion und Philosophie in Deutschland‹ kommt Heine auf jene Vergleichungen beiläufig zurück. Es ist aber ein gewaltiger Schritt oder Sprung von hier zu der berühmten Prophezeiung einer künftigen deutschen Revolution, welche eben aus der deutschen Philosophie hervorgehen werde. Dort wurden die Philosophen mit den (französischen) Männern der Tat nur in eine korrespondierende Beziehung gesetzt, und wenn er sagte »Kant war unser Robespierre«, so hieß das, daß der Gedanke an sich selbst eine andre Art von Tat sei. Nun aber kommt ein ganz neues Motiv ins Spiel: daß der Gedanke nämlich nicht Gedanke bleibe, wie umwälzend er innerhalb der philosophischen Welt auch war, daß er vielmehr notwendigerweise Taten nach sich ziehen müsse, praktisch verändernde Handlungen in der gesellschaftlichen Welt. Wie er es mit dem bedeutungsvollen Wort des Evangelisten Johannes ausdrückte: »Der Gedanke will Tat, das Wort will Fleisch werden.«[32] Eben noch lasen wir, daß »unsere philosophische Revolution . . . beendigt« sei, und daß »Hegel . . . ihren großen Kreis geschlossen« habe,[33] da plötzlich überkommt ihn diese Vision, daß der Philosophie – nach ihrer Vollendung – die Revolution nachfolgen werde, die Vision der deutschen Revolution, die an Wildheit alles übertreffen werde, und »wogegen die französische Revolution nur wie eine harmlose Idylle erscheinen möchte«.[34] Und sie werde die genaue Konsequenz der Philosophie sein: »Durch diese Doktrinen haben sich revolutionäre Kräfte entwickelt, die nur des Tages harren, wo sie hervorbrechen und die Welt mit Entsetzen und Bewunderung erfüllen können.« Solcher analytischen Sprache kommt, mit größerer Suggestionskraft, die metaphorische zu Hilfe: »Der Gedanke geht der Tat voraus, wie der Blitz dem Donner.«

Und welche philosophischen Schulen sind es, die solche fürchterlichen Folgen zeitigen sollen? Es sind die Kantianer, »die von keiner traditionellen Ehrfurcht bewegt sind«, die Fichteaner, »die in ihrem Willensfanatismus weder durch Furcht noch durch Eigennutz zu bändi-

gen sind«, und – »noch schrecklicher als alles« – die Naturphilosophen, »die sich mit dem Zerstörungswerk selbst identifizieren würden«. Ein Name und eine Schule fehlt in diesem Verzeichnis der
philosophischen Heeresformationen, die zur Offensive vorgehen: der
Name Hegels und der Hegelschen Schule. Für alle anderen Richtun-
gen hatte er eine Formel, welche ihre jeweils eigentümliche Aus-
rüstung und Munition bezeichnen sollte, für Kant, für Fichte und
sogar für die Naturphilosophen, wiewohl sie sich doch von Schelling
herleiteten, nur für Hegel und die Seinigen blieb sie aus: kein Zweifel, gerade sie schienen ihm, nach seiner damaligen Ansicht, zur Revolution nicht zu taugen. Nicht ein Bataillon, nicht einmal eine
Kompanie Hegelianer würde zu diesem Kampf ausrücken.
Und doch ist es gerade Hegels dialektische Philosophie, von der wir
Heutigen am allerehesten zu urteilen bereit wären, daß sie in der
Tat eine Revolution hervorgebracht habe, wenn auch nicht eigentlich
eine deutsche: nämlich auf dem merkwürdigen Umweg über Karl
Marx, der als Kritiker Hegels begann, aber doch von sich behauptet
hat, er habe Hegels Lehre vom Kopf auf die Füße gestellt, der den
Hegelschen Weltgeist verwarf und die gesellschaftlichen Produktiv-
kräfte an dessen Stelle einsetzte, aber doch das Schema der historischen Dialektik, die Kategorien des Widerspruchs und seiner Aufhebung, wie ein Kirchendogma sich zu eigen gemacht hat, der die
Hegelsche Fixierung an die Wirklichkeit der Geschichte aufsprengte
und einen ungeheuren Horizont von Zukunft eröffnete, aber doch das
Hegelsche trotzige Pochen geerbt und fortgeübt hat, daß es in nichts
beim bloßen Sollen bleiben, daß alles ›vernünftig‹ Notwendige auch
ins Sein übergehen müsse.
Ich habe den Eindruck, daß diese erstaunliche Lücke in Heines Prophezeiung der revolutionären Folgen der deutschen Philosophie bisher von den meisten Interpreten gar nicht bemerkt worden ist,[35]
auch von denen nicht, die am heftigsten an dieser Sache interessiert
sind, den marxistischen. Einer der geistreichsten philosophischen
Schriftsteller des deutschen Marxismus, Wolfgang *Harich,* hat nicht
nur (wie vor ihm Georg *Lukács*) behauptet, die Hegelsche Philosophie habe von allen geistigen Bewegungen der Zeit »den stärksten
Einfluß« auf die Formung von Heines Weltbild ausgeübt, sondern
sich auch eingeredet, Heines Prophezeiung deute auf die Entstehung
des Marxismus hin, »auf die deutsche Revolution also, die keineswegs gescheitert ist«.[36] Wir wollen über diese letzte These hier nicht

mit ihm rechten. Aber was Heine angeht, so stand er so wenig unter Hegels Einfluß, daß er diesen unter den geistigen Urhebern seiner geweissagten deutschen Revolution nicht einmal genannt hat.

In einem anderen Punkt aber hat Heine selber in die marxistische und kommunistische Weissagungstradition hineingewirkt. Daß Deutschland eine führende Rolle in der sozialen Revolution zukommen werde – dieser Gedanke lag in den dreißiger Jahren des neunzehnten Jahrhunderts gewiß nicht in der Luft! –, wurde durch Marx zeitweilig zur Gewißheit und zum Gemeinplatz; *Lenin* war noch im Oktober 1917 fest davon überzeugt, daß nach dem russischen Vorspiel die eigentliche ›Weltrevolution‹ in Deutschland ausbrechen oder anfangen werde.[37] So wunderliche und so verhängnisvolle Wege gehen die Ideen, auch die fixen.

Karl Marx, sagte ich gerade, sei der Mittelsmann gewesen. Von ihm stammen die folgenden beiden Sätze: »Die Deutschen haben in der Politik gedacht, was die anderen Völker getan haben; Deutschland war ihr theoretisches Gewissen.« Und: »Deutschlands revolutionäre Vergangenheit ist ... theoretisch, es ist die Reformation. Wie damals der Mönch, so ist es jetzt der Philosoph, in dessen Hirn die Revolution beginnt.«[38] Ist das nicht wie eine Repetition nach Heine? Zuerst die Parallelisierung von Theorie und Praxis, hernach die Ankündigung der Praxis als Konsequenz der Theorie, nämlich der Revolution als Konsequenz der Philosophie – hier bei Marx wie dort bei Heine! Es kommt mir sehr wahrscheinlich vor, daß der junge Marx hier bei dem älteren Schriftsteller eine Anleihe gemacht oder doch eine Lektion gelernt hat. Selbst die abkürzende Metapher vom »Hirn« des Philosophen, worin die Revolution beginne, scheint ein Vorbild in Heine zu haben: »Die Köpfe, welche die Philosophie zum Nachdenken benutzt hat, kann die Revolution nachher zu beliebigen Zwecken abschlagen. Die Philosophie hätte aber nimmermehr die Köpfe gebrauchen können, die von der Revolution, wenn diese ihr vorherging, abgeschlagen worden wären.« Marxens Bild ist freilich nur eine blassere Variante dieses blutigen Wortspiels. Zudem mag er seinerseits auch an den eigenen Kopf gedacht haben, daß er ihn nämlich gerne behielte, um mit einem und demselben Kopf oder Hirn beides zu vollbringen, die kritische Vollendung der Philosophie und die Einleitung der Revolution. Heine war bequemer daran, er war weder Denker noch Täter, sondern Dichter, mit aller unbändigen Verantwortungslosigkeit ausgestattet, wie sie nur der Literatur zukommen kann, der schönen. So jedenfalls verstand und betrieb er sein Metier, er hat diesen Typus des Literaten recht eigentlich geschaffen und ist darin unerreicht geblieben.[39]

Nun endlich, mit dem Auftritt von Karl Marx und der Anführung jener Heine-Anklänge in seinem brillanten Hegel-Aufsatz von 1843 auf 44, nun endlich nähern wir uns, denke ich, der Lösung des Rätsels, mit dem wir es zu tun haben. Marx schrieb ihn genau während des Winters, in dem er und Heine sich in Paris befreundeten.[40] Dieser Aufsatz läßt sich geradezu als eine Antwort auf Heines Prophezeiung lesen. »Es genügt nicht«, sagt Marx, »daß der Gedanke zur Verwirklichung drängt, die Wirklichkeit muß sich selbst zum Gedanken drängen.« Revolutionen bedürften »eines passiven Elements, einer materiellen Grundlage«, darum müsse zuerst »eine ... Klasse mit radikalen Ketten« sich bilden: das Proletariat.[41] Hier setzt die Theorie des Proletariats ein, und solcher gesellschaftliche Materialismus kam dem philosophischen ›Spiritualismus‹ zu Hilfe. Und dies wurde dargetan in einer Abhandlung nicht über Kant oder Fichte, sondern über Hegel, über Heines ›Orleans der Philosophie‹! Marx' Lektüre und Analyse der Hegelschen Rechtsphilosophie warf ein ganz neues Licht auf deren Autor, und das konnte Heine nicht entgehen. Er war es, der Hegel noch persönlich gekannt hatte, und man könnte sich durchaus vorstellen, daß der neue Exilant, Marx, zwanzig Jahre jünger als sein berühmter Freund, begierig war, von diesem etwas Authentisches aus seiner Berliner Studienzeit zu hören. Man könnte sich auch vorstellen, daß Heines Erinnerung in dieser Gesellschaft sich belebt und – sich verändert hat. »Es könnte auch heißen: Alles, was vernünftig ist, muß sein«: jetzt kam diese verblüffende Version zutage. Sie illustrierte haarscharf Marxens Diktum, die Revolution beginne im Hirn des Philosophen, und dieses Mal, zum ersten Mal, hieß der Philosoph Hegel. Heines Anekdote – ob erst erzählt oder erst aufgeschrieben – müßte seinem jungen Freund gefallen haben.[42]

Was Hegel wirklich damals zu dem Studenten Heine gesagt hat, ob er in dieser Sache überhaupt irgend etwas zu ihm gesagt hat, werden wir nie mehr erfahren. Wenn Heine in seiner Erinnerung irrte – oder wenn er sie gemäß der Erwartung seines Gesprächspartners zurechtbog, so war es eine ›linke‹ Umdeutung, ein marxisches Mißverständnis Hegels, eine Annäherung Hegels an Marx, was herauskam.[43]

Hiernach könnte nun der Eindruck entstehen – und er ist tatsächlich entstanden –, als hätte Heine auch seine eigene Gesinnung ›links-hegelianisch‹ eingefärbt, sei es unter Marxens Einwirkung, sei es aus eigenem Antrieb. Es wäre ein falscher Eindruck. Was Heines Gedächtnis-Hegel da ausspricht, ist nichts weniger als Heines Meinung. Die ganze Geschichte dient vielmehr einem kritischen, ja strecken-weise polemischen Zweck. Man muß sie im Zusammenhang lesen – oder, wie die heutigen Literaturforscher sagen: Es kommt auf den Kontext an.

Heine verteidigt in dem fraglichen Abschnitt seine frühere Darstellung der deutschen Philosophie und seine Prophezeiung von 1835, sie werde den »alten Glauben« ausrotten. Er findet sie nun vollends bestätigt, nämlich eben in dem Auftritt *Feuerbachs* und anderer ›Atheisten‹ – er nennt zwar sonst keinen Namen, aber man muß vermuten, daß nicht allein Marxens Informationen, sondern auch dessen Gesinnungen und Absichten den Untergrund der Schilderung bilden: »Ach, ich habe nur früher gemeldet, was doch später jeder erfahren mußte, und was damals so befremdlich klang, wird jetzt auf allen Dächern gepredigt jenseits des Rheines. Und in welchem fanatischen Tone manchmal werden die antireligiösen Predigten abgehalten! Wir haben jetzt Mönche des Atheismus, die Herrn von Voltaire lebendig braten würden, weil er ein verstockter Deist sei. Ich muß gestehen, diese Musik gefällt mir nicht, aber sie erschreckt mich auch nicht, denn ich habe hinter dem Maestro gestanden, als er sie komponierte, freilich in sehr undeutlichen und verschnörkelten Zeichen, damit nicht jeder sie entziffre . . .«[44] Und nun folgt jene etwas dubiose Anekdote, und es zeigt sich, daß nicht wie vordem Kant und Fichte und die Naturphilosophie, sondern mit einem Mal und einzig Hegel für diese Entwicklungen verantwortlich sein sollte. »Alles, was vernünftig ist, muß sein.« Dazumal, gibt er an, habe er Hegel »noch für servil« gehalten,[45] erst später habe er »solche Redensarten« verstanden. Später erst – das kann wohl nur heißen: eben jetzt, da er durch Marx und in Marx die religionskritischen, gewiß auch hegel-kritischen Hegelianer kennengelernt hatte. Und nicht nur als Religionskritiker! Auch die künftigen Führer des Proletariats! Denn, so eilt die verblüffend hellsichtige Diagnose weiter, »der Kommunismus ist eine natürliche Folge dieser veränderten Weltanschauung . . « und »es ist eine ebenso natürliche Erscheinung, daß die Proletarier in ihrem Ankampf gegen das Bestehende die fortgeschrittensten Geister, die Philosophen der großen Schule, als Führer besitzen; diese gehen über von der Doktrin zur Tat, dem letzten Zweck alles Denkens, und formulieren das Programm.«[46] Nur in dem Inhalt dieses Programms hat er sich freilich getäuscht – oder vielmehr: er wollte auch in diesem Punkt vor allem recht behalten, er wollte es selbst und längst angegeben haben. Er zitiert sein eignes damaliges ›Programm‹, vielmehr seine Vision der ›Götter-Demokratie‹, die wir ja kennen, mit Einschluß der anti-asketischen Ingredienzien von »Wollust und Pracht« etcetera. Das war nun weder marxisch noch hegelisch, sondern utopisch, saint-simonistisch, neu-hellenisch, pariserisch, pan-erotisch, auch ein wenig politisch-demokratisch – es hatte den Duft jener Mischung, die ihm, Heine, unverwechselbar eigentümlich war. Und doch meinte er, eigentlich aus Eitelkeit auf seine Voraussicht, aus einer Art grandioser Recht-haberei, das sei es, was der Kommunismus und was die politische Revolution in Deutschland befördern werde. »Ich hatte leicht prophezeien! Ich hatte ja gesehen, wie die Drachenzähne gesät wurden, aus welchen heute die geharnischten Männer hervorwachsen, die mit ihrem Waffengetümmel die Welt erfüllen . . .«[47]

Man sieht, die Rede hat keine Folge, kaum logische, geschweige politische Konsistenz, das Denken wird wieder vom Schreiben überflutet. Eben noch schien sich der Autor über die Folgen und die Folger Hegels zu entrüsten, eben noch entdeckte er – zum erstenmal über-haupt – in seinem Gedächtnis, wie zweideutig und bedenklich dessen Ausspruch über Vernunft und Wirklichkeit doch gewesen war, welch eine Sprengkraft in dem Servilen und Ängstlichen gesteckt habe, daß also Hegel mehr als alle anderen zur Leugnung oder Vertreibung Gottes beigetragen, eben noch mokierte er sich über die »Mönche des Atheismus« – und im nächsten Augenblick scheint er dieselbe Ent-wicklung zu begrüßen, fällt er zurück in die vertraute Denk- und Traumfigur, die Dialektik von Jenseits und Diesseits, vom Jammer-tal und der irdischen Glückseligkeit. Ganz ebenso übrigens wie im – gleichzeitigen – ersten Gesang des ›Wintermärchens‹: »Das Miserere ist vorbei, / Die Sterbeglocken schweigen.« Gefiel ihm nun die neue ›Musik‹ oder gefiel sie ihm nicht? Es ist nicht zu entscheiden: Eben gefiel sie ihm nicht, jetzt gefällt sie ihm.

Welches also ist der ›Kontext‹? Die Hegel-Anekdote selber mochte sehr wohl nach Marxens Sinn gewesen sein, ihr unmittelbarer Zweck – die Klage über den Atheismus – gewiß gar nicht, die neugefaßte

Weissagung des Glücks der Massen[48] durchaus, soweit der Kommunismus an die Philosophie geknüpft wird, aber wiederum weniger, soweit das ›Programm‹ in dem enthusiastischen Vergöttlichungs-Tableau kulminiert.

Die ›Dialektik‹ von Jenseits und Diesseits, Religion und Revolution, Glaube und Glück freilich mutet insgesamt wie eine poetische Transkription dessen an, was Marx seinerseits zur selben Zeit – in dem bewußten Aufsatz über Hegel – in schärferen, übrigens aber kaum weniger bildhaften Antithesen niedergeschrieben hat. »Die Aufhebung der Religion als des illusorischen Glücks des Volkes ist die Forderung seines wirklichen Glücks. Die Forderung, die Illusionen über seinen Zustand aufzugeben, ist die Forderung, einen Zustand aufzugeben, der der Illusionen bedarf. Die Kritik der Religion ist also im Keim die Kritik des Jammertales, dessen Heiligenschein die Religion ist.« Und abermals: »Die Religion ist nur die illusorische Sonne, die sich um den Menschen bewegt, solange er sich nicht um sich selbst bewegt.«[49]

Die nicht recht geglückte Metapher vom künftigen Menschen, der sich um sich selber bewegen soll, nachdem die Religions-Sonne sich um ihn bewegt habe, verdreht die ›kopernikanische Wendung‹, auf die sie anspielt, in paradoxer Weise. Damals war die ›Illusion‹ aufgehoben worden, die Sonne drehe sich um die Erde (und den Menschen), und die neue Erkenntnis des Kopernikus nahm der Erde (und dem Menschen) gerade ihre zentrale Stellung, indem sie sie zu einem abhängigen Trabanten der Sonne herabsetzte; Marx' Gleichnis-Wendung geht von einem anthropozentrischen Zustand zu einem noch anthropozentrischeren über. Sein Postulat vermittelt uns ein ähnlich fades, frostiges Gefühl von der Verlassenheit dieses Menschen, der sich um sich selbst bewegt, wie Heines Vision von den Göttern der Zukunft und ihren Altären, worauf sie am Ende niemandem opfern können als sich selbst.[50] Wiewohl Marx nie solch eine mythologische Idylle der Zukunft ausgemalt, wie er sich überhaupt jeglicher bildhaften Darstellung des emanzipierten Menschendaseins verweigert hat, rechtfertigt eine solche Stelle doch vollauf das nachmalige polemische Wort Heines von den »gottlosen Selbstgöttern«.[51] Selten hat seine Ironie so viel Größe wie in dieser originalen Prägung. (Sie gilt allen linken Hegelianern, »nicht bloß dem guten Ruge, sondern auch meinem noch viel verstockteren Freunde Marx«.)

Wie ist es nun? Hat Wolfgang *Harich,* der souveränste unter den marxistischen Interpreten Heines, hat er recht mit seinen beiden Thesen hinsichtlich der ›Briefe über Deutschland‹: daß »das Fragment von 1844 ... den äußersten Punkt der Annäherung Heines an den jungen Marx« markiere, und daß Heine gleichwohl »von der gewaltigen Leistung seines Freundes Karl Marx, von der kritisch-revolutionären Umwälzung aller bisherigen Philosophie, die sich 1844 in Paris vor seinen Augen vollzog, nicht die Spur begriffen hat«?[52] Gewiß war auch Harich spürsinnig genug, den Gleichklang oder vielmehr den Gleichsinn gewisser Passagen aus Heines und aus Marx' Niederschriften von 1844 zu bemerken. Aber nicht einmal er hat wahrnehmen mögen, wie Heine dort schwankt zwischen einer widerwilligen Diagnose und einer halbherzigen Prognose. Er hat recht, doch nur im Sinne jener Rechthaber, für die alle Geistesgeschichte einzig auf den Schriftsteller zuläuft, der immer recht hat: Marx. Die sich – bei aller literarischen Empfindlichkeit – doch den Gedanken nicht erlauben, daß ein anderer Schriftsteller auch dann einmal rechthaben kann, wenn er von Marx abweicht oder gar sich von ihm fernhält. Wie zum Beispiel Heinrich Heine in ebendiesem Fragment von 1844: Gibt es eine prägnantere, großartigere Kennzeichnung der hegelianisch-kommunistischen (später: marxistisch-leninistischen) Religion – ja, es ist eine Religion, wenn sie sich auch dem Zeitgeist als Wissenschaft empfahl und seither den Namen einer Ideologie angenommen hat! – als diese theologische Theater-Szene: »... daß ich den Vorhang fortriß von dem deutschen Himmel und jedem zeigte, daß alle Gottheiten des alten Glaubens daraus verschwunden und daß dort nur eine alte Jungfer sitzt mit bleiernen Händen und traurigem Herzen: die Notwendigkeit«? Sie kann auch ›dialektische Geschichtsauffassung‹ heißen, und man kann auch diese alte Jungfer anbeten. Heine hat dieser neuen Gottheit, der Notwendigkeit, nicht einmal das konventionell pathetische Attribut des ›Ehernen‹ zuerkannt, nur »bleiern« sind ihre Hände.[53]

Heine hat diese Aufzeichnungen von 1844 zu einem guten Teil zehn Jahre später in die ›Geständnisse‹ eingearbeitet, in dieser Gestalt zum erstenmal selber öffentlich bekannt gemacht. Ein Vergleich der beiden Fassungen ist lehrreich. Um bei der alten Jungfer Notwendigkeit anzufangen, so hat er nun das handelnde Subjekt der Enthüllung verändert: nicht er hat den Vorhang weggerissen, sondern die »modernsten Philosophen« haben es selber getan.[54] Mit der

Prahlerei ist ihm auch die atheistische Sympathie vergangen oder umgekehrt, und er zieht sich, im Rückblick, auf die Rolle des bloßen Informanten zurück: »Es ist nicht meine Schuld«, daß die deutsche Philosophie nicht so fromm war, wie man – zumal in Frankreich – geglaubt hat.

Was Hegel angeht, so sind es nun nicht mehr mythische Drachenzähne, die er gesät habe, aus welchen geharnischte Helden erwachsen, sondern sehr viel prosaischere Hervorbringungen: »Ich sah, wie Hegel mit seinem fast komisch ernsthaften Gesichte als Bruthenne auf den fatalen Eiern saß, und ich hörte sein Gackern.« Der Austausch der Bilder ist ziemlich energisch. Auch von der Musik und dem Maestro ist keine Rede mehr – wenn er, Heine, sie auch damals schon nicht recht mochte, so war es doch immerhin Musik gewesen: »Ich konnte leicht prophezeien, welche Lieder einst in Deutschland gepfiffen und gezwitschert werden dürften, denn ich sah die Vögel ausbrüten, welche später die neuen Sangesweisen anstimmten.«[55] Kein Orchester mehr, sondern ordinäres Pfeifen und Zwitschern. Alles Imponierende ist aus den Gleichnissen getilgt, das Lächerliche und Verächtliche an die Stelle getreten. Aber auch in nackter Mitteilungssprache hören wir jetzt nur Nachteiliges. »Ich empfand überhaupt nie eine allzu große Begeisterung für diese Philosophie, und von Überzeugung konnte in bezug auf dieselbe gar nicht die Rede sein.«[56] Das ist ein durchaus glaubwürdiges Geständnis; wir haben gesehen, wie schwach die Spur in Heines Werk war bis zu dem Augenblick der Berührung mit Marx, die seine Erinnerung, seine Erinnerungs-Phantasie in Bewegung gesetzt haben muß – und im selben Zug auch schon einen leisen Widerstand erregt hat.[57] Es ist offenkundig und muß dabei bleiben: Heine hat sich Hegels ernstlich erst entsonnen, als die ›linken‹ Nachfolger – das, was er »die Schule« nennt – in seinen Gesichtskreis traten, und von demselben Augenblick an hat er auch schon begonnen, sich von ihm zu entfernen.

Bis hin zu der radikalen Absage, die in den ›Geständnissen‹ steht. Er macht ihn dort nicht bloß lächerlich, er macht ihn für die ›Schule‹ und ihren Atheismus verantwortlich. Ich will jetzt nicht die Diagnose wiedergeben, die er dort von der Ausbreitung des Atheismus im Volk, in der »rohen Plebs«, gibt und von dem »geheimen Bündnis« der atheistischen Doktrinäre »mit dem schauderhaft nacktesten, ganz feigenblattlosen, kommunen Kommunismus«, nicht den teils in gespielter Dandy-Pose, teils aber in ernsthafter »Angst des Künst-

lers« vorgebrachten Ausbruch wider das Volk und die Volks-Souve-
ränität: keiner der vormals so heftig gescholtenen ›Junker‹ könnte
mit der Beredsamkeit des Ekels und der Verachtung wetteifern, die
hier ausgegossen wird.[58]

III.

Vielmehr will ich auf die Frage zurücklenken, von der wir ausgegangen sind. Die Selbstvergottung war und ist es ja vor allem, der
er abschwört, und zu der er eben von Hegel verleitet worden sein
will. (»Ich war jung und stolz, und es tat meinem Hochmut wohl, als
ich von Hegel erfuhr, daß ... ich selbst hier auf Erden der liebe Gott
sei«!) Es ist der Widerruf der Vergöttlichungs-Utopie überhaupt, in
die neue, gewissermaßen autobiographische Metapher der Selbstvergottung gewendet. Es ist nicht ganz leicht zu sagen, ob es wirklich
nur eine neue, zugleich übermütigere und resigniertere Formel für
die vorigen Emanzipations-Träume ist, oder ob auch eine buchstäbliche Bedeutung darin enthalten ist. Es gibt immerhin einige
wunderliche Zeugnisse aus den anfänglichen Pariser Jahren für diese
letztere Annahme.
Da ist ein Brief des französischen Freundes Edgar *Quinet* – von Ende
1837 –, worin er Heine mit »Votre Divinité«, Euer Gottheit oder
Göttlichkeit, tituliert, etwa nach dem Muster von ›Euer Heiligkeit‹,
gewiß spielerisch und spaßhaft, dennoch auffällig. Dies mag sich aber
noch aus dem Anlaß erklären: in dem Brief handelt es sich um die
französische Übersetzung der ›Nordsee‹-Gedichte, darum beginnt
Quinets Brief mit der Anrede »Mon cher Poseidon«[59]. Etwas mehr
scheint es zu bedeuten, daß Théophile *Gautier* mehrfach von Heine,
dem Heine der dreißiger Jahre, als von einem Gott gesprochen hat,
wenn auch erst im nachhinein; man weiß nicht recht, wieweit es eine
Floskel, wieweit eine Wahrnehmung ist. Am eindrucksvollsten ist
seine Erzählung von einem Wiedersehen im Jahre 1848, als er ihn
infolge seiner Abmagerung und seines Bartes anfangs gar nicht erkannte: »Es war wirklich Heine, der Gott war zum Menschen geworden.«[60] Doch bin ich auch hier zweifelhaft, ob Gautier nicht bloß
variiert, was er in Heines ›Aveux d'un poète‹ (den ›Geständnissen‹
auf französisch) gelesen hatte; seine Erinnerungen sind erst 1875
erschienen.

Doch bleibt Heines eigene Aussage aus derselben Epoche der höchsten Daseinsfreude, vielmehr aus einem Augenblick ihrer Krise: »J'ai oublié ma qualité de Dieu, j'ai compromis ma divinité, je suis descendu dans la fange des passions humaines, et j'ai de la peine à me relever.«

Das war ein sehr ernster Brief – ich habe ihn früher schon zitiert –, den er am 4. Juni 1835 an die schöne Prinzessin Cristina *Belgiojoso*, eine italienische Emigrantin in Paris, gerichtet hat, eine Frau, der er selber zuvor in bezaubernden Wendungen seine »kultische« Verehrung gestanden hatte, die also ihrerseits eher im göttlichen Range für ihn stand. Zudem war sie eine Fürstin, während die niederen »menschlichen Leidenschaften«, die er ihr in diesem ebenso knappen wie aufrichtigen Brief beichtet, dem kleinen, ländlichen, ungebildeten Ladenmädchen galten, das er später zu seiner Frau gemacht hat. »Ich habe meine Gottes-Eigenschaft vergessen, meine Göttlichkeit kompromittiert...«[61] Der Ton ist echt. (Es ist das Elend des Tannhäuser im häuslichen Venusberge.) Die Selbsteinschätzung, deren Verlust er da beklagt, bezeichnet ein Leben ohne »menschliche Leidenschaften«, ein Dasein in souveräner Heiterkeit, eine Erotik ohne Knechtschaft und freilich auch ohne Bindung, eigentlich genau diejenige Stimmung und Führung, die er als die ›hellenische‹ beschrieben und sich zugeschrieben hat. Kein Zweifel, er hat zuzeiten gemeint, diese Höhe der Emanzipation und diese göttliche ›Gesundheit‹ für seine Person bereits erreicht zu haben, diese Désinvolture, diese Sünd- und Leidlosigkeit hier und jetzt schon zu verkörpern. Aber er war von dieser vermeinten olympischen Höhe doch also schon einmal gestürzt, damals zwar nicht in die Passion der Krankheit, sondern in die Krankheit der Passion.

Dazu stimmen die Ausdrücke der rückblickenden Selbstverspottung, die wir aus den ›Geständnissen‹ kennen. »Ich war die Ursittlichkeit, ich war unsündbar, ich war die inkarnierte Reinheit; die anrüchigsten Magdalenen wurden purifiziert durch die läuternde und sühnende Macht meiner Liebesflammen, und fleckenlos wie Lilien... gingen sie hervor aus den Umarmungen des Gottes.« Und dann die tiefe und kühne Ironie, womit die Erzählung seiner endgültigen Abdankung, seines Rücktritts »in den menschlichen Privatstand« durchtränkt ist: »Aber die Repräsentationskosten eines Gottes, der sich nicht lumpen lassen will und weder Leib noch Börse schont, sind ungeheuer; um eine solche Rolle mit Anstand zu spielen, sind besonders zwei Dinge unentbehrlich: viel Geld und viel Gesundheit. Leider geschah es, daß eines Tages – im Februar 1848 – diese beiden Requisiten mir abhanden kamen, und meine Göttlichkeit geriet dadurch sehr ins Stocken.«[62]

Die Helligkeit solcher Selbsterkenntnis ist einzigartig; es wird schwerfallen, in der autobiographischen Literatur Vergleichbares zu finden. In dieser Stilgebärde der Ironie hat der Schriftsteller Heine mitten im Elend eine Freiheit gewonnen, die der utopischen unendlich überlegen ist.

Heine also war wirklich auch seinerseits ein »Selbstgott« gewesen, wenn auch in einem anderen Sinn als etwa Ludwig Feuerbach und Karl Marx und die anderen Männer der ›linken‹ Hegel-Schule, denen er diese Titulatur später beigelegt hat.[63] Er war es im sinnlich-erotischen, im ›hellenischen‹ Geschmack, jene im philosophischen, in demjenigen des gelehrten ›humanisme athée‹. Er hatte für eine Weile gleichsam die Utopie der Vergöttlichung für seine Person schon vorweggenommen, eine solche neue Vollkommenheit schon erreicht zu haben sich eingebildet. Und so gilt jener versteckte ernste Widerruf nicht nur (wie ich hier früher herausgelesen habe) dem Vater Enfantin, sondern zugleich und vor allem ihm, Heine, selbst: »Ach, ich habe seitdem erfahren, daß es eine . . . Tollheit ist, wenn man die Zukunft allzu frühzeitig in die Gegenwart einführen will . . .«[64] Der Seufzer ist sein eigenster und es ist ebenderselbe, der aus jenem verzweifelten Brief an die Prinzessin Belgiojoso vernehmlich wurde, derselbe auch, der uns im ›Tannhäuser‹-Gedicht berührt hat: »Ist das der Hölle Feuer schon, / Die Gluten, die ewig währen?«[65] Er hatte den seligen Endzustand der vollkommenen Emanzipation vorweggenommen – oder umgekehrt: Er hat – nach jenem ersten Sturz in die Menschlichkeit der ›Passion‹ – die Erscheinung der Mensch-Gottheit vertagt und in eine irisierende, bald blendend nahe, bald wieder blasser entfernte Zukunft verlegt, noch eben der einzig Gesunde, dann sogleich der Krankste von allen, der aber doch weiß, was Gesundheit, was Vollkommenheit ist. Ein neues Geschlecht erst muß heranwachsen, »ganz ohne Schminke und Sünden«, wie es im ›Wintermärchen‹ heißt, Caput XXVII, im letzten Kapitel,[66] und »unsere gesünderen Nachkommen« erst werden es sein, die »in freudigster Ruhe ihre Göttlichkeit betrachten, bekennen und behaupten«, wie es in jenem allerletzten und deutlichsten, noch einmal aufflackernden utopischen Gesicht heißt (im Vorwort zu Weills Novellen).[67] Mit der zweiten, gründlicheren, die ganze leibliche Existenz ergreifenden Enttäuschung jedoch, derjenigen der tödlichen Krankheit oder des währenden »Unlebens«, wird auch die utopische Version und Vision kassiert. Beides zugleich geht unter, die vormalige »Divinité« und die lang und halbgeheim genährte Erwartung des künftigen Schönheitsreiches, der ›Götter-Demokratie‹. Und es ist unter dem Eindruck jener anderen ›Humanisten‹ aus der Hegelschen Schule, namentlich nach der Begegnung mit Marx, daß er, leise zuerst, mit vollem Ton zuletzt, auch diese alle derselben Vermessenheit zu überführen unternahm: sie sollten das Buch Daniel lesen, die Geschichte Nebukadnezars, »dieses babylonischen Königs, der sich selbst für den lieben Gott hielt, aber von der Höhe seines Dünkels erbärmlich herabstürzte, wie ein Tier am Boden kroch und Gras aß«.[68] Er erkannte sich in ihnen wieder, »Selbstgötter« allesamt, und verwarf mit ihnen seinen eigenen vormaligen Übermut wie seine eigene vormalige Zukunfts-Erwartung, wiewohl er ihnen die siegreiche Zukunft, l'avenir, prognostiziert, eine kahle, entgötterte Zukunft freilich, und ihnen den fürchterlich zweischneidigen akademischen Titel der »Docteurs en révolution« verliehen hat.[69]

Freilich hat er nicht geahnt, wohl nicht ahnen können, daß Marx und Engels auf dem Wege waren, den utopischen in einen ›wissenschaftlichen‹ Sozialismus überzuführen. (Soweit hat Wolfgang *Harich* ganz recht.) Heine hat an ihren damaligen Gedankengängen fast nur die religionskritischen Elemente wahrgenommen, zeigte sich betroffen von dem Bündnis dieser Philosophen mit dem »kommunen Kommunismus« und davon, daß nun auch die Handwerksgesellen atheistische Reden nachschwatzten. Er konnte oder wollte sich die großen geistigen Veränderungen nie anders denn als religiöse, religionsgeschichtliche vorstellen, als Götterkämpfe. Einmal waren die olympischen Götter von dem Gott der Christen vertrieben (ins Exil geschickt) worden, so würde auch die Herrschaft von Jehovah und Jesus Christus nur durch neue Götter abgelöst werden können, vergöttlichte Menschen eben, Menschengötter. Der Niedergang des jenseitigen Gottes kann nur den Auftritt des diesseitigen bewirken – oder umgekehrt; etwas anderes kam Heine nicht in den Sinn, und als er die Untauglichkeit des Menschen zur Götterrolle an sich selbst so gründlich erfuhr, war die – wie auch immer subjektiv gebrochene – Rückwendung zu dem alten Gott der Juden die notwendige Folge. Die Selbstvergottung, die Vergöttlichungs-Utopie konnten gestrichen werden, nicht aber Göttlichkeit als solche. Mit anderen und trockneren Worten gesagt: eine religionslose Existenz hat Heine in all seiner Freiheit doch niemals anvisiert. Das mag überraschen, aber ich kann kein anderes Fazit ziehen. Die Geschichte seiner geistigen Entwicklung ist die Geschichte seines Glaubens, freilich eine wechselvolle Geschichte.

Und war er denn wirklich so blind gegen die Bedeutung des kommenden ›wissenschaftlichen Sozialismus‹? Dessen Wissenschaftlichkeit ist nicht von der kritischen, sondern von der dogmatischen Art wie die der Theologie, sie gründet sich auf unwidersprechliche heilige Schriften, deren Auslegung keineswegs jedem Laien freisteht, und sie unterscheidet sich von der Utopik im Grunde einzig dadurch, daß sie als notwendig nachzuweisen sich müht, was diese nur wünscht. Aber an diese Notwendigkeit muß man wiederum glauben: es ist die alte Jungfer mit den bleiernen Händen und dem traurigen Herzen, die den Platz der Gottheit eingenommen hat.

Am Ende also hat Heine alle jene Arten von Selbstgötterei oder Selbst-Abgötterei mit der Aufschrift ›Hegel‹ versehen und unter dieser Rubrik abgelegt. Indem er sah und hörte, daß seine zeitweiligen Gefährten sich – mit kritischen Modifikationen – von Hegel herschrieben, entsann er sich seines Berliner Lehrers und kam zu dem Schluß oder ließ sich einfallen, auch seine eigene verwichene Divinität dessen Einflüsterungen zuzuschreiben. Am Ende also erschien ihm Hegel nicht mehr als der »Orleans der Philosophie« und auch nicht mehr so sehr als der geheime Anstifter der notwendigen Revolution, sondern vorab als derjenige, welcher zuerst den Menschen zum Gott erklärt habe. Und am Ende fand er auch den Grund, die Rechtfertigung solcher Adressierung seiner Absage. Er fand ihn in der Bibel: »Es stehen überhaupt noch viel schöne und merkwürdige Erzählungen in der Bibel . . ., z. B. gleich im Anfang die Geschichte von dem verbotenen Baume im Paradiese und von der Schlange, der kleinen Privatdozentin, die schon sechstausend Jahre vor Hegels Geburt die ganze Hegelsche Philosophie vortrug. Dieser Blaustrumpf ohne Füße zeigt sehr scharfsinnig, wie das Absolute in der Identität von Sein und Wissen besteht, wie der Mensch zum Gotte werde durch die Erkenntnis oder, was dasselbe ist, wie Gott im Menschen zum Bewußtsein seiner selbst gelange. – Diese Formel ist nicht so klar wie die ursprünglichen Worte: ›Wenn ihr vom Baume der Erkenntnis genossen, werdet ihr wie Gott sein!‹«[70]

Das trifft in der Tat den authentischen Hegel, in diesem Punkt war Heines Erinnerung sehr genau. Die nicht minder authentische Vorgängerin, mit der er ihn so ingeniös vergleicht, war die Schlange. Sie war es, die dem Menschen die Göttlichkeit verheißen hat: ›Eritis sicut Deus‹. Aber es ist nicht die Gottwerdung des Menschen, die da erzählt wird, sondern sein Sündenfall.

Zwölftes Kapitel

Abschaffung der Sünde?

I.

Wie Heine die Geschichte vom Sündenfall pointiert und ausspielt, erscheint die Paradieses-Schlange als Hegels Vorgängerin – die sich zudem weit besser und deutlicher ausgedrückt habe als dieser –, und Hegel demnach als Nachfolger oder auch als Wiederholung der Schlange. Man kann das fortspinnen und die Konsequenz heraushören, daß der alte Gott der Schöpfungsgeschichte auch über Hegel den Stab brechen würde wie dazumal über die Schlange: »Weil du solches getan hast, seist du verflucht vor allem Vieh und vor allen Tieren auf dem Felde.« (1. Mose 3, 14)

Aber diese späte Antwort Heines an Hegel war doch in gewissem Sinne von dem Philosophen schon vorweggenommen worden, denn Hegel hatte den Sündenfall längst seinerseits und in seiner Weise aus- und umgedeutet.[1] Schon in der ›Phänomenologie des Geistes‹ (von 1807), seinem großen Wurf, seinem umfassendsten und gedrungensten, dunkelsten und kühnsten Werk, hatte er, noch etwas verhüllt, die Notwendigkeit hervorgekehrt, daß der Mensch »die Form der Sichselbstgleichheit durch das Pflücken vom Baume des Erkenntnisses des Guten und Bösen verlor und aus dem Zustande des unschuldigen Bewußtseins, aus der arbeitslos sich darbietenden Natur und dem Paradiese, dem Garten der Tiere, vertrieben wurde«.[2] Das wegwerfende Urteil über das Paradies als den bloßen »Garten der Tiere« hat er später noch schärfer gefaßt: »Das Paradies ist ein Park, wo nur die Tiere und nicht die Menschen bleiben können.«[3] Endlich hat er in der ›Religionsphilosophie‹ das biblische Verbot Gottes geradezu aus den Angeln gehoben: »Es soll dann verboten sein, vom Baume der Erkenntnis des Guten und Bösen zu essen; aber diese Erkenntnis ist es, die die Natur des Geistes ausmacht, – sonst ist er Vieh.« Und er widerlegt dort Gott durch Gott selbst, indem er an das sonderbare Selbstgespräch von Vers 22 des dritten Kapitels der Genesis erinnert, worin Er gleichsam die allerhöchste Bestätigung dafür zu geben scheint, daß die Schlange ganz recht versprochen und auch ganz recht behalten hat: Siehe, Adam ist geworden wie unsereiner und weiß, was gut und böse ist. »Hier wird es Gott selbst in den Mund gelegt, daß eben die Erkenntnis und die bestimmte Erkenntnis . . . des Guten und Bösen das Göttliche im Menschen ausmache.«[4]

Wollte man die Stimmen Heines und Hegels im nachhinein in einen Dialog bringen, so müßte der Philosoph also für eine gute Weile im Vorteil bleiben. Denn er würde den Schulzusammenhang mit der »kleinen Privatdozentin« aus der Paradiesesgeschichte durchaus nicht scheuen. Wie unser Zeitgenosse Ernst *Bloch* es denn mit demjenigen Humor, der Hegel selber mangelt, gleichsam an seiner Stelle ausgesprochen hat: ». . . was Freiheit als Menschwerdung angeht, steht Hegel auf der Schlangenseite, nicht auf der Seite der Blindheit, der bequemen Unschuld, worin der Bibel-Jahwe die Menschen halten wollte.«[5] Obwohl dieser große, für alle Verheißungen hellhörige philosophische Märchenerzähler doch die Sache Hegels insoweit allzu derb im Ketzersinn vertritt: denn dieser selbst hat das biblische Motiv der Schuld durchaus nicht wegdisputiert, vielmehr den Doppelsinn der alten Geschichte festgehalten und aufbewahrt in jenem unvergeßlich geheimnisvollen Satze: »Erkennen heilt die Wunde, die es selber ist.« Diese Erkenntnis des Guten und Bösen sei nämlich zugleich Schuld »als auch, wodurch der Mensch göttlich ist«. Der Satz von der Wunde und der Heilung ist nicht eigentlich dialektisch, er ist mehr als dialektisch, nämlich ein Paradox, das stehenbleibt, wie auch immer der Geist sich fortbewegen mag.

Für eine Weile, sagte ich, bleibe Hegel in diesem fingierten Zwiegespräch mit Heine im Vorteil. Nur für eine Weile. Denn der Dichter könnte nun fortfahren und geltend machen, daß es zwar mit der Göttlichkeit der Erkenntnis des Guten und Bösen seine Richtigkeit haben möge, daß aber die sonstigen Folgen des Sündenfalles, die bis auf den heutigen Tag höchst peinlich fühlbar geblieben seien, diesen geistigen Ertrag doch beträchtlich verdunkelten: »Im Schweiße deines Angesichts sollst du dein Brot essen, bis daß du wieder zu Erde werdest, davon du genommen bist. Denn du bist

Erde und sollst zu Erde werden.« (1. Mose 3, 19) Dies hat Heine zwar nicht wirklich zitiert, hätte es aber zitieren können – ebensogut wie die Geschichte von Nebukadnezar aus dem Buche Daniel, »der sich selbst für den lieben Gott hielt, aber von der Höhe seines Dünkels erbärmlich herabstürzte, wie ein Tier am Boden kroch und Gras aß« – wir kennen seine Vorliebe für diese Legende und die bittere Tröstung, die er aus der Vergleichung seiner eigenen Lage mit dieser urtypischen zog (er hat auch spaßhaft als »Nebukadnezar der Zweite« signiert – in einem Liebes-Billett der allerletzten Lebenszeit[6]).

Denn auch Adam hat einen ebensolchen ›Fall‹ getan von der Höhe der versprochenen – und erreichten – Gottähnlichkeit oder Göttlichkeit zur Erde, zur Arbeit, zur Mühsal, zum Schweiß und zum Tod. Auch seine Göttlichkeit war auf diese Weise ›ins Stocken geraten‹, und davon war bei Hegel wenig zu merken. Die Erkenntnis, die Hegel als den Fortschritt im Sündenfall preist, mag wohl diejenige Wunde heilen, die sie selber ist; ob sie aber auch die anderen Wunden heilen kann, die Adam davontrug und an welchen der physische Mensch in seinem Dasein leidet, muß bezweifelt werden. Mit anderen Worten, und zwar mit solchen, die näher bei Heine liegen: seine ironische Gleichsetzung des Schlangen-Geflüsters mit der Hegelschen Geistphilosophie richtet sich gegen dessen ›Spiritualismus‹, gegen die Einbildung, die Göttlichkeit des Menschen an seine Erkenntnis, sein Bewußtsein zu knüpfen und seine übrige, natürliche Existenz darüber im Dunkel zu lassen. Heines Argument ist ganz einfach, es ist noch einmal das Argument der wirklichen sinnlichen Erfahrung, das Argument des ›Fleisches‹, insofern ist er sich ganz treu geblieben. Nur ist es die Sinnlichkeit des Schmerzes, die er geltend macht, nicht mehr die der Lust wie vordem. Es ist wie eine tragische Parodie seines ehemaligen ›Sensualismus‹. Das Argument der Nervenlähmung, der Rückenmarksdarre, des Muskelschwunds, das Argument der Krankheit und der Sterblichkeit des Individuums. Sich dawider verblendet zu haben, das ist die Sünde der Philosophie des ›absoluten Wissens‹: darum jene Paraphrase der Geschichte vom Sündenfall.

Übrigens hatten sich auch Heines saint-simonistische Freunde mit der Lehre vom Sündenfall beschäftigt, wenn auch in etwas bequemerer Art als Hegel. Sie hatten sie nicht umgedeutet, weder dialektisch noch paradox, sie hatten sie schlechterdings widerrufen. »La foi au progrès est la base de la religion de l'avenir; c'est dire que ce dogme nouveau ne saurait avoir les mêmes conséquences que celui de la chute« – heißt es lapidar in einer späten Schrift *Enfantins*: das Dogma des Fortschritts soll an die Stelle des Dogmas vom Fall treten, und die eigentliche Sünde, sagt er weiter, bestehe darin, daß der Mensch seine Teilnahme an der Vollkommenheit, seine Chance der unendlichen Vervollkommnung, seine göttliche Natur vergißt.[7] Enfantin also strich den Sündenfall aus und ersetzte ihn durch den Fortschritt. *Barrault* aber, der große Redner der ›Eglise‹, hatte schon damals, als Heine in der Salle Taitbout verkehrte, den kühneren – und Hegel verwandteren – Gedanken ausgesprochen, daß der Sündenfall selber ein Fortschritt war. »Und welches war der schwere Fehler, der den Menschen stürzen ließ? L'ambition d'égaler Dieu!« Und er rühmte die Frau – denn er hielt eine Predigt über die Frauen und er hatte gewiß eine Menge Frauen im Auditorium –, er rühmte Eva, ihre Begierde nach höherer Wissenschaft und Glückseligkeit, ihr großartiges Unternehmen – »en prenant le démon pour complice, de s'initier a celles de Dieu lui-même«.[8] Eva ist hier zur Hauptperson geworden, die Schlange bloß ihre Komplizin, der hohe Menschen-Ehrgeiz gewinnt Züge einer Madâme sans gêne, der Mann bleibt in plumper Ängstlichkeit zurück, das Ziel ist nicht nur Erkenntnis (science), sondern auch Glück (félicité), wovon freilich bei Mose keine Rede war; die Sünde verwandelt sich in ein schönes Wagestück, einen Handstreich aus rechtmäßiger Intuition – das Ganze ist wie eine leichte, galante Variante zu Hegel, und von Erde, Schweiß und Tod bleibt noch weniger übrig als bei dem deutschen Denker. Heine mochte das vergessen haben, als er seinen Widerruf formulierte, oder er war noch immer so anhänglich, daß er diese vormaligen Gefährten, die französischen ›Selbstgötter‹, schonen wollte, oder er zog es vor, die aktuellere, bedeutendere, tiefer und breiter wirkende Lehre aufs Korn zu nehmen statt jener flüchtigeren, die sich zudem der Lächerlichkeit ausgeliefert hatte. Implizit hat er auch von dieser Abschied genommen. Sie hatte womöglich ein noch deutlicheres Signal zur Abschaffung der Sünde gegeben.

Heine selber hat an dieser säkularen Bewegung einen mächtigen Anteil. Alle Motive und Momente seiner Freuden-Religion, das hellenische, das anti-christliche, das ›seraphinische‹, das utopische, die Vergöttlichungs-Phantasie in jeglicher Gestalt, ja die Vorstellung von ›Emanzipation‹, die er so lange hegte, und vom »Befreiungskampf der Menschheit«, alle lassen sich in diesen Punkt versammeln: die Abschaffung der Sünde, nämlich des Sündenbewußtseins, das Ziehen des Pfahls aus dem Fleische, die Lösung vom Moralgesetz und die Entthronung des jenseitigen Gesetzgebers, die Stiftung rein menschlicher, autonomer Glückseligkeit –

»Es wächst heran ein neues Geschlecht
Ganz ohne Schminke und Sünden,
Mit freien Gedanken, mit freier Lust –
Dem werde ich alles verkünden.«[9]

Dies ist zwar die berühmteste, aber durchaus nicht die einzige Stelle dieses Sinnes; ich betone das, damit nicht eingewendet werde, es handle sich um eine zufällige, variable Formel, und die Sünde sei womöglich mehr des Reimes wegen in den Vers hineingeraten. Zehn Jahre vor dem ›Wintermärchen‹ begegnet dieselbe, fast dieselbe Formel in jener Passage der Abhandlung über die ›Religion und Philosophie in Deutschland‹, die hier schon mehrfach als sein deutlichstes saint-simonistisches Bekenntnis erörtert worden ist: »Denn das Christentum, unfähig, die Materie zu vernichten, hat sie überall fletriert, es hat die edelsten Genüsse herabgewürdigt, und die Sinne mußten heucheln, und es entstand Lüge und Sünde«.[10] Noch etwas früher, in der ›Romantischen Schule‹, hatte er mit spezieller Spitze gegen die katholische – als die von der deutschen Romantik restaurierte – ›Weltansicht‹ dieselbe Anzeige erstattet: daß sie nämlich »die Sünde und die Hypokrisie« in die Welt gebracht, und daß »durch die Verdammnis des Fleisches die unschuldigsten Sinnenfreuden eine Sünde geworden« seien.[11]

Schließlich will ich noch die Erörterung im Anhang der ›Lutetia‹ erwähnen, wo der Autor sich – was selten genug in seinem Œuvre vorkommt – seiner juristischen Studien erinnert und aus Anlaß einer Vorlage zur Gefängnisreform in der Pariser Deputiertenkammer die Prinzipien der Strafe, der Besserung und der Verbrechensverhütung kommentiert. Es ist das zwar nur ein distanziertes Referat verbreiteter Ansichten, darunter auch der saint-simonistischen, doch ist die Stelle dadurch merkwürdig, vielleicht einzigartig, daß sie aus der sonst beobachteten ›religiösen‹ Allgemeinheit in eine praktische soziale Konsequenz führt: ». . . von den besser geleiteten, wohlerzogenen Leidenschaften erwarteten sie«, nämlich die Saint-Simonisten,

»eine vollständige Regeneration, das Weltreich der Liebe, wo alle Traditionen der Sünde in Vergessenheit geraten und die Idee eines Strafrechts als eine Blasphemie erscheinen würde«.[12] Der Berichterstatter wendet sich danach wieder den praktischen Problemen zu, trifft auch seinerseits keine deutliche Entscheidung. Aber das »neue Geschlecht«, das er selbst erwartete – und diese Verse sind nur ein gutes halbes Jahr nach jenem Bericht entstanden! –, müßte eigentlich mit der Schminke und Sünde auch das Verbrechen und die Strafe hinter sich gelassen haben. Nur hat Heine darüber nicht mehr nachgedacht, sich jedenfalls nicht mehr ausgesprochen. Man weiß nicht, ob man seine rein »religiöse« Auffassung der Utopie als ein fatales Zurückweichen vor sozialen Konsequenzen tadeln oder ob man seine vorsichtige Skepsis gegen die ›praktischen‹ Ideen der Schwärmer loben soll. Beides sind nur zwei Aspekte einer und derselben durchgängigen Gesinnung. Indem er die neuen Menschen nicht als Menschen, sondern als veritable Götter erahnte und beschwor, war er der Frage überhoben, wie es etwa mit ihren rechtlichen und politischen Einrichtungen gehalten werden solle.

Im Kern interessierte ihn bei alledem nur eine einzige Art von Sünde: die ›Fleischessünde‹. Und nur eine einzige Art von Emanzipation: die erotische. Das ist längst offenkundig geworden, und jede der Formulierungen bestätigt es, die ich hier noch einmal zusammengestellt habe. Es wäre aber ganz abwegig und beschränkt, daraus nur ein Thema psychologischer Analyse zu machen. Daß Heine selber ein lebhafter Erotiker war, liegt am Tage und bedarf keiner Untersuchung. Er hat ja für seine Person in dieser Hinsicht keine Hypokrisie walten lassen und keine Schminke angewendet. Die eine Hälfte der Befreiung hat er als Dichter schon geleistet, die von der Lüge. Was die Sünde selbst betrifft, so hat er allenfalls einen Versuch gemacht.

Die Fixierung auf die ›Fleischessünde‹ – unter allen sieben Todsünden, wie die Scholastik sie aufgestellt hat, ist die Unzucht oder Wollust nur eine, neben Hochmut, Geiz, Zorn, Neid, Völlerei und Herzensträgheit! – geht als solche gewiß nicht aus irgendeiner persönlichen Versessenheit hervor, sie ist nur die Antwort auf eine Verengung des Sündenbegriffs, die in der Tat der christlichen Dogmengeschichte selber eigentümlich ist. Aus der biblischen Erzählung vom Sündenfall ist dies gewiß nicht herzuleiten, denn hier ging es gerade nicht um ›Fleisch‹, sondern um Geist, eben um die Erkenntnis des

Guten und Bösen. Allenfalls die wunderliche Anknüpfung, daß Adam und Eva sich ihrer Nacktheit schämten, mag in solche Richtung deuten, aber das ist eine Nach- und Nebengeschichte, und man kann zweifeln, ob die Scham mit der Sünde überhaupt zusammenhänge. Es gibt im Alten Testament die Schimpfreden der Propheten wider die Hurerei, welche nämlich mit dem Götzendienst einhergehe, und demgemäß hat sich die altjüdische Absonderung von den umgebenden Kulten auch als Reinheit und Zucht ausgeprägt. Aber das eigentlich entscheidende Verdikt hat erst der Apostel *Paulus* ausgesprochen: »Denn fleischlich gesinnt sein ist eine Feindschaft wider Gott, sintemal das Fleisch dem Gesetz Gottes nicht untertan ist; denn es vermag's auch nicht.« (Römer 8, 7)[13]

Paulus hat die Sünde gleichsam lokalisiert, nämlich im ›Fleisch‹, er hat alle Sünde schlechthin zur ›Fleisches-Sünde‹ erklärt, als Fleisches-Sünde definiert, und von daher scheint an der späteren Entwicklung immerhin so viel verständlich, daß ›fleischliche‹ Begierde oder Wollust die exemplarische Sünde geworden ist. *Augustin*, der mächtigste Kirchenvater des Westens, hat es ausgesprochen und ausgearbeitet, daß die ›concupiscentia‹, die Begierde – nicht der Erkenntnis, sondern der sinnlichen Lust – die eigentliche Ursünde sei, bis zu der gewaltsamen und wunderlichen Konstruktion, wonach die Ureltern im Paradiese sich miteinander vereinigt hätten, ohne Wollust zu empfinden, nur dem Zwecke gemäß. Augustins Wirkung war gewaltig und von langer Dauer, der priesterliche Zölibat und das mönchische Keuschheitsgebot taten als geheiligte Institutionen das Ihre, den Makel der Geschlechtlichkeit als Weltverfallenheit gegenwärtig zu halten. Doch bleibt diese Seite der christlichen Dogmen- und Sittengeschichte trotz allen historischen Herleitungen immer rätselhaft. Mit prächtiger Derbheit urteilt der große protestantische Theologe Karl *Barth*, die christliche Diskriminierung des Eros sei »zweifellos ein uralter Unfug«[14]. Heine hat sie ebenso treffend diagnostiziert, wie er ihren andauernden, in der ganzen bürgerlichen Welt verbindlichen Bann bis in die feinsten Varianten empfunden hat. Im ›Romanzero‹, in der Folge der ›Lazarus‹-Gedichte gibt es jene bittere Parodie auf das Jüngste Gericht, das die Kritik dieser Sünden-Konvention am knappsten und schärfsten ausspricht:

»Das Böcklein zur Linken, zur Rechten das Schaf,
Geschieden sind sie schnelle;

Der Himmel dem Schäfchen fromm und brav,
Dem geilen Bock die Hölle!«[15]

Die Strophe ist auch ein Beispiel seiner Kunst, aus altem Material
neuen Funken zu schlagen. Das überlieferte Hirten-Gleichnis von
der Sonderung der Herde verwandelt sich vermittels der Einfügung
desjenigen Attributs, das dem Bock vom Sprichwort zugeteilt wird,
in ein Bonmot ohne Gelächter, einen bösen Hieb gegen die Lehre,
und es klingt, als enthülle sie ihren Sinn ganz von selber.

Heines Revolte drückte sich ethisch und literarisch in unterschiedlichen Attitüden aus: in derjenigen der Frivolität und der Blasphemie wie im Lobpreis der doppelsinnigen Passion (zumal des ›Tannhäusers‹), in der vorweggenommenen Götterpose wie in der Prophezeiung des »neuen Geschlechts«, in der Vision eines wiederkehrenden
Heidentums, wiederum auch in der trotzigen Solidarisierung mit der
Sünde und den Sündern oder Sünderinnen, schließlich in der artistischen Aufbewahrung der Sinnenschönheit in einem abgesonderten
Kunstreich, dessen ›Autonomie‹ er gegen Kirche, Ideologie und Revolution gleichermaßen verteidigt hat.

II.

Blickt man auf das Ganze seines Werks, soweit es der Rettung der
Wollust oder, saint-simonistisch gesprochen, der Rehabilitation des
Fleisches gewidmet ist, so treten neben den fröhlich-frivolen und den
göttlich-hellenischen kaum weniger deutlich – und poetisch womöglich kräftiger – die düsteren, süchtigen Bilder der Verfallenheit hervor. Vom ›Tannhäuser‹ und seiner zweideutigen, halb jammernden,
halb jubelnden Konfession war hier schon ausführlich die Rede.
Seine Frau Venus war gerade in ihrer Vollkommenheit auch fürchterlich, in ihrer Süße lästig. Andere ›Marmorbilder‹ führten einen
Geruch von Moder und etwas Spukhaftes mit sich, und das Uner-
löste ihres ›Exils‹ bildete nicht den geringsten Teil ihres Zaubers,
wenn auch die Theorie, die Intention des Gedankens diesen romantischen Aggregatzustand abzutun und die antike Reinheit wiederherzustellen strebte oder behauptete. Einmal jedoch liebt der lyrische Berichterstatter ein Monstrum – abermals ein göttliches und ein
antikes, aber vorgriechisches Wesen oder Unwesen:

»Dort vor dem Tor lag eine Sphinx,
Ein Zwitter von Schrecken und Lüsten,
Der Leib und die Tatzen wie ein Löw',
Ein Weib an Haupt und Brüsten.«

Dieses sonderbare und durchaus unselige Verhältnis ist beschrieben
in der Vorrede zur dritten Auflage des ›Buchs der Lieder‹ (von
1839), es ist ein Gedicht ohne Titel, und die Geschichte, die darin
erzählt wird, scheint insgeheim bestimmt, allen Sehnsuchts-Kling-
klang von der Rose, der Lilie, der Taube, der Sonne und von dem
schönen und holden und reinen Feinsliebchen noch einmal und gründlicher als je zu desavouieren: die Introduktion (»Das ist der alte
Märchenwald!« und so weiter) benutzt die vertrauten Elemente, den
Mond, den Lindenduft und vor allem die Nachtigall, Zeichen des
Geleits, die in eine ganz andere, durchaus unstimmige Szenerie führen und verführen –

»Die Nachtigall, sie sang so süß –
Ich konnt nicht widerstehen –
Und als ich küßte das holde Gesicht,
Da wars um mich geschehen.

Lebendig ward das Marmorbild,
Der Stein begann zu ächzen –
Sie trank meiner Küsse lodernde Glut
Mit Dürsten und mit Lechzen.

Sie trank mir fast den Odem aus –
Und endlich, wollustheischend,
Umschlang sie mich, meinen armen Leib
Mit den Löwentatzen zerfleischend.«

Es zeigt sich, daß dieses Zwitter-Ungeheuer, schlimmer noch als der
»Teufel, den man Venus heißt«, nämlich nicht bloß mit schönen
Krallen, sondern eben mit mörderischen Tatzen ausgestattet, als
drastisches und sehr buchstäbliches Sinnbild der Doppelnatur der
Wollust-Passion selber gemeint ist oder dienlich wird:

»Entzückende Marter und wonniges Weh!
Der Schmerz wie die Lust unermeßlich!
Derweilen des Mundes Kuß mich beglückt,
Verwunden die Tatzen mich gräßlich[16].«

Das ist die eigentliche Pointe und der eigentliche Schluß, es folgt ein Abgesang der Nachtigall, aber er wäre besser weggeblieben, sie besingt nur geschwätzig noch einmal, was der Bericht schon unmißverständlich mitgeteilt hat: die coincidentia oppositorum von Entzücken und Marter, Beglückung und Verwundung, Schrecken und Lüsten.
Auch hier also ist ein Gegenbild und Gegenbegriff aufgestellt zur ›hellenischen‹ Sinnenheiterkeit – die Disharmonien der poetischen Metaphorik spiegeln nur die Disharmonie solcher Liebes-Erfahrung selbst –, aber es ist nicht in christliche Sündenfarbe getaucht, sondern in die kahleren, einer Grisaille ähnlichen Töne einer künstlich-mythischen Urszene. Es fällt schwer, von solcher Einsicht in eine gleichsam natürliche Zweideutigkeit und Zwiespältigkeit der Wollust als tödlicher Sucht, als eines offenbar pathologischen Phänomens, zurückzufinden zu jenem gleichsam historischen Widerspruch zwischen christlicher Sünde und heidnischer Freude.
Doch hat der Dichter die Verbindung selber hergestellt. Eine Figur hat er erfunden, vielmehr wiederbelebt, die anders als Venus und Diana, anders als die Marmorgöttinnen selbst noch in ihren demimondänen Verwandlungen, in ihren romantischen oder pariserischen Exilen, jene ›natürliche‹ Pathologie der Grausamkeit in der Liebe mit dem ›historischen‹ Makel des Lasters und der moralischen Verdammnis in sich vereint: ihr Name ist Herodias. Auch sie, das Weib des Herodes, das den Täufer Johannes enthaupten hieß, erscheint als Spukgestalt, als eine von drei verschollenen Schönheiten aus drei verschiedenen Überlieferungen, nämlich mit der hellenischen Diana und der keltischen Fee Abunde, und zwar in der Vision der Wilden Jagd, die mitten in dem langen und krausen Spottgedicht auf die politische Tendenzpoesie, im ›Atta Troll‹, das wie verirrte poetische Herzstück dieses ›Sommernachtstraums‹ bildet. Heine hat die biblische Fabel aus langem literarischen Schlummer auferweckt, ohne freilich das Motiv vom Verführungstanz der Tochter Salome aufzunehmen, das seither – zumal durch Oscar *Wildes* Bearbeitung und Richard *Strauss'* Oper – in den Vordergrund gerückt ist.[17] Dafür hat er einen neuen Zug eingetragen, der Schule gemacht hat:

»Denn sie liebte einst Johannem –
In der Bibel steht es nicht,
Doch im Volke lebt die Sage
Von Herodias' blut'ger Liebe –

Anders wär ja unerklärlich
Das Gelüste jener Dame –
Wird ein Weib das Haupt begehren
Eines Mannes, den sie nicht liebt?«[18]

Auf diese Weise – indem er das ganz andere Motiv tilgte, das im
Neuen Testament angegeben ist: Rache an dem Propheten zu nehmen, der den Herodes Antipas wegen dieser Verbindung (mit der
Frau seines Bruders) des gesetzwidrigen Ehebruchs beschuldigt hatte
– auf diese Weise verwebt der Dichter das Moment der begierig-
mörderischen Zweideutigkeit der ›Fleischeslust‹ mit dem christlichen
Verdikt und pointiert er die ehrwürdige Affäre zudem noch durch
die kühne Perversion, daß diese »morgenländische« Heidin es gerade
auf den Heiligen, den Asketen und Vorläufer Christi abgesehen hat.
Eine dichtere und gewagtere Verknüpfung derjenigen Gegensätze,
die er sonst mit den abstrakten Namen des Sensualismus und Spiritualismus bezeichnet hatte, ist ihm weder vorher noch nachher wohl
je gelungen.
Was das andere Begriffspaar anlangt, das er noch kurz zuvor (im
›Ludwig Börne‹) mit Nachdruck und Ausführlichkeit entwickelt
hatte, so können wir zwar den Täufer gewiß den »Nazarenern«
zuordnen – der Ausdruck kehrt hier wieder, etwas versetzt:

»Auch die schöne Fee Abunde
Fürchtet sich vor Nazarenern,
Und den Tag hindurch verweilt sie
In dem sichern Avalun«[19] –,

aber das ›hellenische‹ Element ist vom orientalischen verdrängt:

»Auf dem glutenkranken Antlitz
Lag des Morgenlandes Zauber,
Auch die Kleider mahnten kostbar
An Scheherezadens Märchen.«

Vielleicht klingt und glitzert hier jener Inbegriff von Orient nach, den Enfantin und seine Freunde entworfen hatten, die Priester der ›femme libre‹, auch die gemalte Serail-Pracht von Eugène *Delacroix*. Man könnte auch meinen, die erotischen Ideale und Versatzstücke seien einigermaßen vertauschbar, das Griechische und das Jüdisch-Orientalische, die marmorne Nacktheit und der verhüllende Gewänderprunk. Aber so simpel liegt die Sache doch nicht, wenngleich wir im Blick auf den Untergang des Klassizismus und auf die Farb- und Traumlokale, die das spätere neunzehnte Jahrhundert in Bauten, Einrichtungen, Bildern und Gedichten sich errichtet hat, in Heines Wilder Jagd auch schon eine Jagd der Stile zu erkennen meinen. Die Fee bleibt vergleichsweise blaß, scheint fast nur der Dreizahl zuliebe mitzureiten. Aber die Göttin Diana, weit entfernt, das reine hellenische Prinzip zu verkörpern wie Fausts Helena oder selbst noch Tannhäusers »so gesunde« Frau Venus, zeigt sich hier von einer ganz anderen Seite, sie ist unter die Verdammten geraten und liefert gleichsam die Sündigkeit nach, die ihr und ihresgleichen doch nach der vorigen Theorie ganz zu Unrecht angeheftet war –

»Wie verändert ist Diana,
Die, im Übermut der Keuschheit,
Einst den Aktäon verhirschte
Und den Hunden preisgegeben!

Büßt sie jetzt für diese Sünde
In galantester Gesellschaft?
Wie ein spukend armes Weltkind
Fährt sie nächtlich durch die Lüfte.

Spät zwar, aber desto stärker
Ist erwacht in ihr die Wollust,
Und es brennt in ihren Augen
Wie ein wahrer Höllenbrand.«

Das sind nicht mehr die weißen Statuen-Augen, die vordem als ein trauriger Liebreiz beschrieben und besungen wurden; vielmehr ist es nun der ausgesuchte Kontrast des lodernden Blicks und der starren, blassen, strengen, edlen Gestalt, was die Kraft wie den Witz des Bildes ausmacht: die schwarzen Augen desavouieren die Reinheit des

›Marmorbildes‹, und Winckelmann wie Goethe liegen weit dahinten. Auch in die Göttin ist die Sünde gefahren – ohne indessen ihre Schönheit zu mindern: das Neue ist gerade, daß die Schönheit selbst den Geschmack der Sünde angenommen hat, oder daß die Sünde zum Ingrediens der Schönheit geworden ist.

Während aber die antike Göttin gleichsam nur infiziert erscheint, stellt die orientalische Prinzessin das Prinzip der wunderbaren Verworfenheit in ursprünglicher und unvermischter Weise dar. Kaum ein Element der Fabel drückt dies so präzis aus wie die originale Prägung, die schon die Beschreibung ihres ersten Auftritts bestimmt – ich habe sie schon zitiert –: das Wort vom »glutenkranken Antlitz«, das Gegenstück und Gegenteil zu jenem gesunden Lachen der Frau Venus im ›Tannhäuser‹. Das ist wie ein Signal: die ›Rehabilitation des Fleisches‹ erscheint darin zwar nicht widerrufen, aber verkehrt, nicht in der Purifizierung, nicht in der Heilung und göttergleichen ›Unsündbarkeit‹, sondern gerade in der Verdammnis, im hoffnungslosen, kranken Wahnsinn wird die tiefste Anziehung entdeckt, und die kirchliche, ›nazarenische‹ Verwerfung der Missetäterin fordert die stärkste Solidarisierung heraus:

»Wirklich eine Fürstin war sie,
War Judäas Königin,
Des Herodes schönes Weib,
Die des Täufers Haupt begehrt hat.

Dieser Blutschuld halber ward sie
Auch vermaledeit; als Nachtspuk
Muß sie bis zum jüngsten Tage
Reiten mit der Wilden Jagd.«

Dieses »geliebte Haupt« auf der Schüssel ist ihr beigegeben nach Art der Attribute, woran man die Märtyrer unterscheidet. Die blasphemische Perversion ist so weit getrieben, daß sie – nach dem Bericht des Dichters und nächtlichen Zuschauers – »mit toller Weiberlaune« und »kindisch lachend« mit dem heiligen Kopfe Ball spielt. Und ihr gilt unter den drei Schönheiten das nachdrücklichste erotische Bekenntnis:

»Denn ich liebe dich am meisten!
Mehr als jene Griechengöttin,
Mehr als jene Fee des Nordens,
Lieb ich dich, du tote Jüdin!«

Es ist durchaus glaubhaft, daß von dieser Beschwörung – in ihrer französischen Prosa-Version[20] – die ganze Salome-Vergaffung und -Erhöhung ihren Ausgang genommen hat, welche in der Tat zu einem Kernstück und Leitmotiv der Literatur und der ästhetischen Gesinnung der Décadence geworden ist. Eine amerikanische Dissertation hat die Spur nachgezogen, die von diesen Versen des ›Atta Troll‹, wohl durch die Vermittlung von Gérard de Nerval, der Heine bei den Übertragungen ins Französische behilflich war, auch von Théophile Gautier und anderen Bewunderern, zu Mallarmé's und Flaubert's ›Hérodiade‹, zu den Malereien von Gustave Moreau und ihren literarischen Anbetern, ja bis zu dem (französisch schreibenden) Oscar Wilde hinführt. Salome oder Herodias ist im späteren neunzehnten Jahrhundert zur Laster-Heiligen, zur verruchten Unschuld, zur kostbaren Ikone, zum schauer-erregenden Kultbild einer Kunst-Religion geworden, welche sich von allen Normen der Moral abkehrte oder abzukehren meinte, indem sie das Schöne nicht im Guten, sondern gerade im Bösen aufsuchte.

Charles Baudelaire hat das deutlichste und sinnreichste Stichwort gegeben mit dem Titel jener Gedichtsammlung, die soviel Skandal erregt hat: ›Les Fleurs du Mal‹, Die Blumen des Bösen. Sie ist ein Jahr nach Heines Tod und zwei Jahre nach dem französischen ›Atta Troll‹ zuerst erschienen. »Il m'a paru plaisant«, schrieb Baudelaire in dem Entwurf eines Vorworts für eine spätere Auflage, »et d'autant plus agréable que la tâche était plus difficile, d'extraire la beauté du Mal«, und er nennt sein Buch »wesenhaft unnütz und absolut unschuldig«, »absolument innocent«.[21] So versiegelte er seine andächtigen Entdeckungen gegen allen moralischen Einspruch, während er doch in Wahrheit das christliche und bürgerliche Sünden-Verdikt, wie unaufhebbar, als Eingang zu dieser ästhetischen Wunderkammer voraussetzte und nutzte. Das Vokabular, die paradoxen Attributionen machen diesen Zusammenhang offenbar – die »coupable joie«, die »baisers infernaux«, die »mauvais anges«.[22] Und vollends die »Femmes damnées«, die Verdammten Frauen, welcher Titel am ehesten die Erinnerung an Heines ›chasse maudite‹ aus dem ›Atta Troll‹

weckt – wenngleich hier nicht sowohl die Verdammungen der Religion als diejenigen der sexuellen Normalität gemeint sind:

>Ô vierges, ô démons, ô Monstres, ô martyres,
De la réalité grands esprits contempteurs,
Chercheuses d'infini, dévotes et satyres,
Tantôt pleines de cris, tantôt pleines de pleurs,«

»In Mitleid folg ich Euch in Eure Hölle,
Euch armen Schwestern bin ich zugewandt
Ob Eurer Qual ob Eurer Gierden Völle
Ob Eurer Herzen groß und liebentbrannt.«[23]

Von der Attitüde versunkener Barmherzigkeit, die diese poetischen Höllenreisen Baudelaires begleitet, war freilich Heine gänzlich frei. Auch hat er seine Verdammten Frauen ihrem Spiel und ihrem Verhängnis nicht überlassen, sondern sich selber – nach seiner gewöhnlichen Weise als aktiver Liebhaber – in die Fabel hineinbegeben und hineingemischt: nicht allein läßt er das »liebliche Gespenst« seiner Herodias kokette Blicke nach ihm werfen, er bietet sich ihr in der Imagination auch als ›cavaliere serviente‹ an, mit lockeren Reden –

»Liebe mich und sei mein Liebchen!« –,

fordert sie mit einem recht schnöden Wortwitz auf, sozusagen die Fessel ihres festgeprägten Typus abzuwerfen –

»Schleudre fort den blut'gen Dummkopf
Samt der Schüssel, und genieße
Schmackhaft bessere Gerichte« –[24]

und macht derart in Gedanken einen Versuch der Erlösung, aber es ist keine Erlösung zur Seligkeit oder auch nur zur Sündlosigkeit, sondern nur zum gewöhnlichen Boulevard-Flirt, zur amourösen Halbwelt-Existenz. Der Ton ist weder göttlich noch sinnenpriesterlich, vielmehr einfach frei und frech, die Emanzipation reicht hier gerade bis zur ›Frivolität‹:

»Bin so recht der rechte Ritter,
Den du brauchst – Mich kümmert's wenig,
Daß du tot und gar verdammt bist –
Habe keine Vorurteile –

Hapert's doch mit meiner eignen
Seligkeit, und ob ich selber
Noch dem Leben angehöre,
Daran zweifle ich zuweilen.«

Es ist nicht diese humoristische Auflösung, sondern gerade die unauf-
lösliche Verstrickung der Herodias oder Salome, was die literarischen
und artistischen Nachfolger an der Figur angezogen hat, die Heinrich
Heine da als erster in die moderne Dichtung zurückgeführt hat: die
Verstrickung in ihre eigene ›Sünde‹ und die Verstrickung, in die sie
die ästhetischen Betrachter hineinzulocken scheint.

Miß *Zagona*, die sorgsame Autorin jener romanistischen Studie über
die ›Salome-Legende‹, die zuvor schon angeführt wurde, hat gewiß
das Verdienst, deren Bedeutung als Signal und Symbol der neuen
›Kunstperiode‹ der sogenannten Décadence dargestellt (und Heines
Anreger-Rolle eigentlich entdeckt) zu haben, aber es bleibt in ihrer
so lehrreichen Untersuchung ein Rätsel übrig: warum all diese Ästheten und Ästhetizisten ihre Idee der absoluten Schönheit nicht in einem
schönen Ding, sondern in einem schönen Menschen, und nicht in einer
männlichen oder geschlechtslosen, sondern in einer weiblichen Gestalt, und warum sie ihre Idee der absoluten Unschuld nicht in einem
Kinde, sondern gerade in der erklärten Sünderin wiedergefunden
haben. Wo steht geschrieben, daß das Andachtsbild der Kunstreligion
des ›l'art pour l'art‹ so verführerische Glieder zeigen müßte! (Nimmt
man diese Doktrin beim Wort, so dürfte Schönheit gar kein Gefühl
erregen, und vom Kunstwerk dürfte keine andere Attraktion aus-
gehen als diejenige der Form.) Abermals hat *Baudelaire* den Doppelsinn der ›Schönheit‹, das Geheimnis des ästhetischen Erotismus und
erotischen Ästhetizismus am knappsten bezeichnet in jenem Gedicht
(aus den ›Fleurs du Mal‹), das ›La Destruction‹ überschrieben ist,
und worin von dem immer gegenwärtigen Dämon gesagt wird:

»Parfois il prend, sachant mon grand amour de l'Art,
La forme de la plus séduisante des femmes,

Et, sous de spécieux prétextes de cafard,
Accoutume ma lèvre à des philtres infâmes.«[25]

Dort, wo er seine große Liebe zur Kunst bekennt, ist es fast, als ob er
sich verspräche und im Versprechen verriete. Der ›Dämon‹ als Weib
– in vulgärem Deutsch: der Weibsteufel, im nachmaligen Hollywood-
Jargon: der Vamp – tritt hier an die Stelle der ›Kunst‹ und zieht die
Liebe auf sich, die dieser gelten sollte, freilich mit eben dem Effekt,
den der Titel ausspricht: dem der Zerstörung, auch der Kunst selbst.
Abermals zu Heine zurückkehrend, müssen wir einräumen, daß er
den ursprünglichen Zusammenhang des Ästhetischen und des Erotischen zwar (wie schon früher bemerkt) durchgängig behauptet und
gefeiert, doch kaum je als zweideutig, gar als zerstörerisch gefürchtet
hat. Im Vergleich zu Baudelaire erscheint er uns geradezu als naiv
und leichtsinnig. Aber er ist vorangegangen auf dem Wege der artistischen Verklärung der ›Sünde‹, und sein »letztes freies Waldlied der
Romantik« – wie er den ›Atta Troll‹ selbst im Epilog benennt – war,
wenigstens partienweise, auch schon das erste freie Asphaltlied des
fin de siècle. Oder es ist in der Folge und vermöge seiner Wirkungen
dazu geworden. Am erstaunlichsten ist der Umstand, daß jene Rüh-
mung der vermaledeiten Schönheiten, zumal eben der »glutenkranken« Herodias, ausdrücklich einhergeht mit der Verkündigung der
Autonomie der Kunst, indem ja der ›Atta Troll‹ von Anfang bis
Ende als ein poetisches Pamphlet wider die ideologische und gerade
die republikanisch-demokratische Indienstnahme der Dichtung – mit
dem heutigen Ausdruck: wider die engagierte Poesie – und zugleich
als ein übermütiges Gegenbeispiel reinen Spiels angelegt ist:

»Traum der Sommernacht, phantastisch
Zwecklos ist mein Lied, ja zwecklos
Wie das Leben, wie die Liebe.
Keinem Zeitbedürfnis dient es.«[26]

Darum eben möchte ich diesen anderen Weg aus der ›Sünde‹ den
artistischen nennen – im Unterschied zu dem utopischen. In der
Utopie wird ihre Abschaffung oder Aufhebung intendiert, in der
Kunst-Poesie wird sie aufbewahrt und gerettet. »Doch in Versen,
doch im Liede«, heißt es in einer Strophe, die Entwurf geblieben ist,
»Blüht uns längst die höchste Freiheit.«[27] Hier hatte auch die volupté

indécente ihren Platz, wiewohl – nach dem Worte Duveyriers – die »volupté décente« oder »décence voluptuense«,[28] also die anständig gewordene Wollust das Ziel der neuen Moral war, und das ist nur ein abstrakter Ausdruck für denjenigen Zustand, den Heine seinen »Göttern der Zukuft« zugeschrieben hat.

»Est-il possible que la chair soit bonne? Voilà toute la question«,[29] so hatte jener Duveyrier die Kernfrage vor den Richtern formuliert. Ist es möglich, daß das Fleisch gut ist? Es war eine rhetorische Frage, denn dieser Angeklagte wie die ganze Schule oder Kirche, der er zugehörte, hatte nichts anderes verkündigt als ebendies: Ja, es ist möglich, ja, das Fleisch ist gut. Und Heine hat mit ihnen, wenn auch mit schwankender Zuversicht, geglaubt, diese Verkündigung, diese Umwertung der christlichen, der paulinischen, der augustinischen Werte, diese Widerrufung eines tausendjährigen Verdikts, diese Entdeckung Gottes im Fleisch und diese Predigt der Sinnenheiligung werde genügen, früher oder später die Menschen wirklich umzuschaffen und die Götter-Demokratie heraufzuführen. Zuzeiten aber hat er, wie an der Sphinx und zumal an der Herodias zu sehen, den kürzeren Weg eingeschlagen und die Wollust mitsamt der Verdammnis zur poetischen Figur ausgeprägt, also das ›Fleisch‹ gerade als sündig gerechtfertigt. Wenn die ›Gesundheit‹ nicht so bald zu erreichen war, so hatte er »keine Vorurteile«, auch das ›Kranke‹ zu schätzen und artistisch zu verklären. Das war auch eine Art Emanzipation. Heine war kein Doktrinär, nicht einmal ein konsequenter Denker.

III.

Doch hat seine Utopik nicht weniger tief und weit gewirkt als seine Artistik. Diese kündigte die Décadence, das Ästhetentum, das fin de siècle an, jene leitete die ganze reißende und rasende Flut der Lebens- und Leibesphilosophien und der Lebens- und Leibesreformen ein, die wütende Abkehr vom Christentum, den ›heiligen Frühling‹ der Sezession und des Jugendstils, den Willen zum Glück und den Willen zur Macht in Theorie und Praxis, die erotische Emanzipation und schließlich die sexuelle Revolution. Der große Vermittler, Fortsetzer, Verschärfer, Überbieter und Abschaffer, der Prophet der gewaltigen neuen Unschuld, der großartigen Gesetzlosigkeit heißt Friedrich *Nietzsche*. Man weiß zwar – und zitiert oft –, wie hoch er Heine als Schriftsteller gepriesen hat,[30] aber es ist sonderbarerweise, soviel ich weiß, noch nie genau dargestellt worden, wieviel er von ihm an- und aufgenommen hat, wie sehr er ihm gefolgt und in seiner Bahn weitergeschritten oder weitergerannt ist – bis ins ›Jenseits von Gut und Böse‹, das auch eine Emanzipations-Utopie ist.[31]

Der Kontrast des ›hellenischen‹ und des ›nazarenischen‹ Prinzips, wie ihn Heine (vor allem im ›Ludwig Börne‹) aufgestellt hatte, kehrt, als geschichtlicher und doch auch als urtypischer, in voller Schärfe bei Nietzsche wieder. In eben jener Schrift, die den provokanten Titel ›Jenseits von Gut und Böse‹ trägt, rühmt er die griechische Religiosität: »... die unbändige Fülle von Dankbarkeit, welche sie ausströmt: – es ist eine sehr vornehme Art Mensch, welche *so* vor der Natur und vor dem Leben steht!« Und sogleich folgt die Kritik des Christentums als einer Religion des Pöbels und der Furcht.[32] Es kehrt – am klarsten im ›Anti-Christ‹ – auch die Verknüpfung dieses Gegensatzes mit demjenigen von Gesundheit und Krankheit wieder, dessen schillernder symbolisch-existentieller Bedeutung wir in Heines Werk nachgeforscht haben: »Das Christenthum hat die Krankheit nöthig, ungefähr wie das Griechenthum einen Überschuß von Gesundheit nöthig hat«[33] – wobei freilich die andere Pointierung nicht zu überhören ist, die psychologische nämlich, die da auf der christlichen, der kirchlichen Seite, eine raffinierte Strategie argwöhnt: »Das Christenthum hat die rancune der Kranken auf dem Grunde, den Instinkt *gegen* die Gesunden, *gegen* die Gesundheit gerichtet.«[34] Das sind die beiden Heineschen Typen oder Rassen, die Asketen und die Genußseligen, die Mageren und die Fetten, nun noch einmal überboten: die Kranken und die Gesunden. Heine war weiser und wahrhaftiger in dieser Hinsicht, er zweifelte an seiner Gesundheit.

Aber auch jenes Motiv der rancune war, wie man sich erinnern wird, bei Heine schon angelegt, ebendort, wo er den »kleinen Nazarener« Ludwig Börne als exemplarischen Fall des Lebensneides charakterisiert: er »haßte den großen Griechen, der noch dazu ein griechischer Gott war«, sagte er von Börne in seinem Verhältnis zu Goethe, meinte aber auch sein Verhältnis zu ihm, Heine, selber.[35] Und wie Heine damals mit ungeniert subjektivem Auftritt sich selber, neben Goethe, unter die Hellenen und die Gesunden zählte, so hat auch Nietzsche, er freilich mehr breit und derb als kokett und übermütig wie jener, nicht allein Partei ergriffen, sondern sich selbst als die neue Partei vorgestellt, er hat auch diese Attitüde Heines, die zu ihrer

Zeit eine Neuigkeit war, übernommen, übersteigert, die eigene, subjektive Existenz als Argument ins Feld zu führen: »Wir andern, die
wir den Muth zur Gesundheit *und* auch zur Verachtung haben, wie
dürfen wir eine Religion verachten, die den Leib mißverstehen
lehrte!«[36]

Da haben wir sogleich das zweite Hauptmotiv, den Lobpreis des
Leibes, und in diesem Punkt könnte man leicht einen Gedanken-
stammbaum aufzeichnen, der Nietzsche über Heine zur saint-simonistischen Kirche, zu den Enfantin, Barrault und Duveyrier und ihrer
Parole der ›Réhabilitation de la chair‹ zurückverbindet, von welcher
Ahnenschaft der sächsische Denker, wiewohl ein unglücklicher Liebhaber französischen Geistes, allerdings kaum etwas gewußt hat. Sein
Zarathustra hat eine ganze Rede ›Von den Verächtern des Leibes‹
gehalten, die einem jener Prediger in der Salle Taitbout gut ange-
standen hätte – der Tendenz nach jedenfalls, gewiß nicht nach dem
Stil, denn das Kostüm des Zarathustra führte auch eine gewaltsame
rhetorische Affektation mit sich, die von der ursprünglichen und eleganten ›Kanzelberedsamkeit‹ jener früheren Leibespriester weit
entfernt ist. »Einst blickte die Seele verächtlich auf den Leib: und
damals war diese Verachtung das Höchste: – sie wollte ihn mager,
gräßlich, verhungert. So dachte sie ihm und der Erde zu entschlüpfen.
O diese Seele war selber auch mager, gräßlich und verhungert: und
Grausamkeit war die Wollust dieser Seele!«[37] Er hat aber auch eine
Rede ›Von der Keuschheit‹ gehalten. Das Thema klingt irritierend,
und die Ausführung ist auch undeutlich, bleibt hinter Heines vergnügter Wollust-Passion wie hinter der saint-simonistischen »volupté
décente« zurück, wiewohl sie Ähnliches meint wie diese: »Rathe ich
euch, eure Sinne zu tödten? Ich rathe euch zur Unschuld der Sinne.«[38]
Tannhäusers zwiespältige Erfahrung ist hier ferne. Eher mag man
an jene »schöneren Enkel« und »Götter der Zukunft« aus Heines geflüsterten Visionen denken oder an das »neue Geschlecht«, aber Niet-
sches Rat meint nicht sowohl göttliche Unschuld als vielmehr die der
Tiere, und das expressis verbis: »Daß ihr doch wenigstens als Thiere
vollkommen wäret! Aber zum Thiere gehört die Unschuld.« Das
Tier-, auch Raubtier- oder Bestien-Muster ist denn allerdings ein
neuer Zug in Nietzsche, ein anderer Fluchtweg aus der Humanität,
nicht minder utopisch als der in die Göttlichkeit. Die Unschuld der
Sinne erträumten sich auch die Vorgänger, ihre ›Purifikation‹, aber
sie machten nicht die protestantische Anstrengung, sie mit der
Keuschheit zusammenzuzwingen – oder zu verwechseln.

Die ›Schönheit‹ andererseits, die ›beauté‹, die Heine in ihrem erotisch-ästhetischen Doppelsinn so bedeutend war – man erinnert sich seiner »Marmorbilder der Schönheit«, auch seiner Devise der Befreiung der »geschändeten Schönheit« –, dieses Haupt- und Zielbild seines utopischen Glaubens scheint in Nietzsches Katalog der ›Werte‹ ein wenig an den Rand gerückt, wenngleich gewiß nicht getilgt. »Alles Wohlgerathene, Stolze, Übermüthige, die Schönheit vor allem thut ihm in Augen und Ohren weh«[39] (ihm, nämlich dem »Kranken«, dem »Christen«). Es ist verblüffend, in Heines Manuskript zur ›Religion und Philosophie in Deutschland‹ die Passage zu lesen: »Dagegen gibt es zu allen Zeiten wohlgewachsene, leibesstolze Naturen, die gern das Haupt hoch tragen; allen Sternen und Rosen lachen sie einverständlich entgegen . . .« und so fort. Das ist mehr als fünfzig Jahre vorher geschrieben, und man wäre versucht, darin die unmittelbare Vorlage Nietzsches zu erkennen, wenn Heine diese Wendungen nicht für den Druck gestrichen hätte.[40]

Aber es ist, wie jedermann weiß, ja nicht nur der Wohlgeratene, Stolze, Gesunde und Schöne, nicht nur – im Superlativ – der »übermüthigste, lebendigste und weltbejahendste Mensch«[41], nicht nur der Mensch – und auch nicht nur das Tier –, was Nietzsche der christlichen Welt entgegenhält oder entgegenpredigt, sondern über alle diese, bald in Begriffen, bald in Gestalten und historischen Draperien vorgestellten ›Ideale‹ hinaus reicht seine Verkündung eines neuen, verwandelten, mehr-als-menschlichen Zukunftswesens: des »Übermenschen«. »Ich lehre euch den Übermenschen. Der Mensch ist etwas, das überwunden werden soll. Was habt ihr getan, ihn zu überwinden?«[42] Also spricht Zarathustra. Dieses macht- und prachtvolle Wesen ist zwar einerseits eine Verheißung, es soll kommen wie ein Blitz aus der Wolke – »seht, ich bin ein Verkündiger des Blitzes . . . dieser Blitz aber heißt Übermensch«[43] –, andererseits aber soll es doch auch geschaffen, produziert, herangezüchtet werden: »Könntet ihr einen Gott schaffen? – So schweigt mir doch von allen Göttern! Wohl aber könntet ihr den Übermenschen schaffen. Nicht ihr vielleicht selber, meine Brüder! Aber zu Vätern und Vorfahren könntet ihr euch umschaffen, des Übermenschen: und dies sei euer bestes Schaffen! –«[44] Die Verheißung des ›Blitzes‹ – eine schwer vollziehbare Vorstellung und eine mühsame Metapher, übrigens noch und wieder der alten Himmels-Mythologie zugehörig! – gemahnt an diejenige der ›Parusie‹, der Wiederkunft Christi, insofern jedenfalls, als sie ein

Ereignis weissagt, das ohne menschliches Zutun komme, gleichsam
aus Gnade. Die Aufforderung hingegen, den Übermenschen zu
›schaffen‹, will gerade Energien in Bewegung setzen, einen Fortschritt
antreiben. Logisch ist beides nicht zu vereinbaren. Vielleicht ist auch
diesem Denker der Schreiber im Weg, der sich von der angenomme-
nen Propheten-Gebärde zu mancherlei Sprachfiguren verführen läßt.
Dem Zeitalter gemäßer erscheint die zweite Verkündungs-Art, ein
Fortschritts-Aktivismus nicht in technischer oder ökonomischer, wohl
aber in biologischer Version. Nietzsche hat die Mittel und Wege nicht
angegeben, wie der neue Typus hervorzubringen sei (damit haben
sich nachmals Hitler und Himmler befaßt, freilich ganz ohne ›Vornehmheit‹). Das ist es wohl, was ihn am schärfsten von Marx unterscheidet.
Aber mit Heines Erwartungen hat diejenige des ›Übermenschen‹
manches gemein. Namentlich jene retardierende, aber nur leicht
retardierende Heils-Ansage, wie sie in dem Appell Zarathustras an
die Zeitgenossen sich ausdrückt, sich wenigstens »zu Vätern und Vorfahren« des Übermenschen »umzuschaffen« – gemahnt sie nicht an
Heines Rede von den »schöneren Enkeln« und vor allem an den
›Wintermärchen‹-Vers »Es wächst heran ein neues Geschlecht ...«?[245]
»... ganz ohne Schminke und Sünden«, so geht es weiter in jenem
Text, und auch in diesem Hauptpunkte, auf den sich zuletzt alles
konzentriert, führt Nietzsche fort, was Heine zuvor – und wohl
auch zuerst – ausgesprochen hatte. Daß das Christentum die Sünde
und die Heuchelei erst in die Welt gebracht habe, wie wir bei Heine
gelesen haben, das wird zu einer ·Hauptanklage im ›Antichrist‹:
»Der Wurm der Sünde zum Beispiel; mit diesem Nothstande hat erst
die Kirche die Menschheit bereichert!« Was Nietzsche hinzugetan
hat, ist der Angriff gegen die Kirche, gegen die Priesterherrschaft, die
Imputation des arglistigen Motivs, der psychologische Entlarvungs-
Topos: »Die christliche Kirche ließ nichts mit ihrer Verderbniß unbe-
rührt ...« »Irgend einen Nothstand abschaffen gieng wider ihre
tiefste Nützlichkeit, sie lebte von Nothständen, sie schuf Nothstände,
um sich zu verewigen ... Der Wurm der Sünde zum Beispiel« und
so fort.[46] Darin war Heine etwas großzügiger – oder etwas schwankender –, er hat zwar das Bündnis der »privilegierten Priester« »mit
Cäsar und Konsorten zur Unterdrückung der Völker« gegeißelt[47]
und die Verweisung des »armen glückenterbten Volkes« an die
himmlische Entschädigung klassisch kritisiert, aber doch auch wieder

dem ›Spiritualismus‹ sein relatives historisches Recht eingeräumt,[48] als einer »Doktrin der Verzweiflung«, die eine wirklich leidende Menschheit vorgefunden habe. Nietzsche erscheint im Vergleich als der reine Voltairianer, ein Über-Rationalist und grimmiger Verfolger des Klerus, als ob alles Leid der Welt eine Machenschaft wäre zur Stärkung der Priestermacht. Seine Tiraden wider die ›verbrecherische Verschwörung‹ der Kirche haben etwas Banal-Fürchterliches und Fürchterlich-Banales, und ich muß um die Erlaubnis bitten, das Bekenntnis einzuflechten, daß ich mich von je über unsere zeitgenössischen Philosophen, auch die großen, gewundert habe, wie sie dergleichen mit so ernsthafter Bedeutung zu referieren und zu interpretieren wissen.

Aber zurück zum Hauptpunkt. »Die Sünde, nochmals gesagt, diese Selbstschändungs-Form des Menschen par excellence, ist erfunden, um Wissenschaft, um Cultur, um jede Erhöhung und Vornehmheit des Menschen unmöglich zu machen; der Priester herrscht durch die Erfindung der Sünde.«[49] Lassen wir nun den Herrschaftsverdacht und die psychologisch-soziologische Ideologie-Kritik beiseite, so bleibt jedenfalls festzuhalten, daß Nietzsche – wie Heine – die Sünde nicht als ein natürliches, sondern als ein historisches Phänomen aufgefaßt hat, als eine Perversion des Bewußtseins, die in die Welt gebracht worden ist und die darum auch wieder abgeschafft werden kann.[50] »... vielleicht erscheinen uns einst die feierlichsten Begriffe, um die am meisten gekämpft und gelitten worden ist, die Begriffe ›Gott‹ und ›Sünde‹, nicht wichtiger, als dem alten Manne ein Kinder-Spielzeug und Kinder-Schmerz erscheint ...«[51] In derselben Art hatte auch Heine den verwunderten Rückblick der Zukünftigen vorweggenommen. Eine »Erfindung« werde sich überwinden lassen, werde überwunden werden.

Nietzsche hat auch die Geschichte vom Sündenfall gedeutet (eben im ›Antichrist‹), und zwar als das Verbot der Wissenschaft, vor welcher »der alte Gott« eine Höllenangst hatte. Darum »fort mit dem Menschen aus dem Paradiese!«. Und hier wird die polemische Bibel-Auslegung verräterisch, der Utopiker verrät sich, indem er nicht allein die Sünde, sondern die natürlichen Plagen und Leiden, ja die Sterblichkeit selbst, gleichermaßen zu ›Erfindungen‹ stempelt: »Und der ›Priester an sich‹ erfindet die Noth, den Tod, die Lebensgefahr der Schwangerschaft, jede Art von Elend, Alter, Mühsal, die Krankheit vor Allem, – lauter Mittel im Kampfe mit der Wissenschaft!«[52]

Wie denn? Sollen Krankheit, Alter und Tod denn auch, wie Sünde und Schuld, zu bloßen Bewußtseins-Erscheinungen, zu Lügen-Werkzeugen umgedeutet werden? – Ich weiß wohl, daß Nietzsches Helden, Vornehmen, Barbaren, Bestien, Lebens-Schaffern, Übermenschen ihre eigene Weise zugeschrieben wurde, mit diesen Übeln zu Rande zu kommen: der Amor fati, die Liebe zum Geschick soll sie vor eigentlichen Leiden bewahren, ihre Größe soll sein, noch ihre Sterblichkeit zu rechtfertigen – ohne Rekurs auf höhere Instanzen. Dennoch: hier reißt er für einen Moment, fast versehentlich, die menschliche Existenz, die Condition humaine, mit der Wurzel aus, die Abschaffungs-Wut geht nicht dem Bewußtsein bloß, sondern dem Menschen selbst zu Leibe. Und es scheint an seiner Stelle – denken wir's zu Ende! – nichts zurückzubleiben als ein ewig gesunder, ja todloser, unsterblicher Gott. Eben der, von dem der Gott der Paradiesgeschichte sagt: Siehe, er ist geworden wie unsereiner! Mit dem einzigen Unterschied, daß seine ›Wissenschaft‹ nicht auf der Erkenntnis des Guten und Bösen beruhen, vielmehr eine ›Fröhliche Wissenschaft‹ werden und das Böse wie das Gute hinter sich lassen soll.

Kurz, Nietzsches »Mensch der Zukunft«[53] ist von Heines »Göttern der Zukunft« nur schwer zu unterscheiden. Daß er ihn nicht ebenso benennt, daran ist eigentlich nur der fanatisierte Widerwille gegen die Vokabel ›Gott‹ und ›Götter‹ schuld. (»So schweigt mir doch von allen Göttern!«) Aber die andere Vokabel, »Übermensch«, war ja längst, im Munde der atheistischen Hegelianer, im Munde von Karl Marx zum Beispiel, zu einer kritischen Chiffre für ›Gott‹ geworden. Gott gibt es nicht, hatten sie gesagt, Gott ist nur eine Art Übermensch, eine Projektion des Menschen, und einen Übermenschen gibt es natürlich auch nicht, der Mensch soll das aufgeben, soll sich um sich selbst kümmern, um sich selbt kreisen. Man wird sich erinnern: so etwa stand es in der ›Kritik der Hegelschen Rechtsphilosophie‹. Nietzsche gibt gleichsam die Antwort: Gott gibt es in der Tat nicht, aber der Mensch genügt nicht, er ist kümmerlich und widerlich, darum wollen wir den Übermenschen erwarten, nein: erschaffen. Einmal hat der Mensch Gott erschaffen (so lehrte Ludwig Feuerbach), das war ein Irrweg, er hat sich einen Herrn erschaffen, hat sich abhängig gemacht, nun soll er's von neuem versuchen, aber er soll sich selbst zum Übermenschen steigern. Also doch: zum Gott.

Gewiß sind da beträchtliche Nuancen. Heines Zukunftsgötter machen einen liebenswürdigeren Eindruck. Mit ihren »freien Gedanken«

und ihrer »freien Lust«, mit ihren bekränzten Locken und ihren duftenden Altären scheinen sie eine Art neuhellenisches Schlaraffenleben zu führen, einfach dazusein. Nietzsches Zukunfts-Mensch oder ›Übermensch‹ hingegen ist ein Täter. Er ist nicht so sehr Geist und nicht so sehr Lust als vielmehr und vor allem Wille. ». . . der den Willen wieder frei macht, der der Erde ihr Ziel und dem Menschen seine Hoffnung zurückgiebt . . .«[54] (Da ist wieder das ›wieder‹: »wieder frei« werden soll der Wille – wann war er's?). Aber mit dieser Zuspitzung, daß der neue, der ganz verwandelte, gesunde, sündenlose (oder »unsündbare«, wie Heine sagte), unschuldige Mensch oder Übermensch vor allem Wille sei, frei im Willen und als Wille, damit hat Nietzsche deutlicher als sein Vorgänger oder Vorspieler Heine ausgesprochen, was die Abschaffung der Sünde oder was die totale Emanzipation zuletzt meint – wie er's mit der Stimme Zarathustras sagt: »Welches ist der große Drache, den der Geist nicht mehr Herr und Gott heißen mag? ›Du sollst‹ heißt der große Drache. Aber der Geist des Löwen sagt ›ich will‹.«[55]

Der Wille will das Sollen vertreiben und ersetzen, an seine Stelle treten. Das ist es. Das ist das Geheimnis der totalen Emanzipation. Und dazu gehörte freilich sehr viel Wille, mehr als der Mensch sich vorstellen kann. Mehr als er hat. Darum soll er den Menschen überwinden, Übermensch werden – oder Gott.[56] (Daher auch der überanstrengte Ton von Zarathustras Stimme.) Die Abschaffung der Sünde ist die Abschaffung des Gesetzes, die utopische Sündlosigkeit ist die Gesetzlosigkeit. Das bringt uns zum Apostel Paulus zurück.

IV.

Die Sündenlehre des Apostels Paulus und die Emanzipations-Phantasien des Poeten Heine wie auch des philosophischen Hämmerers Nietzsche mögen inkommensurable Größen sein. Dennoch gibt es einen Treffpunkt, der das Wagnis dieser Gedankenverbindung rechtfertigen könnte. Sie haben gleichermaßen die unlösliche dialektische Zusammengehörigkeit von Gebot und Verfehlung beschrieben und sind gleichermaßen darauf ausgegangen (um die paulinischen Ausdrücke zu gebrauchen), das Gesetz zugleich mit der Sünde und die Sünde zugleich mit dem Gesetz aufzuheben oder abzuschaffen.

Paulus ist in jenen tiefsinnigen und freilich auch umständlichen Erörterungen des Römerbriefes (im fünften, sechsten und siebenten Kapitel) zwar anfangs etwas schwankend hinsichtlich der Frage, ob das Gesetz die Sünde hervorgebracht oder nur habe hervortreten lassen: ». . . denn die Sünde war wohl in der Welt bis auf das Gesetz; aber wo kein Gesetz ist, da achtet man der Sünde nicht« (Römer 5,13) – aber schließlich setzt er von neuem und kühner ein: »Ist das Gesetz Sünde? Das sei ferne! Aber die Sünde erkannte ich nicht, außer durchs Gesetz. Denn ich wußte nichts von der Lust, wo das Gesetz nicht hätte gesagt: ›Laß dich nicht gelüsten!‹ Da nahm aber die Sünde Ursache am Gebot und erregte in mir allerlei Lust; denn ohne das Gesetz war die Sünde tot« (Römer 7,7–9). Tot, sagt der Apostel, sei die Sünde vor dem Gesetz gewesen, nicht bloß schlafend, sondern geradezu tot, also eigentlich nicht vorhanden, mindestens nicht bemerklich, nicht fühlbar, nicht erkennbar.

Heine, wenn er dies studiert hätte – noch dazu gerade bei demjenigen biblischen Autor, der wie kein anderer die Antithese von Fleisch und Geist herausgetrieben hat: hätte er nicht aufjubeln müssen, einen Bundesgenossen zu finden mitten im feindlichsten Lager? Wenngleich er, Heine, diesen verhängnisvollen Zirkel von Sünde und Gesetz gerade und vor allem im Christentum, in der fortwirkenden und gesellschaftlich bekräftigten christlichen Ordnung der Gebote und Verbote wiederfand, während Paulus natürlich das mosaische Gesetz meinte, nicht nur die komplizierten Vorschriften der Thora, sondern auch den originalen Dekalog, die Zehn Gebote vom Berge Sinai, auch das Strafgesetz mit den Verboten des Tötens, des Ehebruchs, des Diebstahls, der Verleumdung, welches alles die ordinäre Kriminalität betrifft. Aber man kann wohl folgern, daß das mosaische Gesetz, wie es Paulus versteht und untersucht, exemplarisch für alles Gesetz überhaupt steht. Sein Lösewort aber lautet: ›Gnade‹. Sie allein sprengt den fatalen Zirkel von Gesetz und Sünde auf, erlöst den Gläubigen, den Auserwählten von beiden Lasten in einem Zug, sowohl von der Sünde wie vom Gesetz.[57] Aus Gnade nämlich wird der Sünder gleichwohl heilig, ein Gefährte des wiederkehrenden Christus im Reiche Gottes. Das ist alles nicht zu verstehen ohne die ›Eschatologie‹, die nahe Erwartung des ewigen Lebens unter Christi Herrschaft.[58] »Denn Christus ist des Gesetzes Ende; wer an den glaubt, der ist gerecht« (Römer 10,4): Das ist eine ungeheuerliche Ankündigung, sie hebt alle Rechtsordnung auf, erklärt alle gesellschaftlichen Einrichtungen den Gläubigen für überflüssig.[59] Diese Gnadenlehre ist eine Lehre vom Absterben des Staates und nicht nur des Staates, sondern aller

Rechtsverhältnisse, ja der Ehe und der Familie.[60] Wenn je eine ›Schwärmerei‹ war, so ist es diese, und sie ist die radikalste von allen. Sie ist die erste Lehre von der Abschaffung der Sünde, sowohl der Sünde als auch des Gesetzes. Und eine Lehre von der Verwandlung des Menschen. »Wir werden nicht alle entschlafen, wir werden aber alle verwandelt werden; und dasselbe plötzlich, in einem Augenblick, zur Zeit der letzten Posaune.« (1. Korinther 15, 51) Diese Verwandlung wird vorgestellt nicht als eine von Fleisch in Geist, nicht als eine Abstreifung aller Leiblichkeit, als wären die neuen Menschen bloße wandelnde Seelen oder Gespenster; vielmehr tritt hier der freilich ungreifbare Begriff eines geistlichen Leibes ein, der nicht der natürliche ist, dafür aber »unverweslich«, also dem Altern, der Gebrechlichkeit, dem Tod enthoben.

Demgegenüber mutet die eschatologische Note bei Heine allerdings blaß und flach an. Auch hier haben wir zwar die Verwandlung des Menschen – nämlich in einen Gott –, aber sie geschieht nicht durch ein Ereignis und einen überirdischen oder sonst außergeschichtlichen Eingriff, übrigens nicht einmal durch eine Revolution wie bei Marx und den Marxisten. Es genügt, daß die christliche Religion untergehe. Und er meinte lange, diesem Prozeß beizuwohnen, ihm auch durch seine eigene Diagnose wie durch seine Glücks- und Freuden-Appelle nachzuhelfen. Auch dies hat er in den ›Geständnissen‹ ausdrücklich widerrufen: »Der Deismus lebt, lebt sein lebendigstes Leben, er ist nicht tot, und am allerwenigsten hat ihn die neueste deutsche Philosophie getötet.«[61] Die selbsttätige Geschichte also – und dazu die Literatur! – sollte das besorgen, was dort durch das Wunder der Auferstehung und Wiederkunft bewirkt würde. Mit dem christlichen (und komischerweise gerade paulinischen) ›Gesetz‹ der Verdammung des Fleisches würde, abermals in einem Zuge, auch die Fleischessünde aufgehoben werden oder von selbst vergehen. Die Ankündigung des Paulus wird in ihrem Inhalt umgekehrt: nicht soll ein natürlicher Leib in einen geistlichen, sondern eher soll ein geistlicher (aber in Wahrheit nur geistlich geschminkter Leib) in einen natürlichen (und ungeschminkt schönen) verwandelt werden. Auch diesen freilich dachte er sich ziemlich ›unverweslich‹. Mit der Untersuchung des ›Gesetzes‹ hat sich Heine nicht so viel Mühe gemacht wie Paulus; solange er seiner utopischen Religion anhing, hat er ihm, dem christlichen Moralgebot, auch keine relative Rechtfertigung angedeihen lassen – höchstens im Sinn einer allgemeinen mäßigenden

Wirkung auf die wilden Germanen –, sondern er hat rund und nett sein Ende herbeigewünscht und von solchem Ende des Gesetzes eben auch die Aufhebung der Sünde erwartet.

Aber nicht diese Unterschiede wollte ich hervorkehren – sie sind offenkundig –, sondern jenen Punkt, worin diese Verkündungen trotz ihren Unterschieden des Gehalts wie des Formates konvergieren. Ich sagte es schon: beide prophezeien und predigen das Ende des Gesetzes als das Ende der Sünde und das Ende der Sünde als das Ende des Gesetzes. Die paulinische Erlösung bringt auch eine Art von Emanzipation mit sich und die Heinesche Emanzipation eine Art von Erlösung. (Nietzsche hat das Wort ›Erlösung‹ durchaus positiv gebraucht – umgewertet natürlich.) In negativer Hinsicht kommen sie darin überein, daß der befreite Zustand auch ein gesetzloser, des Gesetzes nicht bedürftiger Zustand sein werde. Die verklärten Heiligen dort und die Götter-Demokratie hier sind gewiß verschiedene Bilder, und zu einer Erwartung der Todlosigkeit, des Ewigen Lebens, hat sich der moderne, insoweit skeptische Geist nicht verstiegen oder aufgeschwungen. Es kommt aber darauf an zu erkennen, daß auch diese moderne, mit ästhetischen und erotischen statt mit ethischen und geistlichen Ingredienzien versetzte Eschatologie aus aller menschlichen Gesellschaftsordnung herausbricht oder sich heraushofft. Daß sie nicht anders als die christlich-paulinische der Kategorie des Gesetzes, des Gebots und Verbots, der Kategorie der Ordnung, der Kategorie des Rechts und der Kategorie der Gewalt, die zu dessen Geltung erfordert wird, den Abschied gibt. Daß sie nicht anders als jene einen verwandelten, erneuerten, einen ganz anderen Menschen (einen Heiligen, einen Gott, einen Übermenschen) imaginiert, der alle jene Güter und Erfordernisse hinter sich lassen könne und dürfe.

Freilich soll solche Verwandlung im einen Fall durch die Gnade Gottes, im anderen, neueren, durch den Menschen oder die Menschheit selber bewirkt werden, ohne Gott, ja gerade auf dem Wege seiner Entthronung oder ›Erlösung‹, auf dem Wege des »atheistischen Humanismus«. Es kommt aber darauf an wahrzunehmen, daß hier bei Heine (und bei Nietzsche – und auch: bei Marx) unter der Tarnfarbe der Aufklärung die schwärmerischste Eschatologie wiederkehrt, daß hier gerade im Zeichen der menschlichen Autonomie die conditio humana nach der Seite der Krankheit, Sterblichkeit, Fehlbarkeit und mit der gesellschaftlichen Existenz, welche menschliches

Gesetz und menschliches Gericht erfordert, übersehen, verlassen und abgetan worden ist. Sie wird als überwindbar aufgefaßt, sie soll überwunden werden, ihre Überwindung wird erwartet oder als schon vollzogen gefeiert. ›Tod, wo ist dein Stachel? Hölle, wo ist dein Sieg?‹, so jubelt der Apostel, während die andern, die Modernen den Anbruch der Freiheit zumeist (wenn auch nicht durchweg) erst noch herbeisehnen – herbeidichten, herbeipredigen, herbeiprophezeien oder herbeirevolutionieren. »Aber der Stachel des Todes ist die Sünde«, geht es weiter im 15. Kapitel des Ersten Korintherbriefs, und noch einmal in genial verkürzender Formulierung: »die Kraft aber der Sünde ist das Gesetz« (Vers 55 und 56). Der verhängnisvolle Zirkel von Sünde und Gesetz, ich wiederhole es, wird im paulinischen Christentum durch den ›Blitz‹ der Erlösungstat aufgesprengt, während unsere neueren Emanzipations-Propheten die ›Sünde‹ dadurch abzuschaffen trachten, daß sie vor allem das Gesetz aufheben – das heißt hier: das Moralgesetz, das christlich-kirchlich-bürgerliche Moralgesetz. In dieser Hinsicht ist seither viel geschehen, nicht nur moralisch, sondern auch juristisch. Diejenigen Teile des Strafrechts und des bürgerlichen Rechts, die die ›Sitte‹ betreffen, zumal die erotische, geschlechtliche, sind zunehmend gemildert, reduziert, gestrichen worden, diese Gesetze sind in vielen Ländern in der Aufhebung oder Auflösung begriffen oder der Nicht-Beachtung und Nicht-Verfolgung verfallen. Selbst im päpstlichen Italien kann nun die Ehe legal geschieden werden. Die Lust – mit Heine zu reden – ist frei geworden, ziemlich frei. Die Geschichte des Siegeszugs der erotischen Emanzipation kann hier nicht geschrieben werden, gehört auch nicht in dieses Buch. Die Resultate dieses Prozesses liegen buchstäblich auf der Straße, blicken uns von jedem Kino und jedem Kiosk entgegen (und nicht als Marmorbilder). Die ›Sünde‹, das Sündenbewußtsein, scheint, wenn auch sozial und lokal in unterschiedlichem Grade, in der Tat insoweit abgeschafft, ›Fleischessünde‹ – ein obsoletes Wort, nicht mehr gebräuchlich, kaum noch verständlich. Der »uralte Unfug«, von dem Karl *Barth* gesprochen hat, scheint ausgetrieben, jedenfalls auf dem Rückzug.

Ich möchte nur die Bemerkung einflechten, daß darum weder die Sünde schlechthin noch das Gesetz schlechthin aufgehoben ist. Wir haben in diesem Jahrhundert die ungeheuerlichsten Sünden gesehen, erfahren, mitbegangen, solche, die emanzipiert vom Gesetz und wider alles Gesetz begangen wurden, und denen auch im nachhinein kein Gesetz und kein Gericht gewachsen ist, übermenschliche, wider-menschliche Untaten, die zum Himmel schreien, solange Menschen Erinnerung haben, und noch länger. Um so mehr bleibt es geboten, das Gesetz zu stärken – als menschliche Veranstaltung, ohne welche keine menschliche Gesellschaft, kein Friede möglich ist. Das Gesetz gehört zur conditio humana, und die Sünde gehört zur conditio humana. Kein ›Befreiungskampf der Menschheit‹, in welchem Zei-chen auch immer geführt, wird die menschliche Lage als solche liqui-dieren, aus ihr können wir uns nicht herausemanzipieren.

Wir haben vom Baum der Erkenntnis gegessen, mag auch die Schlange den Rat gegeben haben, es bleibt unwiderruflich, wir können nicht aufhören, Gut und Böse zu unterscheiden. Die Unterscheidung schwankt, wandert und verschiebt sich in der Anwendung, im Stoff und in der Kasuistik, Emanzipationen können ganze Felder frei-geben, dann werden andere um so schärfer hervortreten, neue auf-tauchen. Aber das Unterscheiden selbst kehrt allemal wieder, Gut und Böse, Gesetz und Sünde, Gewissen und Schuld als solche, als Norm und Verfehlung überhaupt, folgen dem Menschen überallhin.

Was das Christentum anlangt, so waren wir nach den Erfahrungen von Hitler und Auschwitz versucht, eher die Eschatologie aufzu-geben als die ›Ethik‹ – gerade den umgekehrten Schluß zu ziehen als Heine, der die Ethik verwarf und die Eschatologie hervorkehrte, auch die christliche nämlich, wenn auch nur sehr gelegentlich.[62] Frei-lich wird es schwer, das Band zu zerschneiden, das beide Teile der Botschaft verbindet, und es ist wesentlich die Botschaft des Apostels Paulus. Die Liebes-Ethik war für die Zeit der Heils-Erwartung anempfohlen, als Vorbereitung und Einübung, hätte ohne diese Span-nung kaum dauern können; ja man kann zweifeln, ob Jesu Berg-predigt für sich allein, ohne die hinzukommende unmittelbare Hoff-nung auf den ewigen Lohn, nämlich der Zugehörigkeit zum Reich Gottes und der Aufhebung des Todes, die Welt ergriffen haben würde.

Die anderen, die emanzipatorischen Heilsträume, daß der Mensch gleichsam aus seiner angestammten Haut fahren werde in die Gött-lichkeit, die Übermenschlichkeit, ins Reich der Freiheit, die Träume Heines, Nietzsches, auch Marxens, haben gewiß ebenfalls gewaltige Wirkungen in dieser Welt erzeugt und tun es noch immer, doch sind sie nicht von ethischer Art. Sie haben sämtlich die fatale Seite, in Ge-setzlosigkeit, Staats-Auflösung oder neue Herrschaft, eine Herrschaft der ›Heiligen‹, zu führen. So legt sich der Gedanke erst recht nahe, ob die wahre ›Emanzipation‹ nicht gerade die Emanzipation von der Eschatologie wäre anstatt derjenigen von der Ethik, von dem ›Du sollst‹: die Annahme der conditio humana als unaufhebbarer Schranke, der Verzicht auf Zweite Unschuld, Vergöttlichung, Übermenschlichkeit, absolutes Freiheitsreich, und der Entschluß zu menschlicher Gesetzgebung, zur Politik, zu verbindlicher Sitte, zur Arbeit am möglichen Frieden, wie prekär er auch sein und bleiben mag. Ob wir die Gesetze des menschlichen Zusammenlebens freilich je ohne Rest und ohne Gefahr des Absturzes nach gesellschaftlichen Zwecken bestimmen und aus solchen konstruieren könnten, also ohne den Rekurs auf das, was an sich selbst recht, gerecht und gehörig ist, unbedingt und zwecklos, das weiß ich nicht. Ich weiß es nicht, aber ich glaube es auch nicht.

Soviel zwischenhinein – indem wir uns dem Ende unserer Beschreibung und Untersuchung nähern – zur Verständigung, damit wir wissen, wovon wir reden. Ein und das andere Mal muß man hervortauchen und Luft schöpfen, will man nicht in dem Medium des historisch-literarischen Gegenstandes versinken. Die Methode selbst gebietet es, denn sie soll zur Wahrheit führen oder doch verhelfen, in unserem Fall vorab zur Wahrheit über Heine, aber nicht nur den historischen, sondern auch den exemplarischen Heine, oder vielmehr über den historischen Heine als einen exemplarischen.

V.

Heinrich Heine hat sein Teil an conditio humana, die Krankheit, angenommen.

»Mein Leib ist jetzt ein Leichnam, worin
Der Geist ist eingekerkert –
Manchmal wird ihm unwirsch zu Sinn,
Er tobt und rast und berserkert.

Ohnmächtige Flüche! Dein schlimmster Fluch
Wird keine Fliege töten.
Ertrage die Schickung, und versuch,
Gelinde zu flennen, zu beten.«[63]

Die Verse stehen in der letzten publizierten Gedichtsammlung. Sie geben das authentische Motto auch für den Sinn, den Grund und die Stimmung seiner Rückkehr zum ›Glauben‹ an einen persönlichen Gott ab. Sie ersetzen, ja übertreffen jeden Versuch, diese Wendung zu interpretieren. Man muß das Wort ›Glauben‹ hier in Anführungszeichen setzen, er hat es implicite selbst getan. Nicht nur hat er die Ansprüche ausdrücklich abgewehrt, ihn nun für Kirche und Glaubensgemeinschaft zu reklamieren.[64] Er hat sogar gerade in derselben Schrift, worin er sich am deutlichsten über seine ›Bekehrung‹ (mit seinen eigenen Worten: über »das Wiedererwachen meines religiösen Gefühls«) ausgesprochen, nämlich in den ›Geständnissen‹, in derselben Schrift und in demselben Zusammenhang, da er sich, was das Verhältnis zur Bibel betraf, dem kindlich-gläubigen Onkel Tom aus dem berühmten Sklaven-Roman vergleicht, doch auch die schalkhafte Andeutung riskiert, Moses habe am Ende den Jehova ›nach seinem Bilde‹ erschaffen oder erdacht – »Gott verzeih mir die Sünde, manchmal wollte es mich bedünken, als sei dieser mosaische Gott nur der zurückgestrahlte Lichtglanz des Moses selbst, dem er so ähnlich sieht, ähnlich in Zorn und in Liebe. Es wäre eine so große Sünde, es wäre Anthropomorphismus, wenn man eine solche Identität des Gottes und seines Propheten annähme – aber die Ähnlichkeit ist frappant«.[65] Darin steckt der ganze Ludwig *Feuerbach* mit seiner humanistischen Umkehrung des Schöpfungsverhältnisses; aber wo dieser eine pedantische Theorie ausarbeitete, hat Heine es mit einem souveränen Zwinkern bewenden lassen und es mit dem halben Schein des frommen Ernstes, da es ihm gerade entschlüpft, auch wieder versteckt und zurückgenommen – »Gott verzeih mir die Sünde!« – und Ihn so wiederhergestellt in seiner Realität, indem er ihn mit der volkstümlichen Redensart anrief. Er brauchte die Adresse, zum wenigsten eben für sein Flennen und Beten, aber auch für sein Toben und Rasen, seine Hiobs-Empörung und -Verzweiflung, fürs Aufbegehren und fürs Einverständnis gleichermaßen. Sehr simpel, bewegend und spaßhaft zugleich, kunstvoll-schlicht und geistreich-wahrhaftig hat er's ausgedrückt an jener unvergeßlichen Stelle der ›Geständnisse‹: »Ich bin nur ein armer Mensch, der obendrein nicht mehr ganz gesund und sogar sehr krank ist. In diesem Zustand ist es eine wahre Wohltat für mich, daß es jemand im Himmel gibt, dem ich beständig die Litanei meiner Leiden vorwimmern kann, besonders nach Mitternacht, wenn Mathilde sich zur Ruhe begeben, die sie oft sehr nötig hat.«[66] Gott war ihm ein Geschöpf des Bedürfnisses, aber wenn er das Bedürfnis erfüllen, die Klage sollte anhören können, so mußte Er doch auch wirklich existieren. So war sein »Deismus« beschaffen, aufrichtigerweise als ein Erzeugnis der Notlage durchschaut und einbekannt und ebenso aufrichtigerweise zugleich ernstlich angerufen und angebetet. In solchem Zwielicht ließ Ihn der Poet, im Zwielicht von Wahrheit und Dichtung oder, feiner noch, zwischen fiktiver Realität und realistischer Fiktion.

In diesem gläubig-ungläubigen Sinn hat er die rührendste Bitte an Ihn gerichtet, die ihm wohl je lyrisch auszusprechen geglückt ist –

»Genieren wird das Weltgetreibe
Mich nie, denn selten geh ich aus;
Im Schlafrock und Pantoffeln bleibe
Ich gern bei meiner Frau zu Haus.

Laß mich bei ihr! Hör ich sie schwätzen,
Trinkt meine Seele die Musik
Der holden Stimme mit Ergötzen.
So treu und ehrlich ist ihr Blick!

Gesundheit nur und Geldzulage
Verlang ich, Herr! O laß mich froh
Hinleben noch viel schöne Tage
Bei meiner Frau im statu quo!«[67] –

Und hat er auch wiederum die härteste, des Psalmisten würdige Zweifels- und Empörungsfrage ausgestoßen – in jenem berühmten Lazarus-Gedicht, das ich zu den wenigen eigentlich großen und schönen Werken in seiner Lyrik zählen möchte –

»Laß die heil'gen Parabolen,
Laß die frommen Hypothesen –
Suche die verdammten Fragen
Ohne Umschweif uns zu lösen.

Warum schleppt sich blutend, elend,
Unter Kreuzlast der Gerechte,
Während glücklich als ein Sieger
Trabt auf hohem Roß der Schlechte?

Woran liegt die Schuld? Ist etwa
Unser Herr nicht ganz allmächtig?
Oder treibt er selbst den Unfug?
Ach, das wäre niederträchtig.

Also fragen wir beständig,
Bis man uns mit einer Handvoll
Erde endlich stopft die Mäuler –
Aber ist das eine Antwort?«[68]

Das Moment, die Erfahrung der Krankheit also, auch der Schwäche
und des Alters, die Desavouierung der göttlichen Gesundheit, hat
Heine ausgekostet und in aller Helligkeit des Geistes bedacht, auch
bedenken können – dies sehr im Unterschied zu Nietzsche, dessen
Paralyse ihn in Blödigkeit versinken ließ, so daß er vor ähnlicher
Erkenntnis bewahrt wurde. Von Sünde und Gesetz hingegen hören
wir nichts mehr von dem späten Heine, in dieser Hinsicht blieb es
wohl beim alten.
Wohl aber hat er das Motiv der Utopie noch einmal hervorgeholt
und gleichsam abschließend, testamentarisch bearbeitet. Ich meine
jetzt nicht das ›Préface‹ zur französischen Ausgabe der ›Lutetia‹
(von 1855), das von marxistischer Seite – wie schon erörtert – in solchem Sinn in Anspruch genommen wird: Die Prophezeiung, daß den
Kommunisten die Zukunft gehören werde, hat nichts Utopisches,
auch nichts Eschatologisches mehr, im Gegenteil, sie ist mit Ingrimm
vorgetragen und geht mit der Kassierung seiner vormaligen Hoffnung auf den Triumph des Genius und der Schönheit einher – man
erinnert sich: wie die Seiten des Buchs der Lieder zu Tüten gebraucht
werden für Kaffee und Schnupftabak »pour les pauvres bonnes
vieilles«. Das bezeugt nur, daß er das Weissagen nicht lassen konnte,
weiter nichts. Und es zeigt gerade den Zerfall seiner dreifachen utopischen Erwartung,[69] eine Einsicht, die uns staunen macht, denn tatsächlich ist diese Trias in der Folge historisch gänzlich auseinander-
gelaufen, und ihre Elemente haben sich an ganz unterschiedliche ideologische Fronten verteilt, der wiedereingesetzte Genius an die Nietzscheaner und Schlimmere, die ihnen gefolgt sind, die gerettete Schönheit an die Artisten und Ästheten, auch die Eros-Befreier, das her-
gestellte Glück des Volkes an die Sozialisten und Kommunisten;
also das eine ist nach ›rechts‹, das andere nach ›links‹ gefallen, und

die Kolonnen von Adepten sind gegeneinander aufgestanden, haben einander bekriegt und erschlagen.

Nein, nicht die Prophetie meine ich, sondern die Utopie. Ich meine ›Bimini‹, das letzte große Erzählgedicht, das erst aus dem Nachlaß bekanntgemacht worden ist, die spanisch-indianische Legende von der Insel der ewigen Jugend, so echt märchen-utopisch, daß auch die Urfigur der Insel, des Irgendwo und Nirgendwo, darin wieder-kehrt, die räumliche Entrückung wieder eintritt für die zeitlich-historische einer göttlichen Zukunft, der er, der Dichter, so lang ver-schworen war.

»Kleiner Vogel Kolibri,
Führe uns nach Bimini;
Fliege du voran, wir folgen
In bewimpelten Pirogen.

Kleines Fischchen Brididi,
Führe uns nach Bimini;
Schwimme du voran, wir folgen,
Rudernd mit bekränzten Stengen.«

Der Kinderton ist herzquickend, herzzerreißend. Der alte Ritter Ponce de Leon, der die Fahrt prächtig antritt – »Ob der Existenz der Insel / Hegt’ er niemals einen Zweifel« –, findet am Ende wirk-lich das Land, aber nur der Berichterstatter weiß, wie es in Wahrheit aussieht –

»In das stille Land, wo schaurig
Unter schattigen Zypressen
Fließt ein Flüßlein, dessen Wasser
Gleichfalls wundertätig heilsam –

Lethe heißt das gute Wasser!
Trink daraus, und du vergißt
All dein Leiden – ja, vergessen
Wirst du, was du je gelitten –

Gutes Wasser! gutes Land!
Wer dort angelangt, verläßt es
Nimmermehr – denn dieses Land
Ist das wahre Bimini.«[70]

Ist es der Abschied von der Utopie? Es ist mehr als das: ihre Ent-hüllung. In den einfachsten Bildern hat Heine den Doppelsinn des letzten Reiseziels ausgesprochen. Das Wasser der Jugend ist das Wasser des Vergessens, das Land des Glücks, von welchem keiner wiederkehrt, ist das des Todes. Die Enträtselung, die Aufklärung kommt nicht grell, eher sanft. Der Tiefsinn liegt darin, daß es von dem Irrfahrer heißt: er war kein Tor, als er nach Bimini aufbrach. Er ist angelangt.

Anmerkungen

* *Zum Motto:* Die Stelle ist aus Sören Kierkegaards Schrift ›Einübung im Christentum‹, findet sich dort gegen Ende des ersten Teils. (Die Schrift ist 1847/48 verfaßt, 1850 pseudonym veröffentlicht worden.) Sie ist hier in der Übersetzung von Hans *Winkler* wiedergegeben (Philosophisch-Theologische Schriften, hrsg. von Walter *Rest*, Köln-Olten 1951, Bd. 1). Übrigens bin ich auf diese Stelle erst gestoßen, als der Titel dieses Buches schon feststand.

Erstes Kapitel
Einfälle

1 Werke und Briefe, Bd. 3, S. 362.
2 Schon Henri *Lichtenberger* hat die Stelle in ähnlicher Absicht angeführt in dem schönen Buche, das seinen Titel, ›Heinrich Heine als Denker‹ (in der deutschen Übersetzung von Oppeln-Bronikowski, Dresden 1905), in der Darstellung durchweg Lügen straft – und dies sogar explicite in der Einleitung: »Suchen wir bei ihm also keine weltumspannende Synthese, kein bis ins einzelne wohl zusammenhängendes Weltbild, kein klar definiertes und systematisch durchgeführtes Ideal, keine fest umschriebenen . . . Lebensgrundsätze.« Lichtenberger half sich, angeregt durch Karl *Lamprechts* Prägung der »Epoche der Reizsamkeit«, mit der paradoxen Idee einer »impressionistischen Philosophie«, begriff auch Heines Denkstil unter dieser Kategorie: »Erwarten wir bei ihm . . . eine Reihe von schwankenden Eindrücken, die ununterbrochen wechseln, sich nie zur Einheit zusammengliedern, sich oft widersprechen und doch ein jeder aufrichtig sind . . .« Einfälle sind aber nicht dasselbe wie Eindrücke, und Heine gehört nicht ins fin de siècle!
3 Hans *Hennecke* hat diese Bemerkung anläßlich einer Diskussion über den Essay gemacht, die im Kollegium der Deutschen Akademie für Sprache und Dichtung gehalten wurde.
4 In ›Ludwig Börne‹, Zweites Buch, unter dem Datum des 10. August 1830, in derselben Notiz, wo es zu Anfang heißt: »Ich weiß jetzt wieder, was ich will, was ich soll, was ich muß.« Werke und Briefe 6, 134.

5 In der ›Einleitung zu Kahldorf über den Adel‹, Werke und Briefe 4, 286. Ob die Geschichte vom Hund Medor – mitsamt ihrer Tendenz – wirklich schon am 10. August 1830 niedergeschrieben oder aber später eingefügt wurde, bliebe zu untersuchen. Kaufmann vermerkt (Bd. 6, S. 622) den Umstand, daß Börne die Medor-Geschichte (unter dem 24. Februar 1831) in seinen ›Briefen aus Paris‹ erzähle, ohne indessen zu klären, ob Heine sie etwa erst aus dieser Quelle oder aber, wie er selbst behauptet, schon 1830 aus der Zeitung kennengelernt habe.

Erst nachträglich, nachdem das Vorstehende schon niedergeschrieben war, las ich E. M. *Butlers* scharfsinnige Untersuchung über die Datierung dieser Helgoländer Briefe (›Heine and the Saint-Simonians. The date of the letters from Heligoland‹ in The Modern Language Review XVIII, 1923, p. 68 ff.). Dort wird in überzeugender Weise nachgewiesen, daß jedenfalls die aus dem Juli 1830 datierten Briefe in der Zeit der Arbeit am ›Ludwig Börne‹, also 1839/40, erheblich überarbeitet worden sind. Der Medor-Brief trägt freilich das Datum des 10. August, und Miß Butler meint (p. 76), hieran sei später kaum viel geändert worden. Sie hat allerdings der Medor-Anekdote keine nähere Aufmerksamkeit zugewendet. So möchte ich auch deren zeitliche Echtheit in der Tat in Zweifel ziehen: Das freundliche Urteil über das Juli-Königtum scheint früher, das beißend-kritische später formuliert zu sein.

6 Heine hat die Geschichte seiner fingierten Begegnung mit dem falschen Medor sogar noch ein weiteres Mal erzählt, breiter in der Schilderung und Ausschmückung und durchsichtiger in der Bezüglichkeit – »ich sah einen häßlichen Köter«, »er hatte in seinem Wesen etwas Industrielles« etcetera –, aber ohne die prophetische Apotheose: Das steht in der französischen Einleitung zu den Helgoländer Blättern, die er 1855 für die zweite Auflage von ›De L'Allemagne‹ verfaßt hat. So sehr hing er an diesem ›Einfall‹. Aber in dieser Version bleibt der echte Medor verschwunden. Die Februarrevolution, die der Autor in dem Passus von 1839 vorauszuahnen schien, war nun längst vorüber, Louis Napoleon regierte als Kaiser, eine neue Erhebung und abermalige Wiederkehr Medors mochte der Schriftsteller nicht ins Auge fassen. (Der deutschsprachige Originalentwurf dieser Einleitung ist in Kaufmanns Ausgabe Bd. 6, S. 612–614, wiedergegeben.)

7 Werke und Briefe 6, 253.

8 Ebd. S. 264 f.

9 Ebd. S. 253.

10 Werke und Briefe 5, 377–379. *Kaufmann* gibt an, der Aufsatz sei Anfang der dreißiger Jahre geschrieben; Fritz *Mende* (in ›Heinrich Heine, Chronik seines Lebens und Werkes‹, Berlin 1970) gibt den September 1833 an, ohne freilich Gründe für diese Datierung zu nennen, wie es überhaupt diesem ingesamt so verdienstlichen Buche leider eigentümlich ist, daß wir nur die Schlußfolgerungen, nicht aber die Beweise kennenlernen. Jedenfalls ist der Aufsatz nach der Juli-Revolution entstanden und zu ihrer Verteidigung namentlich wider

den »Indifferentismus der Historiker«, zumal Leopold *Rankes.* Eine genauere Datierung sollte durch den Vergleich mit dessen einschlägigen Publikationen möglich sein; ich habe eher den Eindruck, Heine habe ihn noch in Deutschland verfaßt, vor der Übersiedlung nach Paris.

Der originale Ausspruch vom Volksrecht des Brotes fiel am 10. Oktober 1793 im Zusammenhang der Rede, mit der *Saint-Just* vor dem Nationalkonvent die Errichtung einer revolutionären Notstandsregierung, also die Diktatur des Wohlfahrtsausschusses, begründete. Er entwickelte dort außer den kriegerischen auch die Versorgungsmaßnahmen, die nach einem Plan der Bedarfsschätzung der einzelnen Departements ergriffen und mit der Methode der Beschlagnahmung und Umverteilung unter der Aufsicht einer ›Commission de subsistances‹ ausgeführt werden sollten. »Car le pain est le droit du peuple, avait dit Saint-Just«, heißt es an dieser Stelle in der Darstellung *Thiers*', ›Histoire de la Révolution Française‹, vol. V, p. 287. Dieses Werk ist 1824–1827 zuerst erschienen, und gewiß hat Heine aus ihm geschöpft. (*Mende* gibt an, daß Heine im April 1830, also noch in Hamburg, darin gelesen habe.)

11 Werke und Briefe 5, 234.

12 Ebd. S. 235.

13 E. M. *Butler*, The Saint-Simonian Religion in Germany, Cambridge 1926, p. 152: Dies ist bei weitem die kenntnisreichste und eindringendste Studie, die diesem Zusammenhang gewidmet worden ist, vielleicht sogar das lehrreichste Buch, das über Heines Gesinnungen überhaupt geschrieben wurde. Übrigens finde ich darin (p. 156) das dezidierte Urteil: »Heine was not a thinker.«

14 Unbegreiflich bleibt das Fehlurteil von Henri *Lichtenberger*, der Heine eine »Abneigung gegen das glänzende griechische Heidentum ... und den Olymp« zuschreibt – offenbar, weil dies zu seinem Bilde vom »Romantiker« unentbehrlich war. A. a. O., S. 10 und passim.

Es gibt für diese Meinung allenfalls ein einziges Beweisstück. »Ich habe euch niemals geliebt, ihr Götter! / Denn widerwärtig sind mir die Griechen, / Und gar nie verhaßt«: die Verse gehören zu dem Gedicht ›Die Götter Griechenlands‹, enthalten im Zweiten Nordsee-Zyklus des ›Buchs der Lieder‹ (1825–26). Diesem sonderbaren Bekenntnis stehen hundert Bemerkungen, poetische Beschwörungen und essayistische Bearbeitungen gegenüber, welche die ›hellenischen‹ Gottheiten, freilich mit Vorzug die weiblichen, rühmen, beklagen und wieder herbeirufen. Vor allem dient die fragliche Erklärung im Fortgang auch dieses Gedichts nur als Folie, die Tendenz umzukehren, die neuen, nämlich die christlichen Götter – »die schadenfrohen im Schafspelz der Demut« – weit gründlicher zu schmähen: »Und in Götterkämpfen«, so endigt die lyrische Rede, »halt ich es jetzt / Mit der Partei der besiegten Götter.« (Werke und Briefe 1, 206 f.)

15 Das Schlüsselwort vom Brot spielt auch in einer der begeisterten Ansprachen eine bedeutende Rolle, die bei der feierlichen, als ›Communion‹ bezeichneten Versammlung der saint-simonistischen ›Kirche‹ vom 8. Juli 1831 gehalten wurden. Gustave *d'Eichthal* hatte über die

»travaux industriels« zu referieren. Die christliche Kirche, sagte er, habe die Armen von den Almosen der Reichen abhängig gemacht und sie im übrigen angewiesen, »ihr tägliches Brot von ihrem Herrn zu erbitten«. »Saint-Simon est venu«, fuhr er im Bergpredigt-Stil fort, »pour mettre un terme à cette misère et à cette anxiété. Il veut que chaque jour, sans l'avoir demandé, chacun de ses enfants obtienne et mange le pain qu'il aura mérité.« (Œuvres de Saint-Simon et d'Enfantin, publiées par les membres du conseil institué par Enfantin, 1865 bis 1878, Photomechanischer Neudruck Aalen 1963, Bd. 3, S. 213). Es ist möglich, wo nicht wahrscheinlich, daß Heine dieser wichtigen Sitzung beigewohnt hat – er lebte seit Anfang Mai desselben Jahres in Paris, und er hatte sich schon in Hamburg vorgesetzt, mit dieser Schule in die engste Beziehung zu treten. Wie es sich aber damit auch verhalten mag, zum wenigsten zeigt der Vergleich dieser charakteristischen Stelle mit Heines neuer Spruchformel außer der Ähnlichkeit auch die Differenz: Von einem »göttlichen« Recht haben die ›Väter‹ in der Salle Taitbout nicht gesprochen. In ihrer Lehre (und auch in der zitierten Rede) gibt es andererseits ein Element, das wiederum Heine gänzlich ignoriert zu haben scheint: daß dieses Brot ›verdient‹ sein soll. Die Äquivalenz von Glück und Leistung hat keinen Eingang in Heines Sinn gefunden. Götter arbeiten nicht.

16 Darin berührt er sich mit Karl *Kraus*, der ihn so unbarmherzig geschmäht hat (aber darin berühren sie sich abermals, denn auch Heine hat mörderisch geschmäht).

17 Das ist fast wörtlich aus *Saint-Simon* übersetzt, freilich auch aus dessen dürrer Prosa in heitere Poesie: »Le véritable Christianisme doit rendre les hommes heureux, non seulement dans le ciel, mais sur la terre«, heißt es in der letzten Schrift des Grafen, im ›Nouveau Christianisme‹ von 1825 (dem Jahre seines Todes), und es war dieses Buch, das die Prediger der ›Eglise‹ nachmals am ausgiebigsten erläutert, paraphrasiert und fortgeführt haben (Œuvres de Saint-Simon et d'Enfantin, Neudruck Aalen 1963, Bd. 23, S. 148). Hinsichtlich der Vergleichung der saint-simonistischen und der Heineschen Texte sind Adolf *Strodtmanns* sorgliche Feststellungen bis heute grundlegend, sein zweiter Band ist jetzt gut hundert Jahre alt: H. Heines Leben und Werke von Adolf Strodtmann, 2. Bd., Berlin 1869, besonders S. 295 und 299. *Lichtenberger* hat einige Nachweise des Gleichklangs hinzugefügt: a. a. O., vor allem S. 141, 150–152. Gleichwohl scheint mir E. M. *Butlers* Bemerkung (The Saint-Simonian Religion in Germany, S. 142), diese Zusammenhänge seien wohlbekannt und bedürften keiner Nacharbeit, ein wenig eilig, wenngleich aus der umfassenden persönlichen Kenntnis dieser Autorin verständlich. Eine genaue konkordanzartige Zusammenstellung von Vokabeln, Wendungen und Passagen würde gewiß noch neue und verblüffende Übereinstimmungen zutage fördern. Für die Abhängigkeit *Nietzsches* von Heine andererseits ist in dieser Weise, soviel ich sehe, beinahe noch alles zu leisten, wenngleich die Ähnlichkeiten in allgemeiner Art vielen Bearbeitern aufgefallen sind. Hierüber findet man Näheres im zwölften Kapitel.

Zweites Kapitel
Unterschiedliche Prophezeiungen

1 Werke und Briefe 5, 307 f.

2 Miß E. M. *Butler* berichtet von solcher Betroffenheit in ihrem vorzüglichen Buche ›Heinrich Heine, A Biography‹ (London 1956). Diese Prophezeiung, heißt es dort (p. 126), sei »a forecast of what took place under the Nazis«, und die Passage sei seit 1939 wieder und wieder zitiert worden »because of its visionary nature and the almost literal accuracy of the prediction«. – Ludwig *Marcuse* hat sogar die Vermutung ausgesprochen, kein Heine-Zitat sei »von der deutschen Emigration und vom deutsch-feindlichen Ausland häufiger gegen Deutschland abgeschossen worden« als ebenjenes. Er gibt auch an, es sei im Jahre 1940 von der Londoner Zeitschrift ›The New Statesman and Nation‹ abgedruckt worden. (Marcuse, Heine, Neuausgabe, Rothenburg o. T. 1970, S. 284 f.)

3 Wolfgang *Harich*, Heinrich Heine und das Schulgeheimnis der deutschen Philosophie, in ›Sinn und Form‹, 8. Jahr, 1956, S. 31. – Ich komme später, im elften Kapitel, auf diese Auslegung zurück.

4 Dr. Georg *Mücke*, Heinrich Heines Beziehungen zum Mittelalter, Forschungen ed. Muncker XXXIV, Berlin 1908, S. 46 f.

5 Mit entsetzlicher Genauigkeit ist allerdings eine Voraussage Heines eingetroffen, die ich oben nicht erwähnt habe. Sie findet sich in ›Shakespeares Mädchen und Frauen‹, einer Auftragsarbeit von 1838/39, und zwar am Schluß des letzten Stücks, das der Figur der Portia aus dem ›Kaufmann von Venedig‹ gewidmet ist, aber auch diejenige des Shylock behandelt: »Aber siegt einst Satan, der sündige Pantheismus, vor welchem uns sowohl alle Heiligen des Alten und des Neuen Testaments als auch des Korans bewahren mögen, so zieht sich über die Häupter der armen Juden ein Verfolgungsgewitter, das ihre früheren Erduldungen noch weit überbieten wird . . .« Man muß dies wohl mit jener Vision von den philosophischen Berserkern zusammenhalten, in diesen Zusammenhang der Angst- und Schreckensprophetie gehört der Passus, und man muß ihn im Original vollends zu Ende lesen, bis hin zu der herzzerreißenden Wiederkehr von Shylocks verzweifeltem Rufe »Jessica, mein Kind!« Hier trifft uns der Seherblick wahrhaftig ins Mark, wenngleich es abermals schwerfällt, in demjenigen »Verfolgungsgewitter«, welches in unseren Tagen historisch wirklich geworden ist, die späte Folge einer geistig-religiösen Bewegung, des »Pantheismus«, zu erkennen. Mit Satan hingegen mag es seine Richtigkeit haben.

6 Im Schema wie in der Tendenz ist die ›Sociologie‹ von Auguste *Comte* – eigentlich eine Geschichtsphilosophie – ganz ähnlich konstruiert. »Auch sein Dreistadiengesetz ist kein historisches Ablaufgesetz, sondern eine Gegenwarts- und Vergangenheitsinterpretation mit Zukunftsaspekt«, sagt ein Kenner, Nicolaus *Sombart*, von dieser wissenschaftlichen Schöpfung, die Epoche gemacht hat. Er betont übrigens entschieden den Zusammenhang Comtes mit seinem Lehrer *Saint-*

Simon, behandelt die beiden streckenweise wie einen einzigen Autor. (›Vom Ursprung der Geschichtssoziologie‹, erschienen im ›Archiv für Rechts- und Sozialphilosophie‹, Band XLI, 1954/55, S. 490)

7 Der Satz steht in der Abhandlung ›Zur Kritik der Hegelschen Rechtsphilosophie‹, die *Marx* in dem einzigen Bande der ›Deutsch-Französischen Jahrbücher‹ 1844 zu Paris veröffentlicht hat.

8 Diese Vermutung finde ich in gewissem Maße bestätigt durch eine Untersuchung von Wolfgang *Wieland*, der seine philosophische Antrittsvorlesung an der Universität Hamburg im Januar 1962 über das Thema ›Heinrich Heine und die Philosophie‹ gehalten hat. (Sie ist veröffentlicht im 37. Jahrgang der ›Deutschen Vierteljahrsschrift für Literaturwissenschaft und Geistesgeschichte‹, 1963, S. 232–248.) »Nach Heine«, heißt es dort, »haben andere, vor allem Karl Marx, noch radikalere Konsequenzen als er aus der Philosophie des Deutschen Idealismus gezogen. Historisch bedeutsam bleibt gleichwohl, daß Heine der erste war, der mit seiner Konsequenz einer schließlich zwangsläufig in Aktion übergehenden Philosophie in diese Richtung gewiesen ... hat« (S. 246). Und wiederum: »Heine steht mit am Anfang einer Entwicklung, die mit der Relativierung des überkommenen theoretischen Wahrheitsideals beginnt, deren Konsequenzen aber heute noch gar nicht zu übersehen sind.« (S. 248) Indem ich diese sachkundigen Bemerkungen eines jüngeren Philosophiehistorikers unserer Tage anführe, möchte ich mich indessen nicht zum Parteigänger dieser seiner Entwicklungsthese machen; gottlob spinnen die Philosophen nicht sämtlich an einem und demselben Faden. – Übrigens hat Wieland nicht bemerkt, daß Heines »Grundgedanke« (so nennt er ihn) vom Zusammenhang zwischen Philosophie und Revolution ein prophetischer Gedanke war, das heißt, daß er ursprünglich und wesentlich der Denkfigur und Stilfigur der Prophezeiung zugehört.

9 Heute ist *Bauer* den meisten nur noch als das Hauptopfer dieser Streitschrift bekannt, die 1845 in Frankfurt erschien: ›Die Heilige Familie oder Kritik der kritischen Kritik, Gegen Bruno Bauer & Consorten‹ von Friedrich *Engels* und Karl *Marx*.

10 Bruno *Bauers* radikale Hauptschriften sind in den Jahren 1841, 1842 und 1843 herausgekommen. Die angeführten Sätze entstammen der Verteidigungsschrift seines gleichgesinnten Bruders Edgar: ›Bruno Bauer und seine Gegner‹, Berlin 1842, S. 89 f. Ich entnehme sie der eindringenden Darstellung von Horst *Stuke*, der ›Studien zur Verwirklichung der Philosophie bei den Junghegelianern und den Wahren Sozialisten‹ unter dem Haupttitel ›Philosophie der Tat‹ veröffentlicht hat (Stuttgart 1963, S. 139 f.). – Das bezeichnende Leitwort ›Philosophie der Tat‹ stammt von dem Frühsozialisten Moses *Heß*, der gleichfalls von Stuke behandelt wird.

11 Zitiert nach *Stuke*, Philosophie der Tat, a. a. O., S. 160, Anm. 54. Über Alexander *Herzen* hat Lenin anläßlich der hundertsten Wiederkehr seines Geburtstages einen Gedenkaufsatz geschrieben, der im ›Sozial-Demokrat‹ Nr. 26 vom 8. Mai 1912 erschienen ist; man findet ihn in

der zweibändigen Auswahl von Lenins Werken (5. Aufl., Berlin 1960), Bd. 1, S. 577–583. Auch er zitiert den Satz über Hegel und fügt hinzu: »Er ging weiter als Hegel, zum Materialismus, im Gefolge Feuerbachs.« Im übrigen richtet er eine heftige, ja geifernde Polemik gegen die russischen Liberalen, die Herzen als einen der Ihren in Anspruch nahmen; er kehrt die ›demokratischen‹ Züge seiner publizistischen Arbeit hervor, namentlich sein Wirken für die Bauernbefreiung, und rühmt sein Verdienst, »die freie russische Presse im Ausland« – aus dem Exil – geschaffen zu haben.

12 Ebenfalls nach *Stuke*, a. a. O., S. 180, Anm. 90.

13 Ich spiele hier auf das Schlußkapitel der ›Phänomenologie des Geistes‹ an, in der *Lasson*schen Ausgabe (Leipzig 1921) besonders S. 511 und 521.

14 Diese verwunderlichen Umstände werden später, im 11. Kapitel dieses Buches, näher untersucht werden.

15 Die Bemerkung bezieht sich abermals auf die Abhandlungen von Wolfgang *Wieland* und Horst *Stuke*, die zuvor schon angeführt wurden.

16 Das Nähere hierüber wird im folgenden, dritten Kapitel geschildert und erörtert werden.

17 Œuvres de Saint-Simon et d'Enfantin, 1865–78, Neudruck Aalen 1964, vol. 42, p. 321/2 und 327.

18 Œuvres 42, 333 und häufig anderwärts, immer wieder.

19 Karl *Marx*, Die Frühschriften, hrsg. Siegfried *Landshut*, Stuttgart 1955, S. 557. Es ist der vorletzte Abschnitt des ›Manifests‹ von 1848. Diese kritische Liquidierung aller Vorgänger hat für die Nachwelt lange – und bis heute – den beträchtlichen Anteil verdunkelt, den Marx ihren Kategorien, Formeln, Parolen und Vokabeln schuldet.

20 Henri *Saint-Simon*, L'Industrie ou Discussions politiques, morales et philosophiques, Tome II, 1817, in den Œuvres de Saint-Simon et d' Enfantin 19, 23. Er erörtert dort jenes geschichtliche ›Prinzip‹, von dem oben die Rede war. Der Satz lautet vollständig: »Que tout régime social est une application d'un système philosophique, et que, par conséquent, il est impossible d'instituer un système nouveau, sans avoir auparavant établi le nouveau système philosophique auquel il doit correspondre.« Verräterische Konsequenz! Philosophie erscheint als Voraussetzung der Industrie, aber auch nach ihrem Bilde vorgestellt, als herstellbar. – Auf diese Schrift Saint-Simons hat auch *Stuke* im Zusammenhang mit Heines Revolutionsprophetie hingewiesen (›Philosophie der Tat‹, a. a. O., S. 61). Trotz der Anklänge kann ich hier nicht an eine unmittelbare ›Quelle‹ glauben; ich habe kein Zeugnis entdecken können, daß Heine je Schriften Saint-Simons selbst gelesen hätte. Auch Fritz *Mende*, der in seiner ›Chronik‹ von Heines Leben und Werk (Berlin 1970) dessen jeweiliger Lektüre sorglich nachforscht, hat keine solche Spur gefunden.

21 Werke und Briefe 5, 305 f.

22 Enfantins Antwort wird im fünften Kapitel behandelt.

23 Das ist aus dem letzten Abschnitt des Aufsatzes ›Zur Kritik der Hegel-

schen Rechtsphilosophie, Einleitung‹, der 1843/44 in Paris verfaßt und in dem einzigen Bande der ›Deutsch-Französischen Jahrbücher‹ veröffentlicht wurde. (Karl *Marx*, Die Frühschriften, a. a. O., S. 224)

24 Werke und Briefe 1, 455, das vorige 449 und 451.

25 Lutetia XLVI vom 12. 7. 1842, Werke und Briefe 6, 433.

26 Man vergleiche die einschlägige Glosse im Anhang meines Buches ›Grund und Abgrund der Macht‹, Frankfurt 1962, S. 352 ff.

27 Auch Hans *Kaufmann* bemerkt (Bd. 10 seiner Ausgabe, S. 64 f.), daß Heine das Wort »wohl als erster in deutscher Sprache im modernen Sinn gebraucht hat«.

28 Werke und Briefe 1, 433. Das Vorwort ist vom 17. September 1844 datiert, aus Hamburg übrigens.

29 Ebd.

30 »... d'effectuer la grande opération morale, poétique et scientifique, qui doit déplacer le paradis terrestre et le transporter du passé dans l'avenir.« Saint-Simon, Quelques opinions philosophiques à l'usage du XIX. Siècle, Œuvres 39, 82.

31 Nouveau Christianisme, 1825, Œuvres 23, 148.

32 Man muß sich erinnern, daß der Name ›Kommunisten‹ zu dieser Zeit nicht etwa eine zusammenhängende, gar internationale Organisation bezeichnet, sondern kleine, verstreute proletarische Geheimbünde ohne Zentrum und ohne zusammenhängende intellektuelle Führung. Das ›Kommunistische Manifest‹ von Marx und Engels erschien erst 1848.

Diese französischen Kommunisten werden in der ›Lutetia‹ etwa ein halbes Dutzend mal erwähnt, zwei- oder dreimal mit starkem Ton, als eine »kleine Gemeinde« zwar, aber doch auch als ein »wachsendes Heer«. Beide Wendungen begegnen im sogenannten *Anhang* zur Lutetia, dessen erster Teil überschrieben ist ›Kommunismus, Philosophie und Klerisei‹ und drei Artikel aus dem Sommer 1843 umfaßt, die nicht in der ›Allgemeinen Zeitung‹, sondern in der ›Zeitung für die elegante Welt‹ erschienen waren. Heine schreibt sich dort rückblickend eine »Vorneigung« zu, womit er in seinen Berichten »sehr oft von einer kleinen Gemeinde gesprochen hat, die, der Ecclesia pressa des ersten Jahrhunderts sehr ähnlich, in der Gegenwart verachtet und verfolgt wird und doch eine Propaganda auf den Beinen hat, deren Glaubenseifer und düsterer Zerstörungswille ebenfalls an galiläische Anfänge erinnert« (Werke und Briefe 6, 530). Und ein paar Zeilen weiter: »Früh oder spät wird die zerstreute Familie Saint-Simons und der ganze Generalstab der Fourieristen zu dem wachsenden Heere des Kommunismus übergehen und, dem rohen Bedürfnisse das gestaltende Wort leihend, gleichsam die Rolle der Kirchenväter übernehmen.« Bezüglich der Saint-Simonisten, die Heine am meisten interessierten, ist diese Voraussage völlig desavouiert worden. Bemerkenswert bleibt gleichwohl die genaue Vorstellung von der Symbiose intellektueller Führer mit proletarischen Massen und die Analogisierung jener Intellektuellen, die er später – nach der Bekanntschaft mit Marx und Engels – die »Doktoren der Revolution« genannt hat, mit den ›Vätern‹ der christlichen Kirche. Diese Rolle kommt im ausgebildeten Bolschewismus den ›Klassikern‹ in der Tat zu.

Weitere Bemerkungen finden sich im XXVIII. Bericht vom 6. Januar 1841 (Werke und Briefe 6, 358 f.), im XXXVII. Bericht vom 11. Dezember 1841 (S. 399), im XLV. Bericht vom 20. Juni 1842 (S. 432) und im L. Bericht vom 29. Juli 1842.

Die zuletzt erwähnte Passage enthält übrigens die Anekdote von dem Elefanten-Denkmal aus Gips auf der Place de la Bastille und von dem furchterregenden Gerücht, in seinem Inneren nisteten unzählige Ratten, die hervorkommen und den ganzen Faubourg erobern würden, falls das Denkmal abgerissen werde. Hier liegt offenkundig der Keim zu dem späteren Gedicht von den ›Wanderratten‹, das ich am Schluß des vorigen Kapitels zitiert habe. Der ›Lutetia‹-Bericht enthält auch schon die metaphorische Nutzanwendung: »Die Bourgeoisie ... hat ... doch eine instinktmäßige Angst vor dem Kommunismus, vor jenen düsteren Gesellen, die wie Ratten aus den Trümmern des jetzigen Regiments hervorstürzen würden« (S. 441). Die Vergleichung ist für die Kommunisten nicht angenehm.

Eine mehr beiläufige Erwähnung der französischen Kommunisten gibt es noch im LI. Bericht vom 17. September 1842 (S. 447 f.). Endlich kann noch die Beschreibung der Metallarbeiter in den Ateliers des Faubourg Saint-Marceau hierhergezählt werden, die als journalistische Leistung besondere Bewunderung verdient: sie ist vom 30. April 1840 datiert (S. 268).

33 Dieser Artikel trägt die Nummer XLV. Die Zitate in Werke und Briefe 6, 432.

34 In freilich rein hypothetischer Weise wird (in Nr. XXVIII) dem Ministerpräsidenten *Guizot* die Erwägung zugeschrieben, »daß der unzeitige Triumph der Proletarier nur von kurzer Dauer und ein Unglück für die Menschheit wäre ...« (Werke und Briefe 6, 358 f.).

35 Offenbarung Johannis 12–13 und 20–21.

36 Werke und Briefe 6, 254.

37 Offenbarung Johannis 13. Übrigens hat *Grillparzer* im ›Bruderzwist in Habsburg‹ (Dritter Aufzug) dem Kaiser Rudolf eine erstaunlich ähnliche Vision in den Mund gelegt:

»Bis endlich aus der untersten der Tiefen
Ein Scheusal aufsteigt, gräßlich anzuseh'n
Mit breiten Schultern, weit gespalt'nem Mund,
Nach allem lüstern und durch nichts zu stillen.«

Der ›Bruderzwist‹ ist weithin aus den Erfahrungen der Revolution von 1848 genährt.

38 Zwischen ›Utopie und Eschatologie‹ hat Hanno *Kesting* in einem Aufsatz eben dieses Titels eine scharfe Unterscheidung getroffen. Diese Arbeit untersucht ›Zukunftserwartungen in der Geschichtsphilosophie des 19. Jahrhunderts‹ – so gibt es der Untertitel an – und ragt ebendadurch aus der einschlägigen Literatur hervor, daß sie das Verhältnis

dieser beiden elementaren Denkfiguren überhaupt ausdrücklich zum Thema macht. (Sie ist erschienen im ›Archiv für Rechts- und Sozialphilosophie‹, Band XLI, 1954/55, S. 202–230.) »Die Eschatologie geht von einem anderen Menschenbild aus als die Utopie: Sie appelliert nicht an einen freien und autonomen und darum guten Menschen, sondern an den Menschen als das gefallene Geschöpf Gottes, dem die Rettung, die Erlösung verheißen ist« (S. 220). Daher stehe, grob gesprochen, im politischen Frontverlauf des frühen 19. Jahrhunderts die Utopie für die revolutionäre, die Eschatologie für die gegenrevolutionäre Gesinnung. Dies liest der Verfasser zu Recht vor allem aus den Schriften von *De Bonald* und *De Maistre* heraus, und sie waren in der Tat die mächtigsten theoretischen Vorbereiter der bourbonischen Restauration in Frankreich, der Rückkehr zu ›Thron und Altar‹. Doch erschöpft sich damit ihre Wirkung durchaus nicht. Merkwürdigerweise waren auch Saint-Simon und seine Schüler »aufmerksame Leser De Maistre's« (wie Georges *Duveau* in seiner ›Sociologie de l'Utopie‹ sagt, p. 10), ihre Schriften und Reden lassen die Spuren dieser Lektüre deutlich genug erkennen, und vielleicht war es diese geistige Berührung, die sie zu ihrer sozial-politischen Religionsstiftung inspiriert hat. Diese zwar nicht revolutionären, aber entschieden ›progressistischen‹ Utopisten haben derart auch ein Erbteil an Eschatologie mitbekommen, und sie haben es Heine und Marx, den deutschen Propheten, weitergegeben. Auch Kesting deutet an, daß es mit jener einfachen Verteilung des utopischen Elements an die ›Linke‹, des eschatologischen an die ›Rechte‹ nicht sein Bewenden habe. Tatsächlich ist im Zuge dieser Ideenwanderung gerade die Eschatologik revolutionär geworden, hat sie sich mit der Utopik unauflöslich verschwistert.

[39] Georges *Duveau*, Sociologie de l'Utopie, Paris 1961, p. 57 und p. 7. Duveau macht freilich seinerseits nicht die begriffliche Unterscheidung zwischen dem utopischen und dem eschatologischen (oder apokalyptischen und prophetischen) Denken, er folgt der verbreiteten Übung und scheut sich nicht, auch Marx einen Utopisten zu heißen. Gleichwohl gibt seine Untersuchung reiche Aufschlüsse gerade hinsichtlich des positiven historischen Zusammenhangs zwischen Saint-Simon, Enfantin, Fourier einerseits, Marx und Engels andererseits. Mit Berufung auf Hinweise von Georges *Gurvitch* (›La vocation actuelle de la sociologie‹, Paris 1950) zeigt er zum Beispiel, wie Saint-Simons Konstruktion des friedlichen Industrie-Zeitalters sich in Marx' Geschichtsbild festund fortgesetzt habe: »Le scénario historique de Marx s'inspire du scénario construit par Saint-Simon« (p. 10). Auch findet man bei Duveau treffende Bemerkungen zum Verhältnis zwischen Enfantin und Heine (p. 162).

[40] Werke und Briefe 6, 246 f.; französische Version S. 238 f.

[41] Ebd. S. 248.

[42] Diese Charakterisierung des ›Préface‹ hat in der gegenwärtigen kommunistischen Literaturwissenschaft offenbar parteioffiziösen Rang; sie findet sich sogar im Artikel ›Heine‹ von *Meyers* Neuem Lexikon, Leipzig 1962.

[43] Werke und Briefe 7, 124 f. Übrigens liest man dort wenig vorher (S. 120 f.) eine Erwägung, die derjenigen aus dem ›Préface‹ der Sache nach fast völlig gleicht, sie ist nur gemessener vorgetragen als dort; sie mag sehr wohl dem Autor als Vorlage gedient haben, als er das ›Préface‹ niederschrieb.

[44] Werke und Briefe 7, 489.

[45] Sinn und Form, 8. Jg., 1956, S. 423.

[46] Mit dem Wort ›Standpunkt‹ spiele ich auf die Positionsbestimmung an, die der bedeutendste marxistische Literaturforscher unserer Tage, Georg Lukács, hinsichtlich Heinrich Heines getroffen hat. Im siebten Band der Gesamtausgabe seiner Werke (Neuwied 1964) liest man: »Heine blieb zeit seines Lebens in einer schwankenden Stellung zwischen bürgerlicher und proletarischer Demokratie.« Aber Heine hat immerhin – auch und abermals und sogar nach Lukács – »den höchsten philosophisch-dichterischen Standpunkt erreicht, den zu erreichen ihm vermöge des dialektischen Geschichtsverlaufs überhaupt möglich war«. Darum schließt der Aufsatz von Lukács (er stammt aus dem Jahre 1935) mit der Aussicht, daß ihm, Heine, »die siegreiche deutsche Revolution auf angemessene Art ihre Dankbarkeit erweisen« werde.

Heine wird hier in einen ideologischen Käfig gesperrt, und es bleibt ein Käfig, auch wenn man vorgibt, es sei die objektive Zwangsläufigkeit der Geschichte selbst, welche die Geister der Dichter und der Philosophen gefänglich halte. Gewiß hat das Wort »Standpunkt« in Lukács' Munde nicht jene subjektive Note, die wir ihm in der Umgangssprache beilegen. Der marxistische Theoretiker meint es dialektisch-historisch, er ordnet diesen Autor (wie jeden Autor) in den konstruierten Fortgang der ideologischen Entwicklung ein – oder er klemmt ihn da hinein –, ohne notwendigerweise darauf Rücksicht zu nehmen, was jener sich selber gedacht haben möge: Nur und erst der Analytiker kann ausmachen, welchen ›Standpunkt‹ einer erreicht habe. Jedoch bleiben die Schriften und also die subjektiven, persönlichen Äußerungen des jeweiligen Autors, hier Heines, bei diesem Unterfangen unvermeidlich seine einzigen Quellen und Zeugnisse, und so müßte von Rechts wegen der objektive, das heißt dialektisch konstruierte ›Standpunkt‹ mit jenem subjektiven, gleichsam jedem aufmerksamen Leser unmittelbar zugänglichen ›Standpunkt‹ in eins fallen – oder noch mehr: Der historische Standpunkt kann zuletzt nur erwiesen werden im Zitat desjenigen ›Standpunkts‹, den der betrachtete Autor höchstselbst und erklärtermaßen eingenommen hat. Vorausgesetzt eben, daß er überhaupt einen Standpunkt eingenommen haben sollte. Nur seine eigene Stimme, wie sie aus den Schriften spricht, kann uns auch über seinen ›Standpunkt‹ Auskunft geben, und dann wird solche Konstruktion wie die von Lukács allerdings zerfallen: es ist dann wie eine Auferstehung aus dem Grabe, worin der vergangene Geist von der marxistischen Wissenschaft eingesargt war.

Drittes Kapitel
Heine unter den Priestern

1 An Varnhagen von Ense, Werke und Briefe 8, 405. Die Datierung »Hamburg, 22. Mai« gibt (nach Hirth, Briefe 2, 20) den Ankunfts-Poststempel wieder.

2 Nach einer Mitteilung von Professor *Schramm* in Göttingen war Hartwig *Hesse* (1778–1849) ein Sohn des aus Osterode stammenden Isaac Hesse, der die Firma ›Hesse, Newman u. Co.‹ gegründet hatte. Schramm erwähnt ihn in seinen Büchern ›Hamburger Biedermeier‹ (Hamburg 1962), S. 65, und ›Neun Generationen‹ (Göttingen 1964), S. 50. Er ist gewiß mit Heines reichem Onkel, dem Bankier Salomon Heine, bekannt gewesen, war Jude wie dieser; hier wird Heine ihm wohl zuerst begegnet sein.

3 Werke und Briefe 8, 385 f.

4 Dieses höchst einflußreiche Buch beginnt mit einem »exposé rapide« der Entwicklung der ›Schule‹ und einem Resümee der einzelnen Kapitel oder ›Séances‹, die später folgen; danach ist der Brief ›A un Catholique sur la vie et le caractère de Saint-Simon‹ eingeschaltet, der zwanzig Seiten umfaßt. Diesem entstammt der fragliche Passus.

5 Ob Heine den Kalauer auf sich selbst gemünzt hat, der sich in den Notizen fand und der nur aus einem einzigen Worte besteht? »Hamborger«! (Werke und Briefe 7, 424)

6 Auch Friedrich *Hirth* vermutet, daß Hesse, offenbar selbst am Saint-Simonismus interessiert, die Reise finanziert habe (Heinrich Heine Briefe, ed. Hirth, 2, 1950, S. XI). Fritz *Mende* gibt diesen Umstand in seiner ›Chronik‹ von Heines Leben und Werken als Tatsache – unter dem Datum von Ende April 1831, S. 88.

7 Werke und Briefe 8, 388.

8 Miß E. M. *Butler* meint in einer Fußnote in dem Heine betreffenden Teil ihres Buches ›The Saint-Simonian Religion in Germany‹ (p. 137), es sei äußerst unwahrscheinlich, daß Heine vor seiner Ankunft in Paris mit der religiösen Doktrin der Saint-Simonisten bekannt gewesen sei; der erste Band der ›Exposition‹, den allein er damals in Händen hatte, behandle fast ausschließlich die industriellen und sozialen Ansichten der Schule. Indessen wäre jene emphatische Stelle des Briefes an Varnhagen ganz unbegreiflich, wenn dies zuträfe. Tatsächlich läßt das letzte Drittel der ›Exposition‹ (Première Année) keinen Zweifel an der Absicht, die »Wissenschaft vom Menschen«, die zuvor entwickelt wurde, zu einer »religiösen« Gesamtanschauung hinzuführen und ein neues »organisches« Zeitalter zu prophezeien. Schon in der vorausgeschickten Inhaltsangabe steht zu lesen: »Nos cinq dernières séances sont consacrées en entier à poser les termes du problème suivant: L'humanité a-t-elle un avenir religieux?« (Œuvres 41, 52) Allerdings hat die Ausführung mehr den Charakter einer Apologie als einer Dogmatik; diese wird ausdrücklich (S. 54, Fußnote) auf einen zweiten Band vertagt, der demnächst erscheinen werde. Immerhin ist schon hier die Tendenz

deutlich ausgesprochen, »de réhabiliter le sentiment religieux«, und Religion wird wesentlich als ›Gefühl‹ begriffen, als notwendige Erfüllung desjenigen anthropologischen Bedürfnisses, welches als »sentiment« bezeichnet ist. (Daher Heines Wendung von den »heiligen Gefühlen« seiner neuen Religion!) – Möglicherweise hat sich Miß Butler durch die in der Tat verwirrende Anordnung der ›Exposition‹ in den ›Œuvres de Saint-Simon et d'Enfantin‹ täuschen lassen: Das zusammengehörige Buch der ›Doctrine Saint-Simonienne (Nouveau Christianisme), Exposition par Bazard, Au nom du collège, en 1829 et 1830‹ – so lautet der vollständige Titel – ist von den Herausgebern der Werke in zwei Stücke zerrissen und auf zwei Bände (41 und 42) verteilt, eine andere, viel spätere Abhandlung ist dazwischengeschoben worden; der Schnitt verläuft genau an der Stelle, wo die »positiv«-wissenschaftlichen Erörterungen enden und die »Einführung in die religiöse Frage« beginnt, so daß gerade jene letzten fünf ›Sitzungen‹ (von der 13. bis zur 17.) in den 42. Band geraten sind, wo sie der Aufmerksamkeit leicht entgehen können.

9   Werke und Briefe 8, 378.

10   Ebenfalls an Karl August Varnhagen von Ense in Berlin, vom 4. Januar 1831 aus Hamburg, Werke und Briefe 8, 381.

11   Die Stelle findet sich in einer Anmerkung zum Text der ›quinzième séance‹ der ›Première Année‹ der ›Exposition de la Doctrine Saint-Simonienne‹: Œuvres de Saint-Simon et d'Enfantin, 42, 82. Sie steht im Zusammenhang einer Kritik der Lehre von Auguste Comte.

12   Vor allem denke ich an das schon erwähnte Buch über ›The Saint-Simonian Religion in Germany, A study of the Young German Movement‹, Cambridge 1926, aber auch an ihre Heine-Biographie, London 1956. »Saint-Simonism, it would appear, was one of the forces which drew him away from his native land«, heißt es in dem erstgenannten Buch (S. 95), »and therefore even indirectly it assumed the proportion of destiny shaping his future.« Auch in ihrer Darstellung spielen jene beiden Briefe vom Februar und April 1831 eine entscheidende Rolle.

13   Dies hat vor hundert Jahren Adolf *Strodtmann* nachdrücklich ausgesprochen und blieb für lange Zeit maßgeblich: » Ja, es duldete ihn nicht länger in Deutschland, wo das Damoklesschwert der Censur beständig über seinem Haupte hing, und den Freien nur Kerker und Verfolgung in Aussicht stand. In Paris war zum andern Male die Sturmglocke der Freiheit erklungen – da gürtete er seine Lenden und pilgerte an die Wiege der Revolution.« (H. Heines Leben und Werke, Zweiter Band, Berlin 1869, S. 223). Dem gleichen heroischen Muster folgt mit ähnlichen Metaphern des Enthusiasmus noch der deutsche sozialdemokratische Schriftsteller Hermann *Wendel* in seinem Buch ›Heinrich Heine, Ein Lebens- und Zeitbild‹, das während des Ersten Weltkriegs, 1916, in Dresden erschienen ist: »Mit Sturmesgewalt riß es ihn jetzt« – nämlich nach der Juli-Revolution – »nach Paris, wohin er so lange schon strebte. In Deutschland war kein Feld des Wirkens für seine begeisterte Seele . . .« und so fort.

Selbst der hervorragendste Kenner von Heines geistiger Entwicklung aus der Zeit des beginnenden zwanzigsten Jahrhunderts, Henri *Lichtenberger*, ist – in diesem Punkt der Motive seiner Auswanderung – der Legende nicht ganz entgangen: »Um seine persönliche Freiheit zu wahren, will er sich der Machtsphäre der von ihm angegriffenen Regierungen entziehen und verbrennt schließlich seine Schiffe hinter sich, um nach Paris zu gehen ...« (Heinrich Heine als Denker, Dresden 1905, S. 124). Sein Fall muß um so mehr verwundern, als er das dritte seiner sechs Kapitel ausdrücklich dem Thema ›Heine und der Saint-Simonismus‹ gewidmet hat. Obgleich er jenen Brief an Varnhagen selbst zitiert, worin Heine von seiner »neuen Religion« spricht, scheint er den Sinn dieser Wendung doch übersehen zu haben, denn er verlegt Heines Bekanntschaft mit der ›Ecole‹ eindeutig in die Zeit nach seiner Ankunft in Paris (S. 127).

Noch 1960 hat Ludwig *Marcuse*, sonst ein guter Kenner, in der verbreiteten Rowohlt-Monographie ›Heinrich Heine in Selbstzeugnissen und Dokumenten‹ dieselbe Briefstelle von der neuen Religion und der Priesterschaft auf den Liberalismus und also mittelbar auf die Juli-Revolution bezogen, wenngleich er hinzusetzt, Heine sei »nicht mit fliegenden Fahnen«, »nicht ... aus Kriegsbegeisterung in das Hauptquartier der liberalen Ideen« gegangen, er sei nur vor der Torheit der deutschen Regierungen »geflüchtet«. Genau derselbe Text und also dieselbe Erklärung findet sich auch in der Neuauflage von Marcuses ursprünglichem ›Heine‹-Buch (1. Aufl. 1932), Rothenburg 1970. Der Saint-Simonismus kommt in dieser Darstellung überhaupt nicht vor. –

Die Einführung zu der (auf vier Bände angelegten) Heine-Ausgabe des Winkler-Verlages, die Werner *Vordtriede* verfaßt hat, folgt der Konvention, die zuvor charakterisiert wurde (Sämtliche Werke, Bd. I, S. 12), und auch Hans *Mayer* hat in seiner Einleitung zur Insel-Ausgabe (1968, Bd. I, S. 12) in etwas gedämpfteren Worten dieselbe alte Annahme wiederholt, daß es die Juli-Revolution gewesen sei, die Heine »aus der deutschen Enge ... in die Stadt so offenbar geistig-politischer Freiheit« gezogen habe. Einzig Friedrich *Hirth* hat die Motive von Heines Übersiedlung nach Paris neu und sorgsamer untersucht, hat die Juli-Revolution als entscheidenden Faktor ausgeschlossen mit dem einfachen Argument, daß man nicht neun Monate wartet, solchem Rufe zu folgen, und hat andererseits die Attraktion des Saint-Simonismus wahr- und ernstgenommen; Heines »Sehnsucht, tief in den Geist des Saint-Simonismus einzudringen« figuriert hier zu Recht als »eine der Aussichten, die den Dichter nach Paris getrieben« hätten. (Briefe 2, XI und XIV)

14 Œuvres de Saint-Simon et d'Enfantin, 41, 56–57. Diese Passagen stehen ziemlich am Anfang der ›Exposition‹, welche von *Bazard* auf Grund seiner eigenen Vorlesungen und Niederschriften von Zusammenkünften der Jahre 1828 und 1829 redigiert wurde. In den ›Œuvres‹ umfaßt dieses »erste Jahr« nahezu sechshundert Seiten.

15 Œuvres de Saint-Simon et d'Enfantin, 3, 216.

[16] Die einzige positive und einigermaßen nachdrückliche Spur dieser Art findet sich in den Briefen aus Helgoland (im ›Ludwig Börne‹) – an jener vielzitierten Stelle, wo der ostpreußische Justizrat sein Wasser in den Wein der Juli-Begeisterung gießt, wo diesem nämlich der Satz in den Mund gelegt wird: »Aber es hilft ihnen« – den armen Leuten, die in der Revolution gesiegt haben – »es hilft ihnen nichts, wenn sie nicht auch das Erbrecht besiegen.« Der Schreiber fingiert dort Unverständnis: »Ich weiß nicht, warum diese Worte, die ich nicht begreife, mir so beängstigend im Gedächtnis bleiben. Was will er damit sagen, der trokkene Kauz?« (6, 133) Der Brief ist vom 10. August 1830 datiert, doch erst zehn Jahre später publiziert. Es spricht manches dafür, daß auch hier eine Einfügung aus der Pariser Zeit vorliegt, denn die Abschaffung des Erbrechts bildete einen zentralen Programmpunkt der Schule Saint-Simons. »La féodalité sera morte à jamais lorsque tous les privilèges de la naissance, sans exception, seront détruits, et que chacun sera placé suivant sa capacité, et récompensé suivant ses œuvres« – so lautet der entscheidende, darum durchweg in Majuskeln gedruckte Passus des Aufrufes, den *Bazard* und *Enfantin* am 30. Juli 1830, am dritten und letzten Tag der Erhebung, an die Wände von Paris heften ließen (Œuvres 2, 200). Und in einem Artikel des ›Organisateur‹ vom 1. August (ebd. p. 210) schrieben sie, diese »révolte sainte« verdiene nicht den Namen einer Revolution, da in der wirklichen gesellschaftlichen Organisation nichts Fundamentales verändert worden sei. Das ist in der Tat genau die Ansicht von Heines »trockenem Kauz«. Übrigens sind dieselben Grundsätze auch schon in der ›Exposition de la doctrine‹ entwickelt, zumal in der ›Huitième Séance‹, und es genügte fast die Lektüre der vorausgeschickten summarischen Inhaltsangabe dieses Abschnittes, Heine und seinen Justizrat zu dem fraglichen Diktum zu inspirieren: »Man sagt uns, daß der Sohn immer schon seinen Vater beerbt habe, ebenso wie ein Heide gesagt hätte, daß der freie Mann immer Sklaven gehabt habe; mais l'humanité l'a proclamé par Jésus: Plus d'Esclavage! par Saint-Simon elle s'écrie: A chacun selon sa capacité, à chaque capacité selon ses œuvres, Plus d'Héritage!« (Œuvres 41, 41). – Auch haben wir das Zeugnis Karl *Grüns*, der gar nicht daran zweifelte, daß die angeführte Stelle im ›Ludwig Börne‹ eine »künstlerische« Verarbeitung der saint-simonistischen Lehre darstelle, welche Heine hier »als nothwendig mit der Julirevoluzion verbunden« ansehe (›Die soziale Bewegung in Frankreich und Belgien‹, 1845, S. 80). Zur Datierung der Helgoländer Briefe ist vor allem der Aufsatz von E. M. *Butler* in ›Modern Language Review‹ 18, 1923, p. 68–85, von Wichtigkeit.

[17] Werke und Briefe 4, 275–289.

[18] Karl *Grün*, Die soziale Bewegung in Frankreich und Belgien, Darmstadt 1845, S. 80.

[19] Ganz in diesem Sinn hat sich Heine noch 1851 einem anderen Besucher, dem Philosophieprofessor J. H. *Fichte* gegenüber geäußert: »mitleidig schaute ich ... von dem gewonnenen erhabenen Stand-

punkte (sc. des Saint-Simonismus) auf das Treiben dieser Leute (sc. der deutschen Demokraten) herab ...« So bei *Houben*, Gespräche, Nr. 691, S. 891.

20 Ebd. S. 80. Grüns Werk ist heute verschollen, während die sehr ähnliche, freilich gründlichere Unternehmung Lorenz von *Steins* – seine ›Geschichte der sozialen Bewegung in Frankreich‹ – hohes Ansehen genießt und mehrfach neu aufgelegt worden ist (1921 und 1959). Steins Buch war zuerst 1842 erschienen unter dem Titel ›Der Sozialismus und Kommunismus des heutigen Frankreich, Ein Beitrag zur Zeitgeschichte‹. Es ist wohl möglich, daß Grün sich eben hiervon hat anregen lassen, während andererseits Stein für seine spätere Bearbeitung (1850) den Ausdruck »soziale Bewegung« von Grüns Titel übernommen zu haben scheint; er zitiert Grün übrigens gelegentlich mit Beifall (so Bd. 2, S. 230 der jüngsten Ausgabe, Hildesheim 1959). Sein Urteil über den Saint-Simonismus ähnelt demjenigen Grüns: »Er ist der Markstein der neuen Zeit in Frankreich. Hinter ihm eröffnet sich die Bahn, deren Ende noch kein menschliches Auge sieht ...« (a. a. O., S. 231).

21 Grün, Soziale Bewegung, S. 117.

22 Grün, S. 119. Die fragliche Stelle in ›Werke und Briefe‹ 5, 234. Über Heines Vorstellungen vom »Pantheismus« werde ich an späterer Stelle Näheres sagen.

23 In *Strodtmanns* Werk führt das dritte Kapitel des zweiten Bandes den Titel ›Der Saint-Simonismus‹, es umfaßt 35 Seiten (285–319). E. M. *Butler* bezieht sich auf Strodtmann gleich zu Anfang ihres Heine-Kapitels in ›The Saint-Simonian Religion in Germany‹, Cambridge 1926.

24 Eine gewisse Ausnahme bildet Friedrich *Hirth*, der in seinem Buch ›Heinrich Heine und seine französischen Freunde‹ (Mainz 1949) im ersten Kapitel ›die saint-simonistischen Freunde‹ behandelt hat; doch interessieren ihn, den Herausgeber von Heines Briefen, nur die in der Korrespondenz zutage tretenden biographischen Zusammenhänge, während die literarischen Wirkungen im Schatten bleiben, gelegentlich auch ganz mißverstanden erscheinen.

25 Ernst *Bloch*, Das Prinzip Hoffnung, S. 661. Dort auch das Zitat von Huxley.

26 Werke und Briefe 3, 10.

27 Briefe aus Paris 1831–1832, Vierter Theil, Paris 1833, S. 18 f., vom 30. Dezember 1831. *Börne* macht aus der Distanz eben die Wahrnehmung – der politischen ›Verfassung‹ der Eglise –, die wir bei Heine vermissen. Seine Reaktion läßt im Vergleich mit derjenigen Heines den ganzen Gegensatz der beiden hervortreten – nicht als den Gegensatz von Charakter und Talent (wie er meinte), sondern als den des moralisch-prinzipiellen und des artistischen ›Liberalismus‹. Dieser scheint blind gegen die organisatorische Gestalt, jener aber gegen den inneren Geist der Sache.

28 Karl *Grün*, Die soziale Bewegung, S. 91. – In Lorenz von *Steins* weit ausführlicherer, auch gelassenerer Darstellung der saint-simonistischen

Lehren und ihrer Entwicklung wird man keine Bemerkung finden, die einen ähnlich scharfen Blick für die ›äußere‹ Gestalt der sozialistischen Gesellschaft verriete, wie sie die Saint-Simonisten anstrebten.

29 Œuvres 2, 215.

30 Die Philosophie der Geschichte – »as a meaningful system« – hat auch Georg G. *Iggers* an den Anfang seiner Darstellung und Untersuchung des Saint-Simonismus gesetzt. Dieser amerikanische Autor hat das Verdienst, wohl zum ersten Mal zwischen der Lehre Saint-Simons und der saint-simonistischen Schule oder ›Kirche‹ deutlich und scharf unterschieden zu haben. Nur dieser letzteren gilt sein Buch, das im Titel bereits die These enthält: ›The Cult of Authority, The Political Philosophy of the Saint-Simonians, A chapter in the intellectual history of Totalitarianism‹ (The Hague 1958). Seine Deutung des »wohlwollenden Totalitarismus« der ›Eglise‹ gründet sich indessen ausschließlich auf die Lehren der ›Exposition de la Doctrine‹ und der zugehörigen publizistischen Organe; die ›äußere‹ Geschichte ihrer Organisation bleibt außer Betracht, obwohl gerade ihre Beschreibung und Analyse die These paradigmatisch zu illustrieren vermocht hätte. Gleichwohl hat dieser Autor, sehend geworden durch die Erfahrungen des 20. Jahrhunderts, endlich die Befangenheit in der ›sozialistischen‹ Ideengeschichte abgeworfen und die Erscheinung des Saint-Simonismus mit frischen Sinnen in ihren politischen Konsequenzen wahrgenommen: »Saint-Simonianism, while attempting to abolish the exploitation of man, outlined a potential instrument for the most systematic despotism of man over man.« (a. a. O., p. 64)

31 Œuvres 1, 39. Aus einem Brief Saint-Simons an seinen Neffen Victor vom Jahre 1810. – Eine eindringende Darstellung seiner Wissenschafts-Religion findet man in: Frank E. *Manuel*, The new world of Henri Saint-Simon, Harvard University Press 1956, vor allem im 9. Kapitel.

32 Zum Religions-Charakter des Bolschewismus und zum Kirchen-Charakter der Kommunistischen Partei findet man Näheres in meinem Buch ›Grund und Abgrund der Macht. Kritik der Rechtmäßigkeit heutiger Regierungen‹, Frankfurt 1963, zumal im 5., 6. und 7. Kapitel.

33 Eine Auswahl der Karikaturen, satirischen Blätter und Spottgedichte, die in den Jahren 1831 und 1832 und später erschienen sind, findet man reproduziert in dem Buche von H. R. *d'Allemagne*, Les Saint-Simoniens, Paris 1930.

34 Zuerst bei W. *Wadepuhl* in Heine-Studien 1956, S. 91–96; jetzt auch in Kaufmanns Ausgabe 3, 597. *Chevalier* kommt noch in zweien jener Notizen vor, die aus Heines Nachlaß publiziert worden sind. Einmal nennt er ihn »Conservateur und Progressivster zugleich« – »mit der einen Hand stützt er das alte Gebäude, damit es nicht den Leuten auf den Kopf stürze, mit der andern zeichnet er den Riß für das neue, größere Gesellschaftsgebäude der Zukunft« (Werke und Briefe 7, 388). Die zweite Erwähnung, wiewohl fragmentarisch, kulminiert in einer paradoxen Vision, zudem bildet sie einen der wenigen Reflexe des authentischen sozialen Programms der Saint-Simonisten – sie enthält

sogar das Leitwort ›Arbeit‹: »Industrie, Arbeit, Freude – Der weltliche Heiland kommt auf einer Eisenbahn – Michel bahnt ihm den Weg – Rosen werden gestreut auf . . .« (Ebd. S. 412).

35 Brief vom 5. 5. 1845, nicht bei Kaufmann, aber bei Hirth 3, 23 (Nr. 852); bei E. M. *Butler*, The Saint-Simonian Religion, mit falschem Datum zitiert.

36 Von Heinrich *Laube* berichtet – bei H. H. *Houben*, Gespräche Nr. 326.

37 Werke und Briefe 7, 317.

38 Im sechsten Brief, Werke und Briefe 6, 43.

39 H. H. *Houben*, Gespräche mit Heine, Nr. 362, S. 365.

40 Sonderbarerweise erscheint auf den Titelblättern beider Bände der ›Exposition‹ dieselbe Zeitangabe: »En 1829 et 1830« im ersten, »1829 bis 1830« im zweiten Fall, obwohl der eine Band als ›Première Année‹, der andere als ›Deuxième Année‹ bezeichnet ist. Tatsächlich haben die Zusammenkünfte des ›ersten Jahres‹ der ›Exposition‹ am 17. Dezember 1828 begonnen und sind wohl in einigermaßen regelmäßiger Folge bis zum Sommer 1829 fortgeführt worden. Vgl. H. R. *d'Allemagne*, Les Saint-Simoniens, p. 63 ff.

41 Exposition, Dixième Séance, Œuvres 41, 360.

42 Ebd. p. 366.

43 Ebd. p. 397.

44 Oben S. 56.

45 Œuvres 42, 82.

46 Werke und Briefe 8, 388.

47 Œuvres 42, 355.

48 Ebd. p. 354/5.

49 So hat *Enfantin* in der vierten einer Serie von Instruktionen (›Enseignements‹), die er im November und Dezember 1831 hielt, an die Künstler appelliert, »ihr Leben der moralischen, physischen und geistigen Verbesserung der Arbeiter zu widmen«: »c'est à ce titre seul que nous voulons et que nous donnons la gloire.« (Œuvres 14, 125). Trotz dieser Unterwerfung unter eine strenge Direktive (die uns ebensowohl an Platons ›Staat‹ erinnert, wie sie die Literaturvorschriften heutiger kommunistischer Parteidiktaturen, zumal der sowjetrussischen, zu präfigurieren scheint), hat der ›Höchste Vater‹ hier die Position des Künstlers rhetorisch-verführerisch wieder derjenigen des Priesters angenähert: »je parle des artistes, c'est presque parler du Prêtre« (ebd. p. 124; das Wort ›artistes‹ ist in Kapitälchen, das Wort ›Prêtre‹ aber in doppelt so großen Majuskeln gesetzt, so ist der gebührende Abstand wiederhergestellt). – Dieses vierte Enseignement (vom 3. Dezember) gehört noch zu der Gruppe, deren Protokolle vollständig veröffentlicht wurden, wie die ›Notice Historique‹, Œuvres 5, 125, mitteilt. – Ähnlich appellierte Emile *Barrault*, vielleicht der mächtigste Redner der ›Eglise‹, in einer seiner ›Prédications‹ (wohl auch aus dem Jahre 1831), die ausschließlich der Funktion der Kunst gewidmet ist, an die Dichter, die »Liebe zu den friedlichen Eroberungen der Industrie« zu erregen und »Gott in der Einigung des Menschen mit der Außenwelt« zu besingen. (Œuvres 44, 186/7)

[50] Eine Reihe dieser moralisierenden Rezensionen sind resümiert bei Georg G. *Iggers*, The cult of Authority, The Hague 1958, p. 177 ff.

[51] Eine – freilich unbedeutende – Ausnahme scheint jener Charles *Duveyrier* gemacht zu haben, welchen Heine im LIV. Stück der ›Lutetia‹ einigermaßen von oben herab als ein Beispiel dafür anführt, daß man »aus einem Franzosen alles machen« könne. »Dieser Charles Duveyrier saß in der Salle Taitbout auf der Bischofsbank, zur Seite des Vaters, nämlich Enfantins ...« Nachher habe er Lustspiele geschrieben, von denen er nicht reden wolle, schließlich habe er »sich auf das Feld der Politik begeben« und allwöchentlich ›Lettres politiques‹ herausgebracht. Vielleicht steckt in dem Tone wohlgelaunter Verachtung, worin die Charakteristik vorgetragen ist, eine kleine Prise von Ressentiment wider den »kümmerlichen Bühnendichter«, der doch einmal unter die Propheten aufgenommen war. (Werke und Briefe 6, 458)

[52] Diese Erkenntnis hinderte indessen nicht, daß Heine noch 1835 fest an die Vereinbarkeit von Kunst und Religion, ja von Kunst, Religion, Wissenschaft und Politik glaubte. Im Dritten Buch der ›Romantischen Schule‹ pries er die »Schriftsteller des heutigen Jungen Deutschlands« in Wendungen und Begriffen, die geradewegs aus einer jener ›Predigten‹ der saint-simonistischen ›Kirche‹ übernommen zu sein scheinen: Diese Autoren wollten »nimmermehr die Politik trennen von Wissenschaft, Kunst und Religion« und sie seien »zu gleicher Zeit Künstler, Tribune und Apostel«. Und er verbreitete sich an derselben Stelle einläßlich über den Sinn solchen Apostolats und über das Wesen solchen ›Glaubens‹: »Es ist dieses der Glaube an den Fortschritt, ein Glaube, der aus dem Wissen entsprang.« Man habe herausgefunden, »daß diese Erde uns alle anständig ernähren kann, wenn wir alle arbeiten und nicht einer auf Kosten des anderen leben will; und daß wir nicht nötig haben, die größere und ärmere Klasse an den Himmel zu verweisen« (Werke und Briefe 5, 126). Das ist die Sprache eines gelehrigen Schülers der ›Doktrin‹, der es auch nicht verschmäht, ihre Schlag- und Heilsworte wörtlich anzuwenden – wie zum Beispiel jene hundertfach wiederholte Prägung von der ›classe la plus nombreuse et la plus pauvre‹, die auf den Grafen Saint-Simon selbst zurückgeht. Was den Künstler betrifft, so ist hier freilich nicht von seiner Stellung in der organisierten Hierarchie die Rede, sondern von seiner spontanen Tätigkeit. Gleichwohl ist natürlich auch in der abstrakten Kombination der drei Bestimmungen – des Künstlers, des Tribunen und des Apostels – als solcher schon eine Antinomie angelegt, vielleicht sogar eine dreifache. Wir wissen aus unseren eigenen Erfahrungen mit der uns zeitgenössischen deutschen Literatur, wie prekär es mit der Vereinbarkeit dieser Rollen steht.

[53] H. R. de *l'Allemagne*, Les Saint-Simoniens 1827–1837, Paris 1930, p. 66, dort auch das vorige Zitat.

[54] Ebd. p. 69.

[55] Diese Beispiele entnehme ich aus Archivalien, die bei H. R. *d'Allemagne* zitiert sind, der Reihe nach p. 67, 66, 71, 68.

[56] Œuvres 23, 116.

[57] Œuvres 16, 53.

[58] Ebd. p. 46.

[59] Ebd. p. 49.

[60] Im Siebzehnten Enseignement vom Februar 1832, Œuvres 17, 68. In Majuskeln gedruckt, treten die Wörter ›Dieu‹, ›Saint-Simon‹ und ›Mes‹ (nämlich: mains) aus dem Text gleichermaßen hervor.

[61] »Le plus puissant génie des temps modernes: Napoléon«, schreibt *Enfantin* noch 1847 in der Vorbemerkung zu einem Briefband (Œuvres 34, 162).

[62] Die Wendung hat Max *Weber* gebraucht, als Umschreibung des ›Cäsarismus‹, sie gehört in den Umkreis seiner Kennzeichnung – und Anwendung – des ›charismatischen‹ Führungstypus.

[63] Brief an Laube vom 23. November 1835, Werke und Briefe 8, 478. Friedrich *Hirth* gibt in seinem Kommentar zu diesem Brief (Briefe 5, 156) schlicht an, die Äußerung sei in jenem einzigen Schreiben Enfantins an Heine enthalten, mit dem er sich für die Widmung von ›De l'Allemagne‹ ausführlich bedankt hat. In diesem bedeutenden Brief, der uns hier noch näher beschäftigen wird, abgedruckt in Œuvres 10, 108–136 und dort nur von »Ende 1835« datiert (Hirth nennt den 11. Oktober als Absendetermin), kann ich bei genauester Lektüre keine solche ›Ernennung‹ entdecken. Enfantin spricht darin allerdings eine Art von Berufung aus – die Jugend des gegenwärtigen Deutschlands zu suchen und sie mit der französischen bekannt zu machen –, aber diese Aufgabe soll Heine erst noch erfüllen (und er hat darauf de facto niemals reagiert). Als »prophète« redet er ihn in den Schlußwendungen immerhin an – aber nur, um ihm von neuem die Lektüre des ›Nouveau Christianisme‹ von Saint-Simon ans Herz zu legen. Allenfalls könnte das Wort vom ›Kirchenvater‹ auf mündlichem Wege zu ihm gelangt sein, etwa durch *Guéroult*, den Überbringer von Enfantins Botschaft.

Viertes Kapitel
Seraphine

[1] Werke und Briefe 1, 238. Insel-Ausgabe 1, 96.

[2] Ernst *Bloch*, Das Prinzip Hoffnung, Frankfurt 1959, 1. Bd., S. 590 und 592. Das Buch Joachims heißt ›De concordia utriusque testamenti‹ und ist zuerst gedruckt worden Venedig 1519.

[3] Offenbarung Johannis 14, Vers 6. Die Bedeutung dieser Stelle für Joachim von Fiore kennzeichnet G. *Ficker* in dem Handwörterbuch ›Die Religion in Geschichte und Gegenwart‹, 2. Aufl. 1929, 3. Bd., Sp. 309.

[4] Œuvres 42, 9–10.

[5] Exposition, Œuvres 41, 75. Die angeführten Sätze stehen in jener eingefügten apologetischen Lebensbeschreibung Saint-Simons, aus der Heine in seinem Brief an Hartwig Hesse einen beziehungsvollen Passus

exzerpiert hat (vgl. oben S. 53/54). Diesen Artikel ›A un Catholique sur la vie et le caractère de Saint-Simon‹ hatte er also ganz gewiß gelesen, und zwar schon Anfang 1831 in Hamburg. Er scheint mir übrigens nicht von Bazard verfaßt zu sein, sondern von Olinde *Rodrigues,* wie aus der Bemerkung (ebenfalls p. 75) ersehen werden kann: »Tu peux mourir! Car ton disciple fidèle, l'héritier de ta promesse, est auprès de toi.« Den Titel des »getreuen Schülers« hat einzig Rodrigues in Anspruch genommen, und er ist ihm auch von keinem der anderen ›Väter‹ je streitig gemacht worden, denn diese sind erst mittelbar, durch ihn, in das Vermächtnis des ›révélateur‹ eingeführt worden. Enfantin ist Saint-Simon nur ein einziges Mal in Person begegnet.

6 So *Barrault* in seiner *›Prédication‹* über die ›Religion Saint-Simonienne‹, Œuvres 43, 499. Sie wurde freilich schon am 16. Januar 1831 vorgetragen, also vor Heines Ankunft in Paris. (Die ›Œuvres de St. Simon et d'Enfantin‹ geben keine Daten für die ›Predigten‹, wohl aber die Originalausgabe vom März 1832, deren Anordnung von Séb. *Charléty* wiedergegeben wird in seiner ›Histoire du Saint-Simonisme‹, 2. Aufl. 1931, p. 360)

7 Exposition, Zweites Jahr, Siebte Sitzung, Œuvres 42, 287.

8 Ebd. p. 288.

9 Es erscheint mir sehr möglich, ja wahrscheinlich, daß die Vokabel ›Antagonismus‹ aus dem saint-simonistischen Jargon in den marxistischen übergegangen ist. Hegel hat sie wohl nicht.

10 Diese ›Sitzung‹ hat die Überschrift ›Dogme Saint-Simonien‹, a. a. O., p. 283. Die zitierten Passagen dort pp. 291–293.

11 Der Inhalt dieses Manuskriptes, das in den Saint-Simonistischen Archiven verwahrt wurde, wird von Séb. *Charléty* wiedergegeben in seiner ›Histoire du Saint-Simonisme‹, 2. Aufl. 1931, pp. 187–195.

12 Dieselbe Schematik eignet der entfalteten Dreifaltigkeit des Marxismus: Feudalismus und Kapitalismus sind vergangen oder vergehend, der Kommunismus notwendig im Kommen.

13 Die anspielende Beziehung von Heines Versen, die oben angeführt wurden, auf die ›Utopie‹ des Joachim von Fiore hat auch *Kaufmann* in einer Anmerkung zu dem fraglichen Gedicht hergestellt, und er macht auch kurz darauf aufmerksam, daß dergleichen ›utopische‹ Elemente noch in der Schule Saint-Simons eine Rolle spielten (Werke und Briefe 1, 531). Einen ähnlichen Hinweis hat die Insel-Ausgabe (1, 513), während die Ausgabe des Winkler-Verlags (Sämtliche Werke 1, 899–900) nur eine blasse Vermutung hinsichtlich des saint-simonistischen Zusammenhanges äußert. – Von den wichtigsten Monographen hat *Strodtmann* in dem einschlägigen Kapitel (dem dritten seines zweiten Bandes: ›Der Saint-Simonismus‹) nur Prosaschriften Heines nach solchen Spuren durchforscht, keine Gedichte. Dasselbe gilt von *Lichtenberger,* nicht jedoch von Miß *Butler.* Auf ihre Zitierung und Auslegung des fraglichen Gedichts komme ich noch zurück.

14 Heine hat gelegentlich noch eine andere substantivische Ableitung von ›Qual‹, vielleicht hat er diese selbst gebildet: Quälnis. In einem späten

Brief (vom 12. 3. 1851, Werke und Briefe 9, 397) werden der Ruhe der Natur die »Quälnisse der Menschenseele« entgegengesetzt. Im Vergleich zur ›Quälerei‹ hat diese Prägung den ernsteren Ton, im Vergleich zur einfachen ›Qual‹ freilich scheint auch sie der Gefahr des Pathos entkleidet, gleichsam mikroskopisch geworden.

15 In der ›Exposition‹ wie in allen späteren Predigten und Belehrungen der saint-simonistischen Väter spielt die scholastische Methode der Analogisierung nicht allein des Göttlichen und Menschlichen (analogia entis), und auch nicht allein des Öffentlichen und Privaten, sondern ebenso des Kirchlichen und Gesellschaftlichen – z. B. der Dogmatik mit der Wissenschaft, ja der Industrie mit dem Kultus – eine geradezu phantastisch anmutende Rolle. Es wimmelt von solchen Analogien wie von Dreigliederungen und von dreigliedrigen Analogie-Paaren und ganzen Analogie-Systemen, bis zum Grade der Verwirrung.

16 Œuvres 6, 11. Das Wort ›apôtre‹ wurde wohl schon früher in einem halb-metaphorischen Sinn verwendet. So zum Beispiel beriefen sich vier Mitglieder des Kollegiums, unter ihnen Bazard, als sie im August 1831 den Dienst in der Nationalgarde förmlich verweigerten, zur Begründung auf ihre Eigenschaft, ›Apostel‹ zu sein (*Charléty*, Histoire du Saint-Simonisme, p. 123). In der Zusammenkunft der ›Familie‹ vom 27. November 1831 aber, in der Enfantin die Trennung von Bazard besiegelte, die alleinige Führung übernahm und den »neuen Weg« kundtat, verlieh er dem Wort ›apôtre‹ und ›apostolat‹ einen endgültigen und entschieden terminologischen Charakter. »Bisher sind wir Publizisten und Philosophen gewesen«, sagte er, und etwas später: »Nun also sind wir Apostel geworden« (Œuvres 4, 204, 206). Mit intuitiver strategischer Phantasie erhöht er den Namen und den Sinn des Amtes, das er seinen Gefährten zuerteilt, um neue Energien des Ehrgeizes zu wecken und so die Gefahr weiteren Zerfalls zu bannen. Dieselbe Reaktion zeigt Enfantin, als er nach der gewaltsamen Beendigung der öffentlichen Wirksamkeit die abermals dezimierte Schar zu neuer, veränderter ›apostolischer‹ Berufung anstachelt. (So zum Beispiel Œuvres 5, pp. 225, 227, und 6, pp. 7, 11 und passim.)

17 Mehrfach belegt, z. B. Œuvres 3, 187.

18 Œuvres 42, 293 f.

19 Œuvres 43, 514 und 517.

20 Diese Versammlung war überfüllt, das Publikum drängte sich selbst auf den Fluren und der Treppe (Œuvres 4, 204).

21 Œuvres 45, 221.

22 Ebd. p. 223. Die Ansprache ist im gleichen Wortlaut auch in der ›Notice Historique‹ enthalten: vol. 4, pp. 205, 207.

23 Œuvres 45, 278. Prédication vom 4. Dezember 1831.

24 Enfantins Zitat: Œuvres 14, 6. Die originale Stelle: Œuvres 23, 148.

25 *Saint-Simon* gebrauchte selber dieses Wort, das nachmals in der ›Kirche‹ seiner Jünger aus dem Vokabular fast gänzlich verschwand: so Œuvres 23, 145 und 160, wo es heißt, daß alle Gefühle »von demjenigen der Philanthropie beherrscht« sein sollen.

[26] ›The Saint-Simonian Religion in Germany‹, p. 15. Genauer unterscheidet Dr. Marguerite *Thibert* in ihrer vorzüglichen Darstellung des ›Féminisme dans le socialisme français de 1830 à 1850‹, Paris 1926.

[27] Deutschland, Ein Wintermärchen, Caput I, Werke und Briefe 1, 436.

[28] Œuvres 14, 23.

[29] Ebd. pp. 26/27.

[30] Œuvres 43, 526–552.

[31] Die »exploitation de l'homme par l'homme« ist eine der vielen Formeln, die aus dem Saint-Simonismus in Marx und den Marxismus übergegangen sind.

[32] Œuvres 43, 550.

[33] Die Wendung wird mehrfach gebraucht und von verschiedenen Rednern, so Œuvres 45, 288 und 361.

[34] Dieser Abel *Transon*, einer der ›Väter‹ des Kollegiums, also des inneren und des ersten Ranges, hatte in der »allgemeinen Versammlung der saint-simonistischen Familie« vom 19. November 1831, bei der Enfantin zuerst die Trennung von Bazard bekanntgab, und die in der Folge durch heftige Proteste und Diskussionen charakterisiert war, zu den Opponierenden gehört. Sein Widerspruch galt indessen nicht sowohl den dogmatischen Neuerungen Enfantins als vielmehr den Indiskretionen, deren dieser sich schuldig gemacht hatte, indem er Beichtgeheimnisse, die ihm persönlich anvertraut worden waren, öffentlich zur Stützung seiner Thesen verwendete. (Der krasseste Fall war derjenige von Claire Bazard, der Gattin des vormaligen Mitpapstes, welche ihm, Enfantin, eine eheliche Untreue offenbart hatte; der ›Beichtvater‹ benutzte diese Information zum Beweis der Herrschaft »de l'adultère et du mensonge«, jener Laster also, welche eben eine neue Moral notwendig machten. Eine einläßliche Analyse dieses Vorgangs liefert Marguérite *Thibert* in ihrem hervorragenden Buch ›Le féminisme dans le socialisme français de 1830 à 1850‹, Paris 1926, p. 210 f.) Gleichwohl folgte Transon in dieser Phase noch nicht den Dissidenten, wie *Charléty* in seiner ›Histoire du Saint-Simonisme‹, p. 133, irrtümlich angenommen hat, obgleich dieser Autor selbst das originale Verzeichnis der ›Prédications‹ mit Sprechern und Daten wiedergibt, worin Transon nach der Krise noch zweimal figuriert, am 11. Dezember 1831 und eben am 1. Januar 1832. Erst am Ende desselben Monats Januar zog er sich endgültig zurück und erklärte seinen Schritt in einer Schrift von acht Seiten, die das Datum des 1. Februar trägt (laut Charléty's Bibliographie, a. a. O., p. 372), übrigens abermals mit Gründen, die mit den auf die ›Frau‹ und auf das ›Fleisch‹ bezüglichen Parolen nichts zu tun haben; vielmehr handelte es sich nun um Differenzen mit der Politik des ›Globe‹ und mit dessen neu eingeführter Devise der »Organisation pacifique des Travailleurs«, welche Transon nämlich allzu friedfertig erschien, allzu friedfertig gegenüber dem ›juste milieu‹. (Diese neue Abspaltung ist dargestellt in der ›Notice Historique‹, Œuvres 5, 81–88)

[35] Œuvres 45, 362.

[36] Vgl. die Bibliographie bei *Charléty*, a. a. O., p. 369 f. Ebenso bei Mar-

guérite *Thibert*, Le féminisme dans le socialisme français, Paris 1926, p. 342; diese Autorin hat zudem noch einen Sonderdruck von Transons Rede eingesehen, der zehn Seiten umfaßte und in der erheblichen Auflage von 2500 Exemplaren verbreitet war.

[37] Ebd. p. 368.

[38] Œuvres 45, 375.

[39] »Viele Leute wissen zu schreiben, Sophismen zusammenzuflicken, aber sehr wenige wissen zu erfinden«, schrieb er den Saint-Simonisten – sozusagen ins Stammbuch. (Zitiert bei M. Thibert, a. a. O., p. 34)

[40] Lorenz von *Stein*, Geschichte der sozialen Bewegung in Frankreich, neue Ausgabe Hildesheim 1959, 2. Bd., S. 209.

[41] *Thibert*, Le féminisme, Paris 1926, besonders pp. 31–35.

[42] *Thibert*, a. a. O., p. 33. Die Idee des Hohen Paares, daß nämlich dem Père Suprême eine Mère Suprême zur Seite treten müsse und werde, und die daraus folgende Idee des »Appel à la Femme«, der freien Frau und künftigen moralischen Gesetzgeberin, die zu suchen und zu erwarten war, bis sie sich selber zeigen würde – diese ganze Phantasie ist gewiß Enfantins eigene Kreation: Ich verstehe sie vor allem als geniale Ausflucht und Auskunft, mit deren Hilfe er sich aus der schweren Bedrängnis zu retten vermochte, welche ihm die Verkündung seiner schockierenden ›neuen Moral‹ im eigenen Kreise bereitet hatte.

[43] Charles *Fourier*, Théorie des quatre mouvements, in Œuvres Complètes, Tome I, Paris 1967 (nach der dritten Auflage von 1846, p. 114).

[44] Werke und Briefe 6, 537 (Anhang zur ›Lutetia‹).

[45] Absichtlich gebrauche ich hier die berühmte Formel *Nietzsches*; der Linie führt ganz offenkundig von Fourier und Enfantin über den großen Vermittler Heine zu Nietzsche, was die Kritik des Christentums und die Aufhebung der Sünde betrifft, und weiter – zu Sigmund *Freud*.

[46] Enseignement vom 2. Dezember 1831, Œuvres 14, 99.

[47] *Fourier*, a. a. O., p. 173.

[48] Daher die Überschrift des fraglichen Abschnitts: ›Politique galante pour la levée des armées‹!

[49] »Charles Fourier nourrit une libidinosité de commis-voyageur«, schreibt Georges *Duveau*, ein großer Kenner der Utopisten (Sociologie de l' Utopie, Paris 1961, p. 92), aber das ist doch nur die halbe Wahrheit; die pedantische Planification auch des intimsten Lebensbereichs hält der Lüsternheit die Waage.

[50] Œuvres 14, 144 ff.

[51] Mit dieser Kennzeichnung möchte ich die Erinnerung an die ›Symphonie fantastique‹ von Hector *Berlioz* wachrufen, die in dieselbe Zeit fällt; sie wurde 1829 komponiert.

[52] Es ist viel über die Frage von *Fouriers* Einfluß auf Enfantin gerätselt worden. *Charléty* schreibt in seiner ›Histoire du Saint-Simonisme‹ (1. Auflage 1896) die Idee des ›Couple‹, des Paares von Mann und Frau als des eigentlichen ›sozialen Individuums‹ diesem Einfluß zu, er hat dies auch in der 2. Auflage von 1931 (p. 125) beibehalten, wiewohl

inzwischen Marguérite *Thibert* (›Le féminisme etc.‹, 1926, p. 35) klar nachgewiesen hatte, daß »diese Idee bei Fourier nicht vorkommt«. Einzig diese scharfsinnige und geistreiche Autorin hat andererseits die Entlehnung der Typologie der Beständigen und der Beweglichen, wie sie oben dargestellt ist, kenntlich gemacht, wenngleich sie Enfantins intellektuellen Beitrag hier noch immer übertreibt: auch der polare ›Dualismus‹ findet sich, wie wir gesehen haben, schon bei Fourier, sogar mit beinahe denselben Worten. – Miß *Butler* (›The Saint-Simonian Religion etc.‹, im gleichen Jahr 1926 erschienen) schreibt »die Theorie des Beständigen und des Unbeständigen« – das sind genau Fouriers Ausdrücke! – ausschließlich dem Enfantin zu (p. 16).

[53] *Enfantin* hat – gerade aus Anlaß des Übertritts von Abel Transon und anderen – ein interessantes Urteil über *Fourier* abgegeben. Es findet sich in dem 17. Enseignement (vom Februar 1832) und lautet folgendermaßen: »Herr Fourier ist ein sehr fähiger Kopf, seine Gaben der Analyse und der Analogie sind erstaunlich, seine Ansprüche (prétentions) kolossal; aber er weiß überhaupt nicht, was ein Priester ist, er weiß nicht, wodurch das harmonische Band zwischen zwei unterschiedlichen Naturen bestimmt wird, noch vor allem, wer dieses Band ist.« (Œuvres 17, 66). Hier kommt Enfantins eigene ›prétention‹, als Liebes-Priester zu binden und zu lösen, offen zutage. Die Stelle ist auch dadurch bemerkenswert, daß die Methode der Analogie, von der er selbst einen so exzessiven Gebrauch gemacht hat, beim Namen benannt und derjenigen der Analyse gleichgeordnet wird.

[54] Es ist wohl der Text, den er am 22. Januar 1832 als ›Prédication‹ in der Salle Taitbout hatte vortragen wollen, an ebendem Tage, da die Polizei das Lokal räumte und versiegelte. Er erschien statt dessen im ›Globe‹. Œuvres 45, 422–473.

[55] A. a. O., p. 445.

[56] A. a. O., p. 451.

[57] Wirklich hat *Barrault* diese ›Predigt‹ als gerade Fortsetzung der vorangehenden über ›Orient und Okzident‹ bezeichnet und eingeleitet.

[58] Der Prozeß ist im vollen Wortlaut im 47. und letzten Bande der ›Œuvres de Saint-Simon et d'Enfantin‹ abgedruckt (die zitierte Stelle p. 113) und bietet eine komprimierte Information wie auch eine spannende, bewegende Lektüre.

[59] In ›Heinrich Heine, Chronik seines Lebens und Werkes‹ von Fritz *Mende* (Berlin 1970), dieser erstaunlichen archivalischen Arbeit, wird unter dem 27. August 1832 angegeben, die Führer des Saint-Simonismus seien »zu mehrjährigen Gefängnisstrafen« verurteilt worden: Der Irrtum bezeugt von neuem die Nachlässigkeit, mit der die deutsche Germanistik diese französischen Vorgänge und Zusammenhänge behandelt.

[60] Œuvres 47, 145.

[61] Ebd. p. 108 f.

[62] Ebd. p. 307, 309 f.

[63] Die ›Soireen‹ in der Rue Monsigny waren in Wahrheit so harmlos,

daß selbst der eher prüde Ludwig *Börne*, unerachtet seiner prinzipiellen Abneigung gegen den Saint-Simonismus, sich dort wohlgefühlt hat. Siehe den 26. Pariser Brief, Fortsetzung vom 10. 2. 1832.

⁶⁴ Werke und Briefe 1, 436.

⁶⁵ A. a. O., p. 332. Das Wort ›gloire‹ ist in seiner Bedeutungsfülle kaum einfach im Deutschen wiederzugeben, es meint hier mehr Glanz und Stolz als Ruhm, ein Selbstgefühl, das der christlichen Tugend der Demut entgegengesetzt ist. Es liegt etwas darin von der Art des »lebensheiteren« und »entfaltungsstolzen« Wesens, das Heine dem ›hellenischen‹ Typus zugeschrieben hat (im ›Ludwig Börne‹, Werke und Briefe 6, 95).

⁶⁶ Die hier einschlägige Stelle ist oben im ersten Kapitel schon einmal zitiert worden: Werke und Briefe 5, 234.

⁶⁷ Œuvres 14, 145.

⁶⁸ Brief an Thérèse *Nugues* vom Oktober 1829, Œuvres 26, 142.

⁶⁹ Luther hat »auf diesen Felsen« im Akkusativ, der griechische Urtext aber den Dativ, der uns in Heines Zeile ungewohnt anmutet. Luther hat auch nicht »Kirche«, sondern »Gemeinde« (gr.: ekklesia).

⁷⁰ Zu den blasphemischen Späßen dieser Art gehört zum Beispiel die Stelle über die gewissen »Zugeständnisse« der Klerisei an den »Sensualismus« (aus der ›Romantischen Schule‹), wo es von der »Madonna Maria« heißt, sie sei »gleichsam die schöne dame du comptoir der katholischen Kirche«, die die Kunden »mit ihrem himmlischen Lächeln anzog und festhielt‹. (Werke und Briefe 5, 22 f.) – Das waghalsigste, übrigens kaum spaßhafte Exempel parodistischer Verkehrung heiliger Worte bildet gewiß jene Zitierung der Meß- und Abendmahlsformel – »Die Menschheit ist aller Hostien überdrüssig und lechzt nach nahrhafterer Speise, nach echtem Brot und schönem Fleisch« (aus ›Zur Geschichte der Religion und Philosophie in Deutschland‹, 5, 232): Die Faktur ist hier komplizierter und raffinierter als dort im Falle des ›Felsens‹; das rehabilitierte ›Fleisch‹ kommt geradeswegs ins sakramentale Spiel, aber kein französischer Sensualist hätte dergleichen riskieren mögen. Übrigens wiederum eine Abwandlung der ›Bankett‹-Figur!

⁷¹ E. M. *Butler*, The Saint-Simonian Religion in Germany, p. 138.

⁷² Der Insel-Heine hat Seraphine Nummer Sechs überhaupt nicht, nur Nummer Sieben. Vermutlich hat auch dieser Herausgeber nicht bemerkt, daß er – mit solcher ›Auswahl‹-Operation – einen Nerv zerschnitt.

⁷³ Die ›Verschiedenen‹ gehören zu der Sammlung ›Neue Gedichte‹, deren Manuskript 1838 vorlag, doch erst 1844 zum Druck gelangte. Teile der ›Verschiedenen‹ sind schon 1833 in einer Zeitschrift, 1834 im ›Salon‹ erschienen. ›Diana‹ wurde erst in der dritten Auflage der ›Neuen Gedichte‹ 1852 eingefügt. Ich folge hier den Angaben von *Kaufmann*, 1, 525–527.

⁷⁴ Werke und Briefe 7, 127 f.

⁷⁵ Der Gott und die Bajadere, Propyläen-Ausgabe von Goethes Sämtlichen Werken Bd. 11, S. 28.

[76] Werke und Briefe 5, 630.

[77] ›Prédication‹ über ›Gott‹, vom 10. April 1831, Œuvres 44, 17. – Am häufigsten führte Enfantin selbst die ›Liebe‹ im Munde, namentlich im Zusammenhang seiner Deutung des Priesteramtes. »Il est aimé parce qu'il aime«, z. B. Œuvres 14, 157.

[78] Brief an Gustave d'Eichthal, vom März 1831, aus den Archiven zitiert bei Marguérite Thibert, a. a. O., p. 210.

[79] Ein etwas abseitiges Beispiel findet sich in Transons Predigt über die ›Weihe des Stoffes‹: Saint-Simon »fait rentrer, en les purifiant, dans le temple nouveau, les colonnes des temples antiques . . .« (43, 549)

[80] Der Ausdruck »Loi vivante« selber gemahnt freilich an eine viel ältere Denkfigur, nämlich die Deutung des Königs als »lex animata«, wie sie sich in spätmittelalterlichen politischen Traktaten findet und in der anti-absolutistischen Literatur des 16. Jahrhunderts wiederkehrt. »Princeps vero est quaedam animata lex«, sagt schon Aegidius Romanus, ein Schüler des großen Thomas (De regimine principum, Neudruck Aalen 1967, S. 79), und wiederum: »princeps lex animata est«, bald dreihundert Jahre danach der pseudonyme Verfasser der ›Vindiciae contra tyrannos‹ (erschienen 1579, im lateinischen Original p. 188). Die Meinung ist hier, gerade die Gesetzesbindung des Fürsten hervorzukehren, nicht seine Überlegenheit über das Gesetz. Doch hat die Formel als solche etwas Zweideutiges. – Merkwürdig ist die Langlebigkeit solcher Prägung, die nun hier, im 19. Jahrhundert, leicht verändert, wieder aufsprießt, als hätte der Wind den Samen verweht.

[81] Œuvres 14, 86 f. Weiteres ebd. 106–115.

[82] Œuvres 45, 249 f. Diese ›Protestation‹ wird uns später noch einmal beschäftigen.

[83] Heine habe sich nicht die Mühe gemacht, die ›neue Religion‹ in seinen ›Geständnissen‹ auch nur zu erwähnen, schreibt Miß Butler, und sie zieht den Schluß, seit seiner Bekehrung habe die saint-simonistische Doktrin ihm nichts mehr bedeutet. Dieses Schweigen in den ›Geständnissen‹, heißt es etwas später noch einmal, widerstreite der Theorie, daß die Erinnerung, ihr geistiger Schuldner zu sein, ihm noch frisch im Sinn gelegen hätte (The Saint-Simonian Religion, p. 126 f.). Die Entzifferung, die oben unternommen wurde, beweist eher das Gegenteil. Die sonderbare Verdeckung der saint-simonistischen Erinnerung durch den (größeren) Namen Hegels ist Miß Butler freilich nicht entgangen. Sie erklärt sie »halb als verzeihliche Verwirrung, halb als Autosuggestion«, und diese wiederum als »halb bewußten, halb unbewußten« Vorgang. Das Ganze sei eine Art optischer Täuschung (a. a. O., p. 167). An die ›confusion‹, die Verwirrung, glaube ich nicht, an die Autosuggestion bis zu einem gewissen Grade – nämlich nur so weit, als das Motiv der ›Göttlichkeit‹ reicht. Dies wird in einem späteren Kapitel dieses Buches noch näher zu untersuchen sein. Daß ihm die wahre Herkunft so spezifischer Wendungen wie ›Doktrin‹, ›Synthese‹ und ›lebendes Gesetz‹ sollte aus dem Bewußtsein geschwunden und ins Unbewußte, auch nur zur Hälfte, abgeglitten sein, scheint mir bei der wachen

347

Intelligenz des Autors äußerst unwahrscheinlich. Absichtsvolle Verdeckung ist, wie mir scheint, ganz gewiß im Spiele. Mögliche Gründe sind oben angegeben. Das nachfolgende Kapitel mag sie noch etwas verstärken. Eine vollständig befriedigende Aufklärung kann kaum mehr gefunden werden. Auch der hellste Kopf läßt Rätsel übrig, die die Nachwelt – und sogar die Forschung! – zuletzt ungelöst stehen lassen muß.

Übrigens zeugt sogar die einzige öffentliche Attacke, die Heine je gegen die Saint-Simonisten gerichtet hat – in dem französischen Vorwort zur zweiten Auflage von ›De l'Allemagne‹, geschrieben 1855 –, von einer noch immer andauernden Treue zu ihren vormaligen Gesinnungen: Der Name Enfantin, heißt es da, habe damals »die fortgeschrittenste Partei der menschlichen Emanzipation« bezeichnet (Werke und Briefe 7, 317).

Fünftes Kapitel
Sendschreiben vom Nildamm und Dekret aus Frankfurt

1 Œuvres 10, 108–136.
2 Brief vom 18. Februar 1855, Werke und Briefe 9, 630.
3 *Strodtmann*, H. Heines Leben und Werke, 1868, 2, 302.
4 Henri *Lichtenberger*, Heinrich Heine als Denker (deutsch von Oppeln-Bronikowski) Dresden 1905, 163 und 165.
5 Sébastien *Charléty*, Histoire du Saint-Simonisme 1825–1864, 2. Aufl. Paris 1931, p. 246. – Heine war im Gegenteil offenkundig stolz, dieses Schreibens gewürdigt worden zu sein, und wollte sogar, daß sein Verleger Campe eine deutsche Version davon drucke. Die zweite Auflage von ›De l'Allemagne‹ ist zwanzig Jahre nach der ersten erschienen, und die Streichung der Widmung hatte ganz andere Gründe.
6 E. M. *Butler*, The Saint-Simonian Religion in Germany, Cambridge 1926, p. 105 f.
7 Œuvres 10, 121 und 135.
8 Œuvres 31, 173.
9 Hans *Kaufmann*, der verdiente Herausgeber der ›Werke und Briefe‹, hat in seinem Buch über ›Heinrich Heine‹ (Aufbau-Verlag, Berlin und Weimar 1970), obgleich es im Untertitel verspricht, dessen »geistige Entwicklung« (und künstlerisches Werk) zu behandeln, den Namen Enfantin nur ein einziges Mal genannt, eben bei Gelegenheit von Heines Widmung, und dort mit der Beifügung, es handle sich um »das verbannte Oberhaupt der utopisch-sozialistischen Sekte«: wiederum ein fatales Zeugnis für den eingeschränkten Gesichtskreis eines Germanisten. Zudem: Wie hätte Louis-Philippe jemanden nach Ägypten verbannen können, das ihm gar nicht gehörte!
10 Œuvres 6, 131 ff.
11 Lorenz von *Stein* hat sehr entschieden und gewiß zutreffend bemerkt,

Henri *Saint-Simon* sei der erste gewesen, der »den Blick ... von der Staatsverfassung als dem Sekundären auf die Gesellschaftsordnung als das Wesentliche und Prinzipielle hinwandte« (Geschichte der sozialen Bewegung in Frankreich, 2, S. 157 – nach dem Nachdruck der Salomonschen Ausgabe, Hildesheim 1959). Er war auch der erste, der die ›Industrie‹ als das Fundament der Gesellschaft bezeichnet hat: »La société toute entière repose sur l'industrie. L'industrie est la seule garantie de son existence, la source unique de toutes les richesses et de toutes les prospérités.« So im ›Prospectus‹ seiner Schrift ›L'industrie‹, die 1817 in Lieferungen zu erscheinen begann und die das Motto trug: »Tout par l'industrie; tout pour elle« (Œuvres 18, 13, 17). Die zweite Hälfte dieses Satzes bezeichnet seine ›Utopie‹: Die Befreiung der Industrie, das heißt der Gesamtheit aller »nützlichen und unabhängigen Arbeiten«, von den hemmenden Faktoren der tatsächlichen Gesellschaftsordnung, also von der Macht der ›Parasiten‹ oder ›nichtproduzierenden Konsumenten‹, von der veralteten Feudal- und Militärherrschaft im Staat, aber auch von derjenigen des Kapitals und des Kapitalzinses. Daher rührt der enthusiastische Klang, der bei den Nachfolgern des Entdeckers der ›industriellen Gesellschaft‹ diesem Worte innewohnt. Es war die Arbeit, die aus der Abhängigkeit befreit, und es war der Genuß der Arbeitserzeugnisse, der an die Arbeit geknüpft werden sollte. Diese ›jouissance‹ der ›travaux utiles‹ war immer mitgedacht, wo das Wort ›Industrie‹ ertönte. Es liegt am Tage, daß *Marx* in den sozial-ökonomischen Elementen seiner Lehre auf Saint-Simon fußt. Heine hat diesen Gehalt der saint-simonistischen Industrie-Vorstellung auf seine Bänkelsang- oder Reimfibelweise in die Formel gebracht:

»Wir wollen auf Erden glücklich sein
Und wollen nicht mehr darben;
Verschlemmen soll nicht der faule Bauch,
Was fleißige Hände erwarben.«
(Deutschland, Ein Wundermärchen, Caput I, Werke und Briefe 1, 436)

Wie dies ins Werk zu setzen, wie die Arbeit zu organisieren sei, hat ihn freilich weniger bekümmert, hat er wohl auch nicht für seine Sache gehalten. Er interessiere sich »eigentlich nur für die religiösen Ideen« der Saint-Simonisten, schrieb er im Mai 1832 an Varnhagen (Werke und Briefe 8, 404), und der »politische Teil« der Doktrin, »die Eigentumslehre« (das meint wohl die Kritik des Erbrechts, im Hintergrund aber vielleicht auch die Frage, wie die ›fleißigen Hände‹ zu ihrem Glück kommen), werde künftig von anderen, »klügeren Händen«, »besser verarbeitet werden«. Damit also war er nicht recht zufrieden. Ein anderer mit »klügeren Händen« ist ihm zehn Jahre danach in Paris begegnet, Marx. Doch sind jene ganz und gar saint-simonistischen Verse von Caput I des ›Wintermärchens‹ gerade erst 1844, während der Zeit seines Umgangs mit Marx, entstanden. (Sie wurden übrigens auch im ›Vorwärts‹ veröffentlicht, noch im Monat ihres ersten Erscheinens.)

12 Ich paraphrasiere hier seine Formulierungen aus einem Brief, der seiner

zweiten Orient-Unternehmung, seinem Studienaufenthalt in Algier zugehört (Œuvres 32, 151).

13 So im 152. Brief der Correspondance Inédite d'Enfantin, Œuvres 29, 75.

14 Œuvres 34, 31.

15 Brief an *Fournel*, der seinerseits nach der Entscheidung des Pascha enttäuscht heimreiste, vom 3. April 1834 aus Kairo (Œuvres 29, 126).

16 Die neueren Darstellungen haben diese Verdienste Enfantins, seine Initiative bei der Gründung der internationalen ›Société d'Etudes du canal de Suez‹ von 1846, seine Demarche bei Napoleon III. im Jahre 1854 und die Vorarbeiten seines Kreises wieder ins Licht gerückt. Angelo *Sammarco* gibt eine Darstellung in dieser Tendenz im vierten Bande seines ›Précis de l'histoire d'Egypte‹, Rom 1935, pp. 50–90; dort werden (p. 66) weitere Stimmen angeführt. – Eine gute Schilderung der ägyptischen Unternehmung findet sich auch bei Jean-Marie *Carré*, Voyageurs et Ecrivains français en Egypte, Kairo 1933, 2/1956, Vol. 1. Chap. V. – Ich verdanke diese Hinweise Herrn Dr. Harald *Vocke* in Frankfurt.

17 Er ist in dem postum edierten Sammelband ›Sociologie de l'Utopie‹ enthalten, Paris 1961.

18 Œuvres 10, 118 f.

19 Ebd. p. 122 f.

20 Ebd. p. 119 f.

21 Heinrich Heine, Chronik seines Lebens und Werkes, Berlin 1970.

22 Werke und Briefe 4, 284.

23 Ebd. S. 277.

24 Ebd. S. 286.

25 Ebd. S. 383.

26 Ebd. S. 381.

27 Werke und Briefe 3, 597.

28 Ebd. S. 598.

29 Man vergleiche die denkwürdige Dissertation von Christian Graf von *Krockow* ›Die Entscheidung‹, worin ›drei auf einen Streich‹ getroffen sind, nämlich Carl Schmitt, Ernst Jünger und Martin Heidegger.

30 In seiner Beurteilung der ›Französischen Zustände‹, in dem ›Pariser Brief‹ vom 25. Februar 1833, Gesammelte Schriften 14. Theil, Paris 1834, S. 193.

31 Zitat nach dem Aufsatz von *Schoeps* ›Ein unbekannter Agentenbericht über Heinrich Heine‹ im Heine-Jahrbuch 1967, S. 77 f., der es aus H. H. *Houben*, ›Verbotene Literatur‹ 2, Berlin 1924, übernommen hat.

32 Werke und Briefe 4, 364.

33 Ebd. S. 507–513.

34 Genaugenommen, gibt es in den ›Französischen Zuständen‹ eigentlich nur eine einzige – und ziemlich späte – Passage, die den saint-simonistischen Lehren gemäß ist: jene oben schon erwähnte Deutung Napoleons als eines ›saint-simonistischen Kaisers‹, im Tagesbericht vom 20. August 1832. Der Kontrast, den diese politischen Artikel in dieser

Hinsicht zu den Kunstberichten aus dem Salon von 1831 (›Französische Maler‹) bilden, ist so auffällig, daß die Autorin, welche diese Sache am sorglichsten untersucht hat, Margaret A. *Clarke* – ›Heine et la monarchie de Juillet‹, Paris 1927 –, an eine gewaltsam absichtliche ›jakobinische‹ Attitüde Heines glaubt. Dieses scharfsinnige, auch giftige Buch wird uns noch beschäftigen.

³⁵ Werke und Briefe 5, besonders 232–235.

³⁶ Ebd. S. 232.

³⁷ Ebd. S. 234.

³⁸ Ebd. S. 247.

³⁹ Ebd. S. 260 f.

⁴⁰ Ebd. S. 288.

⁴¹ Ebd. S. 307.

⁴² Œuvres 10, 112.

⁴³ Ebd. p. 125 f.

⁴⁴ Ebd. p. 128.

⁴⁵ Ebd. p. 129.

⁴⁶ Es gibt die Hypothese, Heine habe noch einmal an Enfantin geschrieben, aber keine Antwort mehr erhalten. Sie stützt sich einzig auf Heines Bemerkung (an Michel *Chevalier*, 18. 2. 1855, Werke und Briefe 9, 630): »Je lui (nämlich Enfantin) ai écrit une fois ...; cependant, depuis sa missive datée des bords du Nil, il ne m'a honoré d'aucune ligne.« *Hirth* bezieht das auf die Buchwidmung (Briefe 6, 212), welche ja eben mit der ›missive‹ beantwortet wurde: Wäre sie gemeint, so hätte Heine eigentlich keinen Grund, sich zu beklagen, seither »keiner Zeile mehr gewürdigt« worden zu sein, es sei denn, er hätte ein Wort der Teilnahme an seiner Krankheit erwartet. Diese Sache bleibt unaufgeklärt.

⁴⁷ E. M. *Butler*, The Saint-Simonian Religion, p. 106 f.

⁴⁸ Ebd.

⁴⁹ An Bertin, 26. 9. 1835.

⁵⁰ An Laube, 23. 11. 1835.

⁵¹ An Campe, 12. 1. 1836. Noch im Herbst desselben Jahres schreibt er – in durchaus vertraulicher Weise und gar nicht demonstrativ – an die Prinzessin Belgiojoso: »... je ferai bientôt ma paix, paix ignoble, avec les autorités d'Outre-Rhin« – und, völlig im saint-simonistischen Jargon: »... j'ai soif d'unité morale ...« (30. 10. 1836, Werke und Briefe 8, 507–510)

⁵² Werke und Briefe 8, 490.

⁵³ Die Zusammenstellung der Daten ist wesentlich erleichtert, die Angabe der Zeitungsveröffentlichungen allererst ermöglicht durch Fritz *Mendes* umfassende archivalische Leistung: ›Heinrich Heine, Chronik seines Lebens und Werkes‹, herausgegeben von den Nationalen Forschungs- und Gedenkstätten der klassischen deutschen Literatur in Weimar, Akademie-Verlag Berlin 1970. Unter den Registern, die dem Buch angehängt sind, gibt es auch ein Verzeichnis aller Periodica, die Arbeiten oder Mitteilungen Heines oder Rezensionen oder Artikel über

ihn zu seinen Lebzeiten veröffentlicht haben, es enthält mehr als 250
Titel. Ich habe dieses bemerkenswerte Buch besprochen im Literatur-
blatt der ›Frankfurter Allgemeinen Zeitung‹ vom 20. 2. 1971.
Die zuerst erwähnte Veröffentlichung über Enfantins Brief – in der
Frankfurter Zeitschrift ›Phoenix‹ – ist von einem gewissen Friedrich
Wilhelm *Carové* gezeichnet. Er war zwar nicht eben ein Parteigänger,
doch ein guter Kenner der Saint-Simonistischen »Religionsschule« (wie
er sagt), hatte bereits im Frühjahr 1831 ein kleines kompilatorisches
Buch (bei Hinrichs in Leipzig) erscheinen lassen mit dem Titel ›Der
Saint-Simonismus und die neuere französische Philosophie‹, worin die
›Exposition de la doctrine‹ in Auszügen in deutscher Übersetzung wiedergegeben war. Sein eigenes Urteil ist zwiespältig, zuletzt eher kon-
servativ-christlich bestimmt. Drei Jahre danach hat er die Saint-Simonisten – diesmal nennt er sie eine »Sekte« – von neuem dargestellt, und
es ehrt ihn, daß sein Urteil nun, nach dem Verbot, dem Prozeß und der
Zerstreuung, erheblich wohlwollender ausfiel. (›Der Messianismus, die
neuen Templer‹ usw., Leipzig 1834, besonders S. 119–121) – Als
merkwürdig fällt übrigens auf, daß eine frühere Arbeit desselben Verfassers, auf die er sich dort bezieht, den Titel ›Religion und Philosophie
in Frankreich‹ führte (bei Vandenhoeck und Ruprecht in Göttingen
1827 erschienen); Heine hat nachmals denselben Typus von Überschrift
gewählt, als er seinerseits eine Abhandlung zur Information des Nach-
barvolkes ankündigte: ›Zur Geschichte der Religion und Philosophie
in Deutschland‹. – Über Carové, einen Katholiken aus Koblenz, hat
Friedrich *Heer* in einem Aufsatz ›Hegel und die Jugend‹ interessante
Mitteilungen gemacht. Er war Burschenschafter, hat 1817 auf der Wart-
burg eine Rolle gespielt, wenig später durch eine Schrift ›Über die Ermordung Kotzebues‹ Anstoß erregt, so daß ihm, wiewohl er in
Deutschland und Frankreich akademische Grade erworben hatte, die
akademische Laufbahn verschlossen und er »zu einer ungeordneten
Tätigkeit als Literat verdammt« wurde. Hegel habe sich seiner angenommen. (›Hegel und die Folgen‹, hrsg. v. G.-K. *Kaltenbrunner*, Freiburg 1970, S. 33)

54 Der Wortlaut ist u. a. zu finden bei *Strodtmann* 2, S. 376. Er gibt auch
Charakteristiken der vier anderen Betroffenen.
55 Werke und Briefe 5, 15.
56 Ebd. S. 17.
57 Genaue Angaben findet man bei *Mende* in ›Heinrich Heine, Chronik
seines Lebens und Werkes‹, sie sind in diesem Punkt auch detaillierter
als die entsprechenden Notizen in der *Elster*schen Heine-Ausgabe (Bd.
1, S. 539 ff.). – Seraphine Nr. 7 war freilich noch nicht bekannt, wohl
aber zum Beispiel ›Angelique‹ Nr. 8 (»Schaff mich nicht ab, wenn auch
den Durst / Gelöscht der holde Trunk«) und die sämtlichen schnöden
Strophen der ›Diane‹ (»Welcher Busen, Hals und Kehle!« und so
weiter); zudem war der donjuaneske Charakter der Serie sichtbar geworden.
58 Werke und Briefe 8, 489.

⁵⁹ Miß *Butler* hat das in ihrem mehrfach angeführten Buche der Reihe nach für Gutzkow, Laube, Wienbarg und Mundt überzeugend nachgewiesen.

⁶⁰ Werke und Briefe 5, 235.

⁶¹ Ebd. S. 284.

⁶² Ebd. S. 297.

⁶³ Ebd. S. 256. Die Vorstellung vom Tod Gottes gehört zu den vielen Motiven, die von Heine zu Nietzsche gewandert sind.

⁶⁴ *Treitschke*, Deutsche Geschichte, Bd. 4, S. 440. Noch am 26. April 1836, ein Vierteljahr nach Absendung seines Schreibens an die Bundesversammlung, wartete Heine recht zuversichtlich auf Antwort: »Die erlauchte Versammlung ... wird nun, entweder grandios in gerichtlicher Form weiter verfahrend, meine Vertheidigung anhören, oder sie wird, gemüthlich ihre bessere Einsicht eingestehend, die gegen mich dekretirte Interdikzion anulliren. Von ihrer Gerechtigkeitsliebe und Großmuth erwarte ich ruhig die Entscheidung meines Schicksals: ich erwarte noch bis zu dieser Stunde die Beantwortung meiner Bittschrift, deren bescheidener Ton gewiß nimmermehr berechtigt, sie unberücksichtigt zu lassen.« Das war freilich zur Veröffentlichung bestimmt; Heine sandte diese ›Erörterungen‹ an die ›Allgemeine Zeitung‹ und merkte in dem Begleitbrief an den Redakteur *Kolb* an, es sei ihm »endlich gelungen, ohne die geringste Bitterkeit« und ganz in dem für die Zeitung geeigneten Ton sich zu dem Dekret zu äußern, und er habe sein Manuskript »dreymal filtrirt«, damit es um Gottes Willen keinen Anstoß errege. Aber in demselben Begleitbrief spricht er doch auch – als habe er eine vertrauliche Information – die Gewißheit aus, der Bundestag werde »sich jetzt mit der Sache beschäftigen«. Er hat es nicht getan, jedenfalls kein Wort vernehmen lassen. Kolb hat auch die ›Erörterungen‹ nicht gedruckt. (Hirth, 2, Nr. 467 und 468, dazu die Anmerkungen in Bd. 5, S. 174 f.)

⁶⁵ Brief vom 4. Februar 1836, Werke und Briefe 8, 490.

⁶⁶ Brief vom 22. März 1836, Werke und Briefe 8, 495. Er fährt fort: »Mehr darf ich nicht tun. Ich will eben mein Gewissen rein behalten.« Er verwahrte sich gegen Campes Zumutung, sich der preußischen Zensur zu unterwerfen.

Adolf *Strodtmann*, Heines erster Biograph, traf in all seiner Treuherzigkeit die Sache doch besser: Man könne dem Dichter »das Zeugnis nicht vorenthalten, daß sein Schreiben den männlichsten Ton athmete und nichts weniger als ein Widerruf ... war« (Heine 2, S. 389). – Auch Miß *Butler* nimmt – in ihrer Heine-Biographie – die fragliche Stelle vollkommen ernst und sieht gerade diese Bittschrift als Zeugnis dafür an, »that Heine was in earnest about the Saint-Simonian gospel, which he still believed to be the liberating doctrine of the future«. (Heinrich Heine, A Biography, London 1956, p. 144)

⁶⁷ Œuvres 10, 135 f.

⁶⁸ Eben diese irrige Angabe hat denjenigen wissenschaftlichen Autor, der – soweit meine Kenntnis reicht – als einziger diesem Zusammenhang

353

überhaupt nachgegangen ist, auf eine völlig falsche Spur gelenkt. Margaret A. *Clarke* hat in der schon einmal erwähnten ›Kritischen Studie‹, die den Titel trägt ›Heine et la Monarchie de Juillet‹ (Paris 1927) den Hinweis und das Lob Enfantins auf eine Vorbemerkung bezogen, die der Übersetzung eines Teils der ›Harzreise‹ in der Ausgabe der ›Revue des Deux-Mondes‹ vom 16. Juni 1832 (VI. Volume, 6. Livraison) beigegeben war. Der Beitrag selber ist betitelt ›Excursion au Blocksberg et dans les montagnes du Hartz, Traduit de l'Allemand de Heine‹ und, wie dort üblich, am Schluß – wie auch im Inhaltsverzeichnis – mit dem Namen des Übersetzers gezeichnet: A. *Loève-Veimars*. Es ist ganz offenkundig, daß er auch die Vorbemerkung verfaßt hat. Es wäre schon sehr verwunderlich, wenn Enfantin im Oktober 1835 eine mehr als drei Jahre alte Nummer dieser führenden literarisch-geistigen Zeitschrift in Händen gehabt und »soeben gelesen« haben, und daß er von dieser Lektüre eines verjährten Artikels im Postscriptum seines Briefes im Sinn einer ganz neuen Einsicht in Heines Gedankenrichtung berichtet haben sollte. Zudem hieß die damalige Veröffentlichung gar nicht ›Reisebilder‹, gab auch von diesem deutschen Titel keine Nachricht. Vor allem aber bietet diese Notiz von etwa zwei Druckseiten weder von Heines Stil noch auch von den saint-simonistischen Gesinnungen das allergeringste Symptom, die man nach Enfantins hochbefriedigter Reaktion darin doch vermuten mußte. Schon der erste Satz wäre dem Leser am Nildamm ganz und gar zuwider gewesen: »In Deutschland hat sich eine Schule zu bilden begonnen, die man mit dem Namen der doctrine du désespoir de la cause (also etwa: Doktrin der Verzweiflung an der großen Sache – nämlich der Freiheit) bezeichnen könnte.« Ebensowenig Saint-Simonistisches – oder Heinesches – enthalten die beiden Zitate, die Mme. Clarke selber (p. 268 und 269) mitteilt; es ist da von der Verachtung die Rede, womit die Heine und Genossen ihre deutschen Landsleute geißeln, die sich »zu Füßen des Herrn von Metternich ducken«, und von dem Geist der Enzyklopädisten – »esprit de désespoir et de démolition« –, welcher jetzt erst in Deutschland eindringe und dergleichen. Ein so unbegreiflicher Fehlgriff muß uns gegen die ganze Untersuchung von Mme. Clarke mißtrauisch machen, die nämlich nachzuweisen strebt, daß Heine die Artikel der ›Französischen Zustände‹ zumeist im geheimen Sinn und Auftrag, möglicherweise sogar im Sold Österreichs geschrieben und daß er nach dem Bundestagsverdikt (wiewohl dieses doch von eben derselben österreichischen Regierung inspiriert war!) auf den Saint-Simonismus ausgewichen sei – »excellente échappatoire quand il s'agit de se défaire de principes politiques« (p. 266). – Übrigens hat sich auch Heinrich von *Srbik* von dieser Analyse nicht überzeugen lassen, wie im dritten Band seiner Biographie Metternichs zu lesen (München 1954, S. 205).

69 Die Vorrede findet sich in *Kaufmanns* Ausgabe in Band 3, S. 7–10, eine deutsche Übersetzung ist beigefügt.

70 Sébastien *Charléty*, Histoire du Saint-Simonisme, p. 246.

71 Der Ausdruck begegnet in der Notice historique, Œuvres 10, 149.

354

72 *Œuvres* 22, 123 f.
73 *Œuvres* 30, 163.
74 *Œuvres* 10, 135.
75 Ebd. p. 133.
76 Ebd. p. 117.
77 *Werke und Briefe* 8, 478. Der Brief ist vom 23. November 1835. Nach *Mendes* Chronik soll Enfantins Brief Heine erst am 8. oder 9. Dezember erreicht haben. Ich möchte aber vermuten, daß ihm doch schon vorher irgendeine, vielleicht mündliche Kunde davon zugekommen sei.
78 *Hirth*, Briefe 2, 154. Der Kommentar (5, 187 ff.) bezieht sich fast ausschließlich auf die Todesnachricht, die im ersten Satz erwähnt ist. In Kaufmanns Ausgabe 8, 519.
79 Es mag hier der Ort sein, ein Mißverständnis zu korrigieren, das Miß *Butler* bei der Erörterung von Enfantins Brief an Heine unterlaufen ist. Enfantins Satz, das ›apostolat populaire‹ sei zwar beendigt, aber das ›apostolat royal‹ habe gerade begonnen, und zwar eben am Tage seines Briefes an Heine (*Œuvres* 10, 140, aus einem Brief an d'Eichthal), verleitete diese gelehrte Autorin zu der Deutung, »that Enfantin recognised in Heine one of the princes of the world« (Saint-Simonian Religion, p. 105). Nein, nicht als Fürsten, sondern als möglichen Apostel sah er ihn an.
80 Metternichs Schätzung für Heines Gedichte, vor allem für das ›Buch der Lieder‹, ist von *Gentz*, seinem Sekretär, bezeugt, wohl auch beeinflußt. Dessen Bemerkung: »Er schwelgte in ihrem Wohllaut«, hat *Varnhagen von Ense* in seiner Biographie ›Gentz‹ (1, S. XLVII) wiedergegeben. Derselbe Varnhagen, Rahels Gatte, Freund und Ratgeber Heines, vormaliger Mitarbeiter des Kanzlers Hardenberg und preußischer Geheimer Legationsrat, weiß in seinen ›Denkwürdigkeiten‹ (6, 335) auch mitzuteilen, Metternich habe gern darauf hingewiesen, daß Heine seinem Wirken Gerechtigkeit widerfahren lasse. (Vgl. die Darstellung bei Heinrich von *Srbik*, Metternich, Bd. I, S. 282.) Dergleichen schmeichelhafte Äußerungen des ›Höchstgestellten‹ sind zweifellos auch Heine selbst zu Ohren gekommen, vor allem durch die Varnhagens. Heine will zudem wissen, daß Metternich auch dem Fürsten Pückler-Muskau erzählt habe, »wie er bei der Lektüre derselben« (nämlich seiner Gedichte) »zuweilen Tränen vergossen« – so im ›Zueignungsbrief‹, der Vorrede zur deutschen Ausgabe der ›Lutetia‹, von 1854. Dieselbe Tränengeschichte, noch etwas ausgeschmückt, kehrt in einem Brief vom Juli 1855 (an einen Unbekannten) wieder.
81 *Werke und Briefe* 3, 624. Der Passus ist nicht im Druck erschienen.
82 *Werke und Briefe* 4, 380 (Vorrede zu den ›Französischen Zuständen‹).
83 Ebd. S. 371 (aus demselben Buch); ich vermute, dies ist die Passage, auf die sich Metternichs Genugtuung stützt, daß Heine seiner konsequenten Politik habe Gerechtigkeit widerfahren lassen.
84 *Werke und Briefe* 4, 285.
85 *Werke und Briefe* 3, 632.
86 *Werke und Briefe* 7, 354 (›Berichtigung‹ von 1849).

[87] Einer der Beinamen, die er für Metternich bereithält (im ›Zueignungs-brief‹ von 1854, Werke und Briefe 6, 256).

[88] So an Campe, wie schon zitiert, und wiederum an Lewald, 25.1.1837.

[89] So Heinrich von *Srbik*, Metternich, Bd. 2, S. 58.

[90] Zitiert nach *Hirth*, Briefe 2, 134, und aus dessen Kommentar 5, 176.

[91] *Treitschke*, Deutsche Geschichte, Bd. 4, S. 440 (nach der 3. Auflage von 1890).

[92] *Srbik*, Metternich, Bd. 2, S. 59 (1925).

[93] *Hirth*, Briefe 5, 177 (1951).

[94] Sonderbar, wie sich auch die Blindheit weitervererbt: Auch *Mende* (S. 133) spricht von einer »Loyalitätserklärung«, ohne die Besuchs-absicht zu bemerken.

[95] Siehe oben – *Hirth* 2, 154.

[96] Friedrich *Hirth* (5, 177) erwähnt ein Gerücht, Metternich habe An-strengungen gemacht, Heine als Nachfolger von Gentz – der 1832 ge-storben war – nach Wien zu ziehen; dafür fehle jedes Zeugnis. Leider fehlt auch bei Hirth jede Andeutung, woher diese Meinung stamme.

Sechstes Kapitel
Die Flucht des Rabbis von Bacherach

[1] Werke und Briefe 6, 113.

[2] Ebd. S. 94 f.

[3] Werke und Briefe 2, 445–450; daß ›Für die Mouche‹ Heines letztes Gedicht ist, bezeugt Camilla Selden (die ›Mouche‹) – wie bei *Houben*, Gespräche mit Heine, Potsdam 1948, S. 1029, nachzulesen.

[4] Briefe aus Paris 1832–1833 von Ludwig *Börne*, sechster Theil, Paris 1834 (Dreißigster Brief, vom 25. Februar 1833), S. 191 f.

[5] Ebd. S. 195.

[6] Ebd. S. 197 f.

[7] Im fünften Buch, Werke und Briefe 6, 217–223.

[8] Œuvres 19, 129. Das ›Sendschreiben‹ ist im vorigen Kapitel näher ge-würdigt worden.

[9] ›Börne's Leben‹ von Karl *Gutzkow*, Hamburg 1840, besonders: Vor-rede, S. XXX; das zuvor Zitierte S. XX u. XXVII. Übrigens war es wie zum Spott Heines eigener Verleger, Campe, der dies mitsamt der Börne-Ausgabe publizierte.

[10] Vermutlich ist der mit Börne wie Heine befreundete Schriftsteller Lud-wig *Robert* gemeint, der Bruder der Rahel Levin-Varnhagen.

[11] *Kluges* Etymologisches Wörterbuch (1951) gibt das hebräische Her-kunftswort ›bāchūr‹ an, das ›Jüngling‹ bedeutet, davon jiddisch ›bōcher‹: Talmudbeflissener, Schüler des Rabbi. Als frühestes schriftsprachliches Zitat nennt er eine Stelle aus dem Roman ›Der Zauberer vom Rom‹ von Karl Gutzkow, 1859. Unsere Stelle bei Börne, 1831 geschrieben, 1840 publiziert, ist also älter. – Der Bocher bildet übrigens auch eine wiederkehrende Figur in ostjüdischen Witzen und Anekdoten.

12 Werke und Briefe 4, 344.

13 Die letzten Börne-Zitate entstammen sämtlich der Broschüre ›Ludwig Börne's Urtheil über H. Heine. Ungedruckte Stellen aus den Pariser Briefen. Als Anhang: Stimmen über H. Heine's letztes Buch, aus Zeitblättern‹, Frankfurt am Main, bei Johann David Sauerländer, 1840. – Die Briefstellen sind datiert, die Datierungen reichen vom 25. September 1831 bis zum 22. März 1833. Die Bemerkung über den »Bacher« findet sich dort S. 10, die über das Christentum S. 16. Übrigens enthält der Anhang auch Gutzkows ›Vorrede zu Börne's Leben‹, die ich oben angeführt habe. – In einer der angefügten Zeitungsrezensionen (S. 52) ist von dem »Unstern« die Rede, »daß wie einst Goethe's und Schiller's, so auch Börne's und Heine's Namen so oft zusammen genannt werden«.

14 Eine enthusiastisch-trotzige Apologie hat Hannah *Arendt* in einem bedeutenden Essay geliefert: ›Die verborgene Tradition‹ in ›Sechs Essays‹, (Schriften der Wandlung 3, Heidelberg 1948: »Die Verleumdung der Charakterlosigkeit« entstamme der Furcht vor der »Explosivkraft seiner Gedichte«, aber »unter seinen Zeitgenossen war Heine der größte Charakter unter den Dichtern« (a. a. O., S. 91).

15 Werke und Briefe 6, 176.

16 Ebd. S. 214 f.

17 Es ist merkwürdig, daß Thomas *Carlyle*'s Vorlesung über ›Helden und Heldenverehrung‹ in dasselbe Jahr 1840 fällt wie Heines Börne-Buch. Neben den Propheten und den Herrschern figurieren bei Carlyle auch Dichter als Heldentypen. Übrigens war auch er stark von der Lektüre saint-simonistischer Schriften angeregt; er soll den ›Nouveau Christianisme‹ ins Englische übersetzt haben.

18 Auch an *Enfantin*, den selbsternannten ›Vater der Menschheit‹, hatte Heine ein Vorbild der Selbsterhebung gehabt; doch fehlt bei ihm völlig das Gegenbild der unterschiedslosen ›Menge‹ und deren Verachtung. Näheres oben im dritten Kapitel.

19 Werke und Briefe 6, 224.

20 Matth. 7, 3.

21 *Nietzsche*, Jenseits von Gut und Böse, Nr. 34, Werke, Klassiker-Ausgabe, Kröner, Leipzig, Bd. 7, S. 55. Die Schrift ist anfangs der achtziger Jahre entstanden, 1886 publiziert.

22 Werke und Briefe 6, 94.

23 Die Stadt Lucca, Kapitel XIII, Werke und Briefe 3, 400. Dieses Werk ist noch in Deutschland entstanden und 1831 zuerst veröffentlicht.

24 Wohlgemerkt gehören hierher nur die zwei ersten Kapitel, das dritte ist von anderer Art und Gesinnung. (Zu der Frage der Datierung dieses dritten Kapitels, die strittig ist, vergleiche man die Anmerkung 68.) Daß der Gedanke zu der Erzählung in dem Berliner Kreis entstanden ist, scheint mir sicher. Der Eindruck des Pesachfestes im April 1824 mag auslösend gewesen sein, mindestens für die Schilderung des Seder-Abends im 1. Kapitel. Daß er dann sogleich (Mai und Juni) in Göttingen Vorstudien getrieben, auch die Niederschrift begonnen hat, geht aus seinen eigenen Mitteilungen deutlich hervor. Wie weit das Manu-

skript aber in dieser Phase gedieh, ist ungewiß, zumal seitdem H. *Finke* im Heine-Jahrbuch 1965 die Entdeckung publiziert hat, daß die (in Düsseldorf verwahrte) Handschrift des 2. Kapitels auf französischem Papier geschrieben ist, wie Heine es auch sonst um 1840 verwendete. Das 3. Kapitel ist gewiß in dieser späteren Zeit ausgearbeitet, die Veröffentlichung des ganzen Fragments fällt in den November 1840 (Salon IV). *Mende* hat sich in seiner ›Chronik‹ den Ergebnissen von Finke angeschlossen. Dennoch gibt es ein Argument dagegen: Heines eigene briefliche Bemerkung vom Juli 1840 an Campe, er »ergänze« dieses alte Fragment »jetzt *nothdürftigst*« (Hirth 2, 355). Zwei von drei Kapiteln neu zu schreiben, wird kein Schriftsteller je als »notdürftigste« Ergänzungsarbeit erklären. Ich vermute daher (ähnlich wie Erich *Loewenthal* im Heine-Jahrbuch 1964, der von der Papier-Untersuchung noch nichts wußte), daß beim 2. Kapitel immerhin eine ältere Vorlage vorhanden war, die Heine 1840 in der Tat »ergänzte« (zum Beispiel um die Figur des Nasenstern, die auch im Börne-Buch – als echtes Porträt – vorkommt) und neu niederschrieb, während zu dem 3. Kapitel von früher her wohl weniger vorhanden war, immerhin die Absicht, den getauften Sepharden Don Isaak Abarnabel einzuführen, der nun zur Hauptfigur wird. Stil wie Gesinnung dieses 3. Kapitels weichen, wie oft bemerkt worden ist und wie auch hier noch näher gezeigt werden wird, von dem jüdisch-historischen »Sittengemälde« (das ist Heines Gattungsbezeichnung in einem Brief an Campe vom 21. 7. 1840) ganz wesentlich ab. – Diese Datierungsfrage gewinnt beträchtliche Bedeutung, wenn man das Fragment zur religiösen Biographie Heines in Beziehung setzt – oder wenn man, umgekehrt und besser ausgedrückt, die Spur der Dichtung bis in die Biographie und die existentielle Erfahrung hinein verfolgt.

25 Werke und Briefe 4, 12 f.

26 Die Quellen hat Georg *Mücke* in der schon erwähnten Untersuchung über ›Heinrich Heines Beziehungen zum deutschen Mittelalter‹ (Berlin 1908) im Detail kenntlich gemacht.

27 Es ist wiederabgedruckt im Heine-Jahrbuch 1964, S. 3–16.

28 Dies entnehme ich einer redaktionellen Notiz im Heine-Jahrbuch von 1964; es heißt dort, er sei in Auschwitz »umgekommen«.
   Loewenthal war, vor jener ›Rabbi‹-Ausgabe von 1937, schon als Redaktor des zweiteiligen ›Nachlaß‹-Bandes hervorgetreten, der 1925 bei Hoffmann und Campe erschienen ist und zu dem Oskar *Loerke* eine empfindungsreiche Einleitung geschrieben hat. – Die Flucht des Rabbis hat übrigens schon Gustav *Karpeles* (›Heinrich Heine und Der Rabbi von Bacherach‹, Wien 1895, S. 57/8) getadelt, wenn auch nur mit Gründen der historischen Wahrscheinlichkeit.

29 So schließt das 2. Kapitel, a. a. O., S. 42.

30 ›Es fiel ein Reif in der Frühlingsnacht‹ (Werke und Briefe 1, 280), von dem Heine versichert, es sei ein wirkliches Volkslied, das er am Rhein gehört.

31 Am 4. März 1825 schreibt er (an Ludwig Robert): »Ich schrieb . . . an

meinem ›Rabbi‹, der noch nicht zur Hälfte fertig . . .«; anfangs Mai folgt die Promotion; am 11. Mai kündigt er dem Schwager Embden an: ». . . *getauft*, als Dr. Juris, und hoffentlich auch gesund werde ich nächstens nach Hamburg kommen« (Hirth 1, 206); am 28. Juni fand die Taufe statt.

³² In der genannten Zeitschrift (Berlin 1823), S. 333.

³³ Ebd. S. 12 und 24.

³⁴ Welches allgemeine Ansehen *Zunz* im späteren 19. Jahrhundert erwarb, zeigt mir der ausführliche Artikel in Meyers Konversations-Lexikon von 1875 (Bd. 15, S. 1067): er werde »von allen Parteien des Judentums verehrt« und gehöre in die erste Reihe derer, die mit Erfolg für die jüdische Emanzipation tätig waren.

³⁵ Zeitschrift für die Wissenschaft des Judenthums, S. 380 f.

³⁶ Mit erfrischend gesundem Verstand mokiert sich Heine über den philosophischen Jargon seiner Freunde vom ›Kulturverein‹: »Um des Himmels willen sag nicht noch einmahl, daß ich bloß eine Idee sey! Ich ärgere mich toll darüber . . . Was geht mich der kleine Markus an mit seinem demonstriren, daß ich eine Idee sey, seine Magd weiß es besser.« (18. Juni 1823 an Moser, Hirth 1, 90).

³⁷ Wie oben – aus der ›Stadt Lucca‹, Werke und Briefe 3, 400.

³⁸ Brief vom 1. April 1823 an Wohlwill, Hirth 1, 62.

³⁹ Einem solchen Reform-Gottesdienst in dem neuen ›Tempel‹ in Hamburg (der 1818 errichtet worden war) hat er zuerst bei einem kurzen Aufenthalt im Juli 1823 beigewohnt. »Bernais hab ich predigen gehört«, schreibt er darüber an Moser (23. August, Hirth 1, 100), »er ist ein Charlatan, keiner von den Juden versteht ihn, er will nichts und wird auch nie eine andre Rolle spielen . . .« Die Reform des Kultus bestand vor allem in der Einführung der deutschen Sprache; der Talmud trat in den Hintergrund, das Gebet für die Heimkehr nach Jerusalem, daher auch die Hoffnung auf den Messias, der sie bewirken würde, wurden nicht mehr als wesentliche Glaubensbestandteile angesehen. Die Zunz'sche ›Zeitschrift für die Wissenschaft des Judenthums‹ enthält einen Beitrag von Lazarus *Bendavid*, worin durch Quellen-Analyse bewiesen wird, »daß die Erwartung eines Messias keinen wesentlichen Glaubensartikel der Juden ausmache«; niemand solle es darum dem Juden verargen, »wenn er seinen Messias darin findet, daß gute Fürsten ihn Ihren übrigen Bürgern gleich gestellt« (S. 225). Hier wird deutlich, wie das Streben nach bürgerlicher Gleichberechtigung die staatliche Loyalität und diese wiederum den Verzicht auf die messianische Rückkehr-Utopie voraussetzte. – Der heutige Grimm des bolschewistischen Partei-Regimes auf den ›Zionismus‹ erklärt sich zu einem Teil aus der unvermeidlichen Loyalitäts-Spaltung; das Phänomen macht die damalige Problemlage – mutatis mutandis – verständlicher.

⁴⁰ Brief aus Lüneburg von Anfang November 1823 an Moser, Hirth 1, 118.

⁴¹ Aus dem Brief vom 18. Juni 1823 an Moser, Hirth 1, 90.

42 Wiederum aus dem Brief vom 1. April 1823, Hirth 1, 63.
43 Werke und Briefe 3, 312f. Die ›Bäder von Lucca‹ sind 1829 geschrieben, 1830 publiziert.
44 Ebd. S. 311.
45 Die erste Andeutung hiervon finde ich schon in einem Brief vom 1. September 1825 an Sethe (Hirth 1, 227); Anfang Oktober will er über Moser erfahren, ob dort ein Dr. juris auch philosophische Kollegs lesen dürfe (Hirth 1, 228); am 14. Dezember ist von der Absicht die Rede, Vorlesungen für Berlin vorzubereiten (Ebd. S. 242).
46 Das ›Edikt betreffend die bürgerlichen Verhältnisse der Juden‹ war am 11. März 1812 ergangen, es gehört zu den markanten Leistungen der Reformzeit, die durch die Namen von Stein, Hardenberg und Humboldt charakterisiert ist. Dieser Emanzipationsakt stellte die Juden den christlichen Untertanen auf den Gebieten von Handel, Gewerbe und Grundbesitz und eben der akademischen Berufe gleich, hielt sie indessen nach wie vor von Justiz, Staatsverwaltung (nicht: Gemeindeverwaltung) und der Offizierslaufbahn fern. Als erste Universität ließ Berlin Juden zum Lehramt zu. Die erwähnte Anordnung von 1822 (18. August) machte die Öffnung der akademischen Lehrberufe wieder rückgängig. (Siehe E. R. *Huber*, Deutsche Verfassungsgeschichte seit 1789, Bd. 1, S. 198–200) Der Wortlaut dieses Dokuments, einer Kabinettsorder *Friedrich Wilhelms* III. an Staatskanzler *Hardenberg*, von der sich eine Abschrift im Deutschen Zentralarchiv in Merseburg befindet, ist mir durch die freundliche Vermittlung von Dr. *Mende* in Weimar bekannt geworden:
    »Aus den zurückgehenden Anlagen Ihrer Anzeige vom 4. d. M. habe Ich ersehen, daß die Bestimmung der §§ 7 und 8 des Edikts vom 11. März 1812, nach welcher die für Inländer zu achtenden Juden zu akademischen Lehr- und Schulämtern, zu welchen sie sich geschickt gemacht haben, zugelassen werden sollen, nicht ohne große Mißverhältnisse zu veranlassen, durchzuführen ist. Ich will daher diese Bestimmung hierdurch aufheben und Ihnen die weitere Verfügung wegen der Bekanntmachung dieser Abänderung des gedachten Gesetzes anheim geben.
    Die Anstellung des Doktors Eduard *Gans* als außerordentlicher Professor der Rechte kann hiernach und auch deshalb *nicht* erfolgen, weil er, nach dem Urteil des betreffenden Ministeriums, dazu noch nicht geeignet ist. Teplitz, den 13. August 1822.« Der Fall von Eduard Gans wird oben im Text erwähnt, er gewann für Heine unmittelbare Bedeutung.
47 Brief vom 9. Januar 1826 (Hirth 1, 250).
48 Von Anfang Oktober 1825 (Hirth 1, 228).
49 Hirth 1, 241.
50 Ebd. S. 242f.
51 Ebd. S. 242.
52 »Der Jude muß aus uns ausgerottet werden; das ist heilig wahr, und sollte das Leben mitgehen.« Hannah *Arendts* Buch über ›Rahel Varn-

hagen‹ (München 1959), dem ich dieses Zitat (S. 126) entnehme, enthält gewiß die schärfste, doch auch teilnehmendste, bis in die letzte Ausweglosigkeit dringende Darstellung der existentiellen Probleme jüdisch-deutscher Emanzipation und Assimilation, die je unternommen wurde. Es hat mir recht eigentlich die Augen geöffnet.

[53] Gans habe sich »die unverzeihlichste Felonie zuschulden kommen« lassen, heißt es da und: »Sein Abfall war umso widerwärtiger, da er die Rolle eines Agitators gespielt und bestimmte Präsidialpflichten (sc. im ›Kulturverein‹) übernommen hatte. Es ist hergebrachte Pflicht, daß der Kapitän immer der letzte sei, der das Schiff verläßt, wenn dasselbe scheitert – Gans aber rettete sich zuerst.« Ebendiese Stelle, diese Vergleichung ist es, die Dr. *Loewenthal* in dem zuvor erwähnten Nachwort zum ›Rabbi‹ wider dessen Fabel, nämlich die Flucht vor dem Pogrom, zum Zeugnis anruft, wodurch sich der Autor selbst desavouiere. (Heine-Jahrbuch 1964, S. 15)
Die ›Denkworte‹ auf Ludwig Marcus sind vom 22. April 1844 datiert und wenig später in der Augsburger ›Allgemeinen Zeitung‹ veröffentlicht. Heine hat darin nach zwanzig Jahren nicht allein den Berliner Gefährten von ehedem – Zunz, Bendavid, Moser, Gans und eben dem »kleinen Marcus« – ein Denkmal gesetzt, sondern auch ein historisches Urteil über den ›Verein für Kultur und Wissenschaft des Judentums‹ abgegeben. Er spricht von einer »hochfliegend großen, aber unausführbaren Idee« und von dem Versuch zur »Rettung einer längst verlorenen Sache«, bei welchem nichts als einige allerdings bemerkenswerte historische Forschungen herausgekommen seien. Daß das Schiff also scheitern mußte, hält er im Rückblick für unabwendbar, nur hätte der ›Kapitän‹ Eduard Gans es nicht so bald verlassen dürfen. Sich selbst zählte er wohl in diesem Fall eher zum Mannschaftsstand. (Werke und Briefe 7, 291)
Der Aufsatz ist auch bedeutsam wegen der darin enthaltenen polemischen Kritik des christlich-patriotischen Antisemitismus: »Unsere Nationalisten, sogenannte Patrioten, die nur Rasse und Vollblut und dergleichen Roßkammgedanken im Kopfe tragen, diese Nachzügler des Mittelalters ...« – und wegen der Prophezeiung, diesen »Träumen von germanischer, romanischer und slawischer Volkstümlichkeit« werde ein schreckliches Ende bereitet werden durch die »Verbrüderung der Arbeiter in allen Ländern«, die alles ›Nationalitätenwesen‹ vertilgen wolle (S. 294). Es ist die Zeit von Heines nahem Umgang mit Karl Marx, den er gerade vier Monate zuvor (in Paris) kennengelernt hatte, und man sieht hier, daß die berühmte Schlußparole des ›Kommunistischen Manifests‹ in diesem Augenblick schon fast wörtlich vorhanden oder vorgeprägt war. – Freilich sehen wir in unseren Tagen, daß der ›proletarische Internationalismus‹, wiewohl ein gutes Jahrhundert alt und seit einem halben Jahrhundert siegreich, die althergebrachte Judenfeindschaft in Rußland und Polen durchaus nicht ›vertilgt‹ hat.

[54] In den berühmten ›Reflections on the French Revolution‹.
[55] Brief vom 9. Januar 1826 an Moses Moser, Hirth 1, 250.

56 Hirth 1, 257 f.

57 *Mende* (Chronik, S. 51) setzt sie etwas früher an, auf Anfang Dezember 1825.

58 Hirth 1, 191.

59 Ebd. S. 201.

60 Ebd. S. 215.

61 Ebd. S. 219.

62 Ebd. S. 228.

63 Ebd. S. 250.

64 Ebd. S. 252.

65 Ebd. S. 268.

66 Ich spiele hier auf die Überschrift des letzten Kapitels von Hannah *Arendts* Rahel-Buch an (a. a. O., S. 201). Es schließt übrigens mit der Zitierung von Worten Rahels an Heine und läßt Heine als ihren ›Erben‹ erscheinen – mit dem Unterschied, daß seine Assimilation geglückt und er gleichwohl in seinem »Ja zum Judesein« festgeblieben sei. Das mag in der letzten Bilanz des Werkes zutreffen, nicht aber in seinem Lebensgang.

67 Werke und Briefe 3, 278. Die ›Bäder von Lucca‹ sind 1829 geschrieben.

68 Wie oben, Hirth 1, S. 228. Der Zusammenhang der Briefstelle mit dem dritten Rabbi-Kapitel macht es unzweifelhaft, daß auch hiervon ein Konzept bereits 1825 vorhanden war. Vgl. die einschlägige Anmerkung 24.

69 Alles bisher Zitierte: Werke und Briefe 4, 43 ff.

70 Also auf Seite 46 in Kaufmanns Ausgabe; es bleiben noch vier Druckseiten, die ich gänzlich als ›Ergänzung‹ von 1840 ansehe.

71 So in dem vielzitierten Nachwort zum ›Romanzero‹ (von 1851): »... die hochgebenedeite Göttin der Schönheit, Unsere liebe Frau von Milo.« (Werke und Briefe 2, 190). – Die Astarte oder Aschera oder Asthoreth wird 2. Könige 23, Vers 13, der »Greuel von Sidon« genannt; dort wird berichtet, wie König Josia die Heiligtümer zerstört, welche »Salomo, der König Israels, gebaut hatte der Asthoreth«, und zwar dicht vor Jerusalem. Zuvor (Vers 6–7) ist von dem Aschera-Bild die Rede, das im ›Hause des Herrn‹ befindlich war, und auf die Art des Kultes deutet der Vers: »Und er brach ab die Häuser der Hurer, die an dem Hause des Herrn waren, darin die Weiber wirkten, Häuser für die Aschera.«

72 Werke und Briefe 6, 94 f. – Meine erste Vermutung, das Wort ›Nazarener‹ sei Heine aus der ihm zeitgenössischen Diskussion um die ›nazarenische‹ Malerschule zugeflogen, konnte ich nicht belegen. Die beiden führenden Männer des deutsch-römischen Künstlerkreises, Overbeck und Cornelius, werden zwar von Heine gelegentlich genannt, doch braucht er in diesen Zusammenhängen nicht den Schulnamen. Das Wort scheint übrigens damals aus dem Italienischen aufgegriffen worden zu sein, bezeichnete dort schon im 17. Jahrhundert die Tracht der langen, gescheitelten Haare (›alla Nazareno‹); Overbeck trug sich nach dem Muster Rafaels, andere folgten ihm darin. Als Name des römi-

schen, eine erneuerte christliche Kunstübung erstrebenden Malerkreises erscheint das Wort zuerst um 1817 in Goethes Korrespondenz mit Heinrich Meyer. Diese und andere einschlägige Belehrungen verdanke ich Jens Christian *Jensen*, früher in Heidelberg, jetzt in Kiel, und seiner Schrift »I Nazareni, Das Wort, der Stil« im Nürnberger Ausstellungskatalog ›Klassizismus und Romantik in Deutschland‹ 1966.

Wahrscheinlicher ist jedoch, daß Heine dieses Kennwort, das ihm so bedeutend wurde, aus der Lektüre von Edward *Gibbons* ›Geschichte des Verfalls und Untergangs des Römischen Reiches‹ aufgenommen hat. Er erwähnt dieses berühmte Werk eben an der Stelle, wo er die Antithese des Nazarenischen und des Hellenischen, soweit ich sehe, zum ersten Mal, und zwar als eine historische, aufgestellt hat: Das ist in den ›Elementargeistern‹ (im zweiten Teil, von 1837) im Zusammenhang der Anekdote vom Magister Kitzler (Werke und Briefe 5, 351), wo er mit Zustimmung anführt, daß Gibbon »sich eben nicht besonders günstig« über den Sieg der Christen ausgesprochen habe. Dies bezieht sich wesentlich auf Gibbons 15. Kapitel, und darin figuriert die erste Christengemeinde von Jerusalem unter dem Namen der »Nazarener« – »Die bekehrten Juden oder, wie sie hernach genannt wurden, die Nazarener, welche den Grund der Kirche gelegt hatten ...« –, und er sagt von ihnen, sie seien »hartnäckig bei den Ceremonien ihrer Vorfahren«, also bei den Vorschriften des mosaischen Gesetzes, geblieben. Hier war genau diejenige Amalgamierung des Jüdischen und des Christlichen authentisch vorgegeben, welche Heine in ein einziges Wort zu fassen strebte, indem er sich von beiden Religionen abstieß. (Gibbons ›Geschichte des Verfalls und Untergangs des Römischen Reichs‹, deutsch von Karl Gottfried Schreiter, Professor zu Leipzig, Dritter Theil, Frankfurt und Leipzig 1800, S. 132 und 129).

Man vergleiche auch die Erörterungen am Anfang des hier nachfolgenden Kapitels.

[73] Vom 23. August 1823, Hirth 1, 101.

[74] Um ein paar Beispiele zu nennen: 5. Mose 22, 13–29; 23, 1–3 und 18 bis 19; 24, 1–5; 25, 1–10. Darin findet sich zwar gewiß kein Gebot der erotischen Askese (das ist erst paulinisch), wohl aber eine breite kasuistische Regelung des Ehe- und Geschlechtslebens mitsamt den schrecklichen Strafen der Tötung, Steinigung, Entehrung, Züchtigung, die auf die eine und andere ›Sünde‹ stehen.

[75] Werke und Briefe 6, 94.

[76] Ebd. S. 95 und 194.

[77] »Angewidert« zeigt der Autor sich von der »Immoralität« von Börnes Haushalt zu dreien, und »Ekel« gibt er zu empfinden an gegen Börnes Umgebung (Werke und Briefe 6, 179 und 180). Das ungenierte Aussprechen der sinnlich-physischen Reaktionen, das Ausspielen des subjektivsten Sensoriums als Argument bildet überhaupt eine Neuerung in Heines Stil wie in seiner ›Weltanschauung‹, auch dies eine Spielart und Konsequenz der ›Réhabilitation de la chair‹. Sie kehrt wieder bei Nietzsche unter dem Namen ›Psychologie‹.

[78] Werke und Briefe 2, 178. Man muß in der letzten Zeile den Ton nicht auf das Wort ›beide‹, sondern auf ›stinken‹ legen, um den sinnlichen Sinn kenntlich zu machen.

Siebtes Kapitel
Marmorbilder

[1] Werke und Briefe 6, 111.
[2] ›Berichtigung‹ für die Augsburger ›Allgemeine Zeitung‹, 1849, Werke und Briefe 7, 354.
[3] Werke und Briefe 5, 351 und 352.
[4] Ebd. S. 354.
[5] Ebd. S. 353.
[6] Die Stelle ist oben am Anfang des sechsten Kapitels zuerst zitiert.
[7] So deutet sie Kaufmann in einer Anmerkung: Werke und Briefe 5, 718.
[8] Es gibt einen unveröffentlichten Entwurf zu einer Selbstverteidigung gegen Börnes Medisancen, die für das Börne-Buch bestimmt war, worin Heine sein geheimnisvolles Schweigen über die Hauptsache, über die »Synthese« seiner Gedanken, selbst erörtert. »Betraf ... die Verleumdung das wesentlichere, den Gedanken, der in mir lebt und webt, und der sich geltend macht in allem was ich schreibe und tue und liebe und leide – dann hätte ich gern manchmal gesprochen, aber die Umstände erlaubten es selten, sowohl vor dem Erscheinen der bekannten Bundestagsbeschlüsse als nachher.« Dieser Bemerkung ist Wahrhaftigkeit zuzutrauen. Das Raunen und ausdrückliche Verschweigen, Andeuten und Zurückhalten bildet einesteils eine wiederkehrende Stilfigur, zeigt anderenteils wohl auch wirklich an, daß Heine seinen innersten Glauben nicht allein für zu gefährlich, sondern wohl auch für zu verwegen – und für zu verletzlich – hielt, als daß er die Botschaft täglich und vollständig aussprechen mochte, auch vor dem Frankfurter Interdikt. – Das Manuskript (aus dem Düsseldorfer Heine-Archiv) ist im Auszug mitgeteilt von A. J. *Sandor* in seinem Buch ›The Exile of Gods‹, Den Haag und Paris 1967, S. 44.
[9] Seine Quellen hat Heine zum Teil selbst angegeben: Kornmann, Grimm, Eichendorff.
[10] Werke und Briefe 5, 360.
[11] Am Ende des Zweiten Buches der Abhandlung ›Zur Geschichte der Religion und Philosophie in Deutschland‹, Werke und Briefe 5, 256.
[12] Werke und Briefe 5, 50f. Dieser Teil der ›Romantischen Schule‹ ist Ende 1832 geschrieben und wurde im Frühjahr 1833 zuerst publiziert, auf französisch.
[13] Ebd. S. 352.
[14] Dieses bedeutende Buch ist auch in einer – freilich kaum beachteten – deutschen Übersetzung erschienen: E. M. *Butler*, Deutsche im Banne Griechenlands, Berlin 1948. Es enthält ein Kapitel über Heine.
[15] Werke und Briefe 5, 51.

16 Ebd. alles S. 354.

17 Vgl. oben. S. 102 Œuvres de Saint-Simon et d'Enfantin 47, 144 f. und die Verteidigung Duveyriers p. 307.

18 Werke und Briefe 5, 350.

19 *Gibbon's* ›Geschichte des Verfalls und Untergangs des Römischen Reichs‹, deutsch von Karl Gottfried Schreiter, Frankfurt und Leipzig 1800, 3. Bd., S. 150, 154. Dies ist wohl die deutsche Fassung, in der Heine gelesen haben muß.

20 Ebd. S. 152.

21 Ebd. S. 148. Dieser Passus, der mit seiner aus den alten Quellen wohlbelegten Wiedergabe der dämonologischen Umdeutung der antiken Götter ganz handgreiflich die Vorlage für Heines Bemerkungen geliefert hat, ist bisher von der (germanistischen) Forschung offenbar übersehen worden, und das, obwohl doch Edward Gibbons Name ausdrücklich von Heine–Kitzler genannt wird. Stattdessen wurden als gelehrte Vorgänger und Autoritäten für die ›Verteufelungstheorie‹ bisher angeführt: A. W. *Schlegel* (von Georg *Mücke* in ›Heinrich Heines Beziehungen zum deutschen Mittelalter‹, Berlin 1908, S. 144), dieser freilich hinsichtlich seiner Bonner Vorlesungen nur vermutungsweise, die Brüder *Grimm* und ihre Abhandlung über ›Hexen und Unholde‹, *Wieland* zumal in seinen ›Göttergesprächen‹ und Jean *Pauls* ›Ästhetik‹ (§ 23), diese sämtlich von Fritz *Strich* in seinem inhaltsreichen Werk über ›Die Mythologie in der deutschen Literatur von Klopstock bis Wagner‹, Halle 1910, Bd. 2, S. 412 f. Strich erinnert auch an den Vorgang von Ludwig *Tieck* mit seiner Novelle von Eckart und Tannhäuser und, vor allem, an die Walpurgisnacht in *Goethes* ›Faust‹, die wohl in der Tat am ehesten für Heine in Frage kommt. Doch bleibt es auffällig, daß diese Germanisten Heines eigenen Hinweis nicht beachtet, den englischen Schriftsteller offenbar nicht nachgelesen haben.

22 Werke und Briefe 5, 354.

23 Ebd. S. 371.

24 Das Urteil des Heineschen Papstes hat dennoch eine gewisse Authentizität insofern, als im nördlichen Europa des Mittelalters unter allen als fortlebend gedachten und dämonisierten mythischen Wesen in der Tat die Venus die erste Stelle einnimmt. So urteilt ein hervorragender Kenner, der Romanist Walter *Pabst*, ihre Macht sei für so unwiderstehlich erachtet worden, »daß ihr Name einer der zahlreichen Namen Luzifers, ihre Gestalt eine Abwandlung Beelzebubs, ihr Wesen eine Schattierung des Bösen selbst, daß sie mit Satan identifiziert werden konnte.« (Venus und die mißverstandene Dido, Literarische Ursprünge des Sibyllen- und Venusberges, Hamburg 1955, S. 114)

25 Die Rückführung der Sinnenfeindschaft oder doch der »Menschenmäkeley« auf das Judentum des Alten Testaments und seinen Kampf gegen die babylonischen Kulte, wie sie zumal im 3. Kapitel des ›Rabbi von Bacharach‹ erscheint, ist nur wie eine Präfiguration dieser Antithese. Einmal hat Heine die mehreren historischen Sinnen-Paradiese zusammen genannt und ihnen allen das einzige Judentum, das Hegel-

sche ›Volk des Geistes‹, entgegengestellt: »Welche entsetzliche Opposition bildeten sie (sc. die Juden) ... gegen das buntgefärbte, hieroglyphenwimmelnde Ägypten, gegen Phönizien, den großen Freudetempel der Astarte, oder gar gegen die schöne Sünderin, das holde, süßduftende Babylon, und endlich gar gegen Griechenland, die blühende Heimat der Kunst!« (Das steht im Zweiten Buch des ›Ludwig Börne‹, in dem zweiten Helgoländer Brief, Werke und Briefe 6, 119)

26 Vgl. die schon angeführte Stelle Werke und Briefe 5, 354.

27 Vielleicht erklärt sich aus diesem phantastisch-utopischen Hauptinteresse an der ›Erlösung‹ und Belebung der Marmorbilder der sonst verwunderliche Umstand, daß Heine an der neo-klassizistischen Bildhauerkunst seiner eigenen Epoche so wenig Anteil genommen hat. Der Name *Thorvaldsen*, an den man hier vor allem denken muß, kommt (ausweislich des Namensregisters in Kaufmanns Ausgabe, Bd. 10) in seinem ganzen Œuvre überhaupt nicht vor, *Danneckers* Frankfurter ›Ariadne‹ ist nur einmal in spaßhafter Weise erwähnt, und die sensationelle ›Venus‹ des *Canova*, ein Porträt der Paolina Bonaparte-Borghese, figuriert zumeist auch nur als modisches Requisit, ausgenommen vielleicht die eine Stelle in den ›Bädern von Lucca‹, wo der Erzähler sie sich belebt denkt und mit seiner italienischen Freundin Franscheska vergleicht (Werke und Briefe 3, 297).

28 »Mit ihren rohen Fäusten zerschlagen sie alsdann« (hier sind es nicht die alten Christen, sondern die künftigen Kommunisten) »erbarmungslos alle Marmorbilder der Schönheit, die meinem Herzen so teuer sind«, heißt es in dem Préface zur ›Lutetia‹, wie schon im zweiten Kapitel dieses Buches angeführt, oder französisch »... ils briseront sans merci toutes les statues de marbre de la beauté« (Werke und Briefe 6, 247 und 239).
In einem weiteren Sinn gehört hierher auch die mehr als bloß metaphorische Idee vom »Himmel der Kunst, wo ebenfalls ewiges Leben und ewige Schönheit herrscht«, wie es bei Gelegenheit einer bedeutsamen Bildbeschreibung in den ›Französischen Malern‹ heißt; und die Verschwisterung des Ästhetischen und Erotischen im Schönheitsbegriff verrät sich in der dort nachfolgenden Aufzählung ewiger Gestalten – »... wo Venus und Maria niemals ihre Anbeter verlieren, wo Romeo und Julie nimmer sterben, wo Helena ewig jung bleibt« –, die denn freilich, nach seiner Gewohnheit, mit einer ironischen Volte abschließt: »und Hekuba wenigstens nicht älter wird« (Werke und Briefe 4, 325).

29 »Auch das Gesicht war ganz göttermäßig, wie man es bei griechischen Statuen findet« etc. (Die Bäder von Lucca, Werke und Briefe 3, 296).

30 »Es war dasselbe Gesicht, das an Form und sonniger Färbung einer Antike glich« etc. (Florentinische Nächte, Werke und Briefe 4, 159).

31 Werke und Briefe 1, 433. Ich habe dies oben in dem Kapitel über die Prophetien näher erörtert.

32 Œuvres 47, 382.

33 Ebd. p. 322 und 377.

34 Werke und Briefe 5, 352.

[35] Ein ›Leben in Schönheit‹ ersehnte und erstrebte nachmals die Reformbewegung, die vom ›Jugendstil‹ eingeleitet worden ist. Diesen gleichsam unterirdischen geistes- und sinnengeschichtlichen Zusammenhang werde ich im letzten Kapitel noch näher kennzeichnen.

[36] Werke und Briefe 5, 355–357.

[37] Man muß an *Cocteaus* Meisterfilm ›La Belle et la Bête‹ denken.

[38] *Eichendorffs* Novelle ›Das Marmorbild‹, die gewiß diese Heinesche Nacherzählung angeregt hat (er verschweigt das nicht), erscheint daneben harmlos, wiewohl einige Requisiten und Nuancen dort durchaus schon vorhanden sind: Das Marmorschloß, die berauschenden Blumen in ihren Krügen, die hernach wie »bäumende Schlangen« erscheinen, die Armleuchter und die »schwankenden Lichter«, die sogar »lüstern« über marmorne Bildsäulen schweifen, auch der Umstand, daß die schöne Dame den Jüngling bei der Hand in die inneren Gemächer führt. Aber es wird dort weder gegessen noch getrunken noch geliebt. Und es bleibt alles folgenloser Nachtspuk und Fehltritt, und es gibt ein herzlich frommes Happy-End im Tagessonnenschein.

[39] Werke und Briefe 2, 55.

[40] Brief vom 12. März 1851, Werke und Briefe 9, 396.

[41] Diese Wendungen begegnen am Ende des dritten und am Anfang des vierten Aktes, Werke und Briefe 7, 20 und 22. ›Der Doktor Faust‹ wurde 1847 niedergeschrieben, 1851 veröffentlicht und ist wohl niemals aufgeführt worden.

[42] A. J. *Sandor*, The Exile of Gods, Interpretation of a theme, a theory and a technique in the work of Heinrich Heine, The Hague-Paris 1967, p. 31 f. Diese Untersuchung hat mit dem Motiv der ›Götter im Exil‹ in der Tat ein Herzstück von Heines Denk- und Phantasiewelt glücklich ergriffen, doch leidet die Ausführung unter dem unangemessenen Trieb, in ein durchsichtiges System zu bringen, was ein variationsreiches Gewebe von Erkenntnissen, Träumereien, Figurationen und utopischen Hoffnungen ist.

[43] Werke und Briefe 7, 21 und 22.

[44] Goethe, Propyläen-Ausgabe, Bd. 44, S. 209.

[45] Werke und Briefe 7, 42.

[46] Auch von den ›Marmorbildern‹ in *Goethes* Mignon-Lied hieß es schon, »sie stehn und sehn mich an«, wenngleich ihr ›Blick‹ nicht als liebreizend, gar verlockend figuriert, vielmehr allenfalls als mitleidig; er galt ja auch nicht einem Manne, sondern einem Mädchen, dem »armen Kind«. An einer späteren Stelle der ›Lehrjahre‹ erinnert sich Wilhelm Meister nochmals »der mitleidigen Marmorbilder in Mignons Lied« (8. Buch, 3. Cap.). Überhaupt möchte ich vermuten, daß es diese Zeile des Mignon-Liedes ist, die den poetischen Sinn des Wortes ›Marmorbilder‹, das ästhetische Halbleben, das ihnen eingeflößt oder abgelauscht scheint, recht eigentlich vorgeprägt hat. – *Schadewaldts* Goethe-Wörterbuch kann, wie ich von den zuständigen Mitarbeitern erfuhr, insgesamt elf Fundstellen für ›Marmorbild‹ und ›Marmorbilder‹ nachweisen, doch ist keine an Bedeutung mit der Mignon-Zeile zu verglei-

chen; zumeist steht das Wort einfach als Synonym für ›Statue‹, so
mehrmals bei Beschreibungen italienischer Eindrücke. – Für Heine wird
daneben, wie schon bemerkt, Eichendorffs Novelle ›Das Marmorbild‹
mit dem Gebrauch dieses Wortes verknüpft gewesen sein. (Sie ist 1826
zuerst veröffentlicht.) Auch diese Statue gibt Blicke von sich: »... das
Venusbild, so fürchterlich weiß und regungslos, sah ihn fast schreckhaft
mit den steinernen Augenhöhlen aus der grenzenlosen Stille an.«
(Insel-Auswahl von Franz *Schultz* in zwei Bänden, Bd. 1, S. 379).

47 Werke und Briefe 7, 23.

48 Zuerst hat der französische Kunstgelehrte *Quatremère de Quincy*
solche Beobachtungen mitgeteilt in der Schrift über den ›Jupiter olym-
pien‹ von 1814, dann folgte der Architekt *Hittorf* mit seiner ›Restitu-
tion du temple d'Empédocle à Sélinunte‹, 1830, gleichfalls in Paris,
etwas später, 1834, unser Gottfried *Semper* mit einer Schrift, die
heftigsten Widerspruch fand. – Ich habe diese Umwälzung nachgezeichnet in meinem Buch ›Panorama oder Ansichten vom 19. Jahrhundert‹ (1. Aufl. 1938), S. 168 ff. und S. 236 f.

49 Werke und Briefe 5, 23. Es mag dazu vermerkt werden, daß der Germanist Georg *Mücke*, der schon gelegentlich zitiert wurde, das ent-
rüstete Urteil abgegeben hat, diese Analyse lasse »an Geschmacklosig-
keit nichts mehr zu wünschen übrig« (Heinrich Heines Beziehungen
zum deutschen Mittelalter, 1908, S. 87).

50 Werke und Briefe 6, 595 f. Die Stelle gehört in den Zusammenhang der
Briefe ›Über die französische Bühne‹, war beim ersten Abdruck in
Lewalds ›Allgemeiner Theaterrevue‹ enthalten, in der Buchfassung
aber gestrichen.

51 Die Statuenliebe und Statuenbelebung ist ein sehr altes Motiv. Pygma-
lion (in Ovids Metamorphosen) ist das berühmteste antike Exempel.
Die Geschichte von der ›Statuenhochzeit‹, die in Heines ›Elementargeistern‹ als zweite Venus-Sage erzählt wird, geht in letzter Instanz
auf eine Quelle des 12. Jahrhunderts zurück, und diese steht, wie
Walter *Pabst* sagt, »am Anfang einer glänzenden novellistischen Laufbahn in der europäischen Literatur«. In den christlichen Versionen
wird die Göttin natürlich zum »Dämon in der Statue«. Pabst hat die
Wanderung dieses Motivs bis in die moderne Literatur mit ebensoviel
Gelehrsamkeit wie nuancenreicher Ausdeutungskunst dargestellt in
dem Kapitel ›Leid und Rache der entthronten Göttin‹, S. 114 ff., des
schon erwähnten Buches ›Venus und die mißverstandene Dido‹ (Hamburg 1955). Doch unterscheidet sich die jetzt folgende Abwandlung
Heines von allen Vorgängern durch den einfachen Umstand, daß diese
Statue sich nicht belebt und doch geliebt wird.

52 Werke und Briefe 4, 114–116. Die ›Florentinischen Nächte‹ sind 1836
zuerst veröffentlicht, sind also wohl im vierten Pariser Jahr entstanden.

53 Werke und Briefe 2, 189 f. Das Nachwort ist datiert vom 30.9.1851,
das beschriebene Ereignis in den Mai 1848 gelegt.

54 Alfred *Meißner*, Heinrich Heine, Erinnerungen, Hamburg 1856, S.73.

[55] Werke und Briefe 3, 25.

[56] »Unsere liebe Frau von Sidon, die heilige Astarte«: diese dritte Variante desselben Bonmots kommt im ›Rabbi‹ vor (Werke und Briefe 4, 47).

[57] Biographen und Chronisten haben den eigentlich literarischen Charakter von Heines Louvre-Anekdote nicht bemerkt, vielmehr beharrten sie auf ihrer Geschichtlichkeit. Verwunderlich ist es, daß Adolf *Strodtmann* den ganzen Vorgang nicht aus der ersten und echten, sondern aus der zweiten und falschen (wenngleich gefühlvollen) Hand übernommen hat, nämlich aus derjenigen Meißners, den er ausgiebig zitiert (H. Heines Leben und Werke, Zweiter Band, Berlin 1869, S. 526 f.). Möglicherweise rührt es davon her, daß auch die neueste biographische Chronik, diejenige des verdienstvollen Fritz *Mende*, mit dem Datum Mitte Mai 1848 nüchtern als historisches Faktum registriert: »Besuch des Louvre – H bricht vor der Venus von Milo zusammen.« Es ist, als foppe der Dichter noch die späte Nachwelt.

[58] Näheres hierzu in meinem ›Panorama oder Ansichten vom 19. Jahrhundert‹, Hamburg ³1955, S. 67 ff. und 228 f.

[59] In demselben ›Nachwort‹, Werke und Briefe 2, 188. Was die Götterliebe und die Götter-Utopie mit Hegel und den Hegelianern zu schaffen hat, diese Rätselfrage wird in einem späteren Kapitel erörtert.

Achtes Kapitel
Die Venus im Berg und der Apollo im Kahn

[1] Heine hat selbst im Druck angegeben, das Gedicht sei »geschrieben 1836« – eine ganz ungewöhnliche Beifügung zum Titel. Veröffentlicht wurde es zuerst 1840.

[2] Werke und Briefe 1, 258–266, und, in etwas abweichender Fassung, am Schluß der Abhandlung ›Elementargeister‹, 5, 366–374.

[3] Heine selber hat dessen literarische Qualität vortrefflich charakterisiert in der zweiten französischen Ausgabe der ›Dieux en exil‹ (von 1855): Der Dichter erzähle die Antwort ohne die Frage, und »durch diese Ellipse gewinnt unsere Einbildungskraft ein freieres Feld ...« (Werke und Briefe 5, 713). – Seine Quellen hat Heine in den ›Elementargeistern‹ selbst angegeben. Die früher schon erwähnte Untersuchung von Dr. Georg *Mücke* (›Heinrich Heines Beziehungen zum Mittelalter‹, in Munckers ›Forschungen‹, Berlin 1908) macht es wahrscheinlich, daß er das Tannhäuserlied zuerst, und zwar schon 1824, aus dem ›Wunderhorn‹ kennengelernt hat.

[4] Werke und Briefe 5, 16.

[5] Werke und Briefe 7, 121.

[6] Venus Aphrodite wurde nicht zu Unrecht von manchen Kirchenvätern für die Begründung der Prostitution verantwortlich gemacht. Als Schutzgöttin der »gastlichen Mädchen« hat sie schon Pindar angeredet. So ist der Studie von W. *Pabst* zu entnehmen: ›Venus und die mißverstandene Dido‹, S. 123.

7 In dem Essay ›Elementargeister‹, Werke und Briefe 5, 365.

8 Brief vom 4. Juni 1835 an die Prinzessin Belgiojoso, Hirth 2, 86. »J'ai oublié ma qualité de Dieu, j'ai compromis ma divinité, je suis descendu dans la fange des passions humaines (in den Schlamm der menschlichen Leidenschaften herabgestiegen!) et j'ai de la peine à me relever«, heißt es im selben Brief. Der Ton ist ernstlich verzweiflungsvoll, um so gewichtiger auch das Zeugnis des Glaubens an die eigne Göttlichkeit.

9 Mit Bedacht flechte ich die Formel Stefan *Georges* ein »Den leib vergottet und den gott verleibt« (die letzte Zeile des Gedichts ›Templer‹ aus dem ›Siebenten Ring‹ – Werke in zwei Bänden, 1958, 1, S. 256), denn sie nimmt – nach Heine und Nietzsche – noch einmal Enfantins Maxime im Deutschen auf, wohl zum letzten Mal.

10 Werke und Briefe 5, 232.

11 Ebd. S. 259 (Drittes Buch der ›Religion und Philosophie in Deutschland‹).

12 Ebd. S. 180, gleich auf den ersten Seiten der ›Religion und Philosophie in Deutschland‹. Es nimmt wunder, daß der Leser Enfantin nicht entzückter war von solcher Lektüre!

13 Es ist der ›Progrès‹, den die Saint-Simonisten gepredigt hatten.

14 ›Für die Mouche‹, Werke und Briefe 2, 445.

15 Die Stelle ist im vorigen Kapitel schon angeführt und erörtert worden: »Es ist das Beste oder vielmehr das einzig Gute in besagtem zweiten Teile, in dieser allegorischen und labyrinthischen Wildnis, wo jedoch plötzlich, auf erhabenem Postamente, ein wunderbar vollendetes griechisches Marmorbild sich erhebt und uns mit den weißen Augen so heidengöttlich liebreizend anblickt, daß uns fast wehmütig zu Sinne wird …« (Erläuterungen zum ›Doktor Faust‹, Werke und Briefe 7, 42 f.). Man wird den Gleichklang mit jenen Versen Tannhäusers bemerken: »Wenn ich an dieses Lachen denk, So weine ich plötzliche Tränen.«

16 So im ›Zweiten Tableau‹ der ›Göttin Diana‹, Werke und Briefe 7, 89.

17 Das geht vermutlich auf den Cancan, der um 1830 aufkam, und von dem ich in Meyers Konversations-Lexikon von 1875 lese, er zeige »muthwillige, ins Unanständige und Unzüchtige ausartende« Gebärden, »weshalb er von der Polizei oft, aber vergebens, verboten ward«.

18 Werke und Briefe 5, 711.

19 »… on voit combien chez l'ancien poète prédomine la foi antique, tandis que chez le poète moderne … se révèle le scepticisme de son époque…« (ebenfalls 5, 711).

20 Werke und Briefe 2, 30–35. Publiziert 1851. Das Gedicht ist nicht sehr bekannt, in manchen Auswahl-Ausgaben nicht enthalten, nicht einmal im ersten Band der Insel-Ausgabe von 1968, ›Heinrich Heine Werke, Gedichte, ausgewählt und herausgegeben von Christoph *Siegrist*‹, und das, obwohl dieser Herausgeber bemüht sein wollte, die »Dimension der Tiefe« in der späten Lyrik Heines gegen die epigonale Routine der frühen herauszustreichen (vgl. das Nachwort S. 495 und 504). Da-

gegen hat es Werner *Vordtriede* in der Ausgabe der ›Sämtlichen Werke‹ des Verlages Winkler in München als »eines der bedeutendsten Gedichte Heines« bezeichnet.

[21] Gründlich verhört hat sich die Germanistin Laura *Hofrichter,* die in dem Liedchen des Apollogotts die Identität des Schönen, des Heiteren und des Einfachen, zudem einen Lobpreis der »heiteren Ruhe Arkadiens« erkennen will (›Heinrich Heine – Biographie seiner Dichtung‹, Göttingen 1966, S. 163). Ganz konträr urteilt Werner *Vordtriede* in seiner Heine-Ausgabe (Sämtliche Werke, Bd. 1, München 1969, S. 923), der zweite Teil sei »bewußt als eine Art Gassenhauer geschrieben«. Am treffendsten erscheint mir die Charakterisierung von Gerhard *Storz:* »weit eher ein Couplet als ein göttlich-dämonischer Zaubersang« (›Heinrich Heines lyrische Dichtung‹, Stuttgart 1971).

[22] Aus den ›Neuen Gedichten‹, Werke und Briefe 1, 276.

[23] Daß ›Feibusch‹ oder ›Feibisch‹ in der Tat eine jiddische, mundartliche Version von ›Phöbus‹ darstellt, und daß der Vorname ›Phöbus‹ wenigstens seit dem 17. Jahrhundert nicht selten in jüdischen Familien vorkam, später auch als Familienname registriert wurde, hat mir Herr Dr. Siegmund A. *Wolf,* Heidelberger Privatdozent und hervorragender Kenner des Jiddischen, ausdrücklich bestätigt. – Ein »Rabbi Feiwisch« verkehrte, wie *Meißner* erzählt, bei Heine in Paris, dieser freilich weder jung noch hübsch, vielmehr ein halbverrückter Kauz, immerhin ein dilettierender Dichter auch er. (›Heinrich Heine. Erinnerungen von Alfred Meißner‹, Hamburg 1856, S. 116–126.)

[24] Werke und Briefe 7, 153.

[25] Ebd. S. 354.

Neuntes Kapitel
Die Götter der Zukunft

[1] Werke und Briefe 5, 353. Vgl. die Analyse der Kitzler-Geschichte am Anfang des siebten Kapitels.

[2] Werke und Briefe 6, 113 – am Schluß des Ersten Buches der Schrift über ›Ludwig Börne‹.

[3] Werke und Briefe 1, 504. Die Verse stehen in Caput XXVII, dem letzten des Gedichts, dessen Manuskript im Frühjahr 1844 abgeschlossen wurde, also gut vier Jahre nach dem ›Börne‹ und gut sieben Jahre nach den ›Elementargeistern‹.

[4] Werke und Briefe 5, 15: das stand in der ›Romantischen Schule‹ von 1832/33.

[5] Werke und Briefe 3, 361. Die Lektion über das Denken habe ich im ersten Kapitel angeführt. Dieser Passus der ›Stadt Lucca‹ stammt sogar schon von 1829, also aus vorpariserischer Zeit.

[6] Werke und Briefe 1, 433.

[7] Werke und Briefe 3, 361.

[8] Werke und Briefe 1, 433.

9   »Erst schafft der Mensch Gott nach seinem Bilde und dann erst schafft wieder dieser Gott den Menschen nach seinem Bilde« (Das Wesen des Christenthums, S. 151).

10 Ludwig *Feuerbach*, Das Wesen des Christenthums, Leipzig 1841, S. 133.

11 Es ist bemerkenswert, daß hier der Name steht, den nachmals *Nietzsche*-Zarathustra seinem utopischen Zukunftswesen gegeben hat. Vielleicht ist ironischerweise Marx sein Erfinder?

12 Deutsch-Französische Jahrbücher, hrsg. von Arnold *Ruge* und Karl *Marx*, Paris 1844, S. 71. Wiederabgedruckt in Siegfried *Landshut*s Ausgabe der ›Frühschriften‹ von Karl Marx, Stuttgart 1953, S. 207.

13 Das Vorwort zu ›Deutschland, Ein Wintermärchen‹ hat die Datumszeile »Hamburg, den 17. September 1844«. Heine war Ende Juli nach Hamburg gereist und kehrte Mitte Oktober nach Paris zurück.

14 Dies ist zuerst von Franz *Mehring* in der ›Geschichte der deutschen Sozialdemokratie‹, Stuttgart 1909, Bd. 1, S. 286 f., ausgesprochen worden.

15 Der Brief ist aus Hamburg vom 21. 1. 1844 datiert. Werke und Briefe 9, 172 f.

16 ›Zur Kritik der Hegel'schen Rechts-Philosophie‹, Deutsch-Französische Jahrbücher, S. 72. Bei *Landshut* S. 208.

17 Werke und Briefe 1, 433.

18 Im zweiten Kapitel dieses Buches.

19 »Wir brauchen dem wahrhaft Menschlichen nicht erst den Stempel des ›Göttlichen‹ aufzudrücken, um seiner Größe und Herrlichkeit sicher zu sein«, schrieb Friedrich *Engels* in seiner interessanten Auseinandersetzung mit Thomas Carlyle, die unter dem Titel ›Die Lage Englands‹ gleichfalls in den Deutsch-Französischen Jahrbüchern 1844 erschien, a. a. O., S. 177. – Allerdings ist sein Humanismus hier derart emphatisch und schwärmerisch, daß er gleichsam wider Willen doch der Vergöttlichung des Menschen nahekommt. – Was *Feuerbach* betrifft, so hat seine bekannte Formel »Homo homini Deus est« (›Das Wesen des Christenthums‹, Leipzig 1841, S. 370) eine andere Bedeutung: er bezeichnet sie selbst als »obersten praktischen Grundsatz« und das heißt als moralische Maxime, und illustriert sie in der Folge an dem Verhältnis des Kindes zu den Eltern, des Gatten zum Gatten, des Freundes zum Freunde, überhaupt des Menschen zum Mitmenschen. Alle diese Verhältnisse sollen eine neue Heiligung erfahren. Man könnte die Formel sinngemäß so übersetzen: Der Mitmensch gelte dem Menschen als ein Gott.

20 Alle Zitate auf derselben Seite 234 in Werke und Briefe 5.

21 Im ›Ludwig Börne‹, Werke und Briefe 6, 95.

22 Werke und Briefe 5, 232.

23 1. Korinther 15,56. Nicht ebenso lapidar und eindeutig Römer 5,20: »Das Gesetz aber ist neben eingekommen, auf daß die Sünde mächtiger würde.«

24 Werke und Briefe 5, 232.

25 Hiervon wird im letzten Kapitel näher zu reden sein.

[26] Ich spiele auf den Titel eines bedeutenden Buches an: ›Le drame de l'humanisme athée‹ von Henri de *Lubac*, S. J., 4. éd., Paris 1950.

[27] Werke und Briefe 5, 233.

[28] Im ersten Kapitel dieses Buches.

[29] Im dritten und vierten Kapitel.

[30] Œuvres de Saint-Simon et d'Enfantin 47, 310.

[31] Ebd. p. 338.

[32] Œuvres 4, 192.

[33] Ebd. p. 201.

[34] Œuvres 6, 191.

[35] Die beiden Zusätze Œuvres 6, 184 f. und 214.

[36] Ebd. p. 202.

[37] Ebd. p. 213. Gleichwohl hat Heine selbst von jenen Versuchen anbetungssüchtiger Jünger vernommen. In einer Nachlaß-Notiz führt er, wenn auch in satirischer Absicht, Enfantin als eine dritte Epiphanie Gottes, nach Mose und Christus auf: ». . . in der Gestalt Enfantins tat er (sc. Gott) das Ungeheuerste, um die Welt zu retten: er machte sich lächerlich . . .« (Werke und Briefe 7, 378).

[38] Noch in *Duveyriers* Verteidigungsrede, die ja in der Hauptsache der Anklage der Immoralität zu begegnen hatte, wird immerhin das Ziel angegeben, »à faire les travailleurs gais, courageux, enthousiastes des pacifiques entreprises . . .« (Œuvres 47, 314).

[39] Caput I. Werke und Briefe 1, 436.

[40] Das sind saint-simonistische Termini. In ihrer Schule ist, wie mir scheint, zuerst die Lehre zwar nicht vom Klassenkampf, aber von der antithetischen Zweiheit der Gesellschaftsklassen ausgebildet worden: »Bourgeois et prolétaires, oisifs et travailleurs« (z. B. Œuvres 4, 56).

[41] Wie zuvor schon aus *Duveyriers* Verteidigungsrede zitiert: Œuvres 47, 338.

[42] Im zweiten Kapitel dieses Buches.

[43] Heine hat keinen utopischen Kalender aufgestellt, doch scheint sich gegenüber den Pariser Anfängen später ein gewisser Verzögerungseffekt geltend zu machen. Auf den Jubelton der Aktualität in ›Seraphine Nr. 7‹ ist an gehörigem Ort hingewiesen worden. Im ›Wintermärchen‹ setzt er seine Hoffnung auf das heranwachsende »neue Geschlecht«, noch später auf die »schöneren Enkel«. An versteckter Stelle, in der ›Einleitung zum Don Quixote‹, macht er in dieser Hinsicht ein bemerkenswertes Geständnis: »Ach, ich habe . . . erfahren, daß es eine ebenso undankbare Tollheit ist, wenn man die Zukunft allzu frühzeitig in die Gegenwart einführen will und bei solchem Ankampf gegen die schweren Interessen des Tages nur einen sehr mageren Klepper, eine sehr morsche Rüstung und einen ebenso gebrechlichen Körper besitzt!« (Werke und Briefe 5, 409). Dieser Seufzer stammt von 1837. Die Erinnerung an das Bundestagsdekret und seine Folgen mag zugrunde liegen, vielleicht aber auch diejenige an Enfantin und die ›Eglise‹, welche ebendieselbe Erfahrung gemacht hatten, nur noch gründlicher.

44 Theodor W. *Adorno* hat Marxens utopische Askese als ein Tabu interpretiert und mit dem theologischen Bilderverbot des Alten Testaments in Zusammenhang gebracht: »Der Materialismus säkularisierte es, indem er es nicht gestattete, die Utopie positiv auszumalen.« (›Negative Dialektik‹, S. 205.) – Ich habe diese folgenreiche Erscheinung im sechsten Kapitel von ›Grund und Abgrund der Macht, Kritik der Rechtmäßigkeit heutiger Regierungen‹ näher zu ergründen versucht (Frankfurt 1962).

45 Bei diesem Meister des napoleonischen Klassizismus hatte Robert in den letzten Jahren des Empire die Malerei studiert. Vgl. Leopold Robert, Sein Leben, seine Werke und sein Briefwechsel, nach *Feuillet de Conches* von Edmund *Zoller*, Hannover 1863.

46 ›La doctrine‹ – das ist wieder die verkürzte Bezeichnung der ›Doctrine saint-simonienne‹, wie sie die Eingeweihten gebrauchten.

47 ›Seraphine‹ ist mit den ›Französischen Malern‹ später, 1834, im ersten Bande des ›Salon‹ erschienen. Vgl. oben das vierte Kapitel meines Buches.

48 Werke und Briefe 4, 324 ff.

49 Zitiert in der Biographie Roberts von *Feuillet*, deutsch von *Zoller*, a. a. O., S. 44.

50 Ebd. S. 65.

51 Werke und Briefe 4, 322.

52 Ebd. S. 324.

53 Ebd. S. 309. Übrigens findet sich in der französischen Fassung der ›Geständnisse‹ (1854) noch einmal eine Anspielung auf die Hauptfigur aus Delacroix' Gemälde: ».. je remarquai la figure joufflue d'une grosse commère, d'une femme aux grandes mamelles, comme on représentait alors la déesse de la liberté« (7, 167). Hier wird eine Abneigung gegen diese Gestalt bemerklich, die offenkundig aus dem erotischen Geschmack herrührt: diese ›Göttin‹ war ihm zu vollbusig.

54 Noch im Jahre 1855 waren Stiche nach Robert – und zwar nach den ›Schnittern‹ und einem späteren Bilde, den ›Fischern‹ – offenbar die einzigen Bilder, die in Heines Krankenzimmer (in der Rue Matignon bei den Champs Elysées) an der Wand hingen. So berichtet Camilla *Selden,* die »Mouche« der spätesten Liebesgedichte, in ihren Erinnerungen an ›Heinrich Heines letzte Tage‹ (Jena 1884). Auszüge sind bei H. H. *Houben,* Gespräche mit Heine (2. Aufl., Potsdam 1948) nachzulesen, die erwähnte Stelle dort unter Nr. 760. – Dasselbe berichtet J. H. von *Fichte* von einem Besuch im Jahre 1851 in einer früheren Wohnung, Rue Amsterdam: ebenfalls bei *Houben,* Gespräche, Nr. 691. – ›Die Fischer‹ von Robert hat Heine im XXXVII. Stück der ›Lutetia‹ (vom 11. Dezember 1841), ungefähr zehn Jahre nach den ›Schnittern‹ und lange nach dem gräßlichen Selbstmord des Malers (im Jahre 1835) beschrieben; die Passage (Werke und Briefe 6, 400–404) bezeugt seine fortdauernde Bewunderung. Er vergleicht beide Bilder: »Dort malte Robert das Glück der Menschheit, hier malte er das Elend des Volks.«

55 Werke und Briefe 7, 314.

56 Ebd. S. 314 f.

57 So in einer Notiz aus dem Nachlaß, Werke und Briefe 7, 423. Diese Theorie hat wohl Winckelmann in die Welt gesetzt: »In Griechenland aber, wo man sich der Lust und Freude von Jugend auf weihete, wo ein gewisser heutiger bürgerlicher Wohlstand der Freyheit der Sitten niemahls Eintrag getan, da zeigte sich die schöne Natur unverhüllet zum großen Unterrichte der Künstler.« (Gedanken über die Nachahmung der griechischen Werke in der Malerey und Bildhauerkunst, Dresden und Leipzig 1756, S. 7. Neudruck in ›Studien zur deutschen Kunstgeschichte‹, Bd. 330, Baden-Baden, Strasbourg 1962.)

58 ›Elementargeister‹, Werke und Briefe 5, 361.

Zehntes Kapitel
Venerische Krankheit und venerische Gesundheit

1 Werke und Briefe 5, 232.

2 Ebd. S. 180.

3 Im ersten Kapitel dieses Buches.

4 Immer noch 5, 180.

5 Werke und Briefe 5, 259.

6 Daß er mit der Religion immer die Moral meinte und in der moralischen Ordnung die Religion sich verwirklichen, ja sich erschöpfen sah, hat Heine recht drastisch in einem Brief ausgesprochen, der in dieselbe Zeitspanne fällt wie die oben angeführten Passagen aus ›De l'Allemagne‹: »Ich sage, das religiöse Prinzip und Moral, obgleich beides Speck und Schweinefleisch ist, eins und dasselbe. Die Moral ist nur eine in die Sitten übergegangene Religion (Sittlichkeit).« Unmittelbar anschließend findet sich wiederum die Antithese des Kranken und Gesunden, diesmal ausdrücklich auf Religion bezogen: »Ist aber die Religion der Vergangenheit verfault, so wird auch die Moral stinkisch. Wir wollen eine gesunde Religion, damit die Sitten wieder gesunden, damit sie besser basiert werden als jetzt, wo sie nur Unglauben und abgestandene Heuchelei zur Basis haben.« (An Laube, vom 23. November 1835, Werke und Briefe 8, 478)

7 Einleitung zum ›Don Quixote‹, Werke und Briefe 5, 409. Diese Gelegenheitsarbeit ist Anfang 1837 entstanden, zwei bis drei Jahre nach der ›Religion und Philosophie in Deutschland‹.

8 Die wichtigsten neueren medizinischen Darstellungen sind die von Michael Cohn (Die Krankheit Heinrich Heines) in der ›Deutschen Medizinischen Wochenschrift‹ 56, 1930, H. 2, und von Arthur Stern (Heinrich Heines Krankheit und seine Ärzte) im Heine-Jahrbuch 1964.

9 An Campe, aus Passy, 7. Juni 1848, Werke und Briefe 9, 283.

10 ›Berichtigung‹ vom 15. April 1849, Werke und Briefe 7, 354.

11 Kurt Kolle, Die Krankheit von Heinrich Heine, Der Hautarzt, April 1964, S. 163 f.

12 Klinische Vergleiche habe ich in der mir zugänglichen Literatur nicht

gefunden; natürlich habe ich, als medizinischer Laie, kein eigenes Urteil über Vergleichbarkeit oder Unvergleichlichkeit des Falles. Meine Beweise gehen, wie noch deutlich werden wird, aus Heines eigenen Äußerungen hervor.

13 Dieses Urteil stammt schon aus dem Jahre 1914, es war von Friedrich *Hirth* erbeten worden und ist in dessen großer Brief-Ausgabe im 6. Bd., S. 73, wiedergegeben (Mainz 1951). Sonderbarerweise erscheint der Name des Wiener Psychiaters in allen seitherigen Veröffentlichungen als ›Hirschler‹.

14 *Stern*, Heinrich Heines Krankheit, Heine-Jahrbuch 1964, S. 76.

15 Ebd. S. 78.

16 Maria *Embden-Heine*, Principessa della Rocca, in ihren ›Erinnerungen an H. Heine‹, Hamburg 1881, S. 81. Sie war eine Tochter von Heines Schwester Charlotte.

17 *Hirth* 1, 146, Brief Nr. 83 (auch Werke und Briefe 8, 138). Einige Erläuterungen mögen angebracht sein. Hofrat Anton Bauer war Professor des Strafrechts, Heine hörte bei ihm. Ein »Gondon«, eigentlich Condom, ist »ein Überzug über den Penis zum Schutz gegen Ansteckung beim Beischlafe und zur Verhütung der Conception« (W. *Guttmann*, Medizinische Terminologie). Die »veilchenblaue Seide« spielt satirisch auf den damals sehr populären Chor aus Carl Maria von *Webers* ›Freischütz‹ an: »Wir winden dir den Jungfernkranz mit veilchenblauer Seide«. Seinen Ärger über dieses Lied hat Heine recht komisch im Zweiten Berliner Brief (vom 16. März 1822) beschrieben (Werke und Briefe 3, 512 ff.).

18 Diese und andere Quellen hat O. F. *Scheuer* angeführt in der Schrift ›Heinrich Heine als Student‹, Bonn 1922, zumal S. 30. Der vollständige Wortlaut des obigen Briefes war diesem Autor noch nicht bekannt, da er zuerst von Hirth 1950 publiziert wurde.

19 *Hirth* 1, 149, Brief Nr. 85.

20 Die Wendung gehört zu jener utopischen Dreiheit aus dem Vorwort zum ›Wintermärchen‹, die schon des öfteren angeführt worden ist.

21 *Béthencourts* Werk hat den Titel: ›Nova poenitentialis Quadragesima, nec non Purgatorium in morbum Gallicum sive Venereum etc.‹, Paris 1527. (Vgl. *Proksch*, Die Litteratur über die venerischen Krankheiten, Bonn 1889, S. 11 f.) Der neue Name verdrängte bald den älteren, ›morbus Gallicus‹ oder ›Franzosenkrankheit‹. Huttens berühmte Abhandlung von 1519 führt sie die alte Bezeichnung im Titel, in der deutschen Fassung heißt es »wie man die frantzosen oder blattern heilen sol«; eine Übersetzung von 1737 jedoch setzt »Venus-Seuche« an die Stelle (ebenfalls nach dem Titelverzeichnis bei Proksch). Eine zusammenhängende ›kulturgeschichtliche‹ Darstellung gibt Iwan *Bloch* in ›Der Ursprung der Syphilis‹, Jena 1901. – Ich verdanke diese Auskünfte und Hinweise Herrn Professor *Schipperges*, der in Heidelberg Geschichte der Medizin lehrt.

22 Brief an Laube vom 23. November 1835, Werke und Briefe 8, 478.

23 Ludwig Börne's Urtheil über H. Heine, Ungedruckte Stellen aus den Pariser Briefen, Frankfurt am Main, 1840, S. 13 f.

24 Manche Zeitgenossen Heines verklebten das ›moralische Syndrom‹ von Laster und Krankheit zudem polemisch mit nationalem und antisemitischem Ressentiment. So kennzeichnet Wolfgang *Menzel* ihn als den »aus Paris kommenden, nach der neusten Mode gekleideten, aber gänzlich blasierten, durch Lüderlichkeit entnervten Judenjüngling mit spezifischem Moschus- und Knoblauchgeruch« (›Die deutsche Dichtung von der ältesten bis auf die neueste Zeit‹, Stuttgart 1858/59, S. 464 f.). Ich gebe das Zitat wieder nach der interessanten Zusammenstellung von Jost *Hermand* ›Heines frühe Kritiker‹, erschienen in dem Sammelband ›Der Dichter und seine Zeit – Politik im Spiegel der Literatur‹, herausgegeben von Wolfgang *Paulsen*, Heidelberg 1970, S. 130. Dort findet man weitere, verwandte Beispiele. Auch fällt daran auf, wie früh schon medizinisch-pathologische Erscheinungen als Metaphern aggressiven Abscheus verwendet wurden: Theodor *Mundt* schrieb, Heines Werke erweckten zumeist den Eindruck »unreiner Geschwüre« (ebenfalls bei Hermand, S. 127). – Nicht weniger muß die Zählebigkeit jener moralisch-diagnostischen Verquickung erstaunen, für die Börne den ersten Beleg lieferte; selbst seine Ausdrücke kehren wörtlich wieder in dem Artikel ›Heine‹ des berühmten Handwörterbuchs ›Die Religion in Geschichte und Gegenwart‹, in der zweiten Auflage, von 1928: »Von Kämpfen, Enttäuschungen, Geldnöten zermürbt, vielleicht auch durch sexuelle Ausschweifungen zerrüttet, wurde er 1848 durch ein Rückenmarksleiden auf ein Krankenlager geworfen, das er nicht mehr verließ.« (Sp. 1771; als Verfasser zeichnete ein Dr. *Knevels* in Heidelberg.)

25 ›Ludwig Börne‹, Werke und Briefe 6, 94.

26 Ebd. S. 179.

27 Aus den ›Verschiedenen‹, ›Hortense‹ 1, Werke und Briefe 1, 248. Das Gedicht war zuerst 1833 in einer Zeitschrift erschienen.

28 ›Ludwig Börne‹, Werke und Briefe 6, 179.

29 Werke und Briefe 2, 421 f.

30 Wer die beiden Formulierungen, die von der Hinopferung und von der Hingabe des Lebens, auf eine pedantische Goldwaage zu legen versucht ist – in dem Sinne: der so spreche, sei nicht tot und spreche doch schon wie aus dem Grabe –, dem mag eine Briefstelle zur Erläuterung dienen: »Dieser lebendige Tod, dieses Unleben ist nicht zu ertragen, wenn sich noch Schmerzen dazu gesellen ... Wenn ich auch nicht gleich sterbe, so ist doch das Leben für mich auf immer verloren« – und am Ende noch einmal: »Dieses Unleben ist nicht zu ertragen.« So an den Arzt-Bruder Maximilian, aus Passy, schon am 12. September 1848 (Werke und Briefe 9, 302). Die geniale Prägung ›Unleben‹ trifft den Zustand, und sie erklärt und rechtfertigt die vorigen Formulierungen vollkommen.

31 Arthur *Stern*, a. a. O., S. 72 und 74. Dort auch die Zusammenstellung der angewandten Therapien.

32 Alfred *Meißner*, Heinrich Heine, Erinnerungen, Hamburg 1856, S. 221.

33 Cours de Pathologie interne, professé à la Faculté de Médecine à Paris par M. G. *Andral*, Professeur à la dite Faculté ... etc., 2. éd., Paris 1848. Die Myelitis ist im zweiten Bande unter den Krankheiten des Zentralnervensystems beschrieben, die Syphilis im dritten (p. 606 ff.) unter den ›Empoisonnements‹, und zwar den durch ein Virus verursachten ›Vergiftungen‹. Merkwürdigerweise fällt bei der Schilderung der myelitischen Symptome die Bemerkung, die Lähmung beginne manchmal an einem Finger und breite sich allmählich aus (2, 570) – ebendies war ja Heines Erfahrung.

[34] *Romberg*, Lehrbuch der Nervenkrankheiten des Menschen, Berlin 1840, besonders S. 611 ff. Über die Lähmung der Augenlider (Ptosis paralytica) heißt es (S. 672 f.): »Das obere Lid hängt zum Theil oder ganz über dem Auge ... und ist seiner Aufwärtsbewegung verlustig; wird es von dem Finger in die Höhe gehoben und wieder losgelassen, so sinkt es schlaff herab.« Das ist es, was zahlreiche Besucher des kranken Heine geschildert haben.

[35] *Meißner* war 1822 in Teplitz geboren, lebte in Prag, später in Bregenz und war ein sehr fruchtbarer Autor; seine ›Gesammelten Schriften‹ umfassen achtzehn Bände (Leipzig 1871–73). Seine Erinnerungen an Heine beruhen auf Besuchen, die er ihm bei vier Pariser Aufenthalten (1847, 1849, 1850 und 1854) gemacht hatte, und auf ihrem Briefwechsel.

[36] *Meißner*, H. Heine, S. 67 f.

[37] Sie war eine Verfälschung, wie hier schon dargelegt ist: im siebten Kapitel, gegen Schluß.

[38] Meißner, a. a. O., S. 73.

[39] *Wille* ist in ›Deutschland, Ein Wintermärchen‹, Caput XXIII, als vormaliger akademischer Haudegen verewigt. Seine Erinnerungen, ursprünglich auf Bitten von Adolf Strodtmann niedergeschrieben, von diesem aber zurückgeschickt, sind von Eberhard *Galley* im Heine-Jahrbuch 1967 erstmals veröffentlicht worden.

[40] Zur Zeit der Niederschrift der ›Religion und Philosophie in Deutschland‹, also Mitte der dreißiger Jahre.

[41] Die Verteidigungsrede, von der hier nur ein Absatz wiedergegeben ist, wurde in der Abendverhandlung des 27. August 1832 vor dem Assisengericht gehalten. Wie früher angegeben, ist das gesamte Protokoll des Prozesses im 47. Bande der ›Œuvres de Saint-Simon et d'Enfantin‹ veröffentlicht, die angeführte Passage S. 317 f. Von den beiden Sätzen, die oben im originalen Wortlaut zitiert sind, betrifft der erste die vorehelichen Verhältnisse junger Männer mit ›Töchtern des Volks‹. Der zweite läßt sich so übersetzen: »Eure Liebesverhältnisse sind durch ein abscheuliches Gift verdorben, das die Körper der Hälfte Eurer Männer und Eurer Frauen und noch die Milchbrüste der Ammen vergiftet.« Die Anklage gegen Duveyrier stützte sich vor allem auf dessen Aufsatz ›De la femme‹, der im ›Globe‹ erschienen war. Darin hatte der Satz Anstoß erregt, daß »die größte Zahl der Frauen und der Männer heute im Ehebruch und in der Prostitution« lebe. Es ist derselbe Artikel, der die Wendung von der Liebe als einem »göttlichen Gastmahl« enthielt.

[42] So in seinem Aufsatz ›De la femme‹, Œuvres 47, besonders p. 137.

[43] Ebd. p. 320.

[44] Die Bemerkung wird von G. *Karpeles* in ›Heinrich Heine's Biographie‹ (Hamburg 1885, S. 144) berichtet, ohne daß der Gesprächspartner genannt ist. Sie findet sich aber wortgetreu in *Houben*s ›Gesprächen mit Heine‹ (Potsdam, 2. Aufl., 1948) wieder (S. 723). Aufgezeichnet wurde sie von Ludwig *Kalisch*, dessen ›Unterhaltungen mit Heinrich Heine‹ zuerst 1874 in der ›Gartenlaube‹ erschienen sind. Im nächsten Kapitel werde ich auf dieses Gespräch zurückkommen. Es fand statt am 20. Januar 1850.

Elftes Kapitel
Absage an die Adresse Hegels

[1] H. H. *Houben*, Gespräche mit Heine, Nr. 637, S. 723.

[2] So heißt es in der mehrfach angeführten Zeitungsnotiz ›Berichtigung‹ von 1849, Werke und Briefe 7, 354.

[3] Werke und Briefe 9, 338. Vorher heißt es dort: »... Ich habe nämlich, um dir die Sache mit einem Worte zu verdeutlichen, den Hegelschen Gott oder vielmehr die Hegelsche Gottlosigkeit aufgegeben und an dessen Stelle das Dogma von einem wirklichen, persönlichen Gotte, der außerhalb der Natur und des Menschengemütes ist, wieder hervorgezogen.«
Und am 12. Oktober desselben Jahres, abermals an Laube: »Welch ein gutmütiger und liebenswürdiger Gott war ich in meiner Jugend, als ich mich durch Hegels Gnade zu dieser Hohen Stellung emporgeschwungen! ...« (9, 362).

[4] An Taillandier, 3. Nov. 1851, Werke und Briefe 9, 446 f.

[5] Werke und Briefe 7, 127. Hiernach folgen die Sätze mit den saint-simonistischen Devisen, die oben im vierten Kapitel entziffert wurden.

[6] ›Geständnisse‹, Werke und Briefe 7, 127 und 130.

[7] Man könnte diese auffällige Lücke vielleicht gerade mit dem Umstand erklären, daß Heine sich die Darstellung Hegels aufgespart hätte, um sie – laut der Versicherung in den ›Geständnissen‹ – in einer besonderen Schrift nachzuholen. Indessen besagt seine eigene Mitteilung, er habe diese »Darstellung der ganzen Hegelschen Philosophie« geplant, um sie »einer neuern Ausgabe« von ›De l'Allemagne‹ »als Ergänzung ... einzuverleiben«. Woraus deutlich hervorgeht, daß der Plan bei der ersten Ausgabe (von 1835) noch nicht bestanden hatte.

[8] Werke und Briefe 7, 132. Derselbe Satz, dieselbe Passage war schon in dem Vorwort zur zweiten Auflage der ›Religion und Philosophie‹ enthalten: 5, 170.

[9] Das geht aus Kuno *Fischer*, ›Hegels Leben, Werke und Lehre‹, 2. Aufl. Heidelberg 1911, Bd. 1, S. 147 hervor. Ähnliche Angaben macht *Mende* in seiner Heine-Chronik; er hat die Titel, wie er mir mitteilte, aus der ›Preußischen Staatszeitung‹ ausgezogen, worin die Vorlesungsverzeichnisse veröffentlicht wurden.

10 An Moser, 1. Dezember 1823, Werke und Briefe 8, 128. Er zählt ihm dort seine Testate auf und nennt zuerst »ein Zeugnis von Hegel (!!!)« – die Ausrufungszeichen markieren wohl besonderen Wert.

11 *Hegel*, Vorlesungen über die Philosophie der Religion, hrsg. von Gg. Lasson, Hamburg 1966, Bd. 2, S. 102.

12 Ebd. S. 123.

13 Ebd. S. 137 und 142.

14 Das Zitat ist aus der ›Stadt Lucca‹, Kapitel VI, Werke und Briefe 3, 376. Es ist recht häufig wiedergegeben und berühmt geworden oder doch berühmt gewesen – »und er warf das Kreuz auf die hohen Göttertisch, daß die goldnen Pokale zitterten und die Götter verstummten und erblichen und immer bleicher wurden, bis sie endlich ganz in Nebel zerrannen«. Die Szene mag drastisch sein, doch hat die Erfindung etwas Plumpes: sie ist allzu sinnfällig, zugleich aber sinnlich unstimmig, da man nicht recht einsehen kann, wie dieser Wurf und Schreck die Auflösung der Gestalten der alten Götter soll bewirken können.

15 Alfred *Meißner*, Heinrich Heine, Erinnerungen, Hamburg 1856, S. 217 bis 220, auch in H. H. *Houben* ›Gespräche mit Heine‹ wiedergegeben, Nr. 684, S. 867. Übrigens hatte der Maler auf Mathildes Wunsch eine zweite Version angefertigt, wo Heine mit offenen Augen zu sehen ist: diese Skizze habe der Kranke sogleich zurückgegeben mit den Worten »Das ist eine Lüge«.

16 Werke und Briefe 1, 275 f. Die Sammlung der ›Neuen Gedichte‹ ist 1844 im Druck erschienen, doch war der ›Katharina‹-Zyklus schon 1840 im Vierten Bande des ›Salon‹ enthalten (vgl. die Druckgeschichte in der Heine-Ausgabe von *Briegleb*, München 1971, Bd. 4, S. 897).

17 Man vergleiche die Erörterung oben im fünften Kapitel!

18 In ›Lutetia‹ LX, vom 1. Juni 1843, Werke und Briefe 6, 522.

19 Werke und Briefe 7, 125 und 126.

20 Werke und Briefe 3, 362.

21 Werke und Briefe 5, 429.

22 Werke und Briefe 7, 130.

23 ›Zur Geschichte der Religion und Philosophie in Deutschland‹, Werke und Briefe 5, 300.

24 Werke und Briefe 7, 306.

25 Hegels Schüler und Biograph Karl *Rosenkranz* spricht von »den verrufenen Worten«, die er dort, in der Vorrede zur Rechtsphilosophie (1829), aufgestellt habe, und versucht seinerseits, sie trotz ihrer »leichten Mißverständlichkeit« zu erklären. Gleichwohl räumt er ein: »Nicht ganz mit Unrecht wandten sich daher, durch seine Worte erschreckt, Alle, welche Preußens Zukunft vor Augen hatten, mißtrauisch von Hegel als einem Manne ab, dessen Politik zu beschränkt und von der Beziehung auf Preußen, wie er es eben fand, zu abhängig sei.« Die Vorrede war polemisch gegen die fanatische Vaterlandsschwärmerei gerichtet – Rosenkranz erinnert an die Ermordung Kotzebues 1819 –, »gegen ein unbestimmtes Sollen und eine ... unmotivirte Mißachtung

des Bestehenden«. (Rosenkranz, G. W. F. Hegels Leben, Neudruck 1963, S. 334 f.)

26 Werke und Briefe 7, 126. – Die spöttische Erklärung, warum Hegel Beers Umgang schätze, findet sich in den nachgelassenen Notizen (Werke und Briefe 7, 379). – Daß er »ein ängstlicher Mensch« sei, hat Hegel von sich selbst gesagt: In einem Brief an den Freund Niethammer vom 9. Juni 1821, Briefe von und an Hegel, hrsg. von Joh. *Hoffmeister*, Hamburg 1953, Bd. 2, S. 272.

27 ›Encyclopädie der philosophischen Wissenschaft‹, hrsg. von *Nicolin-Pöggeler*, Meiner 1959, S. 39.

28 ›Die Stadt Lucca‹, Kapitel XVII, Werke und Briefe 3, 410. Dieses Werk ist 1829/30 entstanden und 1831 im Vierten Teil der ›Reisebilder‹ veröffentlicht worden.

29 Vorrede zu den ›Französischen Zuständen‹, Werke und Briefe 4, 375.

30 Denselben Einfall hatte vor Heine schon ein französischer Schriftsteller, Edgar *Quinet*. In einem Aufsatz vom November 1830 – also wenige Monate vor Heines ›Adels‹-Schrift – in der ›Revue des deux mondes‹ hat er Kant mit der Constituante, Fichte mit den Jakobinern, Hegel mit der Heiligen Allianz in Parallele gesetzt, diesen also recht eigentlich auf die Seite der Reaktion geschlagen. (Demgegenüber kommt er in Heines verschobener Version noch besser weg.) Zuletzt scheint dieses ganze, etwas spielerische Motiv überraschenderweise auf *Hegel* selbst zurückzugehen. Er hat von den Philosophien Kants, Fichtes und Schellings insgesamt gesagt, in ihnen sei »die Revolution als in Form des Gedankens niedergelegt und ausgesprochen«. (Jubiläumsausgabe, hrsg. von Glockner, Bd. 19, S. 534: Es ist der dritte Band der ›Vorlesungen über die Geschichte der Philosophie‹.) – Beide Hinweise entnehme ich der Arbeit von Horst *Stuke*, Philosophie der Tat, Studien zur ›Verwirklichung der Philosophie‹ bei den Junghegelianern und den Wahren Sozialisten, Stuttgart 1963, S. 58.

31 Werke und Briefe 4, 276.

32 Werke und Briefe 5, 258.

33 Ebd. S. 303.

34 Ebd. S. 307. Die berühmte Passage ist – im Zusammenhang von Heines Prophetien – oben im zweiten Kapitel gewürdigt worden.

35 Eine Ausnahme macht ein amerikanischer Autor, Helmut *Motekat*, der zu einem ›Hegel Symposium‹ der Universität von Texas einen Beitrag über ›Hegel and Heine‹ geliefert hat: »Heine did not discuss Hegel's philosophy in Die Romantische Schule, in De l'Allemagne, nor in Zur Geschichte der Religion und Philosophie in Deutschland. Hegel's ideas are mentioned in these works in passing, but Heine deals at length only with the philosophy of others such as Kant, Fichte and Schelling.« (A Hegel Symposium, ed. D. C. *Travis*, Austin, Texas, 1962, p. 75). – Wie selten sind doch so deutliche, einfache Feststellungen!

36 Wolfgang *Harich*, Heinrich Heine und das Schulgeheimnis der deutschen Philosophie, in ›Sinn und Form‹, 8. Jahr, 1956, S. 33 und 31. – Wiewohl Harich gleich auf der ersten Seite, ja im ersten Absatz seines

Essays den Namen Hegels (als einzigen aus dem Zusammenhang der idealistischen Philosophie) nennt, um ihn sofort mit Heines Prophezeiung in Verbindung zu bringen, gibt er doch an späterer Stelle indirekt zu erkennen, daß er eben diesen Namen in eben dieser Prophezeiung doch offenbar vermißt: er spricht da mit einem Mal von »seiner vagen, unbestimmt gehaltenen Prophezeiung« (S. 31)! Deren »aktuelle Konkretisierung« habe Heine wohl erst Marx zu verdanken – er bezieht sich damit auf die ›Briefe über Deutschland‹, worin denn Hegel und die Hegelsche Schule gleichsam nachgeliefert ist. Das mag zutreffen. Nur war die ursprüngliche Prophezeiung nicht darum vage und unbestimmt, weil dort andere Namen und Philosopheme figurieren.

[37] Näheres hierzu findet man in meinem Buche ›Grund und Abgrund der Macht‹, Frankfurt 1962, S. 150 ff.

[38] Karl *Marx*, Zur Kritik der Hegelschen Rechtsphilosophie, Einleitung, zuerst in den ›Deutsch-Französischen Jahrbüchern‹ (1844); zitiert nach Siegfried *Landshuts* Ausgabe der ›Frühschriften‹, Neuausgabe Stuttgart 1953, S. 216 f.

[39] »Über die Idee einer deutschen Revolution« habe ich einen kleinen Essay verfaßt, der am 27. 2. 1971 in der Beilage der ›Frankfurter Allgemeinen Zeitung‹ erschienen ist.

[40] Als Karl *Marx* mit seiner Frau Jenny in Paris eintraf, am 11. November 1843, war Heine in Hamburg, auf derjenigen Reise, von der er die Idee und erste Vers-Entwürfe zu ›Deutschland, Ein Wintermärchen‹ mitbrachte. Am 16. Dezember kam er zurück, er war nun neun Tage unterwegs gewesen, zu Lande, über Hannover, Minden, Paderborn, Münster, Köln, Aachen und Brüssel. Wenige Tage später, also gegen Weihnachten, muß er die Bekanntschaft mit Marx gemacht haben, sehr wahrscheinlich durch die Vermittlung des geschäftigen Arnold *Ruge*, der die ›Deutsch-Französischen Jahrbücher‹ vorbereitete. Deren erster und einziger Band erschien im Februar 1844, und darin war Marx' Aufsatz ›Zur Kritik der Hegelschen Rechtsphilosophie, Einleitung‹ enthalten (mehr als diese Einleitung gibt es davon nicht), außerdem seine Abhandlung ›Zur Judenfrage‹ und ein Briefwechsel zwischen ihm und Ruge. Mitte April meldete Heine seinem Verleger den Abschluß des ›Wintermärchens‹, im Mai hat er wohl jene ›Briefe über Deutschland‹ angefangen, von denen oben die Rede ist; er ließ sie liegen, verwendete einiges später in den ›Geständnissen‹. Von Mitte Juli bis Mitte Oktober war Heine abermals abwesend, wieder in Hamburg. Von dort schrieb er (am 21. 9. 1844) den einzigen Brief an Marx, der uns erhalten ist, er handelt fast ausschließlich von seinen Publikationsinteressen bezüglich des ›Wintermärchens‹, und was Marx dazu helfen könne. Ende Januar 1845 ergingen Ausweisungsbefehle der französischen Regierung für die Mitarbeiter der Zeitung ›Vorwärts!‹, die in Paris gegründet worden und gerade ein knappes Jahr lang erschienen war. Doch blieben Heine, Ruge, Herwegh und die Redakteure Börnstein und Bernays verschont; Marx, Bakunin und der seither vergessene Publizist Heinrich Bürgers jedoch mußten Paris verlassen. Im April ging auch Ruge weg. Die

engere Verbindung zwischen Heine und Marx hat also etwas länger als ein Jahr gewährt. Ob sie sich im März 1848 gesehen haben, als Marx (nach der Februar-Revolution) in Paris war, ist ungewiß; bei diesem Aufenthalt wurde übrigens die sogenannte Zentralbehörde des ›Bundes der Kommunisten‹ gebildet. Im Sommer 1849 war Marx wieder für einige Wochen in Paris und besuchte Heine mindestens einmal (am 12. 8. 1849) an seinem Krankenlager. Späterhin haben beide Männer nur noch gelegentlich einander durch Dritte Grüße gesandt. – Die Daten gebe ich nach *Mendes* ›Chronik‹. Der Briefwechsel zwischen Marx und Engels enthält einige bemerkenswerte, wenn auch gewiß nicht immer angenehme Äußerungen über Heine. *Engels* nennt ihn unter dem 16. 9. 1846 nach einem Besuch, bei dem er ihn schon schrecklich abgemagert fand, »einen famosen Kerl« und beklagt den »fatalen Eindruck«, ihn »so Stück für Stück absterben zu sehen« (Marx-Engels Gesamtausgabe, III. Abteilung, Bd. 1, S. 37). Marx andererseits spricht – wesentlich später, den 17. 1. 1855 – nach seiner keifenden Manier, wenn auch nicht ohne ein gewisses moralisch herablassendes Wohlwollen, von Heine als einem »alten Hund«, der für öffentliche Invektiven und Klatsch-Kontroversen »ein monströses Gedächtnis« habe – was zutrifft –, und weist ihm, wohl ebenfalls zutreffend, eine »Lüge« nach, die er ihm indessen hingehen lassen will, eine Lüge aus der »Angst seines schlechten Gewissens« wegen der Pension, die er von der französischen Regierung erhielt. (Ebd. Band 2, S. 73) Mathilde Heine belegt Marx – in einem Brief vom 8. 5. 1856 (kurz nach Heines Tod) – mit dem Titel »Saumensch« und behauptet, sie habe »den poor Heine zu Tode gequält« (ebd., Bd. 2, S. 147) – eine kommune Nachrede, die kaum durch anderweitige Zeugnisse gestützt werden kann, am wenigsten natürlich durch Heine selbst.

Diese Reflexe zeugen von einer gewissen Kameraderie und Vertraulichkeit, kaum von hoher Achtung und gewiß nicht von andauernder Gesinnungsgemeinschaft. Ihm, Marx, gilt Heine – mindestens im Rückblick – vorab als Dichter (und als ein etwas liederlicher Charakter); danach scheint es, er habe ihn – trotz der zeitweiligen publizistischen Kooperation – ›ideologisch‹ nicht sonderlich ernst genommen.

41 Karl *Marx*, Die Frühschriften, a. a. O., S. 218 ff.

42 Übrigens gibt es noch mehr und andere Spuren der Begegnung mit Marx in Heines Schriften dieser Zeit. Vor allem möchte ich die Kenntnis Ludwig *Feuerbachs* und seiner Religionskritik dahin rechnen. Dessen Name taucht zuerst in den ›Briefen über Deutschland‹ auf, von welchen oben die Rede war: »... ein deutscher Porphyrius, genannt Feuerbach (auf Französisch fleuve de flamme), mokiert sich nicht wenig über diese Attribute des ›Gott-Reiner-Geist‹«, das heißt über die Gottesauffassung der neueren protestantischen Theologie. Alles Nähere und Weitere, was da von Feuerbach berichtet wird, stammt indessen gewiß nicht aus seinem berühmten ›Wesen des Christenthums‹ (von 1841), sondern aus Heines eigener satirischer Phantasie. Mit der Beziehung auf Feuerbachs Religionskritik setzt aber eben jener Aufsatz von

Marx über Hegels Rechtsphilosophie ein, ohne daß freilich der Name genannt wird: »Für Deutschland ist die Kritik der Religion im wesentlichen beendigt, und die Kritik der Religion ist die Voraussetzung aller Kritik« (Frühschriften, a. a. O., S. 207) – der Satz ist ungemein bezeichnend für Marx' apodiktische Tonart, auch für seinen damaligen Glauben an die Macht der Bücher. Die einschlägigen Verse im Caput VIII des ›Atta Troll‹ – »Kind, mein Kind, nimm dich in acht / Vor dem Feuerbach und Bauer« (Werke und Briefe 1, 367) – sind später entstanden, finden sich erst in der Buchausgabe dieses Gedichts, von 1846.

43 Die Philosophin Hannah *Arendt* in New York hat mir gegenüber in einem Brief (vom Oktober 1970) allerdings eine andere Auffassung jenes Hegelschen Satzes von der Wirklichkeit des Vernünftigen und der Vernünftigkeit des Wirklichen ausgedrückt. Sie meint, er sei in der Tat von Anfang an zweideutig. »Entweder heißt er: Nur was vernünftig ist, hat ein Recht auf Wirklichkeit, und dann haben wir die Links-Hegelianer, oder: Nur was wirklich ist, das ist vernünftig, und dann haben wir die Rechts-Hegelianer.« Wenn es so liegt, brächte Heines Anekdote allerdings eine legitime Version. Hegels Spruch bleibt indessen gerade in seiner Kompaktheit dunkel; man muß ihn aufknacken, aber sobald man ihn aufknackt, verändert man ihn. Seine zwei Hälften sind so eng verzahnt, gerade damit die Identität des Vernünftigen und des Wirklichen von beiden Seiten bekräftigt werde. Gleichwohl vermag die ingeniöse logische Spaltung, die Frau Arendt hier vorgenommen hat, die tatsächliche historische Spaltung der Hegel-Schule wie im Blitzlicht verständlich zu machen.

44 Werke und Briefe 7, 306.

45 Dieses Urteil erscheint durchaus nicht so frech oder abwegig, wie man meinen möchte. Die Biographie von Rosenkranz bietet manchen Beleg, und ein moderner philosophisch-psychologischer Autor, Arnold *Künzli* in Basel, scheut in seinen ›Prolegomena zu einer Psychographie Hegels‹ auch nicht davor zurück, ihm »Devotheit« als dominierenden Charakterzug zuzuschreiben. (In: ›Hegel und die Folgen‹, hrsg. von G.-K. *Kaltenbrunner*, Freiburg 1970, S. 50)

46 Werke und Briefe 7, 307.

47 Ebd. S. 308.

48 Das Wort von den »Massen« ist authentisch: »Die Massen tragen nicht mehr mit christlicher Geduld ihr irdisches Elend und lechzen nach Glückseligkeit auf Erden«, heißt es wirklich bei Heine selbst (7, 307).

49 *Marx*, Frühschriften, a. a. O., S. 208. Dort steht auch der berühmte Satz, wonach die Religion »das Opium des Volks« ist. Der Vergleich scheint indessen nicht Marxens originaler Einfall zu sein. Jedenfalls hat ihn Heine gut drei Jahre vorher – im Vierten Buch des ›Ludwig Börne‹: »Für Menschen, denen die Erde nichts mehr bietet, ward der Himmel erfunden ... Heil dieser Erfindung! Heil einer Religion, die dem leidenden Menschengeschlecht in den bittern Kelch einige süße, einschläfernde Tropfen goß, geistiges Opium, einige Tropfen Liebe, Hoffnung und Glauben!« (Werke und Briefe 6, 194) Es ist hier freilich

nicht das Volk, sondern die leidende Menschheit überhaupt, der die Gabe zugute kommt; Heines Version war, wiewohl gewiß religionskritisch, doch etwas großmütiger als diejenige von Marx. Jahre danach, als Heine selbst den »bittern Kelch« auszutrinken hatte, auf seinem Krankenlager, hat er noch einmal mit derselben Vergleichung gespielt. Er kehrte sie um: »Denken Sie nur nicht, daß ich ohne Religion bin. Opium ist auch eine Religion.« Und schließlich: »Es ist mehr Verwandtschaft zwischen Opium und Religion, als sich die meisten Menschen träumen lassen ... Wenn ich meine Schmerzen nicht mehr ertragen kann, nehme ich Morphium, ... wenn ich meine Angelegenheiten nicht mehr besorgen kann, übergebe ich sie dem lieben Gott...« (*Houben*, Gespräche, Nr. 654, S. 771).

Der Religionshistoriker Ernst *Benz* in Marburg ist in einem einschlägigen Aufsatz hinsichtlich der ›Opium‹-Formel zu derselben Annahme gelangt, daß Marx die Börne-Schrift gekannt und diesen Vergleich, der sich nachmals so mächtig ausgebreitet hat, also von Heine aufgenommen habe – von Heine, »der es viel besser als Marx verstand, philosophische Erkenntnisse in ein zündendes Schlagwort umzuprägen«. Benz hat aber zudem herausgefunden, daß beide in diesem Punkt schon einen Vorgänger gehabt haben, und es ist wiederum Hegel. In dessen ›Philosophie der Weltgeschichte‹ gibt es eine farbenreiche Charakteristik der Geistigkeit Indiens, die in das harte Urteil ausläuft: »Ihr ganzes Leben ist nur ein Aberglauben, weil alles bei ihnen Träumerei und Sklaverei derselben ist.« Und dort wird die indische Phantasie verglichen mit einem an Körper und Geist heruntergekommenen Menschen, der »seine Existenz verdumpft und unleidlich findet und nur durch Opium sich eine träumende Welt und ein Glück des Wahnsinns verschafft« (in der Ausgabe dieser Vorlesungen von Georg *Lasson* im 2. Bd., Leipzig 1923, S. 355). Das Stichwort mag also Hegel gegeben – und Heine könnte es sogar als Student von ihm vernommen haben –, aber erstens bezieht sich Hegel dabei nicht auf Religion, nicht einmal auf die indische, sondern auf den indischen ›Volksgeist‹ überhaupt, und zweitens wäre er ganz gewiß nicht darauf verfallen, das Christentum in solche Vergleichung zu setzen, wie eben Heine zuerst getan hat. Schließlich ist Heines Vergleichspunkt nicht so sehr die berauschende als die schmerzlindernde Wirkung des Opiums. – Der Aufsatz von *Benz* hat den Titel ›Hegels Religionsphilosophie und die Linkshegelianer‹ und ist 1955 in der von ihm mitherausgegebenen ›Zeitschrift für Religions- und Geistesgeschichte‹ erschienen (VII. Jg., S. 247–270, bes. 253).

50   Dies ist oben im neunten Kapitel ausgesprochen worden.

51   Vorwort zur zweiten Auflage des Essays über Religion und Philosophie, von 1852 (Werke und Briefe 5, 171).

52   Wolfgang *Harich* in der Edition der ›Sammlung Insel‹, S. 33 und 47.

53   Werke und Briefe 7, 306. – Das unedle und schwere Metall kommt später noch einmal in einem transzendenten Zusammenhang vor: In dem Gedicht ›Leib und Seele‹ heißt es

»In jenen kalten Himmelshallen,
Wo schweigend die Ewigkeiten wallen
Und mich angähnen – sie klappern dabei
Langweilig mit ihren Pantoffeln aus Blei.«

Hier kommt auch das Klanglose des Bleis ins Spiel, und diese metaphorische Erfindung fügt sich mit der Kälte, dem Schweigen, dem Gähnen, in der Tat zu einem »grauenhaften« synästhetischen Komplex. Allerdings sind hier nur die Pantoffeln, ein komisches Zubehör, aus Blei, bei der Jungfer Notwendigkeit sind es die lebendigen Hände: das ist viel unheimlicher.

54 Werke und Briefe 7, 119.

55 Alles Werke und Briefe 7, 125.

56 Ebd. S. 127.

57 Es ist unerfindlich, wie Wolfgang *Harich*, um ihn noch einmal zu erwähnen, von demselben Heine mit einer ganzen Serie soziologischer und ideologischer Argumente behaupten kann, er sei »dem Hegelianismus in die Arme« getrieben worden (Sammlung Insel 17, a. a. O., S. 15), ferner, seine Geschichtskonzeption sei von einem »plebejisch-demokratisch pointierten Hegelianismus« geprägt (S. 43), und schließlich, er sei »vor der Schwelle, die das Junghegelianertum vom wissenschaftlichen Sozialismus trennt«, stehengeblieben (S. 47). Man möchte Mephisto abwandeln:

Er sieht mit diesem Trank im Leibe
Bald Hegelen in jeder Schreibe.

58 Werke und Briefe 7, 120–124.

59 Der Brief ist mitgeteilt worden von Friedrich *Hirth* in seinem Buch ›Heinrich Heine und seine französischen Freunde‹, Mainz 1949, S. 109. Hirth meint (S. 111), es sei »seit der Verbreitung des Hegelschen Gedankens von der Göttlichkeit des Menschen« in Pariser Literaturkreisen »üblich geworden«, Heine als ›Gott‹ oder als ›Göttlichkeit‹ anzureden. Das erstere redet er offenbar dem späten Heine nach: Der Hegelsche Gedanke war kaum in Paris bekannt, geschweige verbreitet, und außerdem gibt es, wie dargelegt, diesen Gedanken bei Hegel gar nicht. Das letztere ist wohl ein wenig übertrieben; auch Hirth führt nur noch einen weiteren Zeugen an, Théophile *Gautier*, der Heine 1857, in einer Vorrede zu den ›Tableaux de Voyage‹, einen »Dieu charmant« genannt hat.

60 Bei *Houben*, Gespräche, Nr. 612, S. 676.

61 Werke und Briefe 8, 462. Die frühere Erklärung seiner »religiösen« Gefühle für Christina Belgiojoso: 8, 438. Die Prinzessin hat ihn offenbar mit diskreter Deutlichkeit in die Grenzen der Freundschaft verwiesen, blieb ihm aber wohlgesinnt; das geht aus dem Brief vom 11. April 1835 hervor (8, 458).

62 Werke und Briefe 7, 127 f. Von den unverkennbar saint-simonistischen (und gar nicht hegelischen) Elementen dieser Passage ist früher schon die Rede gewesen: oben im vierten Kapitel, S. 109–112.

63 In der Vorrede zur zweiten Auflage der ›Religion und Philosophie in Deutschland‹ (von 1852) nennt er sie mit Namen: Ruge, Marx, Feuerbach, Daumer und Bruno Bauer, die »gottlosen Selbstgötter«. (Werke und Briefe 5, 171)

64 Aus der ›Einleitung zum Don Quixote‹, von 1837: Werke und Briefe 5, 409.

65 Werke und Briefe 1, 262 (das Gedicht entstand 1836).

66 Ebd. S. 504. Das ist Anfang 1844 geschrieben.

67 Werke und Briefe 7, 315: »Geschrieben zu Paris, am Karfreitage 1847.«

68 Werke und Briefe 5, 171.

69 So steht es in der französischen Fassung der ›Geständnisse‹, die zuerst 1854 in der ›Revue des deux mondes‹, dann 1855 in der zweiten Auflage von ›De l'Allemagne‹ erschienen ist. Die Stelle ist oben im zweiten Kapitel schon erörtert worden. (Werke und Briefe 7, 489)

70 Zuerst in der Vorrede zur zweiten Auflage von ›Religion und Philosophie‹, Werke und Briefe 5, 171; dann wieder, ausdrücklich und wörtlich zitiert, in den ›Geständnissen‹, Werke und Briefe 7, 133.

Zwölftes Kapitel
Abschaffung der Sünde?

1 Davon ist schon zu Anfang des vorigen Kapitels die Rede gewesen.

2 *Hegel*, Phänomenologie des Geistes, hrsg. von Gg. Lasson, 2/1921, S. 496.

3 In der Glocknerschen Gesamtausgabe Bd. 9, S. 333.

4 Vorlesungen über die Philosophie der Religion, hrsg. von Lasson, 1966, Bd. 2, S. 123. – Der Theologe Wolfgang *Trillhaas* hat drei verschiedene Passagen aus der Religionsphilosophie, eine aus der Enzyklopädie und eine aus der Geschichtsphilosophie zusammengestellt, die sämtlich auf den Sündenfall Bezug haben: ›Felix culpa, Zur Deutung der Geschichte vom Sündenfall bei Hegel‹ in ›Probleme biblischer Theologie, Gerhard von Rad zum 70. Geburtstag‹, München 1971, S. 589 ff. Die respektvoll-kritische Erörterung, die Hegel hier erfährt, dringt zwar tief ein, läßt aber die Frage ganz beiseite, worin die Sünde des Sündenfalls eigentlich bestehe.

5 Ernst *Bloch*, Subjekt-Objekt, Erläuterungen zu Hegel, Erweiterte Ausgabe, Frankfurt 1962, S. 332.

6 Werke und Briefe 9, 690 (vom 1. Januar 1856, an ›die Mouche‹).

7 Œuvres 46, 150 f. Die Schrift heißt ›La Vie Eternelle‹ und ist als Brief an einen Freund abgefaßt.

8 Es ist die neunte ›prédication‹, mit dem Titel ›Les femmes‹: Œuvres 43, 211 f.

9 Wintermärchen, Caput XXVII, Werke und Briefe 1, 504.

10 Werke und Briefe 5, 232.

11 Ebd. S. 15.

12 Werke und Briefe 6, 552. Das Stück ist vom Juli 1843 datiert. Daß die Idee eines Strafrechts zur »Blasphemie« werde, daß also, posi-

tiv gewendet, das Verbrechen verschwinden werde, hat noch ein späterer Eschatologiker geglaubt und prophezeit, derjenige, der dann wirklich Ernst gemacht hat mit der Herbeiführung der Endzeit: *Lenin*. In seiner bedeutsamsten systematischen Schrift, in ›Staat und Revolution‹ (vom Sommer 1917), ist es ausgesprochen: »... daß die soziale Grundursache der Ausschreitungen« (das ist sein euphemistischer Ausdruck für ›Verbrechen‹), »die eine Verletzung der Regeln des gesellschaftlichen Zusammenlebens bedeuten, in der Ausbeutung der Massen, ihrer Not und ihrem Elend zu suchen ist« und daß »mit der Beseitigung dieser Hauptursache ... die Ausschreitungen unvermeidlich ›abzusterben‹ beginnen« werden (W. J. Lenin, Ausgewählte Werke in zwei Bänden, Berlin 1953, Bd. 2, S. 227). »Wir sind keine Utopisten«, hatte er zuvor ausdrücklich versichert. Im genaueren Sinne des Wortes mag das auch zutreffen. Aber als ›Eschatologist‹ erwies er sich im selben Atemzug.

Noch mehr muß die Entdeckung erstaunen, daß Heinrich Heines ureigenste Formel (aus dem ›Wintermärchen‹) auf dem geraden Weg über Friedrich *Engels* bis zu *Lenin* gelangt ist. Dieser zitiert Engels' Einleitung zur dritten Auflage von Marx' ›Bürgerkrieg in Frankreich‹ (von 1891) ausgiebig, mit besonderem Nachdruck aber die folgende Stelle: Der Staat, diese »Maschine zur Unterdrückung einer Klasse durch eine andre«, werde sich forterben, »bis ein in neuen, freien Gesellschaftszuständen herangewachsenes Geschlecht imstande sein wird, den ganzen Staatsplunder von sich abzutun« (bei Lenin S. 218, im Kernstück noch einmal wiederholt S. 220). Das ist ohne Frage ein Echo jener Verse:

»Es wächst heran ein neues Geschlecht,
Ganz ohne Schminke und Sünden,
Mit freien Gedanken und freier Lust,
Dem werde ich alles verkünden.«

Die Schminke und Sünde kehrt allerdings nicht wieder, an deren Stelle ist eben der »Staatsplunder« gerückt, und das Attribut der Freiheit ist von den Gedanken und der Lust zu den »Gesellschaftszuständen« versetzt. Das eschatologische Grundmotiv der großen Verwandlung des Menschen selbst, der Abschaffung oder auch des »Absterbens« der Sünde oder des Triebes zu »Ausschreitungen« hält sich durch, und Heine war es, der den Ton angeschlagen hat.

13 Gewiß zu Recht hat der große protestantische Theologe Rudolf *Bultmann* die anthropologische Deutung abgewiesen, als wären ›Fleisch‹ und ›Geist‹ gewissermaßen nur zwei konträre Elemente eines und desselben Menschenwesens. »Fleisch ist ... nicht etwas *am* Menschen, sondern der Mensch selbst, so wie er vorfindlich ist, als gesund oder krank, als Angehöriger einer Nation oder einer Familie«, schreibt er in der strengen und knappen Darstellung der Theologie des Paulus, die im Handwörterbuch ›Die Religion in Geschichte und Gegenwart‹ enthalten ist (2. Aufl., Tübingen 1930, Artikel ›Paulus‹, Bd. 4, Sp. 1034).

Und er folgert: »sich aus dem Fleische verstehen ... heißt Sünde« –
und weiter: »Sünde ist das Selbstseinwollen« (ebd. Sp. 1035). Der Begriff des ›Geistes‹ andererseits bezeichne nur das »neue Leben«: »Wie
›Fleisch‹ die Bestimmtheit des Lebens durch das Vorhandene bedeutet,
so ›Geist‹ die Bestimmtheit durch das Nicht-Vorhandene, Nicht-Pro-
duzierte, Nicht-Verfügbare, durch das Unsichtbare, Wunderbare, Ge-
glaubte« (ebd. Sp. 1041–2). Leben im ›Geist‹ sei dasselbe wie Leben im
Glauben und also »Gemeinschaft mit dem Herrn«.

Vielleicht läßt sich im Lichte von Bultmanns Verdeutlichungen der
paulinische Gegensatz von ›Fleisch‹ und ›Geist‹ auch einfach in dem
Sinn verstehen, daß er die eschatologische Verwandlung ausdrückt, daß
›Fleisch‹ schlechthin den alten Menschen, ›Geist‹ den neuen Menschen
kennzeichnen soll.

Dennoch muß man sich von der modernen, in ihrer Weise auch selbst
aufgeklärten Theologie nicht allzu weit in Abstraktionen entführen
lassen. Paulus war ein Apostel, er saß nicht einsam am Pult, sondern
wandte sich an lebendige Menschen, an die Gemeinden in Rom, Ko-
rinth und anderwärts. Er suchte sie alle im Glauben zu festigen, das
heißt in ihrer schon gewonnenen Erlöstheit zu bestätigen, und er hatte
es mit den praktischen Problemen ihres Zusammenlebens zu tun, also
durchgängig mit der Frage, wie das neue, das ›geistliche‹ Leben – in der
»kurzen Zeit« der Erwartung – denn zu führen sei. Daraus erwuchs
derjenige Teil seiner Lehre, den man seine ›Ethik‹ genannt hat und der
bis auf diesen Tag so mächtig gewirkt hat. Und in diesem Zusammenhang nehmen auch die Begriffe von ›Fleisch‹ und ›Geist‹ einen anderen,
notwendig derberen Charakter an. So lehrt er die Galater (5, 19–22):
»Offenbar sind aber die Werke des Fleisches, als da sind: Ehebruch,
Hurerei, Unreinigkeit, Unzucht, Abgötterei, Zauberei, Feindschaft,
Hader, Neid, Zorn, Zwietracht, Rotten, Haß, Mord, Saufen, Fressen
und dergleichen, von welchen ich euch zuvor gesagt und sage noch zuvor, daß, die solches tun, werden das Reich Gottes nicht erben. Die
Frucht aber des Geistes ist Liebe, Freude, Friede, Geduld, Freundlich-
keit, Gütigkeit, Glaube, Sanftmut, Keuschheit.« So lang dieser Katalog
der ›Fleischeswerke‹ ist, so fällt doch auf, daß die ›sexuellen‹ den Anfang machen und einen besonderen Akzent tragen. Dieser Zug tritt
noch verstärkt im ersten Korintherbrief in Erscheinung, in der Belehrung über die ›Hurerei‹ (griechisch: Porneia), die diese ›Sünde‹ aus
allen sonstigen heraushebt: »Alle Sünden, die der Mensch tut, sind
außer seinem Leibe; wer aber huret, der sündigt an seinem eigenen
Leibe.« Und die Begründung: »Oder wisset ihr nicht, daß euer Leib ein
Tempel des heiligen Geistes ist, der in euch ist, welchen ihr habt von
Gott, und seid nicht euer selbst?« (1. Kor. 6, 18–19). Wie ersichtlich,
geht es hier gerade und sehr entschieden um den Leib und darum, daß
der Leib selber geheiligt werden soll, nämlich daß er nicht ›fleischlich‹,
sondern ›geistlich‹ gehalten werde. »Der Leib aber nicht der Hurerei,
sondern dem Herrn, und der Herr dem Leibe« (6, 13). Daher auch die
drastische Symbolik desjenigen Ratschlags, der wirklich die christliche

Askese eingeleitet zu haben scheint: »Welche aber Christo angehören, die kreuzigen ihr Fleisch samt den Lüsten und Begierden« (Gal. 5, 24). Und sogleich: »So wir im Geist leben, so lasset uns auch im Geist wandeln« (5, 25). Paulus setzt also voraus, daß es möglich sei, ›geistlich‹ und unfleischlich zu »wandeln«, ja er fordert es von den Gläubigen, die sich hier in dieser Welt befinden, aber im Stande der Erwartung.

Zu dem Punkt, auf den es hier vor allem ankommt, hat Albert *Schweitzer* in seinem klassischen Buch über ›Die Mystik des Apostels Paulus‹ (Tübingen 1930) die bedeutsame Bemerkung gemacht, Paulus habe »drei Todsünden« statuiert – in dem Sinne, daß sie die Gemeinschaft mit Christus nicht bloß schädigten, sondern aufhöben: »Die Unzucht, die Übernahme der Beschneidung nach der Taufe und die Beteiligung an den Götzenopfermahlen« (S. 130). Die beiden letzteren hatten nur eine zeitgeschichtliche Bedeutung, die Exklusivität der Christengemeinden zu sichern. Die an der ersten Stelle genannte ›Fleisches-Sünde‹ hingegen behielt ihr Mal, auch in einer christianisierten Welt.

[14] Karl *Barth*, Kirchliche Dogmatik III, 4 (1951), S. 138; ich zitiere nach der Erwähnung in dem ebenso lehrreichen wie in der Sache konstruktiven Buch von Hermann *Ringeling*, Theologie und Sexualität, Gütersloh 1968 (S. 13).

[15] Werke und Briefe 2, 110.

[16] Werke und Briefe 1, 12 f.

[17] Der Name Salome kommt übrigens in der Erzählung der Evangelisten Markus und Matthäus nicht vor, er stammt aus dem entsprechenden Bericht des jüdischen Geschichtsschreibers Flavius *Josephus*. – Die Verquickung der Namen und Figuren von Mutter und Tochter begegnet schon im Mittelalter.

[18] Werke und Briefe 1, 398. Tatsächlich war dieses Motiv in der Volkssage von Pharaildis vorgebildet; Heine mag es aus dem Werk des *Reimarus Secundus* über ›die Geschichte der Salome‹ kennengelernt haben, das in den dreißiger Jahren erschienen war. Diese Vermutung entnehme ich der vortrefflichen Studie von Helen Grace *Zagona*, The Legend of Salome and the principle of art for art's sake, Genf und Paris 1960, p. 34 f.

[19] Caput XX, Werke und Briefe 1, 401.

[20] Der französische ›Atta Troll‹ ist in den ›Œuvres complètes, Poèmes et légendes‹ von 1855 enthalten.

[21] *Baudelaire*, Les Fleurs du Mal, Insel-Verlag Leipzig, o. J., S. 283 f.

[22] Ebd. S. 183, in dem Gedicht ›Une Martyre, Dessin d'un maître inconnu‹.

[23] Ebd. S. 186. Die letzte Strophe gebe ich in der Übersetzung Stefan *Georges* wieder (Werke in zwei Bänden 1958, Bd. 2, S. 319), die vorhergehende im Original, auch deswegen, weil George hier die vier Anrufungen mit ihren scharfen Widersprüchen nur noch schwach durchscheinen läßt (»Ihr Mädchen, Weiber, Dulder oder Sünder«).

[24] In der französischen Version ließ sich das deutsche Wortspiel mit dem »Dummkopf« nicht wiedergeben; dafür wird der Vorschlag, den Liebhaber auszuwechseln, in der Prosa einsichtiger: »Aime-moi et sois à moi! jette au loin ton plat sanglant et la tête sotte du saint qui ne sut pas t'apprécier. / Je suis si bien le chevalier qu'il te faut! etc.« (Poèmes et légendes, p. 56, zitiert nach H. G. Zagona, The legend of Salome, p. 33).

[25] Les Fleurs du Mal, a. a. O., S. 181. Stefan George übersetzt folgendermaßen: »Mit meinem großen Drang zur Kunst bekannt / Gebraucht er manchmal buhlerische Ränke. / In die verführendste Gestalt gebannt / Gewöhnt er mich an die verruchten Tränke.« (Werke Bd. 2, S. 317; ich habe die doktrinäre Kleinschreibung hier nicht befolgt.)

[26] Das ist eine ungedruckte Variante zu den Schlußpassagen des ursprünglichen Caput II. (Werke und Briefe 1, 542).

[27] Werke und Briefe 1, 543.

[28] Œuvres de Saint-Simon et d'Enfantin 47, 456 f. Die Wendung gehört in die mehrfach angeführte Verteidigungsrede Duveyriers vor dem Assisengericht.

[29] Ebd. p. 452.

[30] Der oft erwähnte überschwengliche Lobpreis Heines steht im zweiten Teil von ›Ecce homo‹, der überschrieben ist: ›Warum ich so klug bin‹: »Den höchsten Begriff vom Lyriker hat mir Heinrich Heine gegeben. Ich suche umsonst in allen Reichen der Jahrtausende nach einer gleich süßen und leidenschaftlichen Musik. Er besaß jene göttliche Bosheit, ohne die ich mir das Vollkommene nicht zu denken vermag, – ich schätze den Werth von Menschen, von Rassen darnach ab, wie nothwendig sie den Gott nicht abgetrennt vom Satyr zu verstehen wissen. – Und wie er das Deutsche handhabt! Man wird einmal sagen, daß Heine und ich bei weitem die ersten Artisten der deutschen Sprache gewesen sind – in einer unausrechenbaren Entfernung von Allem, was bloße Deutsche mit ihr gemacht haben.« (Nietzsches Werke 8, 341) Heine ist übrigens obendrein der einzige deutsche Autor, den er in dieses Resümee seines literarischen Umgangs einbezogen hat, die anderen sind zumeist Franzosen – von Pascal bis Maupassant –, dazu Byron und Shakespeare; Richard Wagner figuriert als Musiker, zudem als »Gegengift gegen alles Deutsche«.

[31] Den Modernisten der letzten Jahrhundertwende war der substantielle Zusammenhang zwischen Heine und Nietzsche – im Sinn der Emanzipation zum ›freien Geist‹ – vielfach durchaus gegenwärtig, ja selbstverständlich. Ich führe als exemplarisch eine zufällige Lesefrucht an: ». . . Nietzscheaner ist heute, was vor dreissig Jahren Wagnerianer, vor sechzig Jahren Heineaner war, und was bei uns in Deutschland immer Aner ist: derselbe Typus Mensch, dieselbe Gattung ›gehörnter Siegfriede‹, heilsbedürftiger Jünger mit dem Anspruche höheren Menschentums . . .« Das steht in dem Büchlein ›Der Übermensch in der modernen Litteratur, Ein Kapitel zur Geistesgeschichte des 19. Jahrhunderts‹ von Leo Berg (München 1897), einem jener Essayisten, welche die ihnen zeitgenössische Kunst und Literatur erklärend und deutend begleiten.

Die zitierte Bemerkung verspottet zwar das Mitläufertum, aber der Verfasser behandelt selber Heine als »modernste Persönlichkeit der älteren Epoche« und als Vorläufer des Übermenschen-Traums.

Aus der Literatur über Heine will ich drei Beispiele von Hinweisungen auf Nietzsche nennen. Henri *Lichtenberger* hat beide mehrfach, wenn auch beiläufig, miteinander in Beziehung gesetzt in seiner Monographie ›Henri Heine Penseur‹; ich zitiere nach der deutschen Übersetzung von Oppeln-Bronikowski, ›Heinrich Heine als Denker‹, Dresden 1905. In der Einleitung charakterisiert er beide und in einem Atemzug als »hochstehende Dekadente«: »Immerhin scheint sich das Decadence-problem bei Heine ebenso unvermeidlich aufzudrängen wie bei Nietzsche ...« (S. 13) Freilich sieht er Heine, wie auch diese Stelle zeigt, weithin im Lichte Nietzsches, interpretiert ihn mit Hilfe von Kategorien Nietzsches wie »Pessimismus« und »Nihilismus«; aber daß dies möglich war, ja sich nahelegte, bezeugt auch den ›objektiven‹ geistesgeschichtlichen Zusammenhang. Abermals kommt Lichtenberger die Parallele in den Sinn bei Erörterung der Haltung gegenüber der Demokratie: »... so ist er (Heine) dem demokratischen Gleichheits-ideal nicht minder abhold, jenem Ideal des ›Herdentiers‹, das Nietzsche gleich ihm mit so zorniger Beredsamkeit brandmarkte« (S. 296). Und auf der letzten Seite kennzeichnet er die Partei der Liebhaber Heines als die der »Neuerer, die ... vor einer ›Umwertung aller Werte‹ keine Angst haben« (S. 312).

Auch Ludwig *Marcuse* hat, nun aus größerer historischer Distanz, in seinem verbreiteten ›Heine‹ (zuerst 1932, zuletzt Rothenburg o. T. 1970) die Beziehung nachdrücklich hervorgekehrt, und zwar nicht im typologischen Sinne der ›Décadence‹, sondern im Hinblick auf die eigentliche religiöse Gesinnung: »In ihm (sc. Heine) bahnte sich an, was dann später in Nietzsche europäisches Ereignis wurde: die Verherrlichung des Lebens, die Degradierung der ›sittlichen Idee‹, der Kampf gegen die Askese, der Kampf gegen jene Religion, die am stärksten der ›sittlichen Idee‹, dem Verzicht zugunsten einer moralischeren Zukunft, den Weg geebnet hatte, der Kampf gegen das Christentum.« (Neuausgabe 1970, S. 275 f.)

Die gewichtigsten Hinweise aber hat Miß E. M. *Butler* gegeben, der wir so viele Einsichten in Heine verdanken. In ihrem Buch ›The tyranny of Greece over Germany‹ gibt es im letzten Kapitel einen Abschnitt über den »Dionysier« Nietzsche, nachdem das vorletzte ganz Heine gewidmet war. Ich zitiere nach der verdienstlichen, aber mangelhaften deutschen Übersetzung, die unter dem Titel ›Deutsche im Banne Griechenlands‹ 1948 in Berlin herauskam: »Es ist Heines Auffassung vom Heidentum und seine dichterischen Visionen von der Antithese zwischen Hellenismus und Christentum, die Nietzsches Haltung, wenn auch sehr vertieft und zuweilen übertrieben, diesen beiden Kultur-kräften gegenüber bestimmen und denen er schließlich im ›Ecce homo‹ und im ›Antichrist‹ einen so giftigen Ausdruck verleiht« (S. 351). Diese Autorin hat auch den verblüffenden Gleichlaut zwischen der Darlegung vom »Tod Gottes« im ›Zarathustra‹ und der entsprechenden Passage in Heines Essay ›Zur Geschichte der Religion und Philosophie in Deutschland‹ hervorgehoben – wovon hier in einer späteren Anmerkung noch näher die Rede sein wird. Schließlich hat sie en passant auch eine Erklärung des Phänomens angedeutet, daß die inhaltliche Beziehung Nietzsches zu Heine der deutschen Wissenschaft bisher entgangen oder verdeckt geblieben ist: »... Heine verdankt er (sc. Nietzsche) mindestens ebensoviel (sc. wie Hölderlin), so unwillkommen diese Feststellung auch für diejenigen sein mag, denen es lieber wäre, wenn eines ihrer größten Genies nicht so tiefgehend von einem Juden beeinflußt worden wäre« (ebd. S. 351). Man könnte vielleicht hinzufügen, daß für geraume Zeit auch die wechselseitige Absperrung von Philosophie- und Literatur- (als Dichtungs-) Geschichte zu solcher Blindheit beigetragen haben mag.

Was das vergleichende Urteil von Miß Butler betrifft, Nietzsche habe die bewußte Antithese vertieft und zuweilen übertrieben – oder: übersteigert –, so erscheint es zwar treffend, jedoch kann man durchaus zweifeln, ob nicht die leichteren und schwankenderen, bildhaften Charakterisierungen des Dichters Heine der geschichtlichen wie der religiösen Erkenntnis besser bekommen als der fanatische Rigorismus des ›tiefen‹ Denkers Nietzsche.

Miss Butlers erklärende Bemerkung klingt bissig, aber ihre Vermutung wird bestätigt, wenn man z. B. die einschlägigen Passagen in dem schönen Buch von C. A. *Bernoulli* über ›Overbeck und Nietzsche‹ (Jena 1908) nachliest. Bernoulli gehört der bekannten Baseler Patrizierfamilie an und kann also nicht zu den Deutschen gerechnet werden, die Miss Butler im Auge hat. Zudem betont er mit Sympathie Nietzsches Abneigung gegen Antisemitismus. Trotzdem finde ich das folgende Urteil: »Es fehlt ... kaum sehr viel zu dem Scheine, als habe Nietzsche mit einigen philosophischen Hauptpositionen wenig anderes als das Kulturideal moderner jüdischer Intellektueller formuliert« (er meint vor allem das Europäertum, den Kosmopolitismus, zugleich aber auch die Reinhaltung der ›Rasse‹). Gleichwohl könne er unmöglich »als Anwalt der Interessen des klassischen Priestervolkes« gelten, und seine Spitze gegen das ›Nazarenertum‹ müsse »vor einer Verwechslung« behütet werden: »In jeder ernsthaften Bemühung um ein Verständnis Nietzsches wird das Wort frei zu geben sein zur Klarlegung aller der grundsätzlichen Kennzeichen, mit denen sich Nietzsches Lebenswerk von den Fertigkeiten und Leistungen der jüdischen Intelligenz unterscheidet« (Bd. 2, S. 394). Wenn das am grünen Holz geschieht, was soll am dürren werden!

Immerhin hat doch ein deutscher Professor derselben Epoche, sogar während des Ersten Weltkrieges, als ›Zarathustra‹ noch und wieder hoch in Geltung stand, eine Untersuchung über ›Heine und Nietzsche‹ angestellt, nach meiner Kenntnis die einzige, die ausdrücklich und speziell dieses Verhältnis betrifft. Es war der Leipziger Germanist Karl *Quenzel*, der übrigens auch mitverantwortlich war für die Aus-

gabe von ›Heines Werken‹ in der ›Deutschen Klassiker-Bibliothek‹ (bei
Hesse & Becker in Leipzig). Der Aufsatz ist in dem von Ernst *Heilborn*
edierten ›Literarischen Echo‹, im 19. Jg. (1916/17), Sp. 599–603, erschienen. »Der Nietzsche-Kenner, der Heines Werke studiert«, heißt
es da, »vernimmt auf Schritt und Tritt Anklänge an Gedanken Nietzsches, entdeckt immer wieder Grundsteine zu dessen gewaltiger Philosophie.« Im einzelnen belegt er vor allem die »Übereinstimmung in der
Beurteilung des Christentums«, in einigen Fällen mit denselben Stellen,
die ich oben anführe. Auch die Idee oder Vision vom »sterbenden
Gotte« (bei Heine) und vom »toten Gott« im ›Zarathustra‹ wird vermerkt. Auch äußert Quenzel die Vermutung, Nietzsche habe bei seiner
berühmten Formel von der christlichen »Sklavenmoral« an eine Notiz
Heines gedacht, die Strodtmann unter den ›Gedanken und Einfällen‹
publiziert hatte: »Sklaven und unglückliches Volk waren die ersten
Christen.« (Es ist dies freilich nur eine Parenthese, ein zweiter ›Einfall‹ schließt sich an: ». . . durch Menge und neuen Fanatismus wurden
sie eine Macht, die Konstantin begriff, und der römische Weltherr-
schaftsgeist bemächtigte sich bald derselben, disziplinierte sie, durch
Dogma und Kultus –«, Werke und Briefe 7, 399)
Ein letzter und jüngster Zeuge für die Beziehung zwischen Heine und
Nietzsche, der Jesuitenpater H. de *Lubac,* wird später noch zu erwähnen sein.

32 *Nietzsches* Werke, Klassiker-Ausgabe, Bd. 7, Leipzig (Kröner), S. 75.
33 Nietzsches Werke 8, 277.
34 Ebd. S. 279.
35 Heine, Werke und Briefe 6, 94.
36 Nietzsches Werke 8, 278. Hierher gehört auch die Charakterisierung
    seiner eigenen Methode als der Perspektive »von der Kranken-Optik
    aus nach *gesünderen* Begriffen und Werthen« (Ecce homo, Werke 8,
    317).
37 Nietzsches Werke 6, 14. Das ist aus ›Zarathustra's Vorrede‹. Ist es
    nicht etwas komisch, daß Zarathustra außer Reden auch eine ›Vor-
    rede‹ gehalten hat – wie ein Buch-Autor?
38 Ebd. S. 78.
39 ›Der Antichrist‹, Nietzsches Werke 8, 279.
40 Heine, Werke und Briefe 5, 632.
41 ›Jenseits von Gut und Böse‹, Nietzsches Werke 7, 80.
42 ›Also sprach Zarathustra‹, Nietzsches Werke 6, 13.
43 Ebd. S. 18.
44 Ebd. S. 123.
45 Daß Nietzsche dergleichen Verse Heines im Ohr und im Sinn lagen,
    ist ohnedies nicht unwahrscheinlich. Es gibt zudem Stellen, wo wir die
    Erinnerung fast als Zitat heraushören können. So fiel mir in Zara-
    thustras Rede ›Von den Priestern‹ der Satz auf: »Bessere Lieder müß-
    ten sie mir singen, daß ich an ihren Erlöser glauben lerne« (Werke 6,
    133): Heine hatte ja versprochen, »ein neues Lied, ein besseres Lied«
    zu dichten, und in ganz derselben Vergleichung, nämlich mit dem
    »alten Entsagungslied«, dem »Eiapopeia vom Himmel«.

Eine andere Lese-Reminiszenz, in diesem Fall aus Heines Prosa, scheint wohl in jener bilderreichen Beschreibung des »Verfalls eines Gottes« und des christlichen Weltreichs zu stecken, die unter Ziffer 17 des ›Antichrist‹ gegeben wird: »Sein Weltreich ist nach wie vor ein Unterwelts-Reich, ein Hospital ...« (Werke 8, 224): Der Leser wird sich erinnern, wie Heine des öfteren die »kranke alte Welt« als »Lazarett« und als »Hospital« beschrieben hat – »mögen sie immerhin in unsere Hospitäler hereinbrechen und die kranke alte Welt aus ihren Betten jagen ...« (Werke und Briefe 5, 259).

Im selben Zusammenhang des ›Antichrist‹ wird die Metamorphose des Gottesbegriffs erzählt: vom jüdischen »Volksgott« zum christlichen »Inbegriff alles Guten« und »Kosmopoliten«, schließlich zur metaphysischen »Spinne«, die selber, nach der pantheistischen Philosophie, wiederum »die Welt aus sich heraus«-spinnt und sich »in's immer Dünnere und Blässere« transfiguriert, nach der deutschen idealistischen Philosophie, zum ›Ideal‹, zum ›reinen Geist‹, zum ›absolutum‹ und ›Ding an sich‹ wird: »Verfall eines Gottes« (Werke 8, 224 f.). Das hat deutliche Vorbilder in Heine. Man denkt an die rabbinische Streitrede in der ›Disputation‹ von Toledo:

»Unser Gott ist nicht gestorben
Als ein armes Lämmerschwänzchen
Für die Menschheit, ist kein süßes
Philantröpfchen, Faselhänschen.«
(Werke und Briefe 2, 172)

Das betrifft die erste Phase, die Wandlung vom Alten zum Neuen Testament. Womöglich noch enger ist die Beziehung zwischen der metaphorischen Kritik des Pantheismus und jener Absage Heines im Nachwort zum ›Romanzero‹ (von 1851): »Auf meinem Wege fand ich den Gott der Pantheisten, aber ich konnte ihn nicht gebrauchen. Dies arme träumerische Wesen ist mit der Welt verwebt und verwachsen, gleichsam in ihr eingekerkert, und gähnt dich an, willenlos und ohnmächtig.« (Werke und Briefe 2, 188.) Das ›Verwebte‹ hier, das Versponnene und Spinnende dort. Auch das Wort von der »spinnwebigen Berliner Dialektik« könnte hineinspielen (Werke und Briefe 7, 132).

Vor allem aber war die Idee solcher Metamorphose insgesamt ausgeführt in der ›Religion und Philosophie in Deutschland‹, am Ende des Zweiten Buches: »Wir sahen ihn«, heißt es da mit gleichsam liturgischer Wiederholung, wie er »bei einem armen Hirtenvölkchen ein kleiner Gottkönig wurde«, wie er »seine allzu menschlichen Leidenschaften ablegte, nicht mehr lauter Zorn und Rache spie«, wie er dann nach Rom auswanderte »und die himmlische Gleichheit aller Völker proklamierte«, wie er »sich noch mehr vergeistigte«, »wie er ein liebevoller Vater wurde, ein allgemeiner Menschenfreund, ein Weltbeglücker, ein Philanthrop – es konnte ihm alles nichts helfen – Hört ihr das Glöckchen klingeln? Kniet nieder – Man bringt die Sakramente einem sterbenden Gotte.« (Werke und Briefe 5, 256.)

Diese Schlußphantasie vom sterbenden Gotte hat vollends ihre Folge in Nietzsches Diktum vom Tode Gottes gefunden. »Dieser alte Heilige hat in seinem Walde noch Nichts davon gehört, daß Gott todt ist!«, spricht Zarathustra zu sich selber (Werke 6, 12), und zuvor schon in der ›Fröhlichen Wissenschaft‹ ruft der »tolle Mensch«: »Gott ist todt! Gott bleibt todt! Und wir haben ihn getödtet!« (Werke 5, 163 f.) Dieser Zusammenhang ist schon öfters bemerkt worden, so vor allem von Miss E. M. *Butler* und von Henri de *Lubac* S. J.; dessen bedeutendes Buch über den ›Humanisme Athée‹ (Paris 1950) habe ich hier schon früher erwähnt. Lubac führt – wie Miss Butler – noch eine zweite Metamorphosen-Version aus Nietzsche an; sie steht wiederum im ›Zarathustra‹ und wird dem »alten Papst« in den Mund gelegt: »Als er jung war, dieser Gott aus dem Morgenlande, da war er hart und rachsüchtig und erbaute sich eine Hölle zum Ergötzen seiner Lieblinge. Endlich aber wurde er alt und weich und mürbe und mitleidig, einem Großvater ähnlicher als einem Vater . . .« »und erstickte eines Tages an seinem allzugroßen Mitleiden.« (Werke 6, 378 f.) Sie verknüpft das Metamorphosen-Motiv unmittelbar mit demjenigen vom Tod Gottes, genauso unmittelbar wie jene Passage Heines, nur weniger witzig oder mit weniger leichtem, auch weniger paradoxem Witz. Lubac findet die beiden »Fabulationen« so ähnlich, »que l'hypothèse d'une imitation directe pourrait difficilement être écartée« (p. 46).

46 Nietzsches Werke 8, 302 f.
47 Heine, Werke und Briefe 5, 232.
48 »Nach dem Gastmahl des Trimalkion bedurfte man einer Hungerkur gleich dem Christentum« (5, 16); ähnlich 6, 194.
49 Nietzsches Werke 8, 275.
50 Der Philosoph Karl *Löwith* beginnt (in seinem bekannten Buch ›Von Hegel zu Nietzsche‹, 2. Aufl., Stuttgart 1950) den Abschnitt über Nietzsches Kritik des Christentums mit dem Satz: »Sünde und Schuld sind nach Nietzsche nicht Phänomene, die zum menschlichen Dasein als solchem gehören, sondern sie *sind* nur, was sie *bedeuten*. Sie haben selbst nur Existenz im Sünden- und Schuld*bewußtsein* . . .« (S. 392).
51 Aus ›Jenseits von Gut und Böse‹, Nietzsches Werke 7, 81.
52 Nietzsches Werke 8, 273.
53 »Dieser Mensch der Zukunft, der uns ebenso vom bisherigen Ideal erlösen wird als von dem, was aus ihm wachsen mußte, vom großen Ekel, vom Willen zum Nichts, vom Nihilismus . . .« »dieser Antichrist und Antinihilist, dieser Besieger Gottes und des Nichts – er muß einst kommen . . .« Das steht am Ende der Zweiten Abhandlung ›Zur Genealogie der Moral‹ (Werke 7, 392).
54 Nietzsches Werke 7, 392.
55 Nietzsches Werke 6, 34.
56 Auch Nietzsche hat seinen Horror vor der Vokabel ›Gott‹ nicht immer durchgehalten, gelegentlich ist er buchstäblich unter die ›Selbstgötter‹ gegangen. So sagt Zarathustra zu dem alten Papst: »Lieber keinen Gott, lieber auf eigne Faust Schicksal machen, lieber Narr sein, lieber

selber Gott sein!« – und erntet dafür das Anerkenntnis seines Gesprächspartners, er sei »frömmer«, als er selber meine (Werke 6, 380).

57 *Bultmann* hat – in dem schon früher zitierten Artikel ›Paulus‹ des Handwörterbuchs ›Die Religion in Geschichte und Gegenwart‹ – die paulinische »Freiheit des Glaubenden« unter vier Punkten eindrucksvoll resümiert: sie bedeute erstens »Freiheit von der Sünde«, zweitens »Freiheit vom Gesetz«, drittens »Freiheit von den Menschen und ihren Maßstäben« und viertens »Freiheit vom Tode« (a. a. O., Bd. 4, Sp. 1042).

58 »Die Zeit ist kurz«, heißt es im 1. Korintherbrief (7,29), und »die Nacht ist vorgerückt, der Tag aber nahe herbeigekommen« im Römerbrief (13,12).

59 Albert *Schweitzer* hat – im Hinblick auf Paulus – einfach und treffend von der »Unvereinbarkeit von Gesetz und Eschatologie« gesprochen (›Die Mystik des Apostels Paulus‹, S. 186 ff., auch im Inhaltsverzeichnis S. XIV). Ich möchte meinen, daß diese Unvereinbarkeits-These nicht allein für Paulus und das jüdische Gesetz, sondern für alle Eschatologie gilt.

60 »... wenn er das Reich Gott und dem Vater überantworten wird, wenn er aufheben wird alle Herrschaft und alle Obrigkeit und Gewalt«, schreibt Paulus an die Korinther (im 1. Brief 15,24).

61 Werke und Briefe 7, 132.

62 Der hauptsächliche, wenn nicht sogar der einzige Beleg ist die Passage in dem Helgoländer Brief vom 18. Julius (1830), wo er von seiner damaligen Bibel-Lektüre berichtet und als »die merkwürdigsten Worte des Neuen Testaments« die Stelle bei Johannes (16, 12–13) festhält: »Ich habe euch noch viel zu sagen, aber ihr könnt es jetzt nicht tragen. Wenn aber jener, der Geist der Wahrheit, kommen wird, der wird euch in alle Wahrheit leiten« und so fort. Vielleicht sei hier der Ring, woran sich eine neue Offenbarung knüpfe, denkt Heine weiter: »sie beginnt mit der Erlösung vom Worte, macht dem Märtyrertum ein Ende und stiftet das Reich der ewigen Freude: das Millenium« (›Ludwig Börne‹, Werke und Briefe 6, 123). – Merkwürdig ist diese Weissagung Jesu in der Tat, sie kündigt einen neuen himmlischen Gesandten an, den ›Parakleten‹, wie er griechisch, den ›Tröster‹, wie er bei Luther heißt; die Figur kommt fünfmal im Johannes-Evangelium vor. An Heines Deutung besticht vor allem der tiefsinnige Gedanke der »Erlösung vom Worte«, also der sprachlosen Wahrheit.

63 Werke und Briefe 2, 210. Aus ›Gedichte 1853 und 1854‹.

64 »Ich weiß nicht, inwieweit ich merken ließ, daß ich weder für ein Dogma noch für irgendeinen Kultus außerordentlich schwärme und ich in dieser Beziehung derselbe geblieben bin, der ich immer war«, heißt es in den ›Geständnissen‹ (Werke und Briefe 7, 143).

65 Werke und Briefe 7, 134 f. Es ist dieselbe diskret-ironische, schwebende, doch auch respektvolle Hypothese, wie sie nachmals Thomas *Mann* im Josephs-Roman ausgeführt hat.

66 Ebd. S. 130.

[67] Ebenfalls aus der letzten Gedichtsammlung: 2, 216. Das Doppelbildnis von *Kietz*, das meinem Buche beigegeben ist, scheint wie eine Illustration zu diesem Gedicht.

[68] Werke und Briefe 2, 209. – Miss *Butler* will – in dem Heine-Kapitel ihres schönen Buches ›Deutsche im Banne Griechenlands‹ – diese Verse als ein Zeugnis dafür in Anspruch nehmen, daß Heine auch seine religiöse Herzenswandlung am Ende wieder verworfen habe. Sie findet darin »einen bittern Abscheu gegen den Himmel« (a. a. O., S. 333). Man mag die Gefühlslage in der Tat so bezeichnen, aber so bleibt es eben ein Abscheu »gegen den Himmel«, also eine Variante desselben Dialogs – und sie ist durch ehrwürdige Vorbilder gestützt und gerechtfertigt, durch biblische. Es ist eine Mißdeutung, moderne »Skepsis« heraushören zu wollen, wo gerade der Urlaut der radikalen Glaubensverzweiflung vernehmlich wird, der aus der Glaubensfiktion hervortönt und den Zweifel des Witzes in der Dimension des Ernstes wiederholt.

Übrigens gibt es aus derselben Zeit eine sehr ähnliche Meditation in Prosa – in der ›Späteren Note‹ zu dem Nachruf auf Ludwig Marcus (7, 299); dort nennt Heine seinerseits das Buch Hiob »das Hohelied der Skepsis«, aber auch eine »überstarke Dosis Zweifel« und ein Gift, das »in der großen Hausapotheke der Menschheit«, der Bibel, nicht fehlen durfte, und er gibt auch die therapeutische Aussicht an, daß der höchste Grad des Zweifels »die Krisis der moralischen Heilung« hervorbringe.

Zu der letzten Strophe dieses Lazarus-Gedichts –

»Also fragen wir beständig,
Bis man uns mit einer Handvoll
Erde endlich stopft die Mäuler –
Aber ist das eine Antwort?« –

hat der gelehrte Werner *Kraft* (Jerusalem) ebenso scharfsinnig wie tiefsinnig bemerkt, die Reimung des letzten auf den zweiten Vers sei Heine »erschreckend hörbar mißlungen und gelungen zugleich«: auf ›Antwort‹ sei schlechthin kein natürlicher Reim zu finden, mit ›Handvoll‹ ergebe sich ein »kolossaler Halbreim«, zudem kaum hörbar, weil die Silbe ›Ant-‹ keinen eignen Klangwert hat. »Was übrigbleibt, ist wirklich der Nichtreim, von dem Felix *Stössinger* so schön sagt, daß er das Warten auf Antwort in alle Ewigkeit ausdehnt.« (›Heine und die Hiobsfrage‹ in ›Augenblicke der Dichtung‹, München o. J., S. 44 f.; das Zitat des Schweizer Essayisten Stössinger stammt aus dessen Nachwort zu ›H. Heine. Mein wertvollstes Vermächtnis‹, Zürich 1950)

[69] Aus dem Vorwort zum ›Wintermärchen‹: »... wenn wir das arme glückenterbte Volk und den verhöhnten Genius und die geschändete Schönheit wieder in ihre Würde einsetzen ...« (1, 433).

[70] Werke und Briefe 2, 477. Das Gedicht nimmt im Druck mehr als fünfundzwanzig Seiten ein.

Nachtrag 1975

Dieses Buch ist im Jahre 1972 erschienen. Daß es gerade zu Heines hundertfünfundzwanzigstem Geburtstag herauskommen und daß das Jubiläum so nachdrücklich und ausgiebig gefeiert werden würde, hatte ich nicht bedacht und geahnt, als ich daran schrieb und den Zeitpunkt des Abschlusses ins Auge faßte. Das Gedenkjahr hat eine Reihe von Forschungen und Studien ans Licht gebracht, Diskussionsveranstaltungen angeregt und überhaupt die öffentliche Aufmerksamkeit angespannt und erhitzt. So scheint es mir jetzt, drei Jahre später, geboten, Arbeiten, die seither publiziert wurden, zu erörtern, soweit sie auf mein besonderes Thema Bezug haben. Auch fordern einige Rezensionen, die meinem Versuch gewidmet wurden, eine Antwort. Das Buch ist reichlich besprochen, manchmal ohne, öfters mit Einschränkungen gepriesen, zwei- oder dreimal rundherum gescholten worden. Kundige Rezensenten soll man als Gesprächspartner – oder Gefechtsgegner – ansehen, nicht als letztinstanzliche Richter, und auch unkundige verdienen Interesse, wenn sie gängige Urteile oder Vorurteile aussprechen. Zudem ist es ein alter gelehrter Brauch, Einwendungen ernst zu nehmen, die in Rezensionen erhoben wurden. Zustimmung soll hier nur sparsam vermerkt, Lobsprüche sollen nicht wiedergegeben werden. Die Erörterungen sind unter zehn thematischen Stichworten geordnet.

1. Der Jude

Der Aspekt von Heines Judentum spielte in den Rezensionen nur eine unbedeutende Rolle. Bei dem Internationalen Heine-Kongreß, der im Oktober 1972 in Düsseldorf stattfand, hat Ernst *Simon* aus Jerusalem über »Heines Stellung zum Judentum« einen bedeutenden Vortrag gehalten, worin er zumal die ›Bekehrung‹ von der

Freudenreligion zum Gottesglauben ähnlich darstellt und deutet, wie ich es versucht habe. In dem Resümee, das allein bisher gedruckt vorliegt[1], fällt ein Satz auf: »Theologisch bleibt Heine immer ein Pragmatist; ein Gott ist wahr für den Menschen, der ihn braucht.«

Zwei Bücher zu diesem Gegenstand, die 1973 herauskamen, habe ich in der ›Frankfurter Allgemeinen Zeitung‹ (vom 16. März 1974) angezeigt. Diese Rezension folgt hier im Wortlaut:

Heines Judentum – Flucht und Heimkehr

Natürlich ist es nicht gleichgültig, daß Heinrich Heine Jude war. Es war ja auch ihm selbst nicht gleichgültig. Die Verschweigung dieses Umstandes ist nur eine läppische Art, dem Antisemitismus zu entgehen; ihm zu wehren, ist sie vollends untauglich. Heine hat an seinem Judentum gelitten und war stolz darauf; er hat sich vom Gottesglauben gelöst und ist zu ihm zurückgekehrt; er hat sich eine eigene Religion ausgedacht und dann die zeitweilige Treulosigkeit bereut.

Das alles hat auch nicht bloß ein biographisches Interesse, sondern zugleich ein unmittelbar literarisches: wegen der jüdischen Stoffe, wegen der Thematik von Emanzipation und Gläubigkeit, auch von Freiheit und Elend des Menschen, und wegen des geistigen Stils, worin die Propheten-Tradition ebenso fortwirkt wie die große Überlieferung des jüdischen Witzes. Sein schönstes Prosawerk, die »Geständnisse«, ist ganz durchstimmt von dieser herzbrechenden Heiterkeit der Selbstverspottung.

So ist es gut und nützlich, daß jüngst zwei Bücher zu diesem Gegenstand erschienen sind.[2] Das eine ist eine Kölner Dissertation, die vor allem die problematische Werkgeschichte des fragmentarischen ›Rabbi von Bacherach‹ behandelt; sie ist gründlich, richtig, breit und blaß.

Das andere ist eine stattliche Monographie, dicht an den reichen Werk- und Briefzeugnissen entlang geschrieben, ergreifend durch genaue, wenn auch trocken vorgebrachte Teilnahme. Ihr Verfasser, Ludwig *Rosenthal*, führt im Vorwort selbst die biographischen Momente an, die ihn mit Heine verbinden, daher auch sein Verständnis begünstigen: daß er aus alteingesessener jüdischer Familie Deutschlands stamme, im liberalen Judentum aufgewachsen, mit der jüdischen Geschichte vertraut, zudem wie Heine Jurist sei. Das Vorwort endigt mit der Datumszeile: »Guatemala 1973«. Dagegen freilich nimmt sich Heines Exil, Paris, eher traulich aus.

Das Buch ist eine Apologie. Es verschweigt zwar nicht, daß – wie der Autor es diskret ausdrückt – »Heines Einstellung zum Judentum als Religion erhebliche Wandlungen .... erfahren hat«, aber es reklamiert ihn im ganzen für die Zugehörigkeit zum jüdischen Volk. Sein größtes Verdienst liegt, wie mir scheint, in der sorgsamen Nachzeichnung der inneren Geschichte seiner Taufe (im Jahre 1825, er war achtundzwanzig Jahre alt, stand im Begriff, zum Doktor der Jurisprudenz promoviert zu werden, und war nach Amt und Stellung begierig).

Daß dieser Schritt eine tiefe Krise mit sich brachte, eine Krise der Scham und der Reue, wird nicht allein aus vertraulichen Briefen, sondern auch aus Dichtungen deutlich – zum Beispiel aus jenen Versen »an einen Abtrünnigen«, die doch auch ein verdecktes Selbstgespräch enthalten: »Gestern noch ein Held gewesen, Ist man heute schon ein Schurke«, vor allem aus dem Abbruch der Arbeit an dem unseligen ›Rabbi von Bacherach‹, der ein Fragment geblieben ist und doch in seiner später (1840) veröffentlichten Gestalt, wenn man ihn biographisch dechiffriert, alle jene »Wandlungen« in ihren Tiefen und Untiefen erkennen läßt: die romantische Sehnsucht nach der Idylle der Rechtgläubigkeit, den Schmerz der Verfolgung, die Flucht als unbewußten Verrat, den gespielten Leichtsinn hinsichtlich der Taufe, die neue Heiden- und Genußreligion, diese aber selbstironisch gebrochen, verletzlich und durch die Erinnerung, den Appell an die jüdische Loyalität erschütterbar. So wäre noch manches andere versteckte Zeugnis aus dem Œuvre hinzuzufügen, auch gegenüber Rosenthal.

Daß Heine nie ein Christ und Protestant geworden ist noch hat werden wollen, liegt freilich am Tage, und insoweit hat der Apologet es leicht. Daß er jedoch anstatt dessen ein Pantheist, ein Neu-Hellene, ein Saint-Simonist, ein Vorkämpfer der Emanzipation von allem biblischen Gottesglauben und Gesetzesgehorsam, ein radikaler Kritiker der asketischen Grundelemente des christlichen wie des jüdischen Sittenkanons (und hierin der mächtige Vorläufer Nietzsches), ein Rebell wider die Herrschaft des Himmels schlechthin und schließlich ein Utopiker der vergöttlichten Menschheit geworden ist, das ist bei diesem Vorhaben zu kurz gekommen. Dieser

Teil der religiösen, ethischen und poetischen Geschichte Heines nimmt in dem stattlichen Buch ganze zwölf Seiten ein, die unter der etwas dürren, auch schiefen Überschrift stehen »Atheismus und Saint-Simonismus«. Und doch hängt auch diese – gründlichste – »Wandlung«, wie ich überzeugt bin, im letzten Grunde mit jener Krise der Taufe, mit der tiefen Scham über die Taufe zusammen. Indem er diese neue, »hellenische« Position ausbaute und ausstaffierte, polemisch befestigte, philosophisch-revolutionär rechtfertigte – und er tat es im ›Ludwig Börne‹, in der ›Geschichte der Religion und Philosophie‹ und anderwärts im großen Stil, mit jeder Freiheit, mit blinkendem Witz, mit dröhnender Prophetie und mit raunender Schwärmerei –, enteilte er dem peinlich erzwungenen und dem angestammten Glauben zugleich, war er hinaus über alle Scham, über den Vorwurf der Treulosigkeit wie über die Pflicht zur Treue, oder meinte es zu sein.

Gewiß, er hat das am Ende alles widerrufen. Die »Rückkehr zum Monotheismus«, wie das einschlägige Kapitel bei *Rosenthal* heißt, war ebenso entschieden wie zuvor die Abkehr. Er hat sich selbst (in den ›Geständnissen‹), mit der Wörtlichkeit des Gleichnisses spielend, wie nur er es konnte, und doch ganz ernst als den »verlorenen Sohn« glossiert, der »mit den Hegelianern die Schweine gehütet«, und er war wohl sicher, daß auch ihn der Vater wieder aufnähme. Das war das Ergebnis der zweiten großen Krise seines Lebens, der furchtbaren Krankheit.

Die jüdischen Themen und die biblischen Geschichten kehrten ihm zurück, mit neuer, erfrischter, erfahrungssatter Bedeutung. Zum Beispiel die Geschichte vom König Nebukadnezar aus dem Buch Daniel, der ein Gott hatte sein wollen und nun am Boden kroch und Gras fraß. Sie empfahl er seinen vormaligen Gefährten zur Lektüre, all jenen »Selbstgöttern« der Hegelschen Schule (der er jetzt alle Schuld der Verführung beimaß), auch seinem verstockten Freunde Dr. Marx. Diese Phase ist in *Rosenthals* Buch wieder breit und tüchtig belegt. Wie weit aber der religiöse Fluchtweg ihn geführt, welche literarischen Landschaften er erschlossen hatte, wie mächtig Heine gerade hierdurch gewirkt hat, wie großartig der Mut der plötzlichen Umkehr sich am Ende aussprach – dessen wird der Leser seines Buches nicht ansichtig. Dessen Zweck und Vorsatz ließ nicht zu, das ganze Drama aufzufassen.

Trotz allem mag es zutreffen, daß Heine auch als »verlorener

Sohn« der Familie, also dem jüdischen Volk, zugehörig geblieben ist. Aber wie will man das philologisch-historisch nachweisen? Und wenn man es nachweisen könnte, so müßte unausbleiblich doch die Spur der Religion noch oder wieder zum Vorschein kommen. Sieht man von ihr ab, so muß auch die Identität des Volkes zerfallen.

Hinsichtlich des christlichen oder jüdischen Bewußtseins von Ludwig *Börne* hat mir Herr Dr. *Rosenthal* in einem Brief (vom 7. Oktober 1974) zu bedenken gegeben, daß auch er seine Taufe wohl nicht so ernst genommen habe, wie ich es – in dem Kapitel »Die Flucht des Rabbis von Bacherach« (S. 156) – voraussetzte. Er führt seinen Kampf für die bürgerliche Gleichstellung der Frankfurter Juden als einen Beweisgrund an, den er nämlich auch nach seiner Taufe (1818) fortgesetzt habe. Aber das zeigt wohl nur, daß Börne immer noch leidenschaftlicher für Bürgerrechte eingetreten ist als für irgendeine Religion einschließlich der jüdischen, und freilich auch, daß er gewiß kein verräterischer Assimilant geworden war. Seine eigenen überlieferten Äußerungen zu diesem Punkt mögen unterschiedliche Regungen spiegeln. (Diejenigen, die Heine ihm im Börne-Buch in den Mund legt, können kaum als authentisch gelten.) Mir will der Ausspruch charakteristisch erscheinen, den ein Besucher, Saphir, berichtet hat: »Der ist mehr Christ, der sich das Christentum erworben hat, als der es geerbt hat; sowie der mehr Verdienst hat, der sich sein Vermögen erworben hat, als der es geerbt hat.«[3] Der Berichtende lobt daran gerade die Wahrhaftigkeit: einzugestehen, daß er Jude war, bevor er Christ wurde. Ebensosehr läßt sich die Genugtuung heraushören, durch eigenen Entschluß Christ geworden zu sein. (Heine soll bei dieser Unterhaltung, 1831 in Frankfurt, zugegen gewesen sein.) Dabei muß es wohl sein Bewenden haben. Es bleibt ein deutlicher Unterschied zu Heine, der sich mit seinem Tauf-Entschluß kaum je wirklich identifiziert hat.

2. Der Erotiker

Rudolf Walter *Leonhardt* hat sich sowohl in der Besprechung, die
er meinem Buch in der ›ZEIT‹ (vom 8. Dezember 1972) gewidmet
hat, als auch in einem Aufsatz in der ›Neuen Zürcher Zeitung‹
(»Don Juan und die Marmor-Madonnen«, 10. Dezember 1972)
an einem Satz gestoßen, der im zwölften Kapitel vorkommt: »Daß
Heine selber ein lebhafter Erotiker war, liegt am Tage und bedarf
keiner Untersuchung.« (S. 289) Auf Leonhardts Einwendung hier-
gegen habe ich sogleich geantwortet, ebenfalls in der ›Neuen Zürcher Zeitung‹ (vom 23. Dezember 1972). Der Artikel wird hier
wiederabgedruckt.

Die Natur des Erotikers

I

Die Nacherzählung von Heinrich Heines wirklichen, möglichen
und unwahrscheinlichen Liebesverhältnissen, die Rudolf Walter
Leonhardt in einem Aufsatz mit dem Titel ›Don Juan und die
Marmor-Madonnen‹ den Lesern dieser Zeitung vorgelegt hat, wäre
ein hübsches biographisch-philologisches Übungsstück, hätte der
Verfasser darin nicht eine so enttäuschend simple Ansicht von
Erotik offenbart. Er hatte sich vorgesetzt, die Legende vom ›Don
Juan‹, vom ›Schürzenjäger‹, vom ›Wüstling‹ Heine zu widerlegen. Bei Durchsicht von Heines Büchern und Briefen kam er zu
einer Liste von 13 Nummern, die zweifelhaften, erfundenen und
vergeblichen Fälle eingerechnet, und zu dem Schluß, dies entspreche noch nicht einem Hundertstel der Liste des Leporello allein
von den spanischen Eroberungen seines Herrn. Das kann als bewiesen gelten, ist aber von recht untergeordneter Bedeutung. Auf
die Zahl kommt es nicht wesentlich an, er hat das mit Hinblick
auf die Don-Juan-Legende selbst angedeutet.
Ich möchte noch einen Schritt weiter gehen: Es kommt nicht einmal auf den »Besitz der Geschlechtseigenschaften« der Frau
entscheidend an, wie Leonhardt das Kriterium seiner Nachfor-
schung im Anschluß an Kant definiert. Dann nämlich nicht, wenn
man die Natur eines Erotikers beschreiben oder erkennen will.
Von der Bewunderung der Schönheit, der marmornen wie der
lebendigen, von der wohlgefälligen Wahrnehmung der Anmut

über den Flirt der Blicke und der Worte zur Entzückung, zur Begierde, zur Liebe, vom Abenteuer zur Passion, von der Verzauberung zur widerwilligen Abhängigkeit, von der Betroffenheit zur Vereinigung, von der Seligkeit zum Überdruß reicht die Skala der sinnlichen Erfahrungen. Unser Wortschatz ist zu arm, alle Nuancen zu benennen. Aber gerade Heine hat viel beigetragen, den deutschen Ausdruck beweglich zu machen, daß er der Vielfalt der erotischen Erscheinungen eher gewachsen sei. Es genügt, seine Version des Tannhäuser-Liedes in Erinnerung zu rufen – eben darum eines seiner wahrhaft großen Gedichte: darin ist die Sprache der Glücks-Erschütterung –

> *Wenn ich an dieses Lachen denk',*
> *So weine ich plötzliche Tränen –,*

die Sprache der überwältigenden Leidenschaft –

> *Das ist wie ein wilder Wasserfall,*
> *Du kannst seine Fluten nicht dämmen –,*

die Sprache des Wollust-Überdrusses –

> *Frau Venus, meine schöne Frau,*
> *Von süßem Wein und Küssen*
> *Ist meine Seele geworden krank;*
> *Ich schmachte nach Bitternissen,*

auch diejenige der Verzweiflung, ja sogar die der Gewöhnung und des Liebes-Alltags, alles unvergeßlich dicht verflochten. Ich versage mir weitere Beispiele in Vers und Prosa. Dieses eine reicht aus, die poetische Ausprägung erotischer Erfahrung (oder Erfahrungsmöglichkeit) deutlich zu machen. So reicht auch eine einzige Liebe, die lebendige Natur des Erotikers zu bewähren.

II

»Daß Heine selber ein lebhafter Erotiker war, liegt am Tage und bedarf keiner Untersuchung.« Ja, das habe ich geschrieben – in meinem Buch ›Heinrich Heine und die Abschaffung der Sünde‹. Es tut mir nur leid, daß Herr Leonhardt diesen Satz so gröblich mißverstanden hat. Er brachte ihn mit den Berliner und Pariser Boudoir-Gerüchten in Zusammenhang, denen er so mißtrauisch gegenübersteht. Liest man seinen Aufsatz, soweit er sich an meiner Darstellung reibt – und das tut er fleißig –, so könnte man meinen, ich hätte eine Art Schnüffelbiographie verfaßt. Doch kommen die meisten der wirklichen oder imaginierten Affären aus Leonhardts historisch-kritischem Gesamtkatalog in meinem Buch überhaupt nicht vor, keine der Jugendlieben, nicht einmal die berühmte Cousine Amalie, nicht die angeblichen Münchner »Weiberverhältnisse«, nicht die vielberufenen Pariser Grisetten; selbst Frau Mathilde erscheint nur beiläufig, und Camilla Selden (die »Mouche«) wird gar nur in Anmerkungen namhaft gemacht. Die anonyme Köchin des Hofrats Bauer in Göttingen freilich figuriert in einem der wenigen eigentlich biographischen Kapitel, doch nicht um ihrer selbst oder um der Leporello-Liste willen; vielmehr handelt es sich da um die Frage der Krankheit, vor allem um Heines eignes Bewußtsein von seiner Krankheit und um seinen Begriff von Gesundheit, insofern er teils metaphorisch, teils aber auch buchstäblich und physisch verstanden werden kann. Darum heißt dieses Kapitel »Venerische Krankheit und venerische Gesundheit«.

Ebensowenig habe ich auf die zweitrangigen Memoiren und ihre Nachwehen irgend Bezug genommen, also auf diejenigen Autoren, die Herr Leonhardt wunderlicherweise als meine Vorgänger und Gewährsleute anführt. Er nennt Gustav Karpeles: ich habe ihn nicht ein einziges Mal erwähnt, übrigens auch nur flüchtig gelesen. Und er nennt die Nichte Maria Embden: ich habe sie einmal zitiert, aber ablehnend. Dafür hätte aber Herr Leonhardt in meinem Buch recht viel über jene Marmorgöttinen finden können, die schon im Titel seines Aufsatzes vorkommen. Ich habe ein ganzes Kapitel, das von ihnen handelt, und es ist sogar »Marmorbilder« überschrieben. Er hat sich da eine Gelegenheit, mir zuzustimmen, entgehen lassen. Oder meinetwegen auch umgekehrt: Er hat die Gelegenheit versäumt, Belege für seine eigne These von mir anzunehmen.

III

Allerdings, das Stichwort von dem »Leporello-Album« habe ich ihm geliefert, auch das vom Don Juan. Er hat es aufgeklaubt aus dem Zusammenhang einer ausführlichen Interpretation der ›Seraphine‹-Gedichte aus dem Zyklus ›Verschiedene‹. Er hat danach geschnappt wie ein junger Hund nach einem alten Knochen, spielt und klappert auch ebenso damit. Und es ist auch bloß der nackte Knochen, was er übrigbehalten und davongetragen hat. Fleisch und Sehnen und Nerven sind verschwunden. Es heißt da nämlich (S. 107 meines Buches), diese ganze Gedichtfolge – ›Seraphine‹, ›Angelique‹, ›Diana‹, ›Hortense‹, ›Clarisse‹, ›Yolanthe und Marie‹ und ›Emma‹ – stelle sich »als eine Art von (kleinem) Leporello-Album dar«.

Also als ein »kleines« immerhin bloß, und auch nur als »eine Art von« einem solchen. Und daß damit die Komposition, sozusagen die literarische Gattung gemeint ist und sonst nichts, macht der nachfolgende Satz deutlich: »Das war eine Neuheit – nicht nur in Heine, sondern überhaupt in der Poesie, gerade in der Liebeslyrik.« Wer gleichwohl noch Hintergedanken hegt, kann auf der folgenden Seite die ausdrückliche Bemerkung finden, es handle sich um »erdichtete ... Liebesabenteuer«, welche dort nämlich den »veritablen« entgegengesetzt sind, von denen Heine, summarisch rückblickend, in den ›Geständnissen‹ rede. Trotzdem weiß Heine, was er sagt, auch wo er dichtet: er spricht von Liebe nicht wie der Blinde von der Farbe.

Mit dem »Don Juan« hat es eine etwas umständlichere Bewandtnis. Es war einer der kühnsten Griffe – nicht Heines, sondern seiner saint-simonistischen Freunde (er hat sie selber so genannt), in ihrem Emanzipationseifer den legendären Frauenverzehrer als Typus des »unbeständigen« oder auch des »beweglichen« Liebhabers gegen alle moralische Tradition ausdrücklich in Rede und Schrift zu rechtfertigen, ja zu preisen: »Salut, fils brillant de la molle et bruyante Espagne!« heißt es in einem Essay des Predigers Barrault (von Anfang 1832), und dieser Akt einer Umwertung der sittlichen Werte, der Heine kaum verborgen geblieben sein kann, hat, wie ich vermute, eine gewisse lösende und legitimierende Wirkung auf dessen poetische Produktion geübt, zumal auf das ähnlich gewagte Unternehmen der ›Verschiedenen‹. Eben mit Hinblick darauf und einzig aus diesem gewissermaßen philologischen Grunde habe ich die Komposition der ›Verschiedenen‹ als »eine Art von (kleinem) Leporello-Album« charakterisieren zu dürfen geglaubt. Das ist alles mit einiger Ausführlichkeit dargetan. Ich habe nicht mit so raschen Lesern gerechnet.

IV

Was aber die Methodenfrage anlangt, so gebe ich zu – und habe es schon in dem Buche getan –, daß ich mir von dem Purismus der Werkdeutung, der sich gegen die Biographik absperrt, genausowenig verspreche wie von der Lakaienperspektive, die Gedichte als Schlüssellöcher benutzt, um das Künstlerleben auszuspionieren. In einem Fall wie demjenigen Heines geht man auf beide Arten fehl. Er ist ein subjektiver Dichter in einem so präzisen Sinne des Wortes, daß er seine Erfahrungen ebensosehr literarisch verarbeitet, wie er umgekehrt sein Leben artistisch führt oder zu führen strebt, nämlich nach Rollenbildern seiner eignen Imagination.

Der Satz von der »Autonomie der Kunst«, in der Defensive gegen moralisch-taktische Bedenken gesprochen, grenzt einen Bezirk ab, worin die Gebote der gesellschaftlichen Sitte kein Recht haben sollen. Daher ist »Autonomie der Kunst« in seinem Sinn ein schillernder Begriff, eine Parole nicht allein des Produzierens, sondern doch auch des Existierens. Ganz ebenso wie sein Begriff der Schönheit zwei Gesichter hat, ein ästhetisches und ein erotisches. Vielleicht kann man auch sagen, es sei ein und dasselbe Gesicht. Der Erotiker gehe also in den Ästheten über und der Ästhet in den Erotiker.

3. Die Spur Hegels

Schon der früheste Rezensent meines Buches, Ivo *Frenzel* (in der ›Süddeutschen Zeitung‹ vom 1. Oktober 1972) zeigte sich ärgerlich darüber, daß »die Bedeutung Hegels für Heine« darin verkleinert werde. Wenige Tage danach hielt der Heine-Herausgeber Manfred *Windfuhr* bei dem Düsseldorfer Kongreß ein Referat über »Heine und Hegel« (Heine-Studien, a.a.O., S. 261–280). Er bezog sich dort vor allem auf den auch ihm auffälligen Umstand, daß in dem Essay ›Zur Geschichte der Religion und Philosophie in Deutschland‹ so reichlich von Kant, Fichte und Schelling und so kärglich von Hegel berichtet ist, aber er wunderte sich wenig darüber. Erster Erklärungsgrund: die Philosophie Hegels war so bekannt, daß eine besondere Interpretation »nichts eigentlich Unvertrautes hinzugefügt« hätte, und dies im »Zeitpunkt der Erstveröffentlichung«. Indessen wird in ebendemselben Referat kurz zuvor richtig angegeben, daß diese Erstveröffentlichung auf französisch in der ›Revue des deux mondes‹ stattgefunden hat, und wenig später, abermals richtig, daß in Frankreich »das Hegelsche Werk schon aus Sprachgründen weniger bekannt« war als in Deutschland (und das ist noch allzu milde ausgedrückt). Dieses Argument erledigt sich also. Feiner ist das zweite gesponnen: »... wirksamer als durch direkte Darstellung war Hegels Denken in Anlage und Vollzug des Buches gegenwärtig«, nämlich in der »geschichtsphilosophischen« Auffassung des Fortganges von Luthers Reformation zur idealistischen Philosophie und schließlich zur – geweissagten – politischen Revolution. Daran mag etwas sein, ein Schatten vom Dreischritt, eine Erinnerung überhaupt an Geistes-Phänomenologien, wie sie Hegel vorgemacht hatte. Doch geht bei Heine solche Vernunfts- und Freiheitsrechnung nicht auf, Erzählendes schiebt sich ein, die Folge der Philosophen und Philosophien ergibt durchaus keinen Fortschritt, nach Kant kommt Fichte, der in zweifelhafte Beleuchtung gerückt ist, und vollends Schelling, dessen späte katholische Mystik der Restauration zugerechnet wird, schließlich die Naturphilosophie der Oken und Steffens, gar Adam Müller und Görres, welche alle zuletzt, nach Heine, im gesellschaftlichen Bereich »das verderblichste Unkraut erzeugt« haben. Und wie zweideutig es am Ende mit der prophezeiten deutschen Revolution und ihrem »Zerstörungswerk« bestellt ist, das habe ich einläßlich dargestellt. Diese Vision geht über alle Begriffe, auch die Hegelschen. Wenn eine Spur von hegelischer Geschichtsdeutung in der Anlage der Schrift zu entdecken war, so ist sie erstens kräftig überwuchert und so führt sie zweitens in eine Wildnis statt in die Vollendung.

Immerhin hat auch Windfuhr wahrgenommen, daß von Betreibung künftiger Revolution sich bei Hegel nichts findet. Zu diesem Schluß gelangt man von neuem auch nach dem Studium der vierbändigen Edition von Hegels ›Vorlesungen über Rechtsphilosophie‹, die Karl-Heinz *Ilting* in so ingeniöser und faszinierender Weise seither veröffentlicht hat.[4] Daraus geht zwingend hervor, daß Hegel jedenfalls seit der Fertigstellung des Manuskripts zu seinen ›Grundlinien der Philosophie des Rechts‹, die 1821 in Berlin herauskamen und »zum Gebrauch für seine Vorlesungen« bestimmt waren, also auch zu der Zeit, da Heine sein Kolleg besuchte oder doch besucht haben könnte, eine durchaus positive ›Staatswissenschaft‹ vorgetragen hat. Ilting spricht hier, ein wenig sarkastisch, von einer »philosophischen Einsegnung der bestehenden politischen Zustände in der Zeit nach den Karlsbader Beschlüssen« (Bd. 2, S. 9/10). Daß Hegel also gerade in dieser Phase, anfangs der zwanziger Jahre, eine so subversive Variante des Vernünftigen und der Vernünftigkeit des Wirklichen sollte von sich gegeben haben, wie Heine gut zwanzig Jahre danach sich erinnern will, sie von ihm vernommen zu haben (»Es könnte auch heißen, Alles was vernünftig ist, muß sein« – man vergleiche die Darstellung auf S. 266 dieses Buches), erscheint auch hiernach denkbar unwahrscheinlich. Wenige Jahre später freilich taucht in der Tat ein ›esoterischer‹ Hegel in indirekten Zeugnissen gleichsam für Augenblicke aus dem Schatten hervor, zumal in Notizen und Mitteilungen von Heines Freund und Gönner Varnhagen von Ense. Dieser versichert aufgrund vertraulicher Gespräche mit dem Philosophen, Hegel sei, entgegen dem ›exoterischen‹, offiziellen Eindruck und dem vorherrschenden Urteil, »durchaus konstitutionell, protestantisch, liberal, voll Anteil für die französische Revolution, für englisches Freiheitsleben« (Bd. 4, S. 56). Es könnte also wohl sein, daß Heine, zu einem wiederum späteren Zeitpunkt, von Varnhagen etwas von solchen vertraulichen »Bekenntnissen« erfahren, ja daß bei einer diesbezüglichen Unterhaltung sich – vielleicht spielerisch – die bewußte Umformulierung des Satzes aus der gedruckten Rechtsphilosophie ergeben hätte, die er dann im nachhinein zur authentischen Äußerung des Lehrers anekdotisch stilisiert hat.

Doch muß man sich vor Augen führen, worin die Differenz zwischen der öffentlichen und der allenfalls erkennbaren geheimen Ansicht Hegels in politischer Beziehung eigentlich besteht: es ist nichts anderes als die Differenz zwischen absoluter und konstitutioneller Monarchie. Iltings Edition macht das – im Vergleich der Vorlesungsnotizen und -nachschriften aus verschiedenen Jahren – vollkommen deutlich. In der allerletzten rechtsphilosophischen Vorlesung, die Hegel gehalten hat, Winter 1831/32 – sie endigte nach bloß zwei Tagen wegen seines plötzlichen Todes –, scheint er (nach Iltings Deutung) zu dem kritischen vernunftrechtlichen Gesichtspunkt seiner Berliner Anfänge zurückzukehren. Jedenfalls referiert er dort – wie die Nachschrift des Hörers David Friedrich Strauss bezeugt – den Geist der Zeit, der Zeit nach der Juli-

Revolution – in diesem Sinne: »Das Recht soll aus der Vernunft geschöpft werden. Gegen diesen Gedanken hilft kein Privileg mehr, . . .« und »Die Könige beriefen sich auf das göttliche Recht, aus diesem fließe die Pflicht des Gehorsams gegen sie. Darunter verstanden aber diese Könige die Willkühr.« (Bd. 4, S. 924). Selbst wenn wir diese Sätze, wie der Herausgeber will, als Ausdruck von Hegels eigenem Urteil auffassen, zielen auch sie auf eine vernünftig ›begriffene‹, staatsrechtlich gerechtfertigte und womöglich stän-disch-konstitutionell beschränkte an Stelle der ›legitimistischen‹ Monarchie. Nichts mehr als das. Was freilich in Preußen, in Berlin, in diesem historischen Augenblick eine ganze Menge war. Aber jedenfalls war da kein Votum für Republik oder Demokratie, gar für gesellschaftliche Umwälzung herauszuhören, noch läßt sich dergleichen von einem heutigen Interesse hineinlesen. In diesem Lichte muß denn auch die letzte Erläuterung des Satzes von der Vernünftigkeit des Wirklichen gesehen werden, die Hegel selbst, in ebendieser Vorlesung, gegeben hat: »Was wirklich ist, ist ver-nünftig« (darauf beharrt er) »Aber nicht alles ist wirklich was existirt, das Schlechte ist ein in sich Gebrochenes und Nichtiges« (S. 923). Diese Variation mag man äußerstenfalls als ein Verdikt über abgelebte Zustände, Einrichtungen, Autoritäten verstehen, doch nicht als Aufforderung zu ihrem Umsturz. Nicht alles, was existiert, ist wirklich. »Es könnte auch heißen« – nein, das könnte nicht auch heißen: Alles, was vernünftig ist, muß sein. Nicht ein-mal mit dieser vergleichsweise schneidenden, gewiß nicht ›restau-rativen‹ Version, die sich in der Tat als Berichtigung der ursprüng-lichen Formel lesen läßt, kann der Ausspruch des Heineschen Phan-tom-Hegel zur Deckung gebracht werden.

4. Marx

Die eindringendste Untersuchung, die seither dem Verhältnis zwi-schen Heine und Marx gewidmet wurde, stammt von einem jungen britischen Germanisten, Nigel *Reeves*.[5] Die beiden Hauptergeb-nisse lassen sich kurz folgendermaßen zusammenfassen: Heines Essay ›Zur Geschichte der Religion und Philosophie in Deutsch-land‹ enthalte einige Ideen, die späterhin von den Junghegelianern und von Marx aufgenommen worden seien, und, andererseits,

Marx habe in Heine nur hervorgelockt, was ohnehin latent in seinem Geiste lag. Beide Sätze stimmen durchaus zu meinen einschlägigen Darlegungen. Im elften Kapitel sind die Heine-Anklänge in Marx' Aufsatz über die Hegelsche Rechtsphilosophie kenntlich gemacht (S. 271–272), und die oben erwähnte Hegel-Anekdote ist in ihrer aktivistischen Zuspitzung, wenngleich nur hypothetisch, aus Marxens Gegenwart und dringlicher Erwartung erklärt – worin man wenigstens ein Beispiel jenes hervorlockenden Einflusses des Jüngeren auf den Älteren erblicken mag. Reeves fördert weitere Beispiele zutage. Nicht alle können überzeugen. Heines Utopie der ›Götter-Demokratie‹ kann wohl nur in einem recht abstrakten Sinn mit den ›humanistischen‹ Vorstellungen des jungen Marx analogisiert werden. Gewiß trifft es zu, daß Marx' »letztes Ziel nicht minder utopistisch war als Heines olympische Visionen« (Reeves, S. 73), doch braucht man nur die Zitate aus Heine und aus Marx' Pariser Manuskripten genau zu lesen, die Reeves selber zum Beweis darbietet, um des Abstands und Unterschieds innezuwerden: freilich ist es ›nur‹ der Unterschied der poetischen von der analytischen Sprache – Reeves leugnet ihn nicht –, aber eben auf die Sprache, auf die Worte, ja die Wörter kommt alles an, wenn ein geistiger Zusammenhang aufgedeckt werden soll. Von den saint-simonistischen Schriften und Predigten, die hier weit mehr Anklang hergeben, wenn man sie mit Heines Formulierungen zusammenhält, hat Reeves offensichtlich nur eine mittelbare und beiläufige Kenntnis. Davon später mehr.

Ein Vortrag, den der Pariser Heine-Forscher Jean Pierre *Lefebvre* im Karl-Marx-Haus zu Trier über das Thema ›Marx und Heine‹ gehalten hat[6], hat nur das eine Gute, daß auch dieser Autor einräumt, Marx verdanke »vielleicht« Heine mehr als umgekehrt (S. 49), und daß er anregt, das stilistische Erbe Heines in der Prosa von Marx (und Engels) näher zu untersuchen. Sein marxfreundlicher Enthusiasmus führt ihn jedoch entschieden auf Abwege, wenn er meint, Heine habe »in der Zusammenarbeit mit Marx und dessen Freunden« nicht allein »den Gipfel seiner politischen Lyrik«, sondern sogar »den Höhepunkt seiner Lyrik überhaupt« (S. 48) erreicht. Vollends verblendet muß seine Auslegung des ›Préface‹ zur ›Lutetia‹ anmuten – »nur mit Grauen und Schrecken denke ich an die Zeit, wo jene dunklen Bilderstürmer zur Herrschaft gelangen werden …« undsoweiter –, indem er den bewußten Krautkrämer und die »alten Weiber der Zukunft« in schlichter Verkehrung zu Figuren des Lebens, und »ach, mein Buch der Lieder«, sogar dies, zum Zeichen der toten, der »notwendig überwundenen, vergangenen Weltordnung« umpreßt. Eine solche doktrinäre Gewaltanwendung können auch wir nur mit Grauen und Schrecken lesen.

Da hat Leo *Kreutzer* in seinem Habilitationsvortrag (von 1969, gehalten in Hannover[7]) ein weit treffenderes historisches Urteil gegeben. Die Vorrede von 1855, schreibt er, nehme »die alte Auseinandersetzung mit der rousseauistischen Tradition im bürgerlichen Jakobinismus und im proletarischen Babouvismus« noch einmal wieder auf, und die frühere Berührung mit Marx habe darin »keine Spuren mehr hinterlassen« (S. 37). Überhaupt hat diese kleine Schrift, die mir erst nachträglich bekanntgeworden ist, das Verdienst, zuverlässig aufzuklären, was für Erscheinungen Heine bei dem Stichwort ›Kommunismus‹ wirklich im Sinn hatte: eben die Erinnerung an den asketischen Robespierre und, vor allem, den Gleichheits-Rigorismus Babeufs, der in den geheimen Gesellschaften zur Zeit der Juli-Monarchie eine Wiederbelebung erfahren hatte. Treffend ist auch die Bemerkung, daß Heine in den ›Briefen über Deutschland‹ das Programm der neuen Revolutionsführer, der »Philosophen der großen Schule«, mit seiner alten »sensualistisch-saint-simonistischen« Vision von der Götter-Demokratie »verwechselt« hat (S. 34). Ähnlich habe ich es in diesem Buch ausgedrückt (S. 274). Daß Kreutzer seinerseits es auch darauf anlegt, Marx und den ›wissenschaftlichen Sozialismus‹ aus all den Heils- und Unheils-Prophetien, den Notwendigkeits- und Schreckensbildern, die sich bei Heine an das Wort ›Kommunismus‹ knüpfen, gleichsam herauszuziehen, ja schließlich sogar eine höhere Übereinstimmung zwischen Marx und Heine hinsichtlich Kunst, Sinnlichkeit und Schönheit zu statuieren, kann auf sich beruhen.

5. Saint-Simonismus

Immer ist es eine Ehre, im ›Times Literary Supplement‹ (von Kennern kurz ›TLS‹ genannt) einer ausführlichen Rezension gewürdigt zu werden, und man freut sich, wenn darin Komplimente vorkommen, zum Beispiel, es sei aus diesen und jenen Gründen ein Vergnügen, dieses Buch zu lesen.[8] Der Verfasser beschäftigt sich fast ausschließlich mit denjenigen Teilen meines Buches, die Heines Verhältnis zu den Saint-Simonisten betreffen: Das habe man doch schon einmal gehört, bemerkt er etwas hochnäsig, zumal der englische Leser erinnere sich – »die Geschichte ist zuerst von Miss E. M. Butler erzählt worden«. Ein sonderbarer Einwand! Als spräche gegen die ›Geschichte‹ allein schon der Umstand, daß sie schon einmal ›erzählt‹ wurde! Da es doch sonst und allgemein in der Wissenschaft auf die Kontinuität der forschenden Bemühungen, in Fortsetzung, Korrektur, Ergänzung, Widerspruch, gerade wesentlich ankommt! Übrigens kann ich versichern, daß ich auf diese Spur schon geraten war, lange bevor ich die Arbeiten von Miss Butler kennenlernte, mein erster Essay über Heine (in den ›Großen Deutschen‹, im dritten Band) und meine Münchener Rede im Gedenkjahr 1956, also vor bald zwanzig Jahren, bezeugen es, die Lektüre von Miss Butlers Werk (um 1970) brachte mir eine freilich bedeutende Bestärkung. Es war auch keine große Kunst, dergleichen Zusammenhänge zu vermuten, denn Miss Butler war durchaus nicht die erste, die diese ›Geschichte erzählt‹ hat, wie der Rezensent – als »englischer Leser« – meint, vielmehr steht sie schon bei Adolf Strodtmann, in der frühesten und bis heute gründlichsten Heine-Biographie, sie ist über hundert Jahre alt, und auch Henri Lichtenberger hat sie um die letzte Jahrhundertwende in seiner für Frankreich maßgeblichen Darstellung von Heines Denken aufgenommen und weiterentwickelt. Wenn der TLS-Rezensent das vorher nicht wußte, so hätte er es jedenfalls aus meinem eigenen Buch erfahren können; er mußte dazu allerdings auch die Anmerkungen lesen.

In der Sache selbst streitet dieser Rezensent kaum den historischen Zusammenhang, wohl aber seine literarische Bedeutung ab: »Wir können einfach nicht glauben, daß Heine ein ernsthafter Saint-Simonist war.« Damit rührt er freilich an einen Nerv. Wie ›ernst‹ ist ein Glaube in der Literatur, ein literarischer Glaube? Wie ›ernst‹ ist die Literatur überhaupt? Ich meinte, die Distanz des Poeten von den Aposteln schon in der Kapitel-Überschrift angedeutet zu haben: »Heine unter den Priestern« (mit dem Anklang an jenes »Wie kommt Saul unter die Propheten?«). Vollends in den Schlußsätzen (auf S. 78) – ich will sie wiederholen: »Da fehlte nicht so viel, daß aus dem Dichter ein Apostel geworden wäre. Es fehlte gewiß etwas, aber es fehlte nicht sehr viel. Es fehlte nicht sehr viel, aber es fehlte doch noch etwas.« Es ist eine betrübende Erfahrung, daß Rezensenten so oft zur derben These reduzieren, was der Autor mit genauer Nuance zu beschreiben bestrebt war. Da dieser doch eben im Rezensenten, gerade in ihm, den sorglichsten aller Leser vermuten möchte.

Übrigens hat Miss Butler mit ihrer ›Geschichte‹ vom saint-simonistischen Heine inzwischen noch anderwärts Nachfolger gefunden. Man erinnert sich, daß sie Heines Behauptung, die Helgoländer Briefe (im Börne-Buch) seien authentische Aufzeichnungen vom Juli und August 1830, eben aufgrund der saint-simonistischen Spuren zum guten Teil als schönen Schwindel enthüllt hat. (Man vergleiche meine Anmerkung oben auf S. 321.) Daran knüpft die kanadische Germanistin Hanna *Spencer* an mit einem Aufsatz »Heines ›Briefe aus Helgoland‹ – synchronische Chronik?«[9], worin nun vollends erwiesen wird, daß nicht bloß Teile, sondern das Ganze dieser vorgeblichen Aufzeichnungen fingiert ist und ein wohlkomponiertes Werk darstellt. Zu diesem Schluß führt nicht allein die geistreiche Stil-Analyse, sondern auch die handfeste Nachprüfung der Daten, die Heine angibt: »Da gestern Sonntag war«, schreibt Heine am 8. Julius – aber siehe da, der 7. Juli 1830 war, ausweislich des Immerwährenden Kalenders, gar nicht Sonntag, sondern Dienstag. Die Untersuchung leuchtet aber vor allem die eigentliche literarische Form ab, sie macht einsichtig, daß Heines »konkreter Stil auf einem hohen Grad von Abstraktion« beruht.

Abermals ein Engländer, derselbe Nigel *Reeves,* der zuvor schon erwähnt wurde, Dozent für Deutsch an der Universität von Reading, hat ein vortreffliches Buch geschrieben: ›Heinrich Heine, Poetry and Politics‹.[10] Das Interesse ist gegenständlich dem meinigen recht ähnlich. Der Germanist freilich denkt, was die sogenannten ›Einflüsse‹, also die Anregungen, Vorbilder, Modelle, Überlieferungen anlangt, die Heine verarbeitet hat, mehr an deutsche Literatur, Philosophie und Wissenschaft, so an August Wilhelm Schlegel, an Hegel, ja an Novalis, als an jene französischen Käuze, mit denen wir es hier zu tun haben. Dorther stamme, schreibt Reeves (S. 16/17) mit ausdrücklicher Bezugnahme auf meine Darstellung, »das eschatologische Muster in Heines Denken«, nicht von Saint-Simon, wenngleich es zutreffe, daß »die Berührung mit den Saint-Simonisten diese Denkweise in ihm neu bestärkt« (»reinforced«) habe. Und an anderer Stelle (S. 86): Die Ähnlichkeit zwischen Heines Denken in den frühen dreißiger Jahren des Jahrhunderts und demjenigen der Saint-Simonisten sei auffällig und gar nicht zu leugnen, gleichwohl sei der Einfluß Hegels »more decisive and of longer standing«. Andererseits macht Reeves sich sogar meine Annahme zu eigen, es sei die saint-simonistische ›Religion‹ gewesen, die Heine den letzten Anstoß und Anreiz zur Übersiedlung nach Paris gegeben hat (S. 151). Auch findet er in seinem Schlußkapitel die hübsche Formel, in Paris habe ihn »ein intellektuelles Liebesverhältnis (love-affair) mit dem Saint-Simonismus dazu inspiriert, seine anti-spiritualistische Geschichte der deutschen Religion und Philosophie zu schreiben, eine Schrift, die Marx und die Junghegelianer beeinflußt hat« (S. 192). Die Einschätzung schwankt ein wenig. Auch bei diesem soliden jungen Gelehrten kann man sich des Eindrucks nicht ganz erwehren, daß er von den saint-simonistischen Quellen eine weit geringere authentische Kenntnis hat als von jenen deutschen: sein Fach bringt das mit sich. Es gibt deutsche Philologen, die diese Grenzen peinlicher fühlen lassen: Klaus *Briegleb* zum Beispiel, Herausgeber und Kommentator von Heines ›Sämtlichen Schriften‹ (in sechs Bänden, die seit 1968 in München herauskommen), hält den Saint-Simonismus für eine revolutionäre Bewegung. Dennoch trifft Reeves mit der Charakterisierung Heines ins Schwarze, wenn er – in dem Kapitel »Revolution und Utopie« – scharf zwischen Politik und Utopik unterscheidet: »Wenn Politik die ›Kunst des Möglichen‹ ist, dann ist Heines Endziel kaum überhaupt politisch zu nennen« (S. 102). Reeves' Argumente werden weiter unten noch einmal erörtert werden.

Schließlich mag noch angemerkt sein, daß der gelehrte Ernst *Simon* aus Jerusalem in dem weitgreifenden Vortrag, den er bei dem Düsseldorfer Heine-Kongreß im Oktober 1972 über »Heines Stellung zum Judentum« hielt, sich meine Darstellung der saint-simonistischen Neigung und Imprägnierung des mittleren Heine ganz zu eigen gemacht hat, und zwar mit ausdrücklicher Beziehung auf das gegenwärtige Buch. Das kurze Resümee, das in dem Kongreß-Band der Heine-Studien enthalten ist, gibt davon nur eine Ahnung. Immerhin ist der Hinweis auf die »geradezu gnostischen oder radikal-sabbatianischen Züge« bedenkenswert, die er im Sensualismus des Vaters Enfantin – wie denn, strukturell, auch bei heutigen Aposteln von der Art Herbert Marcuses – wiedererkennt. Zur Hauptsache befaßte Simons Vortrag sich mit dem späten Heine, der sich hiervon abgekehrt hat. Das Buch, das Simon über diesen Gegenstand angekündigt hat, liegt noch nicht vor.

Man mag fragen, ob das alles überhaupt so wichtig und wozu der Streit nutze sei: etwas mehr Hegel oder etwas mehr Enfantin – was verschlägt das! Zuzeiten denke ich selber so, möchte auch nicht zu den bleichen und blinden Würmern gerechnet werden, die sich in den Eingeweiden des historischen Kadavers zu schaffen machen, sich gar darin einnisten. In der ›Heine-Forschung‹ kann man hängenbleiben und sich verlieren wie in jeglicher Spezialforschung. Nur als Mittel und Umweg ist sie zu rechtfertigen, nicht als selbstgenügsame Berufsausübung. Nur wenn sie zur Erweckung des Leichnams hilft, nämlich dazu, die Geister- und Geistesstimme von neuem vernehmlich zu machen, so authentisch wie möglich, als seine (Heines) eigene Stimme und nicht als eine, die aus der Totenmaske tönt und am Ende doch als die des Historikers, des Biographen, des Interessenten, des Parteimannes, des Vorurteils erkannt wird: nur dann hat solche forschende Rekonstruktion eine Legitimation. Darum kommt es doch darauf an, ob mehr Hegel oder mehr Saint-Simonismus in Heines Werk und Wesen eingedrungen sei. Der ausgewachsene, wenn freilich auch ›literarische‹ Utopismus, die prophetische und die aktivistische Schwärmerei des mittleren Heine kommt ans Licht, wenn man die saint-simonistischen Motive studiert. Im Fall der hegelischen müßte man erst das »gekochte Spinnweb« beiseitewischen, dann den ganzen Aufwuchs der ›Vernunft in der Geschichte‹ abhacken, um endlich die eschatologische Wurzel bloßzulegen (wie es Nigel Reeves wahrhaftig versucht hat).

Und was würde Hegel mit seinem Pathos der Wirklichkeit und der Verwirklichung erst zu der leichtsinnigen Auslassung Heines gesagt haben, die Freund Laube – mit tiefer Enttäuschung – berichtet: Heine habe nur gelacht, als er, Laube, ihn (etwa 1839) auf seine saint-simonistischen Überzeugungen ansprach – »für eine positive Einführung seiner Ideen« war er nicht zu haben, und »›Was sollt' ich denn alsdann noch schreiben?‹ rief er – ›worüber soll ich Witze machen, wovon Gedichte, wenn Alles da ist, was ich bisher gewünscht oder vermißt habe? Durch einen aus- und eingeführten St. Simonismus würde ich einfach pensionirt‹.«[11] Die

Utopie, heißt das, soll dem Poeten Utopie bleiben. Aber um Utopie bleiben zu können, muß sie es zuerst sein, muß sie als solche ergriffen worden sein. Enfantin hätte es gewiß nicht gefreut, so etwas zu hören; Hegel hätte es kaum verstanden und jedenfalls verachtet.

6. Almansor und Marengo

Das ernsteste Argument, mit dem Nigel *Reeves* in seinem Buch die saint-simonistischen Anregungen in ihrer Bedeutung für Heine einschränkt, habe ich noch nicht erwähnt: gewisse wesentliche Elemente ihrer Lehre seien in Heines Schriften schon zu einer Zeit ausgeprägt, da jene noch gar nicht zu seiner Kenntnis habe gelangt sein können. Zum Zeugnis führt er sein Drama ›Almansor‹ (von 1820) und die ›Reise von München nach Genua‹ (von 1829) an. Aus dem ›Almansor‹ zitiert er die Schilderung, die der aufgeklärte Muslim vom christlichen Kult, von Geißelung und Kreuzigung und vom Blut trinkenden Priester gibt. Das Grauen vor der Leidensreligion ist hier gewiß schon drastisch ausgesprochen, wenngleich ihm dialogisch auch, mit der Stimme der bekehrten Zuleima, der süße Ton der Liebesreligion entgegengesetzt ist, so daß die Polarität von Passion und Freude hier für einen Augenblick in zwei konträre Aspekte des einen und selben Christentums verlegt erscheint. Wie auch immer, diese Art Religionskritik ist zweifellos Heine ganz eigentümlich, früh wie spät, die Saint-Simonisten haben dergleichen nie vorgebracht, sie waren viel zu sehr um Harmonisierung bemüht, als daß sie so scharfe Polemik geführt hätten, und ich habe in diesem Punkt auch gar keine Abhängigkeit behauptet. Nicht in Sachen der Kritik, sondern in Sachen der Utopie hat Heine auf Enfantin und die Seinen gehört. Im ›Almansor‹ ließen sich sogar noch mehr und spezifischere Motive und Metaphern auffinden, die in späteren Schriften und Gedichten wiederkehren, aber das war und ist nicht mein Thema. Zudem versteht es sich von selbst, daß ohne Disposition keine Infektion stattfinden kann, das gilt nicht bloß physisch, sondern auch geistig.
Weit auffälliger indessen ist die Meditation, die der Reisende ›von München nach Genua‹ auf dem Schlachtfeld von Marengo anstellt: »... emporblühen wird ein neues Geschlecht, das erzeugt

worden in freier Wahlumarmung, nicht im Zwangsbette und unter
der Kontrolle geistlicher Zöllner; mit der freien Geburt werden
auch in den Menschen freie Gedanken und Gefühle zur Welt
kommen, wovon wir geborenen Knechte keine Ahnung haben ...«
und so fort (Kapitel XXXI). Ich muß Reeves recht geben: »It is
odd that Sternberger ... zwar das Echo der fraglichen Passage
in ›Zur Geschichte‹ ... zitiert, aber diese Quelle in Heines eigenem
Werk zu erwähnen unterläßt« (S. 79). It is odd, es ist kurios,
it certainly is, ich hatte in der Tat übersehen oder vergessen, daß
die »glücklicheren und schöneren Generationen« der Zukunft, daß
vor allem die »freie Wahlumarmung« nicht erst in dem Essay von
1835, sondern schon in dem Reisebild von 1829 vorkommt, daß
diese Vokabel und die ganze Vision also nicht erst in Paris, sondern schon in Berlin oder Potsdam konzipiert worden sein muß.
Zwar habe ich die spätere Stelle durchaus nicht, wie Reeves meint,
»als Beweis für Enfantins Einfluß und für Heines saint-simonistische Überzeugungen in den frühen dreißiger Jahren« angeführt,
sondern ganz unabhängig von solchen historischen Zusammenhängen für sich selbst erörtert und gedeutet (S. 211, im Achten
Kapitel, nach der Tannhäuser-Venus), aber ich gestehe, daß ich
von dem frühen Auftritt dieser Sequenz überrascht bin, und daß
sie in der Vollständigkeit der Motive – der Glücksprophezeiung,
der Abschaffung der Ehe, auch des vorweggenommenen Rückblicks
der neuen ›Heiden‹ auf die »grauenhaften Kämpfe« der christlichen
Vergangenheit – höchst verwunderlich erscheinen muß. Es hat sich
ja nachmals an diesem Formelkomplex so gut wie nichts mehr
geändert. Die ›Wintermärchen‹-Verse vom »neuen Geschlecht,
ganz ohne Schminke und Sünden« stellen demgegenüber nur eine
leichte Variante dar. Und das Zukunftsgemälde von 1847 (aus
dem Vorwort zu Weills Novellen) zeigt auch wieder die »schönen
Enkel«, denen einer der Greise von der düsteren Vergangenheit –
des christlichen Zeitalters – berichtet; nur die Altäre und Tempel-
paläste, die Requisiten der Vergöttlichung sind neu hinzugekom-
men. Und die Attitüde der Prophetenscheu – »ich darf nicht aussagen, was ich geschaut« –, von ihr war bei jenem ersten Griff
(von 1829), knapp zwanzig Jahre zuvor, seltsamerweise gar nichts
vorhanden; man hätte eher das Umgekehrte erwartet.
In der Tat kann Enfantin hier noch nicht eingewirkt haben. Zwar
hat Heine 1829 in Berlin im ›Globe‹ gelesen (wie auch Reeves

erwähnt), zwar ist im Hause Varnhagen zur selben Zeit von dieser Lektüre gewiß geredet worden[12], zwar ist dieses hervorragende philosophisch-politisch-literarische Journal hernach auch nicht so ganz zufällig und plötzlich in saint-simonistische Regie übergegangen, wie es den meisten Forschern scheinen mag, indem vor allem Pierre *Leroux*[13] von Anfang an mit ihm verbunden war, und gerade von ihm im Jahrgang 1829 ein bemerkenswerter Beitrag unter der wiederkehrenden Rubrik ›Philosophie de l'histoire‹ erschien, der eine weltpolitische Friedensperspektive eröffnet, und worin Saint-Simon selbst auch rühmend erwähnt wird (Band VII, Nr. 50, S. 393), – aber das alles ändert nichts daran, daß Enfantin mit seiner sensationellen Idee der erotischen Emanzipation erst gegen Ende des Jahres 1831 herausgerückt ist, und einzig auf diese ›neue Phase‹ des Saint-Simonismus kann es hier ja ankommen. Charles *Fourier* freilich war mit seiner ›Théorie des quatre mouvements‹ längst hervorgetreten (bereits 1808), doch wie sollte deren Kunde nach Deutschland, nach Berlin und zu Heine gedrungen sein, da das Buch sogar in Frankreich die längste Zeit nur ein apokryphes Dasein geführt hat. Zudem unterscheiden sich diese französischen Vorstellungen in einem Punkte merklich von Heines Vision: ihre ›Wahlumarmungen‹ sind gar nicht so ganz ›frei‹, da sie nach Enfantins Strategie von den neuen Priestern gestiftet und behütet werden, und da auch Fouriers biedermeierliche Kollektivhochzeiten in den Phalangen nicht ohne planvolle Aufsicht vor sich gehen sollen. Kurz, wir finden in diesem Umkreis kein Vorbild, das zeitig genug erkennbar gewesen wäre. Es mag eines geben, aber wir finden es nicht, und so müssen wir die ›freie Wahlumarmung‹ als Heines eigenen Einfall stehen lassen, so neu und kühn er war, und so exzentrisch er auch im Text und Kontext anmutet.

Allenfalls der Anklang an die ›Wahlverwandtschaften‹, der als partielle Wortentlehnung und als gründliche Sinnverschärfung beschrieben werden kann, könnte Heines Prägung einen Rückhalt, der mächtige Name Goethes seinem Wagnis vielleicht eine geheime Stütze geboten haben. Das liegt nahe, sofern man achtsam auf die Wörter horcht und die Bedeutungen bedenkt. Sofern man indessen Goethes und Heines Gründe und Formen vergleicht, liegt es wiederum recht fern. Es handelt sich nicht um eine These, allenfalls um eine Hypothese.

7. Nietzsche

Daß der flatterhafte Dichter dem gewaltigen Denker, der Spaßmacher dem Ernstmacher eine bedeutsame geistige Erbschaft überliefert hat, ist lange, zumal in Deutschland, fast unbemerkt geblieben. (Die Ausnahmen habe ich in der Anmerkung S. 390–393 genannt: es waren vor allem Henri Lichtenberger, E. M. Butler und Henri de Lubac, in Deutschland einzig Quenzel und Marcuse.) Dieselbe historische Feststellung trifft der englische Germanist J. P. *Stern* in einem einschlägigen Abschnitt seines Buches ›Re-Interpretations‹ (London 1964): »Heines Einfluß auf Nietzsche ist nie sehr ernst genommen worden. Mit seinen treffenden Bonmots, seinen Anekdoten, seinem ironischen Detachement scheint Heine sich in einer anderen Welt zu bewegen.«

Das wird nun doch anders, das Schweigen ist gebrochen. Fast gleichzeitig mit meinem Buch erschien im Heine-Jahrbuch (1972) eine Abhandlung von Hanna *Spencer* – sie lehrt deutsche Literatur an der Universität von London, Ontario (und wurde oben schon in anderem Zusammenhang erwähnt) – über ›Heine und Nietzsche‹, worin ebenfalls eine ganze Reihe von Gedankenmotiven mit parallelen Zitaten aus beiden Autoren aufgeführt werden: Die Gegensatzpaare dort des Nazarenischen und Hellenischen, hier des Apollinischen und des Dionysischen, ferner auch die Idee des Dionysischen als solche, die Zusammenfügung von Christentum und Krankheit, die Geschichte der Alterung Jehovas und der Ruf ›Gott ist tot‹, das analytische Konzept des Ressentiments oder der Rancune, die moralische Emanzipation, die Kritik des deutschen Charakters, das Lob des Lachens. Die Liste entspricht zum guten Teil dem Komplex, der in dem gegenwärtigen Buch (im III. Abschnitt des letzten Kapitels einschließlich der zugehörigen Anmerkungen) dargestellt ist. Im letzten Satz der Abhandlung spricht die Verfasserin die Überzeugung aus, »a deep and pervasive influence by Heine on Nietzsche« müsse in der Tat angenommen werden.

Es fehlt bei Miss Spencer das Motiv ›Abschaffung der Sünde‹ – als letzte Zuspitzung der moralischen Emanzipation. Und der Zusammenhang zwischen Heines Menschengöttern und Nietzsches Übermenschen. Hier greift eine Studie von theologischer Seite ein, die ich erst nachträglich kennengelernt habe: Professor Eugen

Biser hat »Nietzsches Kritik des christlichen Gottesbegriffs und ihre theologischen Konsequenzen« in seiner Würzburger Antrittsvorlesung behandelt[14]; im Mittelpunkt steht der Aphorismus vom »tollen Menschen« aus der ›Fröhlichen Wissenschaft‹, den Biser nach genauer Vergleichung mit dem bekannten Passus aus der ›Religion und Philosophie in Deutschland‹ geradezu und ungescheut als eine »Umdichtung des von Heine übernommenen Stoffs« bezeichnet. Das betrifft freilich wiederum zunächst das Motiv vom Tod – oder von der Ermordung – Gottes, nicht das der Erhebung des Menschen und der Vision des Übermenschen. Doch finden sich in der vorausgehenden Erörterung von Nietzsches »Motivation« Formulierungen, die den Zusammenhang auch in diesem Punkt von neuem zu bestätigen helfen: der Tod Gottes trete (bei Nietzsche) »in eine geradezu spiegelbildliche Entsprechung zur Selbstwerdung des Menschen«. Auch hier wird Zarathustra zitiert (wie unten auf S. 395 dieses Buches): »Lieber keinen Gott, lieber auf eigne Faust Schicksal machen, lieber Narr sein, lieber selber Gott sein!« – Es ist ebendieses reziproke Verhältnis von Gott-Untergang und Mensch-Vergottung, das ich als Heines exemplarische ›Utopie‹ – eine poetische Utopie freilich – vorzuführen versucht habe. Die Differenzen bleiben gewiß unübersehbar. Wie Hanna Spencer es beiläufig ausdrückt: »... Heine's statements sound like sensible and less arrogant variations of Nietzsche's theme« – (S. 149).[15]

8. Fin de siècle

Die Rezension des Pariser Germanisten Claude *David*, sorgsam und voll Verständnis (›Euphorion‹, 68. Bd., 2. H.), sticht auch dadurch hervor, daß sie – als einzige unter denen, die mir bekannt geworden sind – die ›symbolistischen‹ Potenzen und Tendenzen in Heine hervorkehrt, die Keime des ›fin de siècle‹, wie ich sie in den ersten Abschnitten des Schlußkapitels sichtbar zu machen versucht habe. Das ›Tannhäuser‹-Gedicht steht geradezu im Mittelpunkt seiner Würdigung: schon hier, zwanzig Jahre vor Heines Tod, finde man »l'amère désillusion, le crépuscule des dieux de l'avenir«. Der ganze Bau seiner ›hellenischen‹ Mythologie stürze zusammen wie ein Kartenhaus: »ce n'était que décor et trompe-l'œil«. Die Tannhäuser-Erfahrung sei weit eher diejenige sinnlicher Versklavung als erotischer Befreiung.

Das ist durchaus wahr. Doch würden wir diese »bittere Desillusionierung« und diese »Zukunftsgötterdämmerung« als solche kaum wahrnehmen, und hätte der Dichter selbst sie kaum so unvergeßlich aussprechen können, wäre ihm nicht die ›heidenliebliche‹ Sündlosigkeit zuvor, bisher und noch hernach so ersehnenswert vor Augen gestanden. David, der sonst den ›Doktrinen‹ in der Poesie und ihrer Deutung Skepsis, ja Abneigung entgegenbringt, läuft hier selber in eine These hinein: Heine sei auf der Seite der ›Krankheit‹ und der ›Verderbnis‹, und da liege »die einzige Wahrheit, die er auszudrücken hatte«, »le reste n'est que ›superstructure‹ et poudre aux yeux«. Es ist eine Entscheidung des literarischen Geschmacks, die er trifft, und diese hat gewiß ihr gutes Recht. Aber man muß wissen, daß sie nur die halbe Geschichte trifft, daß sie die Enttäuschung von der Erwartung abtrennt, diese verwirft, um allein jene zu bewahren.

Übrigens müßte auch Richard Wagners ›Tannhäuser‹ – der freilich gründlich anders endigt – zerfallen und seine eigene Spannung einbüßen, wollte man das trotzige (und verhängnisvolle) Venuspreislied im Sängerwettstreit zu »bloßem Überbau und Augenpulver« erklären. Die Wagnersche Version, auch sie eine frühe Verkündigung des ›modernen‹ Sinnen-Pessimismus, hängt, wenn auch in versteckter Weise, ganz eng mit dem Muster Heines zusammen, zumal gerade vermöge des zentralen Motivs der Schmerzbegierde:

Heine
»Wir haben zuviel gescherzt
und gelacht,
Ich sehne mich nach Tränen.«

Wagner
»Nicht Lust allein liegt mir am
Herzen,
aus Freuden sehn' ich mich nach
Schmerzen.«

Näheres hiervon findet sich in dem Essay ›Thema Tannhäuser‹ in meinem Büchlein ›Gerechtigkeit für das neunzehnte Jahrhundert‹[16], welcher auch als eine Ergänzung des vorliegenden Buches in Richtung fin de siècle gelten kann.

9. Politik und Utopik

Den meisten Widerspruch bei Rezensenten hat der Satz erregt, Heine sei kein Politiker gewesen, ein Satz, der in der Tat einen Grundton des ganzen Buches anschlägt. (Er steht im Vorwort und lautet vollständig so: »Er war kein Philosoph, sondern ein Poet, und er war kein Politiker, sondern ein Utopiker.« Auch hier ist der ganze Wortlaut bedeutsam.)

Hermann *Kesten* zum Beispiel hat in seiner ausführlichen und von Sympathie – für Gegenstand wie Verfasser – geleiteten Besprechung (in den ›Evangelischen Kommentaren‹, 1973, H. 6) doch seinen Widerspruch in diesem Punkt nicht unterdrückt: »Ich fahre fort, in Heine einen eminent politischen Autor, einen eminent revolutionären Autor zu sehen.« Nicht viel anders Eberhard *Galley,* bis vor kurzem Direktor des Heine-Instituts in Düsseldorf: »Er ist in hohem Grad ein politischer Schriftsteller, der politisch wirken und anregen will, insbesondere durch seine Anklagen gegen das politische System seiner Zeit und dessen Repräsentanten« (in einer Sendung des Hessischen Rundfunks vom 24. 3. 1973).

Mit merklich anderer Nuance drückte sich der namhafte amerikanische Literaturgelehrte Jeffrey L. *Sammons* von der Yale-Universität aus, der selbst ein Buch über Heine geschrieben hat. Seine Anzeige (in ›English Language Notes‹, September 1973) fällt durch präzise Knappheit auf. Der Schlußsatz lautet: »It is a double irony that the most imaginative book on Heine written in Germany in modern times should be from the hand of a political scientist and that it refutes in large measure the ›political‹ interpretation fashionable at present.« (Eine deutsche Übersetzung würde die Pointierung schädigen.) Den Begriff von Politik, der »gegenwärtig in Mode ist«, hat Sammons in Gänsefüßchen gesetzt, und das gibt einen Fingerzeig: den Begriff zu überprüfen. Darum handelt es sich.

Heines Traum von der Götter-Demokratie und vom neuen Geschlecht wie seine Schlachtengemälde vom »Befreiungskampf der Menschheit« – mit dem eingefügten Selbstporträt in der Uniform des »braven Soldaten« – oder auch der »Weltrevolution« als des »großen Zweikampfs der Besitzlosen mit der Aristokratie des Besitzes« – all das hat rein eschatologischen Charakter. In diesem Sinn gehört es wirklich in den Bereich, dem er selbst den Namen gab: den der ›Religion‹. Und er hat ja, wie im Buche dargetan, diesen Namen gewählt, um sich und seine Interessen, als die höheren, von der Sphäre der Politik abzuheben, wie er sie, zeitweilig jedenfalls, in der Figur Börnes repräsentiert sah. Alle jene Formeln und Bilder zielen auf die ›Große Veränderung‹[17] der bestehenden, ja der menschlichen Verhältnisse überhaupt. Auch die Kategorie oder die Vorstellung der Revolution macht davon keine Ausnahme. ›Revolution‹ ist nicht schlechthin ein politischer Begriff, nicht einmal notwendig ein politischer Vorgang. Es gibt zweierlei Revolutionen und zweierlei Begriffe von Revolution: ›politisch‹ ist nur diejenige Revolution, die eine neue Ordnung heraufführen, eine Verfassung begründen will.[18] Im anderen Falle ist Revolution – um ein berühmtes Wort zu variieren – die Fortsetzung der Religion mit anderen Mitteln. Das gilt nicht nur von Heine.

Zwei Rezensenten haben dieses Thema ergriffen und diese Unterscheidung mitvollzogen. Gerhard *Storz* schrieb im Berliner ›Tagesspiegel‹ (vom 10. 12. 1972): »Der rote Faden des Buches, die Abgrenzung des Utopischen vom Politischen ...« Und Hans *Schwab-Felisch* hat im ›Merkur‹ (Februar 1973) ganz ausdrücklich die Linie zum »Geist und Zustand unserer gegenwärtigen Gesellschaft« gezogen. Er hat mir allerdings auch die Frage gestellt, »ob denn die Kennzeichnung Heines als ›apolitischen‹ Utopisten mit der heutigen, erweiterten Auffassung vom Wesen des Politischen noch übereinstimme« (S. 198). Soweit die Frage den tatsächlichen heutigen Wortgebrauch im Auge hat, muß ich sie allerdings – mit Schwab-Felisch – verneinen. Kestens und anderer rasche Identifizierung oder Sequenz von »politisch« und »revolutionär« gibt deutlich neues Zeugnis davon, daß in der Tat auch und gerade die Idee der ›Großen Veränderung‹ weithin als politische Idee gilt, und daß es in diesem Sinn ›fashionable‹ geworden ist, auch Heine ›politisch‹ zu interpretieren. Ich muß auch einräumen, daß es schwer, vielleicht aussichtslos ist, dieser »erweiterten Auffassung des Wesens des Politischen« – die eine Neuerung darstellt, gewiß erst unserem Jahrhundert, wahrscheinlich in solcher Breite erst den jüngsten Jahrzehnten angehört – zu widerstehen, anders ausgedrückt, einen strengen Begriff des Politischen festzuhalten oder wiederherzustellen. Wenn denn schon beides ›Politik‹ geheißen wird, so bleibt nichts übrig, als den paradoxen Begriff einer

›eschatologischen‹ Politik zu prägen, damit sie von der politischen Politik unterschieden bleibe. ›Politik‹ kommt von ›Polis‹, und das heißt Bürgerschaft, Staat und Staatsgesellschaft. Das Reich Gottes hat keine Verfassung und braucht keine Gesetze. Und die Götter-Demokratie auch nicht. Auch diese übrigens soll den Menschen von den Leidenschaften befreien, wenn auch gerade dadurch, daß sie befriedigt werden.

In diesem Zusammenhang verdient schließlich auch die Auslassung ein Interesse, die Walter *Boehlich* zu meinem Buch im ›Spiegel‹ (1973, Nr. 4) hat erscheinen lassen. »Das Gesetz zu stärken« steht in der Überschrift – das ist ein halbes oder ein Viertel-Zitat aus meinem Schlußkapitel, wo es auch heißt, das Gesetz gehöre, wie die Sünde, zur conditio humana. Das ist es, was diesen Rezensenten in Wut gebracht hat. Ich möchte ihm meinerseits mit einem Zitat antworten. »Der Haß des Gesetzes, gesetzlich bestimmten Rechts, ist das Schibboleth, an dem sich der Fanatismus, der Schwachsinn und die Heucheley der guten Absichten offenbaren und unfehlbar zu erkennen geben, was sie sind, sie mögen sonst Kleider umnehmen welche sie wollen.« Der Satz ist von Hegel und steht in der ›Rechtsphilosophie‹, § 258.

10. Gott

Von theologischer Seite sind mir keine Einwände gemacht worden. Ein Rezensent, Klaus *Bockmühl* (in den ›Theologischen Beiträgen‹, 1973), ging sogar so weit, das Heine-Buch als »Pflichtlektüre für Theologen« zu empfehlen, der historischen Lektion wegen, die darin ausgesprochen sei. Er meint aber nicht sowohl die sogenannte Bekehrung Heines, sein ›himmlisches Heimweh‹, wie er selbst es nannte, und die literarisch-religiöse Rückkehr zu Jehovah als vielmehr jene Abwendung von der Utopie, die damit einherging, und die ich im Schlußkapitel – jenseits von Heine – gleichsam fortgesetzt und zur Konsequenz getrieben habe. Bockmühl liest daraus die Mahnung, »aufzuhören mit der eschatologischen Schwärmerei ...«, doch spezifiziert er diese und fügt einschränkend hinzu »... aus der Hand des Menschen«. Ob es außerdem eine legitime »eschatologische Schwärmerei« oder Denkweise gebe, die nicht »aus der Hand des Menschen«, sondern aus anderer

Quelle stammt, bleibt offen. Mit anderen Worten: Eschatologische Offenbarung bleibt ausgespart und vorbehalten. Wie es denn freilich auch nicht anders vom Theologen erwartet werden kann. Doch hatte ich meinerseits gerade mit dem Rück- und Seitenblick auf Paulus und den Ersten Korintherbrief, ohne im übrigen die Differenzen irgend verwischen zu wollen, den positiven Zusammenhang zwischen geistlicher und weltlicher Eschatologie andeuten wollen, der durch den bequemen Gemeinplatz von der ›Säkularisierung‹ nicht hinwegdisputiert werden kann. Die Hand des Menschen und die Hand Gottes sind da nicht so leicht voneinander zu unterscheiden.

Mein Freund Karl Gerhard *Steck* andererseits, protestantischer Theologieprofessor in Münster, hat gerade den Bemerkungen zu Paulus im ganzen zugestimmt und es sich ausdrücklich versagt, »zum Apologeten zu werden« (seine Rezension stand im ›Deutschen Pfarrerblatt‹, April 1973). Ihm erscheint die Dialektik von Sünde und Gesetz geradezu als der wichtigste Punkt des ganzen Buches, und er hat endlich auch die Frage nach dem Verhältnis zwischen Eschatologie und Ethik aufgenommen, welche nämlich »die Politologie mit der (christlichen) Theologie in die engste Beziehung« bringe. Eine Antwort hat er nicht zu geben versucht, aber das war in einer Buchbesprechung wohl auch nicht am Platze. Sie ist gewiß sehr schwierig.

Von Gott war in diesen beiden Beiträgen kaum die Rede. Der Protestantismus ist von Haus aus zu selbstkritisch und vollends heute zu bescheiden geworden, als daß er etwa aus dem Exempel von Heines Rückkehr zum Glauben lehrhafte Nahrung zu ziehen suchte – in dem Sinne: da sieht man, wie es am Ende geht, Not lehrt beten! Es ist wohl auch ein Gefühl des Anstands und der Diskretion, welches dergleichen Reaktionen verbietet.

Schließlich hat Heine selber in seinen besten ›religiösen‹ Augenblicken und Dichtungen nur einen »bildlosen oder schweigenden Gott« beschworen. Diese treffende Kennzeichnung hat Wilhelm *Gössmann* in einem Referat beim Düsseldorfer Heine-Kongreß von 1972[19] gegeben, und er hat sie vorab aus dem späten Lazarus-Gedicht hergeleitet, das hier zuletzt noch einmal und im ganzen Wortlaut wiederkehren soll; ich füge den Kommentar bei, den ich für die ›Frankfurter Anthologie‹ verfaßt habe.[20]

Hoffnungsloser Dialog

Laß die heil'gen Parabolen,
Laß die frommen Hypothesen –
Suche die verdammten Fragen
Ohne Umschweif uns zu lösen.

Warum schleppt sich blutend, elend,
Unter Kreuzlast der Gerechte,
Während glücklich als ein Sieger
Trabt auf hohem Roß der Schlechte?

Woran liegt die Schuld? Ist etwa
Unser Herr nicht ganz allmächtig?
Oder treibt er selbst den Unfug?
Ach, das wäre niederträchtig.

Also fragen wir beständig,
Bis man uns mit einer Handvoll
Erde endlich stopft die Mäuler –
Aber ist das eine Antwort?

Das Gedicht gehört der letzten Sammlung an, die Heine noch
selbst veranstaltet hat, es ist als Nachtrag »zum Lazarus« bezeichnet. Es gehört zu den vollkommensten, die er geschrieben hat.
Alles ist knapp, derb, einfach ausgesprochen, kein Wort zuviel.
Der Vers kommt rasch, doch gewichtig einher. Es ist wie die letzte
Phase eines hoffnungslosen Dialogs. Setzt ein mit der lauten und
unwirschen Aufforderung, an ungenannte geistliche Adresse gerichtet, einmal endlich ohne Bild und Gleichnis, ohne Mythos und
Legende Bescheid zu geben.
Die »verdammten Fragen« folgen sogleich und deutlich genug, in
der zweiten Strophe. Eigentlich ist es nur eine einzige Frage. Die
Frage des Psalmisten. Keine christliche Frage, trotz der Beschwö-
rung der Szene des Kreuztragens. Das Leiden wird hier keineswegs angenommen, gar verklärt. Nicht ein Dulder redet, sondern
ein Aufsässiger. Es ist Hiob. Nicht nach Liebe und nicht nach
Gnade wird gefragt, sondern nach Gerechtigkeit.
Kaum ist die Frage gestellt, scheint der Frager und Ankläger von

seinem Partner abzulassen und ins eigne Grübeln oder in eine Unterredung mit seinesgleichen zurückzufallen. Der Befragte ist stumm geblieben. Jetzt wird der Verantwortliche genannt, »unser Herr«, wie man von einem Abwesenden redet, in Vermutungen, da nichts Verläßliches von ihm bekannt ist. Die versuchten Erklärungen sind so respektlos wie ernsthaft. Ein spottendes Gezeter des hellsten Verstandes. Auf pfiffige Weise zweifelt er an Gottes Allmacht, in burschikosem Ton an Gottes Güte. Nicht an Gott.

Mit der vierten Strophe tritt der Sprecher aus Gespräch wie Erwägung hervor, wendet sich gleichsam ans Publikum, trifft nur noch eine Feststellung. »Man« stopft uns die Mäuler: der andere bleibt gegenwärtig, handelt sogar. Ermattet klingt die Empörung in der letzten Zeile nach, eine Art demagogischer Klage.

Der unvollkommene oder verfehlte Reim oder der »kolossale Halbreim« (wie der genaue Leser und Kenner Werner Kraft gesagt hat, und auf »Antwort« sei schlechthin kein natürliches Reimwort zu finden) verschärft den Sinn der Klage, fast unmerklich und doch ungeheuerlich. Wir können uns keinen Reim darauf machen, daß wir ohne Bescheid, womöglich ungehört, sterben sollen.

1 Heine-Studien, hrsg. von Manfred Windfuhr, Internationaler Heine-Kongreß 1972, Hamburg 1973, S. 318–319.

2 Ludwig Rosenthal, Heinrich Heine als Jude, Geleitwort Eberhard Galley. Frankfurt/Berlin 1973. Hartmut Kircher, Heine und das Judentum; Literatur und Wirklichkeit, hrsg. von Karl Otto Conrady, Bd. 11, Bonn 1973.

3 Begegnungen mit Heine, in Fortführung von H. H. Houbens ›Gespräche mit Heine‹, hrsg. von Michael Werner, Hamburg 1973, I, S. 226.

4 Georg Friedrich Wilhelm Hegel, Vorlesungen über Rechtsphilosophie 1818–1831, Edition und Kommentar in sechs Bänden von Karl-Heinz Ilting, bisher vier Bände, Stuttgart 1972–1974.

5 Nigel Reeves, Heine and the young Marx, Oxford German Studies, Bd. 7, 1972/1973, S. 44–97.

6 Jean Pierre Lefebvre, Marx und Heine, Schriften aus dem Karl-Marx-Haus, Heft 7, Trier 1972.

7 Leo Kreutzer, Heine und der Kommunismus, Göttingen 1970.

8 Die Besprechung bildete einen Teil des Leitaufsatzes vom 25. Januar 1974, der »Doubting Heine« überschrieben ist; alle Beiträge des ›TLS‹ erschienen damals noch anonym.

9   Der Aufsatz von Hanna Spencer erschien in der Zeitschrift ›Wirkendes Wort‹, Jg. 22, H. 6, S. 401–411.

10 Nigel Reeves, Heinrich Heine, Poetry and Politics, Oxford University Press, 1974.

11 Houben-Werner, Begegnungen mit Heine, Hamburg 1973, I. S. 403.

12 Dies schildert auch Werner Vordtriede in einer Studie über den ›Berliner Saint-Simonismus‹ im Heine-Jahrbuch 1974 (vor allem S. 105/106).

13 Heine hat diesen Leroux im Anhang zur ›Lutetia‹ besonders aufmerksam und ausführlich geschildert – »als einen der Bischöfe des Saint-Simonismus«, der aber hernach »gegen die Doktrin von der neuen Sittlichkeit protestierte und sich mit einem fanatischen Anathema von der fröhlich bunten Genossenschaft zurückzog«.

14 Sie ist, erheblich erweitert, im ›Philosophischen Jahrbuch‹ der Görres-Gesellschaft, 78. Jg. 1971, 2. Halbband, S. 34–65 und S. 295 bis 305, veröffentlicht worden.

15 Hanna Spencer nennt noch zwei weitere Arbeiten, die gleichfalls den Erbgang von Heine zu Nietzsche deutlich machen: eine Master-Thesis aus Melbourne von Hans Joachim Pott unter dem Titel ›Incipit Tragoedia‹ (1968) und eine Dissertation an der Universität Washington von Ronald James Floyd, ›Nietzsche and Heine‹ (1969).

16 suhrkamp taschenbuch 244, Frankfurt 1975.

17 ›Magna Commutatio‹ – der Ausdruck stammt aus dem ›Gottesstaat‹ des Kirchenvaters Augustin. Man vergleiche meine Studie ›Die Politik der Großen Veränderung‹ in der Festschrift für Gerhard Storz, ›Über Literatur und Geschichte‹, Frankfurt 1973, S. 51–70.

18 Darüber findet man elementare Einsichten in Hannah Arendts Buch ›Über die Revolution‹, München 1963.

19 Wilhelm Gössmann, Die theologische Revision Heines in der Spätzeit, Heine-Studien 1973, a.a.O., S. 335.

20 Beilage der ›Frankfurter Allgemeinen Zeitung‹ vom 28. 9. 1974.

Erläuterungen zu den Bildseiten

Seite I

Die beiden Porträts scheinen die beiden Phasen von Heines Existenz sichtbar zu machen, wie er sie selbst in der ›Berichtigung‹ vom 15. April 1849 gekennzeichnet hat: den »lebensfreudigen, etwas wohlbeleibten Hellenen« und den »armen todkranken Juden«. Die Zeichner sind Samuel Friedrich *Diez* (1803–1873) und Charles Gabriel *Gleyre* (1806–1874).

Seite II

Diese Karikatur von der Hand seines Vorfahren hat Percy E. *Schramm* schon in seinem Buch ›Neun Generationen‹, 2. Bd., Tafel 19, Göttingen 1964, publiziert. Er hielt es für möglich, daß der Zeichner einen Auftritt Heines bei einem Hamburger Aufenthalt 1843 oder 1844 aus dem Gedächtnis dargestellt habe. Dagegen spricht die Barttracht dieses Dichters. Doch scheinen, wenn man andre Porträts vergleicht, zwei Hauptpersonen seiner vormaligen Hamburger Umwelt hier wiederzukehren: Die Figur links oben hinter dem Vortragenden – mit dem Buch in Händen – hat die Züge des reichen Onkels Salomon Heine, der zweite von links unter den Sitzenden – mit der spitzen Nase – könnte wohl Hartwig Hesse sein, der Mäzen, an den Heine sich gewandt hat, um die Reise nach Paris zu finanzieren. – Der Verlag Vandenhoeck & Ruprecht hat die Reproduktion erlaubt.
Vgl. hierzu besonders S. 53/54 und S. 381 im Text.

Seite III

Die beiden Darstellungen Enfantins stammen aus dem Buch von Henry-René *d'Allemagne*, ›Les Saint-Simoniens 1821–1837‹, Paris 1930. An dem Habit des Père, das er vermutlich selbst entworfen hat und das in ähnlicher Ausführung auch seine Gefährten getragen haben, ist der bequeme Zuschnitt und die freie Halspartie bemerkenswert. Das Jackett war blau, die Hose weiß. – Auf der Karikatur (von 1833) ist die Hemd-

Inschrift zu einer satirischen Version des Vaterunsers verändert: »Pater Noster (›Notre Père‹ wurde Enfantin von seinen Anhängern genannt) qui est à Ste. Pélagie« – das war der Name des Gefängnisses, wo er seine Strafe verbüßte. Die Idee der göttlichen Berufung ist durch den Namen ›Jehova‹ markiert. Die Krone scheint aus einem Brot- oder Obstkorb zu bestehen. Die Statuette einer nackten Frau, die er in der linken Hand hält, trägt die Inschrift ›Morale‹. Die Attribute auf dem Tisch sind ein Globus (»Le Globe« hieß die Zeitung der Saint-Simonisten), ein umgestürzter Würfelbecher mit der Umschrift »Rien dans les mains, Tout dans les poches«, papierenes Spielwerk und eine zersprungene (Werbe-)Trommel. Die Anspielung auf die Finanzpraxis der ›Eglise‹ ist nachweislich verleumderisch. – Der Verlag Librairie Gründ, Paris, hat die Reproduktion erlaubt, die Photographie ist von Hellmuth Struckmeyer in Hamburg.
Vgl. besonders das dritte Kapitel.

Seite IV

Grünewalds ›Toter Christus‹ vom Isenheimer Altar in Colmar wird hier wiedergegeben als ein extremes Beispiel der christlich-gotischen Verehrung des Leidens, wie sie Heine immer wieder kritisch unter dem Namen des »Nazarenischen« charakterisiert hat.
Vgl. besonders S. 263/264 des Textes.

Seite V

Max *Klingers* Gemälde, wohl in Rom 1889 entworfen, ist 1897 in Leipzig vollendet, dort auch zuerst ausgestellt worden. Es befindet sich in Wien. Noch zu Klingers Lebzeiten hat ein Interpret das Bild gekennzeichnet als »eine riesige Allegorie auf die Verstoßung der antiken Götterwelt und ihrer sinnenfreudigen Lebenslust durch den Entsagung predigenden Stifter des Christentums«. Franz Hermann *Meissner* (in ›Max Klinger, Radierungen, Zeichnungen, Bilder und Skulpturen‹, München 1914) beschreibt weiter die Szene: »In gold-weißer antiker Kleidung erscheint der gebietende Heiland mit den kreuztragenden Kardinaltugenden. Psyche allein hat sich ihm flehend zu Füßen geworfen, und Bacchus naht ihm mit der Schale der Begeisterung. Sprachlos schauen nackte Göttinnen auf die seltsamen Gäste; Entsetzen faßt die anderen . . . usw.« (a. a. O., S. XXXII). Wenngleich ich in der Literatur keinen ausdrücklichen Hinweis auf die Quelle seiner Komposition gefunden habe, so kann doch kein Zweifel daran sein, daß die Idee dieser Konfrontation der Götter in letzter Instanz von Heine herrührt. Allerdings hat der Maler den Gegensatz dadurch bedeutend gemäßigt, daß er – nach Thorwaldsens Vorgang – auch Christus im ›hellenischen‹ Geschmack darstellt, keineswegs als den »bleichen, bluttriefenden Juden«, von dem Heine sprach. Zudem deutet er mit dem

Übertritt des Mädchens Psyche eine Versöhnung an. – Das Kunsthistorische Museum Wien hat den Abdruck genehmigt. Das Gemälde hängt als Leihgabe im Museum der Bildenden Künste Leipzig.

Vgl. S. 263, S. 281 und S. 379 im Text.

Seite VI

»Médor, le Chien fidèle du Louvre«, der auf dem Grabe seines Herrn, eines Kämpfers der Juli-Revolution, sitzen blieb, dann von den Wachsoldaten gepflegt wurde. Das anonyme Blatt befindet sich in der Sammlung der Bibliothèque Nationale zu Paris, die auch die Photographie zur Verfügung gestellt hat. Ein Vermerk rechts unten gibt »1831–32« als Entstehungszeit an. Es könnte die Darstellung sein, die Ludwig Börne beschrieben hat.

Vgl. S. 18/19 und S. 321 im Text.

Seite VII

Die Venus von Milo wurde von dem damaligen Konservator der Antikensammlung des Louvre, dem Comte de *Clarac*, in der Salle du héros combattant et du Tibre aufgestellt. Sie blieb dort bis 1848. Hier hat Heine sie aufgesucht. Man erkennt sie im Hintergrund des Bildes. Die Gravüre stammt von *Hibon* nach der Vorlage von *Civeton*. Sie wurde zuerst veröffentlicht in dem ›Musée de Sculpture Antique et Moderne‹ von Clarac, Bd. I/II, Paris 1826/7, Tafel 58, und ist wiedergegeben in der ›Histoire du Palais et du Musée du Louvre‹ von Christiane *Aulanier*, Bd. 6, Paris 1957, Abb. 67. Sie ist hier mit Erlaubnis der Editions des Musées Nationaux aufgenommen, die Photographie besorgte das Archäologische Institut der Universität Heidelberg.

Vgl. besonders S. 202/203 im Text.

Seite VIII

Diese frühe Gravüre stammt von Pierre *Bouillon* (1776–1831) und ist einer seiner zahlreichen Beiträge zu dem Sammelwerk ›Musée des Antiques‹ (Bd. I, Tafel 11). Photo: Archäologisches Institut der Universität Heidelberg.

Seite IX

Die erste Zeichnung, die nach einer plastisch ausgeführten Rekonstruktion angefertigt wurde, beruht auf der Annahme, die Venus spiegle sich im Schild des Ares (Otto *Jahn* in den Berichten der Sächsischen Akademie der Wissenschaften von 1861, Ausführung von A. *Wittig*, veröffentlicht in der

›Zeitschrift für Bildende Kunst‹ Bd. 5, 1870, S. 353, mit Erläuterung des Herausgebers Carl von *Lützow*). Die beiden folgenden Zeichnungen setzen als Szene voraus, die Venus entkleidet sich zum Bad (C. *Hasse*, Professor der Anatomie in Breslau, ›Die Venus von Milo‹, Jena 1882). Die drei Photographien nach plastisch ausgeführten Rekonstruktionen stellen Varianten der Vorstellung dar, die Venus habe in der erhobenen linken Hand den Apfel des Paris gehalten (die beiden ersten nach *Goeler von Ravensburg*, ›Die Venus von Milo‹, Heidelberg 1879, die dritte nach Geskel *Saloman*, ›Die Restauration der Venus von Milo‹, Stockholm 1895). Aus Claracs ›Musée de Sculpture‹ geht hervor, daß die meisten dieser Ergänzungs-Ideen schon bald nach der Auffindung der Statue vorgebracht worden sind. Photos: Archäologisches Institut der Universität Heidelberg. Vgl. S. 204 im Text.

Seite X

Das Gemälde ›L'arrivée des moissonneurs dans les marais Pontins‹ von Léopold *Robert* befindet sich im Louvre. Die Photographie hat das Museum zur Verfügung gestellt.
Vgl. das 9. Kapitel, S. 233–236.

Seite XI

Das Wiesbadener Denkmal ist ein spätes, aber markantes Beispiel der Vergöttlichung Goethes. Er ist als sitzender Jupiter mit dem Adler dargestellt. Der Bildhauer Hermann *Hahn* lebte zumeist in München und stand unter dem Einfluß des Neuklassizisten Adolf Hildebrand. Er hatte schon früher, 1912, ein monumentales Goethe-Denkmal für Chicago ausgeführt, gleichfalls im Sinn einer antiken Gottheit, doch als Jüngling. Der Museumsbau mit der Tempelfassade stammt von Theodor *Fischer* aus München und wurde 1911 errichtet. Photo: Joachim Weber in Wiesbaden-Biebrich.
Vgl. S. 181 im Text.

Seite XII

Diese drei Bilder beziehen sich auf Heines Göttinger »Doppelliebe« zu der Köchin des Hofrats Bauer und zu der medicäischen Venus in der Bibliothek. Der Gipsabguß der Venus befindet sich heute in der Sammlung des Göttinger Archäologischen Instituts, dem auch die Photographie verdankt wird, ebenso die Reproduktion des Stichs, der den Bibliothekssaal gegen 1812 darstellt: er stammt von Christian Andreas Besemann und zeigt also den Zustand, wie er wohl auch zu Heines Göttinger Zeit noch galt.
Vgl. das 10. Kapitel, bes. S. 247–249.

Seite XIII

Das Leben und die Kunst der Isadora *Duncan*, zumal ihre Idee der Erneuerung des Tanzes aus hellenischem Geist (und der Erneuerung des Lebens
aus dem Tanz) mutet wie eine späte Antwort auf Heines Utopie der
»schönen Enkel« an– oder wie ihre aktive Repetition. »Ich wurde unter
dem Stern der Aphrodite geboren«, schreibt diese Amerikanerin, die vor
und nach dem Ersten Weltkrieg ganz Europa bezaubert hat, in ihrer Autobiographie (›My Life‹, London 1928). Aber nicht nur hinsichtlich des
neuhellenischen Stils korrespondiert ihre Tanz- und Lebensreform den
Visionen Heines. Sie gab auch ein Beispiel der erotischen Emanzipation,
und sie lobte die Sowjet-Führung dafür, die Ehe abgeschafft zu haben.
Auf Einladung von Venizelos kam sie 1920 nach Athen und tanzte mit
ihren Schülerinnen auf der Akropolis; wäre der Ministerpräsident nicht im
selben Jahre gestürzt worden, so hätte sie vielleicht dort ihren Plan einer
großen Tanz-Schule verwirklicht. Übrigens folgte sie im nächsten Jahr
einer offiziellen Einladung nach Moskau und blieb zwei Jahre: für einen
Augenblick schien es, als ob – in Heines Sinn – die gesellschaftliche Revolution doch mit der ›Wiedereinsetzung der Schönheit‹ einherginge – Der
bedeutende amerikanische Photograph Edward *Steichen* war mit der Dun-
can-Gruppe in Griechenland. Seine Aufnahme ist mit Erlaubnis des Verlages Victor Gollancz dem angeführten Buch entnommen.

Seite XIV

Das Original des Gemäldes von *Stuck* von 1895 war für Budapest bestimmt und befindet sich in dem dortigen Museum der Schönen Künste.
Der Maler ließ aber für sich selbst eine Kopie anfertigen, die auch heute
noch in der Stuck-Villa in München zu sehen ist. Nach Auskunft von Professor *Schmoll gen. Eisenwerth* in München wurden bisher keine ausdrücklichen Zeugnisse aufgefunden, die den literarischen Ursprung des Gemäldes
betreffen. Ohne Zweifel geht es auf das Gedicht Heines aus dem Vorwort
von 1839 zum ›Buch der Lieder‹ zurück, ja es stellt geradezu eine Illustration zu dieser ›Wollust‹-Szene dar. Es wird hier mit Erlaubnis der Stuck-
Villa wiedergegeben. Photo: Renate Gnamm in München.
Vgl. S. 292/293 im Text.

Seite XV

Das Musée *Moreau* in Paris hat nicht weniger als sechs Bilder mit dem
Titel ›Salomé‹. Unter ihnen zeichnet sich das Aquarell, das hier abgebildet
ist, durch seine leichte Faktur und die Mondänität des Idols aus. Es wird
mit Erlaubnis dieses Museums reproduziert. Photo: J. E. Bulloz, Photographie d'Œuvres d'Art.
Vgl. S. 297 im Text.

Seite XVI

Das Gemälde von Julius Benedikt *Kietz* (1815–1892), der 1838 bis 1870 in Paris lebte und arbeitete, mutet wie eine bildliche Darstellung jenes späten Gedichts an, worin es heißt »Im Schlafrock und Pantoffel bleibe / Ich gern bei meiner Frau zu Haus«.
Vgl. S. 316.

Register

Adorno, Theodor W. 373
Aegidius Romanus 346
Alexander der Große 213
Andral, M. G. 377
Aquin, Thomas von 346
Arendt, Hannah 13, 356, 359, 361, 383, 429
Aristoteles 76, 110
Augustinus 91, 290, 429

Babeuf, François Noël 412
Bakunin, M. Alexandrowitsch 381
Barrault, Emile 88, 93, 99, 100, 102, 107, 118, 229, 287, 303, 337, 340, 344, 406
Barth, Karl 290, 312, 389
Baudelaire, Charles 297–300
Bauer, Anton 375, 405
Bauer, Bruno 32, 325, 386
Bauer, Edgar 325
Bazard, Claire 111, 342
Bazard, Saint-Amand 34–36, 53, 57, 62, 63, 65, 69, 71, 74, 75, 82, 87, 89–93, 109, 229, 234, 333, 334, 340–342
Beer, Heinrich 267, 380
Belgiojoso, Prinzessin Christina 279, 280, 350, 369, 385
Bendavid, Lazarus 358, 360
Benz, Ernst 384
Berg, Leo 390
Berlioz, Hector 343
Bernoulli, C. A. 392
Béthencourt, Jacques de 249, 375
Biser, Eugen 421
Bloch, Ernst 60, 79, 80, 285, 335, 339, 386

Bloch, Ivan 375
Bockmühl, Klaus 425
Boehlich, Walter 425
Bonaparte-Borghese, Paolina 365
Börne, Ludwig 12, 59, 61, 77, 128, 139, 150–159, 177, 178, 233, 250, 251, 302, 321, 335, 345, 355, 356, 362, 363, 375, 402, 414, 424
Brecht, Bertolt 49
Brentano, Clemens von 12
Breschnew, Leonid 66
Briegleb, Klaus 415
Bulganin, Nikolai A. 66
Bultmann, Rudolf 387, 388, 396
Bürgers, Heinrich 381
Burke, Edmund 170
Butler, E. M. 56, 60, 91, 106, 107, 114, 131, 132, 187, 321–324, 331, 332, 334, 335, 337, 340, 344 bis 347, 350, 352, 354, 363, 391, 392, 395, 397, 413–414, 421
Byron, Lord George 100, 390

Campe, Julius 132, 133, 136, 143, 148, 350, 352, 355, 357, 375
Carlyle, Thomas 157, 356, 371
Carové, Friedrich Wilhelm 351
Carré, Jean-Marie 349
Cäsar, Julius 305
Cervantes Saavedra, Miguel de 245
Charléty, Sébastien 114, 141, 340–343, 347, 353
Chevalier, Michel 67, 101, 102, 113, 336, 350
Chruschtschow, Nikita Sergejewitsch 39, 66

Clarke, Margaret A.   350, 353
Cocteau, Jean   366
Cohn, Michael   247, 374
Columbus, Christoph   116
Comte, Auguste   34, 69, 324, 332
Conrady, Karl Otto   428
Considérant, Victor   96

d'Allemagne, H. R.   336–338
David, Claude   421–422
David, Jacques Louis   234
d'Eichthal, Gustave   96, 322, 323, 346, 354
Delacroix, Eugène   19, 100, 119, 235, 295, 373
Duveau, George   47, 122, 329, 343
Duveyrier, Charles   101–103, 256, 257, 301, 303, 338, 372, 377, 390

Eichendorff, Joseph von   12, 15, 363, 366
Embden-Heine, Maria   375, 405
Enfantin, Barthélemy Prosper   34, 36, 53, 57, 62, 63, 65, 67, 69, 74, 75, 82, 84–91, 93–98, 100–102, 104–107, 109–125, 129–133, 136–144, 148, 153, 179, 183, 192, 226, 229, 230, 234, 244, 280, 287, 303, 323, 326, 329, 334, 337, 339, 340–344, 346, 347, 350, 353, 354, 356, 369, 372, 415, 416, 417, 418, 419
Engels, Friedrich   30, 35, 40, 46, 47, 50, 64, 230, 281, 325, 327, 329, 371, 382, 387, 411

Fetscher, Iring   15
Feuerbach, Anselm   188
Feuerbach, Ludwig   41, 222–224, 273, 280, 307, 315, 326, 371, 382, 383, 386
Fichte, Johann Gottlieb   31, 33, 120, 130, 135, 260, 266, 268–270, 334, 373, 380, 407, 408

Fiore, Joachim von   79, 80, 83, 339, 340
Fischer, Kuno   378
Flaubert, Gustave   297
Floyd, Ronald James   429
Fourier, Charles   46, 95–98, 329, 343, 344, 419
Frenzel, Ivo   407
Freud, Sigmund   178, 343
Friedrich Wilhelm III., König von Preußen   128, 359

Galley, Eberhard   15, 377, 423, 428
Gans, Eduard   33, 161, 163, 168, 169, 171, 172, 175, 178, 359, 360
Gautier, Théophile   278, 297, 385
George, Stefan   369, 389, 390
Gibbon, Edward   189, 190, 362, 364
Görres, Joseph   408
Gössmann, Wilhelm   426, 429
Goethe, Johann Wolfgang von   42, 135, 145, 146, 181, 186, 199, 201, 213, 296, 302, 356, 362, 364, 366, 419
Grillparzer, Franz   328
Grimm, Brüder   363, 364
Grün, Karl   58–61, 63, 77, 334, 335
Grünewald, Matthias   264
Gutzkow, Karl   132, 134, 153, 353, 355, 356
Gurvitch, Georges   329

Haller, Karl Ludwig von   170
Hampe, Roland   16
Hardenberg, Friedrich von (Novalis)   414
Hardenberg, Karl August Fürst von   354, 359
Harich, Wolfgang   29, 30, 270, 276, 324, 380, 384, 385
Haungs, Peter   14
Heer, Friedrich   351
Hegel, Georg Wilhelm Friedrich   17, 23, 24, 31–33, 50, 64, 109,

110, 112, 170, 220, 222, 228, 259–
277, 282–287, 326, 340, 351, 368,
378–381, 383, 386, 407–410,
411, 414, 416, 417, 425, 428
Heidegger, Martin 349
Heimpel, Hermann 12
Heine, Charlotte 168
Heine, Mathilde 208, 315, 379,
382, 405
Heine, Salomon 331
Heinrich VIII., König von England
46
Heller, Erich 13
Hennecke, Hans 320
Hermand, Jost 376
Herwegh, Georg 32, 381
Herzen, Alexander 32, 325, 326
Heß, Moses 325
Hesse, Hartwig 53, 331, 339
Hessen, Prinzessin Margaret von 13
Heuß, Theodor 12
Himmler, Heinrich 305
Hirth, Friedrich 11, 12, 143, 147,
148, 331, 333, 335, 337, 339, 350,
352, 354, 355, 357–362, 369, 375,
385
Hitler, Adolf 30, 39, 305, 313
Hofrichter, Laura 370
Hölderlin, Friedrich 392
Houben, H. H. 335, 337, 349,
355, 373, 378, 379, 384, 385, 429
Hugo, Victor 68
Humboldt, Wilhelm von 359
Hutten, Ulrich von 375
Huxley, Aldous 60, 335

Iggers, Georg G. 336, 338
Ilting, Karl-Heinz 408–409, 428

Jaspers, Karl 11
Jensen, Jens Christian 15, 362
Jesaja 84
Joseph II., Kaiser von Österreich
123
Josephus, Flavius 389
Jünger, Ernst 349

Kalisch, Ludwig 378
Kaltenbruner, G.-K. 351, 383
Kant, Immanuel 31, 33, 42, 86,
120, 130, 135, 260, 266, 268–270,
380, 403, 407, 408
Karpeles, Gustav 405
Kaufmann, Hans 11, 50, 143, 321,
327, 336, 337, 340, 345, 347, 353,
361, 363, 365
Kesten, Hermann 14, 423, 424
Kesting, Hanno 328, 329
Kierkegaard, Sören 7, 320
Kircher, Hartmut 428
Kitzler, Heinrich 182–185, 187,
189, 191, 362
Klopstock, Friedrich Gottlieb 364
Kolle, Kurt 246, 374
Kossygin, Alexej 66
Kotzebue, August von 379
Kraft, Werner 397, 428
Kraus, Karl 323
Kreutzer, Leo 412, 428
Krockow, Christian Graf von 349
Künzli, Arnold 383

Lamprecht, Karl 320
Landshut, Siegfried 326, 381
Lasson, Georg 326, 379, 384, 386
Laube, Heinrich 67, 68, 73, 132,
143, 337, 339, 350, 352, 374, 375,
378, 416
Lefebvre, Jean Pierre 411, 428
Lehmann, Joseph 173
Lenin, Wladimir Iljitsch 39, 64,
66, 271, 325, 387
Leonhardt, Rudolf Walter 403 ff.
Leroux, Pierre 419, 429
Lesseps, Ferdinand 120
Lessing, Gotthold Ephraim 42,
135
Lichtenberger, Henri 114, 320,
322, 323, 333, 340, 347, 391, 413,
420
Loerke, Oskar 357
Loewenthal, Erich 162, 357, 360

Louis Philippe 119, 141, 142, 148, 233, 268, 347
Löwith, Karl 395
Lubac, Henri de 372, 393, 395, 421
Lukács, Georg 270, 330
Luther, Martin 42, 65, 84, 90, 345, 396, 408

Machiavelli, Niccolò 76
Makart, Hans 188
Mallarmé, Stéphane 297
Maltzan, Graf 146, 148
Mann, Thomas 396
Manuel, Frank E. 336
Mao Tse-tung 39
Marcuse, Herbert 416
Marcuse, Ludwig 169, 324, 333, 360, 391, 397, 420
Markus 389
Marx, Jenny 381
Marx, Karl 9, 29–32, 35, 37, 39, 40, 45–47, 50, 64, 66, 94, 222 bis 224, 230, 232, 270–277, 280, 281, 305, 307, 310, 311, 313, 325–327, 329, 342, 348, 360, 371, 373, 381–384, 386, 387, 401, 410–412, 415, 428
Matthäus 389
Maupassant, Guy de 390
Mayer, Hans 333
Mehmet Ali, Vizekönig von Ägypten 119
Mehring, Franz 371
Meißner, Alfred 203, 254, 255, 263, 367, 370, 376, 377, 379
Meister, Wilhelm 366
Mende, Fritz 15, 125, 321, 322, 326, 331, 344, 350, 351, 354, 355, 357, 359, 361, 368, 378, 382
Mendelssohn, Dorothea 170
Menzel, Wolfgang 143, 376
Metken, Sigrid 16
Metternich, Clemens Fürst von 116, 123, 124, 137, 140, 142, 144–148, 353–355

Meyer, Heinrich 362
Meyerbeer, Giacomo 267
Molière (Jean Baptiste Poquelin) 100
Montesquieu, Charles de 76
Moreau, Gustave 297
Morus, Thomas 46, 232
Moser, Moses 81, 161, 163, 168, 169, 171–175, 178, 247, 248, 358–360, 379
Motekat, Helmut 380
Mücke, Georg 29, 324, 357, 364, 367, 368
Müller, Adam 408
Mundt, Theodor 132, 352, 376

Napoleon I. 76, 77, 120–123, 146, 268
Napoleon III. 20, 321, 349
Nebukadnezar, König 401
Nerval, Gérard de 297
Nietzsche, Friedrich 12, 15, 41, 94, 156, 158, 159, 185, 207, 208, 210, 240, 301–308, 311, 313, 317, 323, 343, 352, 356, 362, 369, 390–395, 400, 420–421, 429
Novalis, s. Hardenberg, Friedrich von
Nugues, Thérèse 119, 345

Oken, Lorenz 408
Origenes 79
Orléans, Philipp von 18
Overbeck, Fritz 361

Pabst, Walter 364, 367, 368
Pascal, Blaise 78, 390
Paul, Jean 364
Paulsen, Wolfgang 376
Paulus 84, 227, 229, 232, 290, 308–310, 312, 313, 387–389, 396
Platon 232
Pott, Hans Joachim 429
Pückler-Muskau, Hermann Fürst von 20, 44, 354

440

Quenzel, Karl   392, 420
Quincy, Quatremère de   367
Quinet, Edgar   278, 380

Ranke, Leopold   322
Raffael (Raffaelo Santi)   234
Reeves, Nigel   410–411, 414–415,
   416, 417–419, 428, 429
Reifenberg, Benno   12
Rest, Walter   320
Reynaud, J.   112
Ringeling, Hermann   389
Robert, Léopold   233–235, 373
Robert, Ludwig   154, 355, 357
Robespierre, Maximilien   130, 268,
   269
Rodrigues, Eugène   74, 75, 102
Rodrigues, Olinde   65, 75, 340
Rosenkranz, Karl   379, 380, 383
Rosenthal, Ludwig   399, 400, 401,
   402, 428
Rousseau, Jean-Jacques   69, 100
Ruge, Arnold   145, 371, 381, 386

Saint-Hilaire, Aglaë   132
Saint-Just, L. A. L. de   22–26,
   225, 322
Saint-Simon, Claude Henri de
   9, 24, 33–36, 42, 46, 50–54, 56,
   64–66, 69, 75, 76, 81, 89, 90, 93,
   96, 97, 99, 109, 117, 118, 121,
   122, 139, 141, 142, 224, 229, 230,
   323–327, 329, 331, 334, 336,
   338–341, 346, 348, 414, 419
Sammons, Jeffrey L.   423
Sandor, A. J.   197, 363, 366
Saphir, Moritz Gottlieb   402
Schadewaldt, Wolfgang   366
Schelling, Friedrich Wilhelm   17,
   23, 33, 120, 130, 135, 170, 220,
   260, 268, 380, 407, 408
Scheuer, O. F.   375
Schiller, Friedrich von   356
Schlegel, August Wilhelm   364,
   414
Schloß, Michael   196

Schmitt, Carl   349
Schneider, Peter   15
Schocken, Salman   162
Schoeps, Hans Joachim   349
Schramm, Percy E.   15, 331
Schröder, Rudolf Alexander   12
Schröder, Ursula   16
Schwab-Felisch, Hans   424
Schweitzer, Albert   389, 396
Scott, Sir Walter   161, 174
Secundus, Reimarus   389
Selden, Camilla   355, 373, 405
Semper, Gottfried   367
Shakespeare, William   390
Siegrist, Christoph   369
Simon, Ernst   398, 415–416
Sombart, Nikolaus   15, 324
Spencer, Hanna   414, 420, 429
Spinoza, Baruch   23, 120, 121, 135
Srbik, Heinrich von   147, 148,
   353–355
Stalin, Iossif Wissarionowitsch   39
Steck, Karl Gerhard   426
Steffens, Henrik   408
Stein, Lorenz von   95, 96, 335,
   343, 347, 359
Stendhal (Marie Henri Beyle)   70
Stern, Arthur   247, 254, 374–376
Stern, J. P.   420
Storz, Gerhard   14, 370, 424, 429
Stössinger, Felix   397
Strauss, David Friedrich   409
Strauss, Richard   293
Strich, Fritz   364
Strodtmann, Adolf   22, 60, 114,
   323, 332, 335, 340, 347, 351, 352,
   368, 377, 393, 413
Stuke, Horst   325, 326, 380
Swift, Jonathan   46

Thibert, Marguérite   96, 342–344,
   346
Thiers, Adolphe   20, 21, 322
Thorvaldsen, Bertel   264, 365
Tieck, Ludwig   364

Transson, Abel   94, 96, 97, 110,
   342, 344, 346
Travis, D. C.   380
Treitschke, Heinrich von   136,
   146–148, 352, 355
Trillhaas, Wolfgang   386

Varnhagen von Ense, Karl August
   54, 55, 71, 331, 332, 348, 354,
   409, 419
Varnhagen von Ense, Rahel   169,
   354, 355, 361
Vermeil, Edmond   51
Vocke, Harald   15, 349
Vordtriede, Werner   333, 370, 429

Wagner, Richard   364, 390, 422
Weber, Carl Maria von   375
Weber, Max   115, 339
Wedekind, Frank   210

Weill, Alexander   236, 280, 418
Wendel, Hermann   332
Werner, Michael   428, 429
Wieland, Wolfgang   325, 326,
   364
Wienbarg, Ludolph   132, 352
Wilde, Oscar   293, 297
Wille, François   255
Windfuhr, Manfred   407, 408, 428
Winckelmann, Johann Joachim
   191, 199, 206, 235, 296, 374
Winkler, Hans   320
Wolf, Immanuel   163, 165
Wolf, Siegmund A.   370

Zagona, Helen Grace   299, 389,
   390
Zoller, Edmund   373
Zunz, Leopold   161, 163–165, 173,
   358, 360

Von Dolf Sternberger
erschienen im Suhrkamp Verlag

Figuren der Fabel. Essays. 1950
›Ich wünschte ein Bürger zu sein‹. Neun Versuche über den
Staat. 1967. *edition suhrkamp* Band 224
Panorama oder Ansichten vom 19. Jahrhundert. 1974. *suhr-
kamp taschenbuch* Band 179
Gerechtigkeit für das neunzehnte Jahrhundert. Zehn histo-
rische Studien. 1975. *suhrkamp taschenbuch* Band 244

Alphabetisches Gesamtverzeichnis der suhrkamp taschenbücher

Achternbusch, Alexander-
schlacht 61
– Happy oder Der Tag wird
kommen 262
Adorno, Erziehung zur
Mündigkeit 11
– Studien zum autoritären
Charakter 107
– Versuch, das ›Endspiel‹ zu
verstehen 72
– Zur Dialektik des Engage-
ments 134
– Versuch über Wagner
177
Aitmatow, Der weiße Dampfer
51
Alfvén, M 70 Die Menschheit
der siebziger Jahre 34
– Atome, Mensch und
Universum 139
Allerleirauh 19
Alsheimer, Vietnamesische
Lehrjahre 73
Artmann, Grünverschlossene
Botschaft 82
– How much, schatzi? 136
– The Best of H. C. Artmann
275
von Baeyer, Angst 118
Bahlow, Deutsches Namen-
lexikon 65
Becker, Eine Zeit ohne
Wörter 20
– Irreführung der Behörden 271
Beckett, Warten auf Godot
(dreisprachig) 1
– Watt 46
– Endspiel (dreisprachig) 171
– Das letzte Band (dreisprachig)
200
– Molloy 229
– Glückliche Tage. Dreisprachig
248
Materialien zu Becketts »Godot«
104

Benjamin, Über Haschisch 21
– Ursprung des deutschen
Trauerspiels 69
– Der Stratege im Literatur-
kampf 176
Zur Aktualität Walter Benjamins
150
Bernhard, Das Kalkwerk 128
– Frost 47
– Gehen 5
– Salzburger Stücke 257
Bilz, Neue Verhaltensforschung:
Aggression 68
Bingel, Ein Lied für Zement
287
Blackwood, Das leere Haus 30
Bloch, Naturrecht und mensch-
liche Würde 49
– Subjekt–Objekt 12
– Vorlesungen zur Philosophie
der Renaissance 75
– Atheismus im Christentum 144
Braun, Stücke 1 198
Brecht, Geschichten vom Herrn
Keuner 16
– Schriften zur Gesellschaft 199
– Frühe Stücke 201
– Gedichte 251
– Brecht in Augsburg 297
Bertolt Brechts Dreigroschen-
buch 87
Bond, Die See 160
Broch, Barbara 151
– Die Schuldlosen 209
– Schriften zur Literatur 1 246
– Schriften zur Literatur 2 247
– Der Tod des Vergil 296
Materialien zu Der Tod des
Vergil 317
Broszat, 200 Jahre deutsche
Polenpolitik 74
Buono, Zur Prosa Brechts.
Aufsätze 88
Butor, Paris–Rom oder Die
Modifikation 89

Celan, Mohn und Gedächtnis 231

Chomsky, Indochina und die amerikanische Krise 32

– Kambodscha Laos Nordvietnam 103

– Über Erkenntnis und Freiheit 91

Conrady, Literatur und Germanistik als Herausforderung 214

Cortázar, Das Feuer aller Feuer 298

Dedecius, Überall ist Polen 195

Der andere Hölderlin. Materialien zum »Hölderlin«-Stück von Peter Weiss 42

Der Friede und die Unruhestifter 145

Dolto, Der Fall Dominique 140

Döring, Perspektiven einer Architektur 109

Duddington, Baupläne der Pflanzen 45

Duke, Akupunktur 180

Duras, Hiroshima mon amour 112

Eich, Fünfzehn Hörspiele 120

Eliot, Die Dramen 191

Zur Aktualität T. S. Eliots 222

Enzensberger, Gedichte 1955–1970 4

Ewald, Innere Medizin in Stichworten I 97

– Innere Medizin in Stichworten II 98

Ewen, Bertolt Brecht 141

Fallada/Dorst, Kleiner Mann – was nun? 127

Fleißer, Eine Zierde für den Verein 294

Freisprüche. Revolutionäre vor Gericht 111

Fries, Der Weg nach Oobliadooh 265

Frijling-Schreuder, Wer sind das – Kinder? 119

Frisch, Dienstbüchlein 205

– Stiller 105

– Stücke 1 70

– Stücke 2 81

– Wilhelm Tell für die Schule 2

– Mein Name sei Gantenbein 286

– Andorra 277

Frischmuth, Amoralische Kinderklapper 224

Fromm/Suzuki/de·Martino, Zen-Buddhismus und Psychoanalyse 37

Fuchs, Todesbilder in der modernen Gesellschaft 102

García Lorca, Über Dichtung und Theater 196

Gibson, Lorcas Tod 197

Glozer, Kunstkritiken 193

Goldstein, A. Freud, Solnit, Jenseits des Kindeswohls 212

Goma, Ostinato 138

Gorkij, Unzeitgemäße Gedanken über Kultur u. Revolution 210

Grossmann, Ossietzky. Ein deutscher Patriot 83

Habermas, Theorie und Praxis 9

– Kultur und Kritik 125

Habermas/Henrich, Zwei Reden 202

Hammel, Unsere Zukunft – die Stadt 59

Handke, Chronik der laufenden Ereignisse 3

– Der kurze Brief 172

– Die Angst des Tormanns beim Elfmeter 27

– Ich bin ein Bewohner des Elfenbeinturms 56

– Stücke 1 43

– Stücke 2 101

– Wunschloses Unglück 146

– Die Unvernünftigen sterben aus 168

– Als das Wünschen noch geholfen hat 208

– Falsche Bewegung 258

Heller, Thomas Mann 243

– Nirgends wird Welt sein als innen 288

Hellman, Eine unfertige Frau 292

Henle, Der neue Nahe Osten 24

Hentig, Magier oder Magister? 207

- Die Sache und die Demokratie 245

Hermlin, Lektüre 1960–1971 215

Hesse, Glasperlenspiel 79

- Klein und Wagner 116
- Kunst des Müßiggangs 100
- Lektüre für Minuten 7
- Unterm Rad 52
- Peter Camenzind 161
- Der Steppenwolf 175
- Siddhartha 182
- Demian 206
- Ausgewählte Briefe 211
- Die Nürnberger Reise 277
- Lektüre für Minuten. Neue Folge 240
- Eine Literaturgeschichte in Rezensionen 252
- Die Märchen 291
- Narziß und Goldmund 274
- Eine Werkgeschichte von Siegfried Unseld 143

Materialien zu Hesses »Glasperlenspiel« 80

Materialien zu Hesses »Steppenwolf« 53

Hildesheimer, Paradies der falschen Vögel 295

Hobsbawm, Die Banditen 66

Höllerer, Die Elephantenuhr 266

Hortleder, Fußball 170

Horváth, Der ewige Spießer 131

- Ein Kind unserer Zeit 99
- Jugend ohne Gott 17
- Leben und Werk in Dokumenten und Bildern 67
- Sladek 163
- Die stille Revolution 254

Hudelot, Der Lange Marsch 54

Jakir, Kindheit in Gefangenschaft 152

Johnson, Mutmaßungen über Jakob 147

- Das dritte Buch über Achim 169

- Eine Reise nach Klagenfurt 235
- Berliner Sachen 249

Jonke, Im Inland und im Ausland auch 156

Joyce, Ausgewählte Briefe 253

Joyce, Stanislaus, Meines Bruders Hüter 273

Kästner, Offener Brief an die Königin von Griechenland. Beschreibungen, Bewunderungen 106

- Der Hund in der Sonne 270

Kardiner/Preble, Wegbereiter 165

Kasack, Fälschungen 264

Kaschnitz, Steht noch dahin 57

Katharina II. in ihren Memoiren 25

Kluge, Lebensläufe. Anwesenheitsliste für eine Beerdigung 186

Koch, See-Leben I 132

Koeppen, Das Treibhaus 78

- Nach Rußland und anderswohin 115
- Romanisches Café 71
- Der Tod in Rom 241

Koestler, Der Yogi und der Kommissar 158

- Die Wurzeln des Zufalls 181

Kracauer, Die Angestellten 13

- Kino 126

Kraus, Magie der Sprache 204

Kroetz, Stücke 259

Krolow, Ein Gedicht entsteht 95

Kühn, N 93

- Siam-Siam 187

Lagercrantz, China-Report 8

Lander, Ein Sommer in der Woche der Itke K. 155

Laxness, Islandglocke 228

Lem, Solaris 226

Lepenies, Melancholie und Gesellschaft 63

Lévi-Strauss, Rasse und Geschichte 62

- Strukturale Anthropologie 15

Lidz, Das menschliche Leben 162

Lovecraft, Cthulhu 29
– Berge des Wahnsinns 220
Malson, Die wilden Kinder 55
Martinson, Die Nesseln blühen 279
– Der Weg hinaus 281
Mayer, Georg Büchner und seine Zeit 58
– Thomas Mann 233
McHale, Der ökologische Kontext 90
Melchinger, Geschichte des politischen Theaters 153, 154
Meyer, Eine entfernte Ähnlichkeit 242
Miłosz, Verführtes Denken 278
Minder, Dichter in der Gesellschaft 33
Mitscherlich, Massenpsychologie ohne Ressentiment 76
– Thesen zur Stadt der Zukunft 10
– Toleranz – Überprüfung eines Begriffs 213
Mitscherlich (Hg.), Bis hierher und nicht weiter 239
Muschg, Liebesgeschichten 164
– Im Sommer des Hasen 263
Myrdal, Politisches Manifest 40
Nachtigall, Völkerkunde 184
Norén, Die Bienenväter 117
Nossack, Spirale 50
– Der jüngere Bruder 133
– Die gestohlene Melodie 219
– Um es kurz zu machen 255
Nossal, Antikörper und Immunität 44
Olvedi, LSD-Report 38
Penzoldts schönste Erzählungen 216
– Die Kunst das Leben zu lieben 267
Plenzdorf, Die Legende von Paul & Paula 173
Plessner, Diesseits der Utopie 148
Portmann, Biologie und Geist 124

Prangel, Materialien zu Döblins Alexanderplatz 268
Psychoanalyse und Justiz 167
Raddatz, Traditionen und Tendenzen 269
Rathscheck, Konfliktstoff Arzneimittel 189
Regler, Das Ohr des Malchus 293
Reik, Der eigene und der fremde Gott 221
Reiwald, Die Gesellschaft und ihre Verbrecher 130
Riedel, Die Kontrolle des Luftverkehrs 203
Riesman, Wohlstand wofür? 113
– Wohlstand für wen? 114
Rilke, Material. zu »Malte« 174
– Materialien zu »Cornet« 190
– Rilke heute 290
Rosei, Landstriche 232
Roth, die autobiographie des albert einstein. Künstel. Der Wille zur Krankheit 230
Russell, Autobiographie I 22
– Autobiographie II 84
– Autobiographie III 192
Salis, Rilkes Schweizer Jahre 289
Sames, Die Zukunft der Metalle 157
Shaw, Die Aussichten des Christentums 18
– Der Sozialismus und die Natur des Menschen 121
Simpson, Biologie und Mensch 36
Sperr, Bayrische Trilogie 28
Steiner, In Blaubarts Burg 77
– Sprache und Schweigen 123
Sternberger, Panorama oder Ansichten vom 19. Jahrhundert 179
– Gerechtigkeit für das 19. Jahrhundert 244
Stuckenschmidt, Schöpfer der neuen Musik 183
Suyin, Die Morgenflut 234
Swoboda, Die Qualität des Lebens 188

Szabó, I. Moses 22 142
Terkel, Der Große Krach 23
Unseld, Hermann Hesse. Eine
    Werkgeschichte 143
– Begegnungen mit Hermann
    Hesse 218
– Mein erstes Lese-Erlebnis 250
– Peter Suhrkamp 260
Unseld (Hg.), Wie, warum und
    zu welchem Ende wurde ich
    Literaturhistoriker? 60
– Bertolt Brechts Dreigroschen-
    buch 87
– Zur Aktualität Walter
    Benjamins 150
Unterbrochene Schulstunde.
    Schriftsteller und Schule 48
Waggerl, Brot 299
Waley, Lebensweisheit im Alten
    China 217
Walser, Das Einhorn 159
– Gesammelte Stücke 6
– Halbzeit 94

Weber-Kellermann, Die
    deutsche Familie 185
Weiss, Das Duell 41
– Rekonvaleszenz 31
Materialien zu Weiss'
    »Hölderlin« 42
Wendt, Moderne Dramaturgie
    149
Wer ist das eigentlich – Gott?
    135
Werner, Wortelemente lat.-
    griech. Fachausdrücke in den
    biologischen Wissenschaften
    64
Werner, Vom Waisenhaus ins
    Zuchthaus 35
Wilson, Auf dem Weg zum
    Finnischen Bahnhof 194
Wittgenstein, Philosophische
    Untersuchungen 14
Wolf, Punkt ist Punkt 122
Zivilmacht Europa – Supermacht
    oder Partner? 137